普通高等教育系列规划教材

材 料 力 学

白新理　主编

科学出版社

北京

内 容 简 介

本书是根据高等学校工科专业教学计划及材料力学教学大纲编写而成的。主要内容有：材料力学基本概念、轴向拉压、扭转、弯曲、应力分析、强度理论、组合变形、压杆稳定、能量方法、超静定结构、动荷载、交变应力及截面的几何性质等。

水土类专业的弯矩图一般以向下为正，而机电类专业则习惯于弯矩图以向上为正。考虑到本书的适用面，在弯曲内力和弯曲应力两章中，将水土类专业和机电类专业综合考虑，两种弯矩图并列绘出，以供不同专业学生选用。

本书可作为高等学校工科专业材料力学课程的教材，也可供相关专业教师及工程技术人员学习和参考。

图书在版编目(CIP)数据

材料力学/白新理主编. —北京：科学出版社，2013.1
（普通高等教育系列规划教材）
ISBN 978-7-03-036043-4

Ⅰ.①材… Ⅱ.①白… Ⅲ.①材料力学-高等学校-教材 Ⅳ.①TB301

中国版本图书馆 CIP 数据核字（2012）第 273504 号

责任编辑：朱晓颖　张丽花/责任校对：钟　洋
责任印制：徐晓晨/封面设计：迷底书装

科 学 出 版 社 出版
北京东黄城根北街 16 号
邮政编码：100717
http://www.sciencep.com

北京中石油彩色印刷有限责任公司 印刷
科学出版社发行　各地新华书店经销

*

2013 年 1 月第 一 版　　开本：787×1092　1/16
2018 年 1 月第五次印刷　印张：21 1/2
字数：550 000

定价：55.00 元
（如有印装质量问题，我社负责调换）

前 言

本书是根据高等学校工科专业教学计划及材料力学教学大纲编写而成的。全书共有13章,主要包括:绪论、拉伸与压缩、扭转、弯曲内力、弯曲应力、弯曲变形、应力应变分析和强度理论、组合变形、压杆稳定、能量方法、超静定结构、动荷载、交变应力等。最后,在附录中给出了截面的几何性质、常用截面的几何性质计算公式、型钢规格表、简单荷载作用下梁的挠度和转角。书后附有各章习题的参考答案。

水土类专业的弯矩图一般以向下为正,而机电类专业则习惯于弯矩图以向上为正。考虑到本书的适用面,在弯曲内力和弯曲应力两章中,将水土类专业和机电类专业综合考虑,两种弯矩图并列绘出,以供不同专业学生(教师)选用。

本书可作为高等学校工科专业材料力学课程的教材,也可供相关专业教师及工程技术人员学习和参考。

本书由华北水利水电学院白新理任主编,参加编写的有:白新理(第1、13章,附录A～D)、温中华(第2、7章)、马文亮(第3、9、10、12章)、刘云(第4、5、6章)、张庆华(第8、11章)。郑州大学孙利民教授审阅了书稿,并提出了有益的建议。

本书在编写过程中参考了许多文献资料,在此向有关作者、编者一并表示谢意。

由于编者水平有限,书中难免存在疏漏不妥之处,恳请广大读者批评指正。

编　者
2012年10月

目　录

前言

第 1 章　绪论 …… 1
1.1　材料力学的任务 …… 1
1.2　变形固体的基本假设 …… 2
1.3　外力、内力及截面法 …… 3
1.4　应力与应变 …… 6
1.5　杆件变形的基本形式 …… 9
思考题 …… 11
习题 …… 11

第 2 章　拉伸与压缩 …… 13
2.1　轴向拉伸与压缩的概念 …… 13
2.2　横截面上的内力和应力 …… 13
2.3　斜截面上的应力 …… 19
2.4　材料在拉伸时的力学性能 …… 21
2.5　材料在压缩时的力学性能 …… 25
2.6　失效、安全系数和强度计算 …… 27
2.7　轴向拉伸或压缩时的变形、胡克定律 …… 30
2.8　轴向拉伸或压缩的变形能 …… 33
2.9　拉伸、压缩超静定问题 …… 35
2.10　温度应力和装配应力 …… 38
2.11　应力集中的概念 …… 42
思考题 …… 43
习题 …… 44

第 3 章　扭转 …… 49
3.1　扭转的概念、扭矩和扭矩图 …… 49
3.2　纯剪切 …… 52
3.3　圆轴扭转时的应力、强度条件 …… 54
3.4　圆轴扭转时的变形、刚度条件 …… 62
3.5　扭转超静定问题 …… 65
3.6　圆柱形密圈螺旋弹簧的应力和变形 …… 67
3.7　等直非圆截面杆的自由扭转 …… 70
思考题 …… 73
习题 …… 74

第 4 章　弯曲内力 …… 80
4.1　弯曲的概念和实例 …… 80

4.2 受弯杆件的简化 ·· 80
4.3 弯曲内力——剪力和弯矩 ·· 82
4.4 剪力方程和弯矩方程、剪力图和弯矩图 ··· 85
4.5 载荷集度、剪力和弯矩间的关系 ··· 88
4.6 平面刚架和曲杆的内力图 ·· 92
思考题 ··· 95
习题 ··· 95

第 5 章 弯曲应力 ··· 100
5.1 纯弯曲 ··· 100
5.2 纯弯曲时梁横截面上的正应力 ··· 101
5.3 横力弯曲时的正应力 ··· 103
5.4 弯曲切应力 ·· 105
5.5 梁的合理设计 ··· 110
思考题 ··· 112
习题 ··· 113

第 6 章 弯曲变形 ··· 118
6.1 工程中的弯曲变形问题 ·· 118
6.2 梁的位移和挠曲线的微分方程 ··· 118
6.3 积分法求弯曲变形 ··· 119
6.4 叠加法计算梁的位移 ··· 123
6.5 简单超静定梁 ··· 125
6.6 梁的刚度条件及提高梁的刚度的措施 ·· 127
思考题 ··· 129
习题 ··· 129

第 7 章 应力应变分析和强度理论 ··· 132
7.1 概述 ··· 132
7.2 二向应力状态分析——解析法 ··· 135
7.3 二向应力状态分析——图解法 ··· 139
7.4 三向应力状态 ··· 142
7.5 平面应变状态分析 ··· 144
7.6 广义胡克定律 ··· 147
7.7 复杂应力状态下的应变能密度 ··· 149
7.8 常用强度理论及其相当应力 ·· 151
7.9 莫尔强度理论 ··· 154
7.10 强度理论的应用 ·· 156
思考题 ··· 159
习题 ··· 160

第 8 章 组合变形 ··· 165
8.1 组合变形和叠加原理 ··· 165
8.2 斜弯曲 ··· 166

8.3　拉伸或压缩与弯曲的组合 …………………………………………………………… 169
　8.4　偏心压缩、截面核心 …………………………………………………………………… 172
　8.5　扭转与弯曲的组合 ……………………………………………………………………… 177
　8.6　普遍形式 ………………………………………………………………………………… 181
　8.7　剪切和挤压的实用计算方法 …………………………………………………………… 181
　思考题 …………………………………………………………………………………………… 185
　习题 ……………………………………………………………………………………………… 185

第9章　压杆稳定 ………………………………………………………………………………… 188
　9.1　压杆稳定的概念 ………………………………………………………………………… 188
　9.2　两端铰支细长压杆的临界压力 ………………………………………………………… 189
　9.3　不同杆端约束下细长压杆的临界压力 ………………………………………………… 192
　9.4　欧拉公式的适用范围、临界应力总图 ………………………………………………… 194
　9.5　压杆的稳定校核 ………………………………………………………………………… 199
　9.6　提高压杆稳定性的措施 ………………………………………………………………… 203
　思考题 …………………………………………………………………………………………… 204
　习题 ……………………………………………………………………………………………… 205

第10章　能量方法 ……………………………………………………………………………… 209
　10.1　概述 …………………………………………………………………………………… 209
　10.2　应变能、余能 ………………………………………………………………………… 209
　10.3　互等定理 ……………………………………………………………………………… 217
　10.4　卡氏定理 ……………………………………………………………………………… 220
　10.5　虚功原理 ……………………………………………………………………………… 223
　10.6　单位荷载法、莫尔积分 ……………………………………………………………… 226
　10.7　计算莫尔积分的图乘法 ……………………………………………………………… 230
　思考题 …………………………………………………………………………………………… 231
　习题 ……………………………………………………………………………………………… 232

第11章　超静定结构 …………………………………………………………………………… 237
　11.1　超静定结构概述 ……………………………………………………………………… 237
　11.2　用力法解超静定结构 ………………………………………………………………… 239
　11.3　对称及反对称性质的利用 …………………………………………………………… 242
　11.4　连续梁及三弯矩方程 ………………………………………………………………… 246
　11.5　支座沉陷及温度变化对超静定梁的影响 …………………………………………… 250
　思考题 …………………………………………………………………………………………… 254
　习题 ……………………………………………………………………………………………… 255

第12章　动荷载 ………………………………………………………………………………… 258
　12.1　概述 …………………………………………………………………………………… 258
　12.2　动静法的应用 ………………………………………………………………………… 258
　12.3　杆件受冲击时的应力和变形 ………………………………………………………… 262
　思考题 …………………………………………………………………………………………… 269
　习题 ……………………………………………………………………………………………… 270

第13章 交变应力 … 273
13.1 交变应力与疲劳失效 … 273
13.2 疲劳极限 … 276
13.3 对称循环下构件的疲劳强度计算 … 282
13.4 非对称循环下构件的疲劳强度计算 … 284
13.5 弯扭组合交变应力的强度计算 … 287
13.6 变幅交变应力 … 289
13.7 提高构件疲劳强度的措施 … 290
思考题 … 291
习题 … 291

附录 A 截面的几何性质 … 295
A.1 静矩和形心 … 295
A.2 惯性矩、极惯性矩、惯性积 … 297
A.3 平行移轴公式、组合截面的惯性矩和惯性积 … 300
A.4 转轴公式、主惯性轴 … 302
思考题 … 304
习题 … 305

附录 B 常用截面的几何性质计算公式 … 308

附录 C 型钢规格表 … 310

附录 D 简单荷载作用下梁的挠度和转角 … 323

参考文献 … 326

习题参考答案 … 327

第1章 绪 论

1.1 材料力学的任务

理论力学中的研究对象是刚体,所谓刚体指的是不变形的物体。而在材料力学中,人们的研究对象却成了可以变形的物体,它更接近工程中的实际物体。

为了便于描述,首先粗略地明确几个概念:荷载、结构、构件。后面还会详述。

荷载(又称**载荷**):结构物和机械受到外力的作用,这些力称为荷载。

结构:建筑物或机械中能够承受荷载起骨架作用的部分。

构件:组成结构和机械的单个部分。

工程结构或机械都是由**构件**组成的。如:建筑物的纵梁、横梁、柱,机床的轴,起重机的吊臂等。构件的设计与计算与"材料"密不可分。

在生产力落后的封建社会及以前,建筑物的"材料"大多是石料、木材、铸铁等。人们在长期的生产实践中,逐步积累了关于"材料"的经验。例如,砖石材料具有较好的抗压性能,就被用来做成拱形以承受压力;而用竹索做成悬索桥,以充分利用竹材的抗拉强度。

封建社会解体后,社会生产力得到了迅速发展。由于需要建造新的建筑物、车船、机械等,材料力学作为一门科学逐步形成。不仅有了计算构件的理论,人们还采用了实验的方法。随着生产的发展,以及铁路车辆、船舶、飞机等的发明和使用,提出了减轻构件自重、减少材料消耗的要求。由此推动了冶金工业的发展,使高强度的金属材料也逐渐成为主要的工程材料。近几十年来,由于大跨度的桥梁、高耸建筑结构的社会需求,高强度的混凝土材料及高强度的合金材料也逐步被采用。

当工程结构或机械工作时,构件将受到荷载的作用。如厂房的外墙受到风压力,楼板受自重与堆放物品重力的作用,车床主轴受齿轮啮合力和切削力的作用等。构件一般由固体制成。在外力作用下,固体具有有限的抵抗破坏的能力,同时还会发生尺寸和形状的变化,称为**变形**。为了使构件在受荷载时能正常工作,首先要求构件在受荷载作用时不发生破坏。例如,机床主轴不能因为荷载过大而断裂。但仅仅不断裂并不一定能保证构件或整个结构的正常工作。例如,机床主轴若发生过大的变形,那么虽然机械仍然工作,但是因为主轴变形影响了零件的加工精度,而使加工出的构件不能达到标准要求,机器仍然属于不正常工作。因此要求构件的变形不能过大。另外,有些构件在外部压力的作用下有可能离开其原有的平衡形态而丧失稳定性。如千斤顶的螺杆、内燃机的挺杆,若不能维持其原有的直线平衡形态而被压弯,则不能正常工作。因此要求这样的构件不能被压弯,即不能丧失稳定性。针对上述三种情况,对于构件的正常工作的要求可以归纳为以下三点:

(1)**强度要求** 要求构件在受荷载作用时不发生破坏(即断裂),即构件应具有足够的强度。如冲床曲轴不可折断,储气罐不可爆破。强度要求就是指构件应具有足够的抵抗破坏的能力。

(2)**刚度要求** 要求构件在受荷载作用下不发生较大变形,或所产生的变形不超过工程上允许的范围,即构件应具有足够的刚度。当然,材料力学所研究的构件发生了变形是可以的,也是存在的。这里所说的较大变形是影响了机器或是构件正常工作时的变形。总之,刚度要求就是指构件应具有足够的抵抗变形的能力。

（3）**稳定性要求** 要求构件在受荷载作用时，能够在原有的形状下保持为稳定的平衡。即构件应具有足够的保持原有平衡形态的能力，或称满足稳定性要求。

设计构件时，若截面尺寸不足或形状不合理，或材料选取不当，将不能满足上述要求，从而使结构不能正常工作。为了满足上述强度、刚度、稳定性要求而不合理地加大截面尺寸也是不可取的。这就是经济方面的要求。材料力学的任务就是在满足强度、刚度和稳定性要求前提下，为设计既经济又安全的构件，提供必要的理论基础和计算方法。

一般说来，构件设计应满足强度、刚度、稳定性要求。但是针对具体构件又往往有所侧重。例如，储气罐主要是要保证强度，车床主轴侧重于刚度，而受压的细长杆则应保持稳定性。但总体来讲，强度要求是一切构件所必须满足的基本要求。

研究构件的强度、刚度和稳定性时，应了解材料在外力作用下表现出的变形和破坏方面的性能，即材料的力学性能。而材料的力学性能要由实验来测定。此外，经过简化得出的理论是否可信，还有一些尚无理论结果的问题，都需要借助实验方法来解决。所以实验分析和理论研究是材料力学解决问题的基本方法。

1.2　变形固体的基本假设

制作构件所用的材料是多种多样的，而材料的具体组成与微观结构更是非常复杂，但它们具有一个共同的特点，即都是固体，而且在荷载作用下都会发生变形。这些材料统称为**可变形固体**或**变形固体**。在材料力学中，不能像静力学中那样，把物体看成为不可变形的刚体。

由于变形固体种类繁多，工程材料中有金属与合金，工业陶瓷，聚合物等，性质是多方面的，而且很复杂。材料的基本组成部分，例如金属、陶瓷、岩石的晶体，混凝土的石子、砂和水泥等，彼此之间以及基本组成部分与构件之间的力学性能都存在不同程度的差异。但由于基本组成部分的尺寸与构件尺寸相比极为微小，而且其排列方向又是随机的，因此材料的力学性能反映的是无数个随机排列的基本组成部分的力学性能的统计平均值。

对于变形固体制成的构件，在进行强度、刚度、稳定性计算时，通常略去一些次要因素，将它们抽象为理想化的材料，然后进行理论分析。现根据工程材料的主要性质对其作下列假设：

1）连续性假设

假设物体在其全部体积内毫无空隙地充满了物质，其结构是密实的。而实际上，组成固体的粒子之间存在空隙，但这种空隙与构件尺寸相比是微乎其微的，在宏观研究时完全可以忽略不计，认为物质是**连续**的。这就可以根据连续函数的性质，利用微积分等数学知识来研究力学中的有关问题。

此外，连续性假设不仅适用于构件变形前，也适用于变形后。也就是说，变形固体的变形必须满足**变形协调条件**或**几何相容条件**，即构件内变形前相邻近的质点在变形后仍保持邻近，既不产生新的空隙或孔洞，也不出现重叠现象。

2）均匀性假设

假设从固体内取出的任何一小部分的力学性质都是完全相同的，材料的力学性能与其在构件中的位置无关，即认为是**均匀**的。按照此假设，固体内到处有相同的力学性能，反过来讲，从固体内任意一点处截取的微单元体，其力学性能都能代表整个固体的力学性能。

对于实际的工程材料而言，其组成部分的力学性能往往存在不同程度的差异。例如，就使用最多的金属来说,它是由无数微小晶粒组成的,各晶粒的力学性能并不完全相同。又如混凝土材料由石子、砂和水泥组成,它们的性质更是各不相同。但由于这些晶粒或组成物质的大小与构件的整体尺寸相比很小,而且排列也是随机的,因此,从宏观上来看,可以将固体的力学性质看成是各组成部分力学性能的统计平均值,可认为各部分的力学性能是均匀的。这样,如果从固体中取出一部分,无论大小,也无论从何处取出,力学性能总是相同的。

3) 各向同性假设

假设材料沿各个方向的力学性能是完全相同的,即认为是**各向同性**的。

就金属的单一晶粒而言,沿不同的方向的力学性能并不完全一样,属于各向异性体,但由于构件包含数量极多的晶粒,而且这些晶粒又杂乱无章地排列,这样沿各个方向的力学性质就接近相同。具有这种属性的材料称为**各向同性材料**。金属材料如铸钢、铸铁、铸铜等均可认为是各向同性材料,像玻璃、混凝土、塑料等非金属材料也可认为是各向同性材料。

沿不同方向力学性能不同的材料,称为**各向异性材料**。如经过碾压的钢材、纤维整齐的木材以及玻璃纤维、碳纤维等复合材料、某些人工合成的材料等,则属于各向异性材料,应按各向异性问题处理。材料力学中主要研究各向同性的材料。

如上所述,在材料力学的理论分析中,以均匀、连续、各向同性的可变形固体作为构件材料的力学模型。这种理想化了的力学模型抓住了各种工程材料的基本属性,从而使理论研究成为可行。而且,用这种力学模型进行计算所得的结果,在大多情况下是满足工程计算的精度要求的。

材料力学除了采用以上假设外,主要研究以下范围的变形固体:

1) 小变形体

物体在承受荷载作用后将产生变形,如果变形的大小与物体的原始尺寸相比小得多,可以忽略不计,这样的物体称为**小变形体**。在小变形情况下,研究构件平衡和运动以及内部受力和变形时,均可按构件的原始尺寸和形状来计算。这种变形微小及按原始尺寸和形状进行计算的概念,在材料力学中经常用到。

有些构件在受力变形后,必须按变形后的形状来计算,如第 9 章的压杆稳定问题就属于这类问题。而对于大变形问题,则超出了本书所讨论的范围,可参阅后继相关课程。

2) 线弹性体

工程材料在荷载作用下将发生变形。当荷载不超过一定的范围时,绝大多数材料在荷载卸除后均可以恢复原状。但当荷载过大时,则在荷载卸除后只能部分地复原,而残留下一部分变形而不能消失。在卸除荷载后能够完全消失的那一部分变形,称为**弹性变形**,不能消失而残留下来的那一部分变形,则称为**塑性变形**。对于某一种材料,当荷载不超过某个限度时,其变形是完全弹性的。材料在弹性变形范围内,变形与荷载呈线性关系的物体称为**线弹性体**。大多数构件在正常工作时均要求其材料只发生弹性变形。所以,材料力学中所研究的大部分问题都限于弹性变形范围内,即研究的是线弹性体。

总之,在材料力学中是把实际材料看做均匀、连续、各向同性的变形固体,且在大多数场合下局限在线弹性变形范围内和小变形条件下进行研究。

1.3 外力、内力及截面法

1.3.1 外力

材料力学的研究对象是构件。假想地把这一构件从周围物体中单独取出,并用力来代替周围各物体对于构件的作用,这些来自构件外部的力就是**外力**。因此,构件或物体上的外力包括**荷载**与**约束反力**。

外力按其作用方式可分为**体积力**和**表面力**。**体积力**是分布作用在杆件整个体积内各质点上的力,如杆的自重、杆件加速运动时的惯性力等。**表面力**是分布作用在杆件表面的力。若分布力的作用范围远小于构件的表面面积,或沿杆件轴线的分布范围远小于杆件长度,则可将分布力简化为作用于一点处的力,称为**集中力**;若作用面积较大,则称为**面分布力**。若分布集度均匀,称为**均布荷载**;若分布集度是变化的,则称为**非均布荷载**。如作用于油缸内壁上的油压力属于均布荷载,作用于大坝上游面的水压力属于非均布荷载,火车轮对于钢轨的压力、滚珠轴承对于轴的反作用力可近似看成是集中力。

外力按其作用时随时间变化的情况可分为**静荷载**和**动荷载**。随时间变化极缓慢或不变化的荷载,称为**静荷载**。其特征是在加载过程中,构件的加速度很小可以忽略不计。例如,把机器缓慢放置于基础之上,机器的重力对于基础的作用不随时间变化,属于静荷载。随时间显著变化或使构件各质点产生明显加速度的荷载,称为**动荷载**。再按其随时间变化的方式,动荷载又可分为**冲击荷载**和**交变荷载**。**冲击荷载**是指物体的运动在瞬时发生突然变化所引起的荷载。例如,锻造时汽锤的锤杆、急刹车时飞轮的轮轴会受到冲击荷载的作用。此部分内容将在第 12 章中讲述。**交变荷载**是随时间做周期性变化的荷载。例如,齿轮啮合传动时,轮齿所受到的力就是随时间做周期性变化的。此部分内容将在第 13 章中讨论。

材料在静荷载与动荷载作用下的力学性能很不相同,分析方法也不完全相同。但前者是后者的基础。

1.3.2 内力

当物体受外力作用而发生变形时,其内部各质点间的相对位置将发生变化。物体内部各部分之间因相对位置改变而引起的相互作用即为**内力**。大家知道,即使没有外力作用,物体各质点之间也存在着相互作用力。材料力学中的内力,是指在外力的作用下,各质点之间的相互作用力的改变量,即**附加内力**——仅由外力作用而引起的附加相互作用力。这样的内力随着外力的增大而增大,当达到某一限度时就会引起构件的破坏。构件的强度、刚度及稳定性,与内力的大小及其在构件内的分布情况密切相关。因此,内力分析是解决构件强度、刚度与稳定性问题的基础。

1.3.3 截面法

由刚体静力学可知,为了分析两物体之间的相互作用力,必须将这两个物体分离,取分离体进行分析。同样,要分析构件的内力,例如要分析图 1-1(a)所示杆件横截面 m-m 上的内力,也必须沿该截面假想地将杆件截开,得到如图 1-1(b)所示截开的两部分。由连续性假设可知,内力是作用在截开截面上的连续分布力,于是截开截面上的内力如图 1-1(b)所示。

应用力系简化理论,将上述分布内力向横截面的形心 C 简化,得到主矢 $\boldsymbol{F}_R$ 与主矩 $\boldsymbol{M}$(图 1-2(a))。以形心 C 为坐标原点建立空间直角坐标系,沿截面法线建立坐标轴 x,在所截截面内建立坐标轴 y 与 z,将主矢 $\boldsymbol{F}_R$ 和主矩 $\boldsymbol{M}$ 沿上述三轴分解(图 1-2(b)),得到内力分量 F_N、F_{Sy} 与 F_{Sz},以及内力偶矩分量 M_x、M_y 与 M_z。

在材料力学中,这些内力对于杆件的作用效果是不同的,现给出不同的名称如下:沿轴线的内力分量 F_N,称为**轴力**;作用线位于横截面的内力分量 F_{Sy} 与 F_{Sz},称为**剪力**;矢量沿轴线的

内力偶矩分量 M_x，称为**扭矩**（一般用 T 表示）；矢量位于所截横截面的内力偶矩分量 M_y 与 M_z，称为**弯矩**。上述内力及内力偶矩分量与作用在截开杆段上的外力保持平衡，则由平衡方程

$$\sum F_x = 0, \quad \sum F_y = 0, \quad \sum F_z = 0$$

$$\sum M_x = 0, \quad \sum M_y = 0, \quad \sum M_z = 0$$

即可建立内力与外力间的关系表达式，或由外力确定内力。为了叙述简单，以后将内力分量及内力偶矩分量统称为内力分量。

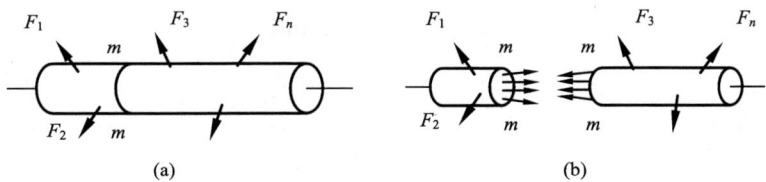

图 1-1 截面法

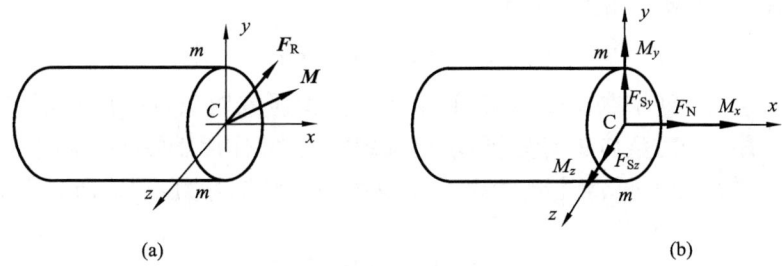

图 1-2 内力的定义

上述将杆件假想地截开以显示内力，并由平衡条件建立内力与外力间的关系或由外力确定内力的方法，称为**截面法**。它是分析杆件内力的一般方法。截面法主要有以下三个步骤：

（1）**截开** 在需要求内力的截面处，假想用一截面将杆件截为两部分；

（2）**代替** 留取其中任一部分作为研究对象，弃去另一部分。并用作用在截面上的内力（力或力偶）代替弃去部分对保留部分的作用；

（3）**平衡** 建立保留部分的平衡方程，确定未知内力（大小和方向）。

例 1-1 钻床如图 1-3(a)所示，在荷载 F 的作用下，试确定 m-m 截面上的内力。

解：（1）沿 m-m 截面假想地将钻床截开，分成上、下两部分。

（2）取 m-m 以上的部分作为研究对象，以 m-m 截面的形心 O 为原点选取坐标系，如图 1-3(b)所示。用内力代替 m-m 截面下面部分对于上面部分的作用。由于这是一个平面任意力系问题，外力只有一个向上的集中力而无水平力作用，因此 m-m 截面上的内力可简化为一个竖向力 F_N（即轴力）和一个力偶 M（即弯矩）。事实上，当外力 F 作用时，图 1-3(b)所示的研究对象将沿 y 轴方向向上运动，同时绕点 O 转动，而 m-m 截面下面部分必然以轴力 F_N 和弯矩 M 作用于该截面上以阻止这样运动，维持上部的平衡。

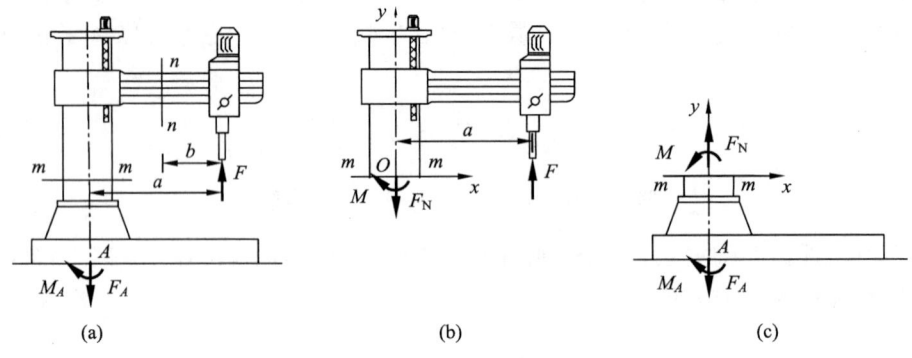

图 1-3 钻床受力简图

(3) 列平衡方程:
$$\sum F_y = 0, \quad F - F_N = 0$$
$$\sum M(F) = 0, \quad F \cdot a - M = 0$$

求得内力 F_N(轴力)和 M(弯矩)分别为
$$F_N = F, \quad M = Fa$$

注意,在第二步中,如果取 m-m 截面下面部分作为研究对象,同样可以计算出 m-m 截面上的内力。只是需要先对整体进行分析,求出基础的反力(作用于图 1-3(a)中的点 A),然后再以 m-m 截面以下的部分为研究对象,并将基础反力作为已知外力,列平衡方程即可。

1.4 应力与应变

1.4.1 应力

在例 1-1 中,内力 F_N(轴力)和 M(弯矩)是 m-m 截面上的分布内力系向点 O 简化后的结果。这些内力只能说明其与外力之间的平衡关系,不能说明分布内力系在截面内某一点处的强弱程度。而工程实际的杆件总是从内力集度最大处开始破坏的,因此只求出截面上分布内力的合力(力和力偶)是不够的,还必须进一步确定截面上各点处分布内力的集度。为此,引入内力分布集度即应力的概念。

应力是受力杆件某一截面上某一点处的内力集度。研究受力杆截面 m-m 上任一点 k 处(图 1-4(a))的应力的方法是:在该点周围取一微小面积 ΔA,设 ΔA 上分布内力的合力为 $\Delta \boldsymbol{F}$,则在面积 ΔA 上内力 $\Delta \boldsymbol{F}$ 的平均集度为

$$\boldsymbol{p}_m = \frac{\Delta \boldsymbol{F}}{\Delta A} \tag{1-1}$$

$\boldsymbol{p}_m$ 是一个矢量,称为面积 ΔA 上的**平均应力**。一般地说,一个截面上的内力分布并不是均匀的,因而平均应力的大小和方向将随所取的微小面积 ΔA 的大小而不同,即随着 ΔA 的逐渐缩小,$\boldsymbol{p}_m$ 的大小和方向都将逐渐变化。为表明分布内力在点 k 处的集度,令 ΔA 无限缩小而趋于零,此时 $\boldsymbol{p}_m$ 的大小和方向都将趋于一定极限。即

$$p = \lim_{\Delta A \to 0} p_m = \lim_{\Delta A \to 0} \frac{\Delta F}{\Delta A} = \frac{\mathrm{d}F}{\mathrm{d}A} \tag{1-2}$$

式(1-2)表示截面 m-m 上点 k 处的内力的集度,称为截面 m-m 上点 k 处的**总应力**。其方向一般来讲既不与截面垂直,也不与截面相切。通常将总应力 p 分解为与截面垂直的法向分量 σ 和与截面相切的切向分量 τ。法向分量 σ 称为**正应力**,切向分量 τ 称为**切应力**(又称剪应力)。

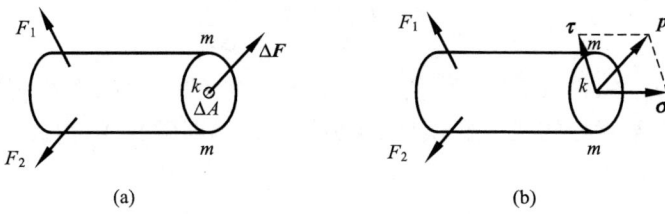

图 1-4 应力的定义

由应力的定义可见,应力具有以下特征:
(1) 应力定义在受力物体的某一截面上的某一点处,因而,讨论应力必须明确在哪一个截面上的哪一点处。
(2) 在某一截面上的某一点处的应力是矢量。
(3) 整个截面上各点处的应力与微分面积 dA 乘积的合成(积分),即为该截面上的内力。
在国际单位制中,应力的单位为 Pa,其名称为"帕斯卡",简称为"帕",$1\mathrm{Pa}=1\mathrm{N/m^2}$,工程中应力的常用单位为 MPa(兆帕)、GPa(吉帕),其关系为:$1\mathrm{MPa}=10^6\mathrm{Pa}$,$1\mathrm{GPa}=10^9\mathrm{Pa}$。

1.4.2 位移与变形

在外力作用下,构件发生变形,同时引起应力。为了研究构件的变形及其内部的应力分布,需要了解构件内部各点处的变形。

固体在外来因素作用下产生的形状和尺寸的改变称为**变形**。设固体中的一点 A,因变形而移动到 A'(图 1-5)。AA' 称为点 A 的**位移**。一般假设固体受到约束,不能做刚体运动,点 A 的位移全部是由变形引起的。如果允许固体做刚性运动,则应在总位移中扣除刚性位移。

固体变形的程度要有一定的衡量标准。例如,两根截面积相等的圆杆,一根长 10m,另一根长 5m,如果都伸长 1mm,其变形(伸长)的程度显然是不一样的。因此需要对固体的变形作进一步的研究。由此而引出下述的应变的概念。

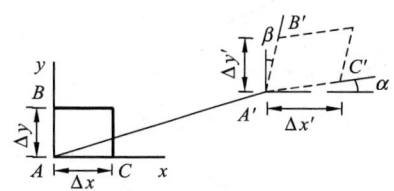

图 1-5 应变的定义

1.4.3 应变

假想地在构件内点 A 处取出微小的长方体,它在 xy 平面内的边长为 Δx 和 Δy,如图 1-5 所示(图中未画出厚度)。物体受力后,单元体的位置发生了变化,由点 A 移至点 A',相邻棱边的长度以及相邻棱边间的夹角一般也发生变化,如边长 Δx 和 Δy 变为 $\Delta x'$ 和 $\Delta y'$,直角变为锐角(或钝角),从而引出下面两种表示长方体变形的量。

1) 线应变

棱边的原长为 Δx，变形后的长度为 $\Delta x' = \Delta x + \Delta u$，即长度改变量为 $\Delta u = \Delta x' - \Delta x$。线段长度的改变量并不能够真正反映变形的程度，很显然线段长度的改变量随线段原长的不同而变化，为了消除线段原长的影响，引入线应变（即相对变形）的概念。$\Delta u = \Delta x' - \Delta x$ 与 Δx 的比值，称为棱边的**平均线应变**，用 ε_m 表示，即

$$\varepsilon_m = \frac{\Delta x' - \Delta x}{\Delta x} = \frac{\Delta u}{\Delta x} \tag{1-3}$$

一般情况下，棱边各点处的变形程度并不相同，平均线应变的大小将随原长的长度而改变。为了精确地描写某点处的线应变，取无限小的单元体即微元体，由此所得平均线应变的极限值，即

$$\varepsilon_x = \lim_{\Delta x \to 0} \frac{\Delta x' - \Delta x}{\Delta x}, \quad \varepsilon_y = \lim_{\Delta y \to 0} \frac{\Delta y' - \Delta y}{\Delta y} \tag{1-4}$$

称为点 A 沿 x 方向和 y 方向的**线应变**。如果不特指某一方向，线应变一般用 ε 表示。采用类似方法，还可确定点 A 处沿其他任意方向的线应变。线应变也称**正应变**，它是一个无量纲的量。

2) 切应变

通过一点互相垂直的两线段之间所夹直角的改变量，称为**切应变**，用 γ 表示。例如在图 1-5 中，当 $\Delta x \to 0$ 和 $\Delta y \to 0$ 时，直角的改变量为

$$\gamma = \frac{\pi}{2} - \angle B'A'C' = \alpha + \beta \tag{1-5}$$

称为点 A 的切应变。切应变又称**剪应变**，通常用弧度表示，也是无量纲的量。

线应变（正应变）ε 和切应变（剪应变）γ 是描述物体内一点变形的两个基本量，它们分别与正应力和切应力（剪应力）相对应。

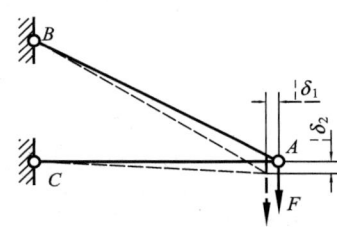

图 1-6 原始尺寸原理

实际构件的变形一般是极其微小的，要用精密仪器才能测出来。材料力学中所研究的问题限于小变形，即变形和位移的量远小于构件的最小尺寸。因此在静力计算时仍使用变形前的几何尺寸，即忽略变形和位移对于几何尺寸的影响。这种方法称为**原始尺寸原理**。例如在图 1-6 所示的支架结构中，在外力作用下变形后的形状如图中虚线所示。点 A 的水平和铅直位移 δ_1、δ_2 都是非常小的。在列静力平衡方程求二杆（杆 AB 和杆 AC）的内力时，仍使用变形前的原始尺寸。这样既满足工程精度要求，又可使计算大大简化。如果不忽略这里的微小变形，而按变形后的尺寸计算二杆内力，则列平衡方程时要考虑支架形状和尺寸的变化，而这些变化在求得二杆内力之前又是未知的。问题就变得十分复杂了。

因为位移和应变是微小的量，所以这些量的平方或乘积与其本身相比就可以看做是高阶微量了。在材料力学的相关计算中，有时需要略去高阶微量，只保留一阶微量。

例 1-2 两边固定的薄板如图 1-7 所示。变形后 ab 和 ad 仍保持为直线。点 a 沿垂直方向向下位移 0.025mm。试求 ab 边的平均应变和 ab、ad 两边夹角的变化。

解： 由式(1-3)，ab 边的平均应变为

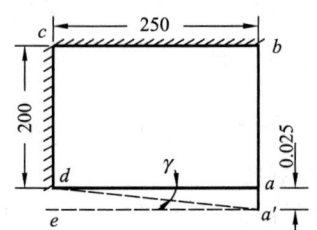

图 1-7 薄板的应变计算

$$\varepsilon_m = \frac{a'b - ab}{ab} = \frac{0.025}{200} = 125 \times 10^{-6}$$

变形后 ab 和 ad 两边夹角的变化为∠ea'd=∠ada'=γ，由于 γ 非常小，所以有

$$\gamma \approx \tan\gamma = \frac{aa'}{ad} = \frac{0.025}{250} = 100 \times 10^{-6} (\text{rad})$$

1.5 杆件变形的基本形式

实际构件有各种不同的形状，根据几何形状可将构件分为：杆件、板壳、块体三类。**杆件**是指纵向（长度方向）尺寸远大于横向（垂直于长度方向）尺寸的构件，如房屋建筑中的梁、柱，机器中的轴、连杆等。**板壳**是指一个方向（厚度）的尺寸远小于另外两个方向的尺寸的构件，如房屋建筑中的楼板。**块体**是指三个方向尺寸相当的构件，如水利工程中的混凝土大坝。材料力学主要研究杆件。某些构件，如齿轮的轮齿、曲轴的轴颈等，并不是典型的杆件，但在近似计算或定性分析时也简化为杆件。所以杆是工程中最基本的构件。至于板壳和块体则要在弹性力学中进行研究。

杆件的几何特征可由横截面和轴线来描述。**横截面**指的是垂直于杆件长度方向的截面。各横截面形心的连线称为**轴线**，如图 1-8 所示。

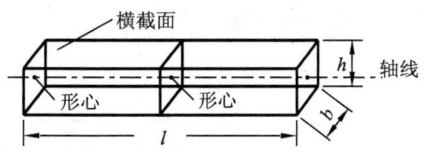

图 1-8　杆件的轴线与横截面

轴线为直线的杆件称为**直杆**；轴线为曲线的杆件称为**曲杆**。各横截面尺寸不变的杆称为**等截面杆**，否则称为**变截面杆**。工程上常见的是等截面直杆，简称**等直杆**，它是材料力学的主要研究对象。等直杆的计算原理一般也可近似地用于曲率很小的曲杆和横截面变化不大的变截面杆。

杆件在各种形式的外力作用下，其变形形式是多种多样的。一般把这些变形分解为四种基本形式。大多数杆件的变形不外乎是这四种基本变形形式之一，或者是这几种基本变形的组合。这四种基本变形是：

（1）**轴向拉伸**或**轴向压缩**　直杆受到与其轴线相重合的外力作用时，其主要变形是轴线方向的伸长或缩短。这种变形称为轴向拉伸（图 1-9(a)）或轴向压缩（图 1-9(b)），简称拉伸或压缩。桁架中的杆件就发生轴向拉伸或轴向压缩变形，如在图 1-9(c)中，在荷载 F 的作用下，杆 AC 受拉伸作用，而杆 BC 受压缩作用。另外，起吊重物的钢索、液压油缸的活塞杆等的变形，都属于拉伸或压缩变形。这部分内容将在第 2 章中讨论。

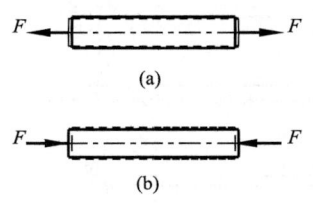
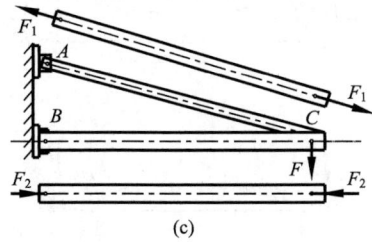

图 1-9　轴向拉伸和压缩

（2）**剪切**　在一对大小相等、方向相反、相互平行相距很近的且垂直于轴线的横向力作用下，直杆的主要变形是横截面沿外力作用方向发生相对错动（图1-10(a)），这种变形称为剪切。连接件中的螺栓和销钉受力后的主要变形就包括剪切，如图1-10(b)、(c)所示。剪切变形通常与其他变形形式共存。这部分内容将在第8章第7节中讨论。

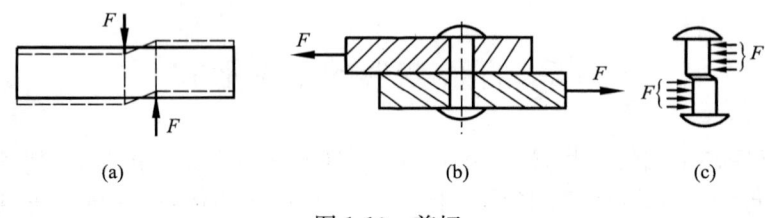

图1-10　剪切

（3）**扭转**　在一对大小相等、转向相反、作用面都垂直于杆轴的外力偶的作用下，杆件相邻的横截面将绕轴线发生相对转动，杆件表面的纵向线将成为螺旋线，而轴线仍为直线。这种变形称为扭转（图1-11(a)）。机械中传动轴受力后的主要变形就包括扭转，如图1-11(b)所示的汽车转向轴 AB，在工作时就发生扭转变形。另外，电机和水轮机的主轴等都是受扭构件。这部分内容将在第3章中讨论。

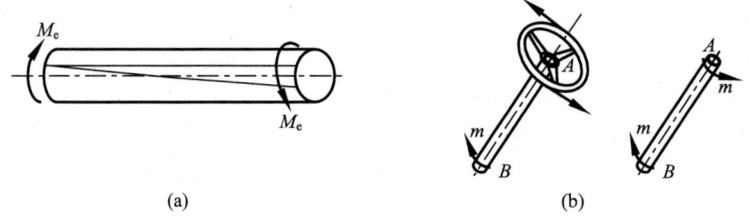

图1-11　扭转

（4）**弯曲**　在一对转向相反、作用于包含杆轴的纵向平面内的外力偶的作用下，直杆的相邻横截面将绕垂直于杆轴线的轴发生相对转动，变形后的杆轴线将弯成曲线，这种变形称为**纯弯曲**（图1-12(a)）。例如图1-12(b)所示的火车轮轴的变形，是由作用于火车轮轴的横向力与钢轨的支反力在图示平面内形成一对大小相等、方向相反的力偶而引起的，杆件的轴线由直线变为曲线（图1-12(c)）。其中的 CD 段就属于纯弯曲变形。

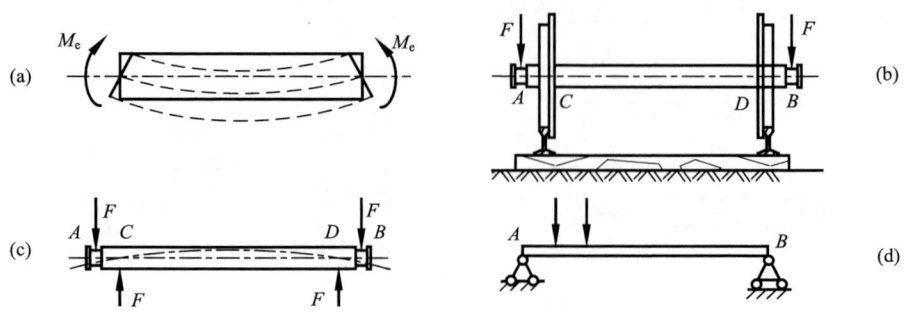

图1-12　弯曲

梁在垂直于杆件轴线的横向力作用下将引起**横力弯曲**,在横向力作用下的变形则是纯弯曲与剪切的组合,如吊车梁受力后的变形(图1-12(d))。这部分内容将分别在第4、5、6章中讨论。

工程中常见构件在荷载作用下的变形,大多为上述几种基本变形的组合,纯属一种变形形式的构件较为少见。但如果以某一种基本变形为主,其他属于次要变形的,仍按基本变形计算;如果几种变形形式都非次要变形,则属于组合变形问题。本书将先分别介绍构件的每一种基本变形,然后再介绍组合变形问题(详见第8章)。

思 考 题

1-1 杆件的轴线与横截面之间有何关系?

1-2 材料力学的基本假设是什么?均匀性假设与各向同性假设有何区别?能否说"均匀性材料一定是各向同性材料"?

1-3 什么叫截面法?一般情况下,横截面上的内力可以用几个分量表示?

1-4 什么是正应变与切应变?它们的量纲是什么?切应变的单位是什么?

习 题

1-1 对于图1-3(a)所示钻床,试求 $n\text{-}n$ 截面上的内力。

1-2 如题1-2图所示圆截面杆,两端承受一对方向相反、力偶矩矢量沿轴线且大小均为 M 的力偶作用。试问:在杆件的任一横截面 $m\text{-}m$ 上,存在何种内力分量,并确定其大小。

1-3 试求题1-3图所示结构中 $m\text{-}m$ 和 $n\text{-}n$ 两截面上的内力,指出杆 AB 和杆 BC 的变形属于何种基本变形。

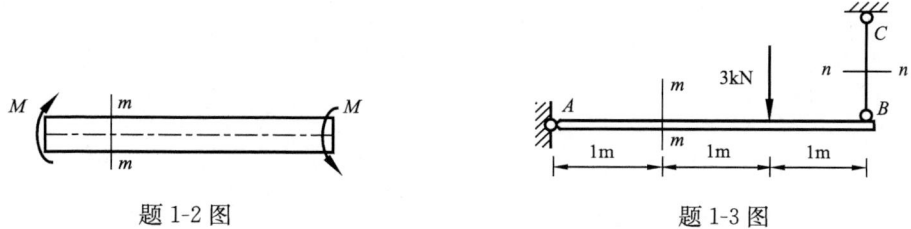

题1-2图　　　　　　　　题1-3图

1-4 题1-4图所示结构为一简易吊车,在其横梁上力 F 可以左右移动。试求1-1和2-2两截面上的内力及其最大值。

1-5 如题1-5图所示,在杆件的斜截面 $m\text{-}m$ ($\alpha=45°$) 上,任一点 A 处的总应力 $p=120\text{MPa}$,其方位角 $\theta=15°$,试求该点处的正应力 σ 与切应力 τ。

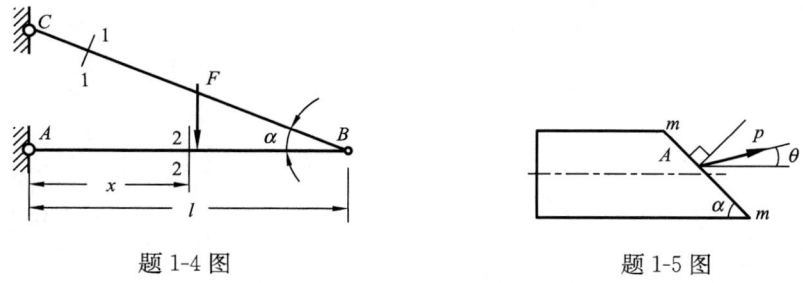

题1-4图　　　　　　　　题1-5图

1-6 题1-6图所示为材料力学实验中的拉伸试样,其上 A、B 两点间的距离 l 称为标距。受两端拉力作用后,用变形仪量出两点之间距离的增量为 $\Delta l=5\times10^{-2}\text{mm}$。若 l 的原长为 $l=100\text{mm}$,试求 A、B 两点间的平均应变。

1-7 题 1-7 图所示三角形薄板因受外力作用而变形,角点 B 垂直向上的位移为 0.03mm,但 AB 和 BC 仍保持为直线。试求沿 OB 的平均应变,并求 AB、BC 两边在点 B 的角度改变。

1-8 圆形薄板的半径为 R,如题 1-8 图所示,变形后半径 R 的增量为 ΔR。若 $R=80$mm,$\Delta R=3\times 10^{-3}$mm,试求沿半径方向和外圆圆周方向的平均应变。

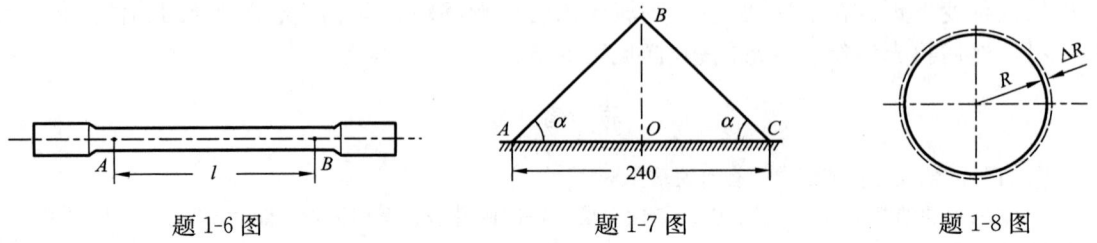

题 1-6 图　　　　　　　题 1-7 图　　　　　　　题 1-8 图

第 2 章　拉伸与压缩

2.1　轴向拉伸与压缩的概念

工程实际中,经常遇到承受轴向拉伸或压缩的杆件。例如,图 2-1(a)所示的钢木组合屋架的下弦杆和斜杆,图 2-1(b)所示的吊钩的杆身。

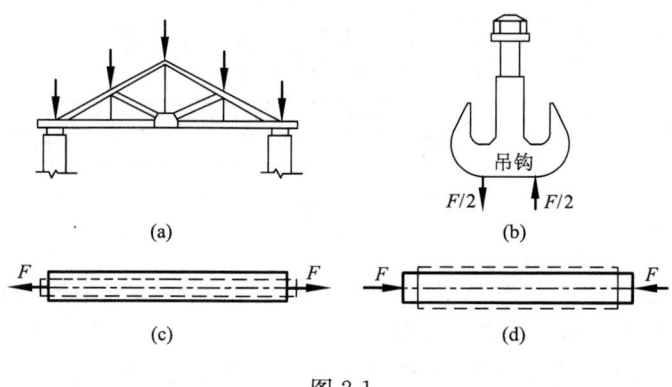

图 2-1

这类杆件受力和变形的共同特点是:作用在杆件上的外力作用线与杆件轴线重合,如图 2-1(c)、(d)所示,杆件的主要变形是沿轴线方向的伸长或缩短,故称为轴向拉伸或轴向压缩。这类杆件常称为拉杆或压杆。图 2-1(c)、(d)是将工程中各种拉杆、压杆的形状和受力情况进行简化后所得到的拉杆、压杆的受力图,也称计算简图。

2.2　横截面上的内力和应力

2.2.1　内力

构件未受外力作用时,其内部的各质点之间就存在着相互作用的力,一般称为内聚力。正是这些力的作用,才能维持构件一定的形状和尺寸。当受外力作用时,构件产生变形,使其内部各质点之间的相对位置发生变化,因而引起各相邻质点之间内聚力发生改变,这个改变量称为内抗力。显然内抗力是一个分布力系,其主矢和主矩就是材料力学中构件的内力。

因此,材料力学中的内力,是指外力作用下物体内部各部分之间相互作用力的改变量,所以是物体内部各部分之间因外力而引起的附加相互作用力,即"附加内力",它实际上是一个连续分布的内力系,而将分布内力系的合成(力或力偶)简称内力。这样的内力随外力的增加而加大,到达某一限度时就会引起构件破坏,因而它与构件的强度是密切相关的。

材料力学中的内力和静力学中的内力有本质的区别。材料力学中的内力是物体内部各部分之间的相互作用力的改变量。而理论力学中的内力则是在研究物体系平衡时各个物体之间的相互作用力,它相对于物体系这个整体来说是内力,但对于一个物体来说,就属于外力。

为了揭示在外力作用下构件所产生的内力,确定内力的大小和方向,通常采用截面法。

2.2.2 截面法 轴力及轴力图

图2-2(a)表示杆件在外力 F 作用下处于平衡状态。为求杆的任一横截面 $m\text{-}m$ 上的内力,可设想用一平面把杆件切开成两部分(图2-2(b)、(c)),任选一部分研究。由于杆件材料是均匀连续,所以截面 $m\text{-}m$ 上的内力也是连续分布的,该分布力系合力 F_N 就是要求的内力。

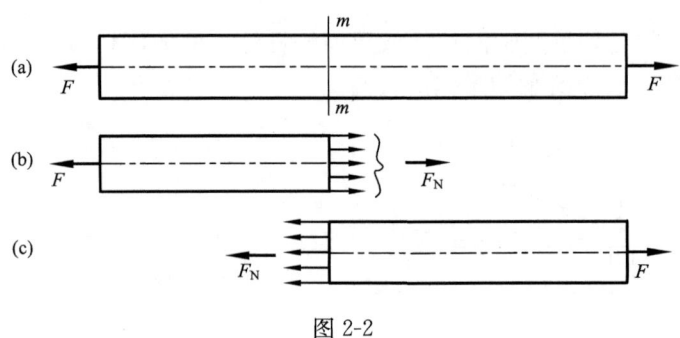

图2-2

由于杆件受力处于平衡,选取其中的一部分,在外力 F 和截面上内力 F_N 共同作用下也应处于平衡。利用平衡条件即可计算出内力。

以上所说,假想用平面将杆件截开,使截面上显示出内力,然后利用取出部分的静力平衡条件求出内力,这一方法称为**截面法**。应用截面法求内力的步骤:

(1) **截开** 欲求某一截面上的内力时,就沿该截面处假想地用平面将杆件截成两部分;

(2) **代替** 任选一部分作为研究对象,并弃去另一部分,把弃去部分对留下部分的作用力用内力来代替;

(3) **平衡** 建立选取部分的平衡条件,确定未知内力。

以图2-2(b)所示左段为研究对象,根据平衡条件

$$\sum F_x = 0, \quad F_N - F = 0$$

得

$$F_N = F$$

若取右段杆件为研究对象,可得到同样的结果。由于内力 F_N 的作用线与杆件的轴线相重合,所以称为**轴向内力**,简称**轴力**。

为了区别拉伸和压缩,对轴力 F_N 的正负号作如下规定:产生拉伸变形的轴力为正,称为拉力;产生压缩变形的轴力为负,称为压力。为了使由左部分和右部分的平衡条件所得的内力具有相同的正负号,规定内力必须设为正向,即必须设为拉力。

当杆件受多个轴向外力作用时,在杆件的不同截面上将有不同的轴力。在对杆件进行强度计算时,必须以杆内最大轴力 $F_{N\max}$ 为依据。杆件的轴力随截面位置的变化而变化的情形,可用图线表示,通常按一定比例尺,用平行于杆件轴线的坐标表示截面的位置,用垂直于杆件轴线的坐标表示截面上的轴力,从而绘出表示轴力与截面位置关系的图线,就是轴力图。

现举例说明内力的求法和轴力图的绘制。

例2-1 设一直杆沿轴线同时受 $F_1=2\text{kN}$、$F_2=3\text{kN}$ 和 $F_3=1\text{kN}$ 的作用,其作用点分别为 A、C、B,如图2-3(a)所示。求杆的内力,并作出轴力图。

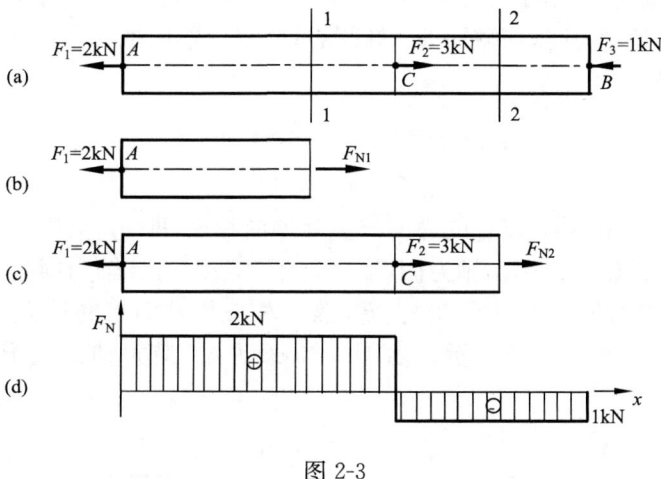

图 2-3

解：由于杆上有三个外力，因此，在 AC 和 BC 段横截面上有不同的内力。

（1）在 AC 段内任选一横截面 1-1。用假想截面截开并取左部分为研究对象，横截面上将右部分对左侧部分的作用力用内力 F_{N1} 代替，如图 2-3(b) 所示。由平衡方程

$$\sum F_x = 0, \quad F_{N1} - F_1 = 0$$

得
$$F_{N1} = F_1 = 2\text{kN}$$

（2）再在 BC 段内任选一横截面 2-2，用假想平面截开，取左侧部分为研究对象，2-2 截面上用内力 F_{N2} 代替右侧部分的作用，如图 2-3(c) 所示。由平衡方程

$$\sum F_x = 0, \quad -F_1 + F_2 + F_{N2} = 0$$

得
$$F_{N2} = F_1 - F_2 = -1\text{kN}$$

（3）根据轴力图的绘制方法绘制出 F_{N1} 和 F_{N2} 的轴力图，如图 2-3(d) 所示。

注意 在计算轴力过程中，横截面上的轴力设为正，计算结果为正，表示杆受拉力；计算结果为负，表示杆件受压力。

例 2-2 求图 2-4(a) 所示杆件各段的内力，并作出轴力图。

解：由于在杆的截面 B 和 C 处也作用有外力，因此，应分别计算 AB、BC 和 CD 三段杆的轴力。

（1）首先计算 AB 段的轴力，在截面 1-1 处假想地将杆段 AB 截开，取左段为研究对象，如图 2-4(b) 所示。由左段杆的平衡方程

$$\sum F_x = 0, \quad F_{N1} - 8 = 0$$
$$F_{N1} = 8\text{kN}$$

所得结果为正，说明所设的 F_{N1} 的正方向与实际方向一致，即 F_{N1} 为拉力。

（2）再计算 BC 段的轴力，在截面 2-2 处假想地将杆截开，取右段为研究对象，如图 2-4(c) 所示。由平衡方程

$$\sum F_x = 0, \quad -F_{N2} + 15 - 4 = 0$$

得
$$F_{N2} = 15 - 4 = 11(\text{kN})$$

所得结果为正,说明所设的 F_{N2} 的正方向与实际方向一致,即 F_{N2} 为拉力。

(3) 计算 CD 段的轴力时,在截面 3-3 处假想地将杆截开,取右段杆为研究对象,如图 2-4(d)所示,由平衡方程

$$\sum F_x = 0, \quad -F_{N3} - 4 = 0$$

得

$$F_{N3} = -4\text{kN}$$

所得结果为负,说明所设的 F_{N3} 的方向与实际方向相反,即 F_{N3} 为压力。

(4) 根据所求出的轴力绘制出轴力图,取平行于杆轴线的 x 轴为横坐标,x 值代表横截面的位置。取垂直于 x 轴的 F_N 轴为纵坐标,F_N 表示相应横截面上的轴力,向上为正。按适当比例尺绘制轴力图,如图 2-4(e)所示。由图 2-4(e)可见,最大轴力在 BC 段,其值为 $F_{N\max}=11\text{kN}$。

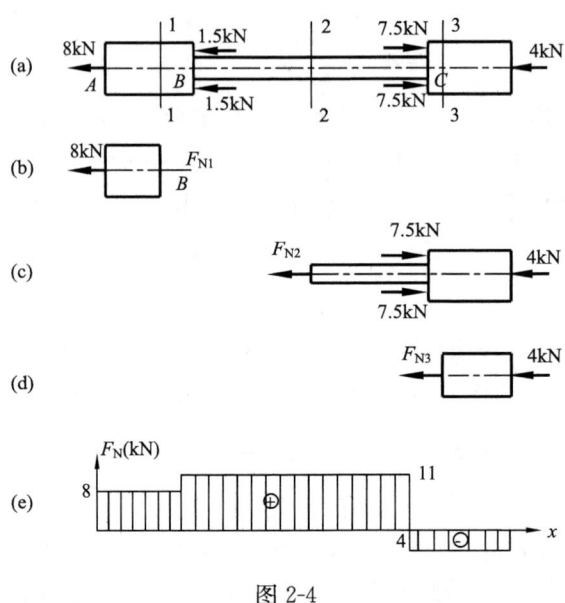

图 2-4

2.2.3 拉(压)杆横截面上的应力

在确定了拉压杆的内力以后,还不能解决构件的强度问题。例如,粗细两根绳子,起吊同样重量的物体,细的一根更容易被拉断,可见强度问题除与内力有关外,还与构件的横截面面积有关。为了表示物体内某点处内力分布的强弱程度,消除截面面积大小的影响,必须研究构件在外力作用下的内力的分布集度,即应力。

在拉压杆的横截面上,与轴力 F_N 对应的应力是正应力 σ。根据连续性假设,横截面上的内力分布是连续的。若以 A 表示横截面面积,则微分面积 dA 上的内力元素 σdA 组成一个垂直于横截面的平行力系,其合力就是轴力 F_N。即

$$F_N = \int_A \sigma dA$$

只有知道了横截面上应力的分布情况后,才能求出 σ。为了找出内力在截面上的分布规律,必须通过实验中观测到的变形现象,做出有关变形情况的假设,然后导出应力的计算公式。

取一圆截面的等直杆,事先在它的表面画出表示杆横截面的圆周线 ab、cd 及平行杆轴的纵向直线 ef、gh(图 2-5(a))。然后加轴向拉力 F,杆即发生变形,在杆表面可以观测到以下现象:

(1) 圆周线 ab、cd 分别移到 $a'b'$、$c'd'$ 的位置,但仍保持为直线(图 2-5(a)中虚线),并且仍然互相平行及垂直于杆轴。

(2) 纵向直线 ef、gh 分别移到 $e'f'$、$g'h'$ 的位置,但仍保持与杆轴平行(图 2-5(a)中虚线)。

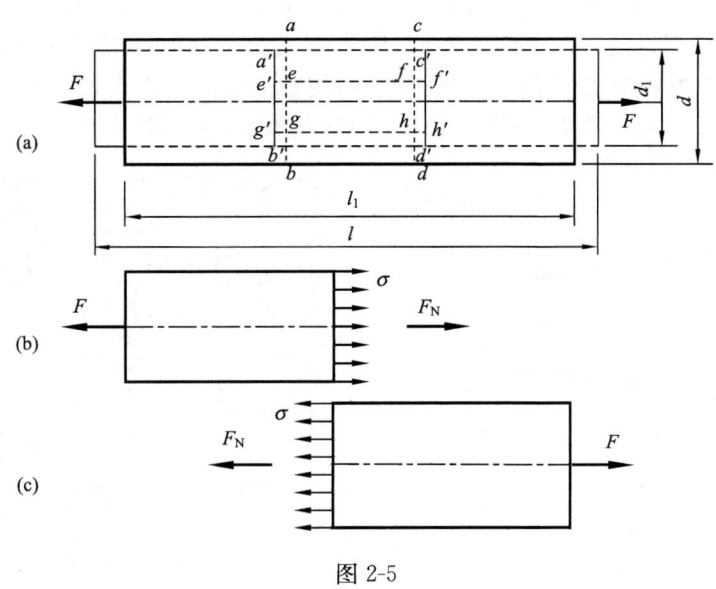

图 2-5

根据以上现象,推断杆的内部变形与其表面相同,从而作出一个重要假设,即:杆的横截面,在变形前与变形后都保持为平面,并且与杆的轴线垂直。此假设称为**平面假设**。

根据平面假设,可把杆看成是由很多纵向纤维所组成,当杆受拉时,所有的纵向纤维都均匀地伸长,即在横截面各点处变形完全相同。因为内力是随着变形同时产生的,故横截面上的内力也是均匀分布的。由此可知,杆横截面上各点的内力分布集度是相同的,即在杆横截面上各点的正应力 σ 都相等(图 2-5(b)、(c))。

对于轴向拉伸或压缩,其横截面上的轴力 F_N 已由截面法求出,根据静力学关系,F_N 和正应力 σ 之间的关系为

$$F_N = \oint_A \sigma dA$$

式中,A 为横截面的面积。由于正应力 σ 在横截面上是均匀分布的,则

$$F_N = \sigma \oint_A dA = \sigma A$$

即

$$\sigma = \frac{F_N}{A} \tag{2-1}$$

这就是拉压杆横截面上的正应力公式。式(2-1)要求外力合力与杆件轴线重合,这样才能保证

各纵向纤维变形相等,横截面上的正应力均匀分布。

当截面尺寸沿轴线变化时(图 2-6),只要变化缓慢,外力与轴线重合,式(2-1)仍可使用,只是把它写成

$$\sigma(x) = \frac{F_N(x)}{A(x)}$$

式中,$\sigma(x)$、$F_N(x)$ 和 $A(x)$ 表示这些量都是横截面位置(坐标 x)的函数。

实验指出,在外力作用点附近,杆横截面不能保持为平面,如图 2-7 所示,应力分布不均匀,则不能用上述正应力公式。那么距离力作用点多远才适用呢?为此提出了**圣维南原理**:"距外力作用部位相当远处,应力分布与外力作用方式无关,只与同等效力有关。"这里的相当远,根据经验和某些精确计算,可以大致认为是指横截面距离作用点长度相当于横截面尺寸的情况,即在距力作用点的距离大于横截面尺寸的区域内式(2-1)才适用。

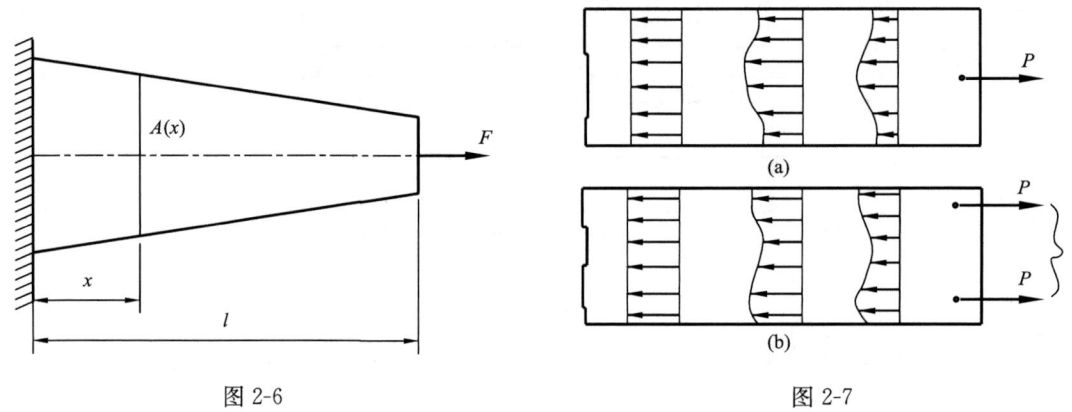

图 2-6   图 2-7

例 2-3 图 2-8 为一吊车起重架简图,杆 1 为直径 $d=25$mm 的钢杆,杆 2 为型号 14 的工字钢,已知吊重 $P=35$kN,试求各杆横截面上的应力。

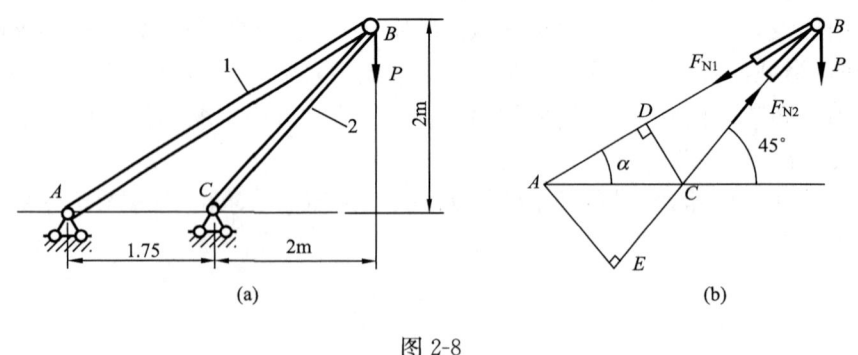

图 2-8

解:(1) 求各杆的轴力。

取节点 B 为研究对象,设杆 1 的轴力为拉力 F_{N1},杆 2 的轴力为压力 F_{N2},如图 2-8(b)所示。由平衡方程

$$\sum M_C = 0, \quad F_{N1} \times \overline{CD} - P \times 2 = 0$$

即

$$F_{N1} \times \overline{AC}\sin\alpha - 2P = 0$$

$$F_{N1} \times 1.75 \times \frac{2}{\sqrt{3.75^2 + 2^2}} - 2 \times 35 = 0$$

得 $\quad F_{N1} = 85 \text{kN}(拉)$

又 $\quad \sum M_A = 0, \quad F_{N2} \times \overline{AE} - P \times 3.75 = 0$

即 $\quad F_{N2} \times 1.75\cos 45° - 35 \times 3.75 = 0$

得 $\quad F_{N2} = 106 \text{kN}(压)$

（2）求各杆横截面上的应力。

AB 杆的应力为

$$\sigma_{AB} = \frac{F_{N1}}{A_1} = \frac{85 \times 10^3}{\frac{\pi}{4} \times 25^2} = 173 (\text{MPa})$$

查表得型号 14 的工字钢横截面面积为 $A_2 = 21.5 \text{cm}^2$，因此 BC 杆的应力为

$$\sigma_{BC} = \frac{F_{N2}}{A_2} = \frac{106 \times 10^3}{21.5 \times 10^2} = 49.3 (\text{MPa})$$

2.3 斜截面上的应力

除了直杆轴向拉（压）时横截面上的应力，其他截面上的应力如何？最大正应力、最大切应力发生在哪个截面上？这些都是强度计算必须弄清楚的问题。

设直杆所受的轴向外力为 F（图 2-9(a)），横截面面积为 A，轴力为 F_N，由式(2-1)，杆中段各横截面的应力为

$$\sigma = \frac{F_N}{A} = \frac{F}{A} \tag{a}$$

设与横截面成 α 角的斜截面 m-m_1 的面积为 A_α，它与 A 的关系为

$$A_\alpha = \frac{A}{\cos\alpha} \tag{b}$$

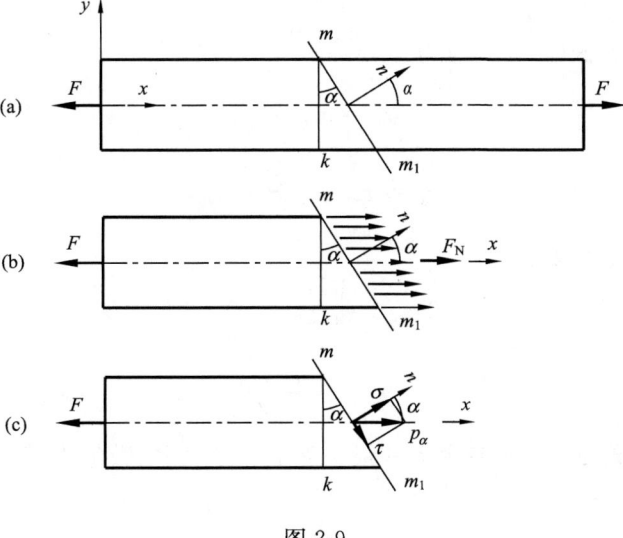

图 2-9

若沿斜截面 m-m_1 假想地把杆分为两部分,研究其左段(图 2-9(b))。由平衡条件可知斜截面上只能有通过杆轴的内力 F_α,且 $F_\alpha = F$。

仿照证明横截面上应力均匀分布的方法也可得出斜截面上应力均匀分布的结论。若以 p_α 表示斜截面 m-m_1 上的总应力,于是有

$$p_\alpha = \frac{F_\alpha}{A_\alpha} = \frac{F}{A_\alpha}$$

将式(b)代入上式,得

$$p_\alpha = \frac{F}{A}\cos\alpha = \sigma\cos\alpha \tag{c}$$

把应力分解为垂直于斜截面的正应力 σ_α 和平行于斜截面应力 τ_α(图 2-9(c)),则

$$\sigma_\alpha = p_\alpha\cos\alpha = \sigma\cos^2\alpha \tag{2-2}$$

$$\tau_\alpha = p_\alpha\sin\alpha = \sigma\cos\alpha\sin\alpha = \frac{1}{2}\sigma\sin2\alpha \tag{2-3}$$

以上公式是在直杆受轴向拉伸的情况下得到的,显然对于受轴向压缩的直杆也适用。

关于 σ_α、τ_α 及 α 的符号规定如下:

(1) 正应力 σ_α 以拉应力为正,压应力为负。

(2) 剪应力 τ_α 以绕隔离体内任一点顺时针转向为正,反之为负。

(3) 从 x 轴起至截面的外法线 n 所成的角 α 以逆时针转向为正,反之为负。

从式(2-2)及式(2-3)可以看出,σ_α 和 τ_α 都是 α 角的函数,斜截面的方位不同,截面上的应力也可能不同。

由式(2-4)及式(2-5)可得出以下几个结论:

(1) 在 $\alpha = 0$ 的截面上 σ_α 达到最大值,即

$$\sigma_\alpha = \sigma = \sigma_{\max}, \quad \tau_\alpha = 0$$

即直杆受轴向拉伸时,横截面上正应力最大。

(2) 在 $\alpha = 90°$ 的截面上,其应力

$$\sigma_\alpha = 0 = \sigma_{\min}, \quad \tau_\alpha = 0$$

即在拉杆的纵截面上没有应力。

(3) 在 $\alpha = 45°$ 的斜截面上,其应力

$$\sigma_\alpha = \sigma_{45°} = \frac{\sigma}{2} \tag{2-4a}$$

$$\tau_\alpha = \tau_{45°} = \frac{\sigma}{2} = \tau_{\max} \tag{2-4b}$$

在 $\alpha = -45°$ 的截面上,其应力

$$\sigma_\alpha = \sigma_{-45°} = \frac{\sigma}{2} \tag{2-5a}$$

$$\tau_\alpha = \tau_{-45°} = -\frac{\sigma}{2} = \tau_{\min} \tag{2-5b}$$

即在 $+45°$ 和 $-45°$ 的截面上分别有最大和最小剪应力,它们的数值为横截面的正应力之半。

2.4 材料在拉伸时的力学性能

材料力学性能主要是指材料受力后所表现出来的变形、破坏等方面的特性。认识材料的力学性能主要是依靠试验的方法。

当对拉压杆受外力作用时的应力情况有初步了解后,再讨论承受的应力同材料的破坏或失效有什么关系。在室温下,以缓慢平稳的加载方式进行试验,称为常温静载试验,是测定材料力学性能的基本实验,它的意义不仅限于拉压本身,还在于对各种复杂变形形式都可以应用。

2.4.1 材料的拉伸试验

因为材料的某些性能与试件的尺寸及形状有关。所以,为了使试验结果能够相互比较,在做拉伸试验时必须先将材料按照国家标准做成标准试件,如图 2-10 所示。若试件中部等截面段的直径为 d,试件中段用来测量变形的工作长度为 l(称为标距),则 $\frac{l}{d}$ 的比值通常采用以下两种:$l=10d$ 和 $l=5d$。

拉伸或压缩试验主要采用两类设备。一类是用来使试样发生变形(伸长或缩短)并测定其抗力的万能试验机;另一类是用来测定试样变形的变形仪,将微小的变形放大,能在所需的精度范围内量测试样的变形。

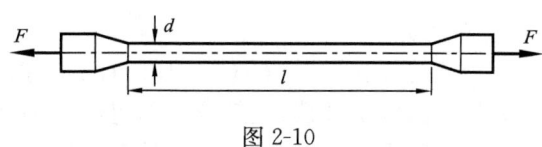

图 2-10

通常在实验室内所进行的拉伸或压缩试验,是常温静载下的试验,在此条件下所得的材料的力学性能,即称为常温、静载下材料在拉伸或压缩时的力学性能。

试验时,将试件装入试验机的夹头内。开动试验机对试件施加拉力 F,其大小可由试验机的测力装置读出来。当荷载从零缓慢增加时,试件逐渐增长,标距段的伸长 Δl 可用测量变形的仪器测得。

工程上常用的材料品种很多,下面以低碳钢和铸铁为主要代表,介绍材料拉伸时的力学性能。

2.4.2 低碳钢在拉伸时的力学性能

通过拉伸试验,我们可以获得材料的许多重要的力学性质。低碳钢是指含碳量在 0.3% 以下的碳素钢。由于低碳钢在拉伸试验中所反映出来的力学现象较为全面,它又是工程中使用较为广泛的材料,因此首先研究低碳钢在拉伸时的力学性能。

1. 拉伸图　应力-应变图

把试样装在试验机上,受到缓慢加载的拉力作用。对应着每一个标距 l 有一个伸长量 Δl。取拉力 F 为纵坐标,伸长量 Δl 为横坐标,由试验过程中得到的一系列数据可画出 F-Δl 曲线(图 2-11),此曲线即为试件所承受外力与发生的伸长变形间的关系曲线,称为拉伸图。

显然,拉伸图中 F 与 Δl 的对应关系与试件的尺寸有关。例如,如果标距 l 增大,则由同一荷载 F 引起的伸长量 Δl 也要变大。因此,为了消除试件尺寸的影响,如实地反映材料本身的力学性能,通常用正应力 $\sigma=\dfrac{F_N}{A}$(A 为试件变形前的横截面面积)为纵坐标,而以应变 $\varepsilon=\dfrac{\Delta l}{l}$ 为横坐标,将拉伸图改画成 σ-ε 曲线图(图 2-12),称为应力-应变图。它的形状与拉伸图相似。

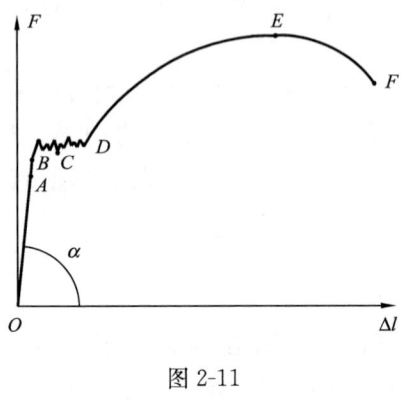

图 2-11

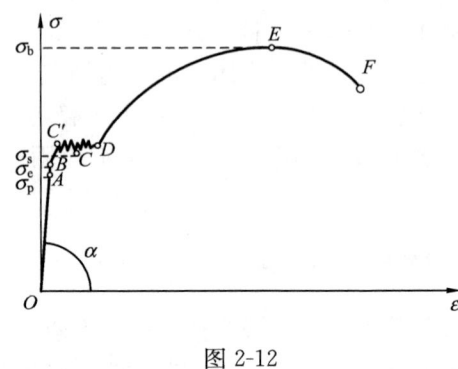

图 2-12

2. 变形发展的四个阶段

图 2-12 是低碳钢在拉伸时的应力-应变图。从图上可以看出材料在拉伸时的变形过程。

1) 弹性阶段

应力-应变曲线上的 OB 段为材料的弹性阶段。在此阶段内,可以认为变形是完全弹性的。如果在试件上加载,使其应力不超过与 B 点对应的应力 σ_e,然后再卸载,则应力-应变曲线仍沿着 OB 退回到原点,表示变形完全消失。试件能恢复到原状,说明在这个阶段内只产生弹性变形。这个阶段称为弹性阶段。与这段曲线的最高点 B 相对应的应力值 σ_e 称为材料的弹性极限,它是卸载后试件上不产生塑性变形的最大应力值。

在弹性阶段内,曲线上有一段是直线 OA,它表示应力与应变成正比关系。过 A 点后应力-应变曲线开始微弯,表示应力与应变不再成正比。A 点所对应的应力值 σ_p,即应力与应变成正比关系的最高应力值称为比例极限。低碳钢的比例极限在 200MPa 左右。

另外,由应力-应变曲线能够看出,在比例极限范围内,OA 直线的斜率 $\tan\alpha=\dfrac{\sigma}{\varepsilon}=E$ 是一个常数,它就是材料的弹性模量。因此,材料的弹性模量可以通过拉伸试验来测得。

弹性极限 σ_e 和比例极限 σ_p 两者的意义虽然不同,但由试验结果表明,它们的数值很接近,很难严格区分。

2) 屈服阶段

在应力超过弹性极限 σ_e 以后,σ-ε 曲线逐渐变弯。到达点 C 后,应变迅速增加,在应力-应变图上呈现出接近于水平的"锯齿"形,说明应力在很小的范围内波动,而应变急剧的增加。这时材料好像对外力屈服一样,所以称为屈服阶段。

在屈服阶段内,对应于点 C 的应力(在发生屈服而力首次下降前所对应的最高点)称为上屈服强度,对应于点 C'(不计初始瞬时效应时的最低应力)的应力称为下屈服强度,试验指出,上屈服强度的数值受加载速度等因素的影响较大,而下屈服强度值则较稳定,通常取下屈服强度作为材料的屈服极限,用 σ_s 表示。低碳钢的屈服极限是 240MPa 左右。

在屈服阶段内,材料的应力几乎不增加,但应变迅速增加,材料暂时失去抵抗变形的能力。如果试件表面光滑,则应力达到屈服极限后,就会在其表面出现许多倾斜的条纹,这些条纹与试件轴线的夹角接近 45°,称为滑移线,如图 2-13 所示。滑移线是由于材料内部的晶格间发生相互滑移引起的,晶格间的滑移是产生塑性变形的根本原因。

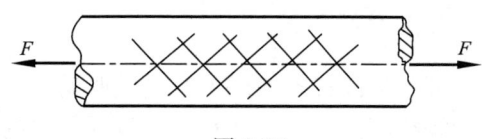

图 2-13

在应力达到屈服阶段以后,若卸荷载载,则试件存在显著的残余变形。由于工程中一般不允许构件出现塑性变形,所以通常规定钢材的最大工作应力不能到达屈服极限。

3) 强化阶段

经过屈服阶段后,材料内部的组织结构发生了变化,使材料重新产生了抵抗变形的能力,故 σ-ε 曲线又继续上升,到达点 E 时,与它对应的应力达到最大值。材料经过屈服阶段后抗力增加的现象称为材料的强化,这个阶段(DE)称为强化阶段。对应于最高点 E 的应力称为强度极限,用 σ_b 表示。

4) 颈缩阶段

材料强化到达最高点之后,试件不断伸长,它的各横截面的直径不断缩小,然后在一较弱的横截面处显著变细,出现"颈缩"现象,在这之前,试件在整个标距内的变形是均匀的,但一开始颈缩后,"颈"部就急剧地缩细伸长,同时荷载急剧下降,很快达到 σ-ε 曲线的终点 F,试件突然断裂。上述每一个阶段都是由量变到质变的过程。其中弹性极限 σ_e 表示材料的弹性范围,而比例极限 σ_p 是材料服从胡克定律、应力-应变呈线性关系的极限应力值。σ_s 表示材料开始进入塑性变形,σ_b 表示材料最大抵抗力,因此 σ_s、σ_b 是衡量材料强度的重要指标。

3. 塑性指标

试件断裂后,变形中的弹性变形部分随荷载的消失而消失,但塑性变形保留了下来。工程中用试件拉断后遗留下来的变形情况来表示材料的塑性性能。常用的塑性指标有两个:一个是延伸率 δ,一个是截面收缩率 ψ。

把拉断的试件拼合在一起,量出断裂后的标距长度 l_1 和断裂处的最小横截面积 A_1(图 2-14),然后分别用下式计算:

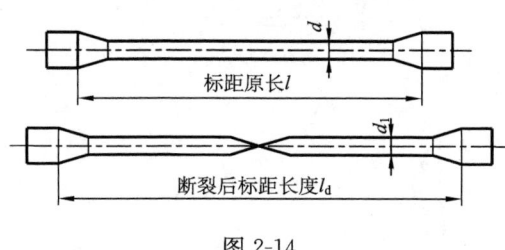

图 2-14

$$\delta = \frac{l_1 - l}{l} \times 100\% \quad (2\text{-}6)$$

$$\psi = \frac{A - A_1}{A} \times 100\% \quad (2\text{-}7)$$

式中,l 为试件标距的原长;l_1 为试件断裂后的标距长度;A 为试件原来的横截面面积;A_1 为试件断裂后断口处的最小横截面面积。

δ 和 ψ 都表示材料直到拉断时所能达到的最大变形。δ、ψ 值越大,说明材料的塑性越好。故 δ、ψ 是衡量材料塑性的两个重要指标。在工程中一般把 δ>5% 的材料称为塑性材料,这种材料遭破坏时有显著的残余变形,如低碳钢、低合金钢都属于塑性材料。而像铸铁、砖石等,它们的延伸率都远小于5%,工程上把延伸率 δ<5% 的材料称为脆性材料。脆性材料遭破坏时只有极小的残余变形。

4. 冷作硬化

若对试件首先加载到超过屈服阶段后的某一应力值(图 2-15 中点 G),然后停止加载,并开始卸载,在卸载过程中,可观察到材料的应力-应变曲线沿着几乎与 OB 平行的直线 GO_1 返回到 ε 轴上的点 O_1,荷载全部卸掉后,应力-应变曲线回到点 O_1,这一试验结果表明,到达强化阶段后试件的变形包括了弹性变形和塑性变形两部分:图中 O_1O_2 所代表的弹性应变 ε_e 在卸载后消失了;而 OO_1 所代表的塑性应变 ε_p 则遗留下来。

在首次卸载完毕后,若立即进行第二次加载,则应力-应变曲线将沿 O_1G 发展,到点 G 即折向 GEF,好像没有经过 $GO_1 \to O_1G$(卸载、加载)过程一样。但在第二次加载中,弹性极限却提高到相应与点 G 的应力。这种不经过热处理,只是冷拉到强化阶段的某一应力值后就卸载,以此来提高材料的弹性极限的方法,叫做冷作硬化。但应指出,冷作硬化虽提高了强度指标,但减少了 OO_1 所代表的塑性应变,也就是说降低了塑性。

如果在第一次卸载后过几天再进行第二次加载,则应力-应变曲线将沿 O_1GHKM 发展,获得更高的强度指标,这种现象叫做冷拉时效。在土建工程中对钢筋的冷拉,就是利用这一现象。但是钢筋冷拉后其抗压的强度指标并不提高,所以在钢筋混凝土中,受压的钢筋不需要冷拉。

2.4.3 其他塑性材料拉伸时的力学性能

工程上常用的塑性材料,除低碳钢外,还有中碳钢、高碳钢、合金钢、铝合金、青铜等。为了便于比较,图 2-16 中将几种塑性材料的应力-应变曲线画在同一坐标系内。从图上可以看出,有些材料与低碳钢一样有明显的四个阶段,如锰钢(16Mn);有些材料没有明显的屈服阶段,但其他三个阶段却很明显,如黄铜(H62);有些材料没有屈服阶段和局部变形阶段,只有弹性阶段和强化阶段,如高碳钢(T10A)。

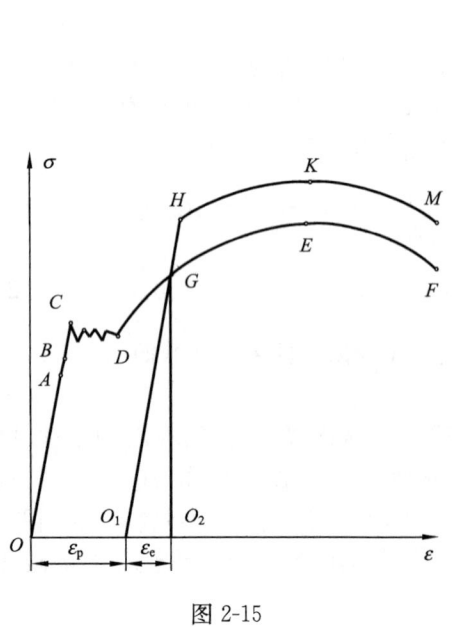

图 2-15

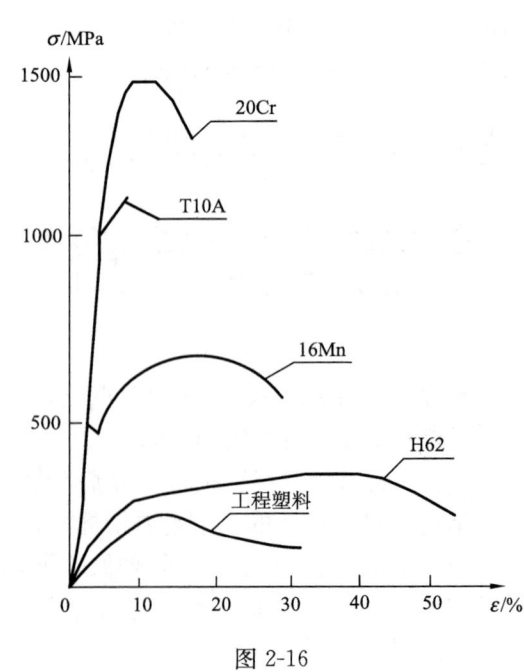

图 2-16

对于没有明显屈服阶段的塑性材料,通常以产生 0.2% 的塑性应变所对应的应力值作为屈服极限,称为条件屈服极限,用 $\sigma_{0.2}$ 表示(在拉伸试验最新标准中,此值用 $\sigma_{0.2}$ 表示,称为规定残余伸长应力),如图 2-17 所示。

2.4.4 铸铁拉伸时的力学性能

灰口铸铁拉伸时的应力-应变关系是一微弯曲线,如图 2-18 所示,没有明显的直线部分。拉断前无屈服现象,拉断时变形很小,只有 0.4%～1.0% 的伸长率。所以灰口铸铁是典型的脆性材料。灰口铸铁被拉断时的最大应力即为其强度极限。因为没有屈服现象,强度极限 σ_b 是衡量强度的唯一标准。

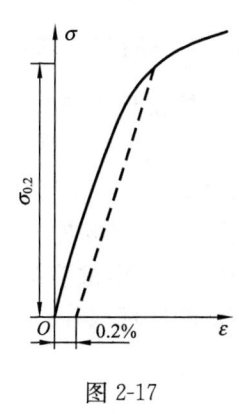

图 2-17

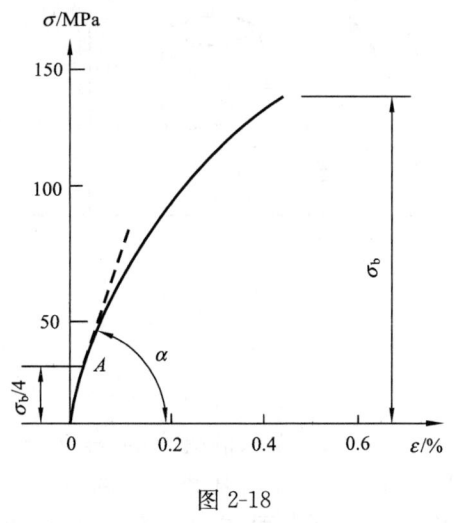

图 2-18

由于铸铁拉伸时没有明显的直线部分,工程上将原点 O 同 $\frac{1}{4}\sigma_b$ 处的点 A 连接成割线(见图 2-18 中的虚线),以此割线的斜率求取铸铁的弹性模量,称为割线弹性模量,用 E 表示。

铸铁被拉断后,其断口为平面,且粗糙。说明是横截面上的正应力达到强度极限而拉断。

铸铁经球化处理成为球墨铸铁后,其力学性能有显著变化,不但有较高的强度指标,其 σ_b 可达 460MPa 以上,还有较好的塑性性能,其 δ 可达 15%。国内不少工厂成功地用球墨铸铁代替钢材制造曲轴、齿轮等零件。

2.5 材料在压缩时的力学性能

2.5.1 压缩试验

材料在压缩时的力学性能一般由压缩试验测定。压缩试验在常温静载条件下,在压力试验机或万能材料试验机上进行。压缩试验所用的金属试件是粗短的圆柱体,其高度为直径的 1～3 倍,以防止在试验中发生弯曲变形。对于混凝土、石料等脆性材料,常用立方体试件。

2.5.2 低碳钢在压缩时的力学性能

低碳钢是典型的塑性材料,压缩时的 σ-ε 曲线如图 2-19 所示。可以看出,在屈服以前与低碳钢拉伸时基本相同,而且 σ_b、σ_s、E 与拉伸时大致相等,屈服阶段以后,试件越压越扁,横截面面积不断增大,试件的抗压能力也不断增高,因此得不到压缩时的强度极限。

多数金属材料有类似于低碳钢的上述性能,所以塑性材料压缩时,在屈服阶段以前的特征值,如比例极限 σ_p,屈服极限 σ_s 及弹性模量 E 等,都可以用拉伸时的特征值。但也有一些金属,例如铬钼硅合金,在拉伸和压缩时的屈服极限并不相同,所以对这种材料就要做压缩试验,以确定其压缩屈服极限。又如某种铝合金在压缩时也能压断。

2.5.3 铸铁在压缩时的力学性能

铸铁是典型的脆性材料,在压缩时的 $\sigma\varepsilon$ 曲线如图 2-20 所示。图中没有直线部分。

铸铁压缩试件在纵向应变大约为 5% 时发生突然破裂,破坏面与试件轴线大约为 $45°\sim 55°$ 的倾角。由于破坏面上的剪应力比较大,所以试件的破坏形式属于剪断。铸铁的抗压强度极限 σ_b 为它的抗拉强度极限的 $4\sim 5$ 倍。又因铸铁易于浇铸成形状复杂的零件,且坚硬耐磨和价格低廉,故广泛应用于铸造机床床身、机座、缸体及轴承支座等主要受压的零部件。因此,铸铁的压缩试验与拉伸试验一样重要。

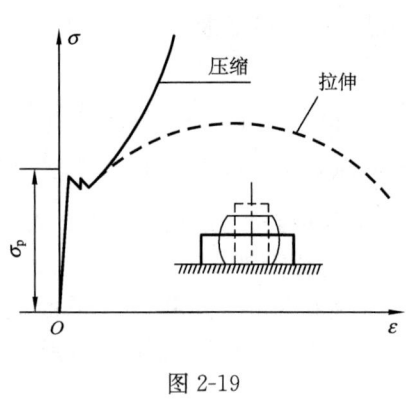

图 2-19

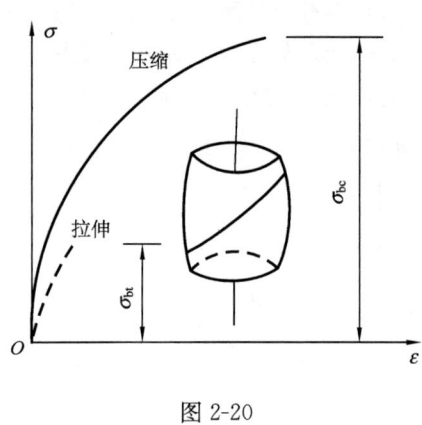

图 2-20

2.5.4 其他脆性材料在压缩时的力学性能

工程上常用的脆性材料还有混凝土和天然石料等。图 2-21 表示混凝土的 $\sigma\varepsilon$ 曲线,可见混凝土的抗压强度极限要比其抗拉强度极限大 10 倍左右。混凝土在压缩试验时的破坏形式与两端面所受摩擦力的大小有关。一种是试件两端面加润滑剂从而减少摩擦力,压坏时是沿纵向开裂(图 2-22(a));另一种试件两端面不加润滑剂,由于摩擦阻力大,压坏时是靠近中间剥落而形成两个锥截体(图 2-22(b))。表 2-1 列出了部分材料的一些力学性能。

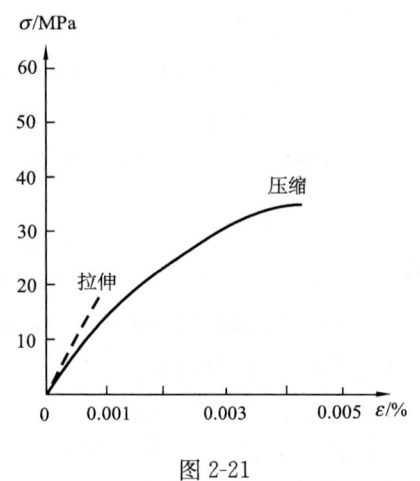

图 2-21

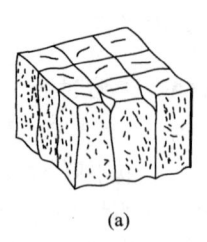
(a)

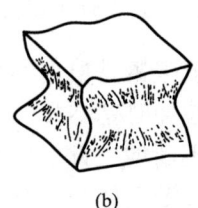
(b)

图 2-22

表 2-1 部分材料的主要力学性能

材料名称	牌号	屈服极限 σ_s/MPa	强度极限 σ_b/MPa	延伸率 δ/%
普通碳素钢	Q235	200～240	330～470	25～27
	Q275	260～280	450～620	19～21
优质碳素钢	45	350	600	16
	50	370	630	14
低合金钢	12Mn	270～290	430～440	19～21
	16Mn	270～340	470～510	19～21
合金钢	20Cr	540	830	10
	40Cr	790	980	9
	50MnZ	790	930	9
球墨铸铁	QT400-10	250	400	10
	QT450-5	310	450	5
	QT600-2	370	600	2
灰铸铁	HT150		拉 100～270 压 640	
	HT300		拉 260～290 压 1090	

2.6 失效、安全系数和强度计算

2.6.1 失效

在介绍材料力学性能的基础上,现在讨论轴向拉伸和压缩时杆件的强度计算问题。材料发生破坏时的应力称为极限应力,用 σ_u 表示。对塑性材料,当应力达到屈服极限 σ_s 时,构件会产生显著的塑性形变,影响其正常工作,通常称为塑性失效。一般认为这时材料已经破坏,因而把屈服极限 σ_s 作为材料的极限应力。对脆性材料,直到断裂也无明显的塑性形变,断裂是脆性材料破坏的唯一标识,因而断裂时的强度极限 σ_b 就是脆性材料的极限应力。

2.6.2 安全系数

构件正常工作时其应力必须低于极限应力,原因是:

(1) 构件所承受的荷载不可能计算得很精细,或有偶然的超载。

(2) 对构件进行力学分析和计算时,往往要经过一定的简化,不能完全反应实际情况,所得应力只是近似的。

(3) 实际构件的材料不可能完全均匀连续,存在着由各种因素引起的缺陷,使得构件材料的极限应力与用试件测得的统计平均值 σ_s 或 σ_b 存在一定的差异。

(4) 构件在工作过程中可能受到磨损和腐蚀,使构件中的应力增加。

因此,构件的最初设计应力一定要低于极限应力。

考虑上述情况,构件需要有一定的安全储备和补偿。强度计算中,把极限应力 σ_u 除以一个大于 1 的系数,并将所得结果称为许用应力,用 $[\sigma]$ 表示,即

$$[\sigma] = \frac{\sigma_u}{n} \tag{2-8}$$

式中，n 为安全系数，大于 1。它是为了最大限度地保证构件安全，防止不利因素造成意外危害而设立的。

对塑性材料，其许用应力为

$$[\sigma] = \frac{\sigma_s}{n_s} \text{ 或} [\sigma] = \frac{\sigma_{0.2}}{n_s}$$

对脆性材料，其许用应力为

$$[\sigma] = \frac{\sigma_b}{n_b}$$

式中，n_s 和 n_b 分别是塑性材料和脆性材料的安全系数。

安全系数的确定是比较复杂的问题，要同时考虑构件安全和经济合理两个方面，一般按以下几点确定安全系数：

(1) 材料的品质，包括材质和均匀度，是塑性材料还是脆性材料等；
(2) 荷载情况，包括对荷载估计的正确程度，是静荷载还是动荷载等；
(3) 构件的计算简图和计算方法的精确程度；
(4) 构件在设备中的工作条件和重要性，损坏后造成后果的严重程度，制造和修配难易程度；
(5) 对减轻设备自重和提高设备机动性的要求。

安全系数和许用应力的常见取值，国家标准或有关手册中均有明确规定。目前在机械制造中，在静荷载情况下，塑性材料的安全系数可取 $n_s = 1.5 \sim 2.5$，脆性材料的安全系数可取 $n_b = 2 \sim 3.5$，对于特别重要的构件的安全系数可取 $n = 3 \sim 9$。

2.6.3 强度计算

为了确保轴向拉压时，构件有足够的强度，把许用应力作为构件实际工作应力的最高限度，即要求构件的工作应力不得超过材料的许用应力。于是，轴向拉压时，构件的强度条件为

$$\sigma_{max} = \frac{F_{Nmax}}{A} \leqslant [\sigma] \tag{2-9}$$

根据上述强度条件，可以解决三种类型的强度计算问题：

(1) 强度校核。若已知构件尺寸、荷载大小和材料的许用应力，即可用强度条件验算构件是否满足强度要求。

(2) 设计截面。若已知构件承受的荷载及许用应力，可把强度条件改写成

$$A \geqslant \frac{F_{Nmax}}{[\sigma]}$$

由此可以确定构件所需的横截面面积。

(3) 确定许用荷载。若已知杆件尺寸和材料的许用应力，可将强度条件改写成

$$F_{Nmax} \leqslant [\sigma] A$$

由此可以确定构件所能承担的最大轴力，进而确定构件的许用荷载。下面举例说明强度计算的方法。

例 2-4 图 2-23 所示铸铁等直杆，已知许用拉应力 $[\sigma_t] = 30\text{MPa}$，许用压应力 $[\sigma_c] = 100\text{MPa}$。试画出轴力图，并选择正方形截面边长 a。

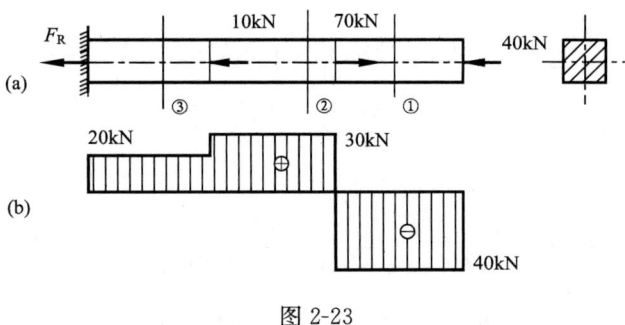

图 2-23

解：对于悬臂杆件，可取含自由端部分为研究对象，在①、②、③段内分别用截面法，并根据平衡条件，求得轴力为

$$F_{N1} = -40\text{kN}, \quad F_{N2} = 30\text{kN}, \quad F_{N3} = 20\text{kN}$$

轴力图如图 2-23(b)所示，可知最大拉应力发生在②段，而最大压应力发生在①段，应用强度条件

$$\sigma_{tmax} = \frac{30 \times 10^3}{a^2} \leqslant 30 \times 10^6 \text{Pa}, \quad a \geqslant 31.6 \times 10^{-3} \text{m} = 31.6 \text{mm}$$

$$\sigma_{cmax} = \frac{40 \times 10^3 \text{N}}{a^2} \leqslant 100 \times 10^6 \text{Pa}, \quad a \geqslant 20 \times 10^{-3} \text{m} = 20 \text{mm}$$

故应取正方形边长 $a = 32\text{mm}$。

例 2-5 悬臂吊车简图如图 2-24 所示，斜杆 AB 为直径 $d = 20\text{mm}$ 的钢杆，其许用应力$[\sigma]$ = 150MPa，荷载 $P = 15\text{kN}$。当 P 移到点 A 时，校核 AB 杆的强度。

解：当荷载移到点 A 时，斜杆 AB 受到的拉力最大，设其值为 F_{Nmax}。根据横梁(图 2-24(c))

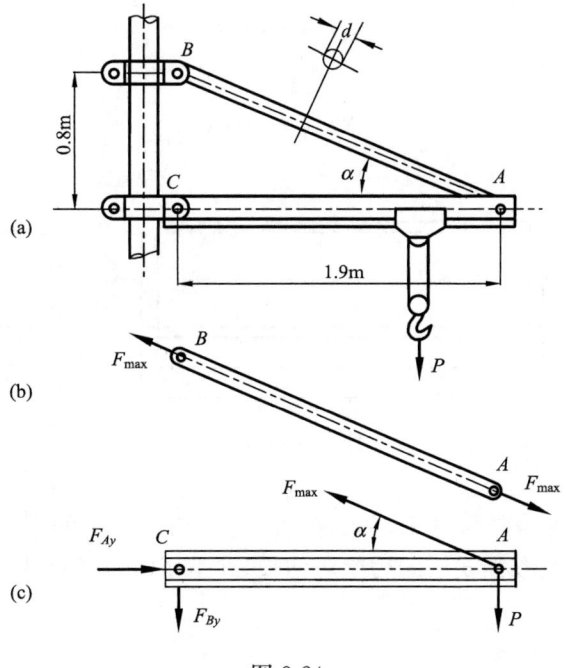

图 2-24

的平衡,对 C 点取矩

$$\sum M_C = 0, \quad F_{Nmax}\sin\alpha \cdot AC - P \cdot AC = 0$$

有

$$F_{Nmax} = \frac{P}{\sin\alpha}$$

由三角形 ABC 求出

$$\sin\alpha = \frac{BC}{AB} = \frac{0.8\text{m}}{\sqrt{(0.8\text{m})^2 + (1.9\text{m})^2}} = 0.388$$

故有

$$F_{Nmax} = \frac{P}{\sin\alpha} = \frac{15\text{kN}}{0.388} = 38.7\text{kN}$$

斜杆的轴力为

$$F_N = F_{Nmax} = 38.7\text{kN}$$

则斜杆横截面上的应力为

$$\sigma = \frac{F_{Nmax}}{A} = \frac{38.7 \times 10^3 \text{N}}{\frac{\pi}{4} \times (20 \times 10^{-3}\text{m})^2} = 123 \times 10^6 \text{Pa} = 123\text{MPa} < [\sigma]$$

说明强度足够。

2.7 轴向拉伸或压缩时的变形、胡克定律

1. 线应变

当杆件受轴向拉伸或压缩时,由实验可观察到杆件长度和宽度都发生变化。轴向拉伸杆,纵向伸长而横向缩短;轴向压缩杆,纵向缩短而横向增大。

以轴向拉伸为例来说明杆的变形。图 2-25 所示一拉杆,原长为 L_0,宽度为 b_0。受拉力作用后,长度由 L_0 变为 L_1,宽度由 b_0 变为 b_1。杆沿纵向的伸长为

$$\Delta L = L_1 - L_0 \tag{2-10}$$

沿横向的缩短为

$$\Delta b = b_1 - b_0 \tag{2-11}$$

称 ΔL、Δb 为绝对变形。

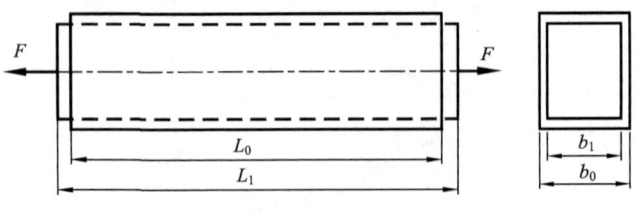

图 2-25

杆的绝对变形与杆原来的尺寸 L_0、b_0 有关。为了消除尺寸的影响,我们用单位长度的伸长和缩短来度量杆件的变形程度。即用绝对伸长 ΔL 除以原来的长度,用绝对缩短 Δb 除以原来的宽度,得

$$\varepsilon = \frac{\Delta L}{L_0} \tag{2-12}$$

$$\varepsilon' = \frac{\Delta b}{b_0} \tag{2-13}$$

称 ε 为轴向线应变(轴向相对变形),ε′为横向线应变(横向相对变形)。

轴向拉伸时杆的轴向线应变 ε 为正值,而横向线应变 ε′为负值。

轴向压缩时杆的轴向线应变 ε 为负值,而横向线应变 ε′为正值。

这说明杆的轴向线应变 ε 与横向线应变 ε′的符号始终相反。线应变是一个没有量纲的量。

2. 胡克定律

实验证明,工程上使用的许多材料(如碳素钢、合金钢等),受拉伸和压缩时,当应力不超过某一数值时,其变形与轴力 F_N 及杆件的原长 L 成正比,与杆的横截面面积 A 成反比,即

$$\Delta L \propto \frac{F_N L}{A}$$

引入比例常数 E,得

$$\Delta L = \frac{F_N L}{EA} \tag{2-14}$$

这一结论称为胡克定律。式中的比例常数 E 称为拉压弹性模量,它表示材料的弹性性质,可以通过实验测出来。一般钢材的拉压弹性模量相同。低碳钢的弹性模量约为 210GPa,E 的单位与应力单位相同。

当杆件为变截面杆或轴力随横截面位置变化时,A 或 F_N 成为横截面位置的函数,这时杆件的变形为

$$\Delta L = \int_l \frac{F_N(x)}{EA(x)} dx \tag{2-15}$$

由式(2-14)可以看出,EA 越大则变形越小,故 EA 称为抗拉(压)刚度。式(2-14)可改写为

$$\frac{\Delta L}{L} = \frac{1}{E} \cdot \frac{F_N}{A}$$

由此式可以计算杆件的变形量。因为 $\frac{\Delta L}{L}$ 为杆件内任一点处的线应变 ε,$\frac{F_N}{A}$ 为杆件横截面上的应力 σ,于是得到胡克定律的另一种表达形式

$$\varepsilon = \frac{1}{E}\sigma \tag{2-16}$$

或

$$\sigma = E\varepsilon \tag{2-17}$$

3. 泊松比

实验结果表明,当拉杆或压杆的应力不超过材料的比例极限时,其横向应变 ε_1 与纵向应变 ε 之比的绝对值为一常数。此比值称为泊松比或横向变形系数,用 μ 表示,即

$$\mu = \left| \frac{\varepsilon'}{\varepsilon} \right| \tag{2-18}$$

或

$$\varepsilon' = -\mu\varepsilon \tag{2-19}$$

将 $\varepsilon = \dfrac{\sigma}{E}$ 代入上式得

$$\varepsilon' = -\mu\dfrac{\sigma}{E} \tag{2-20}$$

由式(2-20)可看到杆的横向应变也与应力成正比。只是横向应变为负值。泊松比 μ 是一个无量纲的量,它是材料的另一种弹性常数。对于各向同性材料,有了弹性模量 E 和泊松比 μ,材料的弹性性质就可以确定。μ 值也需通过实验测得。

表 2-2 给出了一些常用材料的 E 和 μ 的值。

表 2-2　材料的拉、压弹性模量 E 及泊松比 μ

材料	E/GPa	μ
碳钢	196～206	0.24～0.28
合金钢	186～216	0.24～0.33
铸铁	113～157	0.23～0.27
球墨铸铁	157	0.25～0.29
铜及合金	73～157	0.31～0.42
铝及合金	71	0.33
木材:顺纹	9.8～11.8	—
木材:横纹	0.49	—
混凝土	15～36	0.16～0.18
橡胶	0.078	0.47

例 2-6　图 2-26(a)所示支架,杆 1、2 材料为钢质,$E=200\text{GPa}$,横截面面积 $A_1=200\text{mm}^2$,$A_2=250\text{mm}^2$,杆 1 长 $l_1=2\text{m}$。试求 $P=10\text{kN}$ 时,杆 1、2 的应力和节点 A 的位移。

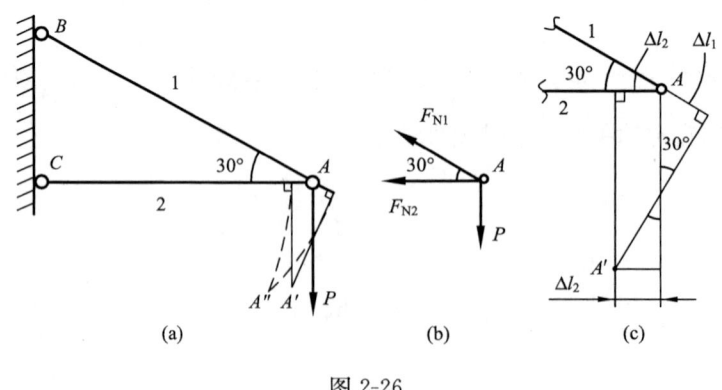

图 2-26

解:(1) 求轴力。
由点 A 的平衡方程(图 2-26(b))可得

$$F_{N1} = \frac{P}{\sin 30°} = 2P = 20\text{kN} \quad (拉)$$

$$F_{N2} = -F_{N1} \cdot \cos 30° = -1.73P = -17.3\text{kN} \quad (压)$$

(2) 求应力。

$$\sigma_{AC} = \frac{F_{N1}}{A_1} = \frac{20 \times 10^3 \text{N}}{200 \times 10^{-6} \text{m}^2} = 100 \times 10^6 \text{Pa} = 100\text{MPa}$$

$$\sigma_{BC} = \frac{F_{N2}}{A_2} = \frac{17.3 \times 10^3 \text{N}}{250 \times 10^{-6} \text{m}^2} = 69.2 \times 10^6 \text{Pa} = 69.2\text{MPa}$$

(3) 计算各杆变形。

$$\Delta l_1 = \frac{F_{N1} l_1}{E A_1} = \frac{20 \times 10^3 \text{N} \times 2\text{m}}{200 \times 10^9 \text{Pa} \times 200 \times 10^{-6} \text{m}^2} = 1 \times 10^{-3} \text{m} = 1\text{mm}(伸长)$$

$$\Delta l_2 = \frac{F_{N2} l_2}{E A_2} = \frac{17.3 \times 10^3 \text{N} \times 2 \times \cos 30° \text{m}}{200 \times 10^9 \text{Pa} \times 250 \times 10^{-6} \text{m}^2} = 6 \times 10^{-4} \text{m} = 0.6\text{mm}(缩短)$$

(4) 求点 A 位移。

变形后的点 A 是以点 B 为圆心,以 $(l_1 + \Delta l_1)$ 为半径所作圆弧,与以点 C 为圆心,以 $(l_2 + \Delta l_2)$ 为半径所作圆弧的交点 A''。因为 Δl_1 和 Δl_2 与原杆长相比非常小,即小变形,所以可采用近似的方法——切线代圆弧,交于点 A'。因此 A 点的水平位移和垂直位移分别为(图 2-26(c))

$$x_A = \Delta l_2 = 0.6\text{mm}$$

$$y_A = \frac{\Delta l_1}{\sin 30°} + \frac{\Delta l_2}{\tan 30°} = 3.04\text{mm}$$

因而点的总位移

$$\Delta_A = \sqrt{x_A^2 + y_A^2} = \sqrt{0.6^2 + 3.04^2} = 3.1(\text{mm})$$

以上采用的求变形的方法为**几何法**。

2.8 轴向拉伸或压缩的变形能

2.8.1 应变能和功能原理

当物体在外力作用下发生弹性变形时,其内部将积蓄有能量。例如拧紧钟表发条时,发条发生变形,在放松复原过程中,它带动齿轮系和指针转动,此时发条做功了。这说明拧紧的发条具有做功的本领,其内部必然积蓄有能量。通常将这种伴随有弹性变形而积蓄在物体内部的能量称为应变能。下面研究作用在弹性体上的外力所做的功与其内部所积蓄的应变能在数量上的关系。

以直杆受拉(压)时的弹性变形能计算为例,设受拉杆件上端固定(图 2-27(a)),作用于下端的拉力 F 缓慢地由零增加到 F,杆件伸长由零增加到 Δl。当杆内应力小于比例极限时,拉力 F 与伸长量 Δl 的关系图是一条斜直线,如图 2-27(b)所示。在逐渐加力过程中,当拉力为 F_1 时,杆件的伸长量为 Δl_1,当再增加拉力 $\mathrm{d}F_1$ 时,杆件相应的伸长增量为 $\mathrm{d}(\Delta l_1)$,于是,已经作用在杆件上的 F 力在位移 $\mathrm{d}(\Delta l_1)$ 上做的功为

$$\mathrm{d}W = F_1 \mathrm{d}(\Delta l_1)$$

在图 2-27(b)中,微功 $\mathrm{d}W$ 用画阴影线的微分面积表示。从杆开始受拉到伸长为 Δl 这个

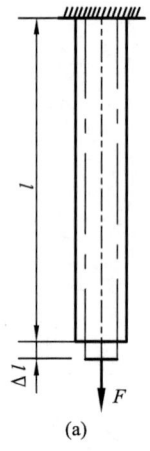
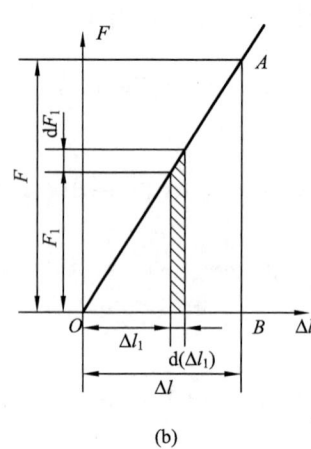

图 2-27

过程中,外力所做的功为

$$W = \int_0^{\Delta l} dW = \int_0^{\Delta l} F_1 d(\Delta l_1)$$

若杆的横截面抗拉刚度为 EA,由胡克定律,可得

$$\Delta l_1 = \frac{F_1 l}{EA}$$

代入上式积分并简化后,可得

$$W = \frac{1}{2} F \Delta l$$

上式表明,外力做的功等于拉伸图(图 2-27)中三角形 OAB 的面积。

应注意:由于推导时应用了胡克定律,以上公式的适用条件是杆内应力不超过材料的比例极限。若杆内产生的热能及杆的动能略去不计,根据功能原理,杆内所储存的弹性变形能 U 等于外力 F 所做的功 W,即

$$U = W = \frac{1}{2} F \Delta l$$

因 $\Delta l = \frac{Fl}{EA}$,故

$$U = \frac{1}{2} F \Delta l = \frac{F^2 l}{2EA} = \frac{EA(\Delta l)^2}{2l} \quad (2\text{-}21)$$

上式表明,在比例极限以内,拉杆或压杆的弹性变形能是荷载或伸长的二次函数,且恒为正。

对于受轴向拉(压)的杆件,各点的受力及变形是均匀的,因此用杆的体积 V 除变形能 U,即得单位体积的变形能

$$u = \frac{U}{V} = \frac{F \Delta l}{2Al} = \frac{1}{2} \sigma \varepsilon \quad (2\text{-}22)$$

u 称为比能或能密度。由胡克定律 $\sigma = E\varepsilon$,代入公式(2-22)可得

$$u = \frac{1}{2} \sigma \varepsilon = \frac{\sigma^2}{2E} = \frac{1}{2} E \varepsilon^2$$

比能的单位是焦耳/米³,记为 J/m^3。

2.8.2 算例

例 2-7 一结构如图 2-28(a)所示,已知两杆长度均为 l,横截面的抗拉(压)刚度为 EA。试求在 P 力作用下节点 A 的位移。

解:因为外力做功等于结构内所积蓄的应变能,即

$$U = W \qquad\qquad (a)$$

由对称关系知,点 A 只有铅垂位移,设为 δ,则 P 力所做的功为

$$W = \frac{1}{2} P \delta \qquad\qquad (b)$$

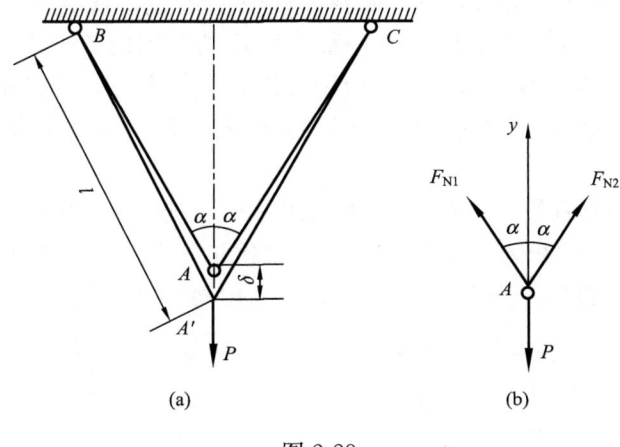

图 2-28

取节点 A 为研究对象(图 2-28(b)),由平衡方程 $\sum F_y = 0$ 可得两杆的内力为

$$F_{N1} = F_{N2} = \frac{P}{2\cos\alpha} = F_N \tag{c}$$

又由式(2-21),两杆所积蓄的变形能为

$$U = 2\frac{F_N^2 l}{2EA} = \frac{F_N^2 l}{EA}$$

即

$$U = \frac{\left(\frac{P}{2\cos\alpha}\right)^2 l}{EA} = \frac{P^2 l}{4EA\cos^2\alpha} \tag{d}$$

将式(d)代入式(b),得

$$\frac{P\delta}{2} = \frac{P^2 l}{4EA\cos^2\alpha}$$

由此得节点 A 的位移为

$$\delta = \frac{Pl}{2EA\cos^2\alpha}$$

从本例可看出,利用变形能可计算在单一荷载作用下荷载作用点沿荷载作用方向的位移。

2.9 拉伸、压缩超静定问题

在某些问题中,作用于物体上的未知力(指支承反力和杆的内力),由静力平衡方程即可求得的,称为**静定问题**;如果作用于物体上的未知力,不能仅由静力平衡方程求得,就称为**超静定问题**。因此,超静定问题的特点是未知力的个数多于静力平衡方程的个数。

在超静定问题中,都存在多余维持平衡方程所必需的支座或杆件,习惯上称其为"多余"约束。由于多余约束的存在,未知力的数目必然多于独立平衡方程的数目。未知力数超过平衡方程的数目称为超静定次数。与多余约束相应的支反力或内力,习惯上称为多余未知力。因此,超静定的次数就等于多余约束或多余未知力的数目。

对于超静定问题,除了静力方程外还要找出一些补充方程,使这两类方程的个数与未知力的个数相等,才能求解。列出补充方程时,一般先利用结构的变形协调条件,写出各杆变形之间的几何方程,然后考虑材料的物理方面,应用弹性变形与力之间的关系,把变形用力表示出来,这样就将几何方程变成包含有已知力、未知力、一些几何尺寸以及表示材料性质的弹性模量的补充方程了。

例 2-8 重物 Q 悬挂在图 2-29(a)所示的三根杆上。假定:中间一根是铜杆,旁边两根是钢杆;中间铜杆的横截面面积为 A_3,其长为 l_3,弹性模量为 E_3;两边两钢杆的横截面面积为 $A_1=A_2$,其长为 $l_1=l_2$,弹性模量为 $E_1=E_2$。若边杆与中间杆的夹角为 α,求各杆的内力。

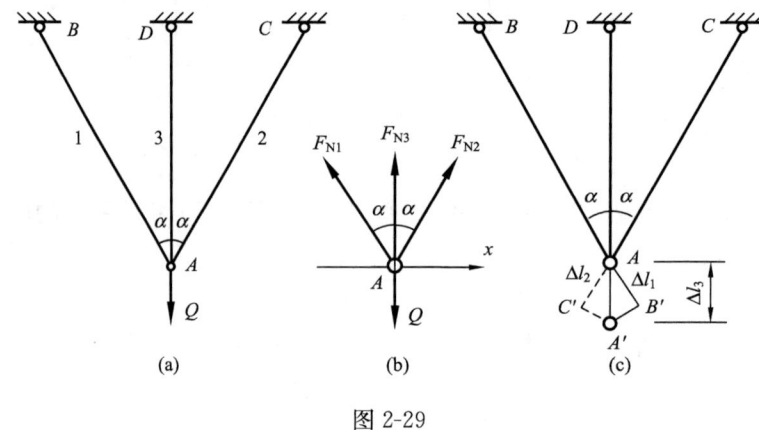

图 2-29

解:(1) 因三杆两端都是铰接,所以杆件只受轴向力的作用。设 F_{N1}、F_{N2} 与 F_{N3} 表示杆 1、杆 2 与杆 3 所受的力;并假定均为拉力。现在来研究点 A 的平衡(图 2-29(b))。

从静力学方面观察节点 A。这时,原作为杆件内力的轴向力 F_{N1}、F_{N2} 与 F_{N3} 已转化为外力了,所以,在确定图 2-29(b)所示的坐标轴后,就可根据静力平衡方程列出

$$\sum F_x = 0, \quad F_{N2}\sin\alpha - F_{N1}\sin\alpha = 0$$

$$\sum F_y = 0, \quad Q - F_{N3} - F_{N1}\cos\alpha - F_{N2}\cos\alpha = 0$$

由 $\sum F_x = 0$ 得 $F_{N2}=F_{N1}$,将它代入 $\sum F_y = 0$ 得到

$$F_{N3} + 2F_{N1}\cos\alpha = Q \tag{a}$$

上面是一个含有两个未知数的方程,所以仅靠静力学方面无法求得解答。

(2) 从几何方面现在我们来观察杆系的变化(图 3-29(c))。因为边杆 1 与 2 是同一材料制成,并对称地安装在两边,故其伸长必相等。如设各边杆的伸长为 $AB'=\Delta l_1$ 及 $AC'=\Delta l_2$,则分别以 B 及 C 为圆心、BB' 及 CC' 为半径作圆弧 $B'A'$ 及 $C'A'$ 相交于点 A',此 A' 就是铰点 A 的新位置。显然,A' 是在中间杆的延长线上;而 AA' 不但是中间杆的伸长 Δl_3,同时也是结构铰点 A 的总位移。因各杆的伸长相对于各杆来说一般较小,故把圆弧 $C'A'$ 看成直线段,并认为 $B'A'\perp BB'$ 及 $C'A'\perp CC'$。至此,观察图 2-29(c)可知:总位移在各边杆方向上的投影,就是各边杆的伸长;如果知道总位移在边杆上的投影,此总位移也不难画出来。从画有阴影的直角三角形得铜杆的伸长 Δl_3 与钢杆的伸长 Δl_1 之间的几何关系为

$$\Delta l_1 = \Delta l_3 \cos\alpha \tag{b}$$

此即变形协调条件。

（3）从物理方面看，由于各杆只受轴向力的作用，因此由胡克定律可得

$$\Delta l_1 = \frac{F_{N1} l_1}{E_1 A_1}, \quad \Delta l_3 = \frac{F_{N3} l_3}{E_3 A_3} \tag{c}$$

将式（c）代入式（b），得到方程

$$\frac{F_{N1} l_1}{E_1 A_1} = \frac{F_{N3} l_3}{E_3 A_3} \cdot \cos\alpha$$

即各杆的内力与其相对刚度成正比。

由于 $l_3 = l_1 \cos\alpha$，所以

$$F_{N1} = F_{N3} \cdot \frac{E_1 A_1}{E_3 A_3} \cdot \cos^2\alpha \tag{d}$$

由式（d）可将式（a）解出来，我们称（d）为未知数 F_{N1} 与 F_{N2} 的补充方程。

将式（d）改写成

$$\frac{\sigma_1}{\sigma_3} = \frac{E_1}{E_3} \cdot \cos^2\alpha$$

上式说明：①当角 α 为一定时，各杆应力与材料的弹性系数成正比；②各杆的应力与夹角 α 有关，随着角 α 的不同，各杆的应力也就有所变更。只有在安装结构构件时，使得角 α 取得下面的数值

$$\cos^2\alpha = \frac{[\sigma_1]}{[\sigma_3]} \cdot \frac{E_3}{E_1}$$

才能为杆选出这样的截面，使各杆内的应力都达到容许应力的数值。否则，杆件的截面面积，总避免不了有偏大的情况发生。

解联立方程（a）与（d），可得

$$F_{N3} + 2 F_{N3} \cdot \frac{E_1 A_1}{E_3 A_3} \cdot \cos^3\alpha = Q$$

由此得

$$F_{N3} = \frac{Q}{1 + 2 \cdot \frac{E_1 A_1}{E_3 A_3} \cdot \cos^3\alpha}$$

最后仍由式（d）得

$$F_{N1} = F_{N2} = \frac{Q \cdot \frac{E_1 A_1}{E_3 A_3} \cdot \cos^2\alpha}{1 + 2 \cdot \frac{E_1 A_1}{E_3 A_3} \cdot \cos^3\alpha}$$

例 2-9 一正方形钢筋混凝土柱子，如图 2-30(a) 所示，高为 h，截面每边长为 $a=40\text{cm}$，内有四根直径 $d=3\text{cm}$ 的钢筋。当柱子受轴向压力 P 时，混凝土中应力为 $\sigma_1 = 4\text{MPa}$，求 P 的大小，并问钢筋中应力为多大？假定钢筋和混凝土的弹性模量之比为 15。

解：设 P_1 为混凝土所受压力，如图 2-30(b)、(c) 所示，P_2 为钢筋所受压力，则

$$P_1 + P_2 = P \quad \text{或} \quad \sigma_1 A_1 + \sigma_2 A_2 = P \tag{a}$$

因两种材料缩短应相等，故

$$\frac{P_1 l}{E_1 A_1} = \frac{P_2 l}{E_2 A_2} \quad \text{或} \quad \frac{\sigma_1}{E_1} = \frac{\sigma_2}{E_2} \tag{b}$$

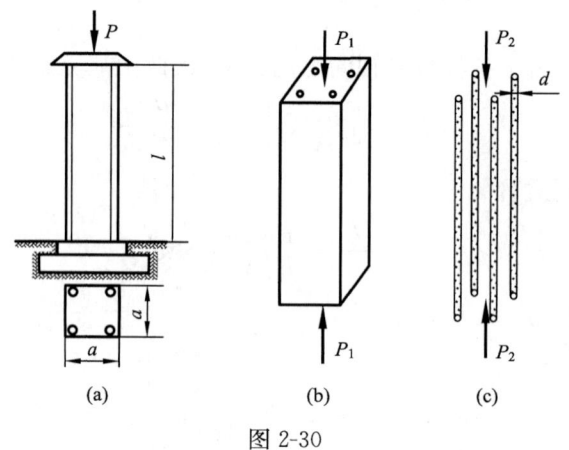

图 2-30

解式(a)、式(b)得

$$\sigma_1 = \frac{P}{A_1\left(1-\frac{E_2}{E_1}\cdot\frac{A_2}{A_1}\right)}, \quad \sigma_2 = \frac{P}{A_2\left(1+\frac{E_1}{E_2}\cdot\frac{A_1}{A_2}\right)}$$

现已知 $\sigma_1=4\text{MPa}$，根据式(b)可得

$$\sigma_2 = \sigma_1 \times \frac{E_2}{E_1} = 4\times 15 = 60(\text{MPa})$$

根据式(a)可得

$$P = 4A_1 + 60A_2 = 4\times\left(a^2-\frac{\pi}{4}d^2\right)+60\times 4\times\frac{\pi}{4}d^2 = 798(\text{kN})$$

2.10 温度应力和装配应力

2.10.1 温度应力

温度变化将引起物体的膨胀或收缩。静定结构可以自由变形，当温度均匀变化时，并不会引起构件的内力。但如超静定结构的变形会受到部分或全部约束，温度变化时往往要引起内力，因而在杆件内会产生应力，这种应力称为**热应力**或**温度应力**。

设有长度为 l 的等截面匀质杆件 AB，如图 2-31(a) 所示，在温度等于 t_0 时固定在两个距离不变的支座之间。当温度增加时，杆件将因支座的固定不动而无法伸长，从而受到压力 P 作用。很明显，如能求出这个力 P 的大小，则杆内因温度改变而产生的应力，就可用简单压缩的公式求得。

先设杆的一端是自由的（图 2-31(b)），以 α 代表材料的温度线膨胀系数，那么，当温度由 t_0 增加到 t 时，杆的绝对伸长为（图 2-31(b) 虚线部分）

$$\Delta l_t = \alpha l(t-t_0)$$

实际上，这种伸长是无法实现的，支座给予杆以压力 P，使杆缩短 Δl_P 的数值为

$$\Delta l_P = \frac{Pl}{EA}$$

与 Δl_t 相等，也就是

$$\Delta l_t = \Delta l_P$$

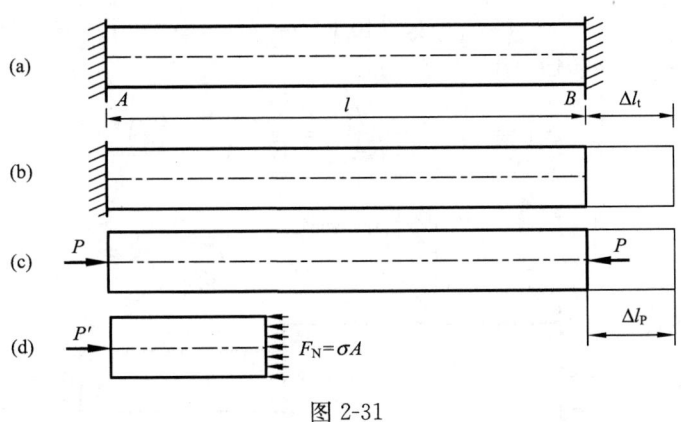

图 2-31

于是得压力 P 的计算公式为

$$P = \alpha E A(t - t_0) \tag{2-23}$$

压力求得后,利用截面法即可求出内力和应力。由静力平衡条件得

$$P + \sigma_t A = 0$$

所以

$$\sigma_t = -\frac{P}{A} = -\frac{\alpha E A(t - t_0)}{A} = \alpha E(t_0 - t) \tag{2-24}$$

上式即为温度应力的计算公式。

几种材料的线膨胀系数见表 2-3。

表 2-3　几种材料的线膨胀系数

材料名称	$\alpha/℃$
钢	12.5×10^{-6}
铜	16.5×10^{-6}
铸铁	10.4×10^{-6}
混凝土	12.4×10^{-6}
砖	9×10^{-6}

例 2-10　钢轨是在温度 20℃时接成的。当温度升高到 40℃时,在轨道内将有怎样的温度应力产生?设 $\alpha = 12.5 \times 10^{-6}/℃$,$E = 200\text{GPa}$。

解:由公式(2-24)得

$$\sigma_t = \alpha E(t_0 - t) = 12.5 \times 10^{-6} \times 200 \times 10^9 \times (20° - 40°) = -50(\text{MPa})$$

例 2-11　图 2-32 所示的阶梯钢杆,固定在两道坚硬的墙壁之间,当时温度为 $-10℃$,各段杆的长度和横截面面积如图所示,$A_1 = 16\text{cm}^2$,$A_2 = 4\text{cm}^2$,$l_1 = 40\text{cm}$,$l_1 = 30\text{cm}$,$\alpha = 12.5 \times 10^{-6}℃$,$E = 200\text{GPa}$。试计算当温度升高到 30℃时,杆内所引起的法向内力和法向应力。

解:对变截面杆不能利用公式;因为在各段内的法向力并不相同,其数值与各段的刚度有关。

当温度升高时,杆由于温度作用而产生的总伸长为

$$\Delta l_t = \alpha \cdot l(t - t_0)$$

式中
$$l = l_1 + l_2 = 40 + 30 = 70 (\text{cm})$$

由压力 P 的作用使杆缩短(图 2-32(b))

$$\Delta l_P = \frac{Pl_1}{EA_1} + \frac{Pl_2}{EA_2} = \frac{P}{E}\left(\frac{l_1}{A_1} + \frac{l_2}{A_2}\right)$$

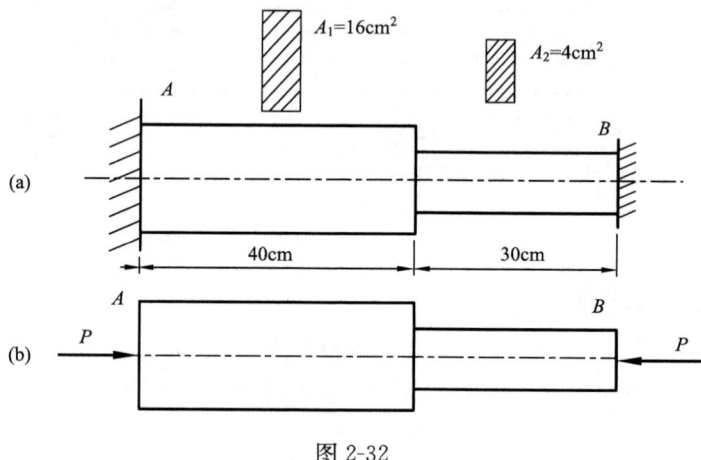

图 2-32

因为杆在实际上并不能伸长,所以有变形条件

$$\Delta l_t = \Delta l_P \text{ 或 } \alpha l(t - t_0) = \frac{P}{E}\left(\frac{l_1}{A_1} + \frac{l_2}{A_2}\right)$$

将各个数值代入上式,得

$$12.5 \times 10^{-6} \times 70 \times 10^2 \times [30 - (-10)] = \frac{P}{200 \times 10^9}\left(\frac{40 \times 10^{-2}}{16 \times 10^{-4}} + \frac{30 \times 10^{-2}}{4 \times 10^{-4}}\right)$$

由此求出作用于杆端的压力

$$P = 70 \text{kN}$$

任意截面上法向力 F_N 可由下式求得

$$\sum F_x = 0, \quad 70 + F_N = 0$$

故

$$F_N = -70 \text{kN}$$

杆左右两段内的应力为

$$\sigma_1 = \frac{F_N}{A_1} = -\frac{70 \times 10^3}{16 \times 10^{-4}} = -43.75 (\text{MPa})$$

$$\sigma_2 = \frac{F_N}{A_2} = -\frac{70 \times 10^3}{4 \times 10^{-4}} = -175.00 (\text{MPa})$$

从这个例题可以看到,因温度变化而发生的温度应力与各杆横向尺寸的绝对值有关。温度应力对结构强度的影响,应在设计时预先加以考虑。

2.10.2 装配应力

构件在制成后有微小的尺寸误差是常见的。对于静定问题,这种微小误差不会在构件内引起内力。但对于超静定问题,由于有了多余约束,情况就会不同。如图 2-33 所示,要将长度为 $L+\delta$ 的杆(δ 为一微小量)装入相距为 L 的两刚性支座 A、B 之间,则在装好后,杆必缩短了

δ。此时,刚性支座 A、B 必对该杆施加了轴向压力 P,从而在该杆内引起轴力(压力),相应地,杆内就有应力。这种因构件尺寸有微小误差而在装配后在杆内产生的应力称为**装配应力**。

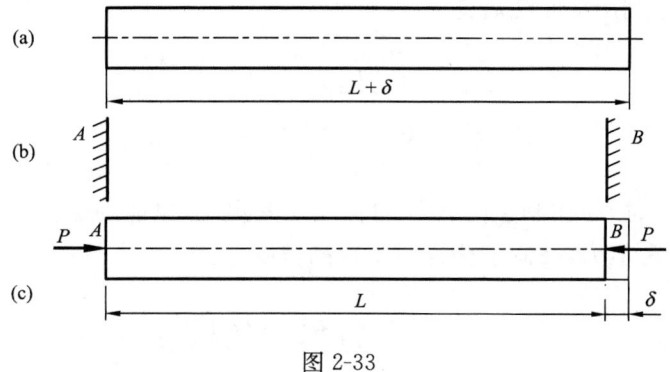

图 2-33

装配应力是构件在承受工作荷载以前就产生的,因而是一种初应力。这种应力的存在,有时是不利的,它会降低构件的承载能力,但有时也可以利用它达到一定目的。如预应力钢筋混凝土构件,就是利用装配应力来提高其承受荷载的能力的。

例 2-12 图 2-34(a)所示的杆,在制造时其长度比原来设计时的尺寸 70cm 短了 $\delta=0.03$cm。已知 $AC=40$cm,$CB=30$cm,$A_1=16$cm²,$A_2=4$cm²,$E=200$GPa。求将它两端拉紧正好安装在相距 70cm 的墙壁之间时,杆内所产生的应力。

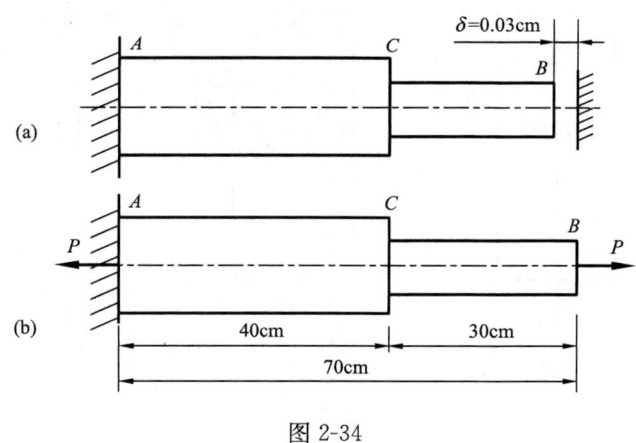

图 2-34

解:移去墙壁 B 并代以拉力 P,于是得到等效于拉紧安装在两道墙壁之间的受力情况。

因为制造不准确,杆件在安装好后需要拉长 $\delta=0.03$cm。这个伸长等于拉力作用于点时杆的总伸长

$$\Delta l_P = \frac{Pl_1}{EA_1} + \frac{Pl_2}{EA_2} = \frac{P}{E}\left(\frac{l_1}{A_1} + \frac{l_2}{A_2}\right)$$

故

$$\delta = \frac{P}{E}\left(\frac{l_1}{A_1} + \frac{l_2}{A_2}\right)$$

也就是

$$0.03 \times 10^{-2} = \frac{P}{200 \times 10^9} \times \left(\frac{40 \times 10^{-2}}{16 \times 10^{-4}} + \frac{30 \times 10^{-2}}{4 \times 10^{-4}}\right)$$

解得
$$P = 60\text{kN}$$
各段杆内的初应力在利用截面法后得
$$\sigma_1 = \frac{P}{A_1} = \frac{60 \times 10^3}{16 \times 10^{-4}} = 37.5(\text{MPa})$$
$$\sigma_2 = \frac{P}{A_2} = \frac{60 \times 10^3}{4 \times 10^{-4}} = 150.0(\text{MPa})$$

从本例可以看出，即使在制造时杆件的长度误差很小，也能在装配后引起相当大的初应力。因此，要消除装配应力，在制造构件时要提高精度。

2.11 应力集中的概念

等截面直杆受到轴向拉伸或压缩时，横截面上的应力是均匀分布的，有时构件因结构的需要必须有孔、轴肩、沟、槽等，使构件外形发生突变，在这些部位截面上的应力不均匀，且在局部区域应力急剧增大，这种因杆件外突然形变化，而引起局部应力急剧增大的现象，称为应力集中，如图 2-35(a)所示的带有半圆形切口和钻有圆孔的板条，受轴向拉力 P 作用时，在切口、孔口边缘附近的局部区域内，应力急剧增大，边缘处达到最大值 $\sigma_{\max}$。

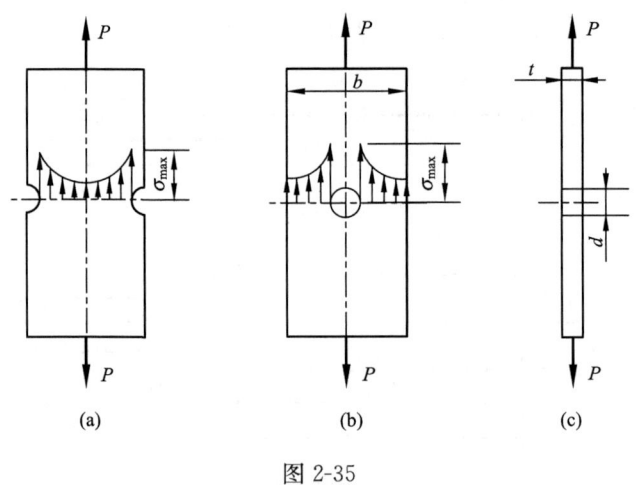

图 2-35

试验表明，截面尺寸改变的越急剧，角越尖，孔越小，局部出现的最大应力 $\sigma_{\max}$ 就越大。通常用最大局部应力 $\sigma_{\max}$ 与按削弱后的净面积 A_n 算得的平均应力 $\sigma_m = \dfrac{F_N}{A_n}$ 的比值来表示应力集中的程度，即

$$k = \frac{\sigma_{\max}}{\sigma_m} \tag{2-25}$$

式中，k 称为应力集中系数。它是一个大于 1 的系数。对于工程上各种典型的应力集中情况，如开孔、浅槽、螺纹等，其应力集中系数 k 可在有关的设计手册中查到。查出应力集中系数后，利用式(2-25)算得最大局部应力 $\sigma_{\max}$，即可进行强度计算。

另外，材料不同，对应力集中的敏感程度也不同。对塑性材料，如中、低碳钢等，由于在屈服阶段,当局部的最大应力 σ_{max} 达到屈服极限 σ_s 时,该处材料的变形可以继续增加,若继续加载,则其应力不增加,应变继续增大,而所增加的荷载将由其余部分的材料来承受,直至整个截面点处的应力都趋于屈服强度时,杆件才因屈服而丧失正常的工作能力。因此,由塑性材料制成的构件在静荷载下可以不考虑应力集中的影响。脆性材料由于没有屈服阶段,应力集中处的最大应力一直领先,直至达到强度极限,该处将首先产生裂纹。所以对脆性材料和塑性材料的高强度钢等,需考虑应力集中的影响。但对铸铁构件因其内部存在许多引起严重应力集中的因素(气孔、砂眼等),而构件外形的改变所引起的应力集中就可能成为次要因素,对构件的承载力不一定会造成明显的影响。

但在动荷载下,无论是塑性材料还是脆性材料,应力集中对构件的强度都有严重影响,往往是构件破坏的主要因素。

思 考 题

2-1 什么是平面假设?为什么推导轴向拉(压)杆的应力计算公式时必须先做这个假设?

2-2 静力学中的可传递性原理,在材料力学中什么情况下可以应用?什么情况下不能应用?

2-3 在轴向拉(压)杆中,发生最大正应力的横截面上,其剪应力等于零。在发生最大剪应力的截面上,其正应力是否也等于零?

2-4 已知低碳钢的比例极限 $\sigma_p=200\text{MPa}$,弹性模量 $E=200\text{GPa}$,现有一低碳钢试件,测得其应变 $\varepsilon=0.015$,是否可由 $\sigma=E\varepsilon$ 来计算其应力?为什么?

2-5 低碳钢在拉伸过程中表现为几个阶段?有几个特征点,各代表什么意义?

2-6 三种材料的应力-应变曲线如思考题2-6图所示,试问哪一种材料强度高?哪一种材料刚度大?哪一种材料塑性好?

2-7 指出下列概念的区别与联系。
(1) 比例极限与弹性极限;
(2) 极限应力与许用应力;
(3) 断后伸长率与纵向应变;
(4) 断面收缩率与横向应变。

2-8 经过冷作硬化的材料,在力学性能上有什么变化?在工程应用中有什么利弊?

2-9 什么是许用应力?什么是强度条件?利用强度条件可以解决哪些方面的问题?

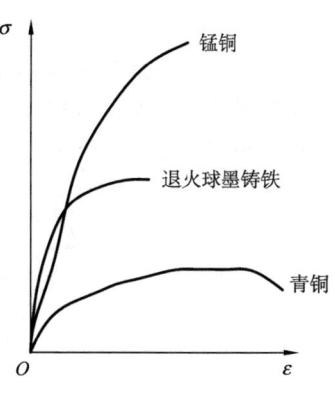

思考题 2-6 图

2-10 若不计自重,试指出思考题2-10图所示超静定结构次数。

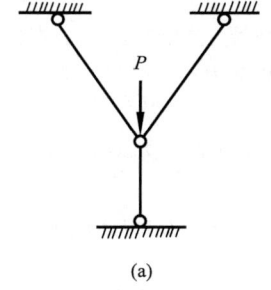

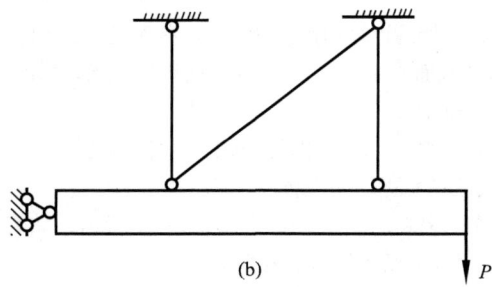

思考题 2-10 图

2-11 超静定结构中的温度应力和装配应力是否一定有害?试列举工程中应用装配应力的实例。

2-12 何谓应力集中？什么情况下产生应力集中？用塑性和脆性材料制成的构件，对应力集中有什么不同的反应？

习 题

2-1 试求题 2-1 图中各杆 1-1、2-2、3-3 截面上的轴力，并作轴力图。

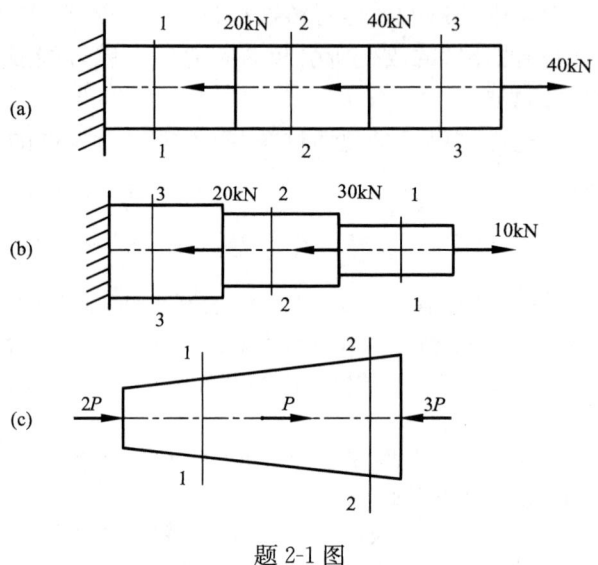

题 2-1 图

2-2 在题 2-1 图(b)中，如横截面面积 $A_1=200mm^2$，$A_2=300mm^2$，$A_3=400mm^2$，求杆横截面上的应力。

2-3 题 2-3 图所示中段开槽的杆件，两端受轴向荷载 P 作用，试计算截面 1-1 和 2-2 上的正应力。已知：$P=140kN$，$b=200mm$，$b_0=100mm$，$t=4mm$。

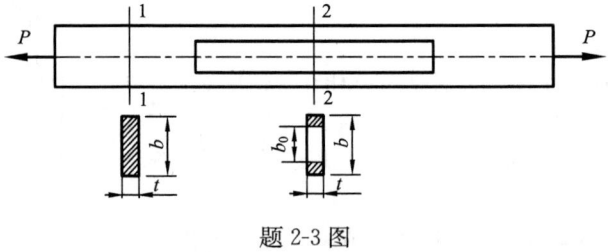

题 2-3 图

2-4 一混合屋架的计算简图如题 2-4 图所示，屋架的上弦用钢筋混凝土制成，下面的拉杆和中间竖向撑杆用角钢制成，其截面均为两个 $75\times8mm$ 的等边角钢，已知屋面承受集度为 $q=20kN/m$ 的竖直均布荷载，求拉杆 AE 和 EG 上的应力。

2-5 横截面面积 $A=2cm^2$ 的杆受轴向拉伸，力 $P=10kN$，求其法线与轴向成 30°及 45°斜截面上的应力 σ_a 及 τ_a，并问 τ_{max} 发生在哪一个截面。

2-6 用绳索起吊钢筋混凝土管子如题 2-6 图所示。如管子的重量为 $P=10kN$，绳索的直径 $d=40mm$，许用应力 $[\sigma]=10MPa$，试校核绳索的强度。

2-7 一块厚 10mm、宽 200mm 的钢板，其截面被直径 $d=20mm$ 的圆孔所削弱，圆孔的排列对称于杆的轴线，如题 2-7 图所示。现用此钢板承受轴向拉力 $P=200kN$，如材料的许用应力 $[\sigma]=170MPa$，试校核该钢板的强度。

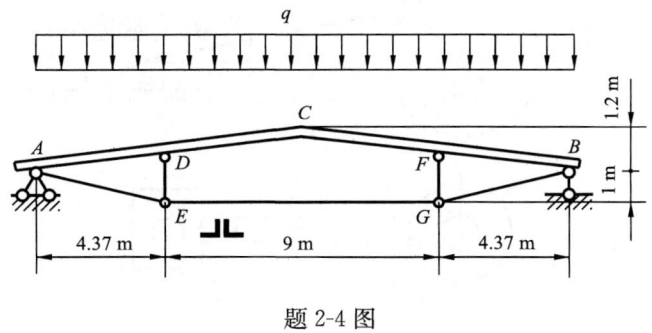

题 2-4 图

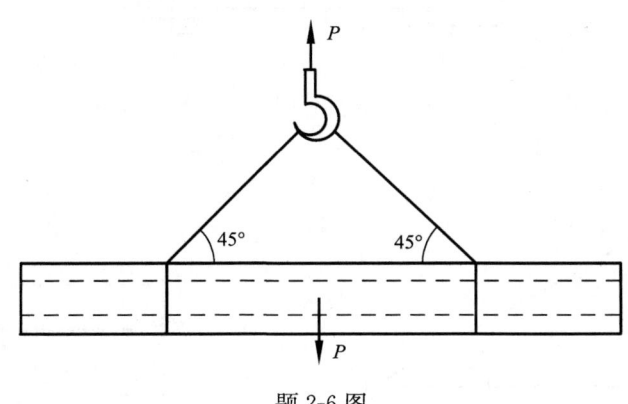

题 2-6 图

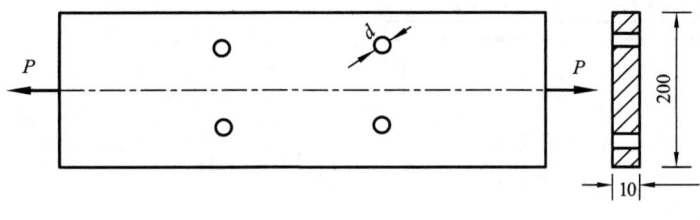

题 2-7 图

2-8 冷镦机的曲柄滑块机构如题 2-8 图所示。镦压工件时,连杆 AB 接近水平位置,承受的镦压力 $F=1100$kN。连杆是矩形截面,高度 h 与宽度 b 之比为 $\dfrac{h}{b}=1.4$。材料为 45 钢,许用应力$[\sigma]=58$MPa。试确定截面尺寸 h 及 b。

2-9 一结构受力如题 2-9 图所示,杆 AB、AD 均由两根等边角钢组成。已知材料的许用应力$[\sigma]=170$MPa,试选择杆 AB、AD 的截面型号。

2-10 如题 2-10 图所示桁架,AB 杆为圆截面钢杆,BC 杆为方截面木杆,在 B 点受荷载 F 作用,试确定钢杆直径 d 和木杆截面的边长 a。已知:$F=50$kN,钢的许用应力$[\sigma]=160$MPa,木材的许用应力$[\sigma]=10$MPa。

2-11 如题 2-11 图所示桁架,各杆横截面面积相等,材料均为铸铁,其许用压应力为$[\sigma_c]$,许用拉应力为$[\sigma_t]=\dfrac{1}{3}[\sigma_c]$,求此桁架的许可荷载$[P]$。

2-12 如题 2-12 图所示阶梯直杆 AC,$P=10$kN,$l_1=l_2=400$mm,$A_1=2A_2=100$mm²,$E=200$GPa。试计算杆 AC 的轴向变形 Δl。

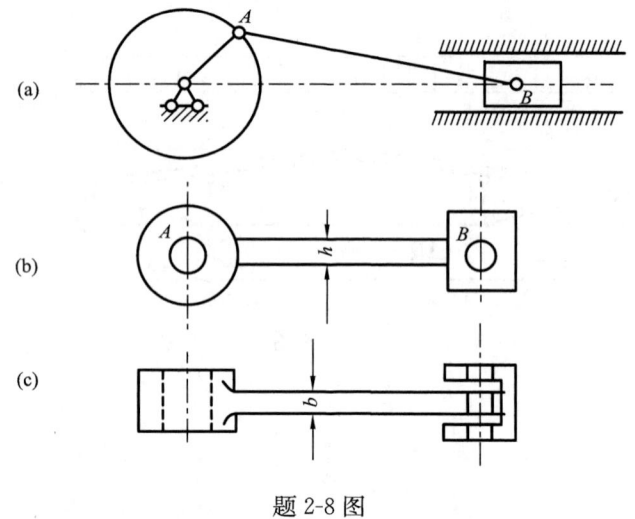

题 2-8 图

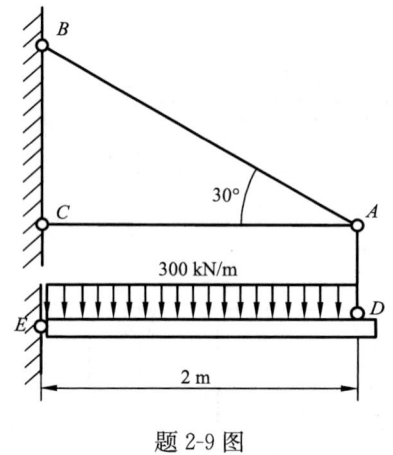

题 2-9 图

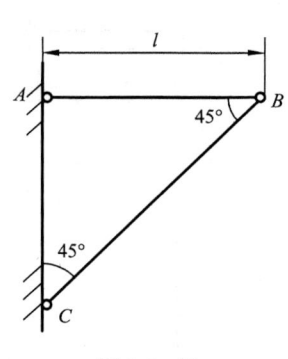

题 2-10 图

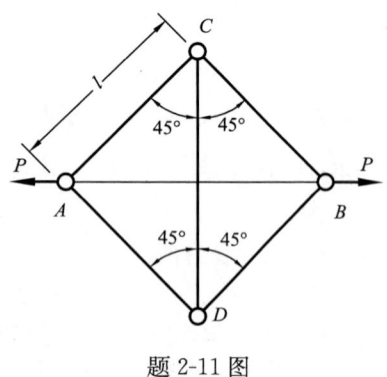

题 2-11 图

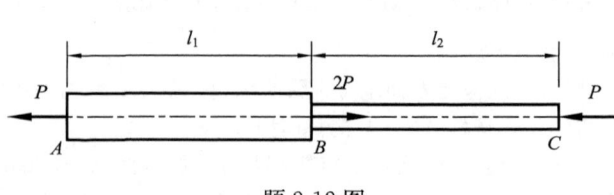

题 2-12 图

2-13 横截面面积为 100mm² 的杆件如题 2-13 图所示。已知 $P=20$kN，材料的弹性模量 $E=210$GPa。试求各段杆横截面上应力及杆件的总变形。

2-14 题 2-14 图所示结构中，各杆的抗拉(压)刚度 EA 相同，试求节点 A 的水平位移和垂直位移。

2-15 像矿山升降机钢缆这类很长的拉杆，应考虑其自重的影响。设材料容重为 γ，许用应力 $[\sigma]$，钢缆下端受拉力为 P，钢缆截面不变。试求钢缆的允许长度及其总伸长。

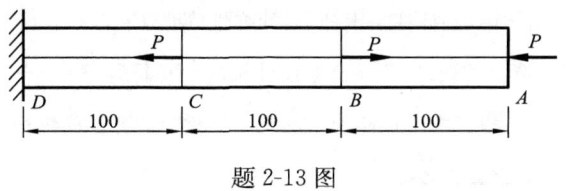

题 2-13 图

2-16 打入黏土的木桩长 L，顶上荷载为 P，如题 2-16 图所示。设荷载全由摩擦力承担，且沿木桩单位长度内的摩擦力 f 按抛物线 $f=Ky^2$ 变化，这里 K 为常数。若 $P=420$ kN，$L=12$ m，$A=640$ cm^2，$E=10$ GPa。试确定常数 K，并求木桩缩短量。

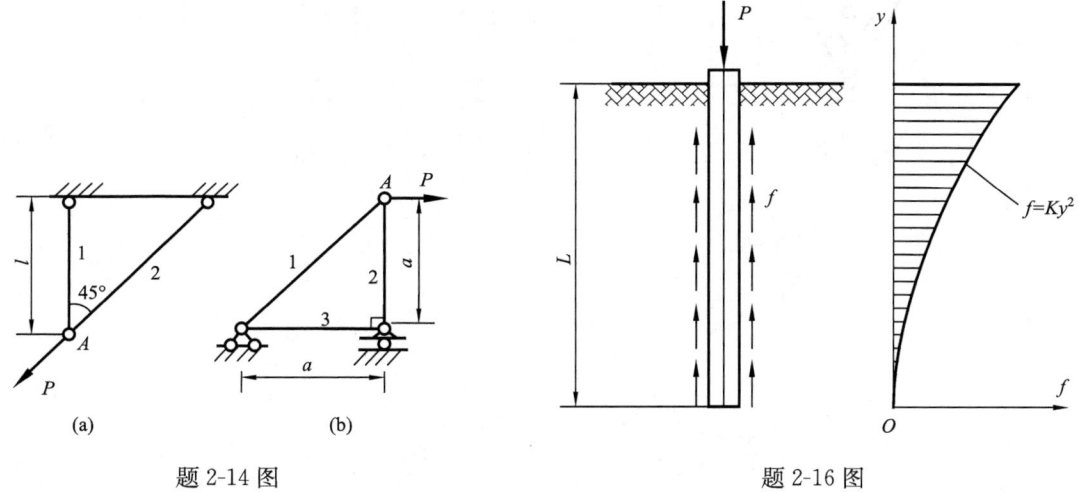

题 2-14 图　　　　　　　　题 2-16 图

2-17 如题 2-17 图所示，等截面杆件 AB，在 C 截面处作用 $P=100$ kN，横截面面积 $A=20$ cm^2。求 AB 两端的约束反力及杆内的应力。

2-18 如题 2-18 图所示结构中，水平横梁 AB 设为刚性杆，变形可以不计。1、2 两杆的抗拉（抗压）刚度分别为 E_1A_1 和 E_2A_2。试求在荷载 P 作用下，两杆的轴力。

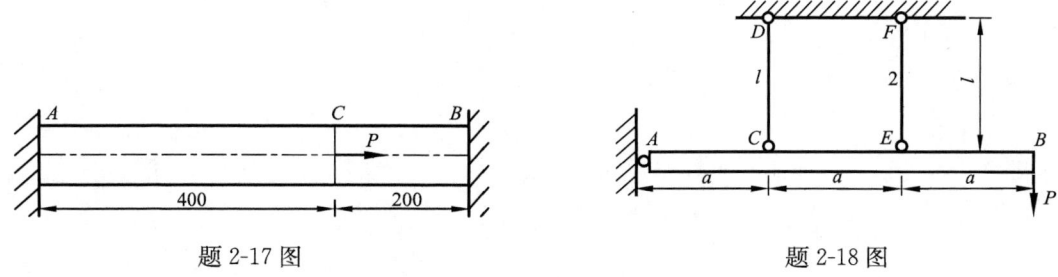

题 2-17 图　　　　　　　　题 2-18 图

2-19 如题 2-19 图所示两端固定的钢杆 AB，长度为 l，横截面面积为 A，材料的弹性模量 $E=200$ GPa，线膨胀系数 $\alpha=12.5\times10^{-6}/℃$。试求温度升高 $\Delta t=20℃$ 时，杆内的应力。

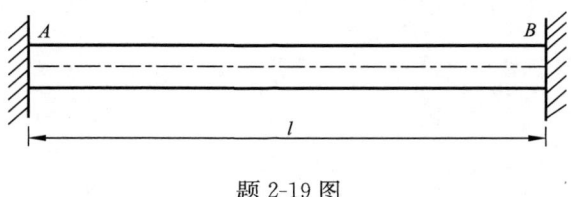

题 2-19 图

2-20　如题 2-20 图所示结构中，三杆都是钢杆，钢的弹性模量 $E=200\text{GPa}$，三杆的横截面积均为 A，杆 3 的长度为 1m，$\alpha=30°$。由于制造上的误差，杆 3 比原设计长度 l 短了 δ，$\dfrac{\delta}{l}=\dfrac{1}{1000}$。试求装配后三杆的应力。

2-21　试求题 2-21 图所示三根杆中所存储的变形能。设材料的弹性模量均为 E。

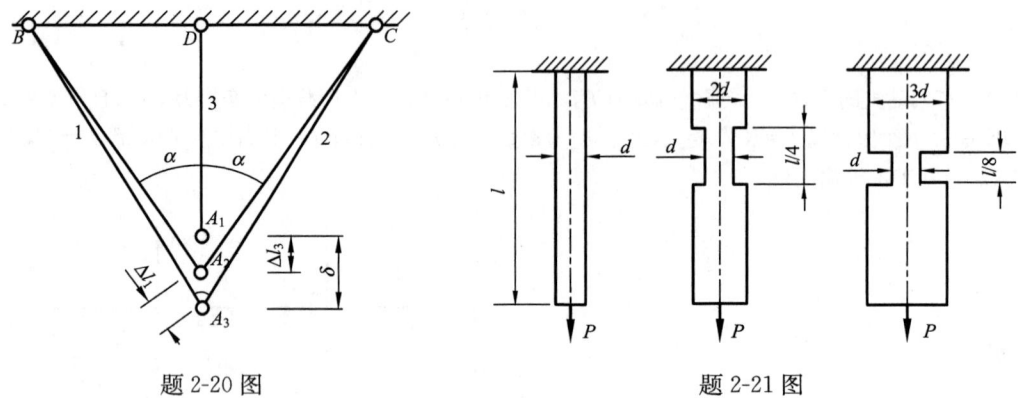

题 2-20 图　　　　　　题 2-21 图

第3章 扭 转

3.1 扭转的概念、扭矩和扭矩图

3.1.1 扭转的概念及实例

扭转变形是杆件的基本变形形式之一。使杆件发生扭转变形的外力,是在杆件两端作用两个大小相等、转向相反且作用面垂直于杆件轴线的力偶,在这种外力偶作用下,杆件截面产生相对转动,杆件表面的纵向线变成了螺旋线,如图 3-1 所示,即发生扭转变形。

在工程实际中,以扭转为主要变形的构件有很多。例如,图 3-2 所示的汽车转向轴 AB,在 A 端受到汽车方向盘的力偶作用,B 端受到与方向盘转向相反的力偶作用,使转向轴产生扭转变形。又如图 3-3(a)所示的机器中的传动轴、图 3-3(b)所示的钻杆等都是以扭转为主要变形的构件。有些构件除扭转外还伴随着其他的主要变形(如传动轴还有弯曲变形,钻杆还有压缩变形等)。如图 3-4 所示的雨棚梁,雨棚板的荷载引起梁的扭转,而梁上墙体的荷载及雨棚板传递的荷载会引起梁的弯曲。这类多种基本变形同时存在的问题将在第 8 章的组合变形中进行研究。

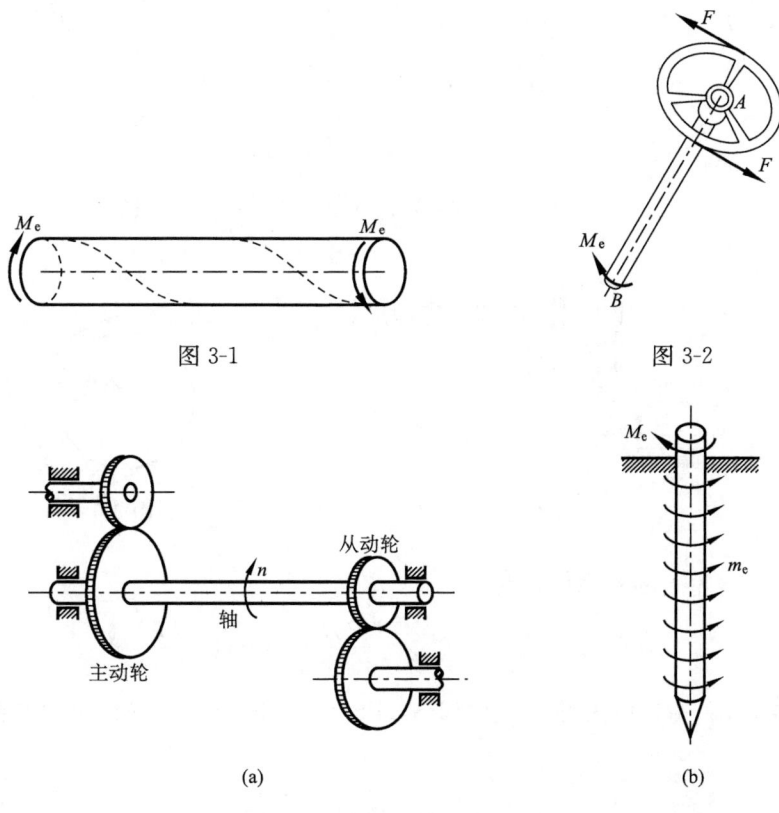

图 3-1

图 3-2

(a)

(b)

图 3-3

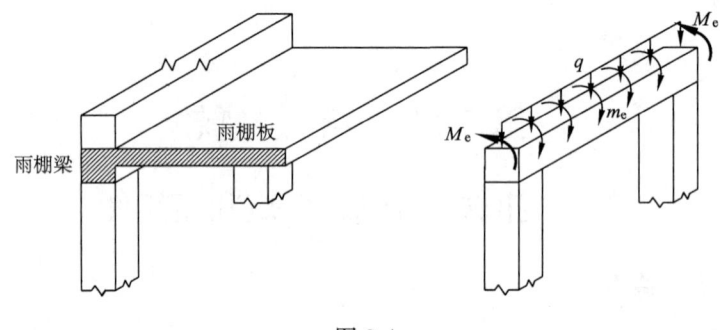

图 3-4

本章主要研究圆截面等直杆的扭转,它是工程中最常见、最基本的扭转变形问题。对于非圆截面杆的扭转,由于问题的复杂性,只作简单的介绍。

3.1.2 外力偶矩的计算

工程中常用的传动轴,作用在轴上的外力偶矩往往不是直接给出的,而是给出轴所传递的功率和转速,需要将其换算为力偶矩。

设一传动轴,如图 3-5 所示,电动机带动轮 A 转动,轮 A 通过轴 AB 带动轮 B 转动。电动机的功率为 P(单位为 kW),传动轴转速为 n(单位为 r/min)。当轴稳定转动时,外力偶在 t 时间内所做的功等于其矩 M_e 与轮在 t 时间内的转角 α(图 3-6)之乘积。因此,外力偶每秒钟所做的功即功率 P 为

$$\{P\}_{kW} = \{M_e\}_{N \cdot m} \times \frac{\{\alpha\}_{rad}}{\{t\}_s} \times 10^{-3}$$

$$= \{M_e\}_{N \cdot m} \times \{\omega\}_{rad/s} \times 10^{-3}$$

$$= \{M_e\}_{N \cdot m} \times 2\pi \times \frac{\{n\}_{r/min}}{60} \times 10^{-3}$$

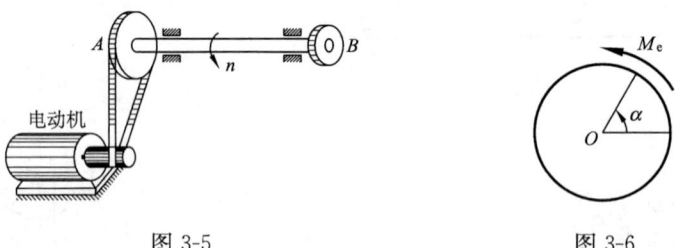

图 3-5   图 3-6

由此,可得作用在该轮上的外力偶矩为

$$\{M_e\}_{N \cdot m} = \frac{60}{2\pi} \times 10^3 \times \frac{\{P\}_{kW}}{\{n\}_{r/min}} = 9549 \frac{\{P\}_{kW}}{\{n\}_{r/min}} \tag{3-1}$$

同理,当功率 P_K 的单位为马力(记为 PS,1PS=735.5N·m/s)时,可以得到外力偶矩 M_e 的计算公式为

$$\{M_e\}_{N \cdot m} = 12983 \frac{\{P_K\}_{PS}}{\{n\}_{r/min}} \tag{3-2}$$

3.1.3 扭矩和扭矩图

当杆件受到外力偶作用发生扭转变形时,在杆件的横截面上会产生内力。如图 3-7(a) 所示的圆轴受到一对外力偶矩 M_e 的作用产生了扭转变形,圆轴任意截面上的内力计算,仍然采用截面法。设想将圆轴沿截面 n-n 截成两段,并取左段为研究对象,见图 3-7(b)。由于整个轴是平衡的,所以左段轴也应保持平衡状态,这就意味着截面 n-n 上必有一个内力偶矩 T 作用,该内力偶矩 T 实际就是右段轴对左段轴的作用。通过静力平衡方程 $\sum M_x = 0$,可得

$$T - M_e = 0$$
$$T = M_e$$

该内力偶矩 T 称为截面 n-n 上的扭矩,单位是 N·m 或 kN·m。

如果取右段为研究对象,如图 3-7(c)所示,仍然可以求得 $T=M_e$ 的结果,但转向与用左段求出的扭矩相反。为了使左、右两段求得的同一截面上的扭矩不但数值相等,而且符号相同,可将扭矩 T 的正负号作如下规定:采用右手螺旋法则,若以右手的四指绕向表示扭矩的转向,则大拇指指向与截面的外法线方向一致时,扭矩 T 为正,反之为负。根据这一法则,图 3-7(b)、(c)所示的扭矩均为正值。

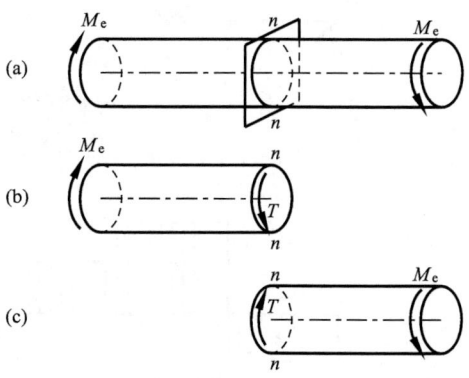

图 3-7

当轴上作用有多个外力偶时,每个外力偶作用截面应作为分段截面,不同轴段上的扭矩也各不相同,应分段求出。为了清楚地表示不同横截面上扭矩的变化情况,通常可用平行于轴线的坐标表示横截面的位置,用垂直于轴线的坐标表示横截面上扭矩的数值,从而绘出表示扭矩与截面位置关系的图线,称为扭矩图。通过扭矩图,可以确定轴上最大扭矩及其所在的位置。下面举例说明扭矩的计算和扭矩图的绘制。

例 3-1 如图 3-8(a)所示的传动轴,主动轮输入的功率 $P_A=500\text{kW}$,三个从动轮输出的功率分别为 $P_B=P_C=150\text{kW}$,$P_D=200\text{kW}$,轴的转速 n 为 250r/min,试作出轴的扭矩图。

解:(1)计算外力偶矩。传动轴的计算简图如图 3-8(b)所示,由式(3-1)计算作用于各轮上的外力偶矩

$$M_{eA} = 9549 \frac{P_A}{n} = 9549 \times \frac{500\text{kW}}{250\text{r/min}} = 1.91 \times 10^4 \text{N} \cdot \text{m} = 19.10 \text{kN} \cdot \text{m}$$

$$M_{eB} = M_{eC} = 9549 \frac{P_B}{n} = 9549 \times \frac{150\text{kW}}{250\text{r/min}} = 5.73 \times 10^3 \text{N} \cdot \text{m} = 5.73 \text{kN} \cdot \text{m}$$

$$M_{eD} = 9549 \frac{P_D}{n} = 9549 \times \frac{200\text{kW}}{250\text{r/min}} = 7.64 \times 10^3 \text{N} \cdot \text{m} = 7.64 \text{kN} \cdot \text{m}$$

(2)计算扭矩。该轴在 BA、AC、CD 三段内扭矩是不相等的,应分段求出各段扭矩值。

在 BA 段内,用截面 1-1 将轴截开,取左段为研究对象,如图 3-8(c)所示,假设截面 1-1 上的扭矩 T_1 为正值,由平衡方程

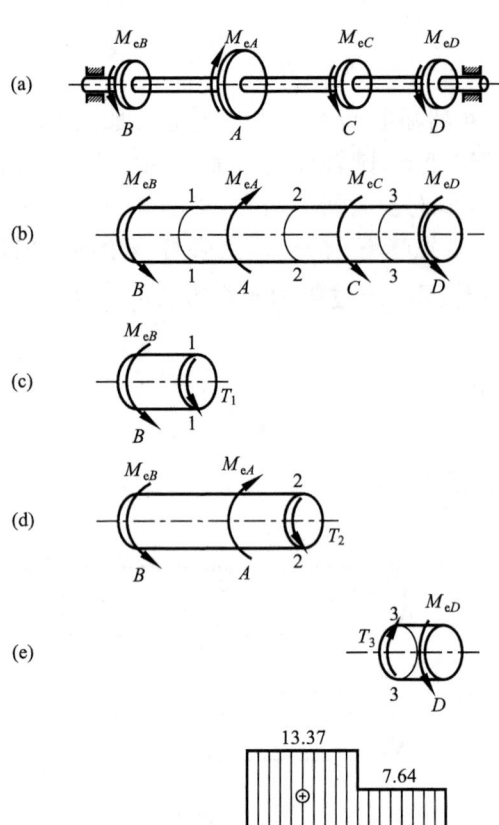

图 3-8

得

$$\sum M_x = 0, \quad T_1 + M_{eB} = 0$$

$$T_1 = -M_{eB} = -5.73 \text{kN} \cdot \text{m}$$

在 AC 段内,用截面 2-2 将轴截开,取左段为研究对象,如图 3-8(d)所示,假设截面 2-2 上的扭矩 T_2 为正值,由平衡方程

$$\sum M_x = 0, \quad T_2 - M_{eA} + M_{eB} = 0$$

得

$$T_2 = M_{eA} - M_{eB} = 19.10 \text{kN} \cdot \text{m} - 5.73 \text{kN} \cdot \text{m}$$
$$= 13.37 \text{kN} \cdot \text{m}$$

在 CD 段内,用截面 3-3 将轴截开,取右段为研究对象,如图 3-8(e)所示,假设截面 3-3 上的扭矩 T_3 为正值,由平衡方程

$$\sum M_x = 0, \quad T_3 - M_{eD} = 0$$

得

$$T_3 = M_{eD} = 7.64 \text{kN} \cdot \text{m}$$

(3) 作扭矩图。以横坐标表示横截面的位置,纵坐标表示扭矩的数值,根据各段扭矩值,即可绘制出传动轴的扭矩图,如图 3-8(f)所示。从扭矩图中可以看出,最大扭矩出现在 AC 段内,其值为 $T_{max} = 13.37 \text{kN} \cdot \text{m}$。

3.2 纯 剪 切

在讨论扭转的应力和变形之前,为了研究切应力和切应变的分布规律及两者之间的关系,先从薄壁圆筒的扭转分析入手。

3.2.1 薄壁圆筒的扭转

薄壁圆筒指的是其壁厚 t 远小于平均半径 $r_0(t \leqslant r_0/10)$。取一等厚度薄壁圆筒,为了分析薄壁圆筒扭转变形特点,在其外表面画出圆周线和纵向线,从而构成一系列的矩形网格,如图 3-9(a)所示。当薄壁圆筒两端施加作用面与轴向垂直的外力偶矩 M_e 时,薄壁圆筒产生了扭转变形,如图 3-9(b)所示。此时可以观察到截面 m-m 和截面 n-n 间的网格左、右两边发生相对错动,纵向线沿圆周方向倾斜了同一微小角度 γ,矩形变成了平行四边形,但圆筒沿轴线及周线的长度没有变化。这表明,圆筒的横截面和径向截面都没有正应力,横截面上只有与截面相切的切应力 τ,且切应力的大小沿圆周方向保持不变,方向垂直于圆筒的半径,如图 3-9(c)所示。

另外,由于圆筒的厚度很小,可认为切应力沿壁厚不变,即切应力沿壁厚均匀分布。若圆

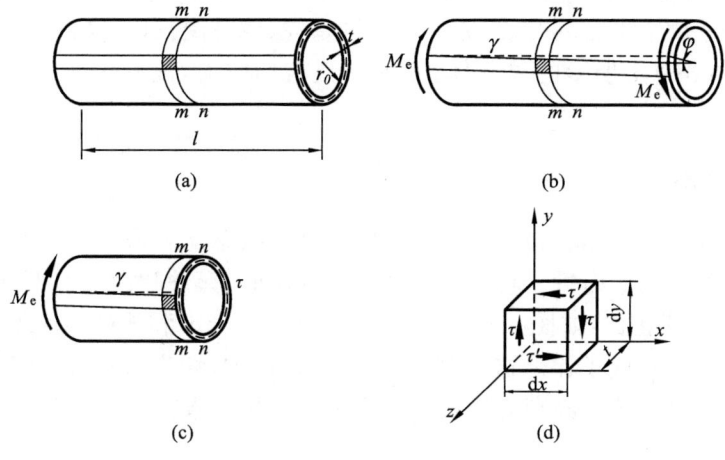

图 3-9

筒的壁厚为 t，平均半径为 r_0，则横截面上的内力系对 x 轴的力矩为

$$2\pi r_0 t \times \tau \times r_0 = T = M_e$$

由此可得

$$\tau = \frac{T}{2\pi r_0^2 t} = \frac{T}{2A_0 t} \tag{3-3a}$$

或

$$\tau = \frac{M_e}{2\pi r_0^2 t} = \frac{M_e}{2A_0 t} \tag{3-3b}$$

式中，$A_0 = \pi r_0^2$，为薄壁圆筒平均半径所围成的圆形面积。

由图 3-9(b) 所示的几何关系，圆筒两端截面之间的相对转动的角位移 φ 称为相对扭转角，圆筒表面上每个网格的直角改变量 γ 称为切应变。两者之间的关系为

$$\gamma = \frac{\varphi R}{l} \tag{3-4}$$

式中，R 为薄壁圆筒的外半径，l 为两端面间的距离。

3.2.2 切应力互等定理

从薄壁圆筒上截取一边长分别为 dx、dy 和 t 的单元体，使单元体的左、右两侧面为薄壁圆筒横截面的一部分，上、下两侧面为薄壁圆筒的径向截面，前、后两侧面为薄壁圆筒的外、内表面。由薄壁圆筒扭转时的应力分析可知，单元体左、右两侧面上只有切应力，其值按式(3-3)计算，但两个切应力方向相反。这两侧面上的切应力组成一个力偶，其力偶矩为 $\tau t dy dx$。由于单元体要保持平衡状态，因此单元体上、下两侧面上，必然存在切应力 τ'，且组成的力偶矩 $\tau' t dx dy$，与 τ 产生的力偶矩相平衡。由平衡方程 $\sum M_z = 0$，可得

$$\tau t dy dx - \tau' t dx dy = 0$$

故

$$\tau = \tau' \tag{3-5}$$

式(3-5)表明,对于一个单元体,在相互垂直的两个平面上,切应力必然成对出现,且大小相等,两者都垂直于两个平面的交线,方向都共同指向(或背离)这一交线。这个关系称之为切应力互等定理。图 3-9(d)所示的单元体,侧面上只有切应力,没有正应力作用的状态称为纯剪切应力状态。

3.2.3 剪切胡克定律

通过薄壁圆筒的扭转试验可以研究材料在纯剪切状态下切应力 τ 与切应变 γ 之间的关系。试验结果表明,当切应力低于材料的剪切比例极限时,薄壁圆筒两截面间的相对扭转角 φ 与扭转外力偶矩 M_e 成正比,如图 3-10(a)所示。再由式(3-3b)和式(3-4)可知,切应力 τ 与 M_e 成正比,而切应变 γ 与 φ 成正比。这说明,在线弹性范围内,切应力 τ 与切应变 γ 成正比,如图 3-10(b)所示。图中的 τ_p 和 τ_s 分别为剪切比例极限和剪切屈服极限。这就是剪切胡克定律,可以写成

$$\tau = G\gamma \tag{3-6}$$

式中,G 为比例常数,称为材料的**切变模量**(又称为**剪切弹性模量**),其量纲与弹性模量 E 相同,单位为 Pa。材料的 G 值可以通过试验测定,钢材的切变模量 G 约为 80GPa。

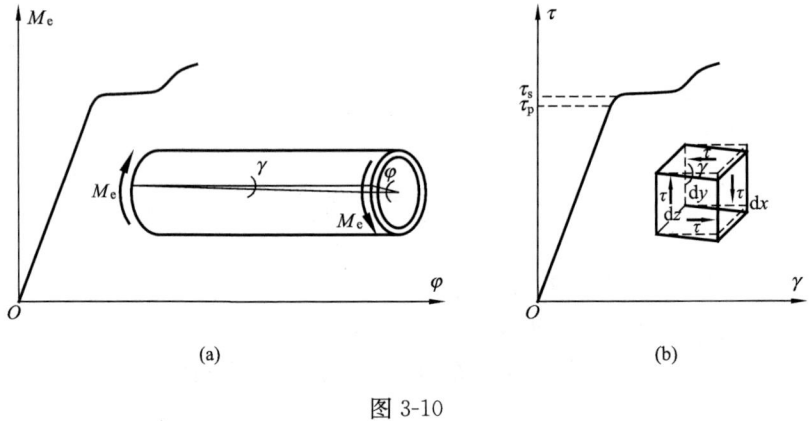

图 3-10

切变模量 G、弹性模量 E 和泊松比 μ 都是表示材料弹性性质的常数,通过理论研究和试验验证,在线弹性范围内,三者之间的关系为

$$G = \frac{E}{2(1+\mu)} \tag{3-7}$$

上式表明,对于各向同性材料,只要知道任意两个弹性常数,就可以求出第三个。对于钢材,泊松比 μ 取 0.24~0.3;对于混凝土,泊松比 μ 取 0.16~0.18。

3.3 圆轴扭转时的应力、强度条件

3.3.1 横截面上的应力

与薄壁圆筒类似,在小变形条件下,圆轴扭转时横截面上也只有切应力。为了推导圆轴扭转时横截面上切应力的计算公式,需要从几何、物理和静力三方面的关系进行讨论。

1. 几何方面

为了便于观察圆轴扭转变形,与薄壁圆筒扭转试验相同,取一实心圆轴,在圆轴表面上画出圆周线和纵向线,如图 3-11(a)所示。然后在圆轴两端垂直于轴线的平面内施加一对大小相等、转向相反的外力偶,则圆轴发生扭转变形,如图 3-11(b)所示。可以观察到与薄壁圆筒扭转时相似的现象,即:两圆周线绕圆轴轴线相对旋转了一个角度,圆周线的形状、大小和相邻两圆周线间的距离均未改变,纵向线则倾斜了一个微小的角度,圆轴表面的矩形格子变形成了平行四边形。根据观察到的试验现象,可假设横截面如同刚性平面般绕轴线转动,这就是圆轴扭转的**平面假设**。扭转变形发生后,由于相邻两圆周线间的距离不变,因此圆轴横截面上只有切应力,没有正应力。按照平面假设,横截面绕轴线转动,可见切应变出现在垂直于半径的平面内。

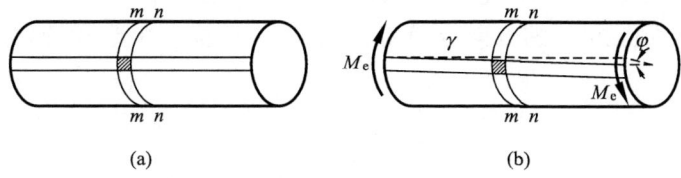

图 3-11

为了研究横截面上任一点的切应变随点的位置的变化规律,在圆轴上用截面 *m-m* 和截面 *n-n* 截取长为 dx 的轴段进行分析,如图 3-11(b)所示。由平面假设可知,轴段变形如图 3-12(a)所示。

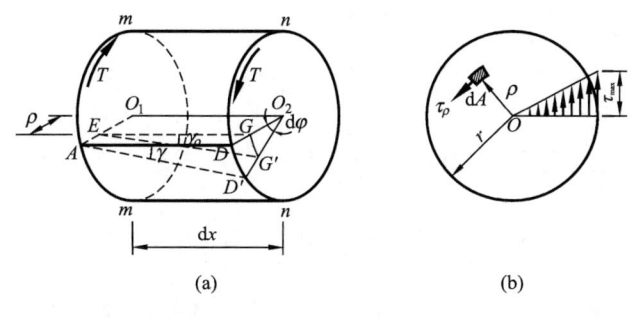

图 3-12

截面 *n-n* 相对于截面 *m-m* 绕轴线转动角度为 $d\varphi$,截面 *n-n* 上任意半径 O_2D 也绕圆心 O_2 转动了同一角度 $d\varphi$。由于截面转动,圆轴表面上的纵向线 AD 倾斜的角度为 γ。同时,半径 O_2D 上的任一点 G(设该点的半径为 ρ)的纵向线 EG 在圆轴扭转后也倾斜了一个角度 γ_ρ,这就是横截面半径上任一点的切应变。显然,上述切应变均出现在垂直于半径的平面内。由图 3-12(a)所示的几何关系可得

$$\gamma_\rho \approx \tan\gamma_\rho = \frac{\overline{GG'}}{EG} = \frac{\rho d\varphi}{dx}$$

即

$$\gamma_\rho = \rho \frac{d\varphi}{dx} \tag{a}$$

式中,$\dfrac{\mathrm{d}\varphi}{\mathrm{d}x}$表示相对扭转角 φ 沿圆轴长度的变化率,对于给定的圆轴是个常量。由此可见,在同一半径 ρ 的圆周上各点处的切应变 γ_ρ 均相同,且与该点到圆心的距离 ρ 成正比。

2. 物理方面

在线弹性范围内,根据剪切胡克定律,圆轴横截面上任一点处的切应力 τ_ρ 与该点的切应变 γ_ρ 成正比,即

$$\tau_\rho = G\gamma_\rho \tag{b}$$

将式(a)代入式(b),即得横截面上切应力变化规律的表达式

$$\tau_\rho = G\rho\dfrac{\mathrm{d}\varphi}{\mathrm{d}x} \tag{c}$$

上式表明,横截面上任一点处的切应力 τ_ρ 与该点到圆心的距离 ρ 成正比。由于切应变 γ_ρ 垂直于横截面半径,因此切应力 τ_ρ 的方向也与半径垂直,横截面上沿半径的切应力分布如图 3-12(b)所示。

3. 静力学方面

通过分析已经得出横截面上切应力的变化规律表达式(c),但式(c)中的 $\dfrac{\mathrm{d}\varphi}{\mathrm{d}x}$ 是个待定参数,为确定该参数,还需要从静力学方面建立切应力 τ_ρ 与扭矩 T 之间的关系。在横截面内,距圆心为 ρ 的点处取一微面积 $\mathrm{d}A$,该微面积上的内力为 $\tau_\rho\mathrm{d}A$,如图 3-12(b)所示。微面积上的内力对圆心的力矩为 $\rho\tau_\rho\mathrm{d}A$,横截面上的扭矩是由无数微面积上的内力对圆心之矩构成的,故有

$$T = \int_A \tau_\rho \rho \mathrm{d}A \tag{d}$$

将式(c)代入式(d),并注意对于给定的圆轴 $\dfrac{\mathrm{d}\varphi}{\mathrm{d}x}$ 是一常量,于是

$$G\dfrac{\mathrm{d}\varphi}{\mathrm{d}x}\int_A \rho^2 \mathrm{d}A = T \tag{e}$$

式中的积分 $\int_A \rho^2 \mathrm{d}A$ 与横截面的几何特性有关,记作 I_P,称为横截面的极惯性矩,单位为 m^4 或 mm^4。I_P 可表示成

$$I_\mathrm{P} = \int_A \rho^2 \mathrm{d}A \tag{f}$$

因此,由式(e)可得

$$\dfrac{\mathrm{d}\varphi}{\mathrm{d}x} = \dfrac{T}{GI_\mathrm{P}} \tag{3-8}$$

4. 横截面上的应力

将式(3-8)代入式(c),可得

$$\tau_\rho = \dfrac{T\rho}{I_\mathrm{P}} \tag{3-9}$$

式中，T 为横截面上的扭矩，ρ 是计算应力点到圆心的距离，I_P 是截面极惯性矩。

由式(3-8)及图 3-12(b)可见，当 ρ 等于横截面半径 r 时，即在横截面周边各点处，切应力达到最大值 $\tau_{\max}$，其值为

$$\tau_{\max} = \frac{Tr}{I_P} \tag{g}$$

若令

$$W_P = \frac{I_P}{r} \tag{h}$$

式中，W_P 称为扭转截面系数，它也是与横截面的几何特性有关的量，单位为 m^3 或 mm^3。

于是，式(g)可写成

$$\tau_{\max} = \frac{T}{W_P} \tag{3-10}$$

该公式推导过程中主要依据了平面假设及胡克定律，因此公式仅适用于在线弹性范围内的等直圆杆，包括实心圆轴和空心圆轴。

5. 极惯性矩及扭转截面系数

从等直圆轴横截面上任一点切应力计算公式和最大切应力计算公式可以看出，公式中引进了截面极惯性矩 I_P 和扭转截面系数 W_P，下面来计算这两个量。

对于实心圆轴，在圆截面上距圆心为 ρ 处取厚度为 $d\rho$ 的环形面积 $dA=2\pi\rho d\rho$ 作为面积元素，如图 3-13(a)所示。由式(f)可得实心圆截面的极惯性矩为

$$I_P = \int_A \rho^2 dA = \int_0^{\frac{d}{2}} 2\pi \rho^3 d\rho = \frac{\pi d^4}{32} \tag{3-11}$$

则实心圆截面扭转截面系数为

$$W_P = \frac{I_P}{r} = \frac{I_P}{d/2} = \frac{\pi d^3}{16} \tag{3-12}$$

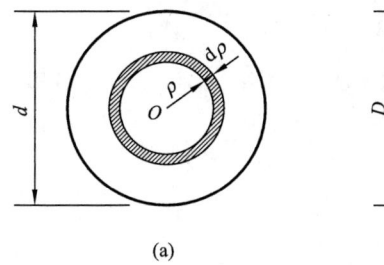
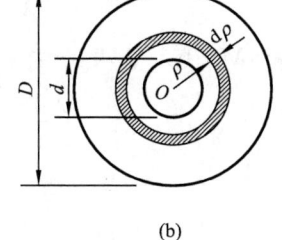

图 3-13

对于空心圆轴，设空心圆截面的内、外直径分别为 d 和 D，如图 3-13(b)所示，其比值 $\alpha = \frac{d}{D}$，则由式(f)可得空心圆截面的极惯性矩为

$$I_P = \int_A \rho^2 dA = \int_{\frac{d}{2}}^{\frac{D}{2}} 2\pi \rho^3 d\rho = \frac{\pi}{32}(D^4 - d^4) = \frac{\pi D^4}{32}(1-\alpha^4) \tag{3-13}$$

则空心圆截面扭转截面系数为

$$W_P = \frac{I_P}{D/2} = \frac{\pi(D^4-d^4)}{16D} = \frac{\pi D^3}{16}(1-\alpha^4) \tag{3-14}$$

例 3-2 图 3-14 所示的实心圆截面轴 Ⅰ 和空心圆截面轴 Ⅱ 的材料、扭转力偶矩 M_e 和长度 l 均相同,最大切应力也相等。若空心圆截面内、外直径之比为 $\alpha=0.8$,试求空心圆截面的外径与实心圆截面直径之比及两轴的重量比。

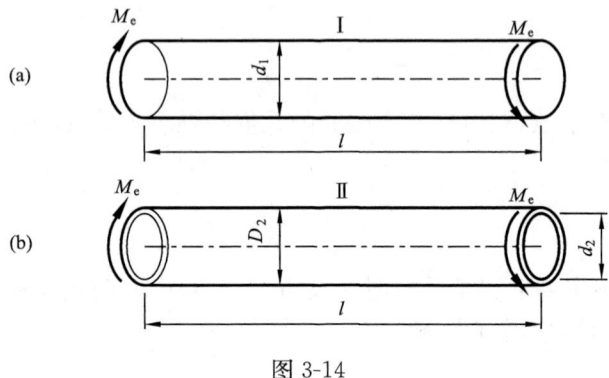

图 3-14

解:设实心圆截面直径和空心圆截面的内、外径分别为 d_1 和 d_2、D_2,则两轴的截面扭转截面系数分别为

$$W_{P1} = \frac{\pi d_1^3}{16}$$

$$W_{P2} = \frac{\pi D_2^3}{16}(1-\alpha^4)$$

分别将 W_{P1} 和 W_{P2} 代入式(3-10),计算两轴的最大切应力分别为

$$\tau_{max1} = \frac{T_1}{W_{P1}} = \frac{16T_1}{\pi d_1^3}$$

$$\tau_{max2} = \frac{T_2}{W_{P2}} = \frac{16T_2}{\pi D_2^3(1-\alpha^4)}$$

将 $\alpha=0.8$ 和 $T_1=T_2=M_e$ 代入上两式,并利用已知条件 $\tau_{max1}=\tau_{max2}$,可得

$$\frac{16M_e}{\pi d_1^3} = \frac{16M_e}{\pi D_2^3(1-\alpha^4)}$$

由此解得

$$\frac{D_2}{d_1} = \sqrt[3]{\frac{1}{1-0.8^4}} = 1.192$$

由于两轴的长度和材料均相同,因此两轴的重量比等于横截面积比,于是有

$$\frac{G_2}{G_1} = \frac{A_2}{A_1} = \frac{\pi(D_2^2-d_2^2)/4}{\pi d_1^2/4} = \frac{D_2^2(1-\alpha^2)}{d_1^2}$$

$$= 1.192^2 \times (1-0.8^2) = 0.512$$

由此可见,在最大切应力相等的情况下,空心圆轴比实心圆轴外直径大,但重量较轻,即比较节省材料。这主要是因为横截面上的切应力沿半径按线性规律变化,圆心附近的应力较小,材料没有充分利用,若把轴心附近的材料向边缘移置,变成空心圆轴,就会节省材料。理论上

来讲,圆轴材料越靠近边缘,即圆轴壁厚越薄,越节省材料。但是,在设计圆轴时,还应综合考虑加工、使用及稳定性等方面的因素。例如,将直径较小的长轴加工成空心轴,则因工艺复杂,并不经济;将直径较大的轴加工成空心轴,会增加轴的外直径,加大圆轴所占的空间,影响正常使用;如果空心轴壁厚过薄,构件受扭时,会因薄壁发生局部屈曲,导致丧失稳定性而失去承载能力。

3.3.2 斜截面上的应力

前面研究了受扭圆轴横截面上的切应力,但要分析圆轴的破坏原因,还需要研究受扭圆轴任意斜截面上的应力情况。为此,在圆轴的表面处分别用横截面、径向截面以及与表面平行的面截取一微小的正六面体,称其为单元体,如图 3-15(a)所示。在单元体的左、右两侧面(即轴的横截面)上只有切应力 τ,方向与 y 轴平行;在单元体的前、后两侧面(即与圆轴表面平行的面)上无任何应力;根据切应力互等定理,在单元体的上、下两侧面(即轴的径向截面)上只有切应力 τ',方向与 x 轴平行。可见,单元体处于纯剪切应力状态。

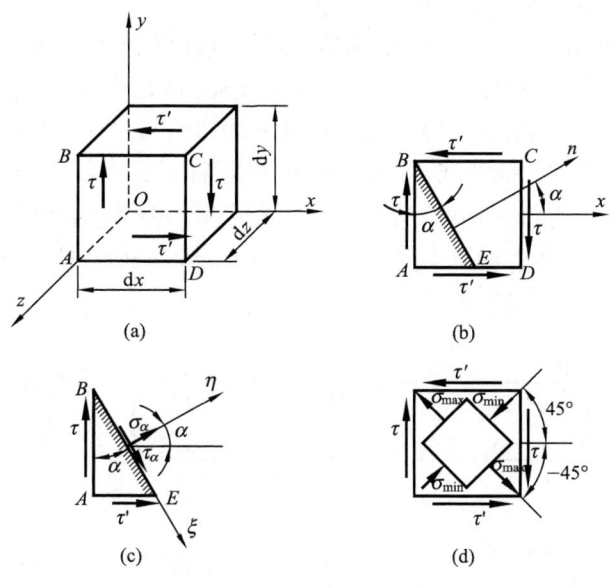

图 3-15

现在研究单元体上与前、后两侧面垂直的任意斜截面 BE 上的应力,斜截面的外法线 n 与 x 轴间夹角为 α,并规定从 x 轴至斜截面外法线逆时针转动的夹角 α 为正,反之为负,其平面图形如图 3-15(b)所示。应用截面法,取左边部分 ABE 为研究对象,如图 3-15(c)所示。设斜截面 BE 的面积为 dA,则 AB 面和 AE 面的面积分别为 $dA\cos\alpha$ 和 $dA\sin\alpha$。建立坐标轴 ξ 和 η 分别与斜截面 BE 平行和垂直,如图 3-15(c)所示。由平衡方程 $\sum F_\xi = 0$ 和 $\sum F_\eta = 0$,可得

$$\sigma_\alpha dA + (\tau dA\cos\alpha)\sin\alpha + (\tau' dA\sin\alpha)\cos\alpha = 0$$

$$\tau_\alpha dA - (\tau dA\cos\alpha)\cos\alpha + (\tau' dA\sin\alpha)\sin\alpha = 0$$

又根据切应力互等定理

$$\tau' = \tau$$

整理可得

$$\begin{cases} \sigma_\alpha = -\tau\sin2\alpha \\ \tau_\alpha = \tau\cos2\alpha \end{cases} \quad (3\text{-}15)$$

根据式(3-15)可知，斜截面的应力 σ_α 和 τ_α 随角度 α 而变化。当 $\alpha = \pm 45°$ 或 $\pm 135°$ 时，斜截面上的正应力绝对值最大，切应力为零。即

$$\begin{cases} \sigma_{-45°} = \sigma_{135°} = \sigma_{\max} = \tau \\ \sigma_{45°} = \sigma_{-135°} = \sigma_{\min} = -\tau \end{cases}$$

当 $\alpha = 0°$、$90°$、$180°$ 或 $270°$ 时，斜截面上的正应力为零，切应力绝对值最大。即

$$\begin{cases} \tau_{0°} = \tau_{180°} = \tau_{\max} = \tau \\ \tau_{90°} = \tau_{270°} = \tau_{\min} = -\tau \end{cases}$$

以上所述各截面上的应力如图 3-15(d)所示，可见圆轴扭转时，横截面上有最大的剪应力，在与圆轴轴向成 45°的斜截面上有最大正应力。附带指出，这些结论是纯剪切应力状态的特点，并不限于等直圆轴扭转时这一特殊情况。

在等直圆轴的扭转试验中，对于塑性材料制成的试件(如低碳钢)，由于其抗剪切能力远低于抗拉伸能力，试件是从最外层沿横截面发生剪切破坏，这是由于横截面上的切应力最大，破坏面如图 3-16(a)所示。对于脆性材料制成的试件(如铸铁)，由于其抗拉伸能力远低于抗剪切能力，试件是从最外层沿与轴线约成 45°倾角的螺旋形曲面发生拉伸破坏，这是由于该斜截面上的拉应力最大，破坏面如图 3-16(b)所示。对于各向异性材料制成的试件(如木材)，由于木材顺木纹的抗剪切能力远低于垂直木纹的抗剪切能力，所以就产生了顺木纹方向的剪切错动破坏，其破坏形式如图 3-16(c)所示。

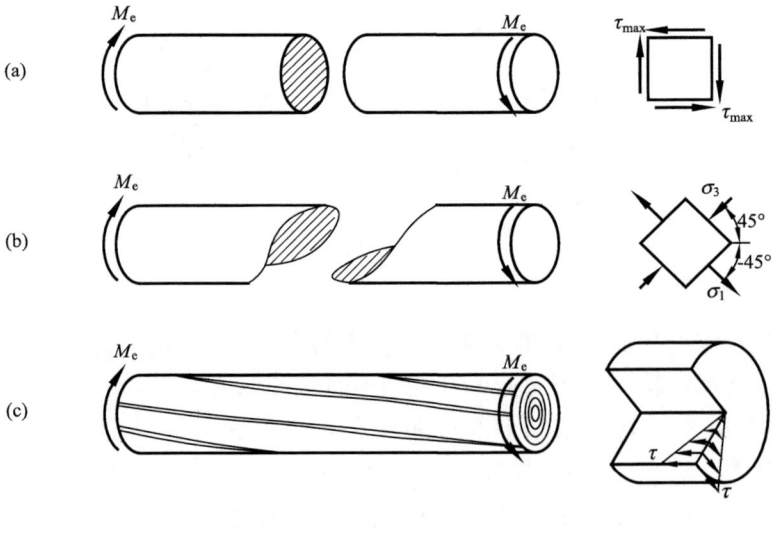

图 3-16

3.3.3 强度条件

等直圆轴扭转时，轴内各点均处于纯剪切应力状态。其强度条件应为圆轴内出现的最大

切应力 τ_{max} 不超过材料的许用切应力 $[\tau]$，即

$$\tau_{max} \leqslant [\tau] \tag{3-16}$$

其中，圆轴内出现的最大切应力 τ_{max} 存在于最大扭矩所在横截面，即危险截面的周边上任一点，该点称为危险点。因此，上述强度条件可写成

$$\frac{T_{max}}{W_P} \leqslant [\tau] \tag{3-17}$$

对于式(3-16)或式(3-17)，在已知材料许用切应力 $[\tau]$ 的情况下，可计算 τ_{max}、W_P 或 T_{max} 应满足的条件，即利用强度条件可以解决校核强度、选择截面或计算许可荷载三方面的问题。附带指出，对于变截面杆，如阶梯轴、圆锥轴等，W_P 不是常量，τ_{max} 并不一定出现在扭矩为 T_{max} 的截面上，这需要综合考虑 T 和 W_P，研究 $\tau = \dfrac{T}{W_P}$ 的极值。

试验指出，在静荷载作用下，同一种材料在纯剪切和拉伸时的力学性能之间存在着一定的关系，因而通常可以从材料的许用拉应力 $[\sigma]$ 值来确定其许用切应力 $[\tau]$ 值。它们之间存在如下关系

钢材： $[\tau] = (0.5 \sim 0.6)[\sigma]$

铸铁： $[\tau] = (0.8 \sim 1.0)[\sigma]$

但对于像传动轴这类构件，承受的并非静载，故许用切应力 $[\tau]$ 的取值要低于静载时 $[\tau]$ 的值。

例 3-3 图 3-17(a)所示为装有四个皮带轮的实心圆轴。已知：$M_{eA} = 5$ kN·m，$M_{eB} = 9$ kN·m，$M_{eC} = 2.5$ kN·m，$M_{eD} = 1.5$ kN·m，材料的许用切应力 $[\tau] = 80$ MPa。试利用强度条件设计该轴的直径。

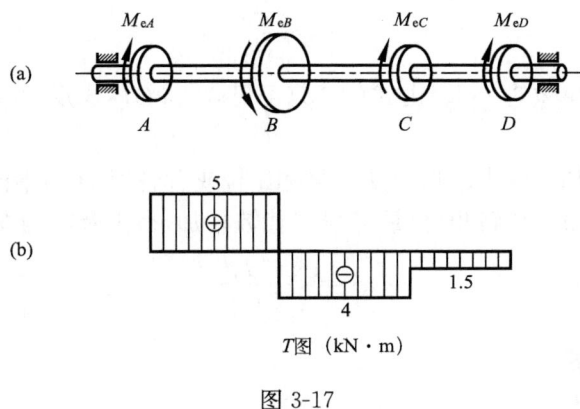

图 3-17

解：(1) 作扭矩图。用截面法求得 AB、BC 和 CD 段圆轴的扭矩，并绘制出如图 3-17(b)所示的扭矩图。

(2) 设计圆轴直径。由扭矩图可知，圆轴中的最大扭矩出现在 AB 段，最大扭矩为 $T_{max} = 5$ kN·m。根据式(3-17)的强度条件，可得

$$\tau_{max} = \frac{T_{max}}{W_P} = \frac{16 T_{max}}{\pi D^3} \leqslant [\tau]$$

可以求得圆轴的直径

$$D \geqslant \sqrt[3]{\frac{16T_{max}}{\pi[\tau]}} = \sqrt[3]{\frac{16 \times 5 \times 10^3 \text{N} \cdot \text{m}}{3.14 \times 80 \times 10^6 \text{Pa}}} = 6.828 \times 10^{-2} \text{m} = 68.28 \text{mm}$$

因此,根据强度条件,该轴的直径应选用 $D \geqslant 68.28$mm,圆整取为 69mm。

3.4 圆轴扭转时的变形、刚度条件

3.4.1 扭转变形

圆轴的扭转变形通常用杆件两个横截面间的相对扭转角 φ 和单位长度扭转角 φ' 来度量,下面分别介绍这两种扭转变形的计算。

1. 相对扭转角

由式(3-8)可以推导出圆轴两个横截面间的相对扭转角 φ 的计算公式,其中 $\mathrm{d}\varphi$ 为相距 $\mathrm{d}x$ 的两截面间的相对扭转角。因此,长度为 l 的一段圆轴两端面间的相对扭转角 φ 为

$$\varphi = \int_l \mathrm{d}\varphi = \int_0^l \frac{T}{GI_P} \mathrm{d}x$$

当等直圆轴仅在两端作用一对外力偶矩 M_e 时,则所有横截面上的扭矩 T 均相同,且等于外力偶矩 M_e。另外,采用同一种材料制成的等直圆轴,G 和 I_P 也为常量。于是由上式可得

$$\varphi = \frac{Tl}{GI_P} \tag{3-18a}$$

或

$$\varphi = \frac{M_e l}{GI_P} \tag{3-18b}$$

式中,相对扭转角 φ 的单位为 rad。由式(3-18)可见,φ 与 GI_P 成反比,GI_P 称为等直圆轴的扭转刚度。

在工程实际中,圆轴各段内的扭矩 T 并不相同,或者各段的 I_P 不同(如阶梯状圆轴)。此时,就应该分段计算各段的扭转角,然后分段按代数相加,得出圆轴两端截面间的相对扭转角

$$\varphi = \sum_{i=1}^n \frac{T_i l_i}{GI_P} \tag{3-19}$$

2. 单位长度扭转角

式(3-18)表示的扭转角与轴的长度 l 有关,不能完全度量圆轴扭转变形的程度,为了消除长度的影响,需引入单位长度扭转角 φ',即相对扭转角沿轴长度的变化率 $\frac{\mathrm{d}\varphi}{\mathrm{d}x}$,即

$$\varphi' = \frac{\mathrm{d}\varphi}{\mathrm{d}x} = \frac{T}{GI_P} \tag{3-20}$$

式中,单位长度扭转角 φ' 的单位为 rad/m。

显然,从相对扭转角 φ 和单位长度扭转角 φ' 的推导过程可以看出,以上公式都只适用于材料在线弹性范围内的等直圆轴的扭转变形计算。

例 3-4 一钢制实心圆轴如图 3-18(a)所示,作用在截面 A、B 和 C 上的外力偶矩分别为 $M_{eA} = 960$N·m,$M_{eB} = 680$N·m,$M_{eC} = 1640$N·m。各截面间的距离分别为 $l_{CA} = 400$mm 和

$l_{CB}=600$mm。轴的直径 $d=60$mm,钢材的切变模量 $G=80$GPa。试求截面 B 相对于截面 A 的扭转角。

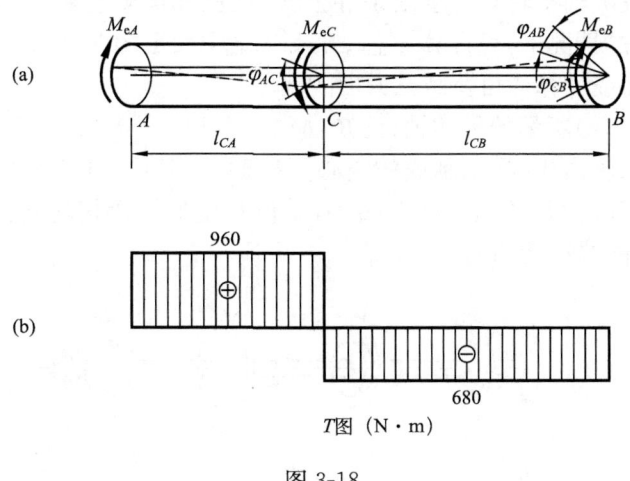

图 3-18

解:(1) 作扭矩图。由截面法计算 CA、CB 两段的扭矩分别为 $T_1=960$N·m,$T_2=-680$N·m,并绘制出如图 3-18(b)所示的扭矩图。

(2) 计算相对扭转角。由于 CA、CB 两段内的扭矩不同,需要分段计算扭转角,可假设截面 A 固定不动,由式(3-18(a))可得

$$\varphi_{AC}=\frac{T_1 l_{CA}}{GI_P}=\frac{32\times 960\text{N}\cdot\text{m}\times 400\times 10^{-3}\text{m}}{3.14\times 60^4\times 10^{-12}\text{m}^4\times 80\times 10^9\text{Pa}}=3.77\times 10^{-3}\text{rad}$$

$$\varphi_{CB}=\frac{T_2 l_{CB}}{GI_P}=\frac{-680\text{N}\cdot\text{m}\times 32\times 600\times 10^{-3}\text{m}}{3.14\times 60^4\times 10^{-12}\text{m}^4\times 80\times 10^9\text{Pa}}=-4.01\times 10^{-3}\text{rad}$$

由于假设截面 A 固定不动,截面 B 相对于截面 A 的扭转角 φ_{AB} 应为 φ_{AC} 和 φ_{CB} 的代数和,即

$$\varphi_{AB}=\varphi_{AC}+\varphi_{CB}=-2.4\times 10^{-4}\text{rad}$$

其转向与外力偶矩 M_{eB} 相同。

3.4.2 刚度条件

等直圆轴扭转时,除需要满足强度条件外,有时还需满足刚度条件。例如机器的传动轴若扭转角过大,将会使机器在运转时产生较大的振动;精密机床的轴如果变形过大,将影响机床的加工精度等。为此,刚度条件就是限制圆轴的单位长度扭转角 φ' 的最大值 φ'_{max} 不超过规定的许用值 $[\varphi']$,即刚度条件可表示为

$$\varphi'_{max}\leqslant[\varphi'] \tag{3-21}$$

式中,$[\varphi']$ 为单位长度的许用扭转角,常用单位是(°)/m。按式(3-21)计算得到的 φ'_{max} 单位是 rad/m,因此,需要把上式中的弧度换算成度,可得

$$\varphi'_{max}=\frac{T_{max}}{GI_P}\times\frac{180}{\pi}\leqslant[\varphi'] \tag{3-22}$$

式中,$[\varphi']$ 值可根据荷载的性质及圆轴的工作条件等因素来确定,在有关手册中可查到。例

如,精密机器的轴:$[\varphi'] = (0.15 \sim 0.30)(°)/m$;一般的传动轴,$[\varphi']$可放宽到 $2.0(°)/m$ 左右。

由此,得到了等直圆轴扭转时的刚度条件公式,在已知圆轴材料的切变模量 G 和单位长度的许用扭转角 $[\varphi']$ 的情况下,可计算 φ'_{max}、I_P 或 T_{max} 应满足的条件,即利用刚度条件可以解决校核刚度、选择截面或计算许可荷载三方面的问题。

例 3-5 如图 3-19(a)所示的传动轴,已知:$M_{eA}=16kN \cdot m$,$M_{eB}=5kN \cdot m$,$M_{eC}=5kN \cdot m$,$M_{eD}=6kN \cdot m$。该轴由 45 号钢制成的空心圆截面轴,其内、外直径之比 $\alpha=0.5$。钢材的许用切应力 $[\tau]=40MPa$,切变模量 $G=80GPa$,单位长度的许用扭转角 $[\varphi']=0.3(°)/m$。试按强度条件和刚度条件选择圆轴的直径。

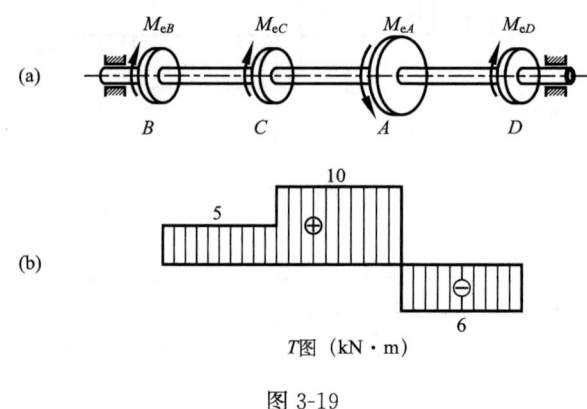

图 3-19

解:(1) 作扭矩图。由截面法计算 BC、CA 和 AD 三段的扭矩分别为 $T_1=5kN \cdot m$,$T_2=10kN \cdot m$,$T_3=-6kN \cdot m$。绘制出如图 3-19(b)所示的扭矩图,从扭矩图中可以看出,CA 段圆轴扭矩最大,最大扭矩为 $T_{max}=10kN \cdot m$。

(2) 按强度条件选择圆轴直径。根据式(3-17)的强度条件,可得

$$\tau_{max} = \frac{T_{max}}{W_P} = \frac{16T_{max}}{\pi D^3(1-\alpha^4)} \leqslant [\tau]$$

可见,按强度条件所需的空心圆轴外径为

$$D \geqslant \sqrt[3]{\frac{16T_{max}}{\pi(1-\alpha^4)[\tau]}} = \sqrt[3]{\frac{16 \times 10 \times 10^3 N \cdot m}{3.14 \times (1-0.5^4) \times 40 \times 10^6 Pa}} = 1.11 \times 10^{-1} m = 111mm$$

(3) 按刚度条件选择圆轴直径。根据式(3-22)的刚度条件,可得

$$\varphi'_{max} = \frac{T_{max}}{GI_P} \times \frac{180}{\pi} = \frac{32T_{max}}{G\pi D^4(1-\alpha^4)} \times \frac{180}{\pi} \leqslant [\varphi']$$

可见,按刚度条件所需的空心圆轴外径为

$$D \geqslant \sqrt[4]{\frac{32T_{max}}{G\pi(1-\alpha^4)[\varphi']} \times \frac{180}{\pi}}$$

$$= \sqrt[4]{\frac{32 \times 180° \times 10 \times 10^3 N \cdot m}{80 \times 10^9 Pa \times 3.14^2 \times (1-0.5^4) \times 0.3°/m}} = 0.127m = 127mm$$

因此,按照强度条件和刚度条件要求,该空心轴的外直径不应小于 $127mm$,内直径不应大于 $63.5mm$。

3.5 扭转超静定问题

在研究圆轴的扭转时,如果圆轴的支座反力偶矩或圆轴横截面的扭矩不能通过静力平衡方程求得时,属于扭转超静定问题。求解这类问题除了静力平衡方程以外,还需要根据变形协调条件和物理条件建立补充方程。

例 3-6 图 3-20(a)所示为一圆轴两端固定,在截面 C 处作用一个外力偶 M_e,试求两端固定处的约束力偶矩。

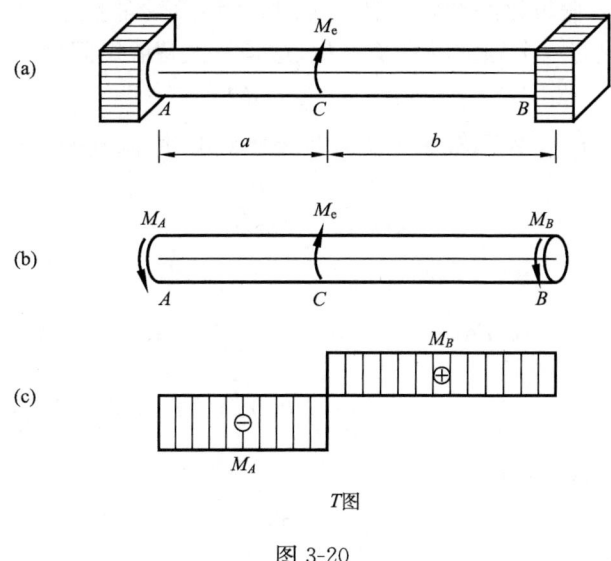

图 3-20

解:(1) 受力分析。解除两端的约束,并用支座反力偶 M_A 和 M_B 代替支座对圆轴的约束作用,受力分析如图 3-20(b)所示。由于该轴上作用有两个未知力偶,而只有一个独立的平衡方程,所以这是一次超静定问题,需要根据变形协调条件建立一个补充方程。

(2) 平衡方程。由 $\sum M_x = 0$,可得

$$M_A + M_B - M_e = 0 \tag{a}$$

(3) 补充方程。由于圆轴两端约束均为固定端,所以截面 B 相对于截面 A 的扭转角 $\varphi_{AB} = 0$,即

$$\varphi_{AB} = \varphi_{AC} + \varphi_{CB} = -\frac{M_A a}{GI_P} + \frac{M_B b}{GI_P} = 0 \tag{b}$$

联立式(a)、(b),解得

$$M_A = \frac{b}{a+b} M_e, \quad M_B = \frac{a}{a+b} M_e$$

例 3-7 图 3-21(a)所示左端固定的圆截面组合轴是由两种材料组成的,A 轴外直径 $D = 100\text{mm}$,内直径 $d = 50\text{mm}$,切变模量 $G_A = 16\text{GPa}$。B 轴直径 $d = 50\text{mm}$,切变模量 $G_B = 80\text{GPa}$。内、外两轴紧密结合且无相对滑动,在轴的右端作用有力偶 $M_e = 1.6\text{kN} \cdot \text{m}$。试绘制该组合轴横截面上的切应力分布图。

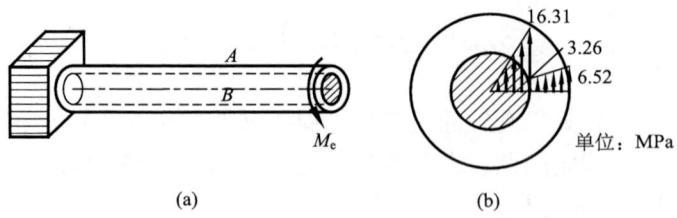

图 3-21

解：(1) 平衡方程。假设该组合轴扭转变形时，外轴横截面上的扭矩为 T_A，内轴横截面上的扭矩为 T_B，组合轴只有一个独立的平衡方程，这是一次超静定问题。列平衡方程

$$T_A + T_B = M_e \tag{a}$$

(2) 补充方程。由于内、外两轴紧密结合且无相对滑动，两轴的相对扭转角相等，则

$$\frac{T_A l}{G_A I_{PA}} = \frac{T_B l}{G_B I_{PB}} \tag{b}$$

式中

$$G_A I_{PA} = 16 \times 10^9 \text{Pa} \times \frac{\pi}{32} \times (0.1^4 - 0.05^4) \text{m}^4 = 147187.5 \text{N} \cdot \text{m}$$

$$G_B I_{PB} = 80 \times 10^9 \text{Pa} \times \frac{\pi}{32} \times 0.05^4 \text{m}^4 = 49062.5 \text{N} \cdot \text{m}$$

将 $G_A I_{PA}$ 和 $G_B I_{PB}$ 代入式 (b)，可得

$$T_A = 3 T_B \tag{c}$$

将式 (c) 代入式 (a)，可得

$$T_A = 1.2 \text{kN} \cdot \text{m}$$

$$T_B = 0.4 \text{kN} \cdot \text{m}$$

(3) 绘制组合轴横截面上的切应力分布图。

对于内轴，外边缘的最大切应力为

$$\tau_{\max} = \frac{T_B}{W_{PB}} = \frac{16 T_B}{\pi d^3} = \frac{16 \times 0.4 \times 10^3 \text{N} \cdot \text{m}}{3.14 \times 50^3 \times 10^{-9} \text{m}^3} = 1.631 \times 10^7 \text{Pa} = 16.31 \text{MPa}$$

对于外轴，内边缘的切应力为

$$\tau_{\max} = \frac{T_A}{I_{PA}} \frac{d}{2} = \frac{16 T_A d}{\pi D^4 (1 - \alpha^4)} = \frac{16 \times 1.2 \times 10^3 \text{N} \cdot \text{m} \times 50 \times 10^{-3} \text{m}}{3.14 \times 100^4 \times 10^{-12} \text{m}^4 \times (1 - 0.5^4)}$$

$$= 3.26 \times 10^6 \text{Pa} = 3.26 \text{MPa}$$

外边缘的最大切应力为

$$\tau_{\max} = \frac{T_A}{W_{PA}} = \frac{16 T_A}{\pi D^3 (1 - \alpha^4)} = \frac{16 \times 1.2 \times 10^3 \text{N} \cdot \text{m}}{3.14 \times 100^3 \times 10^{-9} \text{m}^3 \times (1 - 0.5^4)}$$

$$= 6.52 \times 10^6 \text{Pa} = 6.52 \text{MPa}$$

该组合轴横截面上的切应力分布如图 3-21(b) 所示。

3.6 圆柱形密圈螺旋弹簧的应力和变形

3.6.1 等直圆杆扭转时的应变能

当等直圆杆扭转时,杆内将积蓄应变能。从杆内截取出如图 3-22(a)所示的单元体,该单元体处于纯剪切应力状态,设其左侧面固定,则单元体发生剪切变形后,右侧面将向下移动 γdx。由于切应变 γ 值很小,因此,在变形过程中,单元体上、下两侧面上的外力与位移方向垂直,不做功,只有右侧面上的外力 $\tau dydz$ 在位移 γdx 上做功。当材料在线弹性范围内工作时,如图 3-22(b)所示,单元体上外力所做的功为

$$dW = \frac{1}{2}(\tau dydz)(\gamma dx) = \frac{1}{2}\tau\gamma dxdydz$$

由功能原理可知,单元体内积蓄的应变能 dV_ε 数值上等于外力所做的功 dW,因此,单位体积内的应变能,即应变能密度 v_ε 为

$$v_\varepsilon = \frac{dV_\varepsilon}{dV} = \frac{dW}{dxdydz} = \frac{1}{2}\tau\gamma$$

由剪切胡克定律 $\tau = G\gamma$,上式可以写成

$$v_\varepsilon = \frac{\tau^2}{2G} \tag{3-23a}$$

或

$$v_\varepsilon = \frac{G}{2}\gamma^2 \tag{3-23b}$$

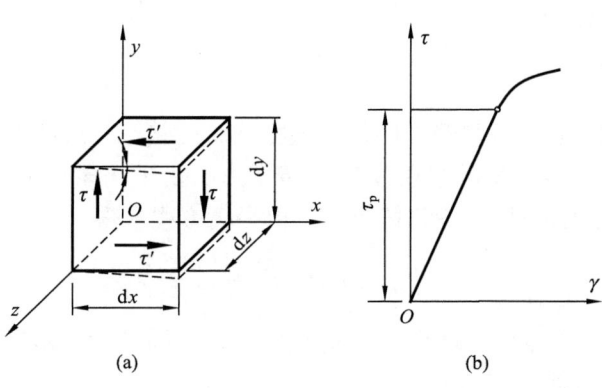

图 3-22

对于横截面积为 A、长度为 l 的等直圆杆,扭转时积蓄在杆内的应变能可通过下面的积分求得

$$V_\varepsilon = \int_V v_\varepsilon dV = \iint_l v_\varepsilon dAdx = \iint_l \frac{\tau^2}{2G} dAdx$$

$$= \iint_l \frac{1}{2G}\left(\frac{T\rho}{I_P}\right)^2 dAdx = \frac{T^2 l}{2GI_P^2}\int_A \rho^2 dA = \frac{T^2 l}{2GI_P} \tag{3-24a}$$

由于 $T = M_e$,上式又可以写成

$$V_\varepsilon = \frac{M_e^2 l}{2GI_P} \tag{3-24b}$$

又由式(3-18a)可知 $\varphi = \dfrac{Tl}{GI_P}$，则杆内的应变能也可以用相对扭转角 φ 表示

$$V_\varepsilon = \dfrac{GI_P}{2l}\varphi^2 \qquad (3\text{-}24c)$$

3.6.2 弹簧丝横截面上的应力

圆柱形螺旋弹簧在工程中应用极为广泛。例如用来缓冲减振的车轮轴上的弹簧，用来控制机械运动的发动机气门弹簧，用来测量力大小的弹簧秤中的弹簧等。螺旋弹簧丝的轴线是一条空间曲线，如图 3-23(a)所示，其应力和变形的精确分析较复杂。但当螺旋角 α 较小（一般小于 5°）时，可近似认为弹簧丝横截面与弹簧轴线（即 F 力作用线所在的轴线）在同一平面内，一般将这种弹簧称为圆柱形密圈螺旋弹簧。另外，若弹簧丝的直径 d 远小于弹簧圈的平均直径 D，可略去弹簧丝曲率的影响，近似地采用直杆公式计算。

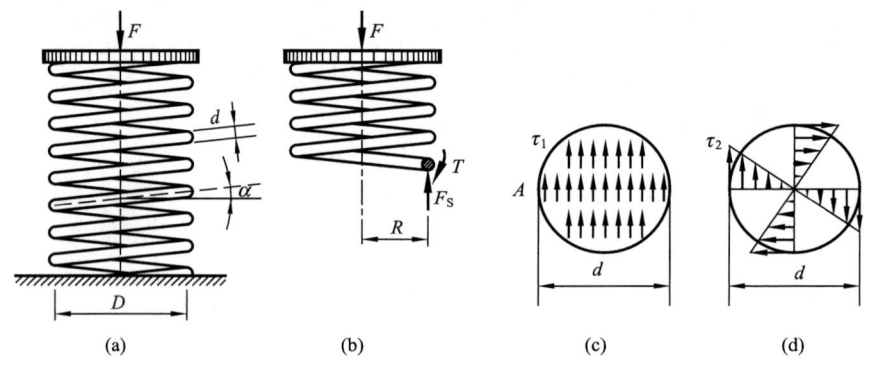

图 3-23

为了分析弹簧丝的内力，沿弹簧丝的任一横截面将弹簧截开成两部分，并取上面部分为研究对象，如图 3-23(b)所示，弹簧丝主要发生扭转变形。由平衡条件分析可知，在弹簧丝横截面上作用有通过截面形心的剪力 F_S 和扭矩 T。由平衡方程求得

$$F_S = F, \quad T = \dfrac{FD}{2} \qquad (a)$$

设剪力 F_S 在弹簧丝横截面上产生的切应力为 τ_1，可近似认为切应力在横截面上是均匀分布的，如图 3-23(c)所示，即

$$\tau_1 = \dfrac{F_S}{A} = \dfrac{4F}{\pi d^2} \qquad (b)$$

设扭矩 T 在弹簧丝横截面上产生的切应力为 τ_2，可近似认为切应力与等直圆杆的扭转切应力相同，如图 3-23(d)所示，即

$$\tau_2 = \dfrac{T}{W_P} = \dfrac{8FD}{\pi d^3} \qquad (c)$$

因此，弹簧丝横截面上任一点处的总应力应为剪切和扭转两种切应力的矢量和。在横截面靠近轴线内侧点 A 处，两种切应力方向相同，总应力达到最大值，即

$$\tau_{\max} = \dfrac{4F}{\pi d^2} + \dfrac{8FD}{\pi d^3} = \dfrac{8FD}{\pi d^3}\left(\dfrac{d}{2D}+1\right) \qquad (d)$$

式中的第一项代表剪力产生的切应力,若 $\frac{D}{d} \geq 10$, $\frac{d}{2D} \ll 1$,可以忽略,由此可见,对于圆柱形螺旋弹簧,弹簧丝的切应力主要由扭矩产生的。则式(d)可以简化为

$$\tau_{\max} = \frac{8FD}{\pi d^3} \tag{3-25}$$

在上述分析中,如果考虑弹簧丝曲率和剪力产生的切应力的非均匀分布等因素的影响后,求得的最大切应力计算公式(3-25)修正如下:

$$\tau_{\max} = \left(\frac{4c-1}{4c-4} + \frac{0.615}{c}\right)\frac{8FD}{\pi d^3} = k\frac{8FD}{\pi d^3} \tag{3-26}$$

式中

$$c = \frac{D}{d}, \quad k = \frac{4c-1}{4c-4} + \frac{0.615}{c} \tag{e}$$

c 称为弹簧指数,修正系数 k 称为曲度系数。曲度系数 k 与弹簧指数 c 有关,不同弹簧指数 c 下的修正系数如表 3-1 所示。从表 3-1 中数值可以看出,c 值越小则 k 值越大,当 $c=4$ 时,$k=1.40$,此时近似公式(3-25)的计算切应力值误差已达 40%。

表 3-1 螺旋弹簧的曲度系数 k

c	4.0	4.5	5.0	5.5	6.0	6.5	7.0	7.5	8.0	8.5	9.0	9.5	10	12	14
k	1.40	1.35	1.31	1.28	1.25	1.23	1.21	1.20	1.18	1.17	1.16	1.15	1.14	1.12	1.10

弹簧丝的强度条件为

$$\tau_{\max} = k\frac{8FD}{\pi d^3} \leq [\tau] \tag{3-27}$$

式中,$[\tau]$ 是材料的许用切应力,弹簧材料一般是弹簧钢,其许用切应力 $[\tau]$ 值较高。

3.6.3 弹簧的变形

弹簧在轴向压力(或拉力)F 作用下,产生轴向的压缩(或伸长)量为 Δ,这就是弹簧的变形。试验表明,在弹性范围内,轴力 F 与变形 Δ 成正比,即 F 与 Δ 是线性关系。当轴力从零开始缓慢增加到最终值 F 时,轴力所做的功为

$$W = \frac{1}{2}F\Delta \tag{f}$$

另一方面,计算在轴力 F 作用下,积蓄在弹簧丝内的应变能。设密圈螺旋弹簧的圈数为 n,弹簧丝的直径为 d,弹簧圈的平均直径为 D,则弹簧丝的总长度 $l=n\pi D$。忽略弹簧丝曲率的影响,由式(3-24a)可得弹簧丝内积蓄的应变能为

$$V_\varepsilon = \frac{T^2 l}{2GI_P} = \frac{\left(\frac{FD}{2}\right)^2 n\pi D}{2G\left(\frac{\pi d^4}{32}\right)} = \frac{4nF^2 D^3}{Gd^4} \tag{g}$$

在弹簧变形过程中,如果不计能量损失,外力所做的功应等于弹簧内积蓄的应变能,即 $W=V_\varepsilon$,于是

$$\frac{1}{2}F\Delta = \frac{4nF^2 D^3}{Gd^4} \tag{h}$$

解得弹簧的变形量为

$$\Delta = \frac{8FD^3 n}{Gd^4} = \frac{64FR^3 n}{Gd^4} \tag{3-28}$$

式(3-28)也可以写成

$$\Delta = \frac{F}{Gd^4/(8D^3 n)} = \frac{F}{K} \tag{3-29}$$

式中,$K = \frac{Gd^4}{8D^3 n}$,表示使弹簧产生单位长度变形所需施加的力,K越大,变形Δ越小,因此,K称为弹簧刚度。

从式(3-28)可以看出,变形Δ与D^3、n成正比,与G、d^4成反比,如果要求弹簧有较大变形和比较柔软时,可采取增加弹簧圈的平均直径、增加弹簧的圈数、使用切变模量较小的材料或减小弹簧丝的直径等方法,都可以取得增加变形量Δ的效果。

例 3-8 某发动机气门弹簧,弹簧圈的平均直径$D=120\mathrm{mm}$,弹簧丝的直径$d=16\mathrm{mm}$,弹簧的有效圈数$n=6$,弹簧工作时总压缩变形$\Delta=56\mathrm{mm}$。材料的许用切应力$[\tau]=350\mathrm{MPa}$,切变模量$G=80\mathrm{GPa}$,试校核弹簧的强度。

解:(1) 计算弹簧所受的压力。由式(3-28)可计算出弹簧所受的压力F为

$$F = \frac{\Delta G d^4}{8 D^3 n} = \frac{56 \times 10^{-3} \mathrm{m} \times 80 \times 10^9 \mathrm{Pa} \times 0.016^4 \mathrm{m}^4}{8 \times 0.12^3 \mathrm{m}^3 \times 6} = 3540 \mathrm{N}$$

(2) 计算曲度系数。由于弹簧指数$c = \frac{D}{d} = 120/16 = 7.5$,通过式(e)可计算出弹簧的曲度系数$k$为

$$k = \frac{4c-1}{4c-4} + \frac{0.615}{c} = \frac{4 \times 7.5 - 1}{4 \times 7.5 - 4} + \frac{0.615}{7.5} = 1.20$$

(3) 校核弹簧的强度。由式(3-27)可得

$$\tau_{\max} = k \frac{8FD}{\pi d^3} = 1.20 \times \frac{8 \times 3540\mathrm{N} \times 120 \times 10^{-3} \mathrm{m}}{3.14 \times 16^3 \times 10^{-9} \mathrm{m}^3} = 3.1708 \times 10^8 \mathrm{Pa} = 317.08 \mathrm{MPa} \leqslant [\tau]$$

因此,该弹簧满足强度要求。

3.7 等直非圆截面杆的自由扭转

圆截面杆扭转时的切应力及扭转角等计算公式,是建立在平面假设的基础上的。但是在工程实际中,存在许多非圆截面杆件,这些杆件发生扭转变形时,横截面不再保持平面。取一矩形截面杆,在其表面绘出横截面的周线,扭转后可以看到这些周线变成了曲线,如图3-24所示。因此可以判断,其横截面在杆件扭转后将发生翘曲而不再保持平面。对于等直非圆截面杆的扭转,原来的等直圆杆扭转的计算公式将不再适用,应用弹性力学方法求解。

等直非圆截面杆扭转时横截面虽然发生翘曲,但当等直杆在两端受外力偶作用,且端面可以自由翘曲时,称为纯扭转或自由扭转,此时杆件各横截面的翘曲程度相同,纵向纤维长度无变化,横截面上只有切应力而没有正应力。若由于约束条件或受力条件的限制,造成杆件各横截面的翘曲程度不同,就会使杆件相邻两截面间的纵向纤维的长度改变,此时杆件横截面上除了切应力还存在正应力,这种情况称为约束扭转。由约束扭转所引起的附加正应力,在一般实

体截面杆中通常均很小,可以略去不计。但在薄壁杆件中,这一附加正应力往往较大,成为不能忽略的量。

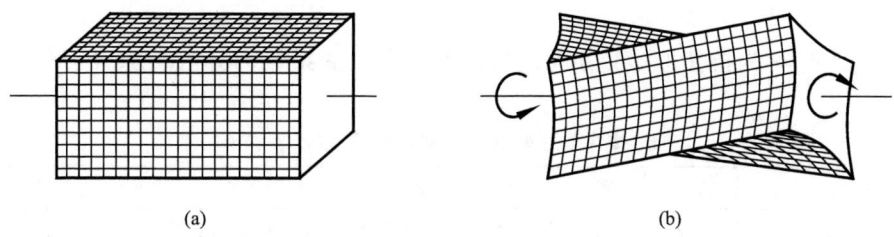

图 3-24

可以证明,在杆件扭转时,横截面上边缘各点的切应力都与截面边界相切。如果边缘各点的切应力不与截面边界相切,总可分解为边界切线方向的分量 τ_t 和法线方向的分量 τ_n,如图 3-25 所示。根据切应力互等定理,τ_n 应与杆件表面上的切应力 τ'_n 相等。但在自由表面上不可能有切应力 τ'_n,即 $\tau'_n=\tau_n=0$。这样,在边缘各点上,就只可能有沿边界切线方向的切应力 τ_t。在横截面的凸角处,如图 3-26 所示,如果有切应力,当然可以把它分解成分别沿 ab 边和 ac 边法线的分量 τ_1 和 τ_2,但按照上面的证明,τ_1 和 τ_2 皆应等于零,故截面凸角处的切应力等于零。

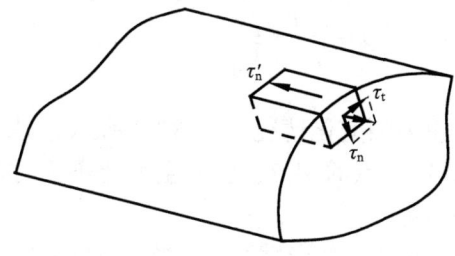

图 3-25

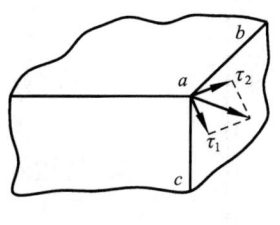

图 3-26

本节仅介绍矩形及狭长矩形截面的等直杆扭转的情况。弹性力学的研究结果表明,矩形截面杆扭转时横截面上剪应力的分布如图 3-27 所示,截面边缘上各点处的切应力形成与边界相切的顺流。四个角点上的切应力等于零。整个横截面上的最大切应力发生在矩形长边的中点,其计算公式为

$$\tau_{\max} = \frac{T}{\alpha h b^2} \quad (3\text{-}30)$$

式中,α 是一个与比值 $\dfrac{h}{b}$ 有关的系数,其值如表 3-2 所示。短边中点的切应力 τ_1 是短边上的最大切应力,其计算公式为

$$\tau_1 = \nu \tau_{\max} \quad (3\text{-}31)$$

式中,$\tau_{\max}$ 是长边中点的最大切应力。系数 ν 与比值 $\dfrac{h}{b}$ 有关,其值如表 3-2 所示。杆件两端相对扭转

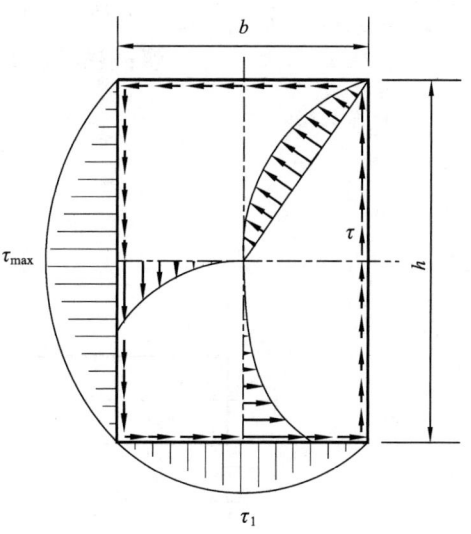

图 3-27

角 φ 的计算公式是

$$\varphi = \frac{Tl}{G\beta hb^3} = \frac{Tl}{GI_t} \tag{3-32}$$

式中,$GI_t = G\beta hb^3$,称为抗扭刚度。β 也是与比值 $\frac{h}{b}$ 有关的系数,其值如表 3-2 所示。

表 3-2　矩形截面杆扭转时的系数 α、β 和 ν

h/b	1.0	1.2	1.5	2.0	2.5	3.0	4.0	6.0	8.0	10.0	∞
α	0.208	0.219	0.231	0.246	0.258	0.267	0.282	0.299	0.307	0.313	0.333
β	0.141	0.166	0.196	0.229	0.249	0.263	0.281	0.299	0.307	0.313	0.333
ν	1.000	0.930	0.858	0.796	0.767	0.753	0.745	0.743	0.743	0.743	0.743

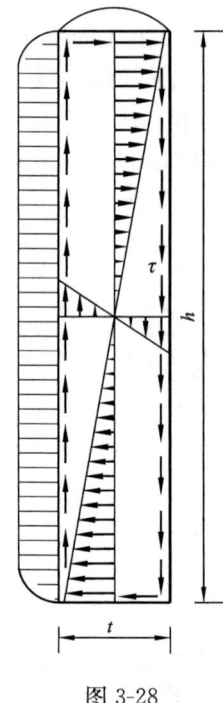

图 3-28

当 $\frac{h}{b} > 10$ 时,截面成为狭长矩形。这时 $\alpha = \beta \approx \frac{1}{3}$。为了与一般矩形相区别,以 t 表示狭长矩形的短边的长度,则式(3-30)和式(3-32)化为

$$\begin{cases} \tau_{\max} = \dfrac{T}{\dfrac{1}{3}ht^2} \\ \varphi = \dfrac{Tl}{G \cdot \dfrac{1}{3}ht^3} \end{cases} \tag{3-33}$$

狭长矩形截面上切应力的变化情况如图 3-28 所示。虽然最大切应力在长边的中点,但沿长边各点的切应力实际上变化不大,接近相等,在靠近短边处才迅速减小为零。

例 3-9　如图 3-29(a)所示,一矩形截面杆承受扭矩 $M_e = 3000\text{N} \cdot \text{m}$。若已知材料的切变模量 $G = 82\text{GPa}$。试求:

(1) 杆内最大切应力的大小和方向并指出其作用位置;

(2) 单位长度的扭转角。

解:根据式(3-30)和式(3-32),有

$$\tau_{\max} = \frac{T}{\alpha h b^2}$$

$$\varphi = \frac{Tl}{G\beta hb^3} = \frac{Tl}{GI_t}$$

$$\varphi' = \frac{T}{G\beta hb^3} = \frac{T}{GI_t}$$

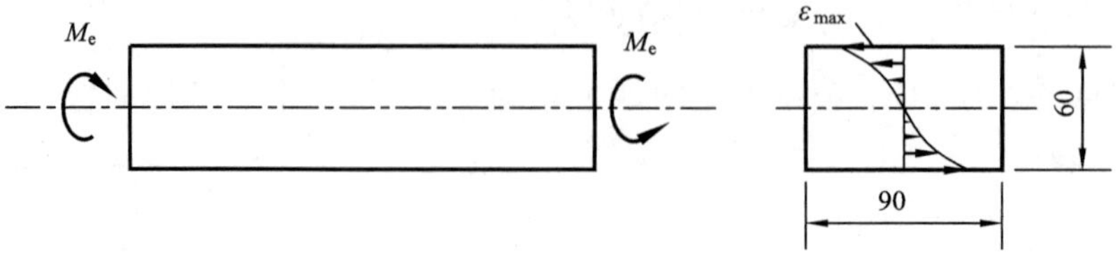

(a)　　　　　(b)

图 3-29

现有 $T=M_e=3000\text{N}\cdot\text{m}$、$h=60\text{mm}$、$b=90\text{mm}$、$G=82\text{GPa}$、$\alpha$、$\beta$ 可由表 3-2 查得,当 $\dfrac{h}{b}=90/60=1.5$ 时,有

$$\alpha = 0.231, \quad \beta = 0.196$$

将上述数据代入 τ_{max} 和 φ' 公式,算得

$$\tau_{max} = \dfrac{3000\text{N}\cdot\text{m}}{0.231\times 0.09\text{m}\times 0.06^2\text{m}^2} = 4.0\times 10^7\text{Pa} = 40\text{MPa}$$

最大切应力发生在矩形长边中点,方向如图 3-29(b)所示。

$$\varphi' = \dfrac{3000\text{N}\cdot\text{m}}{8.2\times 10^{10}\text{Pa}\times 0.196\times 0.09\text{m}\times 0.06^3\text{m}^3} = 9.6\times 10^{-3}\text{rad/m} = 0.55(°)/\text{m}$$

思 考 题

3-1 何谓扭矩?扭矩的正负号是如何规定的?

3-2 外力偶矩和扭矩的区别与联系是什么?

3-3 圆轴扭转应力在横截面上是怎样分布的?公式 $\tau_\rho = \dfrac{T\rho}{I_P}$ 的应用条件是什么?

3-4 一空心圆轴的外径为 D,内径为 d,其横截面惯性矩 I_P 和扭转截面系数 W_P 能否按下式计算:

$$I_P = I_{P外} - I_{P内} = \dfrac{\pi D^4}{32} - \dfrac{\pi d^4}{32}, \quad W_P = W_{P外} - W_{P内} = \dfrac{\pi D^3}{16} - \dfrac{\pi d^3}{16}$$

为什么?

3-5 如思考题 3-5 图所示,T 为圆轴横截面上的扭矩,试绘出截面与 T 对应的切应力分布图。

3-6 试绘出如思考题 3-6 图所示圆轴横截面及径向截面上的切应力变化情况。

3-7 由实心圆杆Ⅰ和空心圆杆Ⅱ组成的受扭圆轴如思考题 3-7 图所示。假设在扭转过程中两杆无相对滑动,若(1)两杆材料相同,即 $G_1=G_2$;(2)两杆材料不同,$G_1=2G_2$。试绘出横截面上切应力沿水平直径的变化情况。

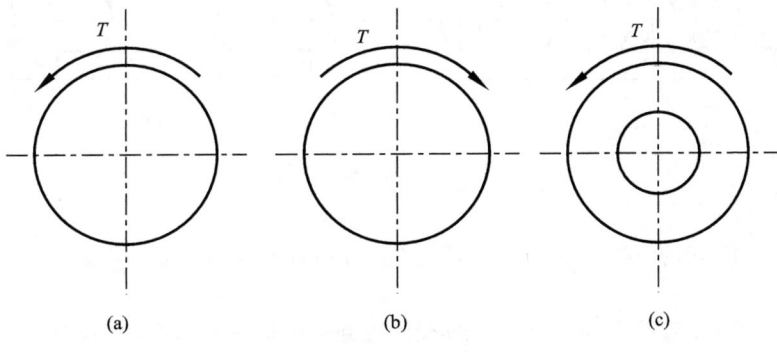

思考题 3-5 图

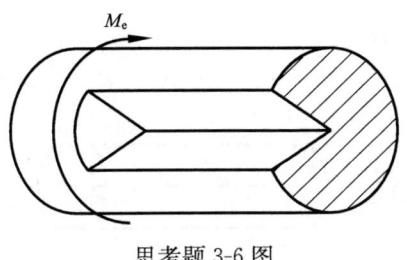

思考题 3-6 图

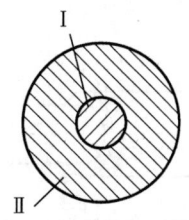

思考题 3-7 图

3-8 从强度方面考虑，空心圆截面轴为什么比实心圆截面轴合理？

3-9 如思考题 3-9 图所示的两种传动轴，试问哪一种轮的布置对提高轴的承载力有利？

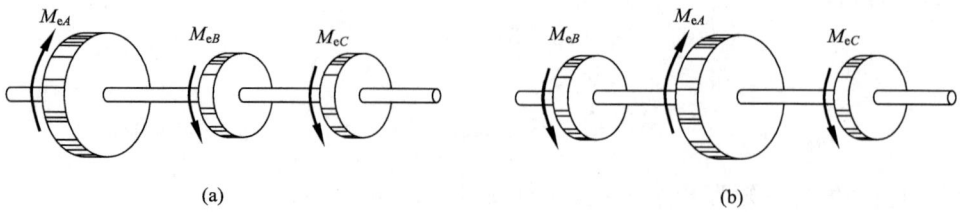

思考题 3-9 图

3-10 两根圆轴，一根为钢轴，一根为铜轴，直径相同，长度相同。在相同的扭矩作用下，两根轴的最大切应力是否相同？强度是否相同？扭转角 φ 是否相同？刚度是否相同？

3-11 矩形截面受扭时，横截面上的切应力分布有何特点？最大切应力发生在什么地方？

习　题

3-1 试作如题 3-1 图所示各轴的扭矩图。

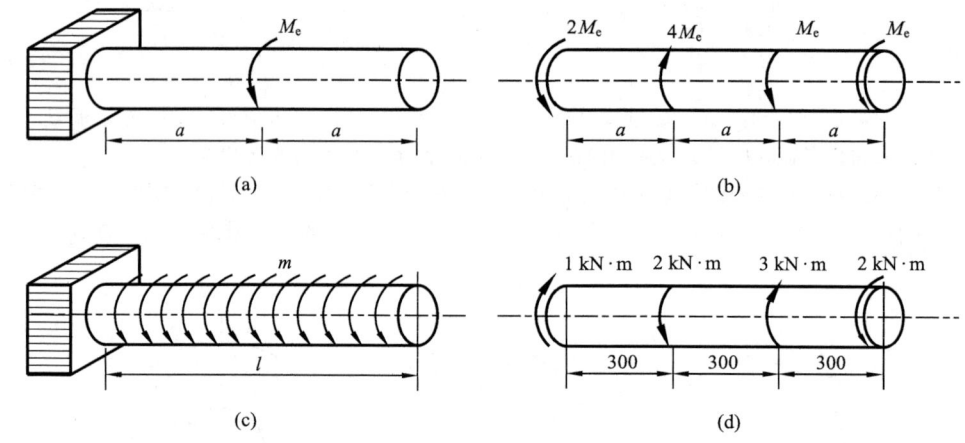

题 3-1 图

3-2 如题 3-2 图所示的圆截面轴，AB 与 BC 段直径分别为 d_1 和 d_2，且 $d_1 = 4d_2/3$。试求轴内的最大扭转切应力。

3-3 如题 3-3 图所示直径 $d = 50\mathrm{mm}$ 的圆轴，受到扭矩 $T = 1\mathrm{kN \cdot m}$ 的作用。试求：

(1) 截面上 $\rho = \dfrac{d}{4}$ 处点 A 的切应力；

(2) 圆轴的最大切应力。

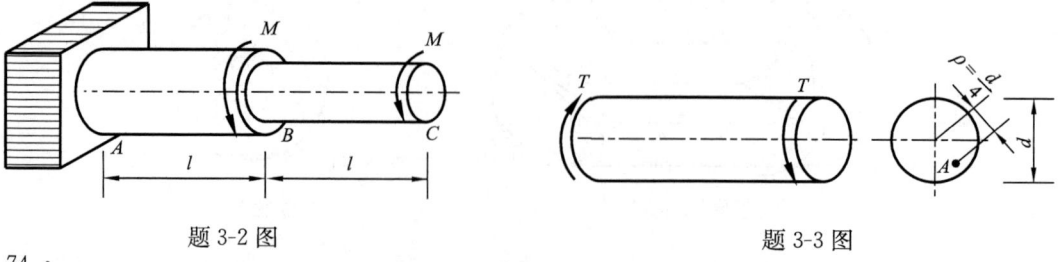

题 3-2 图　　　　　　　　题 3-3 图

3-4 一等截面圆轴的直径 $d=50$mm。已知转速 $n=120$r/min 时该轴的最大切应力为 60MPa，试求圆轴所传递的功率。

3-5 如题 3-5 图所示空心圆杆外径 $D=100$mm，内径 $d=80$mm，已知扭矩 $T=6$kN·m，$G=80$GPa，试求：

(1) 横截面上点 $A(\rho=45$mm$)$ 的切应力和切应变；

(2) 横截面上最大和最小切应力；

(3) 画出横截面上切应力沿直径的分布图。

3-6 如题 3-6 图所示实心圆轴的直径 $d=100$mm，长 $l=1$m，其两端所受外力偶矩 $M_e=14$kN·m，材料的切变模量 $G=80$GPa。试求：

(1) 最大切应力及两端面间的相对扭转角；

(2) 图示截面上 A、B、C 三点处切应力的数值及方向；

(3) 点 C 处的切应变。

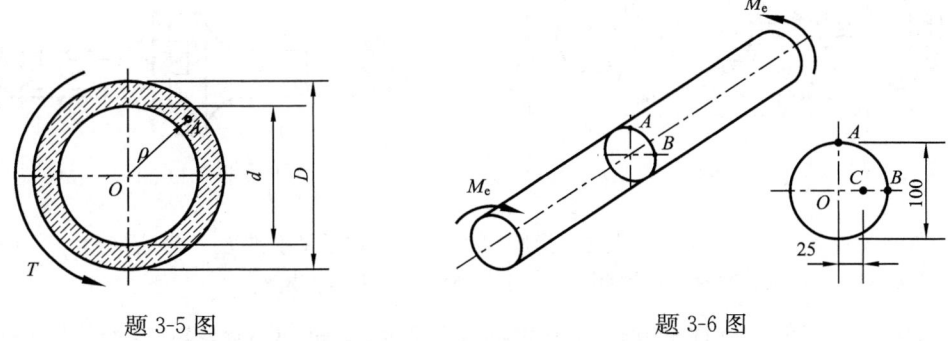

题 3-5 图　　　　　　　　　题 3-6 图

3-7 某小型水电站的水轮机容量为 50kW，转速为 300r/min，钢轴直径为 75mm，若在正常运转下且只考虑扭矩作用，其许用切应力 $[\tau]=20$MPa。试校核轴的强度。

3-8 如题 3-8 图所示一实心圆轴与四个轮子刚性连接，若外力偶 $M_{eA}=M_{eB}=0.25$kN·m，$M_{eC}=1$kN·m，$M_{eD}=0.5$kN·m，圆轴材料的许用切应力 $[\tau]=20$MPa，其直径 $d=52$mm，试对圆轴进行强度校核。

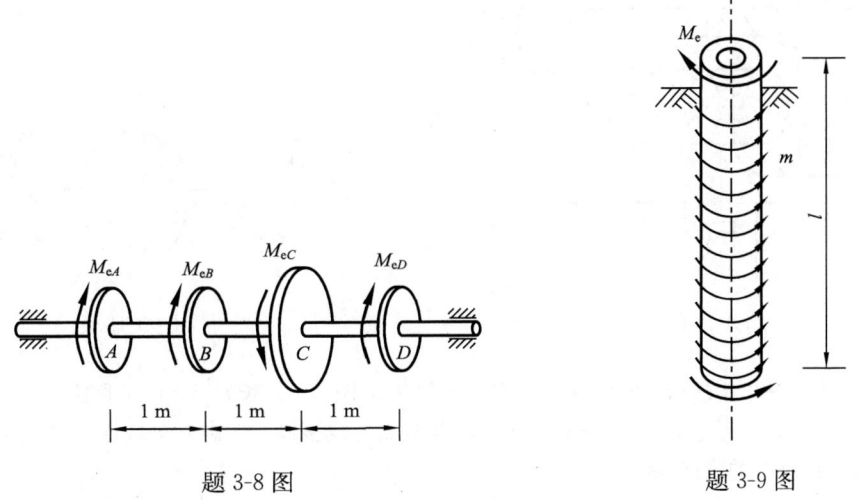

题 3-8 图　　　　　　　　　题 3-9 图

3-9 如题 3-9 图所示一钻探机的功率为 7.355kW，转速为 180r/min。钻杆钻入土层的深度 $l=40$m，如土壤对钻杆的阻力可看做是均匀分布的力偶 m。已知钻杆的外径 $D=60\text{mm}$,内径 $d=50\text{mm}$,钻杆材料切变模量 $G=80\text{GPa}$,许用切应力 $[\tau]=40\text{MPa}$。试求:

(1) 单位长度上土壤对钻杆的阻力矩集度 m;

(2) 作钻杆的扭矩图,并进行强度校核;

(3) 钻杆两端面的相对扭转角。

3-10 如题 3-10 图所示的传动轴,转速 $n=500\text{r/min}$,主动轮 A 的输入功率 $P_A=500\text{kW}$,从动轮 B、C 输出功率分别为 $P_B=200\text{kW}$,$P_C=300\text{kW}$。已知材料的许用切应力 $[\tau]=70\text{MPa}$,试确定 AB 段的直径 d_1 和 BC 段的直径 d_2。

3-11 如题 3-11 图所示的实心圆轴和空心圆轴通过牙嵌式离合器连接在一起,已知轴的转速 $n=100\text{r/min}$,传递的功率 $P=7.5\text{kW}$,材料的许用切应力 $[\tau]=40\text{MPa}$,试选择实心圆轴的直径 d_0,以及内、外直径之比 $\alpha=\dfrac{d}{D}=0.5$ 时的空心圆轴的内径 d 和外径 D。

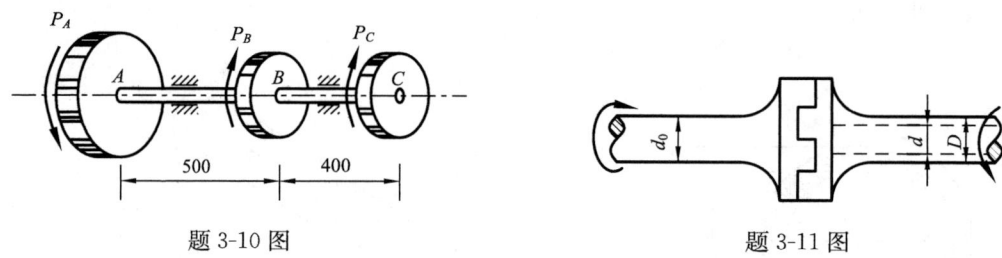

题 3-10 图   题 3-11 图

3-12 如题 3-12 图所示绞车由两个人同时操作,设每个人加在手柄上的力 F 都是 200N,已知轴的许用切应力 $[\tau]=40\text{MPa}$。试求:(1) 轴 AB 的直径;(2) 绞车所能吊起的最大重量。

3-13 如题 3-13 图所示的钢制传动轴,A 为主动轮,B、C 为从动轮,两从动轮转矩之比 $\dfrac{M_{eB}}{M_{eC}}=\dfrac{2}{3}$,传动轴直径 $D=100\text{mm}$,试按强度条件确定主动轮 A 的容许转矩 $[M_{eA}]$。

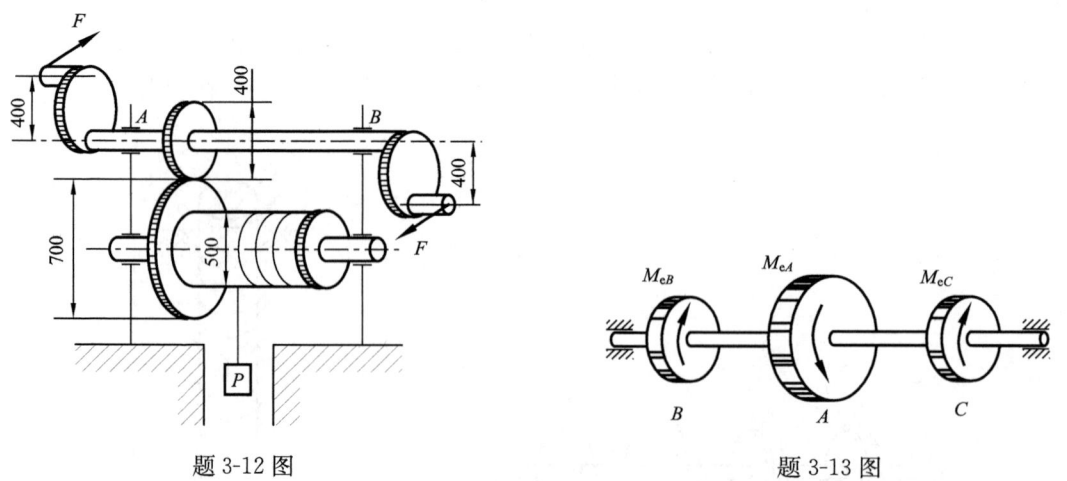

题 3-12 图   题 3-13 图

3-14 用实验方法求钢的切变模量 G 时,其装置如题 3-14 图所示。长 $l=100\text{mm}$、直径 $d=10\text{mm}$ 的圆截面钢试件 AB,其 A 端固定,B 端有长 $s=80\text{mm}$ 的杆 BC 与截面连成整体。当 B 端施加力偶矩 $M_e=15\text{kN}\cdot\text{m}$ 时,测得 BC 杆的顶点 C 的位移 $\Delta=1.5\text{mm}$。试求:

(1) 切变模量 G;

(2) 杆内最大切应力 $\tau_{\max}$;

(3) 杆表面的切应变 γ。

3-15 如题 3-15 图所示的圆轴,若外力偶 $M_{eA}=M_{eB}=0.2\text{kN·m}, M_{eC}=0.6\text{kN·m}, M_{eD}=1\text{kN·m}$,圆轴直径 $d=75\text{mm}$,切变模量 $G=80\text{GPa}$,试求轴截面 D 相对于截面 A 的扭转角。

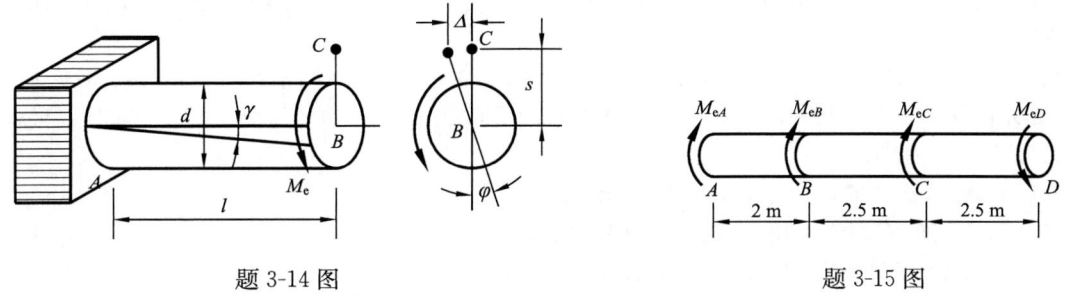

题 3-14 图　　　　　　　　　　题 3-15 图

3-16 如题 3-16 图所示的圆截面杆 AB 的左端固定,承受一集度为 m_e 的均布力偶作用,一直圆杆的抗扭刚度为 GI_P。试导出计算截面 B 的扭转角公式。

3-17 如题 3-17 图所示的圆锥形杆,两端面直径分别为 d_1、d_2,长为 l,材料切变模量为 G,在两端各承受外力偶矩 M_e。试推导出两截面间的相对扭转角公式。

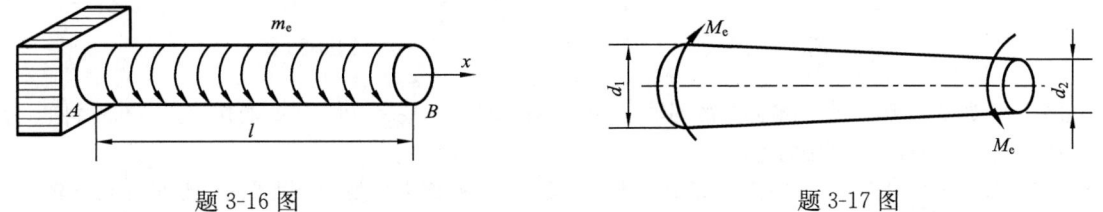

题 3-16 图　　　　　　　　　　题 3-17 图

3-18 直径 $d=25\text{mm}$ 的钢圆杆,受轴向拉力 60kN 作用时,在标距为 200mm 的长度内伸长了 0.113mm。当其承受一对扭转外力偶矩 $M_e=0.2\text{kN·m}$ 时,在标距为 200mm 的长度内相对扭转了 0.732°。试求钢材的弹性常数 E、G 和 μ。

3-19 如题 3-19 图所示的阶梯形圆杆,AE 段为空心,外径 $D=140\text{mm}$,内径 $d=100\text{mm}$;BC 段为实心,直径 $d=100\text{mm}$。外力偶矩 $M_{eA}=18\text{kN·m}, M_{eB}=32\text{kN·m}, M_{eC}=14\text{kN·m}$。已知:许用切应力 $[\tau]=80\text{MPa}$,单位长度许用扭转角 $[\varphi']=1.2(°)/\text{m}$,切变模量 $G=80\text{GPa}$。试校核该轴的强度和刚度。

3-20 如题 3-20 图所示,在直径为 $d=70\text{mm}$ 的等截面圆轴上作用着外力偶矩 $M_{eA}=1\text{kN·m}, M_{eB}=0.2\text{kN·m}, M_{eC}=0.2\text{kN·m}, M_{eD}=0.6\text{kN·m}$。已知:许用切应力 $[\tau]=40\text{MPa}$,单位长度许用扭转角 $[\varphi']=1(°)/\text{m}$,切变模量 $G=80\text{GPa}$。试校核该轴的强度和刚度。

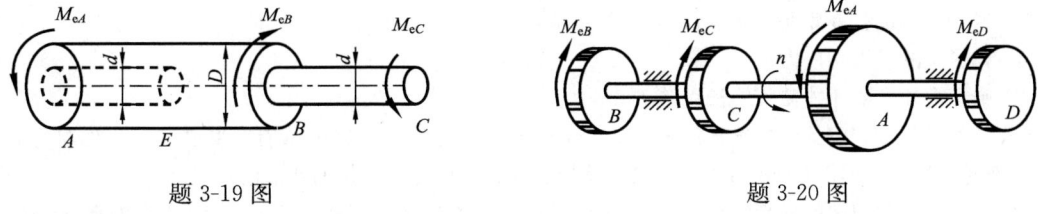

题 3-19 图　　　　　　　　　　题 3-20 图

3-21 机械设计中,在初步估算传动轴直径时,常采用扭转时的强度和刚度条件,得到下列公式

$$d \geqslant A\sqrt[3]{\frac{P}{n}}, \quad d \geqslant B\sqrt[4]{\frac{P}{n}}$$

其中 P 为转轴传递的功率(kW),n 为转轴的转速(r/min)。

(1) 试推证上述公式,并写出 A、B 的表达式;

(2) 对于 45 号钢,若已知 $A=110$mm, $B=109$mm, 材料的切变模量 $G=81$GPa, 求许用切应力 $[\tau]$ 与单位长度许用扭转角 $[\varphi']$。

3-22 如题 3-22 图所示的等直圆杆,已知外力偶矩 $M_{eA}=2.99$kN·m, $M_{eB}=7.20$kN·m, $M_{eC}=4.21$kN·m。许用切应力 $[\tau]=70$MPa, 单位长度许用扭转角 $[\varphi']=1(°)/$m, 切变模量 $G=80$GPa。试确定该轴的直径 d。

3-23 如题 3-23 图所示一传动轴,其转速 $n=500$r/min, 主动轮 A 输入功率 $P_A=500$kW, 从动轮 B、C 分别输出功率 $P_B=200$kW, $P_C=300$kW。已知材料的许用切应力 $[\tau]=70$MPa, 切变模量 $G=79$GPa, 单位长度许用扭转角 $[\varphi']=1°/$m。

(1) 试确定 AB 段的直径 d_1 和 BC 段的直径 d_2;
(2) 若 AB 和 BC 两段选用同一直径,试确定直径 d;
(3) 主动轮和从动轮应如何安排才比较合理?

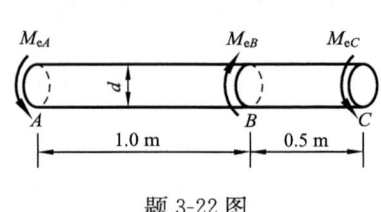

题 3-22 图

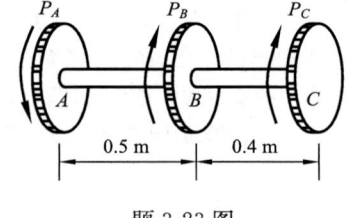

题 3-23 图

3-24 如题 3-24 图所示,两端固定的圆轴,受外力偶矩 $M_{eB}=M_{eC}=10$kN·m 的作用。已知材料的许用切应力 $[\tau]=60$MPa, 试选择轴的直径。

3-25 如题 3-25 图所示,一根两端固定的阶梯形圆轴,在截面突变处受外力偶矩 M_e 的作用。若 $d_1=2d_2$, 试求固端约束反力 M_A 和 M_B, 并作扭矩图。

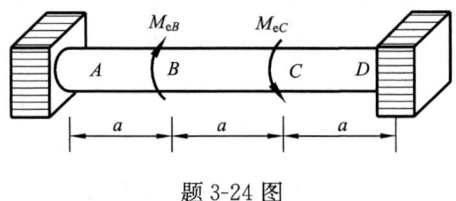

题 3-24 图

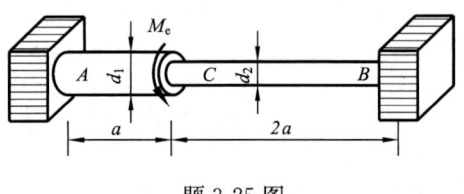

题 3-25 图

3-26 有一壁厚为 25mm、内径为 250mm 的空心薄壁圆管,其长度为 1m, 作用在轴两端面内的外力偶矩为 180kN·m。试确定圆管中的最大切应力,并求管内的应变能。已知材料的切变模量 $G=80$GPa。

3-27 圆柱形密圈螺旋弹簧,弹簧丝横截面直径 $d=18$mm, 弹簧平均直径 $D=125$mm, 弹簧材料的切变模量 $G=80$GPa。如果弹簧所受拉力 $F=500$N, 试求:

(1) 弹簧丝的最大切应力;
(2) 弹簧需要几圈才能使其伸长量等于 6mm。

3-28 油泵分油阀门的弹簧丝直径 $d=2.25$mm, 弹簧圈外径 $D=18$mm, 有效圈数 $n=8$, 轴向压力 $F=89$N, 弹簧材料的切变模量 $G=82$GPa。试求弹簧丝的最大切应力及弹簧的变形值。

3-29 圆柱形密圈螺旋弹簧的平均直径 $D=300$mm, 弹簧丝横截面直径 $d=30$mm, 有效圈数 $n=10$, 受力前弹簧的自由长度为 400mm, 材料的许用切应力 $[\tau]=140$MPa, 切变模量 $G=82$GPa。试确定弹簧所能承受的压力(注意弹簧可能的压缩量)。

3-30 如题 3-30 图所示,一圆柱形密圈螺旋弹簧承受轴向拉力 F, 弹簧丝直径 $d=10$mm, 上端面平均半径 $R_1=50$mm, 下端面平均半径 $R_2=100$mm, 材料的许用切应力 $[\tau]=500$MPa, 切变模量 G, 弹簧的有效圈数 n。试求:

(1) 弹簧的许可拉力；

(2) 证明弹簧的伸长量 $\Delta = \dfrac{16Fn}{Gd^4}(R_1+R_2)(R_1^2+R_2^2)$。

3-31 如题 3-31 图所示的矩形截面钢杆承受一对外力偶矩 $M_e=3\text{kN}\cdot\text{m}$。已知材料的切变模量 $G=80\text{GPa}$，试求：(1) 杆内最大切应力的大小、位置和方向；(2) 横截面短边中点处的切应力；(3) 杆的单位长度扭转角。

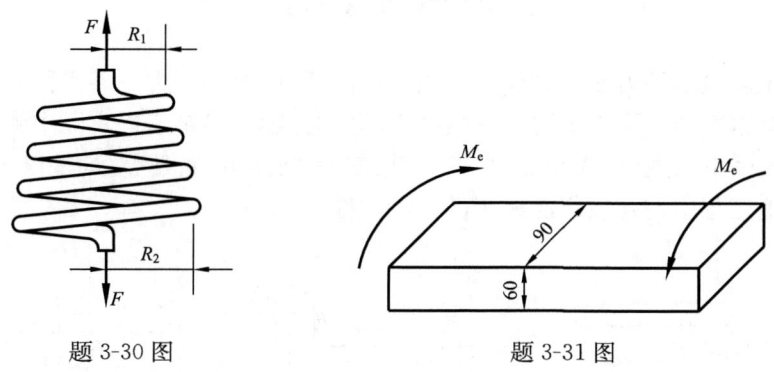

题 3-30 图　　　　　题 3-31 图

第4章 弯曲内力

4.1 弯曲的概念和实例

杆受垂直于轴线的外力或外力偶的作用时,杆轴线由直线变为一条平面的曲线,这种变形称为**弯曲**。凡是以弯曲变形为主要变形的杆件,通称为**梁**。梁是工程实际中常用的一类构件。如图 4-1 中梁式桥中的主梁、火车轮轴、房屋建筑物中阳台的挑梁等,均是以弯曲变形为主的构件。梁在其他工程中也是被广泛采用的一种构件。

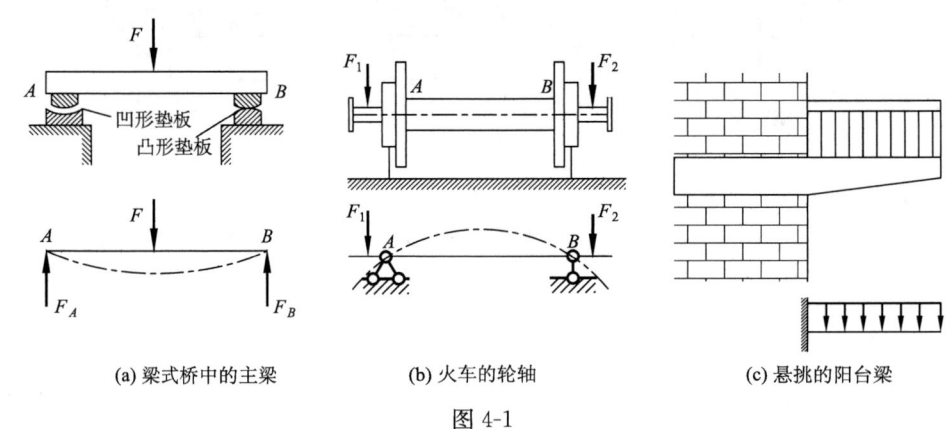

(a) 梁式桥中的主梁　　(b) 火车的轮轴　　(c) 悬挑的阳台梁

图 4-1

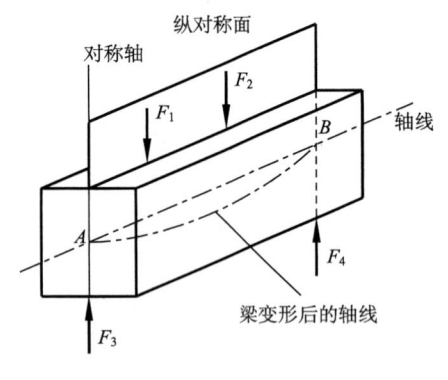

图 4-2

工程中常遇到的受弯构件,其横截面具有一个对称轴,因而受弯构件有一个包含轴线的纵向对称平面,称为**纵对称面**。如图 4-2 所示,杆件上所有的外力均作用在包含该对称轴的纵对称面内,变形后轴线必定在此纵对称面内弯曲成一条平面曲线,这种弯曲称为**对称弯曲**。

若梁不具有纵对称面,或梁虽有纵对称面但外力并不作用在纵对称面内,则这种弯曲称为**非对称弯曲**。

对称弯曲和特定条件下的非对称弯曲,梁的挠曲线与外力所在平面相重合,则这种弯曲称为**平面弯曲**。梁发生对称弯曲时,由于梁变形后的轴线所在的平面与外力所在的平面相重合,则这种弯曲属于平面弯曲。

对称弯曲是弯曲问题中最常见和最基本的情况,本章我们分析受弯构件的内力。

4.2 受弯杆件的简化

工程实际中,受弯杆件的支承条件与荷载情况一般都比较复杂,为了便于分析计算,应进行必要的简化,用一个能反映其主要受力和变形性能的简化了的计算图形来代替实际受弯杆件的计算图形。受弯杆件的简化主要包括构件、支座和荷载的简化。

4.2.1 构件本身的简化

在构件的计算简图中用构件的轴线来代表实际的构件,作用在构件上的外力就是一个平面力系。

4.2.2 支座的简化

构件的支座按其对构件在荷载作用平面的约束情况,可简化为以下三种基本形式。

(1) **可动铰支座** 可动铰支座对构件的约束作用是只能阻止构件的端截面沿垂直于支承面的方向移动。它对构件的约束力将通过铰 A 的中心并与支承面垂直,可用 F_{RA} 表示(图 4-3(a))。凡符合或近似符合上述约束条件的支承装置,可简化为可动铰支座。例如:桥梁下的辊轴支座。

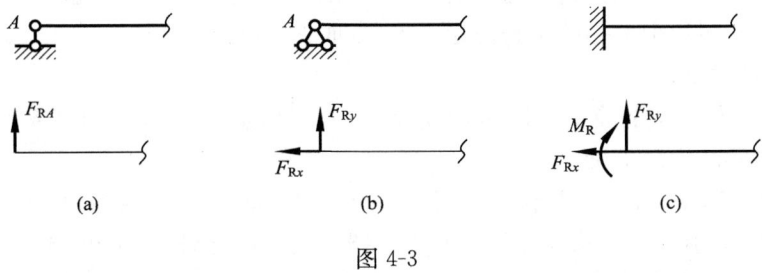

图 4-3

(2) **固定铰支座** 固定铰支座允许构件在支承处绕铰中心转动,但不能在支承处做水平和竖向移动。约束力 F_{RA} 将通过铰 A 中心,但大小和方向都是未知的,通常可用两个正交的约束力 F_{Rx} 和 F_{Ry} 来表示(图 4-3(b))。例如:桥梁下的固定支座,止推滚珠轴承等。

(3) **固定端** 当固定端插入墙体有一定深度且与四周有相当好的密实性时,固定端被完全固定,可以视为固定端支座。这种支座不容许梁在支承处发生任何移动和转动,它的约束力大小、方向和作用点位置都是未知的,通常用水平约束力 F_{Rx}、竖向约束力 F_{Ry} 和约束力偶 M_R 来表示(图 4-3(c))。如:游泳池的跳水板支座,悬挑阳台梁等。

4.2.3 荷载的简化

工程实例中,作用于构件上的荷载是多种多样的,计算时必须根据荷载的作用性质以及作用方式进行简化。一般将作用于构件上的荷载(包括支座反力)简化为三种类型:集中力、集中力偶和分布荷载。

(1) **集中力** 当荷载的作用长度与构件的长度相比很小时,可视为集中作用于一点,则简化为集中力(图 4-4(a))。

(2) **集中力偶** 作用在构件上的纵向对称面内的力偶(图 4-4(b))。

(3) **分布荷载** 荷载分布在构件上的一段长度上,当荷载的作用长度与构件的长度相比不是很小时,则为分布荷载。用荷载集度 q 表示一点所受力的大小,当 q 为常数时,则为均匀分布荷载(图 4-4(c))。分布荷载也可能不是均匀分布的(图 4-4(d))。

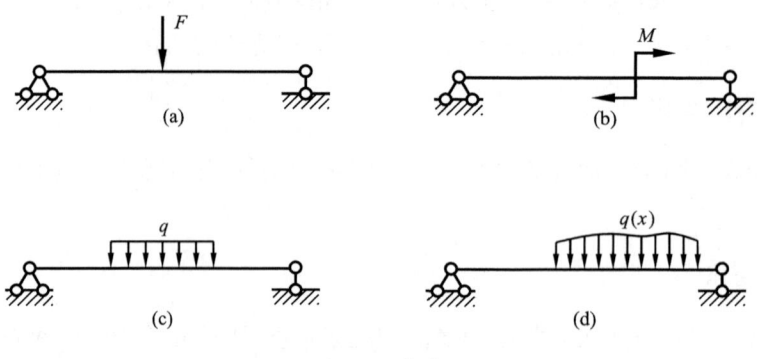

图 4-4 荷载

4.2.4 静定梁的类型

经过对受弯杆件的简化分析可得梁的计算简图,支座约束力均可由静力平衡方程求出,这种梁称为**静定梁**。工程中常用的单跨静定梁有三种基本形式,图 4-5(a)、(b)、(c)分别称为**简支梁**、**外伸梁**和**悬臂梁**。

(1) **简支梁** 如果梁具有一个固定铰支座和一个活动铰支座,则为简支梁。在图 4-1(a)中梁式桥中的主梁即为简支梁。

(2) **悬臂梁** 图 4-1(b)为阳台挑梁的计算简图,梁一端固定一端自由,则为悬臂梁。

(3) **外伸梁** 在图 4-1(c)中,火车轮轴的一端伸出支座之外,则为外伸梁。

有时为了满足工程的实际需要,在静定梁的基础上再多设置一些支座(图 4-6(a)、(b)),这时梁上支座反力的个数多于所能列出的独立平衡方程的个数,此时仅用静力平衡方程将无法求出全部未知的支座反力,这种梁称为**超静定梁**。

梁在两个支座间的部分称为**跨**,其长度为梁的**跨长**或称为**跨度**。

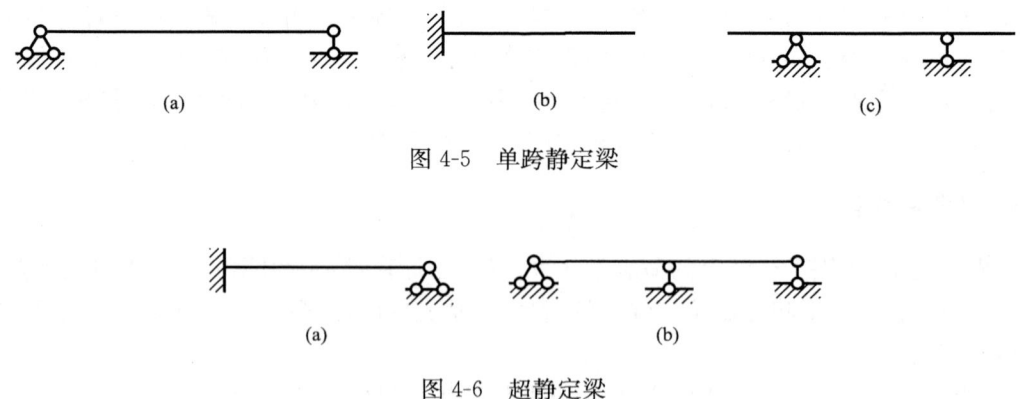

图 4-5 单跨静定梁

图 4-6 超静定梁

4.3 弯曲内力——剪力和弯矩

与其他基本变形一样,梁在外力作用下横截面上也会有内力产生。为了进一步研究梁弯曲时的应力和变形,应首先确定梁在外力作用下任一横截面上的内力,由平衡方程可确定梁上所受的全部外力,再用截面法即可得出各横截面上的内力。

图 4-7(a)所示简支梁 AB 受集中力 F 和集中力偶 M 作用,支座约束力为 F_{RA} 和 F_{RB}。为了研究任意横截面 m-m 上的内力,假想用一截面沿横截面 m-m 把梁截开为两段,任取一段分析,我们取左段梁进行分析(4-7(b))。作用在左段梁的外力除了 F_{RA} 和 F 之外,在横截面 m-m 上还有右段对它作用的分布内力,可向横截面形心 C 简化为一集中力和集中力偶,且都在纵对称面内。为了满足左段梁的平衡条件,由静力平衡方程 $\sum F_y = 0$ 和 $\sum M_C = 0$ 可知,一般这就要求横截面 m-m 上有一个与横截面相切的力 F_S 和一个作用在纵对称面内的力偶 M。

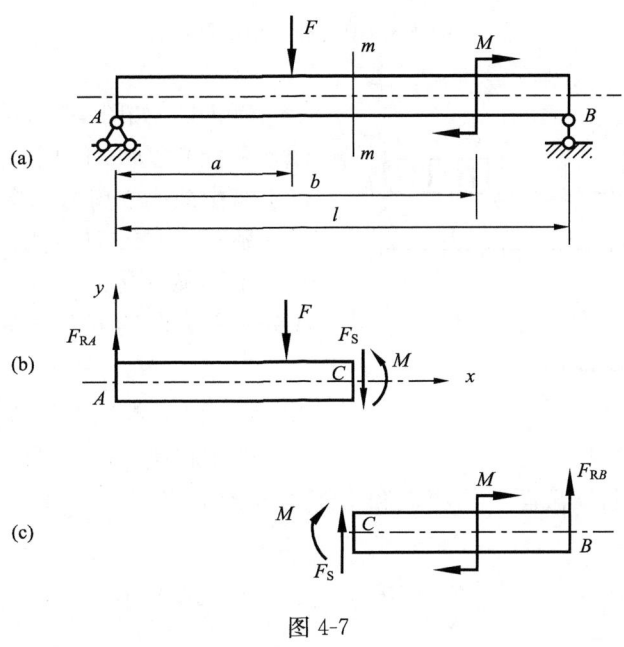

图 4-7

由静力平衡方程
$$\sum F_y = 0, \quad F_{RA} - F - F_S = 0$$
$$\sum M_C = 0, \quad M + F(x-a) - F_{RA}x = 0$$
得
$$F_S = F_{RA} - F, \quad M = F_{RA}x - F(x-a)$$

力 F_S 与横截面相切,我们称此内力为**剪力**。力偶 M 作用于梁的纵向对称面内,我们称此内力偶为**弯矩**。

通过对左段梁进行内力分析可知,横截面 m-m 上的剪力和弯矩,实际上是右段梁对左段梁的作用力。根据作用力和反作用力定律可知,右段梁在同一横截面 m-m 上的剪力和弯矩数值上分别与左段梁横截面 m-m 上的剪力和弯矩相等,但指向和转向相反(图 4-7(c))。因此取截面左段梁为研究对象或取右段梁为研究对象,利用同样的方法进行计算所得结果是相同的,但方向相反。

为使上述两种计算所得的同一横截面 m-m 上的剪力和弯矩在正负号上也相同,可根据梁的变形情况来规定剪力和弯矩的正负号。规定如下:在所切横截面内侧处取一微段 dx,若剪力 F_S 绕微段 dx 顺时针转为正剪力(图 4-8(a));反之为负(图 4-8(b))。若弯矩 M 使微段 dx 弯曲向下凸时,此横截面 m-m 上的弯矩为正号(图 4-8(c)),反之为负号(图 4-8(d))。按此规定求横截面上的内力时,不论取梁的左段还是右段来计算,所得内力的数值和正负号都是相同的。

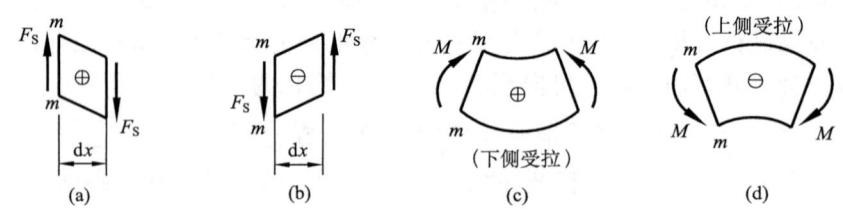

图 4-8 剪力和弯矩正负号

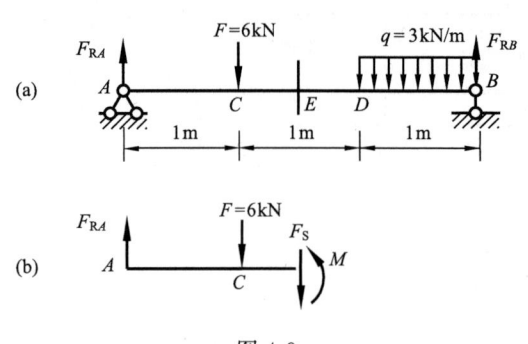

图 4-9

例 4-1 如图 4-9(a)所示简支梁,受均布荷载 q 和集中力 F 作用,$F=6\mathrm{kN}$,$q=3\mathrm{kN/m}$。试求跨中截面的剪力和弯矩。

解:(1) 求支座反力。

由于梁只受铅垂方向的力,则固定铰支座 A 处水平方向约束力为零,由平衡条件

$$F_{RA}=F_{RB}=4.5\mathrm{kN}$$

(2) 求横截面上的剪力和弯矩。

假想将梁沿跨中横截面截开,取左段梁为研究对象,画出受力图,横截面上的剪力和弯矩均设为正值(图 4-9(b))。根据该段梁的平衡条件列平衡方程

$$\sum F_y=0, \quad F_{RA}-F-F_S=0$$

$$\sum M_E=0, \quad M+F\times 0.5\mathrm{m}-F_{RA}\times 1.5\mathrm{m}=0$$

得
$$F_S=-1.5\mathrm{kN}, \quad M=3.75\mathrm{kN}$$

剪力计算结果为负,说明假定的剪力指向与实际指向相反,即为负值。弯矩计算结果为正,说明假定的弯矩转向与实际转向相同,即为正值。

总之,轴线为水平的梁横截面上的内力有剪力和弯矩,计算梁指定横截面上的内力时,基本方法是截面法。从上述计算分析可以看出,用截面法计算梁某横截面上的剪力和弯矩时,一般不必把梁假想截开,可直接从横截面的任一侧,根据该侧梁段上的外力,利用平衡方程来求得该横截面上的剪力和弯矩,即

某一横截面上的剪力在数值上等于该截面左侧(或右侧)所有横向力的代数和,左侧梁上向上的外力(或右侧梁上向下的外力)将在横截面上引起正值剪力,反之将引起负值剪力。

某一横截面上的弯矩在数值上等于横截面左侧(或右侧)所有外力对该截面形心的力矩的代数和,向上的外力(不论在横截面的左侧还是右侧)均将在横截面上引起正值弯矩,向下的外力将引起负值弯矩。横截面左侧梁上顺时针转向的力偶将在该截面上引起正值弯矩,反之将引起负值弯矩;横截面右侧梁上逆时针转向的力偶将在该截面上引起正值弯矩,反之将引起负值弯矩。

4.4 剪力方程和弯矩方程、剪力图和弯矩图

4.4.1 剪力方程和弯矩方程

一般情况下,在梁的不同横截面上,剪力与弯矩随横截面位置的变化而变化。若以横坐标 x 代表横截面在梁轴线上所处的位置,则梁各横截面上的剪力和弯矩可以表示为 x 的函数,即

$$F_S = F_S(x), \quad M = M(x)$$

这两个等式表示剪力和弯矩沿梁轴线各横截面位置的变化规律,称为梁的**剪力方程**和**弯矩方程**。

4.4.2 剪力图和弯矩图

为清晰地表示横截面上内力沿轴线的变化规律,可将剪力和弯矩沿轴线的变化情况用图线表示。作图时,以横截面沿梁轴线的位置 x 为横坐标,以横截面上的 F_S(或 M)为纵坐标,根据剪力方程或弯矩方程描绘出的 F_S、M 的变化情况的图形称为**剪力图**或**弯矩图**。应用剪力图和弯矩图可确定剪力和弯矩的最大值及所在截面的位置。

剪力图、弯矩图绘制方法:水平轴为 x 轴,代表不同的截面位置。纵轴为剪力值或弯矩值。绘制剪力图时,将正值的剪力画在 x 轴的上侧,负值的剪力画在 x 轴的下侧。绘弯矩图时,不同的专业领域有不同的绘图习惯。大体上可以分为水土类专业习惯和机电类专业习惯。

① **水土类专业习惯**:正值弯矩画在 x 轴的下侧,负值弯矩画在 x 轴的上侧,即将弯矩画在梁的受拉侧。

② **机电类专业习惯**:正值弯矩画在 x 轴的上侧,负值弯矩画在 x 轴的下侧,即将弯矩画在梁的受压侧。

控制面(又称控制截面):在一段梁上,剪力和弯矩按一种函数规律变化,这一段梁的两个端界面即为控制面。控制面为外力规律发生变化的截面。在集中力、集中力偶作用点、分布荷载的起点和终点处的横截面均可能为控制面。

下面举例说明如何建立剪力方程、弯矩方程及如何绘制剪力图和弯矩图。

例 4-2 试作图示 4-10(a)所示悬臂梁 AB 的剪力图和弯矩图。

解:(1) 建立坐标系。

为了计算方便,将 x 坐标原点取在梁的左端,建立 Axy 坐标系。

(2) 分段。

梁上只作用集中力,没有均布荷载和集中力偶的作用,所以整段梁的剪力和弯矩可用一个方程来描述,无需分段建立剪力方程和弯矩方程。

(3) 建立内力方程。

取距原点为 x 的任意横截面分析,并取该横截面左段梁为研究对象,写任意横截面上的剪力方程和弯矩方程:

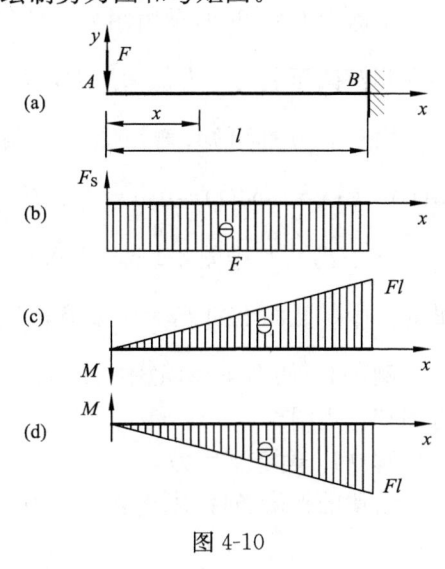

图 4-10

$$F_S(x) = -F \quad (0 \leqslant x < l)$$
$$M(x) = -Fx \quad (0 \leqslant x < l)$$

(4) 绘制内力图。

由上述剪力方程可知,剪力图为一条在 x 轴下方且平行于 x 轴的水平线(图 4-10(b)),梁内各横截面上的剪力值都相等为 $|F_S|_{\max} = F$。

弯矩图为一条在 x 轴上侧的斜直线,只需确定线上两点的值就可以得出弯矩图。如在 $x=0$ 处,$M=0$,$x=l$ 处,$M=-Fl$,由此可绘制出弯矩图(图 4-10(c)、(d)),**其中图(c)为水土类专业习惯画法,图(d)为机电类专业习惯画法**。由弯矩图可知,最大弯矩在固定端处左侧横截面上 $|M|_{\max} = Fl$。

例 4-3 如图 4-11(a)中一简支梁承受均布荷载的作用。试作梁的剪力图和弯矩图。

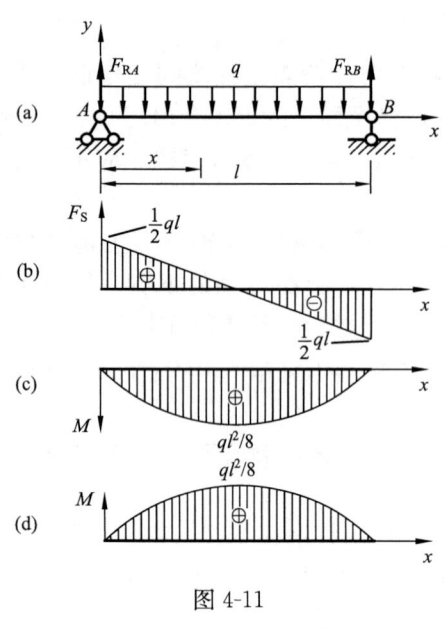

图 4-11

解:(1) 确定支反力。

由于结构和荷载是对称的,因此梁的两端支反力相等,由平衡条件得
$$F_{RA} = F_{RB} = \frac{1}{2}ql$$

(2) 建立坐标系。

以梁的左端 A 为坐标原点,建立 Axy 坐标系。

(3) 建立内力方程。

取距左端原点为 x 的任意横截面,则梁的剪力方程和弯矩方程为
$$F_S(x) = F_{RA} - qx = ql - qx \quad (0 < x < l)$$
$$M(x) = F_{RA}x - qx \times \frac{x}{2}$$
$$= \frac{1}{2}qlx - \frac{1}{2}qx^2 \quad (0 \leqslant x \leqslant l)$$

(4) 绘制内力图。

由剪力方程可知,剪力图为一条斜直线(图 4-11(b)),梁跨中横截面的剪力值为零,两支座内侧横截面上的剪力值为最大,$|F_S|_{\max} = \frac{1}{2}ql$。

由弯矩方程可知,弯矩图为一条二次抛物线,多确定几点才能画出弯矩图。如 $x=0$,$M(0)=0$;$x=l$,$M(l)=0$;$x=\frac{l}{2}$,$M\left(\frac{l}{2}\right)=\frac{1}{8}ql^2$;$x=\frac{l}{4}$,$M\left(\frac{l}{4}\right)=\frac{3}{32}ql^2$。即可绘出弯矩图(图 4-11(c)、(d)),其中图 4-11(c)为水土类专业习惯画法,图 4-11(d)为机电类专业习惯画法。在梁的跨中横截面上的 $F_S = 0$,而弯矩值为最大,$M_{\max} = \frac{1}{8}ql^2$。

例 4-4 如图 4-12(a)中,外伸梁上集中力偶 $M=3\text{kN}\cdot\text{m}$,集中力为 $F=1\text{kN}$,试作梁的剪力图和弯矩图。

解:(1) 确定支反力。

由梁的平衡条件,求出支反力为
$$F_{RA} = -2\text{kN}, \quad F_{RB} = 3\text{kN}$$

(2) 建立坐标系。

以梁的左端 A 为坐标原点，建立 Axy 坐标系。

(3) 分段。

在梁的 AC、CB、BD、DE 段内，其剪力和弯矩方程不能用一个方程表示，应分段写出内力方程，且 DE 段内内力为零。

(4) 建立内力方程。

取距左端原点为 x 的任意横截面，则梁的剪力方程和弯矩方程为：

在 AC 段内

$$F_S(x) = -2 \quad (0 < x \leqslant 1\text{m})$$
$$M(x) = -2x \quad (0 \leqslant x < 1\text{m})$$

在 CB 段内

$$F_S(x) = -2 \quad (1\text{m} \leqslant x < 2\text{m})$$
$$M(x) = 3 - 2x \quad (1\text{m} < x \leqslant 2\text{m})$$

在 BD 段内，用截面的右侧计算内力比较方便，剪力方程和弯矩方程为

$$F_S(x) = 1 \quad (2\text{m} < x < 3\text{m})$$
$$M(x) = 3 - x \quad (2\text{m} \leqslant x \leqslant 3\text{m})$$

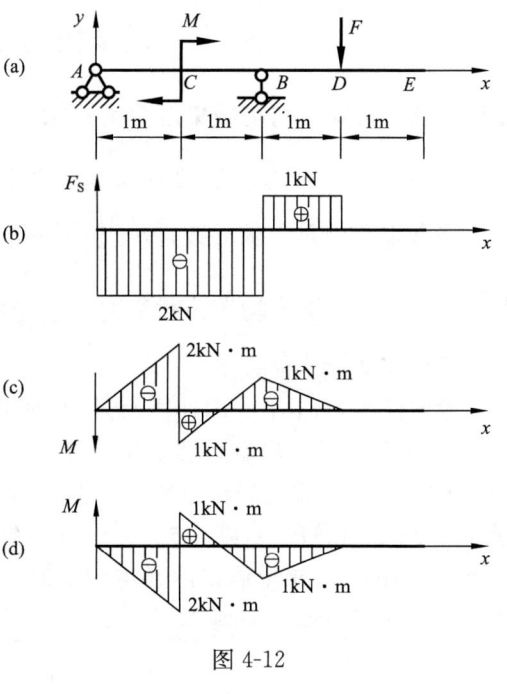

图 4-12

(5) 绘制内力图。

由剪力方程可知，AB 段内侧任一横截面的剪力值最大为 $|F_S|_{\max} = 2\text{kN}$（图 4-12(b)）。

由弯矩方程可知，最大弯矩在集中力偶作用的左侧截面上为 $M_{\max} = 2\text{kN} \cdot \text{m}$（图 4-12(c)、(d)），其中图 4-12(c) 为水土类专业习惯画法，图 4-12(d) 为机电类专业习惯画法。

综合上述例题，可得出如下规律：

(1) 应用内力方程绘制内力图时，应先求出支反力，再根据控制面分段，并分段建立剪力方程和弯矩方程，然后根据剪力方程和弯矩方程计算出各控制面的剪力值和弯矩值，绘出剪力图和弯矩图。

(2) 在集中力和集中力偶作用处，弯矩方程应分段列出。在集中力作用处，剪力方程应分段列出。

(3) 在集中力（包括集中荷载和约束力）作用处，剪力图有突变，左右两侧剪力的代数差即等于此集中力值，同时在弯矩图上的相应处形成尖角。在集中力偶作用处，弯矩图有突变，左右两侧弯矩之差即等于集中力偶值，而剪力图上的相应处无变化。这是由于集中力不可能集中作用于一点，它是将一个微段 Δx 范围内的分布力加以简化所致。若将分布力看做在 Δx 范围内是均匀的（图 4-13(a)），则剪力图在 Δx 范围内是连续变化的斜直线（图 4-13(b)）。那么要问集中力作用处横截面上的剪力值是没有意义的。从而也就可知，在集中力偶作用处，也可同样解释。

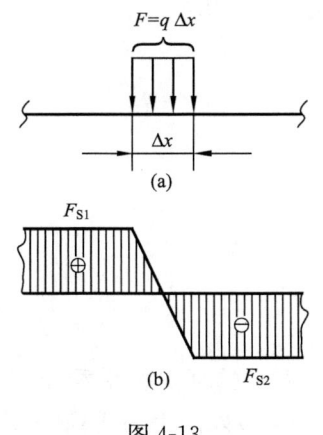

图 4-13

4.5 荷载集度、剪力和弯矩间的关系

4.5.1 剪力、弯矩与荷载集度之间的微分关系

从例 4-3 中不难发现,梁横截面上的剪力、弯矩和作用在梁上的荷载之间存在着相依的关系。将弯矩方程对 x 求导数,得 $\dfrac{\mathrm{d}M(x)}{\mathrm{d}x} = \dfrac{ql}{2} - qx$ 即为剪力方程;将剪力方程对 x 求导数,则可得 $\dfrac{\mathrm{d}F_\mathrm{S}(x)}{\mathrm{d}x} = -q$ 即为均布荷载集度 q。q 为负表示均布荷载指向下,如果向上则为正。下面从一般情况来推导这种关系。

考虑仅在 Oxy 平面内作用有外力(图 4-14(a)),原点取在梁的左端,以轴线为 x 轴向右为正,y 轴向上为正。规定连续变化的分布荷载集度 $q(x)$ 以向上为正。从该梁段中截取一微段 $\mathrm{d}x$(图 4-14(b)),现用坐标分别表示为 x 和 $x+\mathrm{d}x$ 的横截面,设坐标为 x 处横截面上的剪力和弯矩为 $F_\mathrm{S}(x)$ 和 $M(x)$,则坐标为 $x+\mathrm{d}x$ 处横截面上的剪力和弯矩应为 $F_\mathrm{S}(x) + \mathrm{d}F_\mathrm{S}(x)$ 和 $M(x) + \mathrm{d}M(x)$。这里假设内力均为正值,由于 $\mathrm{d}x$ 很微小,认为该微段上荷载集度沿 $\mathrm{d}x$ 均匀分布。由微段的平衡方程 $\sum F_y = 0$ 和 $\sum M_C = 0$(C 为截面 $x+\mathrm{d}x$ 的形心),得

$$F_\mathrm{S}(x) + q(x)\mathrm{d}x - [F_\mathrm{S}(x) + \mathrm{d}F_\mathrm{S}(x)] = 0$$

$$M(x) + \mathrm{d}M(x) - M(x) - F_\mathrm{S}(x)\mathrm{d}x - q(x) \cdot \mathrm{d}x \cdot \frac{\mathrm{d}x}{2} = 0$$

略去高阶微量,得

$$\frac{\mathrm{d}F_\mathrm{S}(x)}{\mathrm{d}x} = q(x) \tag{4-1}$$

$$\frac{\mathrm{d}M(x)}{\mathrm{d}x} = F_\mathrm{S}(x) \tag{4-2}$$

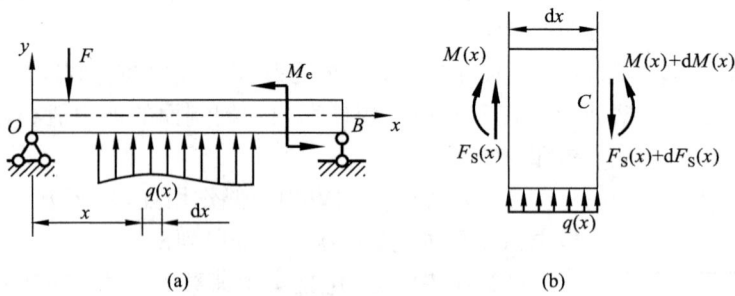

图 4-14

从式(4-1)、式(4-2)可得

$$\frac{\mathrm{d}^2 M(x)}{\mathrm{d}x^2} = q(x) \tag{4-3}$$

式(4-1)~式(4-3)即为**荷载集度、剪力与弯矩间的微分关系**。从 x 的幂次关系看,M 比 $F_\mathrm{S}(x)$ 高一阶,$F_\mathrm{S}(x)$ 比 $q(x)$ 高一阶。在推导关系时,分布荷载集度 $q(x)$ 以向上为正,在所取微段内,$F_\mathrm{S}(x)$ 和 $M(x)$ 是 x 的函数,即在该微段内没有集中力和集中力偶。

根据上述微分关系式,可以归纳得出剪力图与弯矩图的下述规律。这些规律对检验所作剪力图和弯矩图的正确性或直接绘制剪力图和弯矩图很有帮助。

(1) 剪力图上某一点处的切线斜率等于该点处荷载集度。弯矩图上某点处的切线斜率等于该点处剪力的大小。

(2) 梁上某一段内没有荷载,即无分布荷载作用($q=0$),此时 $\dfrac{\mathrm{d}F_S(x)}{\mathrm{d}x}=q(x)=0$,$F_S(x)=$常数,剪力图是与 x 轴平行的直线。又 $\dfrac{\mathrm{d}^2M(x)}{\mathrm{d}x^2}=q(x)=0$,$M(x)$ 是 x 的一次函数,弯矩图为斜直线。当然也可能 $M(x)=$常数,此时剪力图为一与 x 轴线重合的直线,弯矩图为平行于 x 轴的斜直线(例 4-4)。

(3) 梁上某一段内有荷载,即作用均布荷载($q=$常数),则 $\dfrac{\mathrm{d}^2M(x)}{\mathrm{d}x^2}=\dfrac{\mathrm{d}F_S(x)}{\mathrm{d}x}=q(x)=$常数。$F_S(x)$ 是 x 的一次函数,$M(x)$ 是 x 的二次函数。因此,剪力图为一斜直线,弯矩图为二次抛物线(例 4-4)。

当均布荷载 q 指向上时,即 $\dfrac{\mathrm{d}^2M(x)}{\mathrm{d}x^2}=\dfrac{\mathrm{d}F_S(x)}{\mathrm{d}x}=q(x)>0$,$F_S$ 图从左到右斜向上,M 图为上凸抛物线;反之亦然。

(4) 在梁的某一截面上,若 $F_S(x)=\dfrac{\mathrm{d}M(x)}{\mathrm{d}x}=0$,即该处弯矩图的斜率为零,则在这一截面上弯矩为一极值(例 4-3)。但弯矩的最大值可能在 $F_S(x)=0$ 处、集中力作用处或集中力偶作用处(例 4-4)。

(5) 在集中力作用处,剪力图有突变,突变值等于该集中力的值,且剪力图的突变方向与集中力方向一致。而弯矩图在该处的斜率有突变,在此有尖角(例 4-4)。在集中力偶作用处,弯矩图有突变,突变值等于该集中力偶的值,剪力图无变化(例 4-4)。

(6) 由关系式 $\dfrac{\mathrm{d}F_S(x)}{\mathrm{d}x}=q(x)$ 和 $\dfrac{\mathrm{d}M(x)}{\mathrm{d}x}=F_S(x)$,积分得

$$F_S(x_2)-F_S(x_1)=\int_{x_1}^{x_2}q(x)\mathrm{d}x \tag{4-4}$$

$$M(x_2)-M(x_1)=\int_{x_1}^{x_2}F_S(x)\mathrm{d}x \tag{4-5}$$

上式即为:在 $x=x_2$ 和 $x=x_1$ 两横截面上的剪力之差,等于两横截面之间分布荷载图的面积;两横截面上的弯矩之差等于两横截面间剪力图的面积。式(4-4)、式(4-5)被称为**荷载集度、剪力与弯矩间的积分关系**。

将上述荷载、剪力及弯矩间关系汇总如表 4-1 所示。

例 4-5 静定梁所受荷载如图 4-15(a)所示,试作梁的剪力图和弯矩图。

解:(1) 确定支反力。

由梁的平衡条件,求出支反力为

$$F_{RA}=3\mathrm{kN},\quad M_A=2\mathrm{kN\cdot m},\quad F_{RB}=1\mathrm{kN},\quad F_{RC}=4\mathrm{kN}$$

由于梁上外力将梁分为 AB、BD、DC 三段,需分段绘制剪力图和弯矩图。

表 4-1　几种荷载下剪力图与弯矩图的特征

一段梁上的外力情况	均布载荷		无载荷		集中力	集中力偶
	向上 $q>0$	向下 $q<0$	$q=0$		F ↓ 处 C	M_e 处 C
剪力图上的特征	斜直线		水平直线		C处有突变	C处无变化
	/	\	$F_S>0$ ⊕	$F_S<0$ ⊖	C F	C
弯矩图上的特征（水土类）	二次抛物线		斜直线		C处有尖角	C处有突变
	⌒ ⌒	⌣ ⌣	\	/	∨	C M_e
弯矩图上的特征（机电类）	⌣ ⌣	⌒ ⌒	/	\	∧	C M_e
最大弯矩所在截面的可能位置	在 $F_S=0$ 的截面				在剪力突变的截面	在紧靠C点的某一侧截面

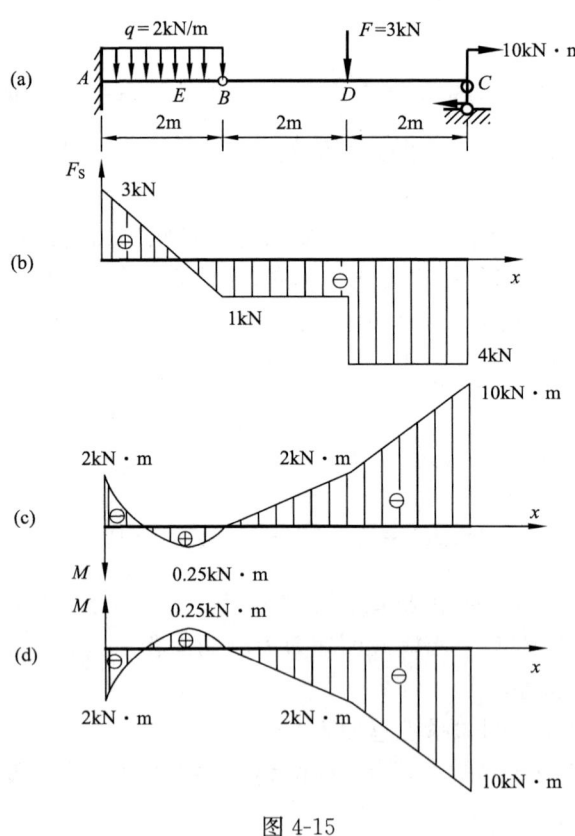

图 4-15

(2) 作剪力图。

AB 段内为负值均布荷载,剪力图为向右下方倾斜的直线。控制截面上的剪力分别为

$$F_{SA右}=3\text{kN},\quad F_{SB左}=-1\text{kN}$$

BD 段内梁上无荷载,剪力图为一水平直线,其控制截面的剪力为

$$F_{SB右} = F_{SD左} = -1\text{kN}$$

DC 段内梁上无荷载,剪力图为一水平直线,其控制截面的剪力为

$$F_{SD右} = F_{SC左} = -4\text{kN}$$

根据上述分析和计算结果,绘制梁的剪力图,如图 4-15(b)所示。由图可见,在 AD 段内截面 E 上剪力为零,在该截面上弯矩会有极值产生。

(3) 作弯矩图。

AB 段内为负值均布荷载,弯矩图为向下凸的二次抛物线。且在截面 E 处弯矩有极值,控制截面上的弯矩分别为

$$M_{A右} = -2\text{kN}\cdot\text{m}, \quad M_{B左} = 0\text{kN}\cdot\text{m}$$

截面 E 到支座 A 的距离 $x = 1.5\text{m}$,故有截面法求得截面 E 的弯矩为

$$M_E = 0.25\text{kN}\cdot\text{m}$$

BD 段内梁上无荷载,弯矩图为一斜直线,其控制截面上的弯矩分别为

$$M_{B右} = 0\text{kN}\cdot\text{m}, \quad M_{D左} = -2\text{kN}\cdot\text{m}$$

DC 段内梁上无荷载,弯矩图为一斜直线,其控制截面上的弯矩分别为

$$M_{D右} = -2\text{kN}\cdot\text{m}, \quad M_{C左} = -10\text{kN}\cdot\text{m}$$

根据上述分析和计算结果,绘制梁的弯矩图,如图 4-15(c)、(d)所示。其中图 4-15(c)为水土类专业习惯画法,图 4-15(d)为机电类专业习惯画法。

由以上分析可知,利用式(4-1)、式(4-2)和表 4-1 所示特征,可以定性地判断剪力图和弯矩图的图形。再利用起始横截面上的剪力、弯矩值和两积分关系式(4-4)、式(4-5),即可计算控制截面及指定截面上的剪力和弯矩值,从而绘制出全梁的剪力图和弯矩图。建议读者自行练习。

4.5.2 用叠加原理作弯矩图

当材料服从胡克定律,且梁在荷载作用下的变形很微小时,其跨长的改变可以忽略不计,所以我们在求梁的支座反力和内力时均可按原始尺寸进行计算,而所得结果均与梁上作用的荷载呈线性关系。因此,在这种情况下,当梁上同时受几种荷载作用时,某一横截面上的弯矩就等于梁在各种荷载单独作用下同一横截面上的弯矩值的代数和。

因为弯矩可以叠加,所以表达弯矩沿梁长度方向变化的弯矩图也可以叠加,作弯矩图时,可分别作出单项荷载作用下的弯矩图,再将对应的纵坐标叠加即可得弯矩图,这样使弯矩图的绘制工作得到简化。

叠加原理:当所求参数(内力、应力或位移)与梁上的荷载为线性关系时,梁在几种荷载共同作用下所引起的某一参数,等于各项荷载单独作用时所引起的该参数值的叠加。

例 4-6 如图 4-16(a)所示的简支梁,作用有两种荷载:跨间荷载 q 和端部力偶 $M_e = \dfrac{ql^2}{8}$。求作梁的弯矩图。

解:当跨间荷载 q 单独作用时(图 4-16(b)),弯矩图(M'图)为二次抛物线图形,如图 4-16(e)、(h)所示。当端部力偶单独作用时(图 4-16(c)),弯矩图(M''图)为直线图形,如图 4-16(f)、(i)所示。如果在 M'图的基础上再叠加图 M'',即得到总弯矩图(M图)。如图 4-16(d)、(g)所示,其中图 4-16(d)、(e)、(f)为水土类专业习惯画法,图 4-16(g)、(h)、(i)为机电类专业习惯画法。

对于弯矩图的叠加,是指竖坐标的叠加,而不是指图形的简单拼合。图 4-16(f)、(i)所示

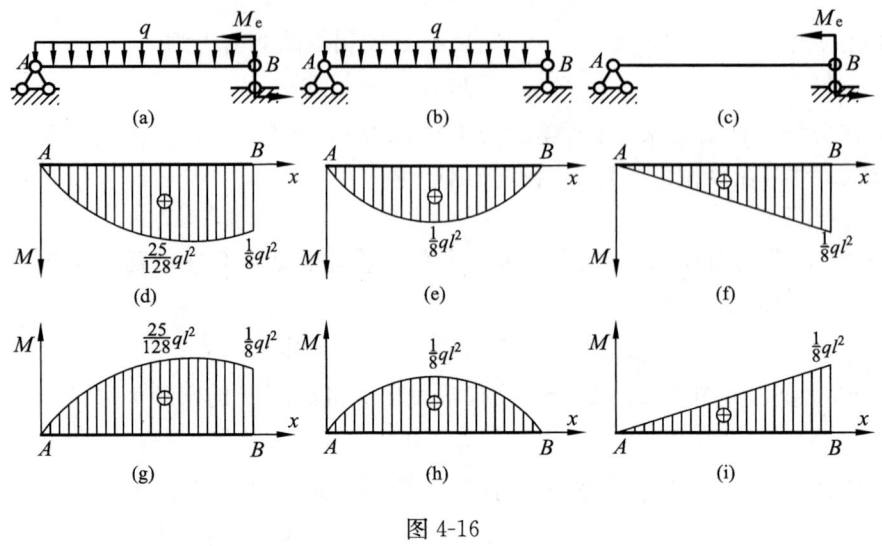

图 4-16

三个纵坐标 M'、M'' 与 M 之间的叠加关系为

$$M'(x)+M''(x)=M(x)$$

图 4-16(f)、(i)中的竖坐标 M，如同 M'、M'' 一样，也是垂直于杆轴 AB。

为求极值弯矩，需要确定剪力为零的截面，由平衡方程可得

$$F_A=\frac{ql}{2}+\frac{M_e}{L}$$

写出剪力方程为

$$F_S(x)=F_A-qx\ (0<x<l)$$

将 M_e 及 F_A 代入上式得

$$M_e=\frac{ql^2}{8},\quad F_S(x)=\frac{5ql}{8}-qx\ (0<x<l)$$

当 $F_S(x)=0$，则

$$x_0=\frac{5l}{8}$$

可得极值弯矩

$$M=F_Ax-\frac{qx^2}{2}=\frac{25ql^2}{128}$$

即全梁的最大弯矩为 $M_{\max}=\dfrac{25ql^2}{128}$，弯矩图如图 4-16(f)、(i)所示。

4.6 平面刚架和曲杆的内力图

4.6.1 平面刚架

刚架是由两根或两根以上的杆件组成，在连接处采用刚性连接的结构。当刚架各杆轴线和外力作用线都在同一平面内时称为**平面刚架**。刚架中的横杆称为**横梁**，竖杆称为**立柱**，刚性

连接为**刚节点**。当受力变形时，刚节点处夹角保持不变，刚节点既可传递力也可传递力偶的作用。

平面刚架的内力有弯矩、剪力、轴力。内力正负号规定：

剪力图 剪力以绕隔离体顺时针转者为正，反之为负。剪力图可画在杆的任一侧（通常正值画在外侧），要标明正负号。

轴力图 轴力以使杆受拉为正，受压为负。轴力图也可画在杆的任一侧（通常正值画在外侧），要注明正负号。

弯矩图 弯矩不规定正负号。同横梁一样，绘弯矩图时，大体上可以分为水土类专业习惯和机电类专业习惯。水土类专业习惯：弯矩画在杆件受拉的一侧；机电类专业习惯：弯矩画在杆件受压的一侧。

例 4-7 图 4-17(a)所示一端固定的平面刚架，在其轴线平面内受均布荷载 q 和集中力 $F=qa$ 的作用，试写出平面刚架横截面上的内力方程并作内力图。

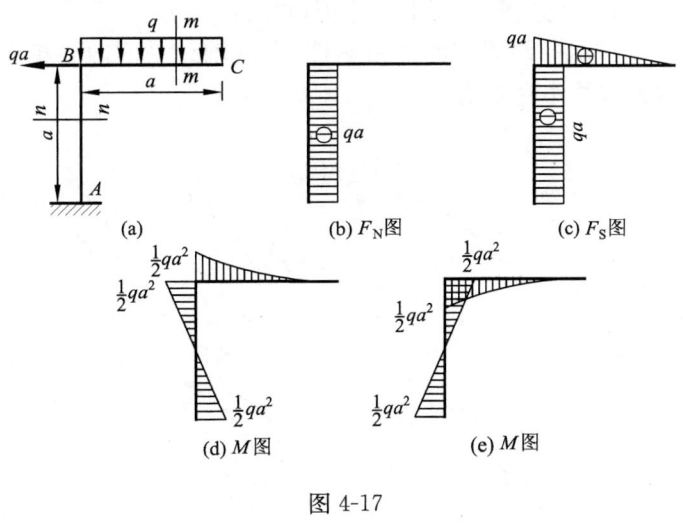

图 4-17

解：(1) 写内力方程。

计算内力时一般先求刚架的支座约束力。在本例中刚架一端为自由端，取自由端部分为研究对象则可直接计算内力。

在横杆 CB 内，把坐标原点取在点 C，应用截面法，以横截面 $m\text{-}m$ 将刚架分为两部分，以右侧刚架为研究对象，由杆段的平衡，得

$$\sum F_x = 0, \quad F_N = 0$$

$$\sum F_y = 0, \quad F_S = qx$$

$$\sum M_C = 0, \quad M = -\frac{qx^2}{2} (0 \leqslant x \leqslant a)$$

在竖杆 AB 内，把坐标原点取在 B 点，应用截面法，以横截面 $n\text{-}n$ 刚架分为两部分，以上侧刚架为研究对象。由杆段的平衡得

$$\sum F_x = 0, \quad F_N = qa$$

$$\sum F_y = 0, \quad F_S = -qa$$

$$\sum M_C = 0, \quad M = qa \cdot x - \frac{qa^2}{2}(0 \leqslant x < a)$$

(2) 作图。

依据各段杆的内力方程可分别画出轴力图、剪力图(图 4-17(b)、(c))和弯矩图(图 4-17(d)、(e)),其中图 4-17(d)为水土类专业习惯画法,图 4-17(e)为机电类专业习惯画法。

4.6.2 平面曲杆

某些构件,一般都有一纵向对称面,其轴线是一平面曲线,工程上称之为**平面曲杆**(**平面曲梁**)。

平面曲杆的内力有弯矩、剪力、轴力。剪力与轴力的正负号规定及画图方式与刚架相同。使平面曲杆曲率增加的弯矩为正,水土类专业习惯弯矩图画在杆件受拉的一侧;机电类专业习惯弯矩图画在杆件受压的一侧。弯矩图不标注正负号。

例 4-8 图 4-18(a)所示一端固定的平面曲杆,在其轴线平面内受集中荷载 F 作用,试写出杆横截面上的内力方程并作内力图。

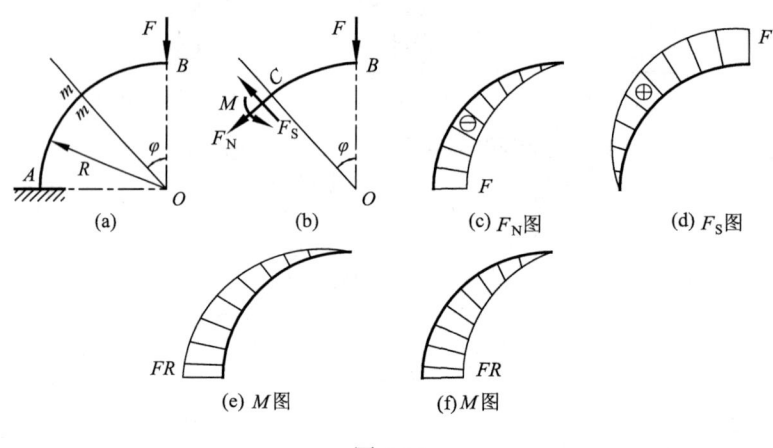

图 4-18

解:(1) 写内力方程。

应用截面法,以圆心角为 φ 的横截面 m-m 将曲杆分为两部分,以右侧杆段为研究对象(图 4-18(b))。把作用于这一部分的力分别投影在 m-m 截面处的切线与法线方向,并对矩心 C 求矩,由杆段的平衡得

$$\sum F_\tau = 0, \quad F_N = -F\sin\varphi$$

$$\sum F_n = 0, \quad F_S = F\cos\varphi$$

$$\sum M_C = 0, \quad M = FR\sin\varphi(0 \leqslant \varphi < \frac{\pi}{2})$$

(2) 作图。

依据内力方程可分别画出轴力图、剪力图(图 4-18(c)、(d))和弯矩图(图 4-18(e)、(f)),其中图 4-18(e)为水土类专业习惯画法,图 4-18(f)为机电类专业习惯画法。

思 考 题

4-1 试指出下列概念的区别:中性轴与形心轴,纯弯曲与对称弯曲,惯性矩与极惯性矩,弯曲刚度与抗弯截面系数。

4-2 圆轴扭转时横截面之间产生相对转动,梁发生对称弯曲时横截面之间也产生相对转动,试问两者有何不同?

4-3 如何建立剪力、弯矩与荷载集度间的微分关系?它们的力学与数学意义是什么?

4-4 如何确定最大弯矩?最大弯矩是否一定发生在剪力为零的横截面上?

4-5 如思考题 4-5 图所示,外伸梁受均布荷载作用,欲使 $M_A = M_B = -M_C$,$\dfrac{l}{a}$ 的比值为多少?欲使 $M_C = 0$,$\dfrac{l}{a}$ 比值为多少?

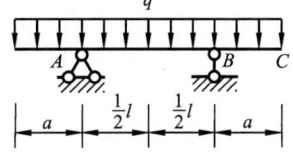

思考题 4-5 图

4-6 试判断下列论述的正确性。

(1) 由 $\dfrac{dM}{dx} = F_S$,若梁中某段内 $F_S = 0$,则该段弯矩为常数;

(2) 由 $\dfrac{dF_S}{dx} = q$,当梁上作用有向下的均布荷载 q,q 为负值,则剪力为负值;

(3) 由 $\dfrac{d^2M}{dx^2} = q$,当梁上作用有向下的均布荷载时,梁的弯矩曲线向上凸,则弯矩必为正值。

4-7 绘制剪力图、弯矩图的叠加原理表明:梁在几种荷载作用下的剪力、弯矩图等于同一种梁在每一种荷载分别作用下梁的剪力、弯矩图的叠加。试问:

(1) 叠加原理在什么条件下适用;

(2) 叠加是几何和还是代数和。

4-8 一个游客在某处发现有座独木桥,上面写着:禁止独自一个人过桥。他发现当地居民的确都是成双成对并且好像以某种相互配合的方式过桥。他觉得奇怪,为什么两个人可以过桥而一个人却不能。等周围没有其他人时他想独自试试,结果没走到半程,就把独木桥压断了而掉在水里。试问:

(1) 本问题与力学中的什么内容有关系;

(2) 如果一个人想过桥,最多能走多远(思考题 4-8 图(a));

(3) 两个人应如何配合才能过桥(思考题 4-8 图(b))。

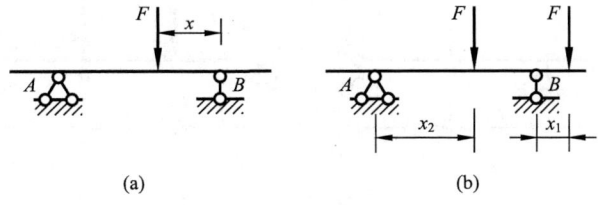

思考题 4-8 图

习 题

4-1 如题 4-1 图所示,试求各梁中截面 1-1、2-2、3-3 上的剪力和弯矩。

4-2 如题 4-2 图所示,设已知各梁的荷载 F、q、M_e 和尺寸 a。(1)试写出梁的剪力方程和弯矩方程;(2)作剪力图和弯矩图;(3)确定 $|F_S|_{\max}$ 和 $|M|_{\max}$。

4-3 如题 4-3 图所示,试根据荷载集度 q、剪力 F_S 和弯矩 M 间的微分关系作各梁的剪力图和弯矩图。

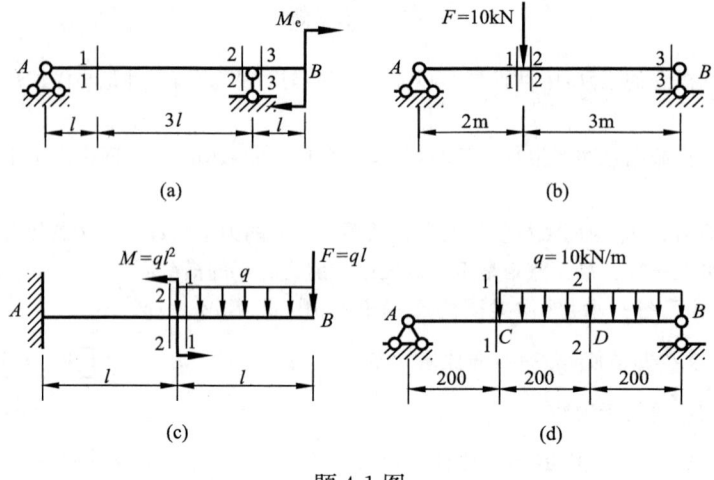

题 4-1 图

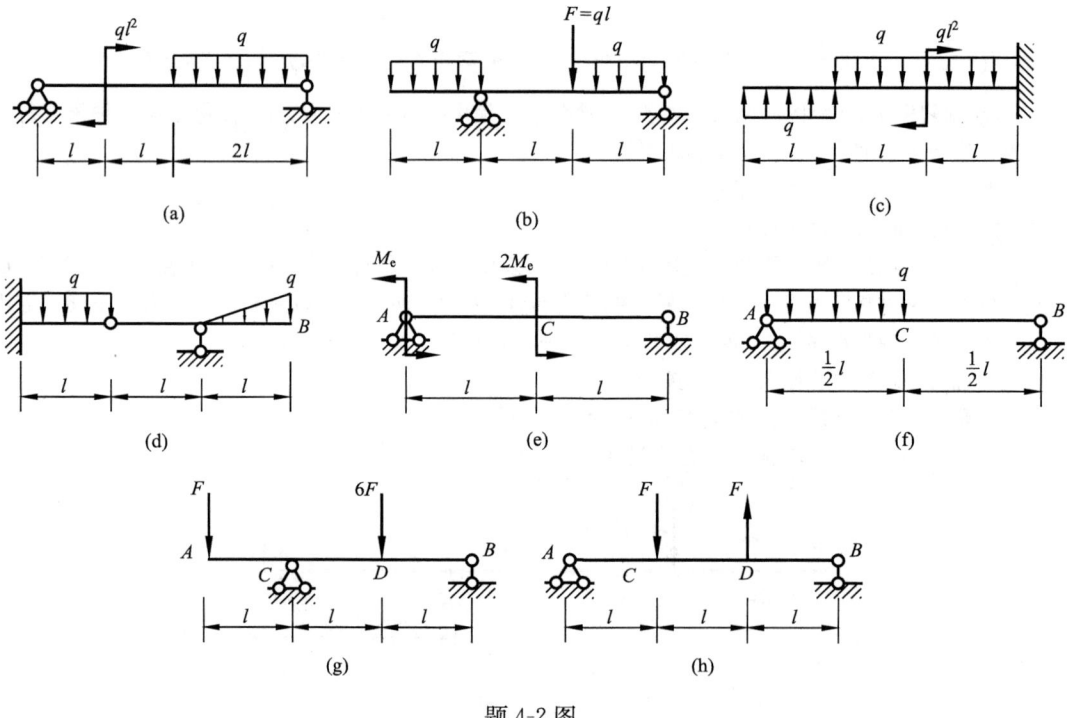

题 4-2 图

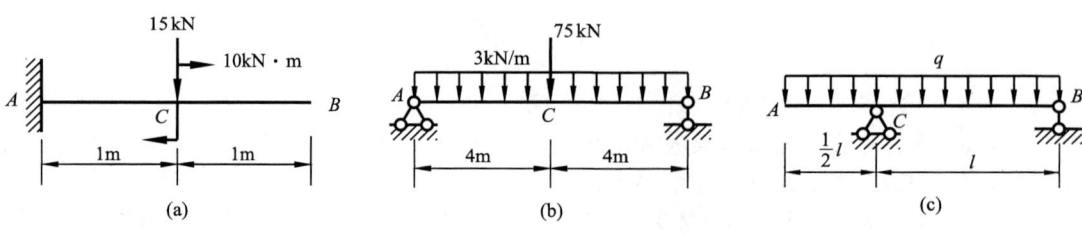

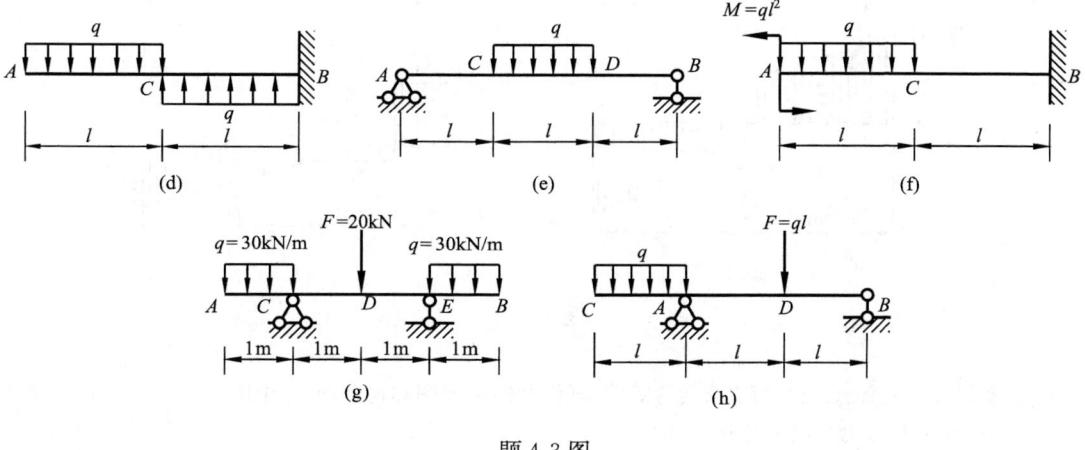

题 4-3 图

4-4 如题 4-4 图所示，试作具有中间铰的梁的剪力图和弯矩图。

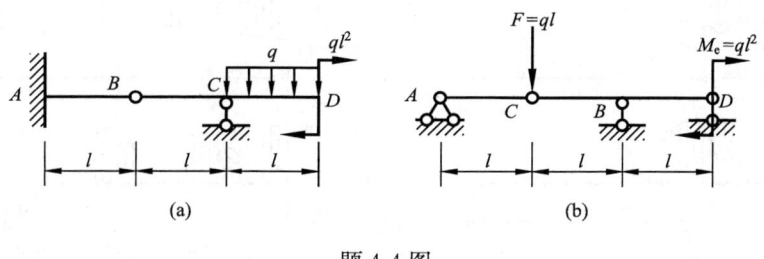

题 4-4 图

4-5 如题 4-5 图所示，试根据荷载集度 q、剪力 F_S 和弯矩 M 间的微分关系，改正剪力图和弯矩图中的错误，其中图(c1)、(c2)为水土类专业习惯画法，图(d1)、(d2)为机电类专业习惯画法。

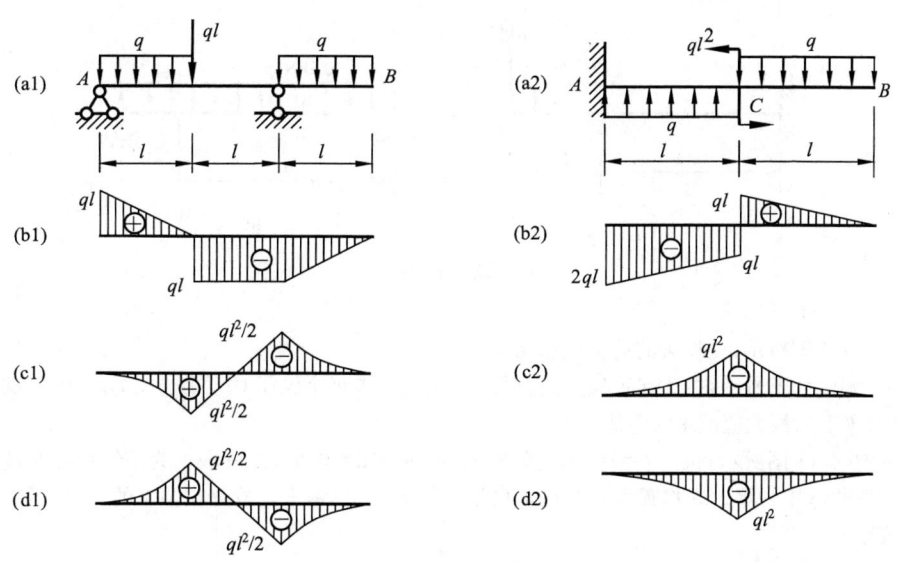

题 4-5 图

4-6 如题 4-6 图所示,已知简支梁的剪力图,试作梁的弯矩图和荷载图。已知梁上没有集中力偶作用。

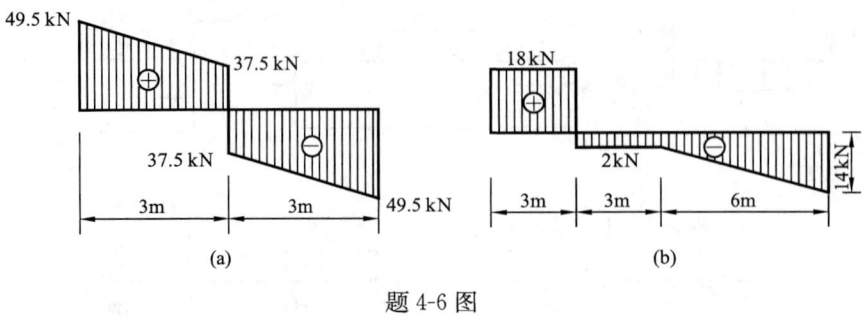

题 4-6 图

4-7 如题 4-7 图所示,已知简支梁的弯矩图,试作梁的剪力图和荷载图,其中图(a1)、(a2)为水土类专业习惯画法,图(b1)、(b2)为机电类专业习惯画法。

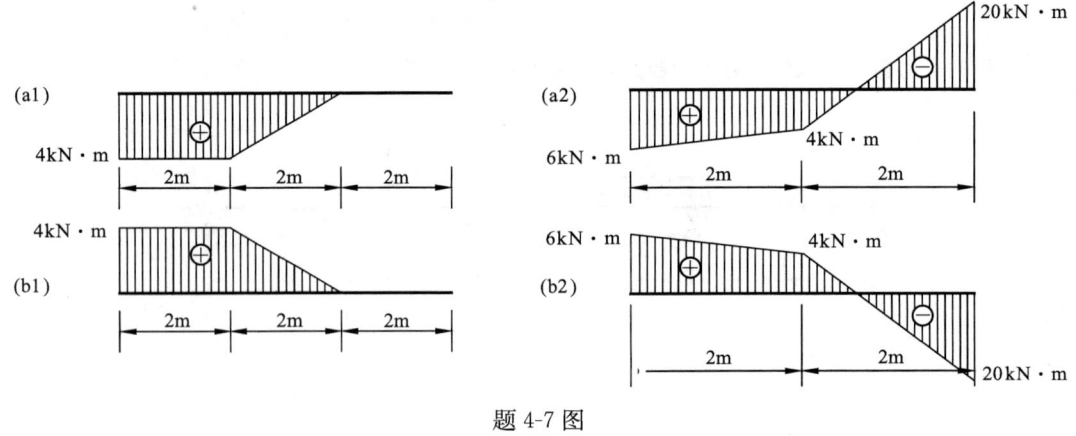

题 4-7 图

4-8 如题 4-8 图所示,试用叠加法作梁的剪力图和弯矩图。

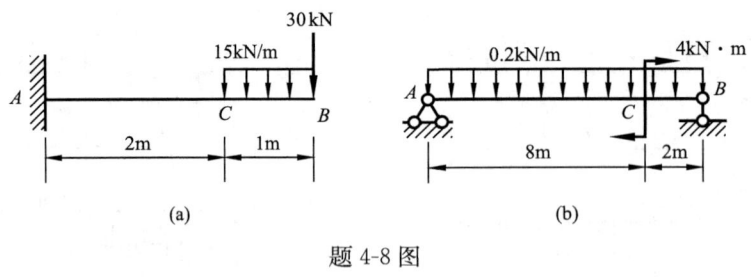

题 4-8 图

4-9 如题 4-9 图所示,试作梁的剪力图和弯矩图。

4-10 如题 4-10 图所示,桥式起重机大梁上行走的小车,其每个轮子对大梁的压力均为 F,试问小车在什么位置时梁内弯矩为最大值及最大弯矩值?

4-11 如题 4-11 图所示,长为 $l=2$m 的均匀圆木,欲锯下 $a=0.6$m 的一段。为使锯口处两端面的开裂最小,应使锯口处的弯矩为零。现将圆木放在两只锯木架上,一只锯木架置在圆木的一端,试求另一只锯木架放置的位置。

4-12 如题 4-12 图所示,试作刚架的轴力图、剪力图和弯矩图。

4-13 如题 4-13 图所示,已知曲杆 AB 的曲率半径为 R,承受集中荷载 F,试写出曲杆的轴力方程、剪力方程弯矩方程,并作轴力图、剪力图和弯矩图。

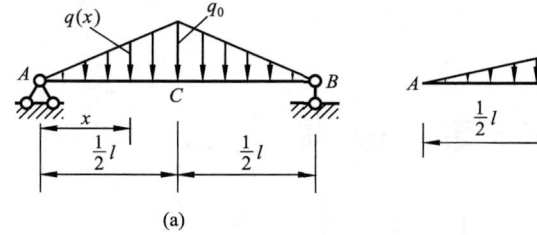

题 4-9 图

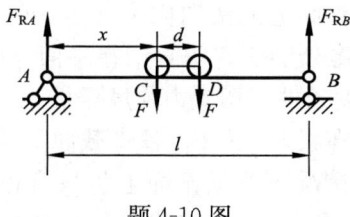   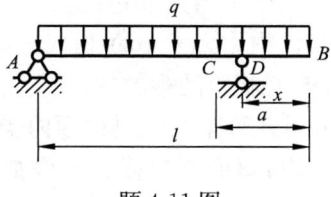

题 4-10 图   题 4-11 图

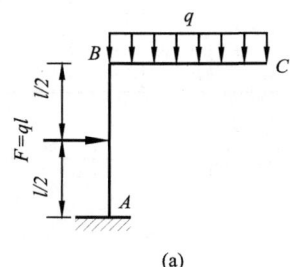   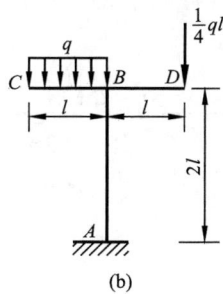

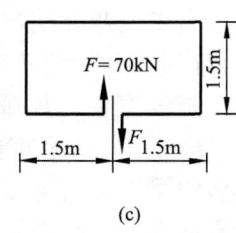   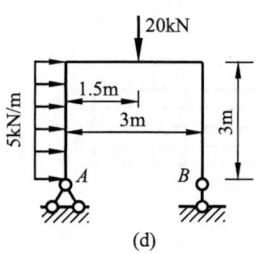

题 4-12 图

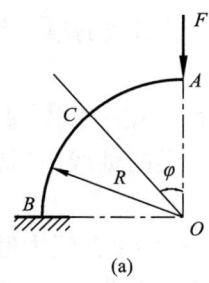   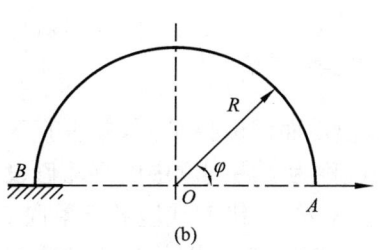

题 4-13 图

第5章 弯曲应力

5.1 纯弯曲

在求得梁的内力后,为解决梁的强度问题,还必须研究梁横截面上的应力分布规律。弯曲时梁的横截面上有两个内力分量:剪力和弯矩。横截面上的法向内力元素 σdA 构成了弯矩,而横截面上的切向内力元素 τdA 构成了剪力,本章将分别研究等直梁在平面弯曲时的正应力和切应力,以及与之相应的梁的横截面上正应力强度条件和切应力强度条件。

图 5-1 中所示几种梁在纵对称面内受力作用。在梁段 AB 内,各横截面上剪力为零,而弯矩为一常数,则该段梁的弯曲称为**纯弯曲**。纯弯曲情况下梁横截面上将只有正应力。图 5-1(b)在梁段 CA 和 BD 内,各横截面上不仅有弯矩还有剪力,则该段梁的弯曲称为**横力弯曲**。梁在横力弯曲情况下,横截面上将同时存在正应力和切应力。

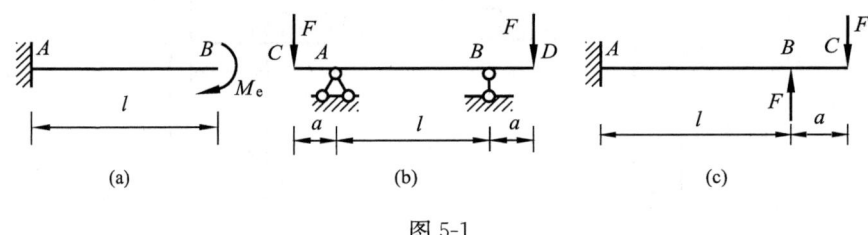

图 5-1

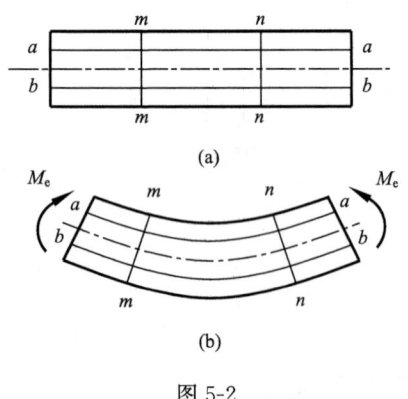

图 5-2

由于纯弯曲情况在材料实验机上容易实现,且利于分析弯矩和正应力间的关系,所以先分析纯弯曲。加载前在矩形截面梁表面画上纵向线 aa、bb 和横向线 mm、nn(图 5-2(a))。然后使梁发生纯弯曲变形(图 5-2(b))。可以发现梁表面变形情况如下:

(1) 横向线仍是直线,只是发生相对转动;
(2) 纵向线均弯曲成曲线,仍与横向线垂直;
(3) 位于凹边的纵向线缩短,位于凸边的纵向线伸长。

根据上述实验结果,可以作出以下假设:

(1) 梁变形后,其横截面仍保持平面,并垂直于变形后梁的轴线,只是绕着梁上某一轴转过一个角度。这一假设称为弯曲问题中的**平面假设**。

(2) 纵向线段间互不挤压,纵向线段处于单向应力状态,即**单向受力假设**。

根据这两个假设,长期实践表明,推导出的应力和变形公式符合实际情况。在纯弯曲情况下与弹性理论的结果一致。

根据上述假设,设想梁由平行于轴线的众多纵向线段组成。图 5-3 所示梁弯曲变形后,凹边的纵向线缩短,凸边的纵向线伸长。因为横截面仍为平面,所以变形应是连续的,中间必存在既不伸长也不缩短的一层线段,这一层线段称为**中性层**。中性层与横截面的交线即为截面的**中性轴**。梁在纯弯曲时,横截面就是绕中性轴转动。由于梁有一个纵对称面,外力也作用在此对称面内,故梁变形后的形状也对称于该平面,因此中性轴垂于横截面的对称轴。

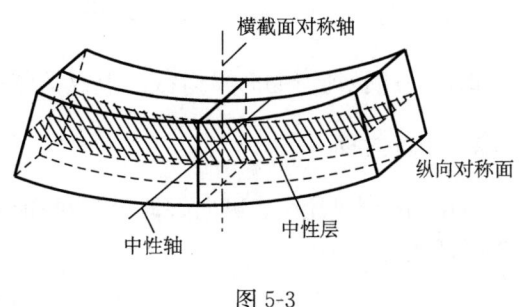

图 5-3

5.2 纯弯曲时梁横截面上的正应力

梁发生弯曲变形,要进行强度计算不仅要考虑内力最大的**危险截面**,也要考虑应力最大的**危险点**。可根据上节假设,综合考虑变形、物理和静力三方面的关系导出梁在纯弯曲情况下横截面上的正应力计算公式。

5.2.1 变形几何方面

从图 5-2 中用两横截面从梁上截取相距 dx 的微段(图 5-4(a)),y 轴为横截面的对称轴,规定向下为正。z 轴为中性轴,中性轴的位置还不能确定。在中性轴的位置未定时,暂定 x 轴为通过原点的横截面的法线(图 5-4(c))。由平面假设,在梁变形后,两横截面将相对旋转一个角度 $d\theta$(图 5-4(b))。中性层的曲率半径为 ρ,则距中性轴为 y 处的纵向线段 bb 弯曲后的长度 $\widehat{b'b'}$ 为 $(\rho+y)d\theta$,变形前 bb 的长度等于在中性层处纵向线段的长度 dx,由于变形后中性层内线段 OO 长度不变,则 $dx=\rho d\theta$,由此,纵向线段 bb 的线应变为

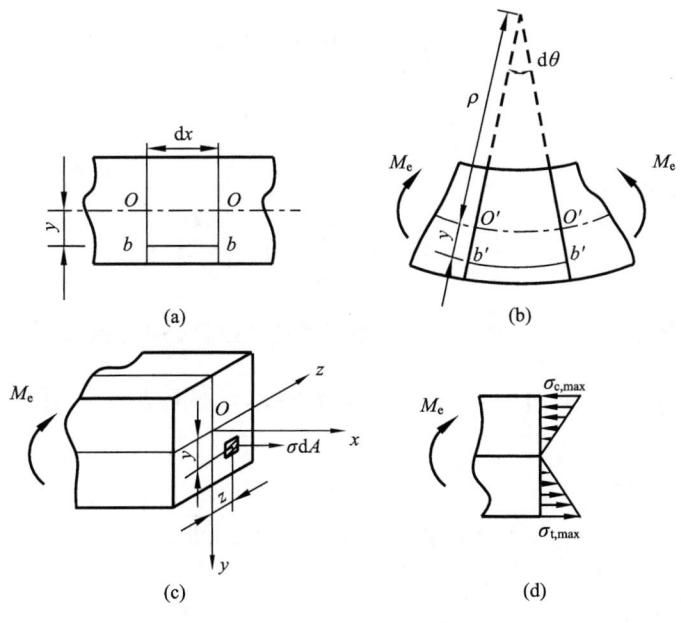

图 5-4

$$\varepsilon = \frac{(\rho+y)\mathrm{d}\theta - \mathrm{d}x}{\mathrm{d}x} = \frac{(\rho+y)\mathrm{d}\theta - \rho\mathrm{d}\theta}{\rho\mathrm{d}\theta} = \frac{y}{\rho} \tag{a}$$

式(a)表明:纯弯曲时梁横截面上纵向线段的线应变 ε 与它到中性轴的距离 y 成正比。

5.2.2 物理方面

由单向受力假设,各纵向线段处于单向应力状态。在纯弯曲情况下,当正应力不超过比例极限时胡克定律为

$$\sigma = E\varepsilon$$

将式(a)代入上式有

$$\sigma = E\frac{y}{\rho} \tag{b}$$

式(b)表明:纯弯曲梁横截面上任意纵向线段的正应力 σ 与它到中性轴的垂直距离 y 成正比,即横截面上的正应力沿着截面高度呈线性分布。而中性轴上各点正应力为零,距中性轴等距离的各点上正应力相等(图 5-4(d))。

5.2.3 静力学方面

式(b)给出了横截面上的应力分布,但还不能直接用于计算应力,因为中性层的曲率半径 ρ 以及中性轴的位置尚未确定,所以这里要利用静力学关系来解决。

梁在纯弯曲时,横截面上只有正应力 σ,在横截面上任一点处取一微小面积 $\mathrm{d}A$(图 5-4(c)),横截面上各点处的法向微内力 $\sigma\mathrm{d}A$ 组成空间平行力系。由于在纯弯曲情况下梁横截面上的内力只有位于纵对称面内的弯矩 M_z,而轴力 F_N 和 M_y 皆为零。由静力学平衡条件

$$F_N = \int_A \sigma\mathrm{d}A = 0 \tag{c}$$

$$M_y = \int_A z\sigma\mathrm{d}A = 0 \tag{d}$$

$$M_z = \int_A y\sigma\mathrm{d}A = M \tag{e}$$

将式(b)代入式(c),有

$$F_N = \int_A \frac{E}{\rho}y\mathrm{d}A = \frac{E}{\rho}\int_A y\mathrm{d}A = \frac{E}{\rho}S_z = 0$$

因为 $\frac{E}{\rho} \neq 0$,故有静矩 $S_z = \int_A y\mathrm{d}A = 0$。这表明中性轴 z 通过截面形心。由此确定了 z 轴和 y 轴的位置,中性轴通过截面形心且在中性层内,梁横截面形心的连线——轴线也在中性层内。

将式(b)代入式(d),有

$$M_y = \int_A \frac{E}{\rho}yz\mathrm{d}A = \frac{E}{\rho}\int_A yz\mathrm{d}A = \frac{E}{\rho}I_{yz} = 0$$

因为 $\frac{E}{\rho} \neq 0$,故有惯性积 $I_{yz} = \int_A yz\mathrm{d}A = 0$。由于 y 轴为横截面的对称轴,$I_{yz} = 0$ 自然满足。

将式(b)代入式(e),有

$$M_z = \int_A \frac{E}{\rho} y^2 \mathrm{d}A = \frac{E}{\rho}\int_A y^2 \mathrm{d}A = \frac{E}{\rho}I_z = M$$

横截面对 z 轴的惯性矩为 $I_z = \int_A y^2 \mathrm{d}A$。由此可得中性层的曲率为

$$\frac{1}{\rho} = \frac{M}{EI_z} \tag{5-1}$$

上式表明,相同弯矩下 EI_z 越大,梁弯曲后的曲率 $\frac{1}{\rho}$ 越小(即梁弯曲变形越小),故将 EI_z 称为梁的**抗弯刚度**,它表示梁抵抗弯曲变形的能力。

将式(5-1)代入(b),得到纯弯曲情况下梁的横截面上的正应力计算公式

$$\sigma = \frac{My}{I_z} \tag{5-2}$$

上式中 M 为横截面上的弯矩;y 为所求应力点的纵坐标;I_z 为横截面对 z 轴的惯性矩。在计算时,将弯矩 M 和坐标 y 按规定的正负号代入,若所得结果为正则正应力 σ 为拉应力;若所得结果为负则正应力 σ 为压应力。也可由弯曲变形直接判断,以中性层为界限,梁在凸出一侧的应力为拉应力,凹入一侧的应力为压应力。

以上公式推导过程中把梁的横截面画成了矩形,但在推导过程中并未涉及到矩形的几何性质,因此只要梁有一纵向对称面,且荷载作用于这个平面内,公式就适用。

梁弯曲变形时,由于梁横截面上应力非均匀分布,失效时从应力最大的点处发生。则由式(5-2)可找到正应力的最大值,在横截面上离中性轴最远的各点处。当中性轴 z 为横截面的对称轴时,这时最大拉应力与最大压应力的绝对值相等,则有

$$\sigma_{\max} = \frac{My_{\max}}{I_z} = \frac{M}{W_z} \tag{5-3}$$

其中,$W_z = \dfrac{I_z}{y_{\max}}$,称为**抗弯截面系数**,常用单位为 m^3 或 mm^3。

对于矩形截面(图 5-5(a))抗弯截面系数为:$W_z = \dfrac{I_z}{y_{\max}} = \dfrac{\frac{bh^3}{12}}{\frac{h}{2}} = \dfrac{bh^2}{6}$。

对于圆形截面(图 5-5(b))抗弯截面系数为:$W_z = \dfrac{I_z}{y_{\max}} = \dfrac{\frac{\pi d^4}{64}}{\frac{d}{2}} = \dfrac{\pi d^3}{32}$。

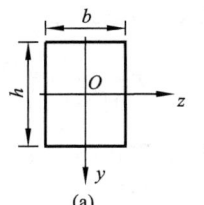
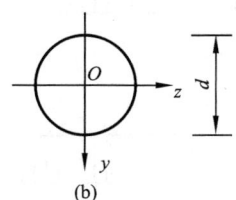

图 5-5

5.3 横力弯曲时的正应力

工程中常见的弯曲多是横力弯曲。即梁的横截面上不仅有弯矩还有剪力,这时梁的横截面上既有正应力又有切应力。由于切应力的存在,横截面不再保持平面,而是发生"翘曲",但这种翘曲对正应力的影响不大。同时与中性层平行的各纵截面之间还有横向力引起的挤压应

力。因此,梁横力弯曲时平面假设和单向受力假设都不能成立。但根据弹性理论的分析结果表明,对于细长梁(跨度与高度之比 $l/h>5$),剪力对正应力的影响很小。且梁的跨高比 l/h 越大,其误差就越小。因此,可将纯弯曲的正应力计算公式推广到横力弯曲时使用。

在横力弯曲中,弯矩随截面的位置而变化。一般等直梁内的最大正应力,在弯矩最大的截面上,离中性轴最远处。由式(5-2)得

$$\sigma_{\max} = \frac{M_{\max} y_{\max}}{I_z} = \frac{M_{\max}}{W_z} \tag{5-4}$$

由于最大正应力位置处的切应力与之相比很小,可以认为最大正应力位置处的各点处于单向应力状态。于是可按单向应力状态给出弯曲正应力的强度条件

$$\sigma_{\max} = \frac{M_{\max} y_{\max}}{I_z} = \frac{M_{\max}}{W_z} \leqslant [\sigma] \tag{5-5}$$

根据强度条件公式,可对梁进行正应力强度计算,即强度校核、选择截面、确定许可荷载。对于低碳钢等抗拉压强度相等的材料,只要绝对值最大的正应力不超过许用应力即可。对于铸铁等抗拉压强度不等的材料,则抗拉和抗压的最大的正应力都不应超过许用应力,应分别计算。

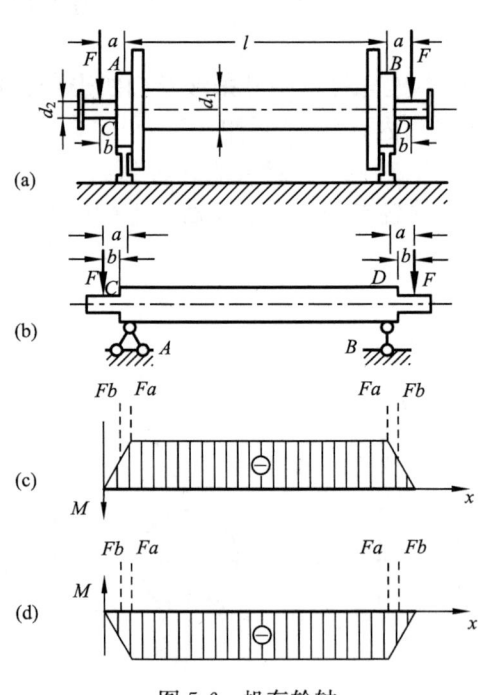

图 5-6 机车轮轴

例 5-1 图 5-6(a)所示的机车轮轴,其简图为 5-6(b)。已知 $d_1=150m$, $d_2=120mm$, $a=0.25m$, $b=0.15m$, $[\sigma]=60MPa$,试按正应力强度条件确定许可荷载。

解:(1) 求支座反力:
$$F_{RA} = F_{RB} = F$$

(2) 绘制 M 图(图 5-6(c)、(d)),其中图 5-6(c)为水土类专业习惯画法,图 5-6(d)为机电类专业习惯画法。

最大负弯矩在 A、B 截面上,由于截面大小不同,取 A、C 截面分析,弯矩值分别为

$$M_A = Fa, \quad M_C = Fb$$

(3) 正应力强度条件计算许可荷载。

A 截面

$$\sigma_A = \frac{M_A}{W_{zA}} = \frac{Fa}{\frac{\pi d_1^3}{32}} \leqslant [\sigma]$$

$$F \leqslant 79.52 \text{kN}$$

C 截面

$$\sigma_B = \frac{M_B}{W_{zB}} = \frac{Fb}{\frac{\pi d_2^3}{32}} \leqslant [\sigma]$$

$$F \leqslant 67.86 \text{kN}$$

取两者较小值,即许可荷载为

$$[F] = 67.86 \text{kN}$$

例 5-2 T形梁尺寸及所受荷载如图 5-7 所示,已知铸铁的抗拉许用应力$[\sigma_t]=45$MPa,铸铁的抗压许用应力$[\sigma_c]=100$MPa,截面惯性矩 $I_z=533.33 \text{cm}^4$,形心距 $y_1=40$mm。试校核梁的强度。

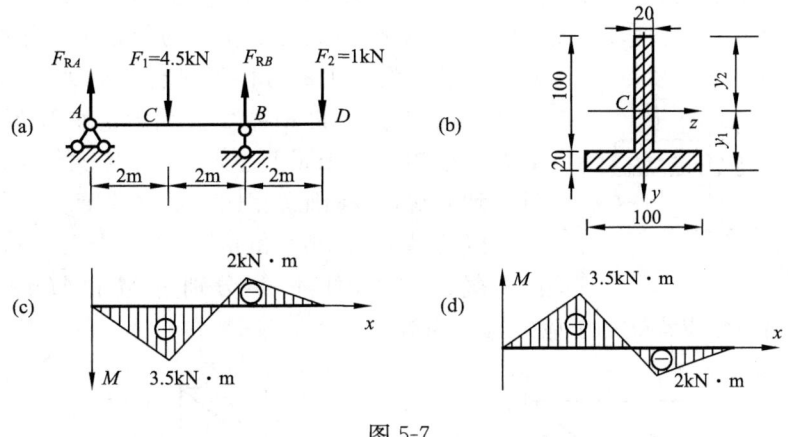

图 5-7

解:(1) 求支座反力:
$$F_{RA}=1.75\text{kN}, \quad F_{RB}=3.75\text{kN}$$

(2) 绘制梁 M 图(图 5-7(c)、(d)),其中图 5-7(c)为水土类专业习惯画法,图 5-7(d)为机电类专业习惯画法。

最大正弯矩在 C 截面上,最大负弯矩在 B 截面上,弯矩值分别为
$$M_C=3.5\text{kN}\cdot\text{m}, \quad M_B=2\text{kN}\cdot\text{m}$$

(3) 正应力强度计算。

由于截面关于中性轴不对称,同一截面上的最大拉压应力不相等。分析 C 截面上,最大拉应力在截面的下边缘各点,最大压应力在截面的上边缘各点,分别为

$$\sigma_t=\frac{M_C y_1}{I_z}=\frac{(3.5\times10^3\text{N}\cdot\text{m})\times(40\times10^{-3}\text{m})}{533.33\times10^{-6}\text{m}^4}=26.25\text{MPa}\leqslant[\sigma_t]$$

$$\sigma_c=\frac{M_C y_2}{I_z}=\frac{(3.5\times10^3\text{N}\cdot\text{m})\times(80\times10^{-3}\text{m})}{533.33\times10^{-6}\text{m}^4}=52.50\text{MPa}\leqslant[\sigma_c]$$

分析 B 截面上,最大拉应力在截面的上边缘各点,最大压应力在截面的下边缘各点,分别为

$$\sigma_t=\frac{M_B y_2}{I_z}=\frac{(2\times10^3\text{N}\cdot\text{m})\times(80\times10^{-3}\text{m})}{533.33\times10^{-6}\text{m}^4}=30\text{MPa}\leqslant[\sigma_t]$$

$$\sigma_c=\frac{M_B y_1}{I_z}=\frac{(2\times10^3\text{N}\cdot\text{m})\times(40\times10^{-3}\text{m})}{533.33\times10^{-6}\text{m}^4}=15\text{MPa}\leqslant[\sigma_c]$$

所以满足强度条件。

5.4 弯曲切应力

在横力弯曲情况下,梁的横截面上既有正应力又有切应力,下面就不同的截面形状,分别

讨论切应力的计算公式及分布规律。

5.4.1 矩形截面梁

图 5-8 所示受任意荷载作用的矩形截面简支梁,横截面上有剪力和弯矩,分别对应切应力和正应力,剪力 F_S 与 y 轴重合(图 5-9(a))。对横截面上切应力的分布规律作如下假设:①横截面上各点切应力的方向均平行于剪力 F_S;②切应力沿截面宽度均匀分布,即横截面上距中性轴等距离各点处的切应力大小相等。按照上述假定,当矩形的高度 h 大于宽度 b 时得到的解,与精确解相比有足够的精度。

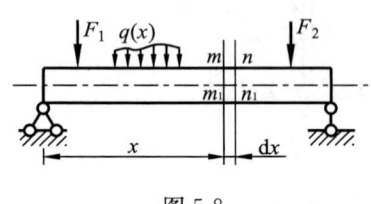

图 5-8

以两横截面 mm_1 和 nn_1 截取一微段 dx,一般情况下这两横截面上的弯矩不等,分别为 M 和 $M+dM$。因而在上述两横截面上同一个位置处的正应力也不相等。

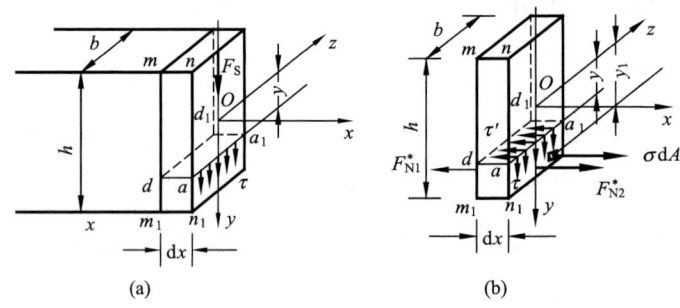

图 5-9

为计算横截面上距中性轴为 y 处的切应力 τ,以平行于中性层且距中性层为 y 的纵截面 aa_1d_1d 从微段中截取一个六面体,分析 aa_1d_1d 平面以下的六面体沿 x 轴方向的平衡。在这一截出部分的左、右截面上,作用着因弯矩 M、$M+dM$ 引起的正应力 σ_1 和 σ_2。可得两截面上的由微内力 $\sigma_1 dA$ 和 $\sigma_2 dA$ 组成的内力系的合力

$$F_{N1}^* = \int_{A^*} \sigma_1 dA = \int_{A^*} \frac{My_1}{I_z} dA = \frac{M}{I_z}\int_{A^*} y_1 dA = \frac{M}{I_z} S_z^* \tag{f}$$

$$F_{N2}^* = \int_{A^*} \sigma_2 dA = \int_{A^*} \frac{(M+dM)y_1}{I_z} dA = \frac{M+dM}{I_z}\int_{A^*} y_1 dA = \frac{M+dM}{I_z} S_z^* \tag{g}$$

式中,A^* 为横截面上距中性轴为 y 的横线以外的面积;S_z^* 为面积 A^* 对横截面中性轴的静距,即距中性轴为 y 的横线以外的面积对中性轴的静距。此值随纵截面 aa_1d_1d 的位置而改变。

由于 F_{N1}^* 和 F_{N2}^* 不相等,故在切出的纵截面 ad_1 上一定有剪力,即存在作用的切应力 τ'。根据横截面上切应力的分布规律所作的假设,可知切应力 τ 沿截面宽度均匀分布;由切应力互等定理可知 τ' 等于 τ。所以在纵截面 aa_1d_1d 上由微内力 $\tau'dA$ 组成的内力系的合力是

$$dF_S' = \tau' b dx \tag{h}$$

由截出的六面体在 x 轴方向的平衡

$$\sum F_x = 0, \quad F_{N2}^* - F_{N1}^* - dF_S' = 0$$

将式(f)~式(h)代入上式,得

$$\frac{M+\mathrm{d}M}{I_z}S_z^* - \frac{M}{I_z}S_z^* - \tau' b\,\mathrm{d}x = 0$$

简化后得

$$\tau' = \frac{\mathrm{d}M}{\mathrm{d}x} \times \frac{S_z^*}{I_z b}$$

引入弯矩与剪力间的微分关系 $\frac{\mathrm{d}M}{\mathrm{d}x}=F_\mathrm{S}$，$\tau'$ 等于 τ，故横截面上距中性轴为 y 的切应力为

$$\tau = \frac{F_\mathrm{S} S_z^*}{I_z b} \tag{5-6}$$

式中，F_S 为横截面上的剪力；b 为矩形截面的宽度；I_z 为整个横截面对其中性轴的惯性矩；S_z^* 为横截面上距中性轴为 y 的横线以外的部分截面对中性轴的静矩。

对矩形截面(图 5-10(a))，有 $\mathrm{d}A=b\mathrm{d}y_1$，则

$$S_z^* = \int_{A^*} y_1\,\mathrm{d}A = \int_y^{\frac{h}{2}} b y_1\,\mathrm{d}y_1 = \frac{b}{2}\left(\frac{h^2}{4} - y^2\right)$$

将上式代入(5-6)，得

$$\tau = \frac{F_\mathrm{S}}{2I_z}\left(\frac{h^2}{4} - y^2\right) \tag{5-7}$$

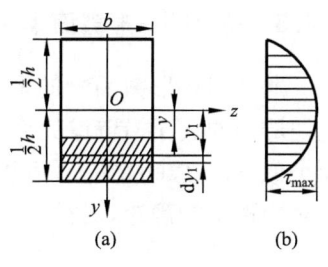

图 5-10

由式(5-7)可见，切应力 τ 沿截面高度按抛物线规律变化(图 5-10(b))。当 $y=\pm\frac{h}{2}$，即在横截面距中性轴最远处，切应力 $\tau=0$。当 $y=0$，即在中性轴上各点处，τ 取得最大值。其值为

$$\tau_{\max} = \frac{F_\mathrm{S} h^2}{8 I_z}$$

将 $I_z=\frac{bh^3}{12}$ 代入上式得

$$\tau_{\max} = \frac{3}{2}\frac{F_\mathrm{S}}{bh} \tag{5-8}$$

可知矩形截面梁上最大切应力为平均切应力的 1.5 倍。

5.4.2 工字形截面梁

工字形截面梁由中间腹板和上下翼缘组成(图 5-11(a))。腹板截面是一个狭长矩形，此时矩形截面上切应力分布的两个假设仍然适用，则可同样导出相同的应力计算公式，即

$$\tau = \frac{F_\mathrm{S} S_z^*}{I_z b_0}$$

式中，b_0 为腹板厚度；S_z^* 为距中性轴为 y 的横线以外部分截面(图 5-11(a)中阴影面积)对中性轴的静矩。

计算得知在腹板部分 S_z^* 是 y 的二次函数，因此，腹板部分的切应力 τ 沿腹板高度同样也是按二次抛物线规律变化(图 5-11(b))。最大切应力发生在中性轴上，其值为

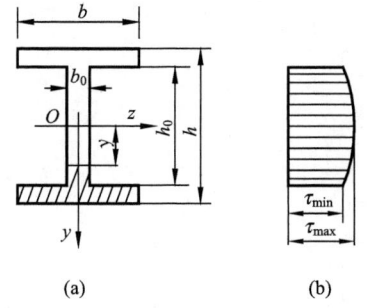

图 5-11

$$\tau_{\max} = \frac{F_S S_{z,\max}^*}{I_z b_0} \tag{5-9}$$

式中，$S_{z,\max}^*$ 为中性轴一侧半个截面面积对中性轴的静矩。对热轧工字钢，式中的 $\dfrac{I_z}{S_{z,\max}^*}$ 可以从型钢表中查得。

工字钢截面翼缘上的切应力分布情况比较复杂，有平行于 y 轴的切应力，还有平行于翼缘长边的切应力。翼缘上平行于 y 轴的切应力与腹板上的切应力相比很小，是次要的，可以忽略不计；对于平行于翼缘长边的切应力，可仿照矩形截面中采用的方法求得，但由于翼缘长边的最大切应力与腹板上的最大切应力相比很小，所以一般情况下也不必考虑。由于工字形截面梁翼缘的全部面积在离中性轴最远处，且每点的正应力都较大，则翼缘承担了截面上的大部分弯矩。

5.4.3　薄壁圆环形截面梁

薄壁圆环形截面梁的平均半径为 r_0，环壁厚度为 δ。因为 δ 远小于 r_0，可假设：①横截面上切应力的大小沿壁厚无变化；②切应力的方向与圆周相切（图 5-12(a)）。由于假定与矩形截面类似，$\tau_{\max}$ 在中性轴上，可用式(5-6)计算 $\tau_{\max}$，注意式中的 b 应为 2δ，S_z^* 为半个圆环截面面积对中性轴的静矩，可得

$$S_z^* = \pi r_0 \delta \times \frac{2r_0}{\pi} = 2r_0^2 \delta$$

环形截面的惯性矩由附录 B 查得为

$$I_z = \pi r_0^3 \delta$$

最后得

$$\tau_{\max} = \frac{F_S S_z^*}{I_z b} = \frac{F_S \times 2r_0^2 \delta}{\pi r_0^3 \delta \times 2\delta} = 2\frac{F_S}{A} \tag{5-10}$$

式中，$A = \dfrac{\pi}{4}[(2r_0+\delta)^2 - (2r_0-\delta)^2] = 2\pi r_0 \delta$ 为环形截面的面积。可见圆环形截面梁上最大切应力为平均切应力的 2 倍。

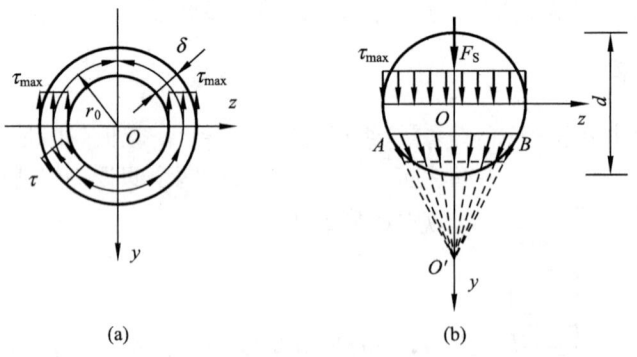

图 5-12

5.4.4　圆形截面梁

圆形截面梁上，由切应力互等定理可知，截面边缘上各点切应力的方向必与圆周相切，那

么任一平行于中性轴的横线 ab 两端处的切应力相交于 y 轴的点 O'。由于对称,在圆形截面上与对称轴 y 轴相交的各点处切应力必沿 y 方向(图 5-12(b))。可以假设:①横线 ab 上各点处的切应力方向不再平行于剪力 F_S,而是相交于 y 轴上的点 O'。②横线 ab 上各点处切应力沿 y 方向的分量 τ_y 沿宽度均匀分布。由以上假设可知,在中性轴上各点切应力的方向皆平行于剪力 F_S 且均匀分布,其值达到最大。由式(5-6)得

$$\tau_{\max} = \frac{F_S S_z^*}{I_z b} = \frac{F_S \times \dfrac{d^3}{12}}{\dfrac{\pi d^4}{64} \times d} = \frac{4}{3} \frac{F_S}{A} \tag{5-11}$$

式中,b 取为圆截面的直径 d;I_z 为圆截面对中性轴的惯性矩;S_z^* 为半圆面积对中性轴的静距;$A = \dfrac{\pi}{4}d^2$ 为圆形截面的面积。

由式(5-11)可知圆形截面梁上最大切应力为平均切应力的 $\dfrac{4}{3}$ 倍。

一般情况下,最大弯曲切应力发生在剪力为最大值的横截面上的中性轴处,而该处的正应力为零。因此最大弯曲切应力的作用点处于纯剪切状态。于是弯曲切应力的**强度条件**为

$$\tau_{\max} = \frac{F_{S,\max} S_{z,\max}^*}{I_z b} \leqslant [\tau] \tag{5-12}$$

即要求梁内的最大弯曲切应力不超过许用切应力。$S_{z,\max}^*$ 为中性轴一侧半个截面面积对中性轴的静矩。

控制细长梁强度的通常是弯曲正应力。一般满足正应力强度条件的梁,切应力强度条件也能满足。因此此类梁按正应力强度条件分析。对于某些特殊情形:①梁的跨度较小或较大荷载靠近支座时,此时梁的最大弯矩较小而最大剪力却很大;②焊接或铆接的组合截面钢梁(如工字形),其横截面腹板部分的厚度与梁的高度相比小于型钢截面的相应比值,此时应对腹板进行校核;③焊接梁、铆接梁、胶合梁或木梁的顺纹方向,焊缝、铆钉、胶合面或木梁的顺纹方向抗剪能力较差,要进行剪切强度校核计算。

例 5-3 图 5-13(a)所示简支梁由工字钢制成。$F = 350 \text{kN}$,材料的许用弯曲正应力 $[\sigma] = 160 \text{MPa}$,许用弯曲切应力 $[\tau] = 100 \text{MPa}$。试选择工字钢的型号。

解:(1) 求支座反力:

$$F_{RA} = 350 \text{kN}, \quad F_{RB} = 350 \text{kN}$$

(2) 绘图(图 5-13(b))。

由剪力图可得剪力的最大值,同理绘制弯矩图可得弯矩的最大值,分别为

$$F_{S,\max} = 350 \text{kN}, \quad M_{\max} = 35 \text{kN} \cdot \text{m}$$

(3) 按弯曲正应力强度条件设计梁的截面。

$$\sigma_{\max} = \frac{M_{\max}}{W_z} = \frac{35 \times 10^3 \text{kN} \cdot \text{m}}{W_z} \leqslant [\sigma]$$

$$= 160 \times 10^6 \text{MPa}$$

$$W_z \geqslant \frac{35 \times 10^3 \text{kN} \cdot \text{m}}{160 \times 10^6 \text{MPa}} = 218.75 \text{cm}^3$$

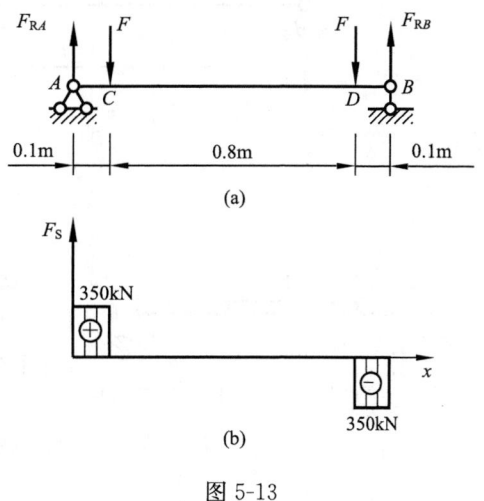

图 5-13

由 W_z 查型钢表,选 20a 工字钢

$$W_z = 237 \text{cm}^3, \quad \frac{I_z}{S_{z,\max}^*} = 17.2 \text{cm}, \quad d = 7 \text{cm}$$

(4) 校核切应力强度条件。

$$\tau_{\max} = \frac{F_{S,\max} S_{z,\max}^*}{I_z b} = \frac{350 \times 10^3 \text{N}}{(17.2 \times 10^{-2} \text{m}) \times (7 \times 10^{-2} \text{m})} = 29.07 \text{MPa} \leqslant [\tau] = 100 \text{MPa}$$

所以选择 20a 工字钢能满足正应力强度条件和切应力强度条件。

5.5 梁的合理设计

一般情况下,按弯曲正应力强度条件设计梁,即

$$\sigma_{\max} = \frac{M_{\max}}{W_z} \leqslant [\sigma]$$

由上式可见,提高梁的承载能力应从以下方面考虑:①合理安排梁的受力以降低最大弯矩 $M_{\max}$;②合理采用截面形状以提高弯曲截面系数 W_z;③局部加强弯矩较大的梁段以降低 $\sigma_{\max}$。这些都能降低最大正应力,使梁的设计更为合理。下面分别讨论。

5.5.1 合理安排梁的受力

合理改变梁的加载方式和布置支座位置可以降低梁的最大弯矩值。图 5-14 所示简支梁在跨中承受集中力 F 时,其最大弯矩为 $\frac{1}{4}Fl$,改变加载位置使力的作用点移到距左侧 $\frac{1}{4}l$ 处,则最大弯矩变为 $\frac{3}{16}Fl$,是原最大弯矩的 0.75 倍。如当力的位置不能改变时,改变加载方式把集中力分散为两个较小集中力,而使最大弯矩降低为 $\frac{1}{8}Fl$(图 5-15)。或者改成分布力,从而减小最大弯矩。工程中经常采用辅梁来分散力,以减小最大弯矩。

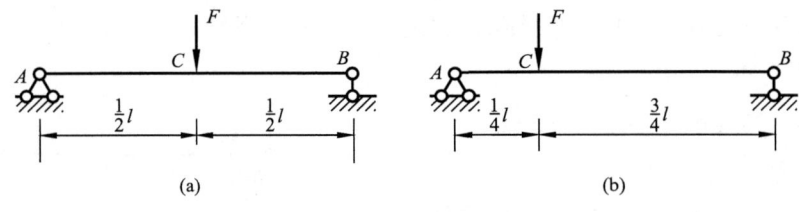

图 5-14

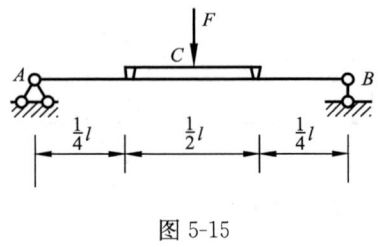

图 5-15

改变支座的位置也可以减小最大弯矩值。图 5-16 受均布荷载的简支梁,$M_{\max} = 0.125ql^2$。若将两端支座各向中间各移动 $0.2l$,则最大弯矩减小为 $M_{\max} = 0.025ql^2$,只是前者的 0.2 倍。工程中常用的门式起重机的大梁,使支承点略向中间移动,可取得减小 $M_{\max}$ 的效果。

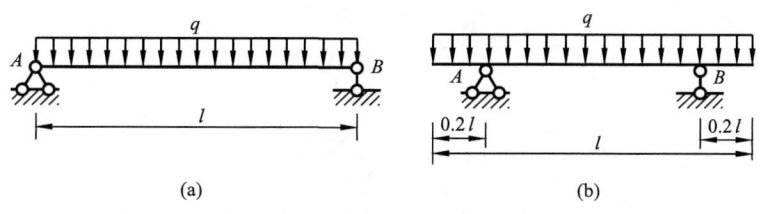

图 5-16

5.5.2 合理选择截面

由弯曲正应力强度条件可知，M_{max} 与抗弯截面系数 W 成正比，抗弯截面系数 W 与最大正应力 σ_{max} 成反比。W 越大则梁的承载能力就越高。而自重的大小和材料的多少与横截面面积 A 成正比，A 越小越经济合理。所以合理的截面形状是抗弯截面系数 W 较大而横截面面积 A 较小，例如对截面高度 h 大于宽度 b 的矩形截面梁，梁竖放时 $W_1 = \frac{1}{6}bh^2$；平放时，$W_2 = \frac{1}{6}hb^2$。两者之比是 $\frac{W_1}{W_2} = \frac{h}{b} > 1$，所以竖放比平放有较高的抗弯能力。

当截面的形状不同时，可以用比值 $\frac{W}{A}$ 来衡量截面形状的合理性和经济性，并尽可能增大 $\frac{W}{A}$ 的比值。在这些截面中，工字形和槽形比矩形合理，矩形比环形合理，环形比圆形合理。

当材料远离中性轴的截面时（如圆环形、工字形等）比较经济合理。这是因为弯曲正应力沿截面高度呈线性分布，中性轴附近的应力较小，该处的材料不能充分发挥作用，离中性轴较远处的应力较大，将这些材料移置此处，则可形成合理截面。房屋建筑中的楼板采用空心圆孔板，工程中的桥梁、吊车梁常采用工字形、槽形或箱形截面等都是此种情况。但若增加截面高度过大宽度过小，梁在荷载作用下会发生扭曲，从而使梁过早地丧失承载能力。

对于抗拉、压强度相等的塑性材料（如低碳钢）制成的梁，选用横截面的中性轴为对称轴的截面，如工字形、矩形、圆形和环形截面等，使得危险截面上的最大拉、压应力相等并同时尽可能接近材料的许用应力。

对于抗拉、压强度不相等的脆性材料（如铸铁）制成的梁，选用横截面的中性轴靠近拉应力的一侧，以使危险截面上的最大拉、压应力尽可能同时接近材料的许用应力。

5.5.3 合理设计梁的外形

对于等截面梁，除 M_{max} 所在截面的最大正应力达到材料的许用应力外，其余截面的应力均小于许用应力。为了节省材料，减轻结构的重量，可在弯矩较小处采用较小的截面，在弯矩较大处采用较大的截面，这种截面沿轴线变化的梁为**变截面梁**。使变截面梁每个截面上的最大正应力都等于材料的许用应力，即为**等强度梁**。

图 5-17(a)所示简支梁为跨中承受集中力 F 的等强度梁，截面为矩形，使得简支梁宽度 b 不变而高度变化，即 $h_x(0 \leqslant x \leqslant \frac{l}{2})$。由公式得

$$\sigma_{\max} = \frac{M_{\max}}{W_z} = \frac{\left(\dfrac{F}{2}\right)x}{\dfrac{bh^2(x)}{6}} = [\sigma]$$

$$h(x) = \sqrt{\frac{3Fx}{b[\sigma]}} \tag{i}$$

由于结构与荷载关于跨度中点对称,截面高度关于跨度中点也对称。当 $x=0, h(x)=0$ 即在梁的两端处,截面高度为零,所以应按切应力强度条件确定截面高度为

$$\tau_{\max} = \frac{3}{2}\frac{F_S}{A} = \frac{3}{2}\frac{\dfrac{F}{2}}{bh_{\min}} = [\tau]$$

可得

$$h_{\min} = \frac{3F}{4b[\tau]} \tag{j}$$

由式(i)、式(j)可确定梁的截面尺寸,考虑到加工的经济性及其他工艺要求,工程实际中只能做成近似的等强度梁,即工业厂房中常用的鱼腹梁(图 5-17(b))。其他如机械设备中的圆轴设计成阶梯变截面梁(图 5-17(c)),支撑汽车的叠板弹簧(图 5-17(d))等。

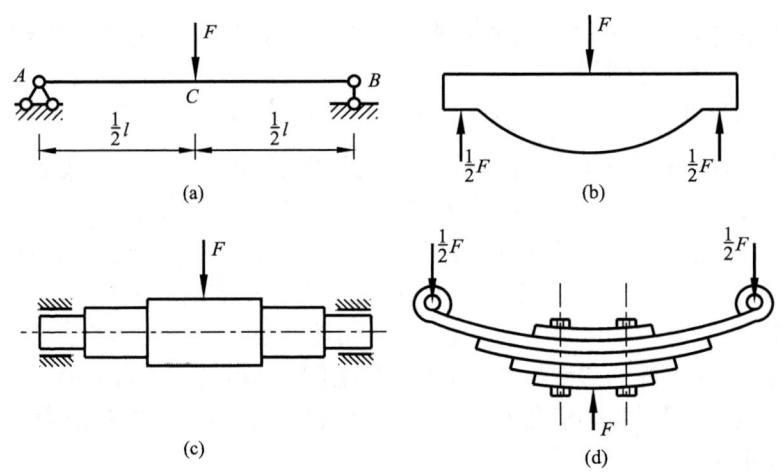

图 5-17

思 考 题

5-1 根据对称性和反对称性判断下列说法是否正确:
(1) 结构对称、外力对称时,弯矩图为正对称,剪力图为反对称;
(2) 结构对称、外力反对称时,弯矩图为反对称,剪力图为正对称。

5-2 试阐述纯弯曲及横力弯曲的概念,并说明其中的区别。

5-3 在推导弯曲正应力公式时,对梁的内部变形作了什么假设?该假设在建立公式时体现在何处?

5-4 梁上 $M_{\max}$ 所在截面上的剪力一定等于零吗?为什么?

5-5 自然界存在空心截面吗?试举出自然界中空心截面杆的实例,并评价其作用。

5-6 横力弯曲必须满足什么条件才能用纯弯曲正应力公式 $\sigma = \dfrac{My}{I_z}$ 来计算梁的正应力?

5-7　截面形状及尺寸完全相同的一根钢梁和木梁,如果所受外力相同,其内力图是否相同?它们横截面上的正应力是否相同?梁上对应点的纵向应变是否相同?

5-8　如思考题 5-8 图所示,承受均布荷载的矩形截面简支梁,已知 $q=2\text{kN/m}, l=3\text{m}, h=2b=240\text{mm}$。试求:截面竖放和截面横放时的梁的最大正应力,并加以比较。

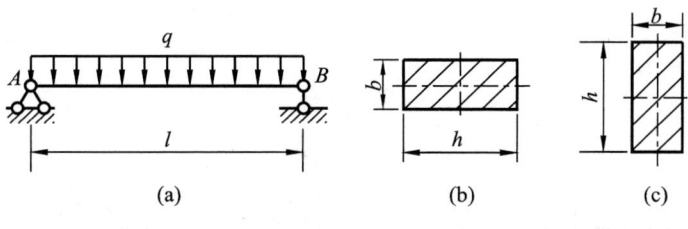

思考题 5-8 图

习　题

5-1　如题 5-1 图所示,已知简支梁受均布荷载作用 $q=4\text{kN/m}$,梁截面为矩形 $b\times h=120\text{mm}\times 180\text{mm}$,跨度 $l=3\text{m}$,试计算跨中横截面上 A、B、C 三点处的正应力。

5-2　如题 5-2 图所示,外伸梁承受集中力作用,已知 $F=20\text{kN}$,许用应力 $[\sigma]=160\text{MPa}$,试选择工字钢的型号。

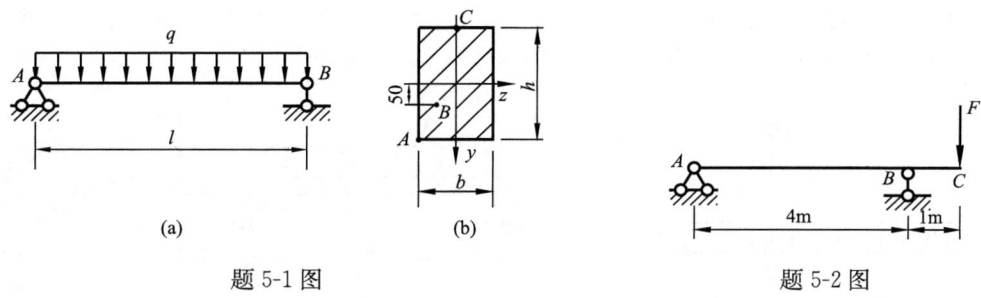

题 5-1 图　　　　　　　　　　　　题 5-2 图

5-3　如题 5-3 图所示,矩形截面梁,宽高比 $b:h=2:3$,木梁的许用应力 $[\sigma]=10\text{MPa}, q=1.5\text{kN/m}$,试选择截面尺寸。

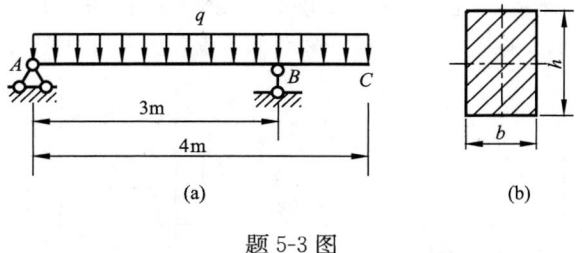

题 5-3 图

5-4　如题 5-4 图所示,简支梁的荷载及尺寸情况如图所示,试求梁的最底层纤维的总伸长。

5-5　如题 5-5 图所示,简支梁受均布荷载作用 $q=2\text{kN/m}$,采用截面面积大小相等的实心和空心两种圆截面,$D_1=40\text{mm}, \alpha=\dfrac{d_2}{D_2}=\dfrac{3}{5}$。试分别计算它们的最大正应力,并比较空心截面比实心截面的最大正应力减少了多少。

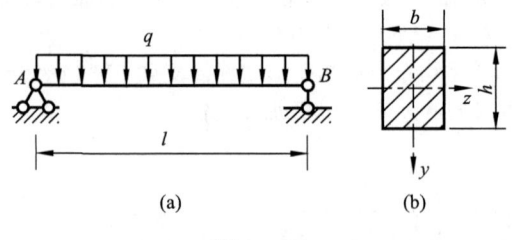

题 5-4 图

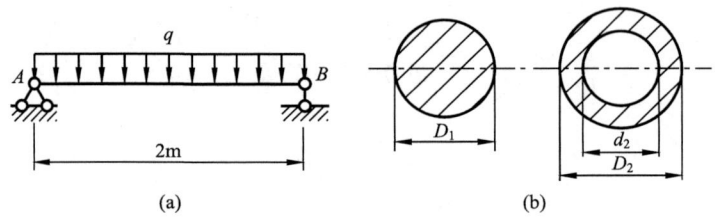

题 5-5 图

5-6 如题 5-6 图所示，结构承受均布荷载，AC 为 10 号工字钢，BD 杆是直径 $d=20\text{mm}$ 的圆截面钢杆，梁和杆的许用应力 $[\sigma]=160\text{MPa}$。试计算结构的许可荷载。

5-7 如题 5-7 图所示，圆截面外伸梁，其外伸部分是空心的，梁的受力与尺寸如图所示。已知 $F=10\text{kN}$，$q=5\text{kN/m}$，$d=100\text{mm}$，$D=140\text{mm}$，许用应力 $[\sigma]=160\text{MPa}$，试校核梁的强度。

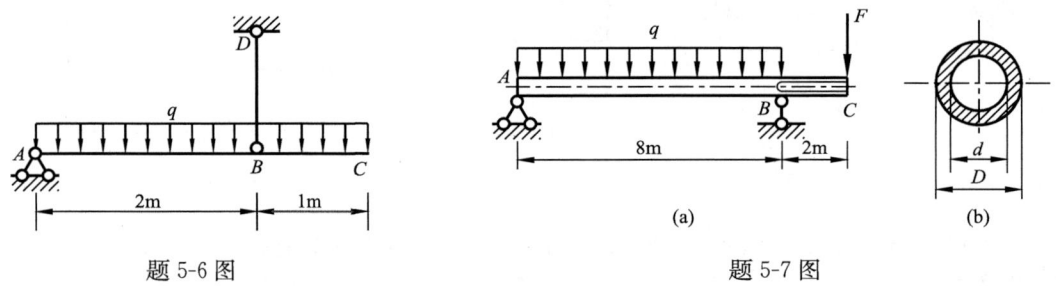

题 5-6 图　　　　　　　　　　　题 5-7 图

5-8 如题 5-8 图所示悬臂梁 AB，已知 $F=10\text{kN}$，$M=70\text{kN}\cdot\text{m}$，$a=3\text{m}$。C 为截面形心，截面对中性轴的惯性矩 $I_z=1.02\times10^8\text{mm}^4$，许用拉应力 $[\sigma_t]=40\text{MPa}$，许用压应力 $[\sigma_c]=120\text{MPa}$。试校核梁的强度。

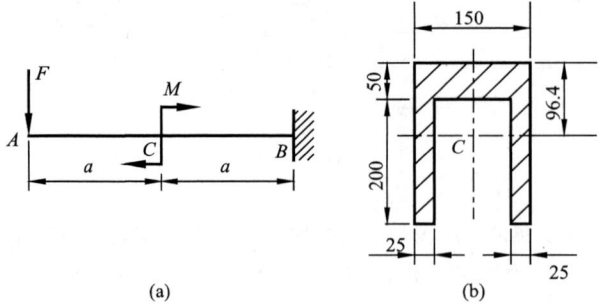

题 5-8 图

5-9 如题 5-9 图所示,当荷载 F 直接作用在简支梁 AB 的跨度中点时,梁内最大弯曲正应力超过许用应力 30%。为减少 AB 梁的最大正应力,在 AB 梁配置一辅助梁 CD,CD 也可以看做是简支梁。试求辅助梁的长度 a。

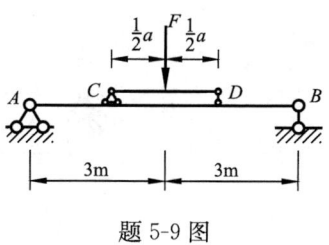

题 5-9 图

5-10 如题 5-10 图所示的外伸梁,许用拉应力 $[\sigma_t]=32$MPa,许用压应力 $[\sigma_c]=70$MPa。试校核梁的正应力。

5-11 如题 5-11 图所示,试求梁的最大切应力及同一截面上点 K 处的切应力。

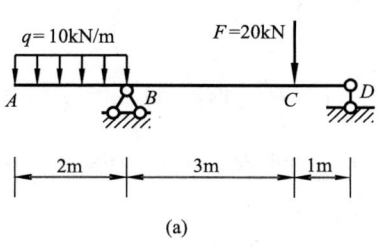

(a)

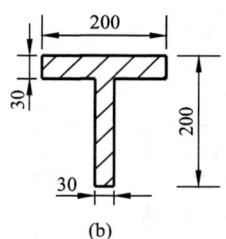

(b)

题 5-10 图

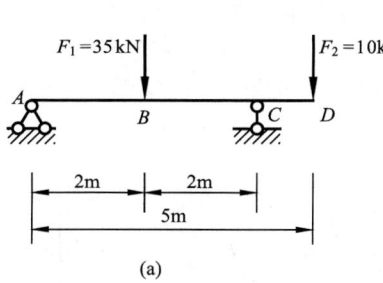

(a)

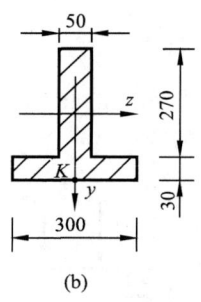

(b)

题 5-11 图

5-12 如题 5-12 图所示的 T 形截面梁,其截面的 $I_z=2.59\times10^{-6}$m^4,试求梁内的最大拉应力和最大压应力,并画出危险截面上的正应力分布图。

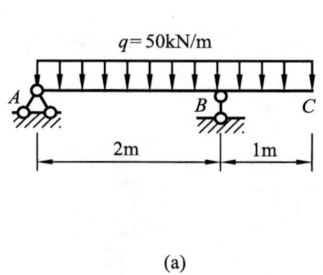

(a)

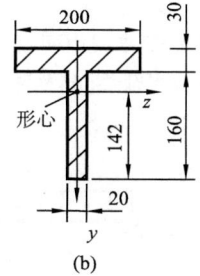

(b)

题 5-12 图

5-13 如题 5-13 图所示,矩形截面的简支梁由圆柱形木材刨成,已知 $F=5$kN,$a=1.5$m,$[\sigma]=10$MPa,试确定此矩形截面 $\dfrac{h}{b}$ 的最优比值,使其截面的抗弯截面系数具有最大值,并计算所需圆木的最小直径 d。

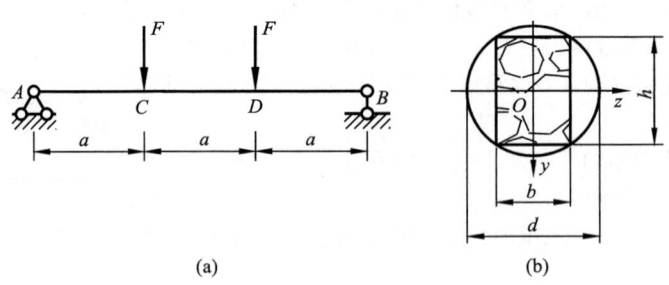

题 5-13 图

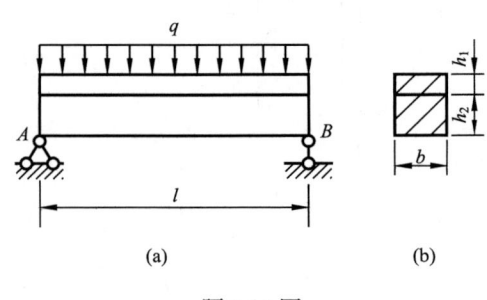

题 5-14 图

受四个集中荷载作用,已知 $F_1=120$kN,$F_2=30$kN,$F_3=40$kN,$F_4=12$kN。钢的许用应力$[\sigma]=170$MPa,$[\tau]=100$MPa。试选择槽钢的型号。

5-14 如题 5-14 图所示,材料相同,宽度相同,厚度 $\dfrac{h_1}{h_2}=\dfrac{1}{2}$ 的两板叠放在一起组成一简支梁,梁上承受均布荷载 q。

(1) 若两板简单叠放在一起,且忽略接触面上的摩擦力,试计算此时两板内的最大正应力;

(2) 若两板胶合在一起不能滑动,则此时的最大正应力比前种情况减少了多少?

5-15 如题 5-15 图所示,一简支梁由两个槽钢组成,

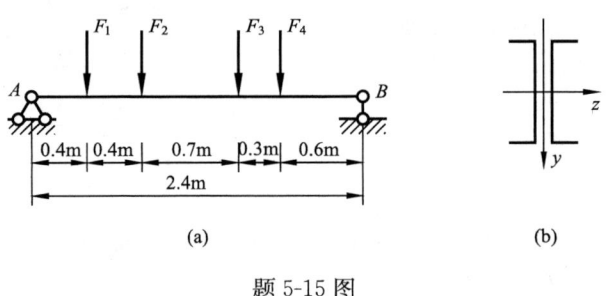

题 5-15 图

5-16 如题 5-16 图所示,简支梁由两根 50b 工字钢经铆钉铆接而成,铆钉的直径 $d=23$mm,许用应力为 $[\tau]=90$MPa。试确定梁的许可荷载 $[q]$ 及铆钉的间距 e。

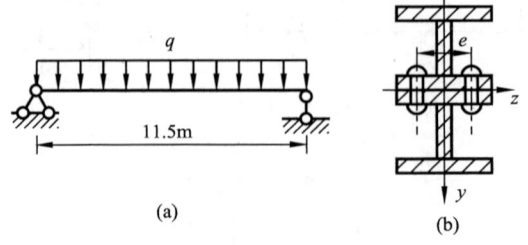

题 5-16 图

5-17 如题 5-17 图所示,一宽翼缘工字梁由钢板焊接而成。若横截面上的剪力为 $F_S=180$kN,试求每单

位长度焊缝所必须传递的力。

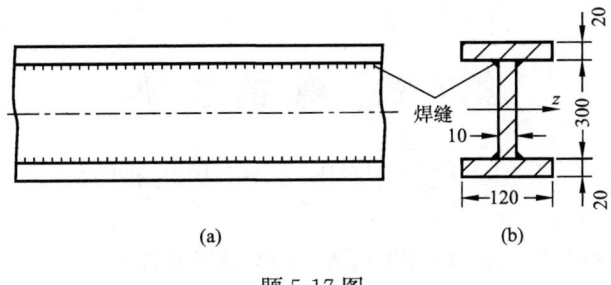

题 5-17 图

5-18 如题 5-18 图所示,制动装置的杠杆用直径 $d=30$mm 的销钉支撑在 B 处。若杠杆的许用应力$[\sigma]$=140MPa,销钉的剪切许用应力$[\tau]$=100MPa,试求许可荷载$[F_1]$、$[F_2]$。

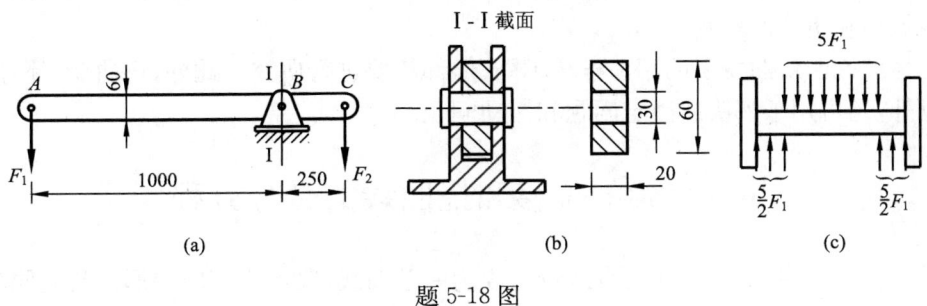

题 5-18 图

第 6 章 弯 曲 变 形

6.1 工程中的弯曲变形问题

在分析梁的强度后,为解决梁的刚度问题,还必须研究梁的变形。如吊车梁的变形过大,会影响吊车的正常运行。车床主轴变形过大,会影响其加工精度。这些例子说明如果梁的变形太大,即使是弹性范围内,也会影响构件正常工作。所以在进行构件设计时,除了满足一定的强度要求,还必须满足刚度要求。

另一方面,工程中有时又要求梁有较大的变形。如支撑汽车的叠板弹簧,较大的变形可以起到减少振动和缓冲的作用。

以上情况说明弯曲变形的用途虽然不同,但都需要进行研究。此外,弯曲变形除用于解决弯曲问题外,还可用于解决超静定问题和振动问题。

6.2 梁的位移和挠曲线的微分方程

梁受到外力作用后,原轴线由直线弯曲成为一条曲线,梁产生弯曲变形。与此同时梁的各横截面在空间的位置也随即发生改变,即为梁的位移。

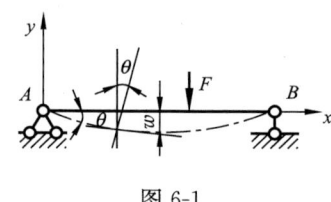

图 6-1

下面讨论梁弯曲变形的情况。图 6-1 所示简支梁中,左端为坐标原点,取梁在变形前的轴线为 x 轴,垂直向上的轴为 y 轴,xy 平面即为梁上荷载作用的纵向对称面。梁在发生对称弯曲后,其轴线将在 xy 平面内弯成一条平面曲线,即为挠曲线。

梁变形后横截面的位移有三部分:一是梁的横截面形心在垂直于 x 轴线方向的位移 w,称为**挠度**;二是梁的横截面绕其中性轴转过的角度 θ,称为该截面的**转角**;三是梁的横截面形心在 x 轴方向的位移,由于小变形时其远小于梁的挠度,可略去不计。

如果外加荷载使梁的变形在弹性范围内,那么挠曲线是一条光滑连续的曲线。可得到挠曲线方程为

$$w = f(x) \tag{6-1}$$

式中,x 为梁在变形前轴线上任一点的横坐标;w 为该点的挠度。

在变形前垂直于轴线的横截面,在梁变形后仍与挠曲线垂直。因此横截面的转角 θ 也就是挠曲线在该截面处的切线与 x 轴间的夹角。在弹性范围内梁的变形很小,转角 θ 也很小。可得转角方程为

$$\theta \approx \tan\theta = \frac{\mathrm{d}w}{\mathrm{d}x} = f'(x) \tag{6-2}$$

由式(6-2)可知挠曲线上任一点处的切线斜率等于该横截面的转角,显然只要求得了梁的挠曲线方程 $w = f(x)$,再求导可得到转角方程 $\theta(x) = f'(x)$。由此便可确定梁上任一横截面

的挠度和转角。

挠度与转角是度量梁变形的两个基本量。在图 6-1 所示坐标系中，挠度向上为正，向下为负。转角逆时针方向为正，顺时针方向为负。

5.2 节中，研究弯曲正应力时我们得到了梁在线弹性范围内纯弯曲情况下的曲率表达式

$$\frac{1}{\rho} = \frac{M}{EI}$$

在横力弯曲时，梁横截面上除弯矩 M 外还有剪力 F_S，这时弯矩 M 为 x 的函数，曲率半径 ρ 也为 x 的函数。由于在工程中常用的梁跨度 l 远大于横截面的高度 h，所以剪力 F_S 对于梁位移的影响很小，可忽略不计，故仍采取上式为

$$\frac{1}{\rho(x)} = \frac{M(x)}{EI} \tag{a}$$

由微分学可知，平面曲线的曲率为

$$\frac{1}{\rho(x)} = \pm \frac{w''}{(1+w'^2)^{3/2}} \tag{b}$$

如图 6-2 所示，取 x 轴向右为正，y 轴向上为正，则曲线向下凸时 w'' 为正，向上凸时为负。按弯矩的正、负号规定，梁弯曲后向下凸时 M 为正，向上凸时为负。则弯矩 M 与 w'' 的符号正好相同。于是，将式(a)代入式(b)后，式(b)中应取正号得

$$\frac{w''}{(1+w'^2)^{3/2}} = \frac{M(x)}{EI} \tag{6-3}$$

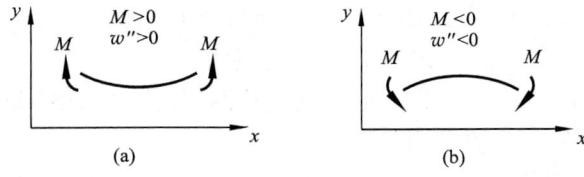

图 6-2

式(6-3)即为**挠曲线的微分方程**。在小变形时，w' 远小于 1，故可以忽略不计。式(6-3)变为

$$w'' = \frac{M(x)}{EI} \tag{6-4}$$

式(6-4)由于忽略了剪力对弯曲变形的影响和 w'^2 项，故将其称为**挠曲线的近似微分方程**。

6.3 积分法求弯曲变形

将式(6-4)两边分别乘以 dx，积分一次可得到梁的转角方程

$$\theta = \frac{dw}{dx} = \int \frac{M(x)dx}{EI} + C \tag{6-5}$$

再乘以 dx，积分一次便可得到梁的挠曲线方程

$$w = \iint \left(\frac{M}{EI}\mathrm{d}x\right)\mathrm{d}x + Cx + D \qquad (6\text{-}6)$$

式中，积分常数 C、D 可由梁挠曲线上的已知位移条件来确定。例如在铰支座处(图 6-3(a))，挠度等于零；在固定端处(图 6-3(b))，挠度和转角都等于零。再如在弯曲变形的对称点上，转角为零。这类条件统称为**边界条件**。另外，梁的挠曲线应是一条光滑连续的曲线，不应有不连续不光滑的情况(图 6-3(c)、(d))。即在梁的挠曲线的任意点上，挠度和转角都是唯一确定的，这就是**连续性条件**。根据梁挠曲线的已知位移条件(连续条件和边界条件)可确定积分常数。

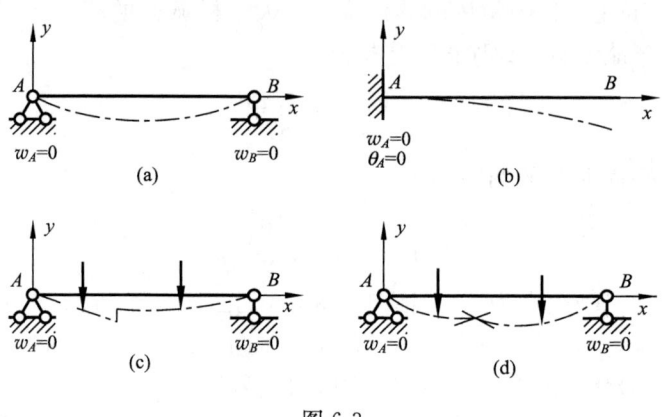

图 6-3

例 6-1 如图 6-4 所示悬臂梁，已知梁的弯曲刚度 EI 为常数，在自由端受集中力 F 作用。试求梁的挠曲线方程和转角方程，并确定 B 处的挠度和转角。

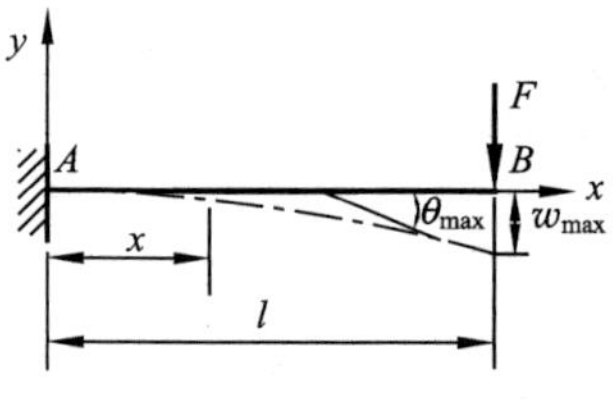

解：(1) 建立坐标系。

以梁的左端为坐标原点，取坐标系如图 6-4 所示，列弯矩方程为

$$M(x) = -F(l-x)$$

(2) 列挠曲线近似微分方程并积分求梁的挠曲线方程和转角方程。

将弯矩方程代入式(6-4)，得挠曲线的近似微分方程为

$$EIw'' = M = -F(l-x)$$

图 6-4

积分，得

$$EIw' = \frac{1}{2}Fx^2 - Flx + C \qquad (c)$$

$$EIw = \frac{1}{6}Fx^3 - \frac{1}{2}Flx^2 + Cx + D \qquad (d)$$

(3) 由边界条件确定积分常数。

悬臂梁在固定端处的转角和挠度均为零，即边界条件为

当 $x = 0$ 时 $\qquad w_A = 0 \qquad (e)$

$$w_A' = \theta_A = 0 \qquad (f)$$

将式(e)、(f)分别代入式(c)和式(d)，得

$$C = 0, \quad D = 0$$

(4) 建立梁的转角方程和挠曲线方程。

将已确定的积分常数 C、D 代入式(c)、(d)，得梁的转角方程和挠曲线方程分别为

$$\theta = w' = \frac{F}{2EI}x^2 - \frac{Fl}{EI}x$$

$$w = \frac{F}{6EI}x^3 - \frac{F}{2EI}x^2$$

(5) 计算梁的最大挠度与最大转角。

由梁的挠曲线的示意图可知，梁的最大转角和最大挠度均发生在自由端截面 B 处，由梁的转角方程和挠曲线方程可求其值为

$$\theta_B = \theta|_{x=l} = -\frac{Fl^2}{2EI}$$

$$w_B = w|_{x=l} = -\frac{Fl^3}{3EI}$$

所得最大转角和最大挠度皆为负值，表示截面 B 的转角为顺时针转向，挠度方向向下。

例 6-2　如图 6-5 所示简支梁，已知梁的弯曲刚度 EI 为常数，在自由端受集中力 F 作用。试求梁的挠曲线方程和转角方程，并确定最大挠度和最大转角。

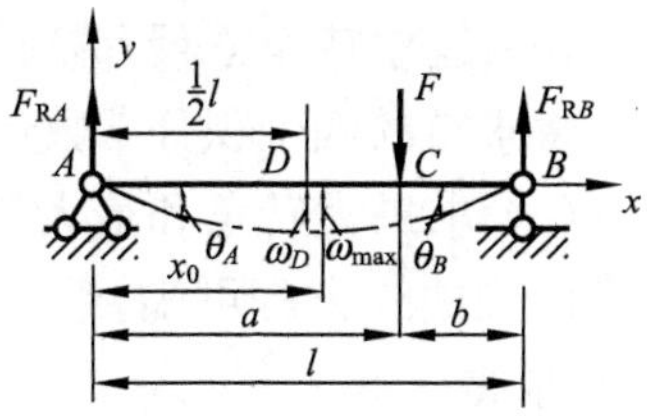

解：(1) 建立直角坐标系，如图 6-5 所示。

(2) 求支座反力，列弯矩方程。

由梁的平衡方程求出梁的支座反力

$$F_{RA} = \frac{Fb}{l}, \qquad F_{RB} = \frac{Fa}{l}$$

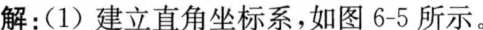

图 6-5

因荷载在 C 处不连续，应分两段列出弯矩方程。

AC 段　　　　　　　$M_1 = \frac{Fb}{l}x \ (0 \leq x \leq a)$

CB 段　　　　　　　$M_2 = \frac{Fb}{l}x - F(x-a) \ (a \leq x \leq l)$

(3) 列出挠曲线近似微分方程，并进行积分（表 6-1）。

表 6-1

AC 段 ($0 \leq x \leq a$)	CB 段 ($a \leq x \leq l$)
$EIw''_1 = M_1 = \frac{Fb}{l}x$	$EIw''_2 = M_2 = \frac{Fb}{l}x - F(x-a)$
$EIw'_1 = \frac{Fb}{l}\frac{x^2}{2} + C_1$　　(g)	$EIw'_2 = \frac{Fb}{l}\frac{x^2}{2} - \frac{F(x-a)^2}{2} + C_2$　　(i)
$EIw_1 = \frac{Fb}{l}\frac{x^3}{6} + C_1 x + D_1$　　(h)	$EIw_2 = \frac{Fb}{l}\frac{x^3}{6} - \frac{F(x-a)^3}{6} + C_2 x + D_2$　　(j)

(4) 确定积分常数。

根据连续条件

$x = a$ 处　　　　　　　$w'_1 = w'_2, \quad w_1 = w_2$

代入到式(g)、(h)、(i)、(j)中，得

$$C_1 = C_2, \quad D_1 = D_2$$

根据边界条件

$x=0$ 时,$w_1=0$,代入式(g)中,得

$$D_1 = D_2 = 0$$

$x=l$ 时,$w_2=0$,代入式(k)中(表 6-2),得

$$C_1 = C_2 = -\frac{Fb}{6l}(l^2 - b^2)$$

表 6-2

AC 段 $(0 \leqslant x \leqslant a)$		CB 段 $(a \leqslant x \leqslant l)$	
$EIw'_1 = -\dfrac{Fb}{6l}(l^2-b^2-3x^2)$	(k)	$EIw'_2 = -\dfrac{Fb}{6l}\left[(l^2-b^2-3x^2) + \dfrac{3l}{b}(x-a)^2\right]$	(m)
$EIw_1 = -\dfrac{Fbx}{6l}(l^2-b^2-x^2)$	(l)	$EIw_2 = -\dfrac{Fb}{6l}\left[(l^2-b^2-x^2)x + \dfrac{l}{b}(x-a)^3\right]$	(n)

(5) 建立转角方程和挠曲线方程。

将求得的四个积分常数代入式(g)、(h)、(i)、(j)中,求得两段梁的转角和挠度方程(表 6-2)。

(6) 求最大转角和最大挠度。

由挠曲线方程可知,最大转角应在 A、B 两端界面处。将 $x=0$ 代入式(k),$x=l$ 代入式(m),求得

$$\theta_A = -\frac{Fb}{6EIl}(l^2-b^2) = -\frac{Fab}{6EIl}(l+b)$$

$$\theta_B = \frac{Fab}{6EIl}(l+a)$$

因为 $a>b$,则 θ_B 为最大转角。

梁的最大挠度在 $\theta = \dfrac{dw}{dx} = 0$ 处,此时 w 为极值。分析 AC 段梁,令 $\theta_1 = \dfrac{dw}{dx} = 0$,由式(l)解得

$$x_0 = \sqrt{\frac{l^2-b^2}{3}} = \sqrt{\frac{a(a+2b)}{3}} \quad (o)$$

因为 $a>b$,所以 $\dfrac{l}{2} < x_0 < a$。当 $\theta = \dfrac{dw}{dx} = 0$ 时出现在 AC 段,可得

$$w_{\max} = -\frac{Fb}{9\sqrt{3}EIl}\sqrt{(l^2-b^2)^3} \quad (p)$$

下面讨论简支梁最大挠度的近似计算问题。可求得此时跨度中点 D 的挠度,将 $x_1 = \dfrac{l}{2}$ 代入式(l)解得

$$w_D = -\frac{Fb}{48EI}(3l^2-4b^2) \quad (q)$$

分析式(o)可知,b 值越小 x_0 越大,荷载越靠近 B 端支座,梁的最大挠度就离中点越远。当处于极端情况 F 接近 B 端支座时,b^2 与 l^2 相比可忽略不计。由式(p)、(q)可得

$$w_{\max} = -\frac{Fbl^2}{9\sqrt{3}EI} = -0.0642\frac{Fbl^2}{EI}$$

$$w_D = -\frac{Fbl^2}{16EI} = -0.0625\frac{Fbl^2}{EI}$$

这时引起的误差为

$$\frac{w_{\max} - w_D}{w_D} = 2.65\%$$

在这种极端的情况下,最大挠度与中点挠度相差也很小。可见在简支梁中,不论承受什么荷载,只要其挠曲线不出现拐点,则可用中点挠度代替最大挠度,并不引起很大的误差。

从本例可知,梁的荷载复杂时,弯矩方程要分段写出,一个弯矩方程两个积分常数,弯矩方程越多积分常数就越多。这样并不容易确定积分常数。另外对 CB 段梁的计算时,含有 $(x-a)$ 项的以 $(x-a)$ 为自变量,简化了确定积分常数的工作。

6.4 叠加法计算梁的位移

用积分法是求梁的位移的基本方法,但在工程实际中,梁上往往同时受几项荷载作用,要分段建立挠曲线近似微分方程,并确定若干个积分常数,用积分法并不方便。

由于梁的材料是在线弹性范围内和小变形条件下工作,且梁变形后跨度的改变可以忽略不计,则梁的挠度和转角与作用在梁上的荷载呈线性关系。当梁上作用几个荷载时,可用叠加法分别计算单项荷载作用下的位移,把每项荷载单独作用下的位移叠加,即为荷载共同作用下的位移,这就是**叠加法**。

为了应用简便,将简单荷载作用下的位移的计算结果制成图表。参照附录 D 即可得到梁在每项荷载单独作用下的位移,然后按叠加法来计算位移。

例 6-3 如图 6-6(a)所示悬臂梁,已知梁的弯曲刚度 EI 为常数,在自由端受集中力 F 和集中力偶 M_e 的作用。试按叠加法确定自由端 B 处的挠度 w_B 和转角 θ_B。

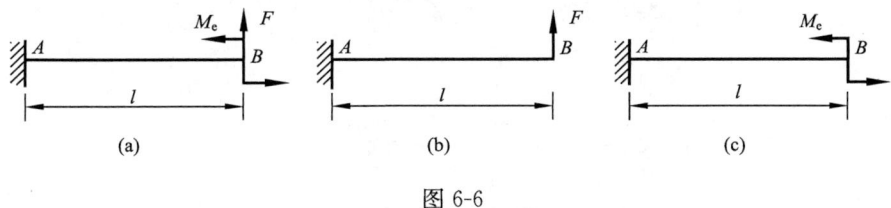

图 6-6

解:(1) 把梁的荷载分解为两种简单荷载(图 6-6(b)、(c))。

(2) 由附录 D 查得集中力 F 单独作用时自由端 B 处的挠度和转角为

$$w_{BF} = \frac{Fl^3}{3EI}, \quad \theta_{BF} = \frac{Fl^2}{2EI}$$

由附录 D 查得集中力偶 M_e 单独作用时自由端 B 处的挠度和转角为

$$w_{BM} = \frac{M_e l^2}{2EI}, \quad \theta_{BM} = \frac{M_e l}{EI}$$

(3) 按叠加法计算自由端 B 处的挠度和转角为

$$w_B = w_{BF} + w_{BM} = \frac{Fl^3}{3EI} + \frac{M_e l^2}{2EI}$$

$$\theta_B = \theta_{BF} + \theta_{BM} = \frac{Fl^2}{2EI} + \frac{M_e l}{EI}$$

例 6-4 如图 6-7 所示外伸梁的弯曲刚度 EI 为常数,全梁受均布荷载 q 的作用。试按叠加法确定截面 B 的转角 θ_B 和端点 C 的挠度 w_C。

解: 附录 D 中没有给出外伸梁的挠度和转角,沿截面 B 将外伸梁截开,成为一简支梁和一悬臂梁(图 6-7(b)、(c)),简支梁 AB 在截面 B 上有剪力 $F_S = \frac{2}{3}ql$ 和弯矩 $M = \frac{1}{2}q\left(\frac{2l}{3}\right)^2 = \frac{2}{9}ql^2$。因此,外伸梁 AB 段(图 6-7(a))与简支梁(图 6-7(b))在荷载共同作用下各横截面上产生的挠度和转角是等效的。

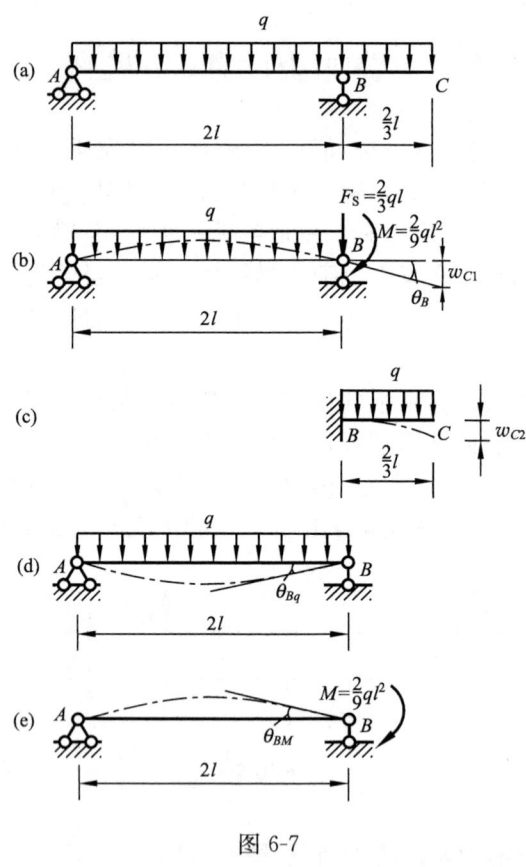

图 6-7

(1) 按叠加原理分析简支梁,确定 B 点的转角 θ_B。

集中力 F_S 作用在支座处,不使梁产生变形;力偶矩 M 和均布荷载 q 的作用(图 6-7(d)、(e))可由附录 D 查得

$$\theta_{BM} = -\frac{\frac{2}{9}ql^2 \times (2l)}{3EI} = -\frac{4ql^3}{27EI}, \quad \theta_{Bq} = \frac{q(2l)^3}{24EI} = \frac{ql^3}{3EI}$$

$$\theta_B = \theta_{Bq} + \theta_{BM} = -\frac{4ql^3}{27EI} + \frac{ql^3}{3EI} = \frac{5ql^3}{27EI}$$

(2) 按叠加原理确定点 C 挠度 w_C。

由于截面 B 的转角 θ_B 引起 C 点的挠度为

$$w_{C1} = \theta_B \times \left(\frac{2l}{3}\right) = \frac{5ql^3}{27EI} \times \left(\frac{2l}{3}\right) = \frac{10ql^4}{81EI}$$

悬臂梁 BC 受均布荷载 q 作用，可有附录 D 查得点 C 的挠度为

$$w_{C2} = -\frac{q\left(\frac{2l}{3}\right)^4}{8EI} = -\frac{2ql^4}{81EI}$$

由此而引起 C 点的挠度为 w_{C1} 和 w_{C2} 的叠加

$$w_C = w_{C1} + w_{C2} = \frac{10ql^4}{81EI} - \frac{2ql^4}{81EI} = \frac{8ql^4}{81EI}$$

例 6-5 如图 6-8 所示简支梁的弯曲刚度 EI 为常数，部分长度上受均布荷载 q 的作用，$a>b$，试按叠加法确定梁中点的挠度 w_C。

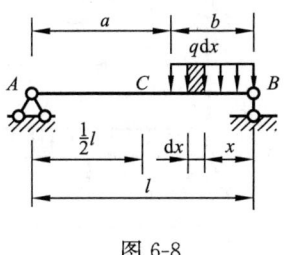

图 6-8

解：(1) 查附录 D 可知当集中力 F 单独作用时，其中点 C 的挠度为

$$w_C = -\frac{Fb}{48EI}(3l^2 - 4b^2)$$

在梁的 CB 段距 B 端 x 处取 $\mathrm{d}x$ 微段，此微段的力 $q\mathrm{d}x$ 视为集中力，可得此力作用下中点 C 的挠度为

$$\mathrm{d}w_C = -\frac{\mathrm{d}Fx}{48EI}(3l^2 - 4x^2) = -\frac{qx}{48EI}(3l^2 - 4x^2)\mathrm{d}x$$

(2) 按叠加原理积分可得均布荷载 q 作用下使中点产生的挠度：

$$w_C = -\frac{q}{48EI}\int_0^b x(3l^2 - 4x^2)\mathrm{d}x = -\frac{qb^2}{48EI}\left(\frac{3}{2}l^2 - b^2\right)$$

6.5 简单超静定梁

前面所讨论的静定梁，其约束力和梁的内力都能通过静力平衡方程求解。在工程实际中，有时为减小构件内的应力或变形，往往采用更多支座。这类梁的约束力或内力不能全部通过静力平衡方程求解，这类梁称为**超静定梁**。以图 6-9(a) 为例，梁上有支座反力 F_{RA}、M_A、F_{RB}，独立的静力平衡方程为

$$\sum F_y = 0, \quad F_{RA} + F_{RB} - F = 0$$
$$\sum M_A = 0, \quad F_{RB}l + M_A - Fa = 0$$

所以不能够把全部支座反力求解出来，梁为超静定梁。

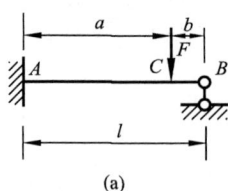 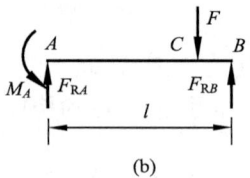

图 6-9

超静定梁中由于有多余约束的存在,要综合考虑变形、物理和静力三方面的关系,建立平衡方程和补充方程,根据选取的多余约束,由变形协调条件和力与变形(位移)物理关系所得的补充方程即可求的得多余约束力。多余约束力求出以后,其余的支座反力和梁的内力、应力和变形(位移)就可全部求解。

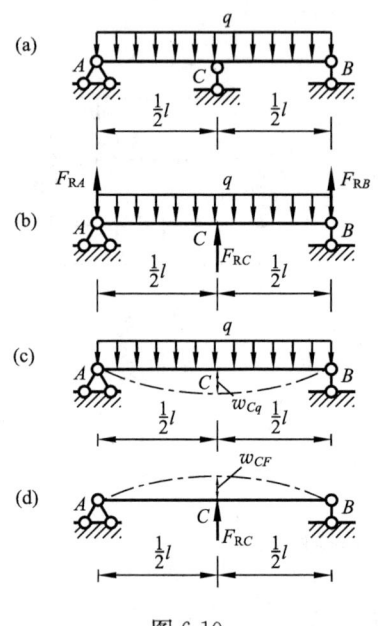

图 6-10

例 6-6 如图 6-10(a)所示梁的弯曲刚度 EI 为常数,梁上受均布荷载 q 的作用,试求支座反力。

解:(1) 判定超静定的次数。

图 6-10(a)为一次超静定梁,设想 C 支座为多余约束,相应的支座反力 F_{RC} 为多余未知力,解除约束后所得的静定梁为在均布荷载 q 和集中力 F_{RC} 共同作用下的简支梁(图 6-10(b))。

(2) 变形协调条件。

静定梁与原超静定梁的等价是有条件的,静定梁在均布荷载 q 和集中力 F_{RC} 共同作用下沿多余未知力 F_{RB} 方向的位移应与原超静定梁在该处的位移相同,此时位移为零,即得到变形协调条件

$$w_C = w_{Cq} + w_{CF} = 0 \tag{r}$$

式中,w_{Cq} 为静定梁在 q 作用下产生的位移;w_{CF} 为静定梁在 F_{RC} 作用下产生的位移(图 6-10(c)、(d))。

(3) 物理关系。

查附录 D 可得力与位移间的关系

$$w_{Cq} = -\frac{5ql^4}{384EI} \tag{s}$$

$$w_{CF} = \frac{F_{RC}l^3}{48EI} \tag{t}$$

(4) 补充方程。

将式(s)、式(t)代入(r)式得

$$w_C = w_{Cq} + w_{CF} = -\frac{5ql^4}{384EI} + \frac{F_{RC}l^3}{48EI} = 0$$

解出多余反力为

$$F_{RC} = \frac{5}{8}ql$$

(5) 求解。

多余约束反力求得以后,带入平衡方程可求得其他支座反力(图 6-11(b))

$$\sum F_y = 0, \quad F_{RA} + F_{RB} + F_{RC} - ql = 0$$

$$\sum M_A = 0, \quad F_{RB}l + F_{RC}\frac{l}{2} - \frac{ql^2}{2} = 0$$

$$F_{RA} = F_{RB} = \frac{3}{16}ql$$

由于超静定梁有了多余的约束,使得多余约束处梁的内力和变形减小,强度和刚度有很大提高。另外静定梁的选取不是唯一的,上述求解过程是将 C 支座处的支座反力作为多余约束进行求解,还可以把 A 或 B 支座处的支座反力作为多余约束进行计算,把原超静定梁看成为外伸梁,但两者的等效条件会有所变化,读者可自行分析。

6.6 梁的刚度条件及提高梁的刚度的措施

6.6.1 梁的刚度条件

为了保证梁正常工作,除了要求具有足够的强度外,有时还需要对梁的位移加以限制。梁的刚度条件可表示为

$$\begin{cases} |w|_{\max} \leqslant [w] \\ |\theta|_{\max} \leqslant [\theta] \end{cases} \tag{6-7}$$

式中,$|w|_{\max}$ 和 $|\theta|_{\max}$ 为绝对值最大的挠度和转角,$[w]$ 和 $[\theta]$ 为许可挠度和许可转角。

在各类工程设计中,对构件弯曲位移的许用值有不同的规定。在土建工程中,通常对挠度有要求,$[w]$ 的值常限制在 $(0.001 \sim 0.004)l$ 范围内;在机械制造工程中,对挠度和转角都有要求,主要轴 $[w]$ 的值则限制在 $(0.0001 \sim 0.0002)l$ 范围内;一般轴 $[w]$ 的值则限制在 $(0.0003 \sim 0.0005)l$ 范围内;对传动轴在支座处的许用转角 $[\theta]$ 的值一般限制在 $(0.001 \sim 0.005)$ rad 范围内;其他梁或轴的许用位移值,可从有关规范和手册中查得。

例 6-7 一矩形截面简支梁受荷载如图 6-11 所示,已知集中力 $F=40$kN,$l=4$m,许用应力 $[\sigma]=120$MPa,许用最大挠度与梁跨度比值 $[w_{\max}/l]=0.002$,弹性模量 $E=160$GPa,$h=2b$,试设计梁截面尺寸。

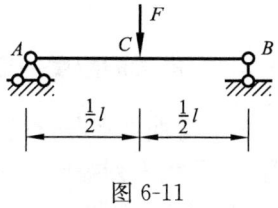

图 6-11

解:(1) 找危险截面。

简支梁跨度的中间位置处弯矩最大为

$$M_{\max} = 40 \text{kN} \cdot \text{m}$$

(2) 正应力强度条件设计。

强度条件为

$$\sigma_{\max} = \frac{M_{\max}}{W_z} \leqslant [\sigma]$$

所需的抗弯截面系数为

$$W_z = \frac{bh^2}{6} = \frac{b(2b)^2}{6} = \frac{2b^3}{3}$$

将 M_{max}、W_z 代入强度条件得

$$b \geqslant \sqrt[3]{\frac{3M_{max}}{2[\sigma]}} = \sqrt[3]{\frac{3 \times 40 \times 10^3}{2 \times 120 \times 10^6}} = 79.37 \text{(mm)}$$

$$h = 2b \geqslant 158.74 \text{(mm)}$$

(3) 梁的刚度条件设计。

梁的刚度条件可表示为

$$|w|_{max} \leqslant [w]$$

$$\frac{|w|_{max}}{l} \leqslant \left[\frac{w}{l}\right]$$

查附录 D 可知当集中力 F 单独作用时,其中点的挠度为

$$w_{max} = -\frac{Fl^3}{48EI}$$

$$\frac{w_{max}}{l} = -\frac{Fl^2}{48EI}$$

又

$$I_z = \frac{1}{12}bh^3$$

梁的刚度条件为

$$\frac{Fl^2}{32Eb^4} \leqslant \left[\frac{w_{max}}{l}\right]$$

$$b \geqslant \sqrt[4]{\frac{Fl^2}{32E\left[\frac{w_{max}}{l}\right]}} = \sqrt[4]{\frac{40 \times 10^3 \times 4^2}{32 \times 200 \times 10^9 \times 0.002}} = 88.91 \text{(mm)}$$

$$h = 2b \geqslant 177.82 \text{mm}$$

(4) 确定梁的最后尺寸。

综合强度和刚度的设计结果,选取

$$b \geqslant 88.91 \text{mm}$$

$$h = 2b \geqslant 177.82 \text{mm}$$

6.6.2 提高梁的刚度的措施

梁的弯曲变形与梁的受力、支座条件、梁的弯曲刚度 EI、梁的跨度 l 有关。为了减小梁的位移,可采用下列措施:

(1) 合理安排梁的约束与加载,减小弯矩 M 和跨度 l。

减小梁的弯矩可减小梁的弯曲变形。在提高梁强度的措施中,如改变加载位置、改变加载方式可以减小弯矩。

由于梁的位移与梁跨度的 n 次幂成正比,缩短梁的跨度也是减小弯曲变形的方法。如将跨度为 l 的简支梁两端的铰支座向内移动 $\frac{l}{4}$,最大挠度仅为前者的 8.75%,所以工程上采用两端外伸梁的结构很多。还可采用增加梁的支座以减小挠度,如图 6-11 在简支梁的跨中增加一支座,可以减小变形,但原来的静定梁成为超静定梁。

（2）增大梁的弯曲刚度 EI。

梁的位移与梁的弯曲刚度 EI 成反比，增大梁的弯曲刚度 EI 可减小弯曲变形。因为各种钢材的弹性模量 E 基本相同，所以为提高梁的刚度而采用高强度钢，效果并不显著；选择合理的截面形状以提高惯性矩 I，可选择对中性轴惯性矩比较大的截面形状，如工字形截面、T 形截面等。

思 考 题

6-1 梁的挠曲线近似微分方程的应用条件是什么？

6-2 如思考题 6-2 图所示，两根梁的尺寸及材料完全相同，所受外力也相同，只是支座处的几何约束条件不同。试问：

（1）两根梁的弯曲变形是否相同？

（2）两根梁相应横截面的位移是否相同？

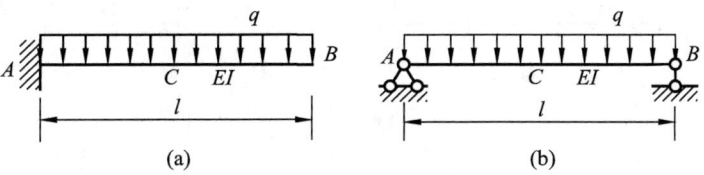

思考题 6-2 图

6-3 试阐述用积分法求解梁变形问题的一般步骤及如何确定积分常数？

6-4 三根简支梁在跨中受集中力 F 作用，若三根梁的跨度之比为 $1:2:3$，其余条件均相同，这三根梁最大挠度间的比例关系是多少？

6-5 两梁的尺寸、支承及所受荷载完全相同，一根为钢梁，一根为木梁，且 $E_{钢}=7E_{木}$，试求：（1）两梁中最大应力之比；（2）两梁中的最大挠度之比。

6-6 工程中为什么采用鱼腹梁和阶梯轴？这样做的结果是使梁的挠度减小了还是增加了？

6-7 如思考题 6-7 图所示，画出各梁的挠曲线大致形状。

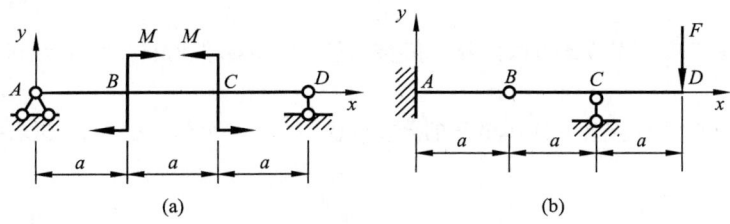

思考题 6-7 图

6-8 判断下列论述的正确性

（1）由于挠度曲线的曲率与弯矩成正比，因此横截面的挠度与转角也与截面的弯矩成正比；

（2）只要满足 $\sigma=E\varepsilon$，就可应用挠曲线的近似微分方程 $EIw''=M$。

习 题

6-1 如题 6-1 图所示，已知梁的抗弯刚度为 EI。试用积分法求各梁的挠曲线方程和转角方程，并确定其最大挠度 w_{max} 和最大转角 θ_{max}。

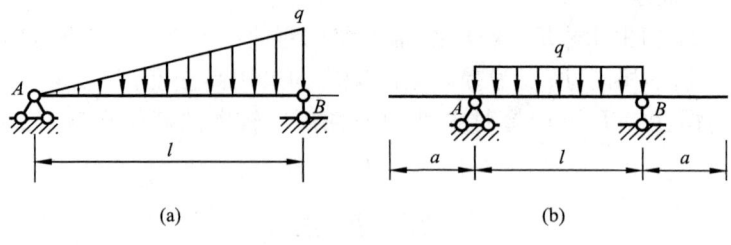

题 6-1 图

6-2 如题 6-2 图所示，试用积分法求各梁自由端的截面和转角。设 $EI=$ 常量。

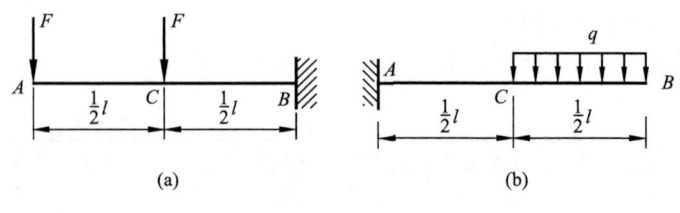

题 6-2 图

6-3 如题 6-3 图所示，试用积分法求悬臂梁 B 端的转角。

6-4 如题 6-4 图所示，已知梁的抗弯刚度为 EI。试用积分法求简支梁的转角方程、挠曲线方程，并确定 $\theta_{\max}$ 和 $w_{\max}$。

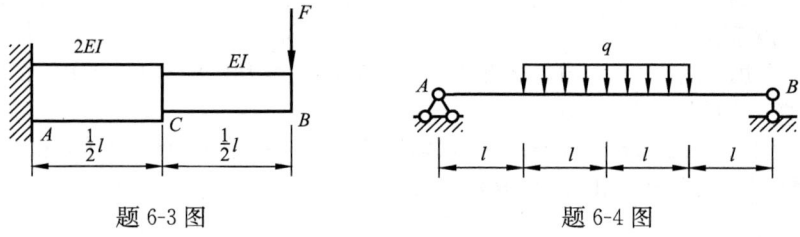

题 6-3 图　　　　　　　　题 6-4 图

6-5 如题 6-5 图所示，梁的左端可以自由上下移动，但不能左右移动及转动。试用积分法求力 F 作用点处 A 下降的位移。

6-6 如题 6-6 图所示，简支梁上自 A 至 B 的分布荷载 $q(x)=-kx^2$，k 为常数。试求挠曲线方程。

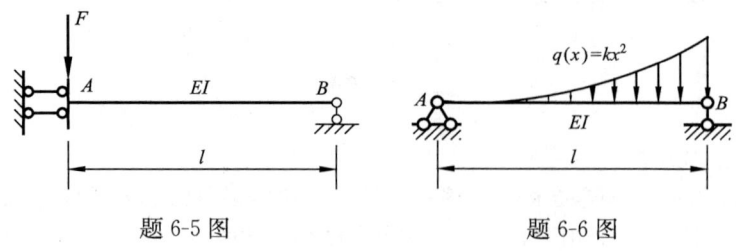

题 6-5 图　　　　　　　　题 6-6 图

6-7 试按叠加原理并利用附录 D 求解习题 6-1 中的最大挠度 $w_{\max}$ 和最大转角 $\theta_{\max}$。

6-8 试按叠加原理并利用附录 D 求解习题 6-2 中的最大挠度。

6-9 试按叠加原理并利用附录 D 求解习题 6-3。

6-10 试按叠加原理并利用附录 D 求解习题 6-4 中的最大挠度 $w_{\max}$ 和最大转角 $\theta_{\max}$。

6-11 如题 6-11 图所示,用叠加法求图示各梁截面 A 的挠度 w_A 和截面 B 的转角 θ_B。设 EI＝常量。

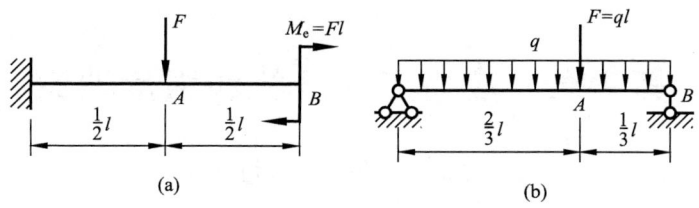

题 6-11 图

6-12 如题 6-12 图所示,试用叠加法求外伸梁 B 端的挠度 w_B 和转角 θ_B,设 EI＝常量。

6-13 如题 6-13 图所示,弯曲刚度为 EI 的悬臂梁原有微小初曲率,其方程为 $y=kx^3$。在梁 B 端作用一集中力 F,随 F 逐渐增加梁缓慢向下变形,靠近固定端的一段梁将与刚性水平面接触。试求:
(1) 梁与水平面的接触长度;
(2) 梁 B 端与水平面的垂直距离。

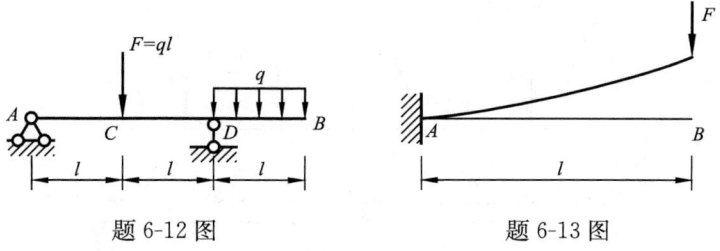

题 6-12 图   题 6-13 图

6-14 如题 6-14 图所示,已知梁的抗弯截面系数为 W,抗弯刚度为 EI,许用应力为 $[\sigma]$,梁长为 l,荷载集度为 q。试求:
(1) 作梁的剪力图和弯矩图并求梁的许可荷载。
(2) 求梁的最大挠度所在的位置。

6-15 如题 6-15 图所示,试求超静定梁截面 C 的挠度 w_C,设 EI＝常量。

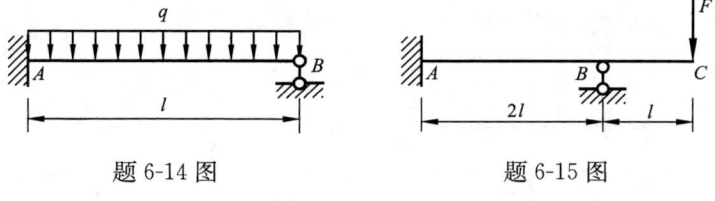

题 6-14 图   题 6-15 图

6-16 如题 6-16 图所示,弯曲刚度为 EI 的两端固定梁,其挠度方程为

$$EIw=-\frac{qx^4}{24}+Ax^3+Bx^2+Cx+D$$

式中,A、B、C、D 为积分常数。试根据边界条件确定常数 A、B、C、D,并绘制梁的剪力图和弯矩图。

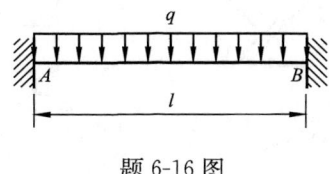

题 6-16 图

第7章 应力应变分析和强度理论

7.1 概 述

1. 应力状态的概念

在前面几章中,我们分别研究了直杆在四种基本变形情况下的强度计算问题,但都忽略了斜截面上的最大应力,也就是只保证了横截面的强度,实践证明在某些情况下这是不够的,如图 7-1 所示钢筋混凝土梁在破坏时,除了跨中底部会发生竖向裂缝外,靠近支座部位还会发生横向裂缝;又如铸铁试件受压而破坏时,所发生的裂缝与杆轴成 45°角的方向。这些实例证明,杆件的破坏不一定都是沿横截面方向,也有沿斜截面方向的,因此我们还必须研究斜截面上的应力。

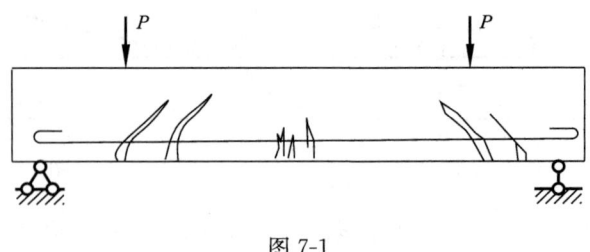

图 7-1

在第 2 章里,我们已经讨论了轴向拉(压)杆斜截面上的应力,由式(2-4)、式(2-5)可知,任一点应力是随过该点的截面方位而变化的,这种情况在其他受力构件内也同样存在。

如通过图 7-2(a)所示梁上任意一点 A 可以作出 1-1、2-2、3-3 等无数个截面,过点 A 这些不同方位的正应力和剪应力,如图 7-2(b)、(c)、(d)所示。

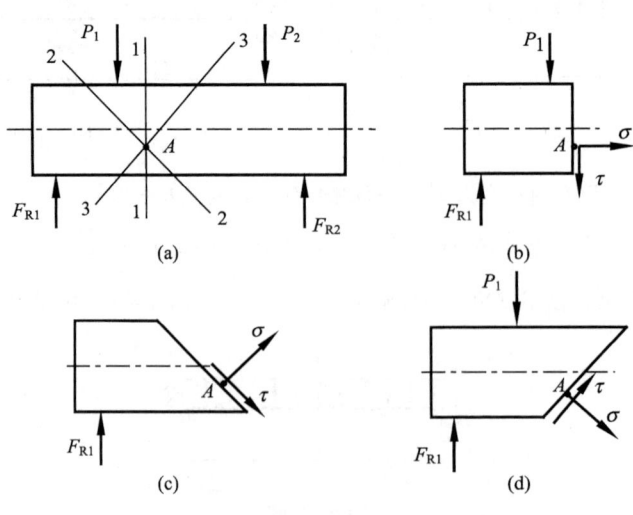

图 7-2

因此，我们在说明受力构件的应力时，必须指明是过哪一点的哪个方向截面上的应力。我们把受力构件中某一点的各个截面上的应力情况称作该点的**应力状态**。研究一点的应力状态，能更好地判断构件受力后在哪一点的哪个方向最危险，以便对构件内的强度进行比较全面的分析校核。

研究一点的应力状态的基本方法，通常是围绕该点取出一个边长为无限小的立方体，称为**单元体**，并且假定在单元体各个面上的应力都是均匀分布的，它们分别代表了该点在相应平面上的应力；单元体的任一相互平行平面上的相应应力大小相等而指向相反。对于构件中的同一点，由于截取的方位不同，可取出无数个单元体，而单元体各面上的应力也随着所取单元体的方位不同而不同，如图7-3(b)、(c)所示。

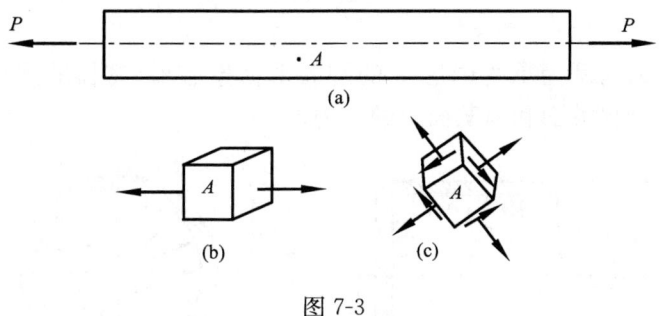

图7-3

2. 主平面、主应力

如果单元体某一个面上只有正应力而无剪应力，则称这个面为**主平面**。主平面上的正应力称为**主应力**。三对相互垂直的平面均为主平面的单元体称为主平面单元体，其三个主应力按代数值大小的顺序记为 σ_1、σ_2、σ_3。如果一点的三个主应力都不为零，称为**三向应力状态**或**空间应力状态**（图7-4(a)）；如果只有一个主应力等于零，称为**二向应力状态**或**平面应力状态**（图7-4(b)）；如果有两个主应力等于零，称为**单向应力状态**（图7-4(c)）。单向应力状态也称为**简单应力状态**；二向和三向应力状态统称为**复杂应力状态**。

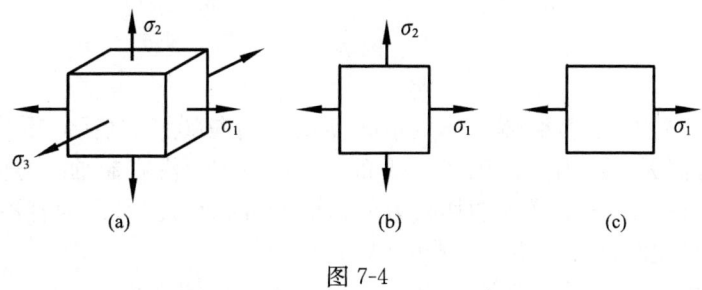

图7-4

图7-5(a)所示的齿轮传动是以轮齿点接触来传递作用力的，若围绕接触点 O 用垂直和平行于接触力的平面截取一单元体，由于接触压应力 σ_3 作用，单元体将向周围膨胀，因点 O 周围材料阻碍其侧向变形，从而产生压应力 σ_1 和 σ_2，如图7-5(b)所示。故接触点处的应力状态为三向应力状态。

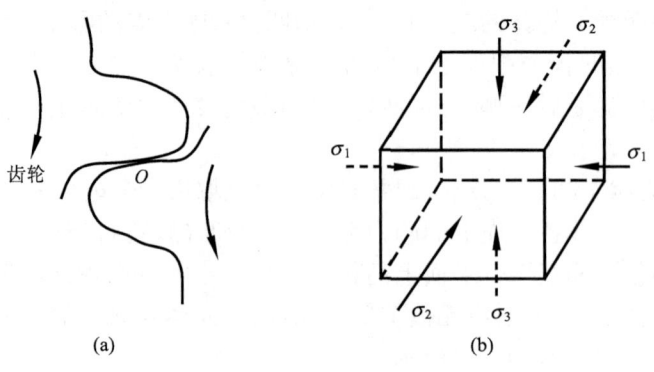

图 7-5

例 7-1 图 7-6(a)所示为承受内压 p 的圆筒形薄壁容器,容器的平均直径为 D,壁厚为 $\delta(D \gg \delta)$。试计算圆筒横截面和纵截面上的应力。

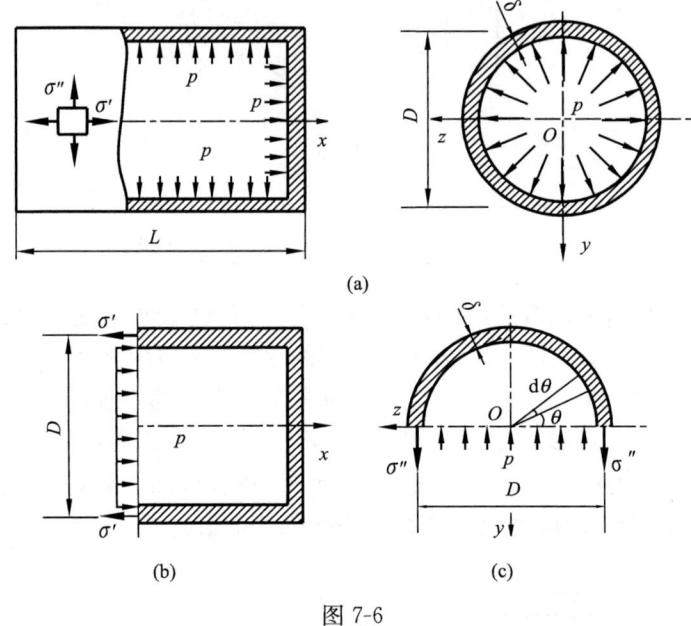

图 7-6

解:薄壁容器承受内压后,筒体只产生轴向伸长和周向膨胀的变形,因此,在筒壁的纵、横截面上只有正应力而无切应力。作用在横截面上的正应力 σ' 沿容器轴线方向,称为轴向应力;作用在纵截面上的正应力 σ'' 沿圆周的切线方向,称为环向应力。又因为容器壁较薄,若不考虑端部效应,可认为上述两种应力均沿容器壁厚均匀分布。

分别用横截面和纵截面将容器截开,其受力分别如图 7-6(b)、(c)所示,由平衡方程 $\sum F_x = 0$、$\sum F_y = 0$ 可以写出

$$\sigma'(\pi D \delta) - p \frac{\pi D^2}{4} = 0$$

$$\sigma''(l \cdot 2\delta) - pDl = 0$$

由此得

$$\sigma' = \frac{pD}{4\delta}, \quad \sigma'' = \frac{pD}{2\delta}$$

由上述分析可见,在薄壁圆筒上,若以纵、横两组截取单元体,则该单元体受到两个方向的拉伸应力(图 7-7(a)),σ' 与 σ'' 皆为主应力。此外,在单元体的第三个方向上,由于作用于内壁上的内压力 p 及外壁上的大气压力都远小于 σ' 和 σ'',因此径向应力可以忽略不计,于是单元体可近似看做平面应力状态。按照主应力排列顺序规定,有

$$\sigma_1 = \sigma'' = \frac{pD}{2\delta}, \quad \sigma_2 = \sigma' = \frac{pD}{4\delta}, \quad \sigma_3 = 0$$

由于纵截面上应力 σ_1 较大,故锅炉、圆柱形压力容器等薄壁容器,通常在纵截面上发生破坏。

7.2 二向应力状态分析——解析法

7.2.1 平面应力状态概念·斜截面上的应力

两个主应力不等于零时,称为二向应力状态或平面应力状态。如图 7-7 所示的承受内压的薄壁圆筒,在内压强 p 作用下,筒壁将向外膨胀而产生轴向和环向的拉应力 σ_2 和 σ_1,若在其表面上任一点 A 处沿横向和纵向截取单元体,由于圆筒的形状和受力的对称性可知,单元体各侧面上没有剪应力,只有拉伸主应力,如图 7-7 所示。此薄壁圆筒表面上任一点处的应力均为二向应力状态。

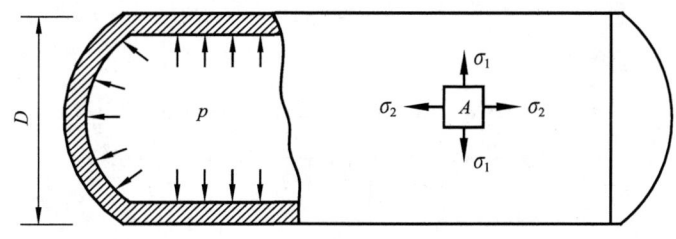

图 7-7

工程实际中许多问题属于二向应力状态或可以近似看成是二向应力状态。现在研究二向应力状态下,已知通过一点的某些截面上的应力,如何确定通过这一点其他截面上的应力,从而确定主应力和主平面。

图 7-8(a)所示为二向应力状态一般形式,各方向平面上的应力为已知,关于应力的符号规定为:正应力以拉应力为正,压应力为负;剪应力以对单元体内任一点产生的矩为顺时针转向时规定为正,反之为负。用任意斜截面截取单元体,如图 7-8(b)所示,斜截面的外法线 n 与 x 轴的夹角为 α,如图 7-8(c)所示。规定:在图示 xOy 坐标系下由 x 轴转到外法线 n 为反时针转向时,α 为正,反之为负。

现在假想从单元体中截取三角形单元,如图 7-8(c)所示,斜截面上的应力用 σ_α 和 τ_α 表示,并设斜截面面积为 dA,另外两个平面的面积分别为 $dA\cos\alpha$ 和 $dA\sin\alpha$,如图 7-8(d)所示。三角形单元的平衡方程为

$\sum F_n = 0$

$\sigma_\alpha dA + (\tau_{xy}dA\cos\alpha)\sin\alpha - (\sigma_x dA\cos\alpha)\cos\alpha + (\tau_{yx}dA\sin\alpha)\cos\alpha - (\sigma_y dA\sin\alpha)\sin\alpha = 0$ (a)

$\sum F_t = 0$

$\tau_\alpha dA - (\tau_{xy}dA\cos\alpha)\cos\alpha - (\sigma_x dA\cos\alpha)\sin\alpha + (\tau_{yx}dA\sin\alpha)\sin\alpha + (\sigma_y dA\sin\alpha)\cos\alpha = 0$ (b)

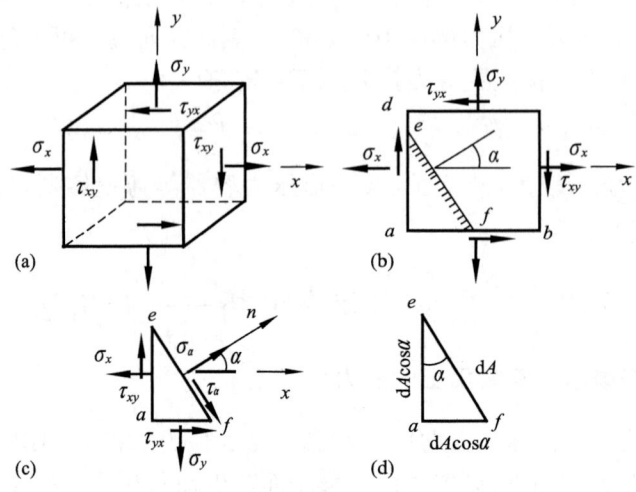

图 7-8

由剪应力互等定理

$$\tau_{xy} = \tau_{yx}$$

代入式(a)、式(b)并化简得

$$\sigma_\alpha = \sigma_x\cos^2\alpha + \sigma_y\sin^2\alpha - 2\tau_{xy}\sin\alpha\cos\alpha \tag{c}$$

$$\tau_\alpha = (\sigma_x - \sigma_y)\sin\alpha\cos\alpha + \tau_{xy}(\cos^2\alpha - \sin^2\alpha) \tag{d}$$

由三角学可知

$$\cos^2\alpha = \frac{1+\cos2\alpha}{2},\quad \sin^2\alpha = \frac{1-\cos2\alpha}{2}$$

$$2\sin\alpha\cos\alpha = \sin2\alpha$$

代入式(c)、(d)进一步化简得

$$\sigma_\alpha = \frac{\sigma_x+\sigma_y}{2} + \frac{\sigma_x-\sigma_y}{2}\cos2\alpha - \tau_{xy}\sin2\alpha \tag{7-1}$$

$$\tau_\alpha = \frac{\sigma_x-\sigma_y}{2}\sin2\alpha + \tau_{xy}\cos2\alpha \tag{7-2}$$

此即为斜截面应力的一般公式。

7.2.2 主应力、主平面

式(7-1)、式(7-2)表明斜截面上的正应力 σ_α 和剪应力 τ_α 随 α 的改变而变化,即 α 为变量,而 σ_α 和 τ_α 都是以 α 为变量的函数。利用式(7-1)、式(7-2)可以通过求极值的方法确定正应力和剪应力的极大值和极小值,并确定它们所在平面的方位。

令 $\dfrac{\mathrm{d}\sigma_\alpha}{\mathrm{d}\alpha}=0$,可求得正应力的极值,即

$$\frac{\mathrm{d}\sigma_\alpha}{\mathrm{d}\alpha} = -2\left[\frac{\sigma_x-\sigma_y}{2}\sin2\alpha + \tau_{xy}\cos2\alpha\right] \tag{e}$$

当 $\alpha = \alpha_0$ 时，正应力取得极值，上式成为

$$\frac{\sigma_x - \sigma_y}{2}\sin2\alpha_0 + \tau_{xy}\cos2\alpha_0 = 0 \tag{f}$$

对照式(7-2)，可见满足正应力取得极值的 α_0 恰好使剪应力为零。因此，由 α_0 所确定的方向为主平面，而其上的正应力为主应力。

由式(f)，可得主平面方位

$$\tan2\alpha_0 = -\frac{2\tau_{xy}}{\sigma_x - \sigma_y} \tag{7-3}$$

由式(7-3)可以求出相差 90° 的两个角度 α_0，它们确定两个相互垂直的平面，其中一个是最大正应力所在的平面，另一个是最小正应力所在的平面。

从公式(7-3)求出 $\sin2\alpha_0$ 和 $\cos2\alpha_0$，代入式(7-1)可以求得主应力，即

$$\left.\begin{array}{c}\sigma_{\max}\\ \sigma_{\min}\end{array}\right\} = \frac{\sigma_x + \sigma_y}{2} \pm \sqrt{\left(\frac{\sigma_x - \sigma_y}{2}\right)^2 + \tau_{xy}^2} \tag{7-4}$$

用完全相似的方法，可以确定极大和极小剪应力。在导出以上这些公式时，除假设 σ_x、σ_y 和 τ_{xy} 皆为正值外，并无其他限制。但在使用这些公式时，若约定 σ_x 表示两个正应力中代数值较大的一个，即 $\sigma_x \geqslant \sigma_y$，则公式(7-4)所确定的两个角度 α_0 中，绝对值较小的一个确定 $\sigma_{\max}$ 所在的平面。

当 $\alpha = \alpha_1$ 时，可使 $\dfrac{d\tau_\alpha}{d\alpha} = 0$，可得

$$(\sigma_x - \sigma_y)\cos2\alpha_1 - 2\tau_{xy}\sin2\alpha_1 = 0$$

由此得到

$$\tan2\alpha_1 = \frac{\sigma_x - \sigma_y}{2\tau_{xy}} \tag{7-5}$$

式(7-5)可确定两个相差 90° 的平面 α_1 和 $\left(\alpha_1 + \dfrac{\pi}{2}\right)$。

由式(7-5)求出 $\sin2\alpha_1$ 和 $\cos2\alpha_1$，代入式(7-2)可得到剪应力的极值

$$\left.\begin{array}{c}\tau_{\max}\\ \tau_{\min}\end{array}\right\} = \pm\sqrt{\left(\frac{\sigma_x - \sigma_y}{2}\right)^2 + \tau_{xy}^2} \tag{7-6}$$

比较式(7-3)和式(7-5)可得

$$\tan2\alpha_0 = -\frac{1}{\tan2\alpha_1} \tag{7-7}$$

故 $\quad 2\alpha_1 = 2\alpha_0 + \dfrac{\pi}{2}, \quad \alpha_1 = \alpha_0 + \dfrac{\pi}{4}$

即极值剪应力所在平面与主平面的夹角为 45°。

例 7-2 已知各方向面上的应力为 $\sigma_x = -100\text{MPa}, \sigma_y = 50\text{MPa}, \tau_{xy} = -60\text{MPa}, \tau_{yx} = 60\text{MPa}$。试求：(1)画出单元体的应力状态；(2)求 $\alpha = -30°$ 时斜截面上的应力；(3)主应力大小及其方向，并画出主单元体。

解：(1)根据正应力和剪应力的符号规定，画单元体的应力状态，如图 7-9(a)所示。

(2) 当 $\alpha = -30°$ 时，由式(7-1)和式(7-2)得

$$\sigma_{-30°} = \frac{-100\text{MPa}+50\text{MPa}}{2} + \frac{-100\text{MPa}-50\text{MPa}}{2}\cos(-60°)$$
$$-(-60\text{MPa})\sin(-60°) = -114\text{MPa}$$
$$\tau_{-30°} = \frac{-100\text{MPa}-50\text{MPa}}{2}\sin(-60°)+(-60\text{MPa})\cos(60°) = 35\text{MPa}$$

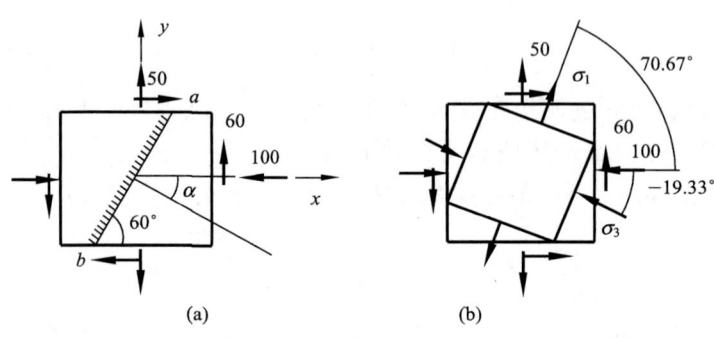

图 7-9

(3) 主应力大小,由式(7-4)得

$$\left.\begin{array}{c}\sigma_1\\\sigma_3\end{array}\right\} = \frac{-100\text{MPa}+50\text{MPa}}{2} \pm \sqrt{\left(\frac{100\text{MPa}+50\text{MPa}}{2}\right)^2+(60\text{MPa})^2}$$
$$= -25\text{MPa} \pm 96\text{MPa} = \begin{cases}71\text{MPa}\\-121\text{MPa}\end{cases}$$

即主应力 $\sigma_1=71\text{MPa}$,$\sigma_2=0$,$\sigma_3=-121\text{MPa}$。

(4) 主应力方向,由式(7-3)得

$$\tan 2\alpha_0 = -\frac{2\times(-60\text{MPa})}{-100\text{MPa}-50\text{MPa}} = -0.8$$
$$2\alpha_0 = -38.66°, \quad \alpha_0 = -19.33°$$
$$\alpha_0+90° = -19.33°+90° = 70.67°$$

由此得到两个相互垂直的平面(角度 α_0)$-19.33°$和$70.67°$。但是,哪一个平面上的主应力是 $71MPa$ 呢? 由式(7-1)得

$$\sigma_{-19.33°} = \frac{-100+50}{2} + \frac{-100-50}{2}\cos(-38.66°)+60\sin(38.66°)$$
$$= -121(\text{MPa})$$
$$\sigma_{70.67°} = \frac{-100+50}{2} + \frac{-100-50}{2}\cos(141.34°)+60\sin(141.34°)$$
$$= 71(\text{MPa})$$

可见,平面 70.67°对应着第一主应力 $\sigma_1=71\text{MPa}$,而平面$-19.33°$对应于第三主应力 $\sigma_3=-121\text{MPa}$。主平面位置如图 7-9(b)所示。

一般地讲,如果在计算开始,我们约定 $\sigma_x \geqslant \sigma_y$,即选择代数值较大者作为 σ_x,那么由式(7-3)计算得到的两个角度 α_0(平面)中,绝对值较小的一个确定 σ_1($\sigma_{\max}$)所在的平面。本例中

$\sigma_x < \sigma_y$,不符合这一约定,因此是绝对值较大的一个确定 σ_1(σ_{max})所在的平面。

7.3 二向应力状态分析——图解法

前面用解析法分析二向应力状态时所得到的各种计算公式和结论,同样也可以用图解法得到。图解法具有形象、直观的特点,容易理解,且应用方便。

将公式(7-1)和(7-2)等号两边平方后相加,得

$$\left(\sigma_\alpha - \frac{\sigma_x + \sigma_y}{2}\right)^2 + \tau_\alpha^2 = \left(\frac{\sigma_x - \sigma_y}{2}\right)^2 + \tau_{xy}^2 \tag{7-8}$$

式中的 σ_x、σ_y 和 τ_{xy} 为已知量,而 σ_α 和 τ_α 为变量。若以正应力 σ 为横坐标,剪应力 τ 为纵坐标,则式(7-8)是在直角坐标系 σ-τ 中的一个圆周方程,其圆心坐标为 $\left(\frac{\sigma_x + \sigma_y}{2}, 0\right)$,半径为 $\sqrt{\left(\frac{\sigma_x - \sigma_y}{2}\right)^2 + \tau_{xy}^2}$,圆周上任一点的横、纵坐标值分别代表单元体相应截面上的正应力和剪应力。因此,单元体上各截面上的应力变化规律可用一个圆来表示,该圆称为**应力圆**,或称**莫尔圆**。

7.3.1 应力圆的作法

现在以图 7-10(a)所示的一般二向应力状态单元体为例,说明应力圆的作法。

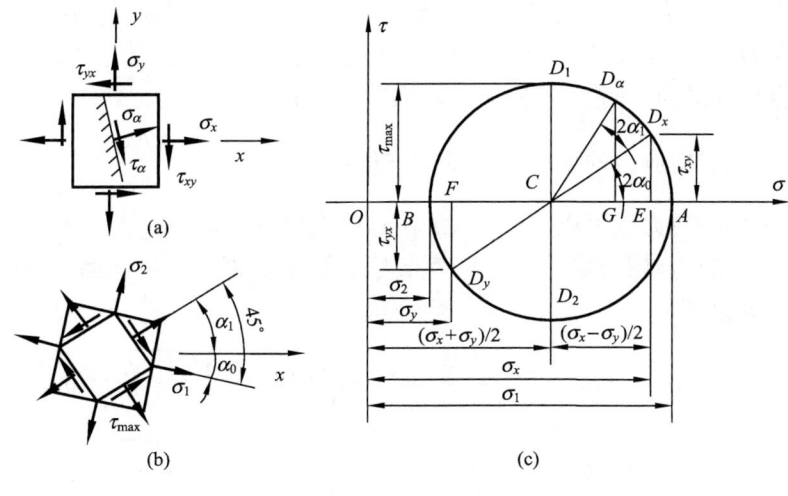

图 7-10

(1) 按适当的比例尺,建立 σ-τ 直角坐标系;
(2) 在 σ-τ 坐标系内,按比例尺量取 $OE = \sigma_x$、$ED_x = \tau_{xy}$,定出点 D_x。点 D_x 的横、纵坐标就代表单元体的 x 面上的应力 σ_x 和 τ_{xy};
(3) 量取 $OF = \sigma_y$、$FD_y = \tau_{yx}$,定出点 D_y。点 D_y 的坐标代表单元体的 y 面上的应力 σ_y 和 τ_{yx};
(4) 连接 D_x 和 D_y,交 σ 轴于 C 点。以 C 为圆心、以 CD_x 或 CD_y 为半径作圆,即得到式(7-8)表示的应力圆。证明如下。

由图 7-10(c)可以看出

$$FC = CE = \frac{OE - OF}{2} = \frac{\sigma_x - \sigma_y}{2}$$

$$OC = OF + FC = \sigma_y + \frac{\sigma_x - \sigma_y}{2} = \frac{\sigma_x + \sigma_y}{2}$$

所以，圆心坐标为 $\left(\frac{\sigma_x + \sigma_y}{2}, 0\right)$，所作圆的半径

$$CD_x = \sqrt{CE^2 + ED_x^2} = \sqrt{\left(\frac{\sigma_x - \sigma_y}{2}\right)^2 + \tau_{xy}^2}$$

可见，圆心位置和半径大小均符合式(7-8)所表示的应力圆方程，所以它就是要求的应力圆。

7.3.2 用应力圆求斜截面上的应力

为了利用应力圆对单元体进行应力分析，必须掌握应力圆上点的坐标与单元体相应截面上的应力之间的对应关系。从图 7-10 可以看出，单元体上的 x 面和 y 面分别与应力圆上的点 D_x 和 D_y 相对应，即点 D_x 和 D_y 的坐标分别代表 x 面和 y 面上的应力；在单元体上从 x 面外法线到 y 面外法线，按逆时针转向转过 90°角，而在应力圆上从点 D_x 到 D_y 则按相同转向转过了 180°的圆心角。由此可以推知，单元体两个截面的夹角为 α 时，其在应力圆上的两个对应点之间的圆弧所对应的圆心角为 2α，且两者转向相同。这就是应力圆与单元体之间的"点面对应，转角两倍，转向相同"的对应关系。

若要确定单元体 α 截面上的应力，则根据上述对应关系，可从应力圆上的 D_x 点出发，沿圆周按与 α 相同的转向(即按从 x 轴到 α 截面外法线的转动方向)转过 2α 圆心角而得到 D_α 点，该点的横、纵坐标即为 α 面上的正应力 σ_α 和剪应力 τ_α。

7.3.3 用应力圆确定主应力的大小和主平面方位

从图 7-10(c)中的应力圆可以看出，A、B 两点的横坐标(即正应力)为最大值和最小值，而它们的纵坐标(即剪应力)均为零，故 A、B 两点对应单元体的两个主平面，其横坐标就是这两个主平面上的主应力，即

$$\sigma_1 = OA = OC + CA = \frac{\sigma_x + \sigma_y}{2} + \sqrt{\left(\frac{\sigma_x - \sigma_y}{2}\right)^2 + \tau_{xy}^2} = \sigma_{\max}$$

$$\sigma_2 = OB = OC - CB = \frac{\sigma_x + \sigma_y}{2} - \sqrt{\left(\frac{\sigma_x - \sigma_y}{2}\right)^2 + \tau_{xy}^2} = \sigma_{\min}$$

主平面的方位角也可用应力圆确定。从应力圆上的 D_x 点按顺时针转向转过 $2\alpha_0$ 圆心角，即到达 A 点，故在单元体上由 x 面的外法线 x 按相同的转向转动 α_0 角，便确定了 σ_1 所在主平面的外法线方向，也即 σ_1 本身的方向。在应力圆上由 A 到 B 的圆弧所对应的圆心角为 180°，故单元体上 σ_1 和 σ_2 所在主平面互相垂直，如图 7-10(b)所示。从 x 轴到 σ_1 方向的转角 α_0 为顺时针转向，按角度的符号规定，α_0 是负的，故 $\tan 2\alpha_0$ 应为负值。由图 7-10(c)可得

$$\tan 2\alpha_0 = -\frac{D_x E}{CE} = -\frac{2\tau_{xy}}{\sigma_x - \sigma_y}$$

所得结果与式(7-3)一致。α_0 值可直接在应力圆上量取，即 $2\alpha_0 = \angle D_x CA$。

7.3.4 用应力圆确定极值剪应力及其所在平面的方位

从图 7-10(b)可见,应力圆上的 D_1 和 D_2 点的纵坐标即为两个极值剪应力

$$\left.\begin{array}{l}\tau_{\max}\\ \tau_{\min}\end{array}\right\}=\begin{array}{l}CD_1\\ CD_2\end{array}\right\}=\pm\sqrt{\left(\frac{\sigma_x-\sigma_y}{2}\right)^2+\tau_{xy}^2}$$

因 $\tau_{\max}$ 和 $\tau_{\min}$ 的数值等于应力圆的半径,所以又可将它们表示为

$$\left.\begin{array}{l}\tau_{\max}\\ \tau_{\min}\end{array}\right\}=\pm\frac{\sigma_1-\sigma_3}{2}$$

由应力圆可见,极值剪应力所在平面与主平面成 45°角。极值剪应力所在单元体如图 7-10(c)所示。

例 7-3 图 7-11(a)所示单元体上的应力均为已知,试用图解法求:
(1) 斜截面 ef 上的应力;
(2) 主应力及主平面的方位;
(3) 极值剪应力及其所在平面的方位。

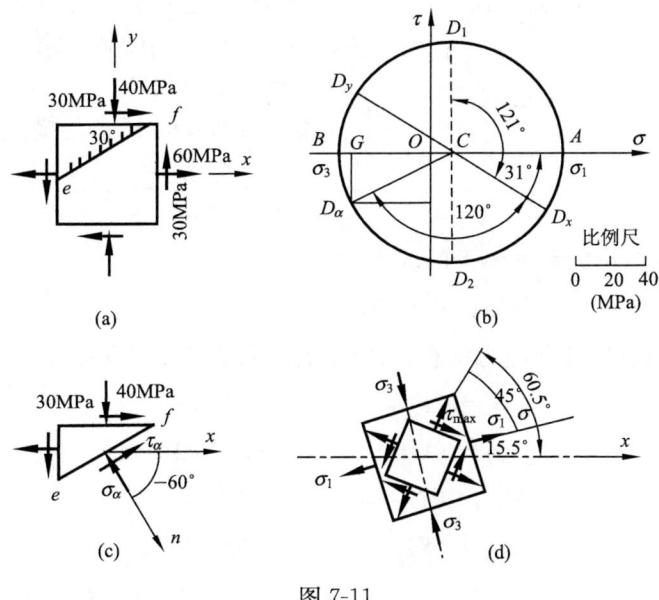

图 7-11

解:(1) 按选定的比例尺,在 σ-τ 坐标系上由 $\sigma_x=60\text{MPa}$ 和 $\tau_{xy}=-30\text{MPa}$ 定出点 D_x;由 $\sigma_y=-40\text{MPa}$ 和 $\tau_{yx}=30\text{MPa}$ 定出点 D_y。连接 D_x、D_y 交轴于点 C。以 C 为圆心,CD_x 为半径作应力圆,如图 7-11(b)所示。

因斜截面 ef 的方位角 $\alpha=-60°$。故在应力圆上由点 D_x 按顺时针转向沿圆周量取 $-120°$ 圆心角,得到点 D_α,则点 D_α 的横、纵坐标即为 ef 面上的正应力和剪应力。按所用的比例尺从应力圆上量得

$$\sigma_{-60°}=-OG=-41\text{MPa}, \quad \tau_{-60°}=-D_\alpha G=-28\text{MPa}$$

(2) 从应力圆直接量得

$$\sigma_1=OA=68\text{MPa}, \quad \sigma_3=-OB=-48\text{MPa}$$

在应力圆上从 D_x 到 A（逆时针）量得圆心角 $2\alpha_0=\angle D_xCA=31°$，所以在单元体中，$\sigma_1$ 所在主平面可由 x 面逆时针旋转 $\alpha_0=15.5°$（绕 z 轴）面得到；σ_3 所在主平面则垂直于 σ_1 所在平面。所得的主单元体如图 7-11(d)所示。

（3）在应力圆上量得极值剪应力为

$$\left.\begin{array}{l}\tau_{\max}\\ \tau_{\min}\end{array}\right\}=\left.\begin{array}{l}CD_1\\ CD_2\end{array}\right\}=\pm 58\text{MPa}$$

极值剪应力所在平面上的正应力

$$\sigma_{\alpha_1}=OC=10\text{MPa}$$

在应力圆上量得 D_xD_1 弧的圆心角 $2\alpha_1=121°$，在单元体上由 x 面逆时针旋转 $\alpha_1=60.5°$ 便得到 $\tau_{\max}$ 的作用面（该面也可以将 σ_1 所在的主平面逆时针旋转 $45°$ 而得到）。$\tau_{\min}$ 所在平面则垂直于 $\tau_{\max}$ 的作用面。极值剪应力所在单元体如图 7-11(d)所示。

例 7-4 已知圆轴直径 $d=20\text{mm}$，力偶矩 $M_e=0.1\text{kN}\cdot\text{m}$。用图解法求表面上 K 点的主应力和 $\tau_{\max}$ 值（图 7-12(a)），并画出该点的主单元体。

解：圆轴表面 K 点处横截面上的剪应力

$$\tau=\frac{T}{W_P}=\frac{16M_e}{\pi d^3}=\frac{16\times 0.1\times 10^3}{\pi\times 20^3\times 10^{-9}}=63.6(\text{MPa})$$

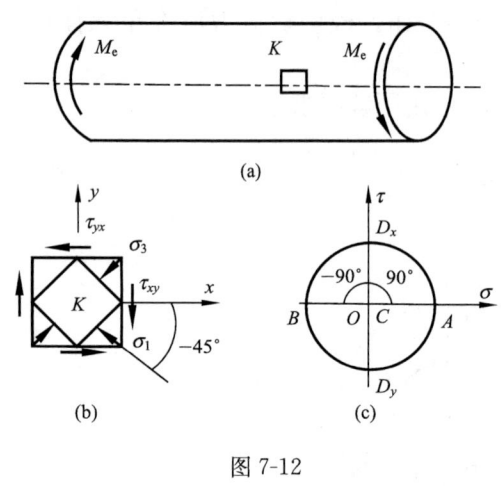

图 7-12

在 K 处用纵、横截面取出的单元体上的应力为

$$\sigma_x=\sigma_y=0,\quad \tau_{xy}=-\tau_{yx}=\tau$$

这就是前面章节讨论过的纯剪应力状态。作应力圆，如图 7-12(c)所示。在应力圆上量得

$$\sigma_1=OA=\tau=63.6\text{MPa}$$
$$\sigma_3=OB=-\tau=-63.6\text{MPa}$$
$$\tau_{\max}=OD_x=\tau=63.6\text{MPa}$$
$$\tau_{\min}=OD_y=-\tau=-63.6\text{MPa}$$

从应力圆可知，$\angle D_xCA=-90°$，$\angle D_xCB=90°$，故主平面与横截面成 $45°$ 角。主单元体如图 7-12(b)所示。横截面和径向纵截面则分别为 $\tau_{\max}$ 和 $\tau_{\min}$ 的作用平面。

7.4 三向应力状态

当单元体的三个主应力都不等于零时，这就是最一般的三向应力状态，或空间应力状态，而平面应力状态和单向应力状态只是它的两种特殊应力状态。对三向应力状态，这里只讨论当三个主应力已知时，任意斜截面上的应力计算。

7.4.1 斜截面上的应力

在图 7-13(a)所示的主单元体中，用任意斜截面 ABC 截取四面体，如图 7-13(b)所示。设

ABC 斜截面的外指法线 n 与 x、y、z 轴的夹角分别为 α、β、γ，则它们应满足关系式
$$\cos^2\alpha+\cos^2\beta+\cos^2\gamma=1 \tag{a}$$

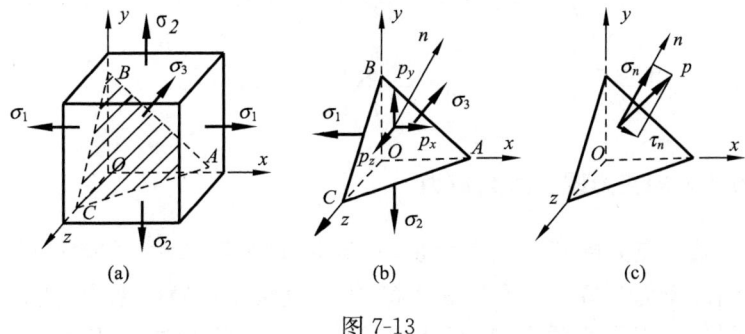

图 7-13

斜截面 ABC 的总应力 p 沿 x、y、z 轴的分量分别用 p_x、p_y、p_z 表示。为了计算该面上的应力，设 ABC 面积为 dA，则侧面 OBC、OAC、OAB 的面积分别为 $dA\cos\alpha$、$dA\cos\beta$、$dA\cos\gamma$。由四面体的平衡条件 $\sum F_x=0$，得

$$p_x dA - \sigma_1 dA\cos\alpha = 0$$
$$p_x = \sigma_1 \cos\alpha$$

同理，由 $\sum F_y=0$ 和 $\sum F_z=0$，分别得

$$p_y = \sigma_2 \cos\beta$$
$$p_z = \sigma_3 \cos\gamma$$

因而，斜截面上的正应力为

$$\sigma_n = p_x\cos\alpha + p_y\cos\beta + p_z\cos\gamma$$

或
$$\sigma_n = \sigma_1\cos^2\alpha + \sigma_2\cos^2\beta + \sigma_3\cos^2\gamma \tag{7-9}$$

斜截面上的剪应力，由图 7-13(c)，得

$$\tau_n = \sqrt{p^2 - \sigma_n^2} = \sqrt{p_x^2 + p_y^2 + p_z^2 - \sigma_n^2}$$

或
$$\tau_n^2 = \sigma_1^2\cos^2\alpha + \sigma_2^2\cos^2\beta + \sigma_3^2\cos^2\gamma - \sigma_n^2 \tag{7-10}$$

把式(7-9)、式(7-10)看做是含有 $\cos^2\alpha$，$\cos^2\beta$，$\cos^2\gamma$ 的联立方程。从中可以解出 $\cos^2\alpha$、$\cos^2\beta$、$\cos^2\gamma$，结果是

$$\cos^2\alpha = \frac{\tau_n^2 + (\sigma_n-\sigma_2)(\sigma_n-\sigma_3)}{(\sigma_1-\sigma_2)(\sigma_1-\sigma_3)}$$

$$\cos^2\beta = \frac{\tau_n^2 + (\sigma_n-\sigma_3)(\sigma_n-\sigma_1)}{(\sigma_2-\sigma_3)(\sigma_2-\sigma_1)}$$

$$\cos^2\gamma = \frac{\tau_n^2 + (\sigma_n-\sigma_1)(\sigma_n-\sigma_2)}{(\sigma_3-\sigma_1)(\sigma_3-\sigma_2)}$$

再将上式略作变换改写成下面的形式

$$\left.\begin{aligned}\left(\sigma_n-\frac{\sigma_2+\sigma_3}{2}\right)^2+\tau_n^2 &= \left(\frac{\sigma_2-\sigma_3}{2}\right)^2+l^2(\sigma_1-\sigma_2)(\sigma_1-\sigma_3)\\ \left(\sigma_n-\frac{\sigma_3+\sigma_1}{2}\right)^2+\tau_n^2 &= \left(\frac{\sigma_3-\sigma_1}{2}\right)^2+m^2(\sigma_2-\sigma_3)(\sigma_2-\sigma_1)\\ \left(\sigma_n-\frac{\sigma_1+\sigma_2}{2}\right)^2+\tau_n^2 &= \left(\frac{\sigma_1-\sigma_2}{2}\right)^2+n^2(\sigma_3-\sigma_1)(\sigma_3-\sigma_2)\end{aligned}\right\} \quad (7\text{-}11)$$

7.4.2 空间应力状态的应力圆及最大应力

当受力物体内某一点处的三个主应力 σ_1、σ_2 和 σ_3 均为已知时,要确定该点的最大正应力,仍可利用前面介绍的应力圆方法。在以 σ 为横轴,τ 为纵轴的坐标系中,式(7-11)中的三式就是三个圆周的方程式。表明斜截面 ABC 上的应力既是在第一式所表示的圆周上,又是在第二式和第三式所表示的圆周上。所以,以上三式所表示的三个圆周交于一点。交点的坐标就是斜截面 ABC 上的应力。因此,在 σ_1、σ_2、σ_3 和 α、β、γ 已知后,可以作出上述三个圆周中的任意两个,其交点的坐标即为所求斜截面上的应力。

因为 $\sigma_1 > \sigma_2 > \sigma_3$,且 $\cos^2\alpha \geqslant 0$,则式(7-11)中的第一式有

$$l^2(\sigma_1-\sigma_2)(\sigma_1-\sigma_3) \geqslant 0$$

所以,式(7-11)中第一式所确定的圆周的半径,大于和它同心的圆周

$$\left(\sigma_n-\frac{\sigma_2+\sigma_3}{2}\right)^2+\tau_n^2=\left(\frac{\sigma_2-\sigma_3}{2}\right)^2$$

的半径。由此,在图(7-14)中,由式(7-11)中第一式所确定的圆周在圆周 A_3A_2 之外。用同样的方法可以说明,式(7-11)中第二式所表示的圆周在圆周 A_3A_1 之内;第三式所表示的圆周在圆周 A_2A_1 之外。因此斜截面 ABC 上的应力在图 7-14 中的阴影部分。该图所示的应力圆,称为三向应力状态的应力圆,简称**三向应力圆**。

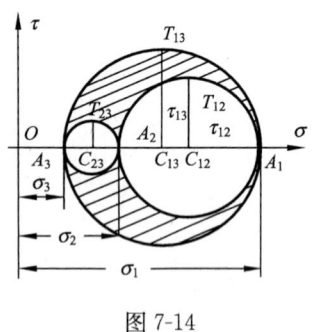

图 7-14

根据上面的分析可知,图 7-14 所示的三向应力状态的最大正应力应等于最大应力圆上点 A_1 的横坐标,最小正应力应等于最大应力圆上 A_3 点的横坐标,即

$$\sigma_{\max}=\sigma_1, \quad \sigma_{\min}=\sigma_3$$
$$\tau_{\max}=\frac{\sigma_1-\sigma_3}{2} \quad (7\text{-}12)$$

由三向应力圆中 T_{13} 点的位置可知,与 σ_1 和 σ_3 所在的主平面各成 45°角。

7.5 平面应变状态分析

7.5.1 任意方向应变的解析表达式

一点处沿不同方向的线应变和切应变,称为该点的应变状态。分析一点的应力状态是通过单元体进行研究的,同理,分析一点的应变状态也要通过单元体来进行研究。

取任一单元体及建立坐标系如图 7-15 所示，设 x 和 y 方向的线应变 ε_x 和 ε_y 及切应变 γ_{xy}（直角改变量）皆为已知量。这里规定，线应变以伸长为正，压缩为负，切应变以使直角减小为正，反之为负。

将坐标系旋转 α 角，且规定逆时针的 α 为正，得到新的坐标系 $Ox'y'$（图 7-15），通过几何关系可以证明单元体 α 方向的线应变 ε_α 及切应变 γ_α 可通过下式求得

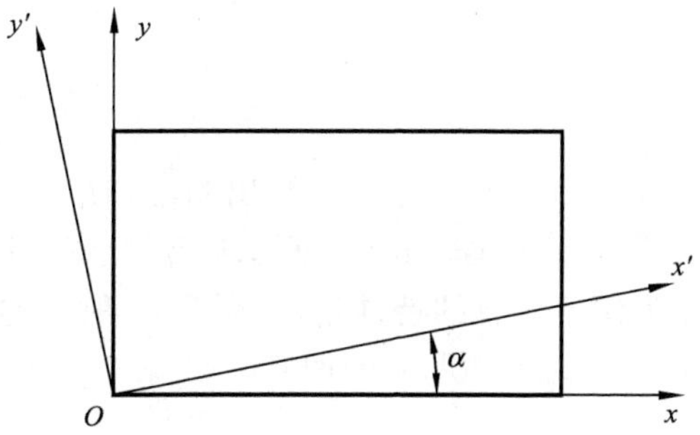

$$\varepsilon_\alpha = \frac{\varepsilon_x + \varepsilon_y}{2} + \frac{\varepsilon_x - \varepsilon_y}{2}\cos 2\alpha - \frac{\gamma_{xy}}{2}\sin 2\alpha \tag{7-13}$$

$$\frac{\gamma_\alpha}{2} = \frac{\varepsilon_x - \varepsilon_y}{2}\sin 2\alpha + \frac{\gamma_{xy}}{2}\cos 2\alpha \tag{7-14}$$

图 7-15

利用式(7-13)和(7-14)便可求出任意方向的线应变 ε_α 和切应变 γ_α。

7.5.2 主应变及主应变方向

在平面应力分析中，对应于二向应力状态中的主应力和主平面，通过一点一定存在两个相互垂直的方向，在这两个方向上，线应变为极值而切应变等于零。这样的极值线应变称为主应变。经过推导，可以得出确定主应变方向的公式和计算主应变数值的公式

$$\tan 2\alpha_0 = -\frac{\gamma_{xy}}{\varepsilon_x - \varepsilon_y} \tag{7-15}$$

$$\left.\begin{array}{c}\varepsilon_{\max}\\ \varepsilon_{\min}\end{array}\right\} = \frac{\varepsilon_x + \varepsilon_y}{2} \pm \sqrt{\left(\frac{\varepsilon_x - \varepsilon_y}{2}\right)^2 + \left(\frac{\gamma_{xy}}{2}\right)^2} \tag{7-16}$$

各向同性材料中任一点处的主应力方向与相应的主应变方向是一致的。

7.5.3 应变圆

效仿二向应力分析中的图解法，用式(7-13)和式(7-14)两式不难导出用于平面应变分析中的应变圆图解法。但要注意，应变圆的横坐标为线应变，而纵坐标则为切应变的一半，如图 7-16 所示。应变圆上的 D_1 点，其横坐标代表沿 x 轴方向上的线应变 ε_x，而纵坐标 $\frac{\gamma_{xy}}{2}$ 代表直角 $\angle xOy$ 的切应变的一半。同理 D_2 点代表线应变 ε_y 和切应变 $\frac{\gamma_{yx}}{2} = -\frac{\gamma_{xy}}{2}$。至于应变圆与单元体应变状态的对应关系，仍满足"点面对应，转向相同，转角二倍"的关系。

7.5.4 应变的实测

在应变测量中，利用电阻应变片作为传感器由电阻变化来测量应变值是最常用的方法之一。如果已知被测构件的主应力(主应变)方向，那么只要在测点处沿两个主方向分别粘贴应变片，测出它们的主应变，再利用广义胡克定律就可以求得主应力了。但若不知道主应力方向，则必须首先测得测点处的三个应变分量 ε_x、ε_y 和 γ_{xy}，而电阻应变仪测 γ_{xy} 是有困难的，所以一般先测出三个选定方向 α_1、α_2、α_3 上的线应变 ε_{α_1}、ε_{α_2}、ε_{α_3}，然后代入式(7-13)中，得到下面的式子

$$\varepsilon_{\alpha_1} = \frac{\varepsilon_x + \varepsilon_y}{2} + \frac{\varepsilon_x - \varepsilon_y}{2}\cos2\alpha_1 - \frac{\gamma_{xy}}{2}\sin2\alpha_1$$

$$\varepsilon_{\alpha_2} = \frac{\varepsilon_x + \varepsilon_y}{2} + \frac{\varepsilon_x - \varepsilon_y}{2}\cos2\alpha_2 - \frac{\gamma_{xy}}{2}\sin2\alpha_2 \qquad (7\text{-}17)$$

$$\varepsilon_{\alpha_3} = \frac{\varepsilon_x + \varepsilon_y}{2} + \frac{\varepsilon_x - \varepsilon_y}{2}\cos2\alpha_3 - \frac{\gamma_{xy}}{2}\sin2\alpha_3$$

这里 ε_{α_1}、ε_{α_2} 和 ε_{α_3} 是已经测出的已知量,解这个方程式,便可求出三个未知量 ε_x、ε_y 和 γ_{xy},再代入式(7-15)和式(7-16)就可求出测点处的主应变及其方向。在实际测量时,常把 α_1、α_2、α_3 选取为便于计算的特殊角,如图 7-17 所示的直角应变花($\alpha_1=0°$,$\alpha_2=45°$,$\alpha_3=90°$)和等角应变花($\alpha_1=0°$,$\alpha_2=60°$,$\alpha_3=120°$)。

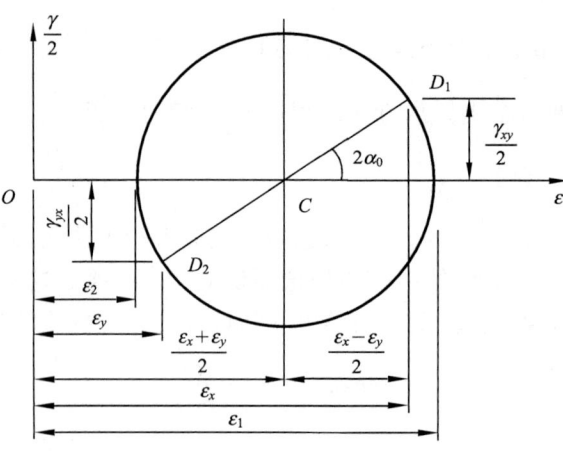

图 7-16

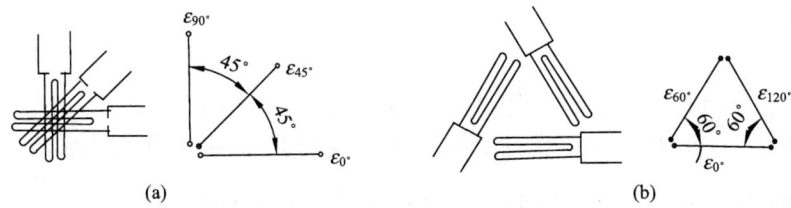

图 7-17

例 7-5 某次测量时,测得一点处的三个线应变为 $\varepsilon_{0°}=-300\times10^{-6}$,$\varepsilon_{45°}=-200\times10^{-6}$,$\varepsilon_{90°}=200\times10^{-6}$,试求主应变及其方向。

解:由式(7-17)得

$$\varepsilon_{0°} = \frac{\varepsilon_x+\varepsilon_y}{2}+\frac{\varepsilon_x-\varepsilon_y}{2}\cos0°-\frac{\gamma_{xy}}{2}\sin0° = \frac{\varepsilon_x+\varepsilon_y}{2}+\frac{\varepsilon_x-\varepsilon_y}{2}=\varepsilon_x$$

$$\varepsilon_{45°} = \frac{\varepsilon_x+\varepsilon_y}{2}+\frac{\varepsilon_x-\varepsilon_y}{2}\cos90°-\frac{\gamma_{xy}}{2}\sin90° = \frac{\varepsilon_x+\varepsilon_y}{2}-\frac{\gamma_{xy}}{2}$$

$$\varepsilon_{90°} = \frac{\varepsilon_x+\varepsilon_y}{2}+\frac{\varepsilon_x-\varepsilon_y}{2}\cos180°-\frac{\gamma_{xy}}{2}\sin180° = \frac{\varepsilon_x+\varepsilon_y}{2}-\frac{\varepsilon_x-\varepsilon_y}{2}=\varepsilon_y$$

由此求得

$$\varepsilon_x = -300 \times 10^{-6}, \quad \varepsilon_y = 200 \times 10^{-6}, \quad \gamma_{xy} = 300 \times 10^{-6}$$

代入式(7-15)得

$$\tan 2\alpha_0 = -\frac{\gamma_{xy}}{\varepsilon_x - \varepsilon_y} = -\frac{300}{-300-200} = 0.6$$

$$2\alpha_0 = 31° \quad \text{或} \quad 211°$$

$$\alpha_0 = 15°30' \quad \text{或} \quad 105°30'$$

将 ε_x、ε_y、γ_{xy} 的值 $\alpha_0 = 15°30'$ 或 $105°30'$ 代入式(7-13),得

$$\varepsilon_{15.5°} = \frac{-300+200}{2} \times 10^{-6} + \frac{-300-200}{2} \times 10^{-6} \cos 31° - \frac{300}{2} \times 10^{-6} \sin 31° = -342 \times 10^{-6}$$

$$\varepsilon_{105.5°} = \frac{-300+200}{2} \times 10^{-6} + \frac{-300-200}{2} \times 10^{-6} \cos 211° - \frac{300}{2} \times 10^{-6} \sin 211° = 242 \times 10^{-6}$$

所以在 $\alpha_0 = 105°30'$ 的方向上,存在主应变 $\varepsilon_{\max} = \varepsilon_{105°30'} = 242 \times 10^{-6}$,在 $\alpha_0 = 15°30'$ 的方向上,存在主应变 $\varepsilon_{\min} = \varepsilon_{15°30'} = -342 \times 10^{-6}$。

7.6 广义胡克定律

7.6.1 广义胡克定律

在杆件受轴向拉伸和压缩时,曾由试验验证,在线弹性范围内,正应力与线应变成正比,即

$$\sigma = E\varepsilon \quad \text{或} \quad \varepsilon = \frac{\sigma}{E} \tag{a}$$

此外还知,杆的横向线应变

$$\varepsilon' = -\mu\varepsilon = -\mu\frac{\sigma}{E} \tag{b}$$

在纯剪切的情况下,实验结果表明,当切应力不超过剪切比例极限时,切应力和切应变之间的关系服从剪切胡克定律。即

$$\tau = G\gamma \quad \text{或} \quad \gamma = \frac{\tau}{G} \tag{c}$$

复杂应力状态下的单元体如图 7-18(a) 所示,三个主应力为 σ_x、σ_y、σ_z;三个切应力 τ_{xy} 和 τ_{yx},τ_{yz} 和 τ_{zy},τ_{zx} 和 τ_{xz} 都分别相等,这样原来的九个应力分量中独立的只有六个。这种普遍情况,可以看做是三组单向应力和三组纯剪切的组合。对于各向同性材料,当其处在线弹性范围内且为小变形时,正应力不会引起切应变,切应力也并不会引起线应变,正应变只与正应力有关,切应变只与切应力有关。

线应变 ε_x、ε_y、ε_z 与正应力 σ_x、σ_y、σ_z 之间的关系,可以应用叠加原理求得。在 σ_x、σ_y、σ_z 分别单独存在时,x 方向的线应变分别为

$$\varepsilon'_x = \frac{\sigma_x}{E}, \quad \varepsilon''_x = -\mu\frac{\sigma_y}{E}, \quad \varepsilon'''_x = -\mu\frac{\sigma_z}{E}$$

于是,在 σ_x、σ_y、σ_z 同时存在时,可得 x 方向的线应变。同样可得 y 和 z 方向的线应变,至于切应变 γ_{xy}、γ_{yz}、γ_{zx} 与切应力 τ_{xy}、τ_{yz}、τ_{zx} 之间的关系,可由剪切胡克定律求得。

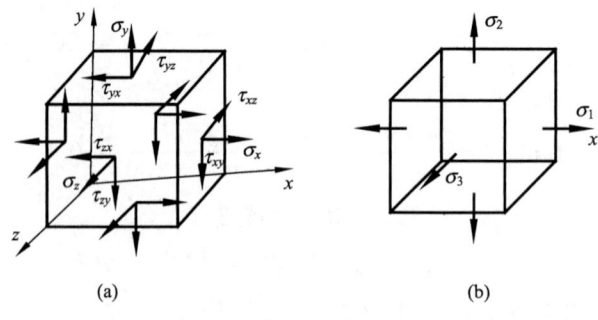

图 7-18

于是得到在线弹性、小变形条件下各向同性材料的广义胡克定律为

$$\left.\begin{aligned}\varepsilon_x &= \frac{1}{E}[\sigma_x - \mu(\sigma_y + \sigma_z)] \\ \varepsilon_y &= \frac{1}{E}[\sigma_y - \mu(\sigma_z + \sigma_x)] \\ \varepsilon_z &= \frac{1}{E}[\sigma_z - \mu(\sigma_x + \sigma_y)] \\ \gamma_{xy} &= \frac{\tau_{xy}}{G}, \gamma_{yz} = \frac{\tau_{yz}}{G}, \gamma_{zx} = \frac{\tau_{zx}}{G}\end{aligned}\right\} \quad (7\text{-}18)$$

已知空间应力状态下的主应力 σ_1、σ_2、σ_3，则沿主应力方向只有线应变，而无切应变，与主应力相应的线应变分别记为 ε_1、ε_2、ε_3 称为主应变。主应变为一点处各方位线应变中的最大与最小值。

$$\left.\begin{aligned}\varepsilon_1 &= \frac{1}{E}[\sigma_1 - \mu(\sigma_2 + \sigma_3)] \\ \varepsilon_2 &= \frac{1}{E}[\sigma_2 - \mu(\sigma_3 + \sigma_1)] \\ \varepsilon_3 &= \frac{1}{E}[\sigma_3 - \mu(\sigma_1 + \sigma_2)]\end{aligned}\right\} \quad (7\text{-}19)$$

这就是主应力表达的广义胡克定律。

应用公式时要注意应力与应变的正负。若为压应力或压应变，则应以负值代入。对各向异性材料，应力与应变的关系则要复杂得多。

对于同一种各向同性材料，广义胡克定律中的三个弹性常数并不完全独立，它们之间存在下列关系

$$G = \frac{E}{2(1+\mu)} \quad (7\text{-}20)$$

需要指出的是，对于绝大多数各向同性材料，泊松比一般在 0～0.5 之间取值，因此，切应变模量 G 的取值范围为：$\frac{E}{3} < G < \frac{E}{2}$。

7.6.2 体积胡克定律

物体弹性变形时一般体积会发生改变，单元体的体积的变化率称为体积应变，记为 θ。图

7-18(b)所示主应力单元体各边边长设为 dx、dy、dz，变形前体积为
$$V = dxdydz$$
变形后各边边长为
$$(1+\varepsilon_1)dx, \quad (1+\varepsilon_2)dy, \quad (1+\varepsilon_3)dz$$
体积为
$$V_1 = (1+\varepsilon_1)(1+\varepsilon_2)(1+\varepsilon_3)dxdydz = (1+\varepsilon_1+\varepsilon_2+\varepsilon_3)dxdydz$$
上式中略去了高阶小量。于是可得体积应变 θ 为
$$\theta = \frac{V_1-V}{V} = \varepsilon_1+\varepsilon_2+\varepsilon_3$$
若将广义胡克定律式(7-19)代入上式，则
$$\theta = \frac{1-2\mu}{E}(\sigma_1+\sigma_2+\sigma_3) \tag{7-21}$$
将式(7-21)改写为
$$\theta = \frac{3(1-2\mu)}{E} \cdot \frac{\sigma_1+\sigma_2+\sigma_3}{3} = \frac{\sigma_m}{K} \tag{7-22}$$
式中
$$K = \frac{E}{3(1-2\mu)}, \quad \sigma_m = \frac{\sigma_1+\sigma_2+\sigma_3}{3}$$

式(7-22)表明体积应变只与三个主应力的平均值有关，而与主应力之间的比例无关。体积应变与平均应力 σ_m 成正比，此即体积胡克定律。其中，K 称为体积弹性模量，σ_m 为三个主应力的平均值。

对纯剪切应力状态，$\sigma_1=\tau$，$\sigma_2=0$，$\sigma_3=-\tau$，所以有 $\theta=0$，即纯剪切应力状态下单元体无体积变化，只有形状改变。于是可得如下结论：

(1) 在任意形式的应力状态下，一点处的体积应变与剪应力无关，而与通过该点的任意三个相互垂直平面上的正应力之和成正比；

(2) 通过受力物体上任意一点的任意三个相互垂直平面上的正应力之和为常数。

7.7　复杂应力状态下的应变能密度

弹性体在外力作用下将产生形变，在变形过程中，外力便要通过其作用方向的位移做功，并将它储存在弹性体内，通常称储存在弹性体内的这种能量为应变能，而把每单位体积内所储存的应变能称为应变能密度，又称为应变比能。

在单向应力状态中，如果棱边边长分别为 dx、dy、dz 的单元体，作用于 x 方向的应力为 σ_1，如图 7-19(a)所示，作用在单元体上的外力为 $\sigma_1 dydz$，沿外力方向的位移为 $\varepsilon_1 dx$，外力所做的功为
$$dW = \frac{1}{2}\sigma_1 dydz dx\varepsilon_1$$
根据能量守恒定律，外力功全部储存到弹性体内，变成了弹性体的应变能。
$$dV_\varepsilon = dW = \frac{1}{2}\sigma_1\varepsilon_1 dxdydz$$

单元体的应变能密度为

$$v_\varepsilon = \frac{dW}{dV} = \frac{1}{2}\sigma_1\varepsilon_1 = \frac{\sigma_1^2}{2E} \qquad (7-23)$$

应变能密度为图 7-19(b)所示阴影面积。

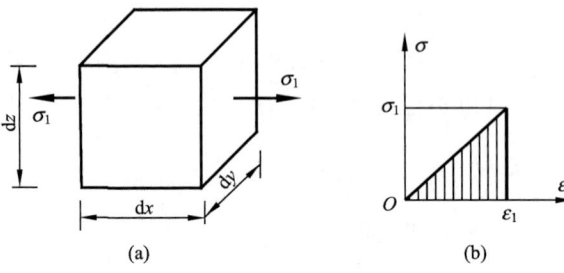

图 7-19

在三向应力状态下,如果已知 σ_1、σ_2 及 σ_3 三个主应力(图 7-20(a)),各对力通过其对应位移所做的功的总和,即为储存在物体内的应变能。因此

$$dV_\varepsilon = dW = \frac{1}{2}\sigma_1\varepsilon_1 dxdydz + \frac{1}{2}\sigma_2\varepsilon_2 dxdydz + \frac{1}{2}\sigma_3\varepsilon_3 dxdydz$$

单元体的应变能密度为

$$v_\varepsilon = \frac{dV_\varepsilon}{dV} = \frac{1}{2}\sigma_1\varepsilon_1 + \frac{1}{2}\sigma_2\varepsilon_2 + \frac{1}{2}\sigma_3\varepsilon_3 \qquad (7-24)$$

式中的 ε_1、ε_2、ε_3 分别表示沿 σ_1、σ_2、σ_3 方向的线应变,按广义胡克定律计算,用三个主应力 σ_1、σ_2、σ_3 表示主应变 ε_1、ε_2、ε_3,化简后有

$$v_\varepsilon = \frac{1}{2E}[\sigma_1^2 + \sigma_2^2 + \sigma_3^2 - 2\mu(\sigma_1\sigma_2 + \sigma_2\sigma_3 + \sigma_3\sigma_1)] \qquad (7-25)$$

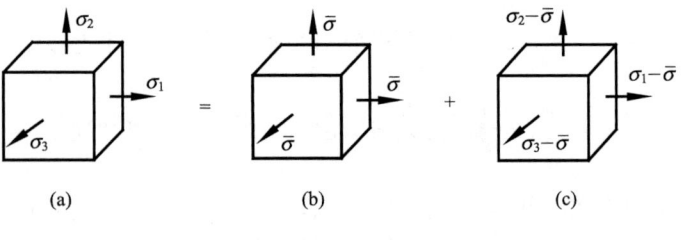

图 7-20

由于单元体的变形有体积改变和形状改变,因此,可以将应变能密度分为相应的两部分。与体积改变对应的称为体积改变能密度,用 v_V 表示,又称为体积改变比能;与形状改变对应的称为形状改变能密度,用 v_d 表示,又称为形状改变比能。即

$$v_\varepsilon = v_V + v_d$$

现在来推导体积改变能密度和形状改变能密度的计算公式。将图 7-20(a)单元体表示为图 7-20(b)、图 7-20(c)两部分叠加。图 7-20(b)中的三个主应力相等,其值为平均应力,有

$$\bar{\sigma} = \frac{1}{3}(\sigma_1 + \sigma_2 + \sigma_3)$$

图 7-20(b)所示的三个主应力相等,变形后的形状与原来的形状相似,只发生体积改变而无形状改变,则全部比能应为体积改变比能,这样,图(a)的体积改变比能 v_V 为

$$v_V = \frac{1}{2E}[\bar{\sigma}^2 + \bar{\sigma}^2 + \bar{\sigma}^2 - 2\mu(\bar{\sigma}^2 + \bar{\sigma}^2 + \bar{\sigma}^2)] = \frac{3(1-2\mu)}{2E}\bar{\sigma}^2 = \frac{1-2\mu}{6E}(\sigma_1 + \sigma_2 + \sigma_3)^2$$

(7-26)

由式(7-25)分别以 $(\sigma_1 - \bar{\sigma})$、$(\sigma_2 - \bar{\sigma})$、$(\sigma_3 - \bar{\sigma})$ 代替式中的 $\sigma_1, \sigma_2, \sigma_3$,经化简整理后可得

$$v_d = \frac{1+\mu}{6E}[(\sigma_1 - \sigma_2)^2 + (\sigma_2 - \sigma_3)^2 + (\sigma_3 - \sigma_1)^2]$$

可以证明

$$v_\varepsilon = v_V + v_d$$

7.8 常用强度理论及其相当应力

7.8.1 强度理论概述

当受力构件的危险点处于复杂应力状态时,能否用单向拉压时建立的强度条件来解决工程问题?构件的破坏原因取决于哪些因素?许用应力 $[\sigma]$ 如何确定?为了解决这一系列问题,提出强度理论的概念。强度理论就是关于材料发生破坏的决定因素的假说。

在轴向拉伸下,塑性材料是在应力达到屈服极限时发生流动破坏,而脆性材料是在应力达到强度极限时发生断裂破坏。所以将屈服极限 σ_s 作为塑性材料的极限应力,将强度极限 σ_b 作为脆性材料的极限应力,再除以安全系数便得到许用应力,即

塑性材料 $\qquad [\sigma] = \dfrac{\sigma_s}{n_s}$

脆性材料 $\qquad [\sigma] = \dfrac{\sigma_b}{n_b}$

这里 n_s 和 n_b 分别为塑性材料和脆性材料的安全系数。于是可建立强度条件为

$$\sigma_{max} \leqslant [\sigma]$$

该式不等号两边都是单向应力状态下得出的,所以只要满足该式,即最大应力不超过许用应力就能防止破坏,而不必去考虑破坏是由什么原因引起的。但是当危险点处于复杂应力状态时,若仍用上式作为强度条件,不等号左端则应是最大正应力(σ_1 或 σ_3),而右端也必须是在复杂应力状态下由实验确定出的许用应力。可是,进行复杂应力状态下实验设备和试件加工都比较复杂,因而采用直接实验法来建立复杂应力状态下的强度条件,在实践上是难以实现的。

实际上,尽管材料破坏的现象很复杂,但破坏的形式主要有两种类型——塑性流动和脆性断裂。由于受力构件上各点都同时存在应力和应变以及储存了变形能,所以它不管按哪种类型破坏,都一定与危险点处的应力、应变或变形能等诸因素中的一个或几个因素有关。长期以来,人们根据对破坏现象的分析和研究,对材料发生破坏的决定因素提出了不同假说,以此作为衡量材料强度的依据,而且利用简单的拉伸实验结果,建立了复杂应力状态下的强度条件。这些假说被称为强度理论。显然这些理论的正确性必须经受生产实践和科学实验的检验。也正是在反复实践基础上,强度理论才逐渐得到发展和完善。

关于断裂的强度理论在17世纪就已经提出。那时主要的工程材料是砖、石和铸铁等脆性材料,人们观察到了大量的脆性断裂现象,从而提出了最大拉应力理论和最大伸长线应变理论等关于断裂的强度理论。19世纪末,工程中大量使用低碳钢等塑性材料,而且对塑性变形的物理本质有了较多认识,于是提出了适用于流动破坏的强度理论,这类理论主要有最大切应力理论和形状改变能理论。此外还有近代的莫尔强度理论和双剪应力理论。但无论哪一种理论都不能适用于所有情况,有许多问题还待解决,因而,在相当长的时期内,强度理论的提出与完善,仍是材料科学重要的研究领域之一。

材料的破坏形式主要有两大类,脆性断裂和塑性流动,前者断裂前没有显著的塑性形变,而后者正是由于明显的塑性形变使构件丧失正常工作能力。强度理论即是用来说明材料在复杂应力状态下,在什么条件下发生脆性断裂,而又在什么条件下发生塑性流动。已知破坏的条件即能够建立复杂应力状态下的强度条件,所以强度理论也分为两类。第一类强度理论是适用于判断断裂破坏的最大拉应力理论和最大伸长线应变理论;第二类强度理论是适用于判断流动破坏的最大切应力理论和形状改变比能理论。这四种理论是在常温、静载条件下经常使用的强度理论。

7.8.2 四个强度理论

1. 最大拉应力理论(第一强度理论)

这一理论是人们根据使用脆性材料(石、砖和铸铁等)易于拉断而提出的。该理论认为,无论在什么应力状态下,引起材料脆性断裂破坏的决定因素都是最大拉应力 σ_1。这就是说,在复杂应力状态下,只要最大拉应力 σ_1 达到了单向拉伸时的极限应力 σ_b,材料就会引起断裂破坏。于是得到发生断裂破坏的条件是

$$\sigma_1 = \sigma_b \quad (\sigma_1 > 0) \tag{a}$$

将单向拉伸时的极限应力 σ_b 除以安全系数,得到许用应力 $[\sigma]$。因此,按第一强度理论建立的强度条件是

$$\sigma_1 \leqslant [\sigma] \tag{7-27}$$

实践证明,铸铁等脆性材料在单向拉伸、扭转以及二向拉伸或拉应力大于压应力绝对值的二向拉压等应力状态下都是符合最大拉应力理论的,其脆性断裂都是由于最大拉应力 σ_1 达到了极限应力 σ_b 而引起的。但这一理论没有考虑其他两个主应力的作用,而且对于没有拉应力的应力状态,该理论也无法应用。

2. 最大伸长线应变理论(第二强度理论)

这一理论是根据有些材料的断裂破坏是由最大伸长线应变引起而提出来的。该理论认为无论是复杂应力状态还是简单应力状态,引起断裂破坏的主要因素都是最大伸长线应变 ε_1。在单向拉伸时,材料线应变的极限值 ε_{jx} 仍由胡克定律计算(假定材料直到断裂都满足胡克定律),即 $\varepsilon_{jx} = \dfrac{\sigma_b}{E}$。按照这一强度理论,只要复杂应力状态下的最大伸长线应变 ε_1 达到了 ε_{jx}。材料就发生断裂破坏。于是得出发生断裂破坏的条件为

$$\varepsilon_1 = \varepsilon_{jx} = \frac{\sigma_b}{E} \quad (\varepsilon_1 > 0) \tag{b}$$

由广义胡克定律知,在线弹性范围内工作的构件,处于空间应力状态下一点处的最大伸长线应变为

$$\varepsilon_1 = \frac{1}{E}[\sigma_1 - \mu(\sigma_2 + \sigma_3)] \tag{c}$$

将式(b)代入式(c)

$$\varepsilon_1 = \frac{1}{E}[\sigma_1 - \mu(\sigma_2 + \sigma_3)] = \frac{\sigma_b}{E}$$

即
$$\sigma_1 - \mu(\sigma_2 + \sigma_3) = \sigma_b$$

将 σ_b 除以安全系数得许用应力$[\sigma]$,因此用第二强度理论建立强度条件如下

$$\sigma_1 - \mu(\sigma_2 + \sigma_3) \leqslant [\sigma] \tag{7-28}$$

在试验机上进行砖、石、混凝土等脆性材料的轴向压缩试验(要尽可能消除端部摩擦的影响),试样将沿垂直于压力的方向发生断裂破坏,这一方向正是最大伸长线应变的方向。

另外,铸铁在二向拉压应力状态下(压应力值大于拉应力值时),进行的试验结果与该理论的结果相近。但在二向压缩和二向拉伸时的脆性材料,试验结果与该理论不符。譬如按照第二强度理论,二向压缩时其强度应与单向压缩时不同,可是混凝土、花岗石和砂岩等的试验结果却是二向压缩与单向压缩两种情况的强度无明显差别。又如铸铁二向拉伸时,按照这一理论,应比单向拉伸安全,可是试验结果并非如此。这种情况下还是第一强度理论的结果接近实验数据。

3. 最大切应力理论(第三强度理论)

随着钢材的广泛使用,人们发现低碳钢的流动与最大切应力有关,例如直杆拉伸时在与杆轴线成$45°$角的方向上出现滑移线,该方向恰是最大切应力方向,由于大量的滑移而显出流动现象。这说明塑性变形的发展是由于金属晶格沿剪切面滑移的结果。第三强度理论认为材料发生流动是由于最大切应力作用的结果,最大切应力是材料引起流动破坏的主要因素,无论是复杂应力状态还是简单应力状态都是如此。在单向拉伸下,当横截面应力达到 σ_s 时,与杆轴线成$45°$角的斜截面上相应的最大切应力为 $\tau_{jx\,max} = \sigma_s/2$。按照第三强度理论,在复杂应力状态下,当 τ_{max} 达到了 $\tau_{jx\,max}$ 时,材料就将发生流动破坏。于是得出材料发生流动破坏的条件是

$$\tau_{max} = \tau_{jx\,max} = \frac{\sigma_s}{2} \tag{d}$$

在复杂应力状态下,一点处的最大切应力为

$$\tau_{max} = \frac{1}{2}(\sigma_1 - \sigma_3) \tag{e}$$

将式(d)代入式(e)得

$$\frac{1}{2}(\sigma_1 - \sigma_3) = \frac{\sigma_s}{2}$$

将上式右边除以安全系数得

$$\sigma_1 - \sigma_3 \leqslant [\sigma] \tag{7-29}$$

4. 形状改变比能理论(第四强度理论)

形状改变比能理论考虑了 σ_1、σ_2 和 σ_3 三个主应力对材料强度的共同影响。这一理论认为无

论是复杂应力状态还是简单应力状态,导致材料塑性流动破坏的决定因素都是形状改变能密度 v_d,当 v_d 达到了简单拉伸时的极限应力所对应的某一极限值 v_{djx} 时,材料就发生塑性流动破坏,简单拉伸时的 v_{djx} 为

$$v_{djx} = \frac{1+\mu}{6E}[(\sigma_1-\sigma_2)^2+(\sigma_2-\sigma_3)^2+(\sigma_3-\sigma_1)^2] = \frac{1+\mu}{6E}2\sigma_s^2$$

上式简化为

$$\sqrt{\frac{1}{2}[(\sigma_1-\sigma_2)^2+(\sigma_2-\sigma_3)^2+(\sigma_3-\sigma_1)^2]} = \sigma_s$$

再将上式的右边除以安全系数得到材料的许用拉应力 $[\sigma]$,于是,按第四强度理论所建立的强度条件为

$$\sqrt{\frac{1}{2}[(\sigma_1-\sigma_2)^2+(\sigma_2-\sigma_3)^2+(\sigma_3-\sigma_1)^2]} \leqslant [\sigma] \tag{7-30}$$

实验表明,在平面应力状态下,一般地说,形状改变能密度理论比最大切应力理论更符合实验结果。由于最大切应力理论是偏于安全的,且使用较为方便,在工程实践中应用较为广泛。

从式(7-27)~式(7-30)的形式来看,按四个强度理论所建立的四个强度条件可统一写为

$$\sigma_r \leqslant [\sigma] \tag{7-31}$$

式中,σ_r 是根据不同强度理论所得到的构件危险点处三个主应力的某些组合。从式(7-31)的形式上来看,这种主应力的组合 σ_r 和单轴拉伸时的拉应力在安全程度上是相当的,因此,通常称 σ_r 为相当应力。

7.9 莫尔强度理论

第三强度理论认为,引起材料屈服的主要因素是最大切应力,而莫尔强度理论认为,引起材料失效的主要因素是切应力,但同时还应考虑这个切应力所在的正应力的影响。

图 7-21(a)所示的主单元体,各面上有主应力 σ_1、σ_2 和 σ_3。根据主应力作出单元体的三向应力圆如图 7-21(b)所示。单元体任一斜面上的应力由阴影范围内的某一点坐标来表示。做垂直于横轴 σ 的直线 DEF,在直线 EF 上的点,正应力相同,而 F 点的纵坐标为最大值。所以,在直线 EF 各点对应的截面中,F 点对应的截面最为危险。由于 F 点是在由 σ_1、σ_3 确定的应力圆上,因此可以推论,若发生强度失效,则发生滑移或断裂的面将是由 σ_1、σ_3 确定的应力圆所对应的各面中的某个截面,即这个断面的外法线与轴 σ_2 垂直。因而在莫尔理论中认为,材料是否失效取决于三向应力圆中的最大应力圆,即假设中间主应力 σ_2 不影响材料的强度。

莫尔强度理论失效准则的建立,以实验为基础,对于某一种材料的单元体,作用不同比值的主应力 σ_1、σ_2 和 σ_3。先指定主应力的某一种比值,然后按这种比值使主应力增长,直到材料强度失效,以失效时的主应力 σ_1、σ_3 作应力圆 1,如图 7-22 所示。这种失效时的应力圆称为极限应力圆。然后再给定三个主应力另一种比值,并维持这种比值给单元体加载,直至材料强度失效,这样又得到极限应力圆 2,同理,不断改变主应力的比值,得到这种材料一系列的极限应力圆 1,2,3,…。然后画出这些极限应力圆的包络线 MLG。莫尔强度理论认为,不同材料,包络线不同;但对同一种材料而言,则包络线是唯一的。

对于一个已知的应力状态,如由 σ_1 和 σ_3 确定的应力圆在上述包络线内,则这一应力状态不会引起材料失效,如果恰与包络线相切,就表明这一应力状态已达到材料的失效状态,且该切点对应的单元体的面即为失效面。

在莫尔强度理论的实际应用中,为了简化起见,只画出单向拉伸和压缩的极限应力圆,并以此两圆的公切线来代替包络线。同时,考虑到强度计算,还应当引入适当的安全系数 n,这就相当于将单向拉、压的极限应力圆缩小 $1/n$。根据缩小后的应力圆的公切线即可建立莫尔强度理论的强度条件。

设某种材料的许用拉应力和许用压应力分别为 $[\sigma_t]$ 和 $[\sigma_c]$,作出两应力圆及两圆的公切线如图 7-23 所示。

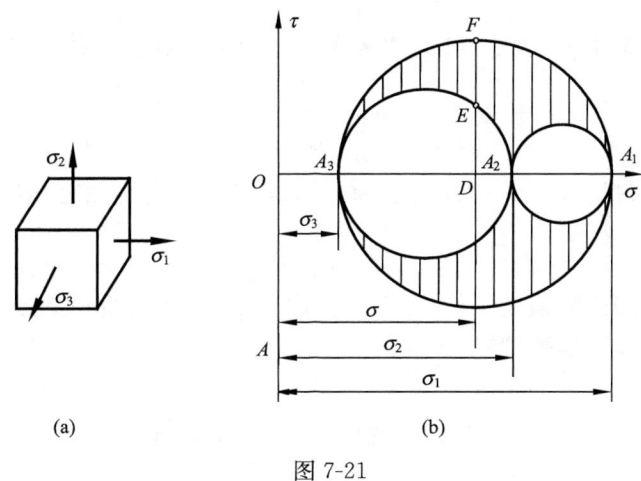

图 7-21

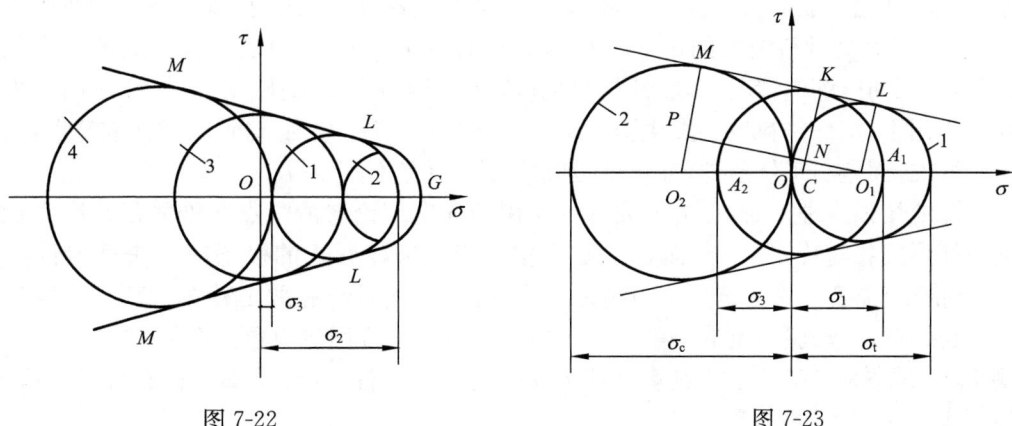

图 7-22　　　　　　　　　　图 7-23

假如某一单元体考虑了安全系数 n 以后的极限应力圆与公切线 $\overline{ML}$ 相切于 K 点。C 为该极限应力圆圆心。这时,$\overline{O_1L}$、$\overline{O_2M}$ 和 $\overline{CK}$ 均与公切线 $\overline{ML}$ 垂直,再作 $\overline{O_1P}$ 垂直于 $\overline{O_2M}$。根据 $\triangle O_1NC$ 与 $\triangle O_1PO_2$ 相似,得

$$\frac{\overline{NC}}{\overline{PO_2}} = \frac{\overline{CO_1}}{\overline{O_2O_1}} \tag{7-32}$$

式中

$$\overline{NC} = \overline{KC} - \overline{KN} = \frac{\sigma_1 - \sigma_3}{2} - \frac{[\sigma_t]}{2}$$

$$\overline{PO_2} = \overline{MO_2} - \overline{MP} = \frac{[\sigma_c]}{2} - \frac{[\sigma_t]}{2}$$

$$\overline{CO_1} = \overline{OO_1} - \overline{OC} = \frac{[\sigma_t]}{2} - \frac{\sigma_1 + \sigma_3}{2}$$

$$\overline{O_2 O_1} = \overline{OO_1} + \overline{OO_2} = \frac{[\sigma_t]}{2} + \frac{[\sigma_c]}{2}$$

将上式带入式(7-32)，经化简得

$$\sigma_1 - \frac{[\sigma_t]}{[\sigma_c]} \sigma_3 = [\sigma_t]$$

对实际的应力状态来说，由 σ_1 和 σ_3 确定的应力圆应该在公切线之内，所以莫尔强度理论的强度条件为

$$\sigma_1 - \frac{[\sigma_t]}{[\sigma_c]} \sigma_3 \leqslant [\sigma_t] \tag{7-33}$$

莫尔强度条件的讨论：对于一般的塑性材料，其抗拉和抗压性能相等，即$[\sigma_t]=[\sigma_c]$。式(7-33)可化为

$$\sigma_1 - \sigma_3 \leqslant [\sigma]$$

这也就是最大切应力理论的强度条件，可以看出，与最大切应力理论相比，莫尔强度理论考虑了材料抗拉和抗压强度不等的情况。

7.10 强度理论的应用

一般而言，脆性材料多表现为断裂破坏，塑性材料多表现为屈服破坏。因此，第一强度理论和第二强度理论一般适用于脆性材料，而第三强度理论和第四强度理论则一般适用于塑性材料。但是，实际上材料失效的形式不仅与材料的性质有关，同时还与其所处的应力状态有关。例如，在三向压缩的情况下，脆性材料也可能会产生显著的塑性变形，而在三向几乎等值的拉应力作用下，塑性材料也会发生脆性破坏。此外，还应注意到，材料的脆性或塑性，也并非是固定不变的，而是与工作条件(如温度、加载速度等)有关。

在实际应用强度理论时，一方面要保证所用的强度理论与危险点所处的复杂应力状态下发生的破坏形式相对应，另一方面必须使用相应于该破坏形式的极限应力去确定许用应力$[\sigma]$。应该指出，强度理论的选用不单纯是个力学问题，而且与有关工程技术部门长期积累的经验，以及根据这些经验制定的一整套计算方法和规定的许用应力数值有关。

例 7-6 试按强度理论建立纯剪切应力状态的强度条件，并寻求塑性材料许用切应力$[\tau]$与许用拉应力$[\sigma]$之间的关系。

解：在纯剪切应力状态下，一点处的三个主应力分别为 $\sigma_1=\tau, \sigma_2=0, \sigma_3=-\tau$。于是，应用第三强度理论和第四强度理论所建立的强度条件分别是

$$\sigma_{r3} = \sigma_1 - \sigma_3 = \tau - (-\tau) = 2\tau \leqslant [\sigma]$$

$$\sigma_{r4} = \sqrt{\frac{1}{2}[(\sigma_1-\sigma_2)^2 + (\sigma_2-\sigma_3)^2 + (\sigma_3-\sigma_1)^2]}$$

$$= \sqrt{\frac{1}{2}[\tau^2 + \tau^2 + (-2\tau)^2]} = \sqrt{3}\tau \leqslant [\sigma]$$

由此分别得

$$\tau \leqslant \frac{[\sigma]}{2} \quad \text{和} \quad \tau \leqslant \frac{[\sigma]}{\sqrt{3}}$$

由纯剪切应力状态的强度条件 $\tau_{\max} \leqslant [\tau]$，便有

$$[\tau] \leqslant \frac{[\sigma]}{2} \quad \text{和} \quad [\tau] \leqslant \frac{[\sigma]}{\sqrt{3}}$$

例 7-7 有一铸铁零件，已知其危险点处应力如图 7-24 所示，铸铁的许用拉应力 $[\sigma_t] = 35\text{MPa}$，泊松比 $\mu = 0.25$，试校核其强度。

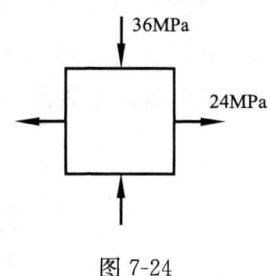

图 7-24

解：铸铁为脆性材料，宜采用第一或第二强度理论，有主应力排序有

$$\sigma_1 = 24\text{MPa}, \quad \sigma_2 = 0, \quad \sigma_3 = -36\text{MPa}$$

按第一强度理论，有

$$\sigma_{r1} = \sigma_1 = 24\text{MPa} < [\sigma_t] = 35\text{MPa}$$

因此，零件受力安全。

按第二强度理论，有

$$\sigma_{r2} = \sigma_1 - \mu(\sigma_2 + \sigma_3) = 33\text{MPa} < [\sigma_t]$$

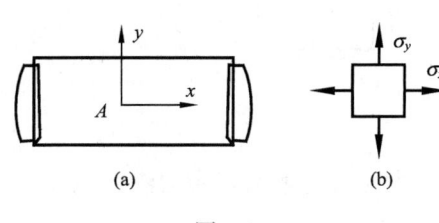

图 7-25

例 7-8 一薄壁容器，其圆筒部分任一点 A 处的应力状态如图 7-25 所示，当容器承受最大内压力时，用应变计测得 $\varepsilon_x = 1.88 \times 10^{-4}$，$\varepsilon_y = 7.37 \times 10^{-4}$。已知钢材的弹性模量 $E = 210\text{GPa}$，泊松比 $\mu = 0.3$，$[\sigma] = 170\text{MPa}$。试用第三强度理论对点 A 作强度校核。

解：(1) 求 σ_x 和 σ_y。

由图示单元体可知，该点是平面应力状态，根据广义胡克定律

$$\sigma_x = \frac{E}{1-\mu^2}(\varepsilon_x + \mu\varepsilon_y)$$

$$= \frac{210 \times 10^3}{1 - 0.3^2}(1.88 \times 10^{-4} + 0.3 \times 7.37 \times 10^{-4})$$

$$= 94(\text{MPa})$$

$$\sigma_y = \frac{E}{1-\mu^2}(\varepsilon_y + \mu\varepsilon_x)$$

$$= \frac{210 \times 10^3}{1 - 0.3^2}(7.37 \times 10^{-4} + 0.3 \times 1.88 \times 10^{-4})$$

$$= 182(\text{MPa})$$

即

$$\sigma_1 = 182\text{MPa}, \quad \sigma_2 = 94\text{MPa}, \quad \sigma_3 = 0$$

(2) 强度校核。

$$\sigma_{r3} = \sigma_1 - \sigma_3 = 182\text{MPa} > [\sigma] = 170\text{MPa}$$

此容器强度不够,应适当增加壁厚才能保证安全工作。

例 7-9 图 7-26(a)所示一焊接工字钢梁,图(b)为截面形状。已知 $P=750\text{kN}, L=4\text{m}, b=220\text{mm}, h=800\text{mm}, t=22\text{mm}, d=10\text{mm}, [\sigma]=170\text{MPa}$。根据梁的受力情况,已绘出了剪力图和弯矩图,如图(c)和(d)所示,并已求得危险截面的最大弯矩和最大剪力分别为 $M_{\max}=\frac{3}{16}Pl=562.5\text{kN}\cdot\text{m}, F_{S\max}=\frac{3}{4}P=562.5\text{kN}$,横截面对中性轴 z 的惯性矩及翼缘对中性轴 z 的静矩分别为 $I_z=2026\times10^{-6}\text{m}^4, S_z^*=1990\times10^{-6}\text{m}^3$。试校核正应力强度,并按第四强度理论检验危险截面上翼缘与腹板交界处点 C 的强度。

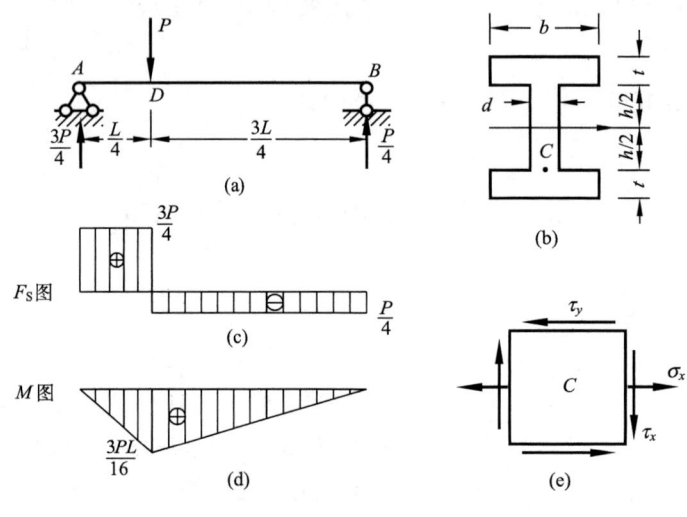

图 7-26

解:此梁的危险截面在 D 截面,该截面下边缘点有最大拉应力最大正应力满足强度要求

$$\sigma = \frac{M_{\max}}{I_z}y_{\max} = \frac{562.5\times10^3\text{N}\cdot\text{m}}{2062\times10^{-6}\text{m}^4}\left(\frac{0.8\text{m}}{2}+0.022\text{m}\right)$$

$$= 115\text{MPa} < [\sigma]$$

该截面翼腹板交界处点 C 的应力状态如图(e)所示,其上的正应力和剪应力分别为

$$\sigma_x = \frac{M_{\max}}{I_z}y_C = \frac{562.5\times10^3\text{N}\cdot\text{m}}{2062\times10^{-6}\text{m}^4}\times0.4\text{m} = 109\text{MPa}$$

$$\tau_x = \frac{F_{S\max}S_{zC}^*}{I_z d} = \frac{562.5\times10^3\text{N}\times1990\times10^{-6}\text{m}^3}{2062\times10^{-6}\text{m}^4\times0.01\text{m}} = 54.3\text{MPa}$$

该点的三个主应力为

$$\left.\begin{array}{l}\sigma_1 = \dfrac{\sigma_x}{2}+\sqrt{\left(\dfrac{\sigma_x}{2}\right)^2+\tau_x^2} \\ \sigma_2 = 0 \\ \sigma_3 = \dfrac{\sigma_x}{2}-\sqrt{\left(\dfrac{\sigma_x}{2}\right)^2+\tau_x^2}\end{array}\right\}$$

代入第四强度理论的表达式

$$\sigma_{r4} = \sqrt{\sigma_x + 3\tau_x^2} = \sqrt{(109)^2 + 3 \times (54.3)^2} = 144(\mathrm{MPa}) < [\sigma]$$

满足强度要求。

思 考 题

7-1 什么叫做一点处的应力状态？为什么要研究一点处的应力状态？

7-2 一梁如思考题 7-2 图所示，绘出了单元体 A、B、C、D、E 的应力状态，试指出并改正各单元体上所绘应力的错误。

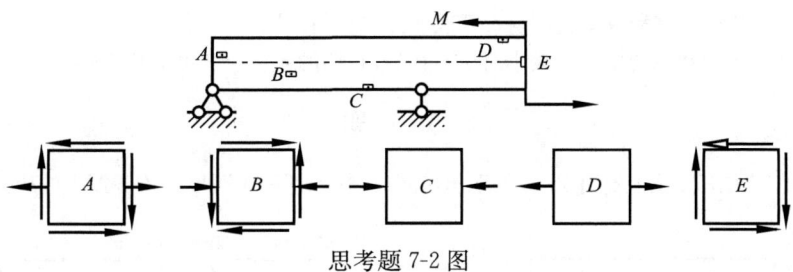

思考题 7-2 图

7-3 何谓主应力和主平面？主应力和正应力有何区别？通过受力物体内某一点有几对主平面？

7-4 在一个单元体中，最大正应力的面上有无剪应力？最大剪应力的面上有无正应力？

7-5 如思考题 7-5 图所示，某铸铁圆轴受扭后沿 45°破坏，试在图中画出该轴所受的扭转外力偶的方向。

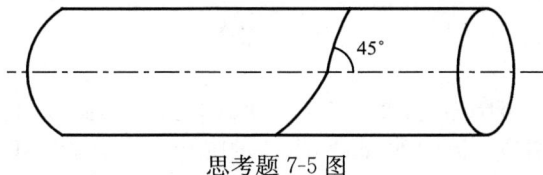

思考题 7-5 图

7-6 如思考题 7-6 图所示的几种应力圆各表示什么应力状态？

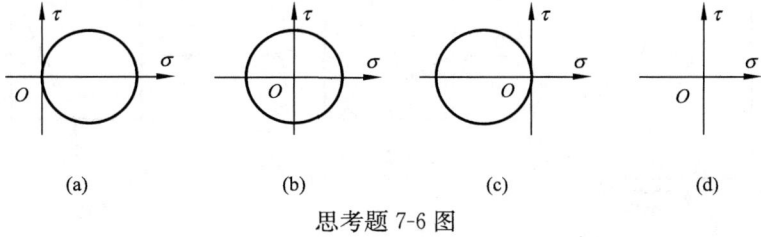

思考题 7-6 图

7-7 一根粉笔扭转破坏的形式如思考题 7-7 图(a)所示，一承受集中荷载作用的钢筋混凝土梁的破坏形式如图(b)所示，试用应力状态理论并结合材料性质，解释所发生的破坏现象。

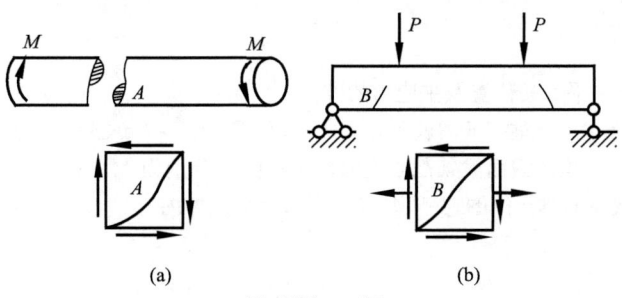

思考题 7-7 图

7-8 为什么要提出强度理论？强度理论分为哪两类？每个强度理论的内容怎样？选用强度理论应注意什么问题？

7-9 对梁的全面校核包括哪些内容？如何选择供校核用的危险截面和危险点？在什么情况下需对梁用第三或第四强度理论校核？其计算公式为何？

7-10 广义胡克定律的使用条件是什么？

7-11 受力构件中某点处只要在一个方向上的线应变为零，那么该点处沿这个方向上的正应力必为零，对吗？若沿某一个方向的正应力为零，那么该点处在这个方向上的线应变必为零，对吗？

7-12 何谓体积应变？纯剪切应力状态的体积应变为多少？

7-13 何谓变形比能？体积改变比能与形状改变比能有何区别？

7-14 如果两个应力状态的主应力大小对应不相等，它们的体积应变可能相等吗？

习　题

7-1 试从题 7-1 图所示各构件中点 A 处取出单元体，并计算和表明单元体各面上的应力。

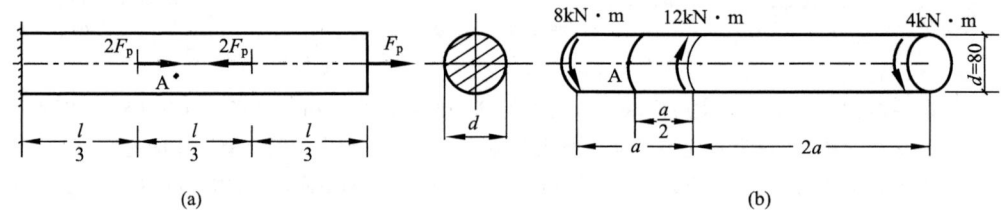

题 7-1 图

7-2 从构件中取出的微元受力如题 7-2 图所示，其中 AC 为自由表面（无外力作用）。试求 σ_x 和 τ_x。

7-3 试求题 7-3 图所示各应力状态中指定斜截面上的应力（应力单位为 MPa）。

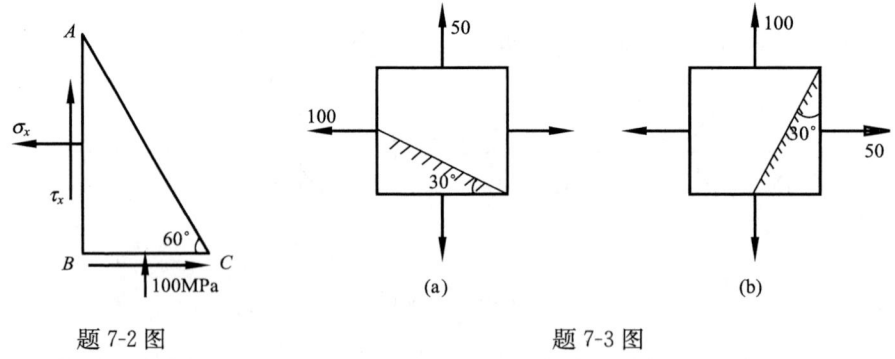

题 7-2 图　　　　　　题 7-3 图

7-4 各单元体面上的应力如题 7-4 图所示（应力单位为 MPa）。试用应力圆求：
(1) 指定截面上的应力；
(2) 主应力的数值；
(3) 在单元体上绘出主平面的位置及主应力的方向。

7-5 分别用单元体图表示出题 7-5 图所示构件内 A、B、C、D、E 各点处的应力状态，并写出应力计算式。

7-6 已知题 7-6 图所示矩形截面梁某截面上的弯矩和剪力分别为 $M=10\text{kN}\cdot\text{m}$，$F_s=120\text{kN}$，试绘出截面上 1、2、3、4 各点应力状态的单元体图，并求各点主应力大小及方向。

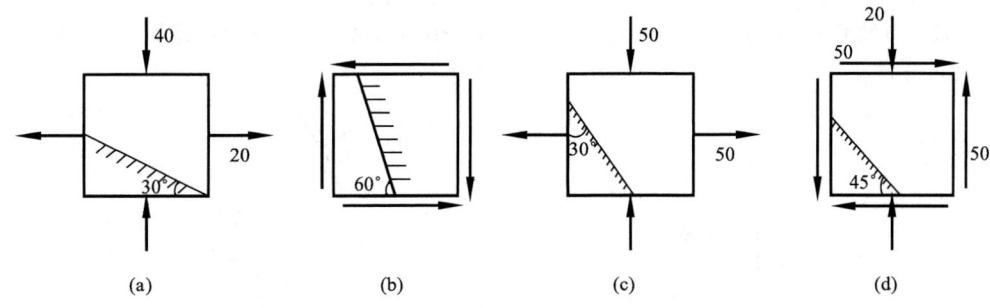

题 7-4 图

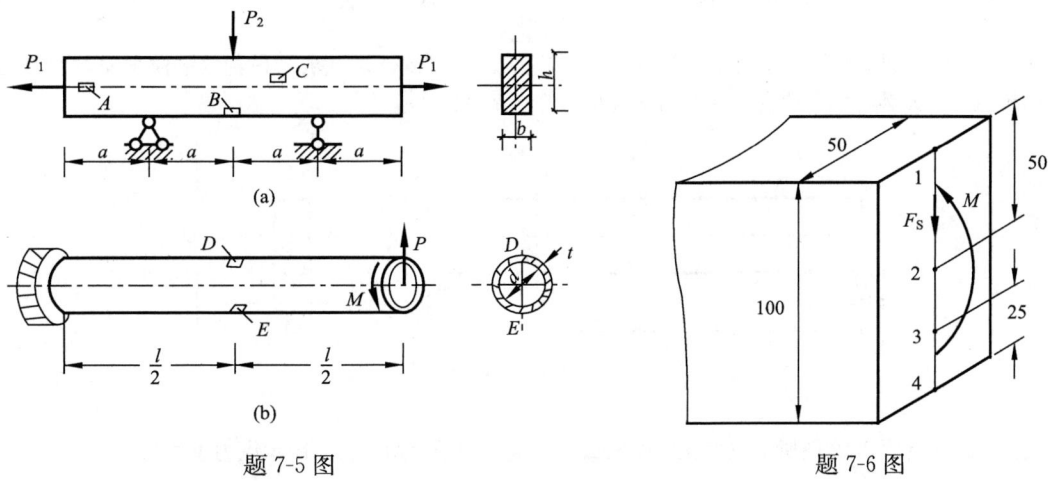

题 7-5 图   题 7-6 图

7-7 一受扭转与拉伸组合作用的薄壁圆筒如题 7-7 图所示,$P=20$kN,$M=600$N·m,$D=50$mm,$t=2$mm,试求:(1)点 A 指定斜截面上的应力;(2)用单元体表示出点 A 的主应力大小及方向。

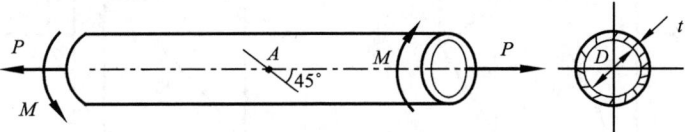

题 7-7 图

7-8 题 7-8 图所示简支梁由 36a 工字钢制成,已知 $P=140$kN,$l=4$m,点 A 位于 P 力作用截面稍左。试求:(1)过点 A 指定截面上的应力;(2)点 A 的主应力及方向。

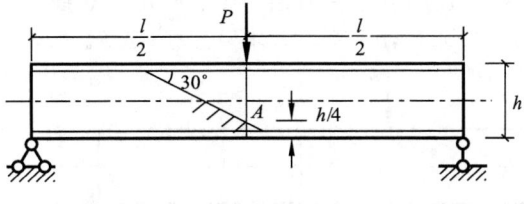

题 7-8 图

7-9 某点的应力状态如题 7-9 图所示,已知 σ_α、τ_α、σ_y 及角 α,试作应力圆并求 σ_x。

7-10 过一点的两个截面上应力大小与方向如题 7-10 图所示,试用应力图确定此点主应力及方向,并画出此主单元体图。

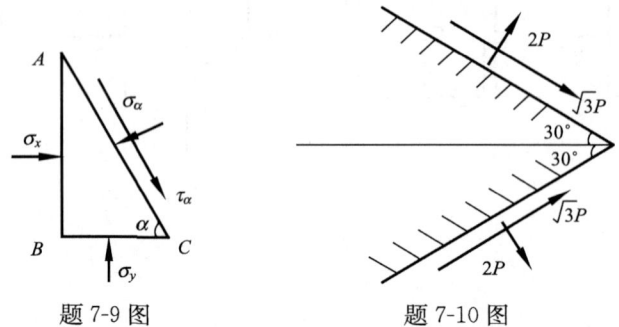

题 7-9 图　　　　　题 7-10 图

7-11 矩形截面梁的尺寸如题 7-11 图所示,已知荷载 $P=256$ kN。试求:(1)若以纵横截面截取单元体,求各指定点的单元体各面上的应力;(2)用图解法求解点 2 处的主应力。

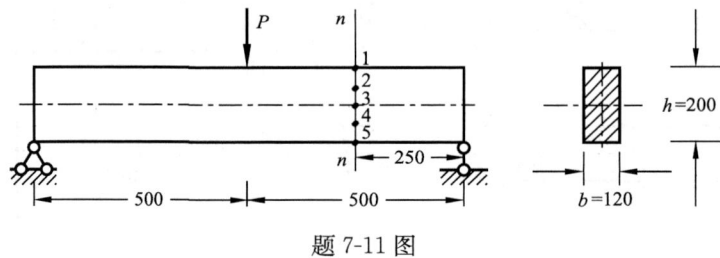

题 7-11 图

7-12 试确定题 7-12 图所示应力状态中的最大正应力和最大切应力。图示应力单位为 MPa。

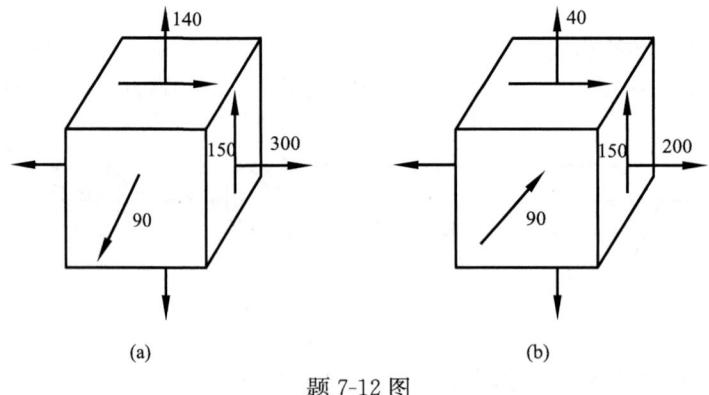

题 7-12 图

7-13 在题 7-13 图所示 28a 号工字钢梁的中性层上某点 K 处,与轴线成 45°方向上贴有电阻片,测得正应变 $\varepsilon_{45°}=-2.6\times 10^{-5}$,已知 $E=210$ GPa,$\mu=0.3$。试求梁上的荷载 P。

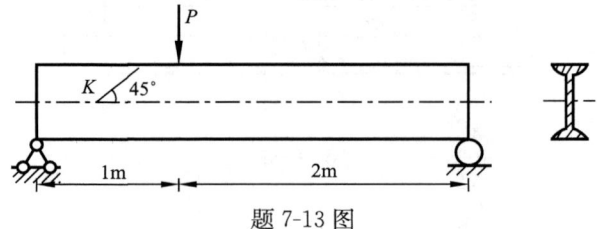

题 7-13 图

7-14 题 7-14 图所示一钢质圆杆,$E=200\text{GPa}$,$\mu=0.3$,直径 $d=20\text{mm}$,已知 A 处与水平线成 $60°$ 方向上的正应变 $\varepsilon_{60°}=4.1\times10^{-4}$。试求荷载 P。

7-15 题 7-15 图所示简支梁由 18 号工字钢制成,其弹性模量 $E=200\text{GPa}$,泊松比 $\mu=0.3$。若 $P=15\text{kN}$,试求腹板上点 A 处沿 $0°$、$45°$、$90°$ 方向上的线应变 $\varepsilon_{0°}$、$\varepsilon_{45°}$、$\varepsilon_{90°}$。

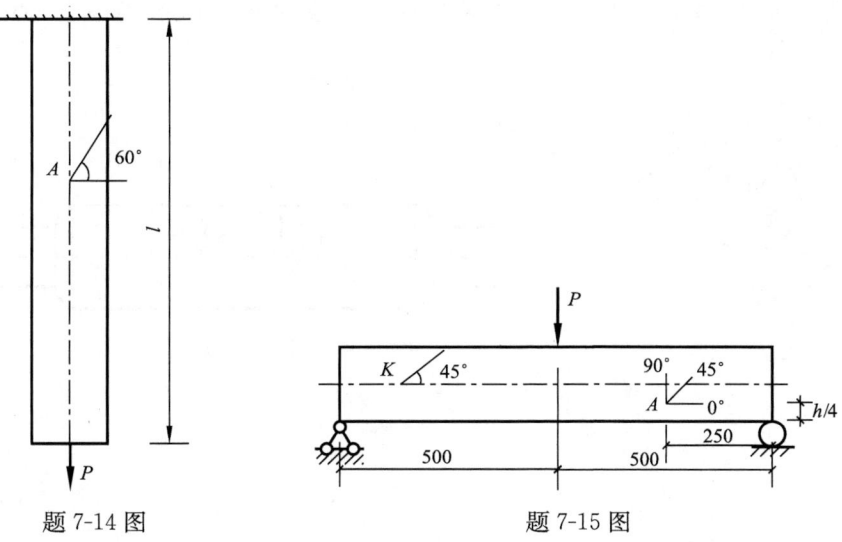

题 7-14 图　　　　　　　　　题 7-15 图

7-16 有一简支钢板梁受荷载如题 7-16 图所示。已知材料的许用应力 $[\sigma]=180\text{MPa}$,$[\tau]=100\text{MPa}$,试校核梁内的最大正应力强度和剪应力强度,并按第四强度理论对截面上的点 a 做强度校核。

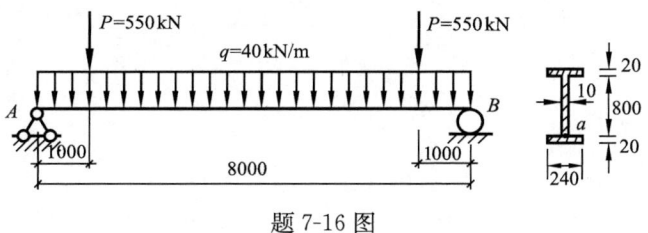

题 7-16 图

7-17 某铸铁构件危险点处的应力状态如题 7-17 图所示。设材料的许用拉应力 $[\sigma_t]=35\text{MPa}$,许用压应力 $[\sigma_c]=120\text{MPa}$,泊松比 $\mu=0.3$,试校核此构件的强度。

7-18 从低碳钢构件内某点处取出的单元体如题 7-18 图所示,已知 $\sigma_x=40\text{MPa}$,$\sigma_y=40\text{MPa}$,$\tau_{xy}=60\text{MPa}$,$[\sigma]=140\text{MPa}$。试分别按第三和第四强度理论对其进行强度校核。

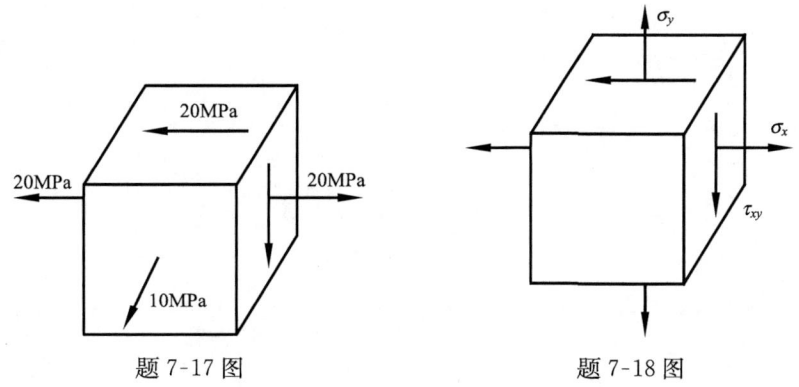

题 7-17 图　　　　　　　　　题 7-18 图

7-19 长输水管受内压 2.0MPa,管的内径为 0.75m,泊松比 $\mu=0.3$,$[\sigma]=50$MPa,用第四强度理论计算壁厚。(提示:可设管的轴向应变为零。)

7-20 炮筒横截面如题 7-20 图所示。在危险点处,$\sigma_t=550$MPa,$\sigma_r=-350$MPa,第三个主应力垂直于图面是拉应力,且其大小为 420MPa。试按第三和第四强度理论,计算其相当应力。

7-21 题 7-21 图所示钢制圆柱形薄壁容器,直径 $D=800$mm,壁厚 $t=4$mm,$[\sigma]=120$MPa。试用强度理论确定可能承受的压力。

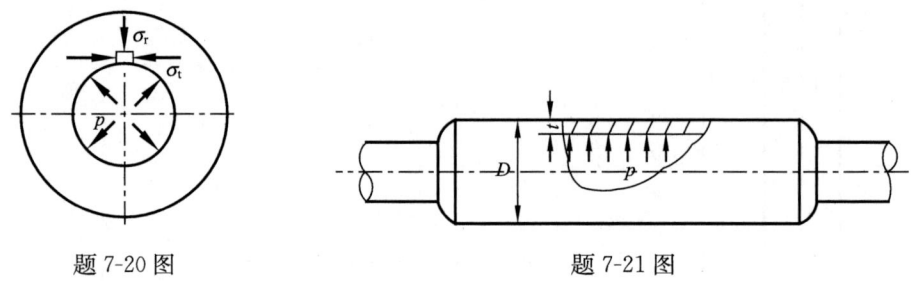

题 7-20 图　　　　　　　　题 7-21 图

第8章 组合变形

8.1 组合变形和叠加原理

前面几章讨论了杆件在外力作用下只发生一种基本变形时的强度和刚度计算。而在工程实际中,由于结构所受荷载复杂,大多数构件并不是仅发生单一的基本变形,而是同时发生两种或两种以上的基本变形。例如,图8-1(a)所示的夹具,夹紧工件时受到一对平行于竖杆的力 F 作用,竖杆将同时产生轴向拉伸变形和弯曲变形;图8-1(b)所示的烟囱在自重与风荷载作用下,将产生轴向压缩变形与弯曲变形;图8-1(c)所示的传动轴在外力偶与皮带拉力作用下,将产生弯曲变形与扭转变形。

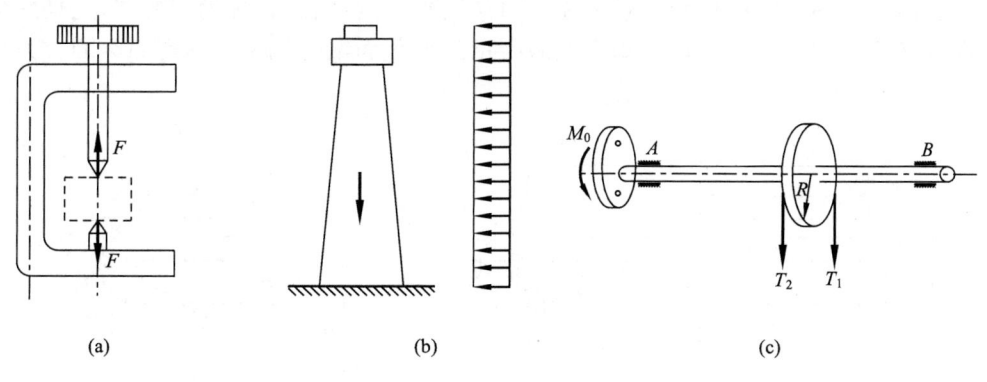

图 8-1 组合变形实例

杆件在外力作用下同时发生两种或两种以上基本变形,称之为组合变形。本章主要讨论组合变形条件下的强度计算。

组合变形杆件的强度计算,主要是应力的计算和强度条件的建立。在小变形和材料服从胡克定律的前提下,处理组合变形问题的方法是,首先将构件的组合变形分解为基本变形,然后计算构件在每一种基本变形情况下的应力,最后将同一点的应力叠加起来,便可得到构件在组合变形情况下的应力。

解决组合变形计算的基本原理是叠加原理,即在材料服从胡克定律,构件产生小变形的情况下,每一种基本变形都是各自独立、互不影响的。即任一荷载作用所产生的应力和变形,不受其他荷载的影响。因此计算组合变形时可以将几种变形分别单独计算,然后再叠加,即得组合变形杆件的内力、应力和变形。

叠加原理的基本步骤为:
(1) 将作用在杆件上的荷载按静力等效分解为几组,使每一组荷载只产生一种基本变形;
(2) 分别计算每种基本变形产生的应力,然后再进行叠加,得到构件在组合变形时的应力;
(3) 根据危险点的应力状态选用适当的强度理论进行强度计算。

在变形比较简单的情况下,可按上述方法计算组合变形杆件的变形,当变形比较复杂时,通常采用能量法计算。

在组合变形杆件的强度计算中,由于弯曲切应力对杆件强度影响很小,一般不考虑。

本章主要研究在工程实际中比较常遇到的几种组合变形问题:斜弯曲(两种平面弯曲的组合)、拉伸(压缩)与弯曲的组合、弯曲与扭转的组合。对于其他情况下的组合问题,可用同样的分析方法进行研究。

8.2 斜 弯 曲

在前面章节已经讨论了平面弯曲问题,对于横截面具有竖向对称轴的梁,当所有外力或外力偶作用在梁的纵向对称面内(即形心主惯性平面)时,梁变形后的轴线是一条位于外力所在平面内的平面曲线,因而称之为平面弯曲。但实际工程中,许多弯曲杆件上的横向力并非都作用于杆件的纵向对称平面内,如图 8-2 所示的悬臂梁具有两个对称面($y、z$ 为对称轴),横向荷载 F_p 通过截面形心并与 y 轴成夹角 θ,这时,梁将在相互垂直的两个对称面内发生弯曲,成为双向弯曲。由于弯曲后的梁轴线一般不在外力作用平面内,因此又称为斜弯曲,它是两个互相垂直方向的平面弯曲的组合。现以图 8-2(a)所示矩形截面梁为例说明斜弯曲梁的应力计算方法。

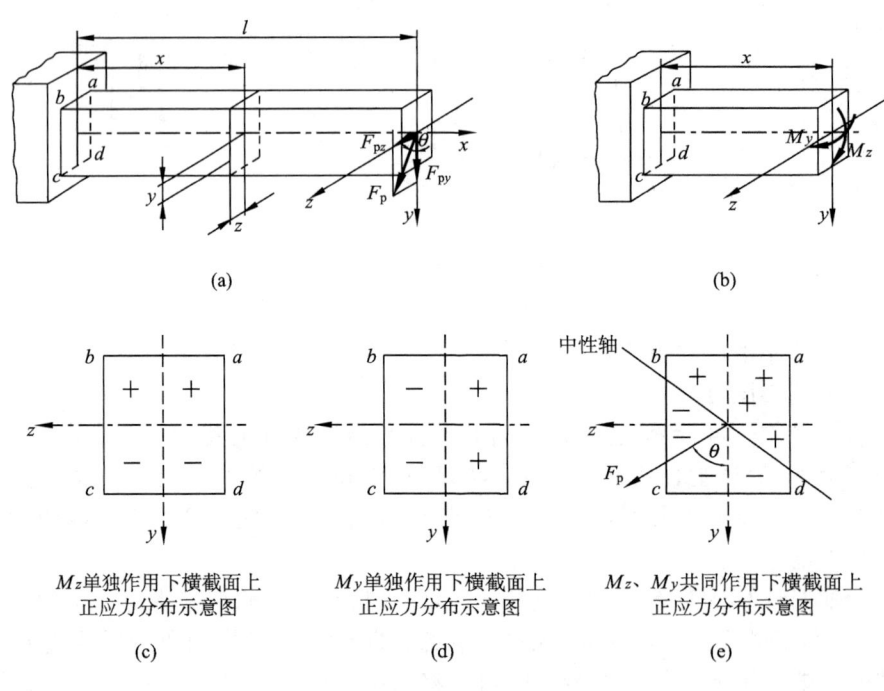

图 8-2 斜弯曲受力分析

1. 受力分析及基本变形下的内力、应力分析

将 F_p 沿横截面对称轴分解为 F_{pz}、F_{py}

$$F_{pz} = F_p \sin\theta, \quad F_{py} = F_p \cos\theta \tag{8-1}$$

其中,F_{py} 使梁在 xy 平面内发生平面弯曲,中性轴为 z 轴,内力弯矩用 M_z 表示;F_{pz} 使梁在 xz

平面内发生平面弯曲，中性轴为 y 轴，内力弯矩用 M_y 表示。在应力计算时，因为梁的强度主要由正应力控制，所以通常只考虑弯矩引起的正力，而不计切应力。在任意截面 x 处分别有弯矩（图 8-2(b)）。

在 F_{py} 单独作用下： $\quad M_z = F_p\cos\theta(l-x)$

在 F_{pz} 单独作用下： $\quad M_y = F_p\sin\theta(l-x)$

x 截面任意点 $C(x,y)$ 处由 M_y 和 M_z 引起的正应力分别为

在 M_z 单独作用下： $\quad \sigma' = \pm\dfrac{M_z}{I_z}y$

在 M_y 单独作用下： $\quad \sigma'' = \pm\dfrac{M_y}{I_y}z$

式中，I_z 和 I_y 分别表示横截面对形心主轴 z 轴和 y 轴的惯性矩。M_z、M_y 分别单独作用下横截面上正应力分布示意图如图 8-2(c)、(d)所示。

2. 叠加求任意截面任一点的正应力

由叠加原理可得 x 截面任意点 $C(x,y)$ 处的正应力应为 σ' 和 σ'' 的代数和

$$\sigma = \sigma' + \sigma'' = \pm\frac{M_y}{I_y}z \pm \frac{M_z}{I_z}y \tag{8-2}$$

M_z、M_y 共同作用下横截面上正应力分布示意图如图 8-2(e)所示。式(8-2)中的正负号可根据 M_z、M_y 分别作用下的变形确定。

3. 确定中性轴的方位及方程

从图 8-2(e)可以明显看出悬臂梁在 F 作用下发生斜弯曲时中性轴的倾斜方位，设中性轴和 z 轴的夹角为 α，中性轴上任一点的坐标为 (y_0, z_0)，由式(8-2)的中性轴方程为

$$\frac{M_z}{I_z}y_0 - \frac{M_y}{I_y}z_0 = 0 \tag{8-3}$$

$$\tan\alpha = \frac{y_0}{z_0} = \frac{I_z}{I_y}\frac{M_y}{M_z} = \frac{I_z}{I_y}\tan\theta \tag{8-4}$$

由式(8-3)和式(8-4)可以看出斜弯曲中性轴有以下特点：

(1) 中性轴是一条通过横截面形心的直线；

(2) 中性轴只与横截面形状、外荷载作用位置有关，而与荷载的大小、横截面位置无关；

(3) 一般截面 $I_z \neq I_y$，即 $\alpha \neq \theta$，因而中性轴与外荷载所在平面并不相互垂直。所以挠曲线将不在外荷载所在的平面内，即是斜弯曲。

4. 确定危险截面、危险点，计算最大正应力

对斜弯曲构件进行强度计算，应确定危险截面和危险点的位置。当荷载较复杂时可绘出弯矩图以确定危险截面的位置。而对于图 8-2(a)所示的悬臂梁，固定端为危险截面，与 y、z 坐标轴相应的最大弯矩分别为

$$\begin{cases} M_{z\max} = F_{py}l = F_p\cos\theta \times l \\ M_{y\max} = F_{pz}l = F_p\sin\theta \times l \end{cases} \tag{8-5}$$

由 M_{zmax} 引起的固定端截面 ab 边产生最大拉应力，cd 边产生最大压应力；而 M_{ymax} 引起 ad 边产生最大拉应力，bc 边产生最大压应力。叠加后点 a 为最大拉应力点；点 c 为最大压应力点，故点 a 和点 c 为危险点。根据图 8-2(e) 中所示中性轴的位置，和中性轴平行，离中性轴最远点即为危险点，仍然是点 a 和点 c，此方法更简便。则 a、c 两点的应力为

$$\begin{cases} \sigma_a = \sigma_{max}^+ = \dfrac{M_{zmax}}{W_z} + \dfrac{M_{ymax}}{W_y} \\ \sigma_c = \sigma_{max}^- = -\dfrac{M_{zmax}}{W_z} - \dfrac{M_{ymax}}{W_y} \end{cases} \quad (8\text{-}6)$$

根据式(8-6)即可求得危险点的最大拉应力和最大压应力，因该危险点处于单向应力状态，故最大拉应力和最大压应力小于等于材料的许用拉(压)应力，即为此构件的强度条件，从而对斜弯曲构件进行强度计算。

特别注意，对于圆形(图 8-3)、圆环形、方形截面，$I_z = I_y$，从式(8-4)得出 $\alpha = \theta$，中性轴与外荷载所在的平面相互垂直，挠曲线和外荷载的作用线共面，即为平面弯曲，此种情况下的正应力可按平面弯曲正应力计算公式简化计算如下

$$M = \sqrt{M_z^2 + M_y^2} \quad (8\text{-}7)$$

$$\left.\begin{array}{c}\sigma_{max}\\ \sigma_{min}\end{array}\right\} = \pm \dfrac{M_{max}}{W} = \pm \dfrac{\sqrt{M_{zmax}^2 + M_{ymax}^2}}{W} \quad (8\text{-}8)$$

中性轴将截面划分为拉伸和压缩两个区域，拉伸区距中性轴最远的点为最大拉应力点，压缩区距中性轴最远的点为最大压应力点。如图 8-3 中平行中性轴的直线与截面边缘的切点：点 1 和点 2 为危险截面的危险点。

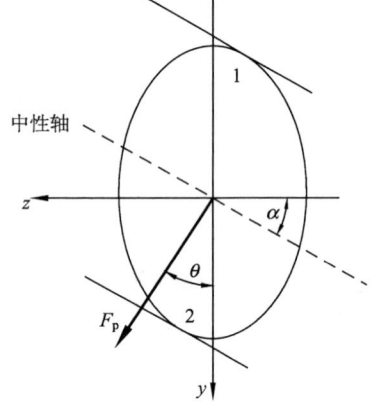

图 8-3 圆形截面的中性轴

例 8-1 屋架上的木檩条采用 $10cm \times 10cm$ 的矩形截面，跨度为 4m。视为简支梁，承受屋面荷载为 $q = 1kN/m$，如图 8-4 所示。木材的许用应力为 $[\sigma] = 10MPa$，试校核该檩条的强度。

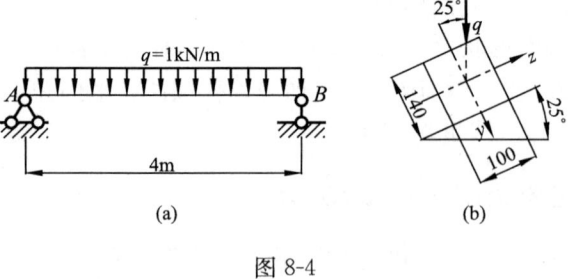

图 8-4

解：$q_y = q\cos25°$，$q_z = q\sin25°$

$$M_{zmax} = \dfrac{q_y L^2}{8} = \dfrac{1 \times 10^3 N/m \times \cos25° \times 4^2 m^2}{8} = 1.81 \times 10^3 N \cdot m = 1.81 kN \cdot m$$

$$M_{y\max} = \frac{q_z L^2}{8} = \frac{1 \times 10^3 \text{N/m} \times \sin 25° \times 4^2 \text{m}^2}{8} = 0.85 \times 10^3 \text{N} \cdot \text{m} = 0.85 \text{kN} \cdot \text{m}$$

$$\sigma_{\max} = \frac{M_{z\max}}{W_z} + \frac{M_{y\max}}{W_y} = \frac{1.81 \times 10^3 \text{N} \cdot \text{m}}{\frac{1}{6}(100 \times 10^{-3} \text{m}) \cdot (140 \times 10^{-3} \text{m})^2}$$

$$+ \frac{0.85 \times 10^3 \text{N} \cdot \text{m}}{\frac{1}{6}(140 \times 10^{-3} \text{m}) \cdot (100 \times 10^{-3} \text{m})^2}$$

$$= 9.2 \times 10^6 \text{Pa} = 9.2 \text{MPa} \leqslant [\sigma]$$

故檩条满足强度条件。

8.3 拉伸或压缩与弯曲的组合

拉伸或压缩与弯曲的组合变形也是工程中比较常见的变形形式。当杆件受到横向荷载与轴向荷载的共同作用,或者当杆受到偏心的纵向拉力或压力作用时,都将产生弯曲与拉伸(或压缩)的组合变形。

起重机横梁 AB(图 8-5),轴向力 F_{Ax} 和 F_x 引起压缩变形,横向力 F_{Ay}、F_y 和 W 引起弯曲变形,所以横梁 AB 发生压缩与弯曲的组合变形。在小变形条件下,轴向力因弯曲变形产生的弯矩可以忽略不计,这样轴向力就只引起压缩变形,外力与杆件内力和应力之间的关系仍然是线性的,叠加原理就可以应用。现以图 8-6 说明其受力分析过程。

1. 受力分析及基本变形下的内力、应力分析

将力沿梁轴线及与轴线垂直的方向分解为两个分量 F_{px} 和 F_{py}

$$F_{px} = F_p \cos\theta, \quad F_{py} = F_p \sin\theta \quad (8\text{-}9)$$

轴向力 F_{px} 使梁发生轴向拉伸变形,横向力 F_{py} 使梁发生平面弯曲变形。故梁在力 F_p 的作用下,将产生拉伸与弯曲的组合变形。

在轴向力 F_{px} 单独作用下,梁各横截面上的轴力 $F_N = F_{px}$,与 F_N 对应的拉应力 σ' 在横截面上均匀分布

$$\sigma' = \frac{F_N}{A} = \frac{F_p \cos\theta}{A} \quad (8\text{-}10)$$

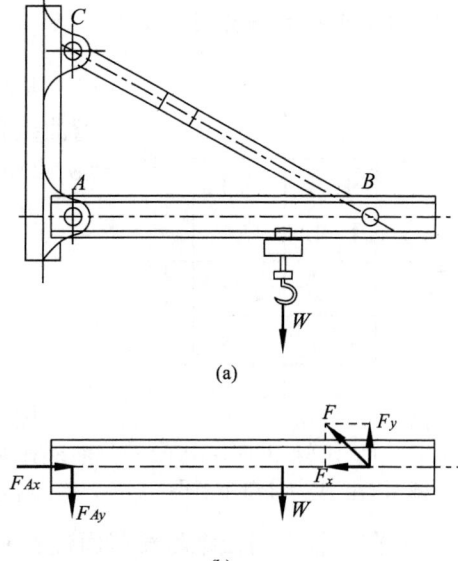

图 8-5 起重机衡量受力分析

式中,A 为横截面面积。拉应力沿横截面高度的分布情况如图 8-6(b)所示。

在横向力 F_{py} 单独作用下,梁任一横截面 x 上的弯矩为 $M_z = -F_{py}(l-x)$,与 M_z 对应的正应力在横截面上分布如图 8-6(c)所示,其任一点的应力为

$$\sigma'' = \pm \frac{M_z y}{I_z} \quad (8\text{-}11)$$

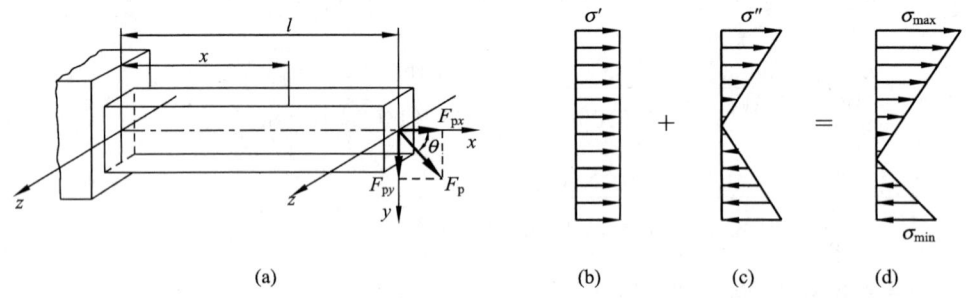

图 8-6　轴向拉伸与弯曲受力分析

2. 叠加求任意截面任一点的正应力

根据叠加原理，在 F_{px} 和 M_z 共同作用下，x 截面上任一点的正应力应为 σ' 和 σ'' 的代数和

$$\sigma = \sigma' + \sigma'' = \frac{F_N}{A} \pm \frac{M_z y}{I_z} \tag{8-12}$$

横截面上 σ 的分布规律如图 8-6(d) 所示。

3. 确定中性轴的方位及方程

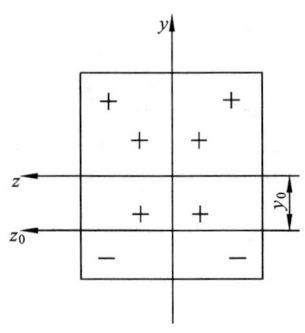

图 8-7　F_{px} 和 M_z 共同作用下横截面上正应力分布示意图

从图 8-7 可以明显看出悬臂梁在 F_p 作用下发生拉伸与弯曲组合变形时中性轴为平行于 z 轴的一条直线，由式(8-12) 的中性轴方程为

$$\frac{F_N}{A} - \frac{M_z y_0}{I_z} = 0 \tag{8-13}$$

$$y_0 = \frac{F_N}{A} \frac{I_z}{M_z} = \frac{I_z \cot\theta}{A(l-x)} \tag{8-14}$$

由公式(8-13)和式(8-14)可以看出拉伸与弯曲组合变形的中性轴有以下特点：

(1) 中性轴是一条不通过横截面形心且和 z 轴平行的直线。其在 y 轴上的截距随横截面位置的不同而变化。

(2) 中性轴只与截面形状、外荷载的作用位置、横截面位置有关，而与荷载的大小无关。

4. 确定危险截面、危险点，计算最大正应力

对于图 8-6(a)所示的悬臂梁，固定端为危险截面，最大弯曲正应力为

$$\sigma'' = \pm \frac{M_{z\max}}{W_z} = \pm \frac{F_p l \sin\theta}{W_z} \tag{8-15}$$

式中，W_z 为横截面的抗弯截面模量，弯曲正应力沿截面高度的分布情况见图 8-6(c)。

危险截面上总的正应力可由 F_N 引起的拉应力与 F_{py} 引起的弯曲正应力叠加而得。该截面的应力分布情况，见图 8-6(d)。截面的上边缘各点有最大正应力

$$\sigma_{\max}^+ = \sigma' + \sigma'' = \frac{F_N}{A} + \frac{M_{\max}}{W_z} \tag{8-16}$$

截面的下边缘各点有最小正应力

$$\sigma_{\min} = \sigma' - \sigma'' = \frac{F_N}{A} - \frac{M_{\max}}{W_z} \tag{8-17}$$

按式(8-17)所得 $\sigma_{\min}$ 可能为拉应力,也可能为压应力,视等式右边两项的数值大小而定。图 8-6(d)根据第一项小于第二项的情况画出。

由式(8-16)、式(8-17)可见,危险截面上危险点处于单向应力状态。上边缘各点有最大拉应力,对于塑性材料,其强度条件为

$$\sigma_{\max}^+ = \frac{F_N}{A} + \frac{M_{\max}}{W_z} \leqslant [\sigma] \tag{8-18}$$

对于脆性材料,如最小正应力为压应力,应分别建立强度条件

$$\begin{cases} \sigma_{\max}^+ = \dfrac{F_N}{A} + \dfrac{M_{\max}}{W_z} \leqslant [\sigma_t] \\ \sigma_{\min}^- = \dfrac{F_N}{A} - \dfrac{M_{\max}}{W_z} \leqslant [\sigma_c] \end{cases} \tag{8-19}$$

上述计算方法,完全适应于压缩与弯曲的组合,区别仅在于轴向力引起的是压应力而已。

特别指出,如杆件的横向位移 δ 与横截面尺寸相比不能忽略,则轴向力在横截面引起的附加弯矩 $\Delta M = F_N \delta$ 也不能忽略。这时便不能应用叠加原理计算,应考虑横向力与轴向力间的相互影响。

例 8-2 如图 8-8 所示钢支架,所受荷载 $F = 45$ kN,AB 杆的许用应力为$[\sigma] = 160$MPa,试为 AB 杆选一工字钢。

解: AB 梁的受力图如图 8-8(b)所示,由平衡方程

$$\begin{cases} \sum M_A = 0, Q\sin 30° \times 3\text{m} - 45\text{kN} \times 4\text{m} = 0 \\ \sum M_C = 0, F_{Ay} \times 3\text{m} - 45\text{kN} \times 1\text{m} = 0 \\ \sum F_n = 0, Q\cos 30° - F_{Ax} = 0 \end{cases}$$

解得:$Q = 120$kN,$F_{Ay} = 15$kN,$F_{Ax} = 104$kN

由受力图可知,梁的 AC 段位拉伸与弯曲的组合变形。分别作出 AB 杆的轴力图和弯矩图,如图 8-8(c)、(d)所示。由内力图看出,C 截面左侧是危险截面,其上的轴力和弯矩分别为

$$F_N = 104\text{kN}, \quad M = 45\text{kN} \cdot \text{m}$$

危险点在该截面的上边缘,其强度条件为

$$\sigma_{\max} = \frac{F_N}{A} + \frac{M}{W_z} = \frac{104 \times 10^3}{A} + \frac{45 \times 10^3}{W_z} \leqslant 160 \times 10^6 \text{Pa} \tag{a}$$

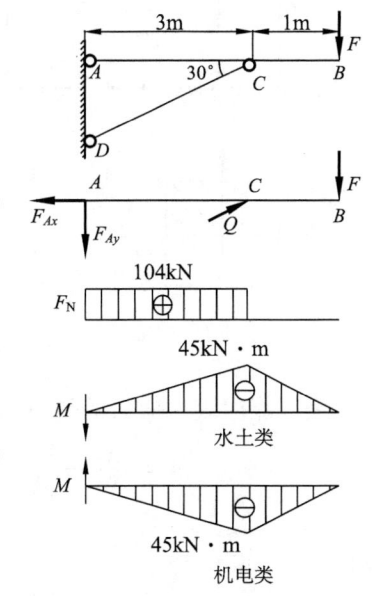

图 8-8

在工字钢型号未确定之前，A、W_z 均未知，式(a)中有两个未知数，故需要试算法，开始试算时，可以先不考虑轴力的影响，只根据弯曲强度条件选取工字钢，即

$$\frac{M}{W_z} = \frac{45 \times 10^3}{W} \leqslant 160 \times 10^6 \text{Pa}$$

得

$$W_z \geqslant \frac{45 \times 10^3}{160 \times 10^6} = 281 \times 10^{-6} (\text{m}^3) = 281 (\text{cm}^3)$$

查型钢表选取 22a 工字钢，其 $W_z = 309 \text{cm}^3$、$A = 42 \text{cm}^2$，将这些数据代入式(a)验算，得

$$\sigma_{max} = \frac{104 \times 10^3}{42 \times 10^{-4}} + \frac{45 \times 10^3}{306 \times 10^{-6}} = 170.4 \times 10^6 (\text{Pa}) = 170.4 (\text{MPa})$$

最大许用应力超过许用应力 6.5%，超过工程上规定 5% 的要求，故需重算，这时只需将工字钢型号略微放大再验算，例如，再选 22b 工字钢，其 $W_z = 325 \text{cm}^3$，$A = 46.4 \text{cm}^2$，此时，最大应力为

$$\sigma_{max} = \frac{104 \times 10^3}{46.4 \times 10^{-4}} + \frac{45 \times 10^3}{325 \times 10^{-6}} = 161 \times 10^6 (\text{Pa}) = 161 (\text{MPa})$$

最大应力不超过许用应力的 5%，工程上许可。

故可选 No.22b 工字钢作 AB 梁。

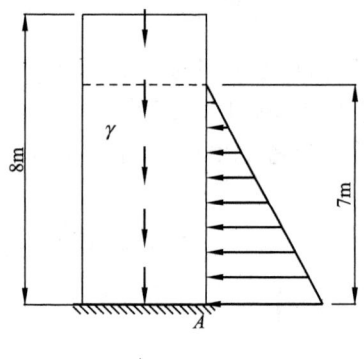

图 8-9

例 8-3 混凝土拦水坝如图 8-9 所示，横截面为矩形，宽度为 a，受水压和自重作用，混凝土的重力密度 $\gamma = 20 \text{ kN/m}^3$，水的重力密度 $\rho = 10 \text{ kN/m}^3$，取 1m 长坝分析，求坝体宽度 a 的尺寸，使坝底不出现拉应力。

解：水的分布压力为

$$q = \rho h = 10 \text{kN/m}^3 \times 7\text{m} = 70 \text{kN/m}^2$$

坝底的轴力为

$$F_N = \gamma \times a \times 1\text{m} \times 8\text{m} = 20 \text{kN/m}^3 \times a \times 1\text{m} \times 8\text{m}$$
$$= 160a \text{kN/m}$$

坝底的弯矩为

$$M = \frac{1}{2} q \times 7\text{m}^2 \times \frac{7}{3}\text{m}^2 = \frac{1}{2} \times 70 \text{kN/m}^2$$
$$\times 7\text{m}^2 \times \frac{7}{3}\text{m}^2 = 571.6 \text{kN} \cdot \text{m}$$

最可能出现拉应力的是 A 点，令点 A 的应力为零，即

$$\sigma_A = \frac{M}{W} - \frac{F_N}{A} = \frac{571.6 \times 10^3 \text{N} \cdot \text{m}}{1\text{m} \times \frac{a^2}{6}} - \frac{160 \times 10^3 a \text{N} \cdot \text{m}}{1\text{m} \times a} = 0$$

解出 $a = 4.63\text{m}$。

8.4 偏心压缩、截面核心

8.4.1 偏心压缩或拉伸

如果杆件受到的外力作用线平行于杆件的轴线但不与轴线重合，称为偏心拉伸或偏心压

缩。这时杆件的变形仍然是拉伸(或压缩)与弯曲的组合变形。偏心拉伸或偏心压缩也是组合变形的常见形式。下面以截面具有两个对称轴的立柱受偏心压力为例，说明偏心拉伸或压缩时杆件的强度计算方法。

设有一矩形截面立柱，如图 8-10(a)所示，在顶端作用一偏心压力 F_p，其作用点与截面形心 C 的距离用 e 表示，称为偏心距。该点距 y 轴距离为 e_z，距 z 轴为 e_y。

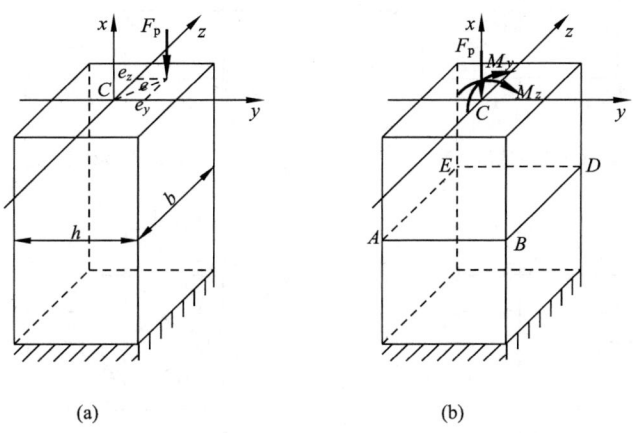

图 8-10 外力等效简化

1. 受力分析及基本变形下的内力、应力分析

首先将偏心压力 F_p 平移至 z 轴得 F_p 和一绕 z 轴发生平面弯曲的弯矩 M_z，然后再将压力 F_p 平移至截面形心得 F_p、M_z 和绕 y 轴发生平面弯曲的弯矩 M_y，最终外力 F_p 通过等效平移以作用于截面形心的轴向压力 F_p 和发生平面弯曲的弯矩 M_z、M_y 来替代，如图 8-10(b)所示。

$$\begin{cases} M_z = F_p \cdot e_y \\ M_y = F_p \cdot e_z \end{cases} \tag{8-20}$$

由截面法可求得任意横截面上的内力。在 F_p 平单独作用下，任意横截面上只有轴向压力，且 $F_N = F_p$；在 M_z 单独作用下，任意横截面上只有弯矩，其值即为 M_z；在 M_y 单独作用下，任意横截面上只有弯矩，其值即为 M_y。

由轴力 F_N 和弯矩 M_z、M_y 分别单独作用引起的横截面上的应力分别为

$$\sigma' = -\frac{F_p}{A}, \quad \sigma'' = \pm \frac{M_z y}{I_z}, \quad \sigma''' = \pm \frac{M_y z}{I_y} \tag{8-21}$$

F_N 和弯矩 M_z、M_y 分别单独作用下横截面上正应力分布示意图如图 8-11(a)、(b)、(c)所示。

2. 叠加求任意截面任一点的正应力

根据叠加原理，在 F_N、M_z、M_y 共同作用下，即在外荷载 F_p 作用下，任意截面上任一点的正应力应为 σ'、σ'' 和 σ''' 的代数和，即可求得任一点由 F_p 力引起的正应力为

$$\sigma = \sigma' + \sigma'' + \sigma''' = -\frac{F_p}{A} \pm \frac{M_z y}{I_z} \pm \frac{M_y z}{I_y} = -\frac{F_p}{A} \pm \frac{F_p e_y y}{I_z} \pm \frac{F_p e_z z}{I_y} \tag{8-22}$$

式中，A 为横截面面积；I_z、I_y 分别为横截面对 z 轴和 y 轴的惯性矩，式中的正、负号可根据

F_p、M_z、M_y 分别单独作用下的变形确定。F_p、M_z、M_y 共同作用下横截面上正应力分布示意图如图 8-11(d)所示。

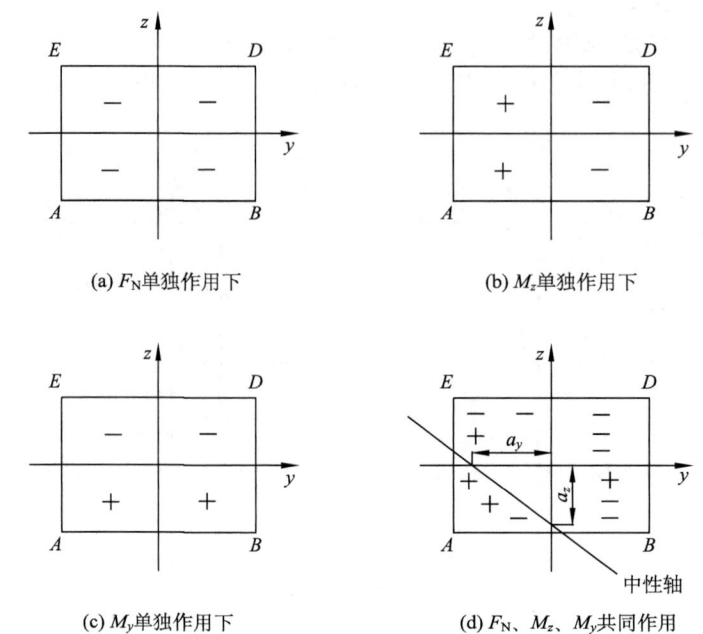

图 8-11　任意横截面上应力分布

3. 确定中性轴的方位及方程

从图 8-11(d)可以明显看出当外荷载 F_p 作用于横截面第一象限受压柱发生偏心压缩时中性轴的倾斜方位,把外荷载分别放在横截面的不同象限,分别绘出横截面上正应力分布示意图,可以发现一重要规律:中性轴和外荷载始终分布在截面形心的两侧。设中性轴上任一点的坐标为(y_0, z_0),由式(8-22)得中性轴方程为

$$1 + \frac{Ae_y y_0}{I_z} + \frac{Ae_z z_0}{I_y} = 0 \qquad (8-23)$$

由式(8-23)可以看出,偏心压缩的中性轴不通过截面形心,即 y_0、z_0 不能同时为零。设中心轴在 y 轴和 z 轴向的截距分别为 a_y 和 a_z,由式(8-23)得

$$a_y = -\frac{I_z}{e_y \cdot A}, \quad a_z = -\frac{I_y}{e_z \cdot A} \qquad (8-24)$$

注意:利用式(8-24)时,外力的偏心距一定要带入负号。由式(8-23)和式(8-24)可以看出偏心压缩中性轴有以下特点:

(1) 中性轴是一条不通过横截面形心的直线。
(2) 中性轴只与截面形状、外荷载的作用位置有关,而与荷载的大小、横截面位置无关。中性轴和外荷载始终分布在截面形心的两侧。

4. 确定危险截面、危险点,计算最大正应力

对偏心压缩构件进行强度计算,应确定危险截面和危险点的位置。对于危险截面复杂荷

载作用时可通过绘内力图寻找,对于周边无棱角的截面,可作两条与中性轴平行的直线与横截面的周边相切,两切点即为横截面上最大拉应力和最大压应力所在的危险点。相应的应力即为最大拉应力和最大压应力的值。对于图 8-10 所示的偏心受压柱,任意横截面均为危险截面,由图 8-11 很容易确定任意横截面点 D 为最大压应力点,点 A 为最大拉应力点。其值为

$$\begin{cases} \sigma_A = \sigma_{\max}^+ = -\dfrac{F_p}{A} + \dfrac{F_p e_y}{W_z} + \dfrac{F_p e_z}{W_y} \\ \sigma_D = \sigma_{\min}^- = -\dfrac{F_p}{A} - \dfrac{F_p e_y}{W_z} - \dfrac{F_p e_z}{W_y} \end{cases} \quad (8\text{-}25)$$

根据式(8-25)即可求的危险点的最大拉应力和最大压应力,因该危险点处于单向应力状态,故最大拉应力和最大压应力小于等于材料的许用拉(压)应力,即为此构件的强度条件,从而对偏心压缩构件进行强度计算。

对于塑性材料强度条件为

$$|\sigma_{\min}^-| \leqslant [\sigma] \quad (8\text{-}26)$$

对于脆性材料强度条件为

$$\begin{cases} \sigma_{\max}^+ \leqslant [\sigma_t] \\ \sigma_{\min}^- \leqslant [\sigma_c] \end{cases} \quad (8\text{-}27)$$

应该指出,对于偏心受压杆件,必须是短而粗的,才能应用上述公式进行应力和强度计算。这是由于细长杆受压力时,由于弯曲变形较大,轴力引起的附加弯矩不能忽略,所以不能采用叠加原理。

例 8-4 矩形截面杆,尺寸如图 8-12 所示。杆右侧表面受均布荷载作用,荷载集度(单位长度受到的力)为 q,材料的弹性模量为 E,试求最大拉应力及左侧表面 AB 总长度的改变量。

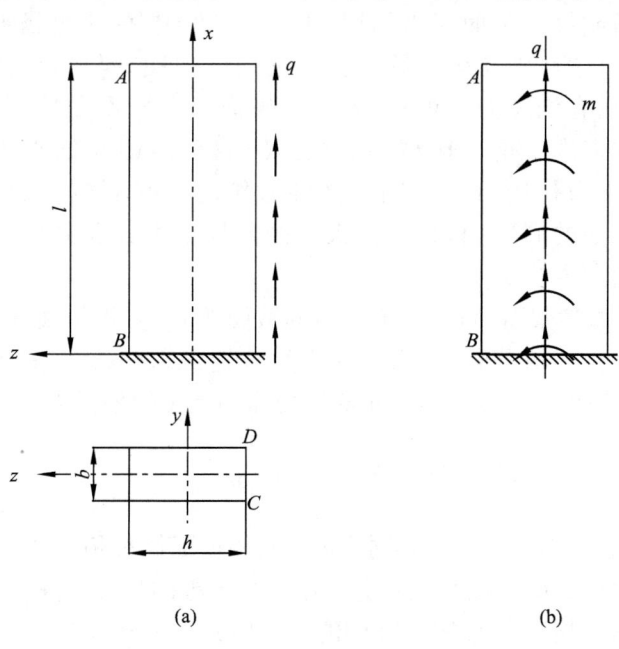

图 8-12

解:本题受力属于偏心分布拉力。将偏心分布压力向轴线平移,得到静力等效的轴向分布力 q 和分布力偶矩 $m = \frac{qh}{2}$。显然,危险截面在立柱根部,危险截面的内力为

$$F_N = ql, \quad M = \frac{qhl}{2}$$

最大拉应力发生在危险截面的 CD 边上,其值为

$$\sigma_{\max} = \frac{M}{W} + \frac{F_N}{A} = \frac{\frac{qhl}{2}}{\frac{bh^2}{6}} + \frac{ql}{bh} = \frac{4ql}{bh}$$

为求 AB 边伸长量,先求 AB 边的应力

$$\sigma(x) = \frac{qx}{bh} - \frac{\frac{qhx}{2}}{\frac{bh^2}{6}} = -\frac{2qx}{bh}$$

由胡克定律

$$\varepsilon(x) = \frac{\sigma(x)}{E} = -\frac{2qx}{bhE}$$

AB 边的伸长量为

$$\int_0^l \varepsilon(x)\mathrm{d}x = \int_0^l -\frac{2qx}{bhE}\mathrm{d}x = -\frac{ql^2}{bhE}$$

8.4.2 截面核心

土建工程中常用的一些建筑材料如混凝土、砖、石、铸铁等,都有一共同特点,即这些材料抗压强度远远大于其抗拉强度,因此应尽量避免在横截面上出现拉应力。这就必须使中性轴不穿过截面或仅与截面周边相切,由式(8-24)中性轴的截距可知,外力 F_p 的作用点越靠近坐标原点,中性轴离坐标原点就越远。当中性轴与横截面相切或远离横截面时,整个横截面上将只有压应力。可见,要保证横截面受压不受拉,外力作用点应在截面形心附近的一个区域之内。这个区域,称之为截面核心,即在偏心压缩中使截面上的应力全部为压应力时,外力作用点的范围。当外力作用在截面核心的边界上时,于此相应的中性轴正好与横截面的周边相切,截面核心的边界就由此关系确定。现以一般图形为例说明截面核心的确定方法。

图 8-13 表示一任意横截面形状,要确定它的截面核心,可将与横截面周边相切的任意直线①看做中性轴,它在 y、z 两个形心主轴上的截距分别为 a_{y1}、a_{z1},其是已知的,将这两个值分别代入式(8-24),可算出该中性轴对应的偏心压力作用点 1 的坐标为

$$e_{y1} = -\frac{I_z}{a_{y1} \cdot A}, \quad e_{z1} = -\frac{I_y}{a_{z1} \cdot A}$$

点 1 即为截面核心边界上的一点。同理可将与横截面周边相切的其他直线②、③、④等看做中性轴,求得与之对应的截面核心边界上的点 2、3、4 等的坐标。连接这些点得到一封闭区域,这就是所要求的截面核心。见图 8-13 中的阴影部分。只要压力 F_p 作用在此区域内,就能保证整个横截面上只出现压应力而不出现拉应力。

按以上做法,就很容易确定常见截面的截面核心。如图 8-14 所示矩形截面,现以右边界 DC 为中性轴,它在 y、z 轴上的截距分别为 $a_{y1}=\dfrac{h}{2}$、$a_{z1}=\infty$,将其代入式(8-24),求出以右边界 DC 为中性轴时相对应的偏心压力作用点 c 的坐标分别为

$$e_{y1}=-\dfrac{I_z}{a_{y1}\cdot A}=-\dfrac{\dfrac{bh^3}{12}}{\dfrac{h}{2}\cdot bh}=-\dfrac{h}{6},\quad e_{z1}=-\dfrac{I_y}{a_{z1}\cdot A}=-\dfrac{\dfrac{bh^3}{12}}{\infty\cdot bh}=0$$

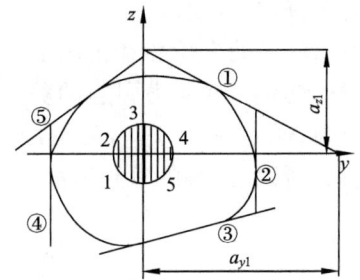

图 8-13 任意截面形状截面核心

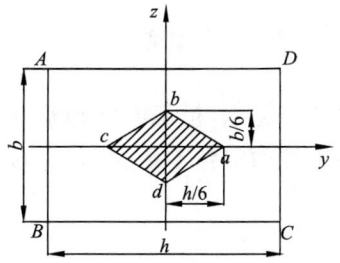

图 8-14 矩形截面的截面核心

同理,分别以左边界和上、下边界为中性轴,可求得相对应的偏心压力作用点 a、d、b 的位置分别为 $\left(\dfrac{h}{6},0\right)$、$\left(0,-\dfrac{b}{6}\right)$、$\left(0,\dfrac{b}{6}\right)$。由中性轴方程(8-23)很容易看出,当中性轴从截面的一边绕截面角点旋转到其相邻边时,相对应的偏心压力作用点移动的轨迹是直线,故将 c、a、d、b 四点用直线相连,得到一菱形区域,即为矩形截面的截面核心,如图 8-14 阴影部分所示。

例 8-5 如图 8-15 所示半径为 r 的圆截面短柱,试确定截面核心。

解:圆截面的惯性半径为 $d/4$,设中性轴平行于 z 轴并于圆截面周边相切与点 A,其截距为 $a_{y1}=-\dfrac{d}{2}$、$a_{z1}=\infty$,将其代入式(8-24),$e_{y1}=\dfrac{d}{8}$、$e_{z1}=0$。

由此确定了截面核心边界上对应的点 a。由于圆是关于圆心的极对称图形,因此截面核心也是关于圆心的极对称图形。因此圆截面的截面核心是半径为 $d/8$,圆心在截面形心的圆。

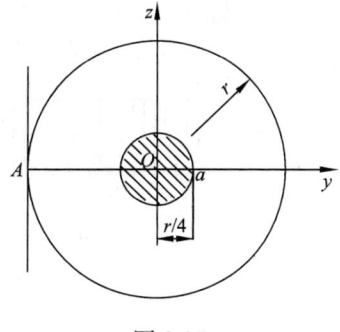

图 8-15

8.5 扭转与弯曲的组合

弯曲与扭转的组合变形在机械工程中最为常见,如传动轴在工作时,往往发生弯曲和扭转的组合变形。弯曲与扭转组合变形的特点是杆件的危险点同时存在弯曲正应力和扭转切应力,因而必须用强度理论来分析。现以图 8-16 所示直角拐轴为例,说明弯曲与扭转组合变形的强度计算方法。

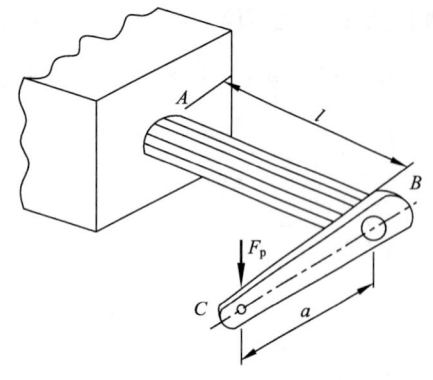

图 8-16 弯、扭变形实例

拐轴 AB 段为等圆杆,直径为 d,A 端为固定端约束。现分析在力 F_p 作用下 AB 轴的受力情况。

1. 受力分析及基本变形下的内力、应力分析

将力 F_p 向 AB 轴 B 端的形心简化,得到一横向力 F_p 和作用在轴端平面内的力偶矩 $M_e = F_p a$,AB 轴的受力简图如图 8-17(a)所示。横向力 F_p 使轴发生弯曲变形,力偶矩 M_e 使轴发生扭转变形。F_p 和 M_e 共同作用下 AB 轴发生弯、扭组合变形。

分别绘出 AB 轴的弯矩图和扭矩图,如图 8-17(b)、(c)所示。一般情况下,横向力引起的剪力影响较小,可忽略不计。由图可见,各横截面的扭矩相同,其值均为 $M_x = M_e = F_p a$,各截面上的弯矩则不同。显然固定端截面的弯矩最大,其值为 $M_{zmax} = F_p l$。所以,圆轴的危险截面为固定端截面。

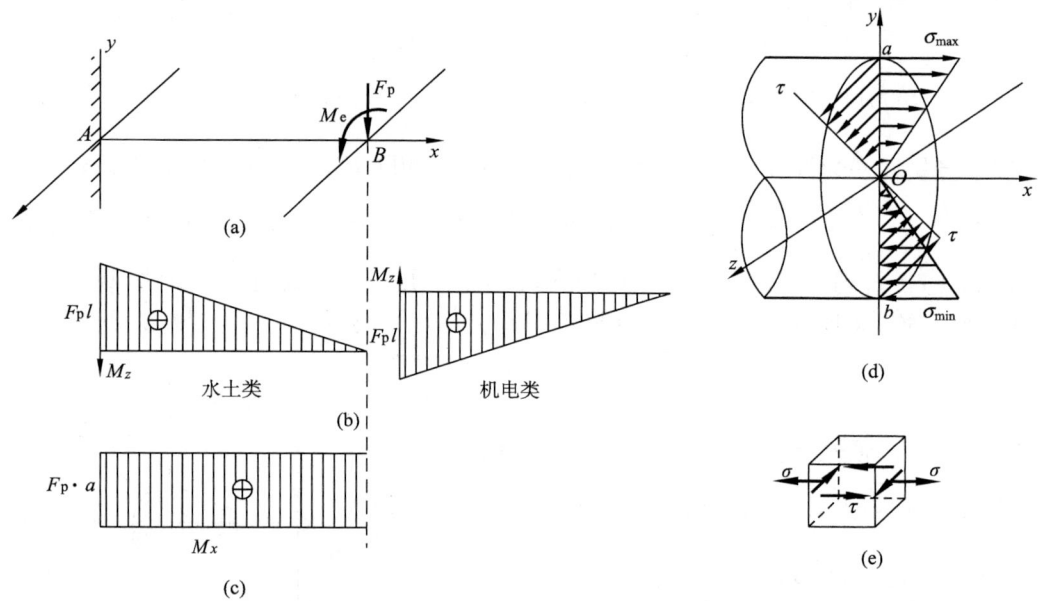

图 8-17 弯、扭变形受力分析

在危险截面上,与弯矩所对应的正应力,沿截面高度按线性规律变化,如图 8-17(d)所示。该截面沿铅垂直径的两端点 a 和点 b,正应力最大,其值为

$$\sigma_{max} = \pm \frac{M_{zmax}}{W_z} \tag{8-28}$$

在危险截面上,与扭矩所对应的剪应力,沿半径按线性规律变化,如图 8-17(d)所示。该截面周边各点的剪应力为最大,其值为

$$\tau = \frac{M_x}{W_p} \tag{8-29}$$

2. 组合变形分析

由图 8-17(d)可知，AB 轴在 F_p 和 M_e 共同作用下发生弯、扭组合变形时，危险截面上铅垂直径的两端点 a 和 b 两点的弯曲正应力和扭转剪应力均为最大，故 a 和 b 两点均为危险点。现取点 a 来研究。绕点 a 切取一单元体，见图 8-17(e)。单元体左右两个侧面上，既有正应力又有剪应力，为一平面应力状态，必须用强度理论进行强度校核。为此，求出点 a 的主应力为

$$\begin{cases} \sigma_1 = \dfrac{1}{2}\left[\sigma_{\max} + \sqrt{\sigma_{\max}^2 + 4\tau^2}\right] \\ \sigma_2 = 0 \\ \sigma_3 = \dfrac{1}{2}\left[\sigma_{\max} - \sqrt{\sigma_{\max}^2 + 4\tau^2}\right] \end{cases} \tag{8-30}$$

对于弯扭组合受力的圆轴，一般由塑性材料制成，应选用第三或第四强度理论建立强度条件。将上式求得的主应力，分别代入第三或第四强度理论的强度条件，化简后得

$$\sigma_{r3} = \sqrt{\sigma_{\max}^2 + 4\tau^2} \leqslant [\sigma] \tag{8-31}$$

$$\sigma_{r4} = \sqrt{\sigma_{\max}^2 + 3\tau^2} \leqslant [\sigma] \tag{8-32}$$

如果将 $\sigma_{\max} = \dfrac{M_z}{W_z}$ 和 $\tau = \dfrac{M_x}{W_p}$ 代入上式，并考虑到对于圆截面有 $W_p = 2W_z$，则强度条件可改写为

$$\sigma_{r3} = \dfrac{\sqrt{M_{z\max}^2 + M_x^2}}{W_z} \leqslant [\sigma] \tag{8-33}$$

$$\sigma_{r4} = \dfrac{\sqrt{M_{z\max}^2 + 0.75M_x^2}}{W_z} \leqslant [\sigma] \tag{8-34}$$

式中，$M_{z\max}$ 和 M_x 分别代表圆轴危险截面上的最大弯矩和扭矩；W_z 代表圆截面对 z 轴的抗弯截面模量。

应当注意，式(8-33)和式(8-34)只适用于塑性材料制成的弯、扭组合变形的圆轴。对于其他截面形状的塑性弯扭组合变形，只能用式(8-31)或式(8-32)进行强度校核。还要注意圆轴只发生平面弯曲而不会发生斜弯曲，注意两垂直平面内弯矩的合成。

例 8-6 手摇绞车如图 8-18 所示。轴直径 $d = 30\text{mm}$，其许用应力 $[\sigma] = 80\text{MPa}$，试按第三强度理论确定绞车的最大起吊重量 P。

解：轴的受力如图 8-18(b)所示，$M = PR$。画出轴的弯矩图和扭矩图(图 8-18(c)、(d))，从内力图看出，跨中截面左侧弯矩和扭矩均为最大值，故该截面为危险截面，其上的弯矩为

$$M_{\max} = \dfrac{PL}{4} = \dfrac{P \times 0.8\text{m}}{4} = 0.2P$$

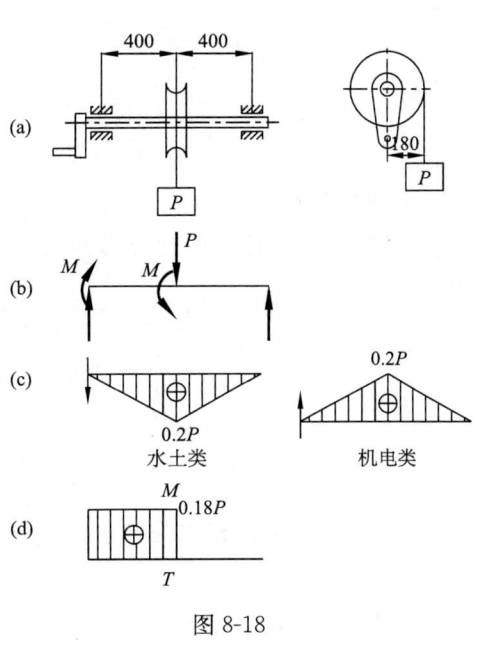

图 8-18

扭矩为
$$T = P \times R = 0.18P$$

由第三强度理论式(8-33),得
$$\sigma_{r3} = \frac{\sqrt{M^2 + T^2}}{W} \leqslant [\sigma]$$

即
$$\frac{\sqrt{(0.2P)^2 + (0.18P)^2}}{\pi \times \frac{0.03^3}{32}} \leqslant 80 \times 10^6 \text{Pa}$$

解出:$P \leqslant 788$ N,即绞车的最大起吊重量为 788 N。

例 8-7 图 8-19 所示圆截面铸铁杆,承受轴向力 F_{p1}、横向力 F_{p2} 与外扭矩 M_e 作用。试校核杆的强度。已知 $F_{p1}=30$kN, $F_{p2}=1.2$kN, $M_e=700$N·m,杆径 $d=80$mm,杆长 $l=800$mm,许用应力$[\sigma]=35$MPa。

解:(1)内力与应力分析。

根据杆件所受的外力绘出杆的内力图如图 8-19(b)所示,从内力图可以看出,截面 A 右侧的轴力、弯矩、扭矩最大,为危险截面,如图 8-19(c)所示,其顶点 a 为危险点,在该点处,同时作用有最大拉应力与最大扭转剪应力,其值分别为

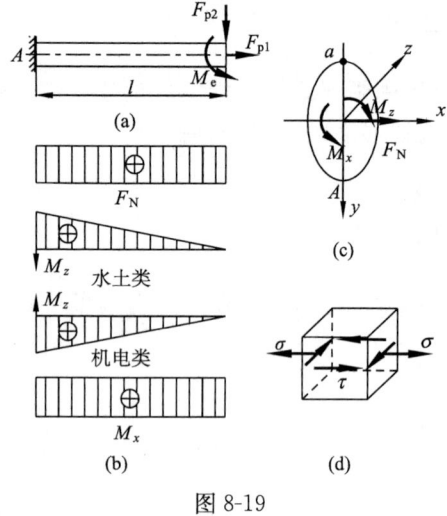

图 8-19

$$\tau = \frac{M_x}{W_t} = \frac{16M_x}{\pi d^3} = \frac{16 \times 700 \times 10^3 \text{N·m}}{\pi \times 80^3} = 6.96 \text{MPa}$$

$$\sigma = \frac{F_N}{A} + \frac{M_z}{W_z} = \frac{4F_{p1}}{\pi d^3} + \frac{32F_{p2}l}{\pi d^3} = \frac{4 \times (30 \times 10^3)\text{N}}{\pi \times 80^3}$$
$$+ \frac{32 \times 1.2 \times 10^3 \text{N} \times 800\text{mm}}{\pi \times 80^3 \text{mm}^3} = 25.1 \text{MPa}$$

(2)强度校核。

a 点处微单元各截面的应力如图 8-19(d)所示,即处于平面应力状态。相应的主应力为

$$\begin{cases} \sigma_1 = \frac{1}{2}[25.1 + \sqrt{25.1^2 + 4 \times 6.96^2}] = 26.9 \text{(MPa)} \\ \sigma_2 = 0 \\ \sigma_3 = \frac{1}{2}[25.1 - \sqrt{25.1^2 + 4 \times 6.96^2}] = -1.8 \text{(MPa)} \end{cases}$$

由于此杆件的材料为脆性铸铁,应按第一强度理论校核杆的强度,显然
$$\sigma_1 \leqslant [\sigma]$$
说明该杆符合强度要求。

8.6 普遍形式

任意荷载作用下的等直杆受力图如图 8-20 所示,利用截面法可求任意横截面的内力。如求 m-m 截面的内力,可沿此横截面把杆件切成两部分,取左部分为隔离体,作用于左部分上的外荷载与 m-m 切开面上的内力系组成空间平衡力系。建立如图 8-20(b)所示的坐标系,根据空间平衡力系的平衡方程,可求得 m-m 截面上的六个内力分量分别为

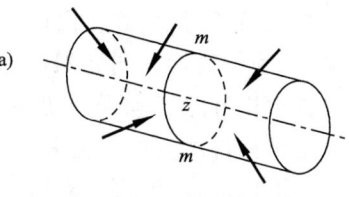

$$F_N = \sum F_x, \quad F_{Sz} = \sum F_z$$
$$F_{Sy} = \sum F_y, \quad M_z = \sum M_z \quad (8\text{-}35)$$
$$M_y = \sum M_y, \quad M_x = \sum M_x$$

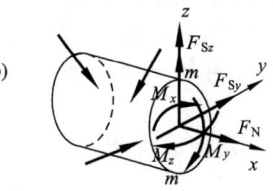

以上各式中,等号左边表示 m-m 截面上的内力,等号右边前三项表示外力在对应坐标轴上投影的总和,后三式表示外力对对应坐标轴取矩的总和。

图 8-20 复杂组合变形示例

横截面上的六个内力分量分别对应着不同的变形,轴力 F_N 对应着拉、压变形,可按第二章拉、压变形的对应公式计算其应力。剪力 F_{Sz} 和 F_{Sy} 分别对应着 xz 和 xy 平面内的剪切变形,相应的剪应力可按恒力弯曲时剪应力的计算公式计算。弯矩 M_z 和 M_y 分别对应 xz 和 xy 平面内的平面弯曲,相应的弯曲正应力可按平面弯曲的对应公式计算。扭矩 M_x 对应着扭转变形,相应的剪应力可按扭转变形的对应公式计算。

叠加上述各内力分量所对应的应力,即为组合变形的应力。其中与 F_N、M_z、M_y 对应的为正应力,可按代数相加。与 F_{Sz}、F_{Sy}、M_x 对应的是剪应力,应按矢量相加,如 $\tau = \sqrt{\tau_z^2 + \tau_y^2}$。

与横力弯曲的强度计算类似,以上求得的各种应力中,一般来说,与 F_{Sz}、F_{Sy} 对应的切应力是次要的,可以忽略,如轴类零件的强度设计就是这样处理的。

在上述六个内力分量中,如某些内力分量为零,就可得到前面所讨论的某种组合变形。如当 $F_N = 0$ 就是扭转与弯曲的组合变形;当 F_{Sz}、F_{Sy}、M_x 分别等于零时,就是偏心压缩(拉伸);当 F_N、M_x 分别等于零,即为斜弯曲问题,故本节内容和前几节内容为一般和特殊的关系。

8.7 剪切和挤压的实用计算方法

在工程实际中,经常遇到剪切问题。剪切变形的主要受力特点是构件受到与其轴线相垂直的大小相等、方向相反、作用线相距很近的一对外力的作用(图 8-21(a)),构件的变形主要表现为沿着与外力作用线平行的剪切面(m-n 面)发生相对错动(图 8-21(b))。

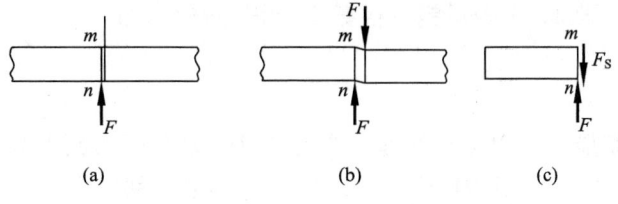

图 8-21

工程中的一些连接件,如键、销钉、螺栓及铆钉等,都是主要承受剪切作用的构件。构件剪切面上的内力可用截面法求得。将构件沿剪切面 $m\text{-}n$ 假想地截开,保留一部分考虑其平衡。例如,由左部分的平衡,可知剪切面上必有与外力平行且与横截面相切的内力 F_S(图 8-21(c))的作用。F_S 称为剪力,根据平衡方程 $\sum F_y = 0$,可求得 $F_S = F$。

剪切破坏时,构件将沿剪切面(如图 8-21(a)所示的 $m\text{-}n$ 面)被剪断。只有一个剪切面的情况,称为单剪切。图 8-21(a)所示情况即为单剪切。

受剪构件除了承受剪切外,往往同时伴随着挤压、弯曲和拉伸等作用。在图 8-21 中没有完全给出构件所受的外力和剪切面上的全部内力,而只是给出了主要的受力和内力。实际受力和变形比较复杂,因而对这类构件的工作应力进行理论上的精确分析是困难的。工程中对这类构件的强度计算,一般采用在试验和经验基础上建立起来的比较简便的计算方法,称为剪切的实用计算或工程计算。

8.7.1 剪切强度计算

剪切试验试件的受力情况应模拟零件的实际工作情况进行。图 8-22(a)为一种剪切试验装置的简图,试件的受力情况如图 8-22(b)所示,这是模拟某种销钉连接的工作情形。当荷载 F 增大至破坏荷载 F_b 时,试件在剪切面 $m\text{-}m$ 及 $n\text{-}n$ 处被剪断。这种具有两个剪切面的情况,称为双剪切。由图 8-22(c)可求得剪切面上的剪力为

$$F_S = \frac{F}{2} \tag{8-36}$$

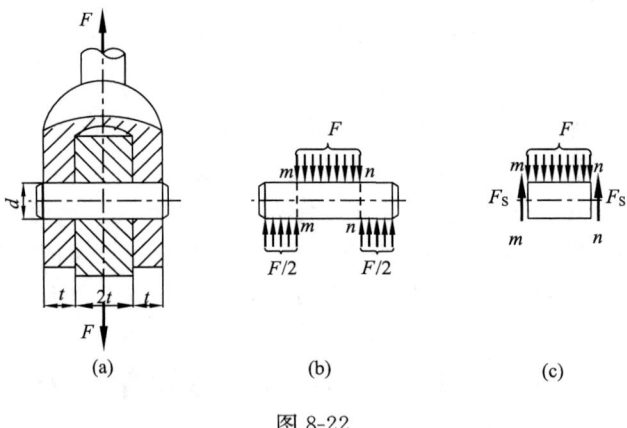

图 8-22

由于受剪构件的变形及受力比较复杂,剪切面上的应力分布规律很难用理论方法确定,因而工程上一般采用实用计算方法来计算受剪构件的应力。在这种计算方法中,假设应力在剪切面内是均匀分布的。若以 A 表示销钉横截面面积,则应力为

$$\tau = \frac{F_S}{A} \tag{8-37}$$

τ 与剪切面相切故为切应力。以上计算是以假设"切应力在剪切面上均匀分布"为基础的,实际上它只是剪切面内的一个"平均切应力",所以也称为名义切应力。

当 F 达到 F_b 时的切应力称剪切极限应力,记为 τ_b。对于上述剪切试验,剪切极限应力为

$$\tau_b = \frac{F_b}{2A}$$

将 τ_b 除以安全系数 n,即得到许用切应力

$$[\tau] = \frac{\tau_b}{n}$$

这样,剪切计算的强度条件可表示为

$$\tau = \frac{F_S}{A} \leqslant [\tau] \tag{8-38}$$

8.7.2 挤压强度计算

一般情况下,连接件在承受剪切作用的同时,在连接件与被连接件之间传递压力的接触面上还发生局部受压的现象,称为挤压。例如,图 8-22(b)给出了销钉承受挤压力作用的情况,挤压力以 F_{bs} 表示。当挤压力超过一定限度时,连接件或被连接件在挤压面附近产生明显的塑性变形,称为挤压破坏。在有些情况下,构件在剪切破坏之前可能首先发生挤压破坏,所以需要建立挤压强度条件。

与上面解决抗剪强度的计算方法类同,按构件的名义挤压应力建立挤压强度条件

$$\sigma_{bs} = \frac{F_{bs}}{A_{bs}} \leqslant [\sigma_{bs}] \tag{8-39}$$

式中,A_{bs} 为挤压面积,σ_{bs} 为挤压应力,$[\sigma_{bs}]$ 为许用挤压应力。

当连接件与被连接件的接触面为平面时,A_{bs} 就是接触面面积。当接触面为圆柱面时,如图 8-23(a)中销钉与被连接件的实际挤压面为半个圆柱面,其上的挤压应力不是均匀分布的,销钉与被连接件的挤压应力的分布情况在弹性范围内,如图 8-23(a)所示,最大应力在半圆柱面的中点。在实用计算中,挤压力除以圆孔或圆钉的直径平面面积 $2td$(图 8-23(b)),则所得挤压应力大致上与实际最大的挤压应力相接近。

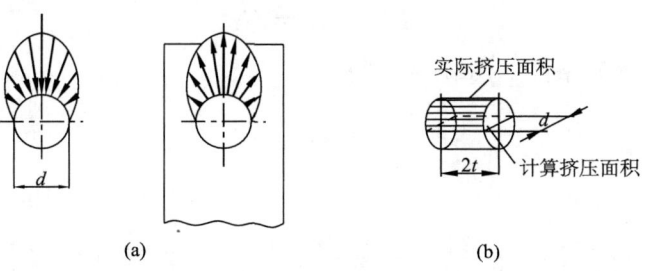

图 8-23

许用应力值通常可根据材料、连接方式和荷载情况等实际工作条件在有关设计规范中查得。一般地,许用切应力 $[\tau]$ 要比同样材料的许用拉应力 $[\sigma]$ 小,而许用挤压应力则比 $[\sigma]$ 大。

对于塑性材料 $[\tau]=(0.6\sim0.8)[\sigma]$
         $[\sigma_{bs}]=(1.5\sim2.5)[\sigma]$

对于脆性材料 $[\tau]=(0.8\sim1.0)[\sigma]$
         $[\sigma_{bs}]=(0.9\sim1.5)[\sigma]$

例 8-8 图 8-24(a)中,已知钢板厚度 $t=10$mm,其剪切极限应力 $\tau_b=300$MPa。若用冲床将钢板冲出直径 $d=25$mm 的孔,问需要多大的冲剪力 F。

解:剪切面就是钢板内被冲头冲出的圆柱体的侧面,如图 8-24(b)所示。其面积为

$$A = \pi dt = \pi \times 25 \times 10 \text{mm}^2 = 785\text{mm}^2$$

冲孔所需的冲力应为

$$F \geqslant A\tau_b = 785 \times 10^{-6}\text{m}^2 \times 300 \times 10^6\text{Pa} = 236\text{kN}$$

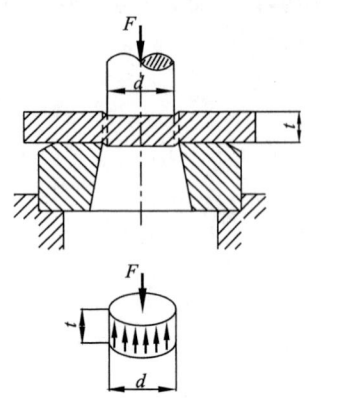

图 8-24

例 8-9 图 8-25(a)表示齿轮用平键与轴连接(图中只画出了轴与键,没有画齿轮)。已知轴的直径 $d=70$mm,键的尺寸为 $b \times h \times l = 20\text{mm} \times 12\text{mm} \times 100\text{mm}$,传递的扭转力偶矩 $T_e = 2$kN·m,键的许用应力 $[\tau]=60$MPa,$[\sigma_{bs}]=100$MPa。试校核键的强度。

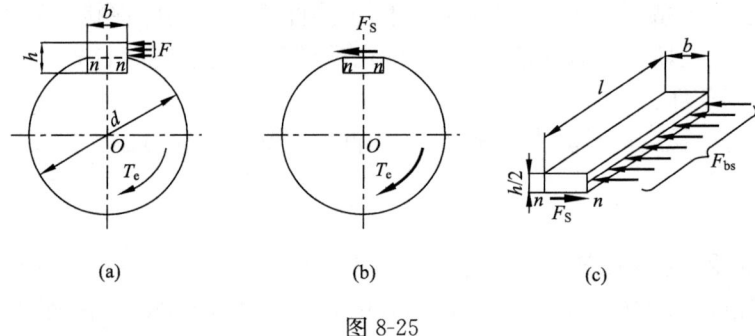

图 8-25

解:首先校核键的剪切强度。将键沿 $n\text{-}n$ 截面假想地分成两部分,并把 $n\text{-}n$ 截面以下部分和轴作为一个整体来考虑(图 8-25(b))。因为假设在 $n\text{-}n$ 截面上的切应力均匀分布,故 $n\text{-}n$ 截面上剪力 F_S 为

$$F_S = A\tau = bl\tau$$

对轴心取矩,由平衡条件 $\sum M_O = 0$,得

$$F_S \frac{d}{2} = bl\tau \frac{d}{2} = T_e$$

故

$$\tau = \frac{2T_e}{bld} = \frac{2 \times 2 \times 10^3 \text{N·m}}{20 \times 100 \times 90 \times 10^{-9} \text{m}^3} = 28.6\text{MPa} < [\tau]$$

可见该键满足剪切强度条件。

其次校核键的挤压强度。考虑键在 $n\text{-}n$ 截面以上部分的平衡(图 8-25(c)),在 $n\text{-}n$ 截面上的剪力为 $F_S = bl\tau$,右侧面上的挤压力为

$$F_{bs} = A_{bs}\sigma_{bs} = \frac{h}{2}l\sigma_{bs}$$

由水平方向的平衡条件得

$$F_S = F_{bs} \text{ 或 } bl\tau = \frac{h}{2}l\sigma_{bs}$$

由此求得

$$\sigma_{bs} = \frac{2b\tau}{h} = \frac{2 \times 20\text{mm} \times 28.6\text{MPa}}{12\text{mm}} = 95.3\text{MPa} < [\sigma_{bs}]$$

故平键也符合挤压强度要求。

思 考 题

8-1 利用叠加原理分析组合变形杆件的应力应满足什么条件?

8-2 何谓组合变形?如何计算组合变形杆件截面上任一点的应力?

8-3 将组合变形分解为基本变形时,对纵向外力和横向外力如何进行简化和分解?

8-4 何为斜弯曲?与平面弯曲有何不同?斜弯曲时,中性轴位置如何确定?

8-5 对弯、扭组合变形杆件进行强度计算时,应用了强度理论,而在斜弯曲、拉(压)弯曲组合及偏心拉伸(压缩)时,都没有应用强度理论,这是为什么?

8-6 斜弯曲时,梁的挠曲线仍是一条平面曲线,只是并不在外力作用的纵向平面内。这种说法是否正确?

8-7 偏心压缩时,中性轴是一条不通过截面形心的直线。对否?

8-8 圆轴扭弯组合变形时,轴内任一点的主应力是否一定为 $\sigma_1 \geq 0, \sigma_3 \leq 0$?

8-9 偏心拉压杆横截面上的中性轴与外力作用点分别处于( )的两侧。
  A. 对称轴   B. 截面形心   C. 主惯性轴   D. 形心主惯性轴

8-10 构件受偏心压力作用时,外力作用点离截面形心愈近,则中性轴距形心愈____;当外力作用点位于截面形心附近一区域内,可保证截面上不产生拉压力,这一区域称为____。

8-11 当承受弯-扭组合的圆截面构件上,又附有轴力时,如果是塑性材料,其强度条件应如何选择?若改为脆性材料其强度条件又如何选择?

8-12 同一个强度理论,其强度条件可以写成不同的形式。以第三强度理论为例,常用的有以下三种形式:

(1) $\sigma_{r3} = \sigma_1 - \sigma_3 \leq [\sigma]$

(2) $\sigma_{r3} = \sqrt{\sigma^2 + 4\tau^2} \leq [\sigma]$

(3) $\sigma_{r3} = \frac{1}{W}\sqrt{M^2 + M_x^2} \leq [\sigma]$

试问:它们的适用范围是否相同?为什么?

8-13 在材料力学中,为什么说承受剪切或挤压作用连接件的强度计算是一种"实用计算"?其中引入了哪些假设?这些假设的根据是什么?

8-14 挤压与压缩有什么区别?为什么挤压许用应力大于压缩许用应力?

8-15 连接件上的剪切面、挤压面与外力方向有什么关系?

习 题

8-1 由木材制成的矩形截面悬臂梁如题 8-1 图所示,在梁的水平对称面内受到力 $F_{p1} = 1.6\text{kN}$ 的作用,在铅直对称面内受到 $F_{p2} = 0.8\text{kN}$ 的作用。已知:$b = 90\text{mm}, h = 180\text{mm}$。试求梁横截面上的最大正应力及其作用点的位置。如果截面为圆形 $d = 130\text{mm}$,试求梁的横截面上的最大正应力。

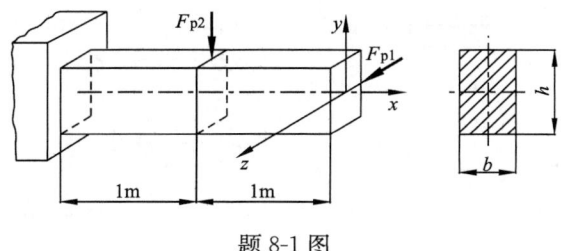

题 8-1 图

8-2 如题 8-2 图所示,简支梁由 No.16 工字钢制成,受力 $F_p=7$ kN 的作用,求 C 截面在 1、2、3、4 四点的正应力;若 $E=200$ GPa,求中点 C 的挠度。

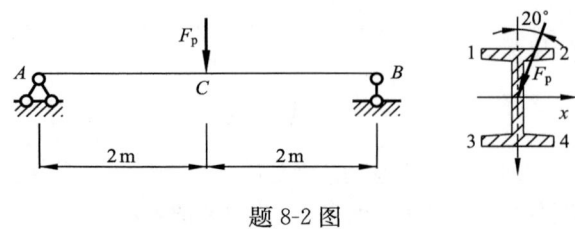

题 8-2 图

8-3 题 8-2 图所示简支梁,若 $[\sigma]=160$ MPa,$F_p=7$ kN,试选择工字钢型号(计算时可先假定 W_y/W_x 的比值,再选工字钢型号,然后再校核强度)。

8-4 起重机构如题 8-4 图所示,$a=3$ m,$b=1$ m。受力 $F_p=36$ kN,若 $[\sigma]=140$ MPa,试为水平杆选择一对槽钢截面(试算时可先不考虑轴力的影响,只根据弯矩条件选取槽钢截面,然后同时考虑轴力和弯矩进行强度校核)。

8-5 矩形截面钢杆如题 8-5 图所示,用应变片测得杆件上下表面的线应变分别为 $\varepsilon_a=1\times10^{-3}$,$\varepsilon_b=0.4\times10^{-3}$,材料的弹性模量 $E=210$ GPa。试求:

(1) 试绘制横截面的正应力分布图;
(2) 确定拉力 F_p 及偏心距 δ 的大小。

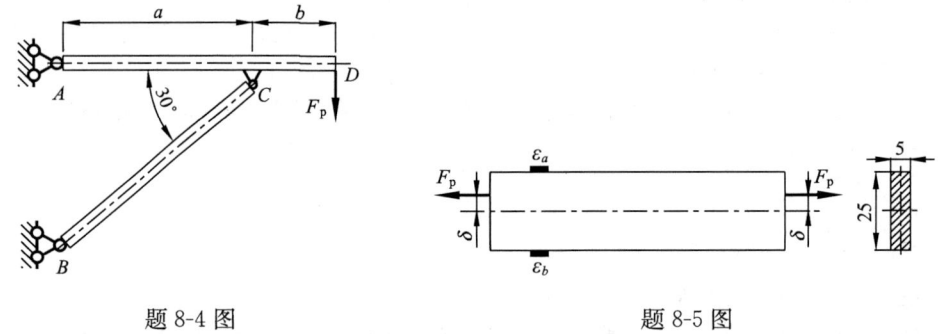

题 8-4 图　　　　　　　　题 8-5 图

8-6 矩形截面折杆 ABC 截面尺寸如题 8-6 图所示,受力 F_p 的作用,$\alpha=\tan(4/3)$,$a=l/4$。如 $l=12h$,试求杆内横截面上的最大正应力,并作出危险截面上的正应力分布图。

8-7 试分别求出题 8-7 图所示的不等截面及等截面杆内的最大正应力,并做比较。

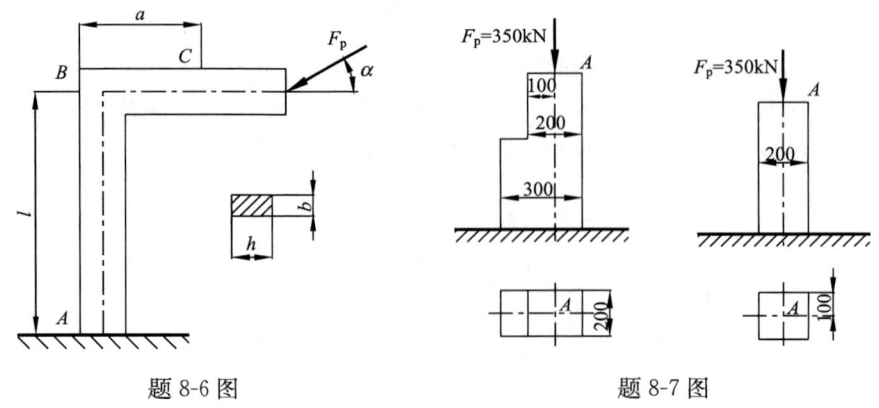

题 8-6 图　　　　　　　　题 8-7 图

8-8 如题 8-8 图所示圆截面杆,直径为 d,承受轴向力 F_p 与力偶矩 m 作用,杆用塑性材料制成,许用应力为 $[\sigma]$。试画危险点处单元体的应力状态图,并根据第四强度理论建立杆的强度条件。

8-9 圆截面钢杆如题 8-9 图所示,承受力 F_{p1}、F_{p2} 与力偶矩 m 作用。试根据第三强度理论校核杆的强度。已知力 $F_{p1}=500\ \text{kN}$,$F_{p2}=15\ \text{kN}$,力偶矩 $m=1.2\ \text{kN.m}$,许用应力 $[\sigma]=150\ \text{MPa}$。

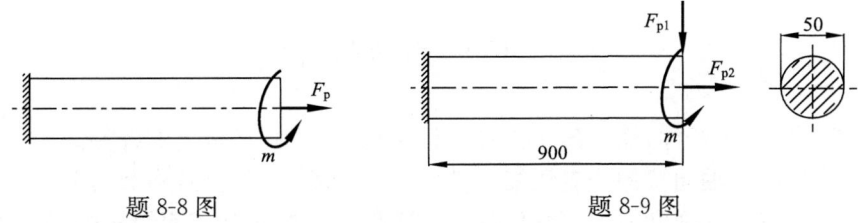

题 8-8 图　　　　　　　　题 8-9 图

8-10 一矩形截面短柱,受偏心压力 F_p 作用,如题 8-10 图所示,已知许用拉应力 $[\sigma_t]=30\text{MPa}$,许用压应力 $[\sigma_c]=90\text{MPa}$,求许用压力 $[F]$。

8-11 铁道路标的圆信号板,装在外径 $D=60\text{mm}$ 的空心圆柱上,如题 8-11 图所示,若信号板上作用的最大风载的压强 $p=2\text{kPa}$,已知 $[\sigma]=60\text{MPa}$,试按第三强度理论选定空心圆柱的壁厚 δ。

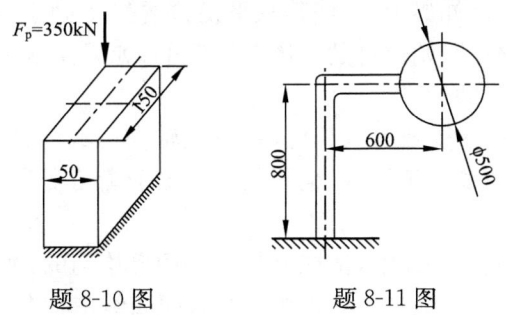

题 8-10 图　　　　　　　　题 8-11 图

8-12 如题 8-12 图所示连接,D、t、d 均已知,材料的许用应力分别为 $[\sigma]$、$[\tau]$、$[\sigma_{bs}]$。试确定许用荷载。

8-13 木榫接头如题 8-13 图所示。$a=b=12\text{cm}$,$h=35\text{cm}$,$c=4.5\text{cm}$。$F=45\text{kN}$。试求榫接头的切应力和挤压应力。

8-14 在厚度 $\delta=5\text{mm}$ 的钢板上,冲出一个形状如题 8-14 图所示的孔,钢板剪断时的强度极限 $\tau_b=300\text{MPa}$,试求冲床所需的冲力 F。

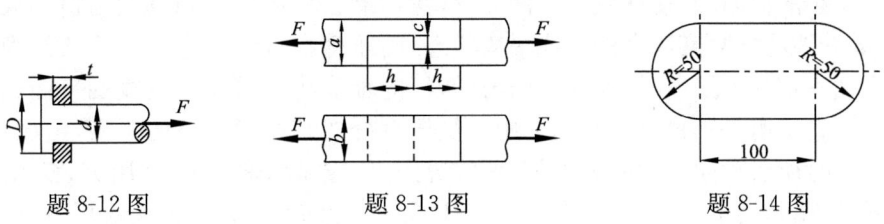

题 8-12 图　　　　　题 8-13 图　　　　　题 8-14 图

第9章 压杆稳定

9.1 压杆稳定的概念

受轴向压力作用的杆件,简称**压杆**。在工程结构中,压杆是常见的杆件。

从第2章可知,在轴向拉伸或者压缩杆件的强度计算中,只要其横截面上的正应力不超过材料的许用应力,就可从强度上保证杆件的正常工作。但在实际工程结构中,受压杆件的横截面尺寸一般都较按强度计算的大,例如曲柄连杆机构中的连杆、凸轮机构中的移动从动件、千斤顶的支承杆、建筑结构和桥梁结构中的立柱等,当其承受的压力超过一定数值后,很容易在外界扰动下发生弯曲,从而使杆件或由之组成的机器丧失正常功能,甚至造成严重的事故。这就是除强度失效和刚度失效外,构件的另一种失效形式——压杆的稳定失效。

对于某一弹性系统,给以外界干扰,使其从平衡位置发生微小偏移。撤去干扰后,如果系统能回到其原始位置,则称其原始位置的平衡是稳定的;如果系统不能回到原来的位置,则称其原始位置的平衡是不稳定的。

压杆的稳定失效则是指承受压力的杆件,在较大轴向压力的作用下,当有外界干扰力时,其直线平衡形式将转变为曲线平衡形式,也即其由稳定平衡转变为不稳定平衡,这是一种静态失效。

实际压杆有许多难以避免的缺陷,例如材料不是理想均匀的,尤其是由于轧制或焊接后的不均匀冷却而引起的残余应力;又如杆件轴线不是理想直线(有初弯曲),以及由于安装误差而引起的轴向加载的偏心等,均会导致压杆丧失稳定。如上所述,实际压杆受压力作用时,将会发生不同程度的压弯现象。但在对压杆的承载能力进行理论研究时,通常将压杆抽象为由均质材料制成、轴线为直线,且外压力作用线与压杆轴线重合的理想"中心受压直杆"的力学模型。在这种简化力学模型中,由于不存在使压杆产生弯曲变形的初始位置,因此,在轴向压力下就不可能发生弯曲现象。为此,在分析中心受压直杆时,当压杆承受轴向压力后,假想地在杆上施加一微小的横向力,使杆发生弯曲变形,然后撤去横向力。当轴向力也不大时,撤去横向力后,杆的轴线将恢复其原来的直线平衡状态,则压杆在直线形态下的平衡是稳定平衡;当轴向力增大到一定的界限值时,撤去横向力后,杆的轴线将不再保持直线的平衡状态,则压杆在直线形态下的平衡是不稳定的平衡。中心受压直杆在直线形态下的平衡,由稳定平衡转化为不稳定平衡时所受轴向压力的界限值,称**临界压力**,或简称**临界力**,并用 F_{cr} 表示。中心受压直杆在临界力 F_{cr} 作用下,其直线形态的平衡开始丧失稳定性,简称为**失稳**。引自萨瓦多利与赫勒写的《建筑结构》一书中的下面一段话是精辟地解释失稳现象的发生过程:"一根细长柱子,当在端部荷载作用下受压时,它要缩短。与此同时,荷载位置降低。一切荷载要降低它的位置的趋势是一个基本的自然规律。每当在不同路线之间存在着一个选择的对象时,一个物理现象将按照最容易的路线发生,这是另一个基本的自然规律。面临弯出去还是缩短的选择,柱子发现在荷载相当小的时候,缩短比较容易;当荷载相当大时,弯出去比较容易。换句话说,当荷载达到它的临界值时,用弯曲的办法来降低荷载位置比用缩短的办法更为容易些。"

压杆出现失稳时,其强度或者刚度可能已经失效,也可能尚未失效,故在设计机械零件或者结构构件时,应根据具体的荷载情况及结构外形和尺寸,综合考虑强度、刚度和压杆稳定问题,以保证机械零件或结构构件能够正常工作。

压杆稳定问题,就是要解决怎样才能保证压杆正常、可靠地工作等问题。要知道压杆在什么条件下是稳定的,什么情况下是不稳定的。与强度、刚度问题一样,压杆稳定问题在机械及其零部件或结构构件设计中占有重要地位。

必须指出,通常所说的压杆的稳定性及其在临界力 F_{cr} 作用下的失稳,是就中心受压直杆的力学模型而言的。对于实际的压杆,由于存在前述几种导致压杆受压时弯曲的因素,通常可用偏心受压直杆作为其力学模型。实际压杆的平衡稳定性问题是在偏心压力作用下,杆的弯曲变形是否会出现急剧增大而丧失正常的承载能力。关于这类问题,将在后续章节中详细讨论。

人类对压杆稳定问题的认识经历了很长时间。历史上,早期工程结构中的柱体多是由砖石材料砌筑而成。后来,随着钢材的大量使用,压杆变得相对细长了,压杆的强度问题逐渐被稳定问题所取代。在人们还没有充分认识和解决这一问题之前,发生了不少工程事故。例如,1891年瑞士的一座42m长的桥,当列车通过时,因结构失稳而坍塌,12节车厢的7节落入河中,死亡200余人。1907年北美魁北克大桥,在施工过程中,由于悬臂结构的下弦杆失稳而坍塌,70多名施工人员遇难,15000多吨的金属结构顷刻间成了废铁。

压杆失稳的概念在中心受压直杆的力学模型中与在偏心受压直杆的力学模型中是截然不同的。本章主要以中心受压直杆这一力学模型为对象,来研究压杆平衡稳定性的问题及其临界力 F_{cr} 的计算。

9.2 两端铰支细长压杆的临界压力

如图9-1(a)所示,两端铰支的等直杆,截面中心受轴向压力 F,现推导其临界力公式。

根据上节的讨论,当轴向压力达到临界力时,压杆的直线平衡状态将被打破,变得不稳定。假设压杆的轴线在临界力 F_{cr} 作用下,呈现出图9-1(b)所示的微弯状态。选取坐标系如图9-1(a)所示,则由图9-1(b)部分的平衡可得

$$M(x) = F_{cr} w \quad (a)$$

弯矩的正负号按弯曲一章中的规定,压力 F_{cr} 取为正值,挠度 w 以沿 y 轴正直方向者为正。

当杆件内应力不超过材料本身比例极限时,将弯矩 $M(x)$ 代入 $EIw'' = -M(x)$ 得挠曲线的近似微分方程

$$EIw'' = -M(x) = -F_{cr} w \quad (b)$$

其中,I 为压杆横截面的最小形心主惯性矩,这是由于两端是铰支座,它对端截面在任意方向的转角都没有限制,因而杆件的微小弯曲变形一定发生在抗弯能力最小的纵向平面内,即主惯性矩最小的平面。

引入记号

$$k^2 = \frac{F}{EI} \quad (c)$$

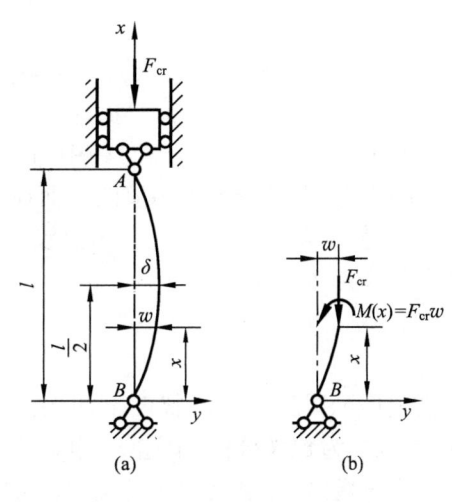

图9-1

则式(b)改写为
$$w'' = -k^2 w \tag{d}$$
微分方程的通解为
$$w(x) = A\sin kx + B\cos kx \tag{e}$$
由式(e)可见,等直杆轴心受压失稳波形为简谐波形。式中 A,B 为待定常数,可通过边界条件
$$w(0) = w(l) = 0 \tag{f}$$
求得。由第一个边界条件
$$w(0) = 0$$
得
$$B = 0$$
再将 $B=0$ 代入(e)式,并由第二个边界条件
$$w(l) = 0$$
得
$$A\sin kl = 0 \tag{g}$$
式(g)中 A 不能再为 0。因为若 $A=0$,由式(e)知, $w(x) \equiv 0$,对应直线平衡,这不是我们想要寻求的曲线形状非零解。所以一定有
$$\sin kl = 0$$
此式的数学一般解为
$$kl = n\pi \quad (n = 0, \pm 1, \pm 2, \cdots)$$
也即
$$k = \frac{n\pi}{l} \tag{h}$$
由式(c)得
$$k^2 = \frac{n^2 \pi^2}{l^2} = \frac{F}{EI}$$
或者
$$F = \frac{n^2 \pi^2 EI}{l^2} \quad (n = 0, \pm 1, \pm 2, \cdots) \tag{i}$$
由于 n 可以取 $n=0, \pm 1, \pm 2, \cdots$ 中的任意一个整数,所以式(i)表明,使压杆保持曲线压弯形态平衡的压力,在理论上是多值的。而在这些压力中,使压杆保持微小弯曲的最小压力才是临界力 F_{cr}。如果取 $n=0$,则 $F_{cr}=0$,这没有意义,故取 $n=\pm 1$,所以得到两端铰支的细长压杆的临界力公式为
$$F_{cr} = \frac{\pi^2 EI}{l^2} \tag{9-1}$$
此式适用于线弹性和小挠度下两端铰支约束的细长压杆,是由欧拉于 1744 年首先推导出来的,所以称为**欧拉公式**,上述 F_{cr} 也称为压杆的**欧拉荷载**。

应该指出,在以上求解过程中,挠曲线中点挠度 δ 是个无法确定的值,即不论 δ 为任何微小值,上述平衡条件都能成立,似乎压杆受压临界力作用时可以在微弯形态下处于随遇平衡

(或"中性平衡")的状态。事实上这种随遇平衡状态是不成立的，δ 值之所以无法确定，是因为在推导过程中使用了挠曲线的近似微分方程。

若采用挠曲线的精确微分方程

$$\frac{\mathrm{d}\theta}{\mathrm{d}s} = -\frac{M(x)}{EI} = -\frac{F_{cr}w}{EI} \tag{j}$$

将该式两边对 s 取导数，并注意到 $\frac{\mathrm{d}w}{\mathrm{d}s} = \sin\theta$，其中 θ 为挠曲线的转角，则有

$$\frac{\mathrm{d}^2\theta}{\mathrm{d}s^2} = -\frac{F_{cr}}{EI}\sin\theta \tag{k}$$

由式(k)可解得挠曲线中点的挠度 δ 与压力 F 之间的近似关系式为

$$\delta = \frac{2\sqrt{2}l}{\pi}\sqrt{\frac{F}{F_{cr}} - 1}\left[1 - \frac{1}{2}\left(\frac{F}{F_{cr}} - 1\right)\right] \tag{l}$$

式(l)可用图 9-2(a)中的曲线 AB 来表示，即曲线在 A 点处的切线是水平的；当 $F \geqslant F_{cr}$ 时，压杆在微弯平衡形态下，压力 F 与挠度 δ 间存在一一对应的关系。而由挠曲线近似微分方程得出的 F-δ 关系如图 9-2(b)所示，即当 $F = F_{cr}$ 时，压杆在微弯形态下，呈现随遇平衡的特征。

若以横坐标表示中点的挠度 δ，纵坐标表示压力 F（图 9-3），则当 F 小于 F_{cr} 时，杆件的直线平衡是稳定的，$\delta = 0$，F 与 δ 的关系是垂直的直线 OA；当 F 达到 F_{cr} 时，直线平衡变得不稳定，过渡为曲线平衡后，F 与 δ 的关系为水平直线 AB。对于曲线平衡，得不出 F 与 δ 间肯定的关系，自然是一个缺陷。引出上述问题，是因为在考察压杆的曲线平衡时，使用了挠曲线的近似微分方程。如使用精确的挠曲线微分平衡，则所得精确解的 F 与 δ 的关系如图 9-3 中曲线 AC 所示。这样，当压力大于 F_{cr} 时，压杆的直线平衡由点 D 表示，但它是不稳定的，将过渡为由点 E 表示的曲线平衡。而曲线平衡是稳定的，轴线不会再恢复为直线，并且对应着荷载的每一个值，中点挠度都有确定的数值，并不是未定的。随着压力逐渐减小趋近于 F_{cr} 时，中点挠度 δ 趋近于零。可见 F_{cr} 正是压杆直线平衡和曲线平衡的分界点。精确解还表明，$F = 1.152F_{cr}$ 时，$\delta = 0.297l \approx 0.3l$，亦即荷载与 F_{cr} 相比只增加 15%，挠度 δ 已经是杆长 l 的 30%。这样大的变形，除了比例极限很高的金属丝可以实现外，实际压杆是不能实现的。在达到如此大的变形之前，杆件早已发生塑性变形其至折断。工程中常见的压杆一般都是小变形的，从图 9-3 看出，在 δ 很小的范围内，代表精确解的曲线 AC 与代表欧拉解的水平线 AB 差别很小。随着 δ 的加大，两者的差别才越来越大。所以，在小挠度的情况下，由欧拉公式确定的临界力是有实际意义的。

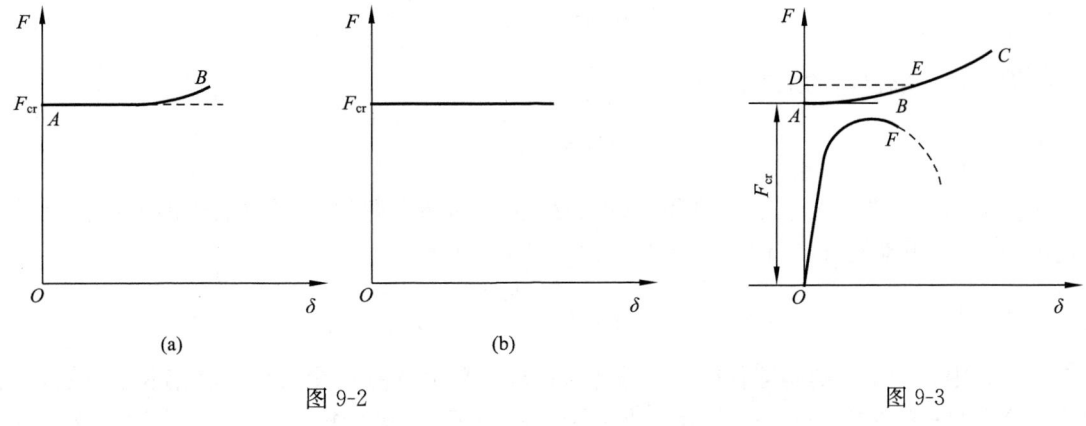

图 9-2   图 9-3

在上面的讨论中,认为压杆轴线是理想直线,压力作用线与轴线重合,材料是均匀的。这些都是理想情况,有时称为理想压杆或理想柱。实际压杆难免有初弯曲、压力偏心和材料不均匀等情况,可以设想,这些缺陷相当于压力有一个偏心距 e,这就使压杆很早就出现弯曲变形。所以,实验结果如图 9-3 中曲线 OF 所示,折线 OAB 可看做是它的极限情况。

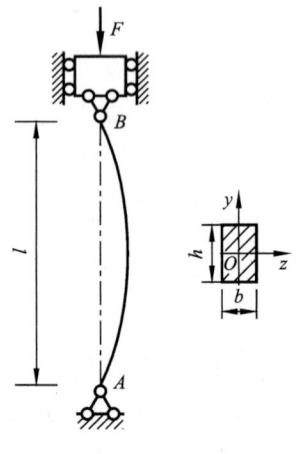

图 9-4

例 9-1 图 9-4 所示压杆为等截面直杆,两端约束为球铰,截面的尺寸为 $h=60\text{mm}, b=30\text{mm}$,杆长 $l=1500\text{mm}$,材料的弹性模量 $E=200\text{GPa}$。试确定压杆的临界力。

解:由于压杆的截面为矩形,其杆端约束为各方向约束情况都相同的球铰链,故必须先分别求出截面对两个轴的惯性矩,然后将较小的惯性矩代入式(9-1),求出压杆的临界力,即

$$I_z = \frac{bh^3}{12} = \frac{0.03\text{m} \times (0.06\text{m})^3}{12} = 5.4 \times 10^{-7}\text{m}^4$$

$$I_y = \frac{hb^3}{12} = \frac{0.06\text{m} \times (0.03\text{m})^3}{12} = 1.35 \times 10^{-7}\text{m}^4$$

由于 $I_y < I_z$,故应将 I_y 代入式(9-1),即

$$F_{cr} = \frac{\pi^2 E I_y}{l^2} = \frac{\pi^2 \times 200 \times 10^9 \text{N/m}^2 \times 1.35 \times 10^{-7}\text{m}^4}{(1.5\text{m})^2} = 1.18 \times 10^5 \text{N}$$

即该压杆的临界力 F_{cr} 为 $1.18 \times 10^5 \text{N}$。

9.3 不同杆端约束下细长压杆的临界压力

由上节轴心受压直杆(属于两端铰支的约束类型)的临界力推导过程可知,临界力与约束有关。两端约束条件不同,压杆的临界力也就不同。但不管压杆两端的约束情况怎样,临界力的表达式均可通过类似的方法推导出来(读者可自行完成以下公式推导过程)。

一端固定一端铰支的细长压杆

$$F_{cr} = \frac{\pi^2 EI}{(0.7l)^2} \tag{9-2}$$

两端固定的细长压杆

$$F_{cr} = \frac{\pi^2 EI}{(0.5l)^2} \tag{9-3}$$

一端固定一端自由的细长压杆

$$F_{cr} = \frac{\pi^2 EI}{(2l)^2} \tag{9-4}$$

将公式(9-1)、式(9-2)、式(9-3)和式(9-4)所表示的四个两端不同约束的细长压杆临界力公式进行比较,不难发现,它们形式相似,可共用同一种形式

$$F_{cr} = \frac{\pi^2 EI}{(\mu l)^2} \tag{9-5}$$

来表达。式中,l 为压杆的**实际长度**,μ 为**长度因数**,μl 称为**计算长度**或者称**相当长度**,故该式称**为欧拉公式的一般形式**。表 9-1 表示各种支承约束条件下等截面细长压杆临界力的欧拉公式。

表 9-1　各种支承约束条件下等截面细长压杆临界力的欧拉公式

支端情况	两端铰支	一端固定 另一端铰支	两端固定	一端固定 另一端自由	两端固定 但可沿横向相对移动
失稳时挠曲线形状	长度 l，A、B 两端铰支	长度 l，C—挠曲线拐点，$0.7l$	长度 l，C、D—挠曲线拐点，$0.5l$	长度 $2l$	长度 l，C—挠曲线拐点，$l/2$
临界力 F_{cr} 欧拉公式	$F_{cr}=\dfrac{\pi^2 EI}{l^2}$	$F_{cr}\approx\dfrac{\pi^2 EI}{(0.7l)^2}$	$F_{cr}=\dfrac{\pi^2 EI}{(0.5l)^2}$	$F_{cr}=\dfrac{\pi^2 EI}{(2l)^2}$	$F_{cr}=\dfrac{\pi^2 EI}{l^2}$
长度因数 μ	$\mu=1$	$\mu\approx 0.7$	$\mu=0.5$	$\mu=2$	$\mu=1$

例 9-2　如图 9-5(a)所示,一个下端固定,上端铰支、长度为 l 的细长中心受压等直杆,杆的弯曲刚度为 EI。试推导临界力 F_{cr} 的欧拉公式,并求压杆的挠曲线方程。

解：在临界力 F_{cr} 作用下,在上端支承处,除临界力 F_{cr} 外将有水平力 F_y 作用。因此,杆的任意 x 横截面上的弯矩为

$$M(x)=F_{cr}w-F_y(l-x) \tag{a}$$

将 $M(x)$ 代入杆的挠曲线近似微分方程,并经简化后,即得

$$w''+k^2 w=k^2\frac{F_y}{F_{cr}}(l-x) \tag{b}$$

式中,$k^2=\dfrac{F_{cr}}{EI}$。微分方程的通解为

$$w=A\sin kx+B\cos kx+\frac{F_y}{F_{cr}}(l-x) \tag{c}$$

其一阶导数为

$$w'=Ak\cos kx-Bk\sin kx-\frac{F_y}{F_{cr}} \tag{d}$$

由挠曲线在固定端处的边界条件 $x=0$,$w'=0$,可得

$$A=\frac{F_y}{kF_{cr}} \tag{e}$$

又由边界条件 $x=0$、$w=0$ 可得

$$B=-\frac{F_y l}{F_{cr}} \tag{f}$$

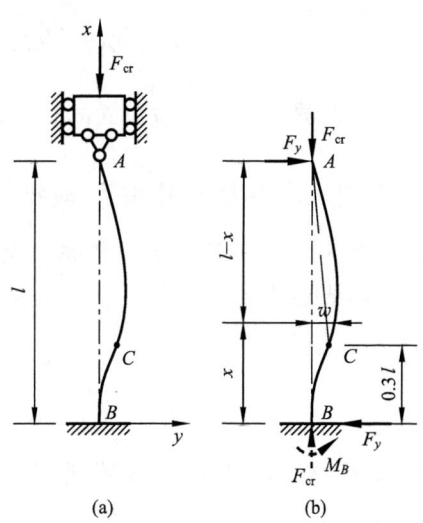

图 9-5

将式(e)、式(f)中的 A、B 代入式(c),即得

$$w = \frac{F_y}{F_{cr}}\left[\frac{1}{k}\sin kx - l\cos kx + (l-x)\right] \tag{g}$$

由铰支端处的边界条件 $x=l$、$w=0$ 得

$$\frac{F_y}{F_{cr}}\left(\frac{1}{k}\sin kl - l\cos kl\right) = 0 \tag{h}$$

杆在微弯状态下平衡时,F_y 不可能等于零,于是必须有

$$\frac{1}{k}\sin kl - l\cos kl = 0 \tag{i}$$

即

$$\tan kl = kl \tag{j}$$

由此解得

$$kl = 4.49 \tag{k}$$

压杆临界力 F_{cr} 的欧拉公式为

$$F_{cr} = \frac{(4.49)^2 EI}{l^2} \approx \frac{\pi^2 EI}{(0.7l)^2} \tag{l}$$

将式(k)中的 $k = \frac{4.49}{l}$ 代入式(g),可得压杆的挠曲线方程为

$$w = \frac{F_y l}{F_{cr}}\left[\frac{\sin kx}{4.49} - \cos kx + \left(1 - \frac{x}{l}\right)\right] \tag{m}$$

9.4 欧拉公式的适用范围、临界应力总图

9.4.1 临界柔度及欧拉公式的适用范围

压杆在临界力 F_{cr} 作用下,横截面上的压应力按公式 $\sigma_{cr} = \frac{F_{cr}}{A}$ 计算,称为**临界压应力**,用 σ_{cr} 表示,其中 A 表示压杆的横截面面积。于是,用欧拉临界力的一般公式(9-5)来表示压杆临界应力时,表达式为

$$\sigma_{cr} = \frac{F_{cr}}{A} = \frac{\pi^2 EI}{(\mu l)^2 A} = \frac{\pi^2 E}{\left(\frac{\mu l}{i}\right)^2} \tag{9-6}$$

式中,$i = \sqrt{\frac{I}{A}}$ 是横截面的**惯性半径**。

引入记号

$$\lambda = \frac{\mu l}{i}$$

则公式(9-6)可以写为

$$\sigma_{cr} = \frac{\pi^2 E}{\lambda^2} \tag{9-7}$$

该式是欧拉公式的另一种表达形式,式中的 λ 称为压杆的**柔度**,又称为**长细比**,表示压杆的细

长程度。

在两端铰支的轴心受压直杆临界力的推导过程中,就提到了欧拉公式是由小挠度挠曲线微分方程 $EIw''=-M(x)$ 推导出来的,而此微分方程仅适用于线弹性范围。故只有在线弹性的范围内,才能使用欧拉公式(9-5)来计算压杆临界力。欧拉公式的适用范围可由式(9-7)确定,即

$$\sigma_{cr} = \frac{\pi^2 E}{\lambda^2} \leqslant \sigma_p$$

解得

$$\lambda \geqslant \sqrt{\frac{\pi^2 E}{\sigma_p}} = \pi\sqrt{\frac{E}{\sigma_p}} \tag{9-8}$$

可见,只有压杆的柔度大于或者等于极限值 $\pi\sqrt{\frac{E}{\sigma_p}}$ 时,欧拉公式方可使用。引用记号 λ_p 来表示这一临界值,称为**临界柔度**,那么

$$\lambda \geqslant \lambda_p \tag{9-9}$$

就是欧拉公式的适用范围。临界柔度 λ_p 的大小取决于压杆的材料性质。以 Q235 钢为例,$E=206\text{GPa}$,$\sigma_p=200\text{MPa}$,于是

$$\lambda \geqslant \sqrt{\frac{\pi^2 \times (206 \times 10^9 \text{Pa})}{200 \times 10^6 \text{Pa}}} = 99.3$$

所以,用 Q235 钢制成的压杆,只有当 $\lambda \geqslant 99.3$ 时,才可以使用欧拉公式。对于 $\lambda \geqslant \lambda_p$ 的压杆,称为**大柔度压杆**,即前面经常提到的"细长"杆。

式(9-7)中压杆临界应力 σ_{cr} 与柔度 λ 间的关系用曲线来表示,如图 9-6 中的双曲线所示,称为**欧拉临界应力曲线**。

显然,图中的实线部分是欧拉公式适用范围内的曲线,而虚线部分则无意义,因为当 $\lambda < \lambda_p$ 时,$\sigma_{cr} > \sigma_p$,欧拉公式已不再适用。

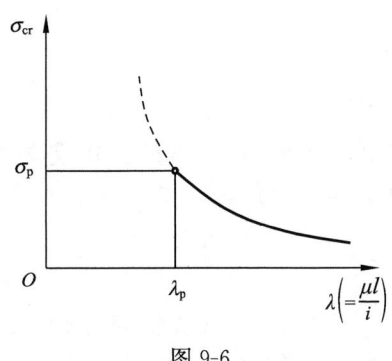

图 9-6

9.4.2 非细长杆件的临界应力

由 9.4.1 节的内容可知,对于 $\lambda < \lambda_p$ 的压杆,欧拉公式(9-5)就不再适用,但是实验结果表明,这种压杆中有一部分丧失承载力的原因仍然是失稳,还有一部分则是破坏时不出现明显的失稳现象。对于这类非细长杆件,如果仍使用欧拉公式计算临界应力 σ_{cr},那么得到的 σ_{cr} 值就会过高,这样的设计将是非常危险的。所以,很有必要研究一下柔度 $\lambda < \lambda_p$ 的压杆的临界应力计算方法。对于 $\lambda < \lambda_p$ 的非细长杆件,按照其柔度 λ 的大小,又可分为中柔度压杆(中长杆)和小柔度杆(短粗杆)。当轴向压力超过临界值时,它们的失效机理是不同的。

1. 中柔度压杆

对于这类杆件的失稳问题,虽然曾进行过许多理论和实验研究工作,得出了理论分析的结果,但是工程上还是常用以实验为依据的直线经验公式

$$\sigma_{cr} = a - b\lambda \tag{9-10}$$

式中，a 和 b 是与材料性质有关的常数。表 9-2 中列举了一些材料的 a,b 值。由式(9-10)可见，临界应力 σ_{cr} 随柔度 λ 的增大而减小。

表 9-2　直线经验公式的系数 a 和 b

材料	a/MPa	b/MPa
Q235 钢	304	1.12
优质碳钢	461	2.568
硅钢	578	3.744
铬钼钢	9807	5.296
铸铁	332.2	1.454
强铝	373	2.15
松木	28.7	0.19

应予指出，只有在临界应力小于屈服极限 σ_s 时，直线公式才是适用的。因为当 λ 很小时，按直线公式求得的临界应力较高，可能早已超过了材料的屈服极限 σ_s 或强度极限 σ_b，这是杆件的强度条件所不允许的。若以 λ_s 表示对应于 $\sigma_{cr} = \sigma_s$ 时的柔度，则

$$\sigma_{cr} = \sigma_s = a - b\lambda \tag{9-11a}$$

或

$$\lambda_s = \frac{a - \sigma_s}{b} \tag{9-11b}$$

这里，柔度值 λ_s 是直线公式成立时压杆柔度 λ 的最小值，它仅与材料有关。对于 Q235 钢来说，$\sigma_s = 235\text{MPa}$，$a = 304\text{MPa}$，$b = 1.12\text{MPa}$。将这些数值代入式(9-11)，得

$$\lambda_s = \frac{304 - 235}{1.12} = 61.6$$

当压杆的柔度 λ 值满足 $\lambda_s \leqslant \lambda < \lambda_p$ 时，临界应力可用直线公式计算。满足这种条件的压杆被称为**中柔度杆**或**中长杆**。

2. 小柔度压杆

若 $\lambda < \lambda_s$，这样的压杆称为**小柔度杆**或者**短粗杆**。实验证明，小柔度压杆，如压缩试验用的金属短柱或水泥块，受压时不可能像大柔度杆那样出现明显的弯曲变形，破坏时很难观察到失稳现象，主要是因为应力达到屈服极限（塑性材料）或强度极限（脆性材料）而失效，应当以材料的屈服极限或者抗压强度极限作为极限应力，即这是个强度问题。若形式上也当做稳定性问题来考虑，那么临界应力可写成

$$\sigma_{cr} = \sigma_s (\text{或 } \sigma_b) \tag{9-12}$$

3. 抛物线公式

对于中、小柔度压杆，临界应力也可采用抛物线公式计算。抛物线经验公式是把临界应力 σ_{cr} 和柔度 λ 表示为下面的抛物线关系

$$\sigma_{cr} = a_1 - b_1\lambda^2 \tag{9-13}$$

式中,a_1 和 b_1 也是与材料有关的常数。

我国钢结构设计规范中,采用抛物线经验公式来计算中、小柔度压杆的临界应力,即

$$\sigma_{cr} = \sigma_s\left[1 - 0.43\left(\frac{\lambda}{\lambda_c}\right)^2\right] \quad (\lambda < \lambda_c) \tag{9-14}$$

式中,σ_s 是材料的屈服强度;λ_c 是欧拉公式与抛物线公式适用范围的分界柔度,式中

$$\lambda_c = \pi\sqrt{\frac{E}{0.57\sigma_s}} \tag{9-15}$$

稳定计算中,无论是欧拉公式或经验公式都是以压杆的整体变形为基础的,即压杆在临界力的作用下可保持微弯状态的平衡,以此作为压杆失稳时的整体变形状态。而局部削弱(如螺栓孔等)对压杆的整体变形影响很小,所以计算临界应力时,应采用未经削弱的横截面面积 A(毛截面面积)和惯性矩 I。

9.4.3 折减弹性模量理论

工程中采用的压杆绝大多数不是大柔度压杆,而这类杆件的临界力理论分析和实验研究是工程应用中最为关心的,下面简要地介绍折减弹性模量理论的基本思路。

由前可知,当 $\lambda < \lambda_p$ 时有 $\sigma_{cr} > \sigma_p$,此时压杆的临界应力已超出弹性。在弹塑性失稳阶段平截面假设仍成立,此外还假设当压力增加而将要接近临界值时,随压力 F 的增加同时伴随着杆件的微小侧弯。如图 9-7(a)中的 ab 线代表压力为 F 时 AB 截面上的均匀分布压应力。当 F 增加 ΔF 时均匀压应力由 ab 线增至 cd 线的同时,又由于侧弯使应力分布使应力分布最终如 ef 线所示。这是由于侧弯构成的杆件凸侧压应力的减小值 df 小于由 ΔF 引起的直接压应力的增加值 bd。虽然发生侧弯,但在整个截面上的压应力却始终在增加(由 ab 变到 ef)。由图 9-7(b)的压缩应力应变图,应力增量 $\Delta\sigma = E_t\Delta\varepsilon$,此处 E_t 为应力应变图上 C 点切线的斜率,即**切线模量**,亦称**折减弹性模量**。由于应变增量 $\Delta\varepsilon$ 是微小量,故整个截面上的应力应变关系均采用同一个切线模量值。根据这种假设可得到弹塑性失稳时 λ_p 的临界力和临界应力是

$$F_{cr} = \frac{\pi^2 E_t I}{(\mu l)^2}, \quad \sigma_{cr} = \frac{\pi^2 E_t}{\lambda^2} \tag{9-16}$$

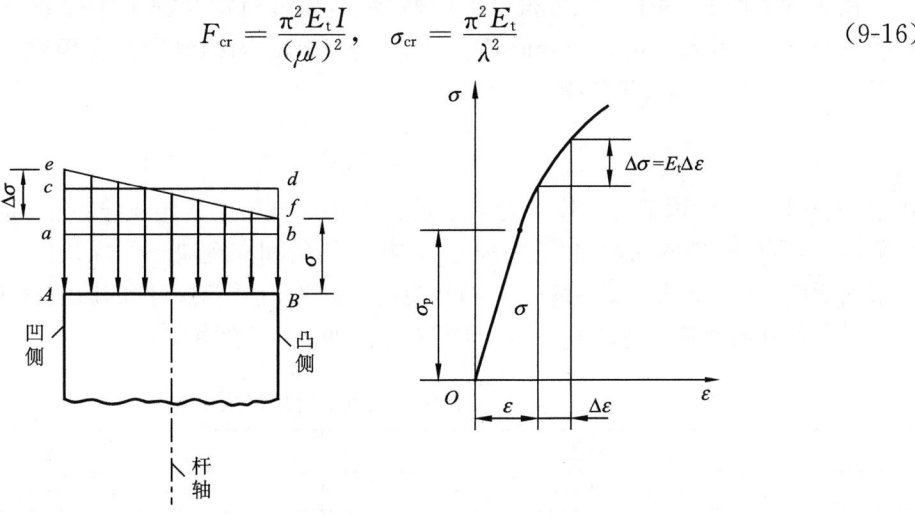

图 9-7

对于弹塑性失稳的压杆,实验结果与上式符合。上述理论称为**折减弹性模量理论**,也称**切线弹性模量理论**。由于 F_{cr} 的确定需要精确测定的压缩应力应变曲线及 σ-ε 的数学表达式,因此目前对于压杆的弹塑性失稳,在工程上仍采用基于足够的实验数据而建立的经验公式(直线公式及抛物线公式等)。

9.4.4 临界应力总图

压杆的临界应力随着压杆柔度的变化情况可用图 9-8 所示的曲线来表示,该图称为**临界应力总图**,它是根据描述三类柔度杆的式(9-7)、式(9-10)和式(9-12),在 σ_{cr}-λ 坐标系中绘制出的曲线图。

从图中可清晰地看出,压杆的柔度 λ 大于 λ_p 时,压杆的临界力 σ_{cr} 下降先快后慢;压杆的柔度 λ 小于 λ_s 时,压杆的临界力 σ_{cr} 保持不变;当压杆的柔度 λ 介于 λ_s 与 λ_p 之间时,压杆的临界力 σ_{cr} 随 λ 增大而直线下降。

图 9-8 所示的临界应力总图常为机械设计所采用,而建筑结构中常采用图 9-9 所示的临界应力总图。

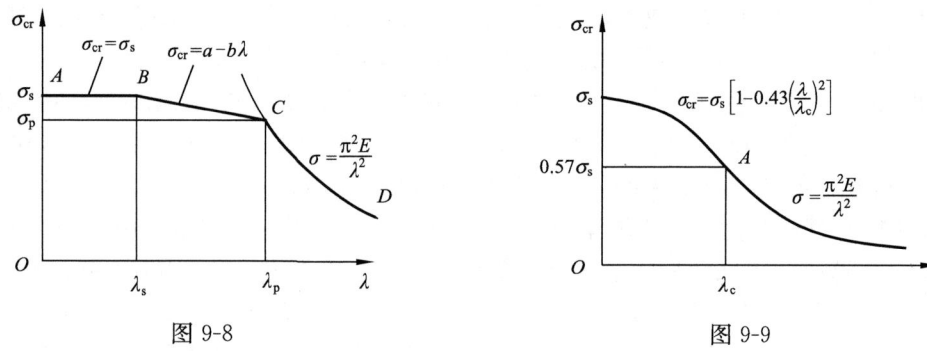

图 9-8

图 9-9

9.4.5 实际压杆的稳定因数

在实际工程中,为了使压杆符合稳定性要求,压杆所承受的工作荷载 F 不能超过其临界荷载,而且还要考虑一定的安全储备。因此,应选择适当的**稳定安全因数** n_{st},使 $F \leqslant F_{cr}/n_{st}$。由于 $F=\sigma A$,$F_{cr}=\sigma_{cr} A$,于是得

$$n = \frac{F_{cr}}{F} = \frac{\sigma_{cr}}{\sigma} \geqslant n_{st} \tag{9-17}$$

式中,n 为**工作安全因数**。工作安全因数通常不小于规定的稳定安全因数,这是因为一些难以避免的因素,如杆件的初弯曲、压力偏心、材料不均匀和支座缺陷等,都对压杆的稳定承载力造成很大影响,从而降低了临界应力。同样是这些因素,它们对杆件的影响就不像对稳定那么严重。常见的几种钢制压杆的稳定安全因数 n_{st} 值如表 9-3 所示。

表 9-3 常见的几种钢制压杆的 n_{st} 值

钢制压杆类型	n_{st} 值
金属结构中的压杆	$n_{st}=1.8\sim 3.0$
矿山、冶金设备中的压杆	$n_{st}=4\sim 8$
机床的丝杠	$n_{st}=2.5\sim 4$

续表

钢制压杆类型	n_{st}值
水平长丝杠或精密丝杠	$n_{st}>4$
磨床油缸活塞	$n_{st}>4\sim6$
低速发动机挺杆	$n_{st}>4\sim6$
高速发动机挺杆	$n_{st}>2\sim5$
拖拉机转向纵、横推杆	$n_{st}>5$

9.5 压杆的稳定校核

前面几节着重介绍了理想受压直杆，而实际工程中的受压杆件可能存在杆件的初曲率、压力的偏心度以及截面上的残余应力等不利因素，这些因素都将降低压杆的临界应力。如前所述，压杆所能承受的极限应力总是随压杆的柔度而改变的，柔度越大，极限应力值就越低。所以，压杆设计时所用的许用应力也将随应力的增大而减小。在设计压杆时，可以用材料的强度许用应力$[\sigma]$乘以一个随压杆柔度λ而改变的稳定安全系数$\varphi=\varphi(\lambda)$来表示压杆的稳定许用应力$[\sigma]_{st}$，即

$$[\sigma]_{st}=\frac{\sigma_{cr}}{n_{st}}=\frac{\sigma_{cr}}{n_{st}[\sigma]}[\sigma]=\varphi[\sigma] \tag{9-18}$$

上式反映了压杆的许用应力随压杆柔度改变的这一特点。在稳定安全系数$\varphi=\varphi(\lambda)$中，也考虑了压杆的稳定安全系数n_{st}随压杆柔度而改变的因素。

工程中，为使受压杆件不丧失其稳定性，并具有必要的安全储备，需建立压杆的稳定条件，对压杆做稳定计算。轴心受压杆件的稳定条件为

$$\sigma=\frac{F}{A}\leqslant\varphi f \tag{9-19a}$$

或者

$$\frac{F}{\varphi A}\leqslant f \tag{9-19b}$$

式中，F为轴心压力；A为压杆截面的毛截面面积；f为材料抗压强度设计值；φ为稳定安全系数。

我国钢结构设计规范根据国内常用构件的截面形式、尺寸和加工条件，规定了相应的残余应力变化规律，并考虑了$l/1000$的初曲率，计算了96根压杆的稳定因数φ与柔度λ的关系值，然后把承载能力相近的截面归并为a,b,c三类，根据不同材料的屈服强度分别给出a、b、c三类截面在不同柔度λ下的φ值（对于Q235钢，a、b、c类截面的稳定因数如表9-4、表9-5、表9-6所示），以供压杆设计时参考。其中a类截面的残余应力影响较小，稳定性较好，c类截面的残余应力影响较大，大多数情况下可选取b类。

表9-4 Q235钢a类截面中心受压直杆的稳定因数φ

压杆柔度λ	0	1.0	2.0	3.0	4.0	5.0	6.0	7.0	8.0	9.0
0	1.000	1.000	1.000	1.000	0.999	0.999	0.998	0.998	0.997	0.996
10	0.995	0.994	0.993	0.992	0.991	0.989	0.988	0.986	0.985	0.983
20	0.981	0.979	0.977	0.976	0.974	0.972	0.970	0.968	0.966	0.964

续表

压杆柔度 λ	0	1.0	2.0	3.0	4.0	5.0	6.0	7.0	8.0	9.0
30	0.963	0.961	0.959	0.957	0.955	0.952	0.950	0.948	0.946	0.944
40	0.941	0.939	0.937	0.934	0.932	0.929	0.927	0.924	0.921	0.919
50	0.916	0.913	0.910	0.907	0.904	0.900	0.897	0.894	0.890	0.886
60	0.883	0.879	0.875	0.871	0.867	0.863	0.858	0.851	0.849	0.844
70	0.830	0.834	0.829	0.824	0.818	0.813	0.807	0.801	0.795	0.789
80	0.788	0.776	0.770	0.763	0.757	0.750	0.743	0.736	0.728	0.721
90	0.714	0.706	0.699	0.691	0.684	0.676	0.668	0.661	0.653	0.645
100	0.638	0.630	0.622	0.615	0.607	0.600	0.592	0.585	0.577	0.570
110	0.563	0.555	0.548	0.541	0.534	0.527	0.520	0.514	0.507	0.500
120	0.494	0.488	0.481	0.475	0.469	0.463	0.457	0.451	0.445	0.440
130	0.434	0.429	0.423	0.418	0.412	0.407	0.402	0.397	0.392	0.387
140	0.383	0.378	0.373	0.369	0.364	0.360	0.356	0.351	0.347	0.343
150	0.339	0.335	0.331	0.327	0.323	0.320	0.316	0.312	0.309	0.305
160	0.302	0.298	0.295	0.292	0.289	0.285	0.282	0.279	0.276	0.273
170	0.270	0.267	0.264	0.262	0.259	0.256	0.253	0.251	0.248	0.246
180	0.243	0.241	0.238	0.236	0.233	0.231	0.229	0.226	0.224	0.222
190	0.220	0.218	0.215	0.213	0.211	0.209	0.207	0.205	0.203	0.201
200	0.199	0.198	0.196	0.194	0.192	0.190	0.189	0.187	0.185	0.183
210	0.182	0.180	0.179	0.177	0.175	0.174	0.172	0.171	0.169	0.168
220	0.166	0.165	0.164	0.162	0.161	0.159	0.158	0.157	0.155	0.154
230	0.150	0.152	0.150	0.149	0.148	0.147	0.146	0.144	0.143	0.142
240	0.141	0.140	0.139	0.138	0.136	0.135	0.134	0.133	0.132	0.131
250	0.130									

表 9-5　Q235 钢 b 类截面中心受压直杆的稳定因数 φ

压杆柔度 λ	0	1.0	2.0	3.0	4.0	5.0	6.0	7.0	8.0	9.0
0	1.000	1.000	1.000	0.999	0.999	0.998	0.997	0.996	0.995	0.994
10	0.992	0.991	0.989	0.987	0.985	0.983	0.981	0.978	0.976	0.973
20	0.970	0.967	0.963	0.960	0.957	0.953	0.950	0.946	0.943	0.939
30	0.936	0.932	0.929	0.925	0.922	0.918	0.914	0.910	0.906	0.903
40	0.899	0.895	0.891	0.887	0.882	0.878	0.874	0.870	0.865	0.861
50	0.856	0.852	0.847	0.842	0.838	0.833	0.828	0.823	0.818	0.813
60	0.807	0.802	0.797	0.791	0.786	0.780	0.774	0.769	0.763	0.757
70	0.751	0.745	0.739	0.732	0.726	0.720	0.714	0.707	0.701	0.694
80	0.688	0.681	0.675	0.668	0.661	0.655	0.648	0.641	0.635	0.628
90	0.621	0.614	0.608	0.601	0.594	0.588	0.581	0.575	0.568	0.561
100	0.555	0.549	0.542	0.536	0.529	0.523	0.517	0.511	0.505	0.499
110	0.493	0.487	0.481	0.475	0.470	0.464	0.458	0.453	0.447	0.442
120	0.437	0.432	0.426	0.421	0.416	0.411	0.406	0.402	0.397	0.392
130	0.387	0.383	0.378	0.374	0.370	0.365	0.361	0.357	0.353	0.349

续表

压杆柔度 λ	0	1.0	2.0	3.0	4.0	5.0	6.0	7.0	8.0	9.0
140	0.345	0.341	0.337	0.333	0.329	0.326	0.322	0.318	0.315	0.311
150	0.308	0.304	0.301	0.298	0.265	0.291	0.288	0.285	0.282	0.279
160	0.276	0.273	0.270	0.267	0.265	0.262	0.259	0.256	0.254	0.251
170	0.249	0.246	0.244	0.241	0.239	0.236	0.234	0.232	0.229	0.227
180	0.225	0.223	0.220	0.218	0.216	0.214	0.212	0.210	0.208	0.206
190	0.204	0.202	0.200	0.198	0.197	0.195	0.193	0.191	0.190	0.188
200	0.186	0.184	0.183	0.181	0.180	0.178	0.176	0.175	0.173	0.172
210	0.170	0.169	0.167	0.166	0.165	0.163	0.162	0.160	0.159	0.158
220	0.156	0.155	0.154	0.153	0.151	0.150	0.149	0.148	0.146	0.145
230	0.144	0.143	0.142	0.141	0.140	0.138	0.137	0.136	0.135	0.134
240	0.133	0.132	0.131	0.130	0.129	0.128	0.127	0.126	0.125	0.124
250	0.123									

表 9-6　Q235 钢 c 类截面中心受压直杆的稳定因数 φ

压杆柔度 λ	0	1.0	2.0	3.0	4.0	5.0	6.0	7.0	8.0	9.0
0	1.000	1.000	1.000	0.999	0.999	0.998	0.997	0.996	0.995	0.993
10	0.992	0.990	0.988	0.986	0.983	0.981	0.978	0.976	0.973	0.970
20	0.966	0.959	0.953	0.947	0.940	0.934	0.928	0.921	0.915	0.909
30	0.902	0.896	0.890	0.884	0.877	0.871	0.865	0.858	0.852	0.846
40	0.839	0.833	0.826	0.820	0.814	0.807	0.801	0.794	0.788	0.781
50	0.775	0.768	0.762	0.755	0.748	0.742	0.735	0.729	0.722	0.715
60	0.709	0.702	0.695	0.689	0.682	0.676	0.669	0.662	0.656	0.649
70	0.643	0.636	0.629	0.623	0.616	0.610	0.604	0.597	0.591	0.584
80	0.578	0.572	0.566	0.559	0.553	0.547	0.541	0.535	0.529	0.523
90	0.517	0.511	0.505	0.500	0.494	0.488	0.483	0.477	0.472	0.467
100	0.463	0.458	0.454	0.449	0.445	0.441	0.436	0.432	0.428	0.423
110	0.419	0.415	0.411	0.407	0.403	0.399	0.395	0.391	0.387	0.383
120	0.379	0.375	0.371	0.367	0.364	0.360	0.356	0.353	0.349	0.346
130	0.342	0.339	0.335	0.332	0.328	0.325	0.322	0.319	0.315	0.312
140	0.309	0.306	0.303	0.300	0.297	0.294	0.291	0.288	0.285	0.282
150	0.280	0.277	0.274	0.271	0.269	0.266	0.264	0.261	0.258	0.256
160	0.254	0.251	0.249	0.246	0.244	0.242	0.239	0.237	0.235	0.233
170	0.230	0.228	0.226	0.224	0.222	0.220	0.218	0.216	0.214	0.212
180	0.210	0.208	0.206	0.205	0.203	0.201	0.199	0.197	0.196	0.194
190	0.192	0.190	0.189	0.187	0.186	0.184	0.182	0.181	0.179	0.178
200	0.176	0.175	0.173	0.172	0.170	0.169	0.168	0.166	0.165	0.163
210	0.162	0.161	0.159	0.158	0.157	0.156	0.154	0.153	0.152	0.151
220	0.150	0.148	0.147	0.146	0.145	0.144	0.143	0.142	0.140	0.139
230	0.138	0.137	0.136	0.135	0.134	0.133	0.132	0.131	0.130	0.129
240	0.128	0.127	0.126	0.125	0.124	0.124	0.123	0.122	0.121	0.120
250	0.119									

对于木质压杆的稳定系数 φ 值，我国的《木结构设计规范》(GBJ5—1988)按照树种的强度等级分别给出了两组计算公式：

树种强度等级为 TC17、TC15 及 TB20 时

$$\lambda \leqslant 75 \qquad \varphi = \frac{1}{1+\left(\frac{\lambda}{80}\right)^2} \qquad (9\text{-}20\text{a})$$

$$\lambda > 75 \qquad \varphi = \frac{3000}{\lambda^2} \qquad (9\text{-}20\text{b})$$

树种强度等级为 TC13、TC11、TB17 及 TB15 时

$$\lambda \leqslant 91 \qquad \varphi = \frac{1}{1+\left(\frac{\lambda}{65}\right)^2} \qquad (9\text{-}21\text{a})$$

$$\lambda > 91 \qquad \varphi = \frac{2800}{\lambda^2} \qquad (9\text{-}21\text{b})$$

在式(9-20)和式(9-21)中，λ 为压杆的柔度。关于树种强度等级，TC17 有柏树、东北落叶松等；TC15 有红杉、云杉等；TC13 有红松、马尾松等；TC11 有西北云杉、冷杉等；TB20 有栎木、桐木等；TB17 有水曲柳等；TB15 有栲木、桦木等，代号后的数字为树种的弯曲强度(MPa)。

例 9-3 如图 9-10 所示，长 $l=4\text{m}$，两端球铰支承的中心受压直杆，由两根 110mm×70mm×7mm 角钢通过缀条及缀板连成整体，并符合钢结构设计规范中的实腹式 b 类截面中心受压杆的要求。已知该杆材料为 Q235 钢，其强度许用应力为 $[\sigma]=170\text{MPa}$。试求压杆的稳定许用应力。

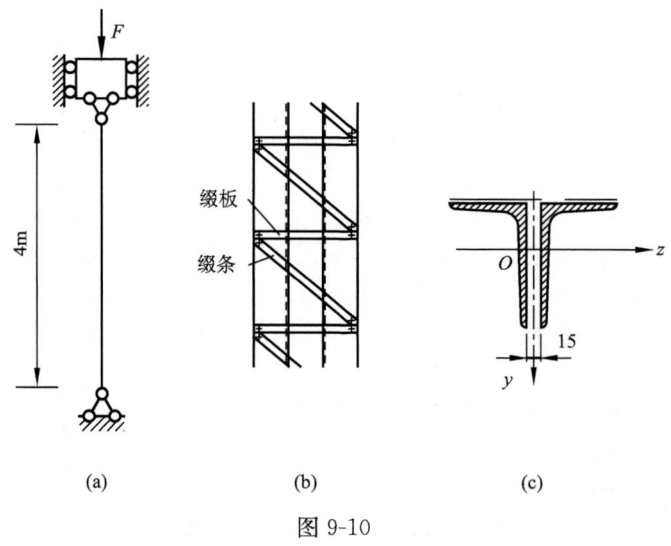

图 9-10

解：(1) 计算组合截面的惯性矩。从型钢表上查得有关截面的几何性质，分别算出组合截面对其形心主轴 y、z 的惯性矩为

$$I_z = 2\times(153\times10^4\text{mm}^4) = 306\times10^4\text{mm}^4$$

$$I_y = 2\times[49.01\times10^4\text{mm}^4 + (1230\text{mm}^2)(23.6\text{mm})^2] = 235\times10^4\text{mm}^4$$

(2) 确定压杆柔度值。由于 $I_z > I_y$，说明压杆的弱轴为 y 轴，强轴为 z 轴，故应当以与 y 轴对应的惯性半径 i_y 来计算其柔度值，即

$$i_y = \sqrt{\frac{I_y}{A}} = \sqrt{\frac{235 \times 10^4 \text{mm}^4}{2 \times (1230 \text{mm}^2)}} = 30.9 \text{mm}$$

$$\lambda_y = \frac{\mu l}{i_y} = \frac{1 \times 3\text{m}}{30.9 \times 10^{-3}\text{m}} = 97$$

(3) 计算稳定许用应力。根据柔度 $\lambda=97$，由表 9-5 查得 $\varphi=0.575$，代入式(9-18)，即得压杆的稳定许用应力为

$$[\sigma]_{\text{st}} = \varphi[\sigma] = 0.575 \times 170 \text{MPa} = 97.8 \text{MPa}$$

9.6 提高压杆稳定性的措施

如前所述，细长压杆与中柔度杆都存在失稳的问题，那么工程中的压杆就需要考虑如何才能提高压杆的稳定性，来提高压杆的临界力或者临界应力。

从压杆的临界应力公式可以看出，压杆的材料（E 和 σ_s）与柔度 λ 是影响临界力的两个主要因素。下面就要讨论根据这些因素来提高压杆稳定性的措施。

1. 合理选择截面

从欧拉公式可知，截面的惯性矩 I 越大，临界力 F_{cr} 就越高。从经验公式可知，柔度 λ 越小，临界应力 F_{cr} 越高。又由于 $\lambda = \frac{\mu l}{i}$，因此提高惯性半径 i 的数值就能减小 λ 的数值。由此可见，在不增加压杆横截面积 A 的前提下，应尽可能把材料放在离截面形心较远处，以取得较大的 I 和 i，提高临界力 F_{cr}。如图 9-11 所示，空心圆环截面图 9-11(b)较相同截面积的实心圆截面图 9-11(a)合理；由四根角钢焊成的压杆截面，图 9-11(d)所示那样放置的焊接要比图 9-11(c)所示的放置合理。

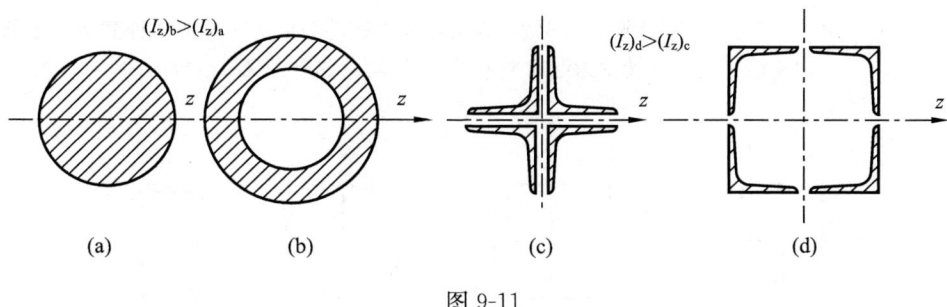

图 9-11

2. 改善约束条件

杆端约束不同，长度因数 μ 值就不同。而 μ^2 与压杆的临界力 F_{cr} 成反比，故长度因数 μ 越小，压杆的临界力 F_{cr} 就越大。因此，在可能的条件下，应加强杆端约束程度，以减小 μ 值，从而减小柔度 λ 值，来增大压杆的临界力 F_{cr}。

3. 合理选用材料

由欧拉公式(9-5)可知，临界力 F_{cr} 与材料的弹性模量 E 有关。但是由于各种钢材的弹性

模量 E 相差不大,因此,对于细长杆,选用低碳钢或优质钢材并没有显著差异。对于中柔度杆,不管是根据经验公式还是理论分析都表明,临界应力 F_{cr} 与材料的强度有关,即使用优质钢材可在一定程度上提高压杆的临界应力 F_{cr}。而对于小柔度杆,受压破坏时本身就是强度问题,选用优质钢材自然可以提高其承载力。

4. 尽量减小压杆长度

对于大柔度杆,其临界力 F_{cr} 与杆长 l 的平方成反比,故使压杆长度 l 减小就可明显提高压杆的临界力。若压杆长度 l 不能减小时,则可以增加压杆的约束点,以减小压杆的计算长度 l,从而达到提高压杆承载能力的目的。至于小柔度压杆,则不能通过减小压杆长度 l 的办法来提高承载力。

思 考 题

9-1 什么是压杆的失稳? 压杆的失稳与梁的弯曲有何本质区别?

9-2 临界力是压杆丧失稳定的最小荷载;临界力是压杆维持直线稳定平衡状态的最大荷载,这两句话对吗? 矛盾吗? 到底什么是压杆的临界力和临界应力?

9-3 常见的压杆杆端约束形式有哪几种? 相应的长度因数为多少?

9-4 欧拉公式适用于何种情况? 如果用欧拉公式来计算中长压杆的临界力,会引起什么后果?

9-5 对于两端铰支、由 Q235 钢制成的圆截面压杆,杆长 l 应比直径 d 大多少倍时,才能应用欧拉公式?

9-6 细长压杆在推导欧拉临界力时,是否与所选坐标有关? 就下端固定、上端自由,并在自由端受轴向压力作用的等直细长压杆而言,若取坐标系如思考题 9-6 图所示,试问能否推导出欧拉公式

$$F_{cr} = \frac{\pi^2 EI}{(2l)^2}$$

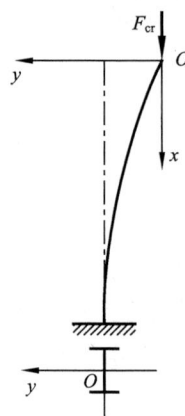

思考题 9-6 图

9-7 如思考题 9-7 图所示为两端以球铰链约束的压杆的几种截面的形状,问压杆由直线平衡形式转变为弯曲平衡形式时,其横截面将绕哪根轴弯曲。

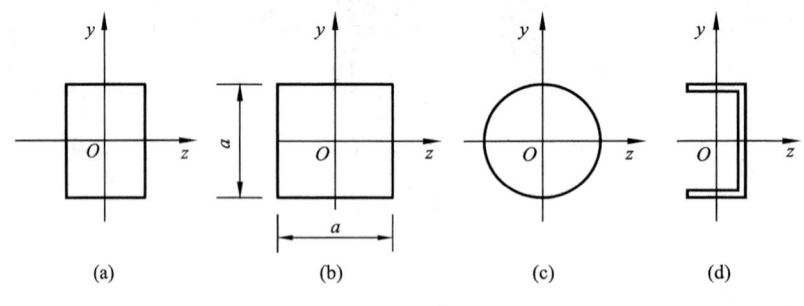

思考题 9-7 图

9-8 由 1、2 两杆组成的简单桁架如思考题 9-8 图(a)、(b)所示两种形式,试问它们的承载力是否相同? 为什么?

9-9 现有一压杆是由两根等边角钢合并铆接而成的。设铆接成的压杆横截面积为 A,铆接孔面积为 A_1。试问在进行稳定校核使用压杆横截面积时应当用 A 还是用 $A - A_1$? 若进行强度校核时应该是用怎样的横截面积? 为什么?

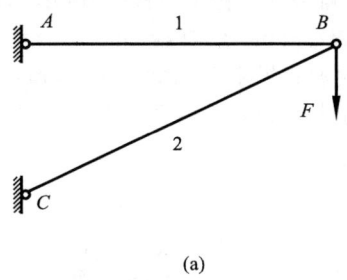
(a)

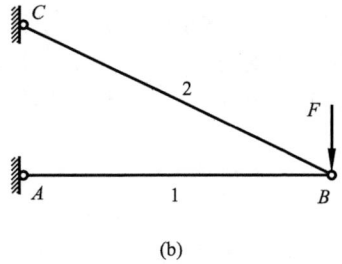
(b)

思考题 9-8 图

9-10 为了提高压杆的稳定性可以采取哪些措施？你能否想出新的措施？

习 题

9-1 细长压杆如题 9-1 图所示,各圆杆的直径 d 均相同,材料为 Q235 钢。其中,图(a)为两端铰支,图(b)为上端铰支、下端固定,图(c)为两端固定。试判断哪一种情形的临界荷载 F_{cr} 最大？若 $d=16$cm,$E=210$GPa,试求其中最大临界荷载。

9-2 两端铰支压杆,长 $l=5$m,截面为 22a 号工字钢,$E=200$GPa,比例极限 $\sigma_p=200$MPa。试求压杆的临界力。

9-3 两根细长压杆,其支座形式、材料、长度、横截面面积均相同。其截面形状一为圆形,一为内外径之比为 $\frac{1}{2}$ 的圆环形。试求二杆的临界压力之比。

9-4 题 9-4 图所示桁架 ABC 由两根截面、材料均相同的细长杆件铰接而成,在保证杆系稳定的前提下,θ 角为多大时,F 有最大值？

9-5 长 5m 的 10 号工字钢,在温度为 0℃ 时安装在两个固定支座之前,这时杆不受力。已知钢的线膨胀系数 $\alpha_l=125\times10^{-7}$(℃)$^{-1}$,$E=210$GPa。试问当温度升高至多少度时,杆将丧失稳定性？

9-6 题 9-6 图所示结构 ABCD 由三根直径均为 d 的圆截面钢杆,在点 B 铰支,而在点 A 和点 C 固定,D 为铰接点,$\frac{l}{d}=10\pi$。若结构由于杆件在平面 ABCD 内弹性失稳而丧失承载能力,试确定作用于节点 D 处的荷载 F 的临界值。

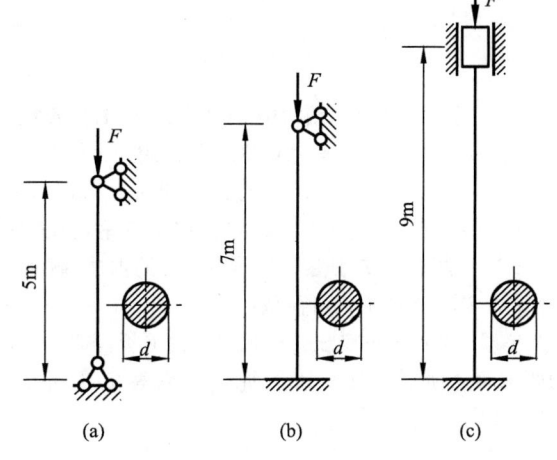
题 9-1 图

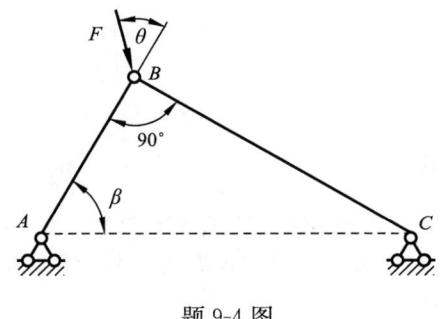
题 9-4 图

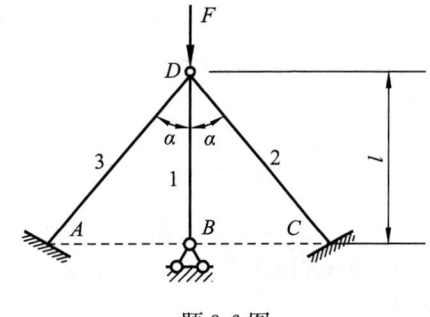
题 9-6 图

9-7 如题 9-7 图所示结构中，梁 2 有足够的强度，实心圆截面压杆 1 的材料为 Q235，荷载 $F=1.5\times 10^5$ N，规定的压杆工作稳定安全因数 $n_{st}=2$。试确定压杆的最小直径。已知 $l=2$m。

9-8 下端固定、上端铰支、长 $l=4$m 的压杆，由两根 10 号槽钢焊接而成，如题 9-8 图所示，并符合钢结构设计规范中实腹式 b 类截面中心受压直杆的要求。已知杆的材料为 Q235 钢，强度许用应力 $[\sigma]=170$MPa，试求压杆的许可荷载。

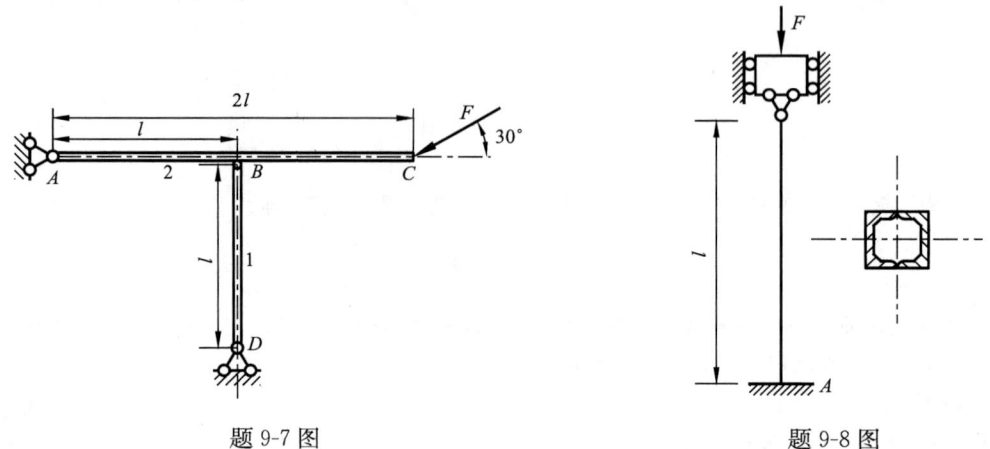

题 9-7 图　　　　　　题 9-8 图

9-9 题 9-9 图所示结构中，AD 为铸铁圆杆，直径 $d_1=60$mm，压缩许用应力 $[\sigma]=120$MPa；BC 杆为钢圆杆，直径 $d_2=10$mm，材料为 Q235 钢，许用应力 $[\sigma]=160$MPa。如各支承处均为铰接，试求许用分布荷载 q。

9-10 题 9-10 图所示一支柱系由四根 70mm×70mm×6mm 的角钢组成，柱的两端铰支，柱长 $l=6$m，受轴向压力 $F=450$kN 作用。若材料为 Q235 钢，强度许用应力 $[\sigma]=160$MPa。试求支柱横截面边长 a 的尺寸。

9-11 两端铰支、强度等级为 TC13 的木柱，截面为 150mm 的正方形，长度 $l=3.5$m，强度许用应力 $[\sigma]=10$MPa。试求木柱的许可荷载。

9-12 某桁架的受压弦杆长 4m，由缀板焊成一体，并符合钢结构设计规范中实腹式 b 类截面中心受压杆的要求，截面形式如题 9-12 图所示，材料为 Q235 钢，$[\sigma]=170$MPa。若按两端铰支考虑，求杆所能承受的许可压力。

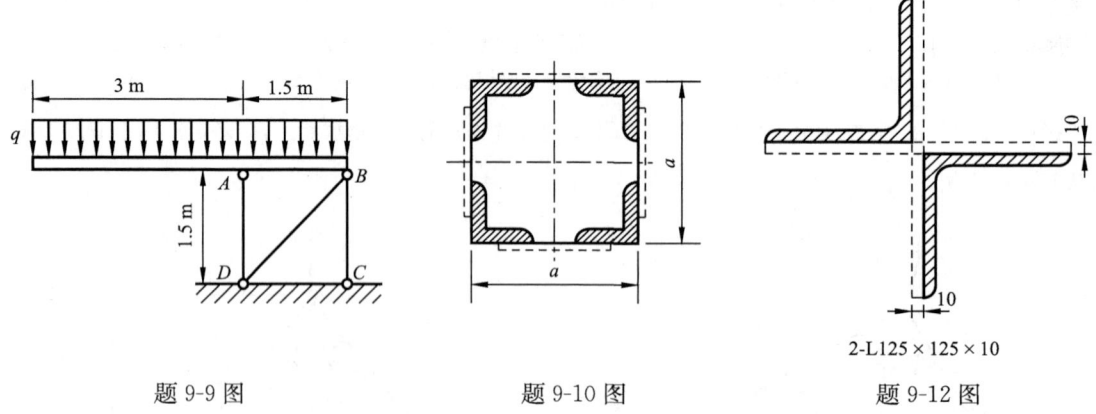

题 9-9 图　　　　　　题 9-10 图　　　　　　题 9-12 图

9-13 如题 9-13 图所示托架，CF 为铸铁圆杆，直径 $d_1=100$mm（按细长压杆计算），$n_{st}=4.6$，$E_{铁}=120$GPa。BE 为钢圆杆，直径 $d_2=50$mm，$[\sigma]=160$MPa，$E_{钢}=200$GPa。横梁 $ABCD$ 可视为刚体，试求结构的许用荷载 $[F]$ 值。

9-14 如题 9-14 图所示构架，两杆均由直径 $d=20$mm 的 A3 钢制成，$E=200$GPa，$\sigma_p=200$MPa，$\sigma_s=$

240MPa，强度安全系数 $n=2.0$，稳定安全系数 $n_{st}=2.5$。试验算构架能否安全工作。

9-15 题 9-15 图所示结构中 BC 为圆截面杆，其直径 $d=80\text{mm}$；AC 为边长 $a=70\text{mm}$ 的正方形截面杆。已知该结构的约束情况为 A 端固定，B、C 为球铰。两杆材料均为 Q235 钢，弹性模量 $E=210\text{GPa}$，可各自独立发生弯曲互不影响。若结构的稳定安全系数 $n_{st}=2.5$。试求所能承受的许可压力。

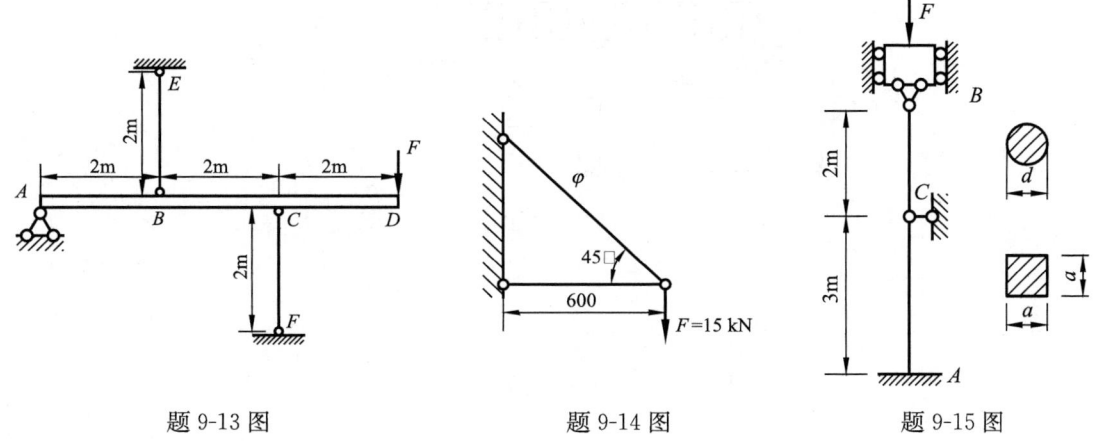

题 9-13 图　　　　　题 9-14 图　　　　　题 9-15 图

9-16 如题 9-16 图所示，刚性钢杆 AB，在点 C 处由 Q235 钢制成的杆①支撑，$E=200\text{GPa}$，$\lambda_p=100$。已知杆①的直径 $d=50\text{mm}$，$l=3\text{m}$。试问：

(1) A 处能施加的最大荷载 F 为多少？

(2) 若在点 D 再加一根与杆①相同的杆②，则最大的荷载 F 又为多少（只考虑面内失稳）？

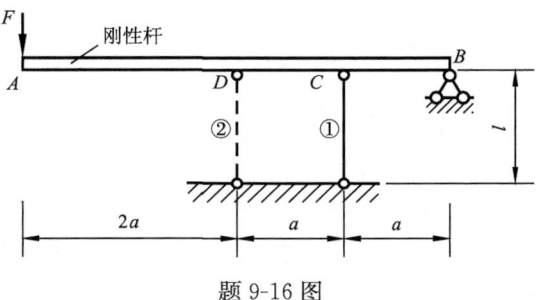

题 9-16 图

9-17 题 9-17 图所示一简单托架，其撑杆 AB 为圆截面木杆，强度等级为 TC15。若架上受集度为 $q=50\text{kN/m}$ 的均布荷载作用，AB 两端为柱形铰。材料的强度许用应力 $[\sigma]=11\text{MPa}$，试求撑杆所需的直径。

9-18 题 9-18 图所示结构中杆 AC 与 CD 材料均为 Q235 钢，C、D 两处均为球铰。已知 $d=20\text{mm}$，$b=100\text{mm}$，$h=180\text{mm}$；$E=200\text{GPa}$，$\sigma_s=235\text{MPa}$，$\sigma_b=400\text{MPa}$；强度安全因数 $n=2.0$，稳定安全因数 $n_{st}=3.0$。试确定该结构的许可荷载。

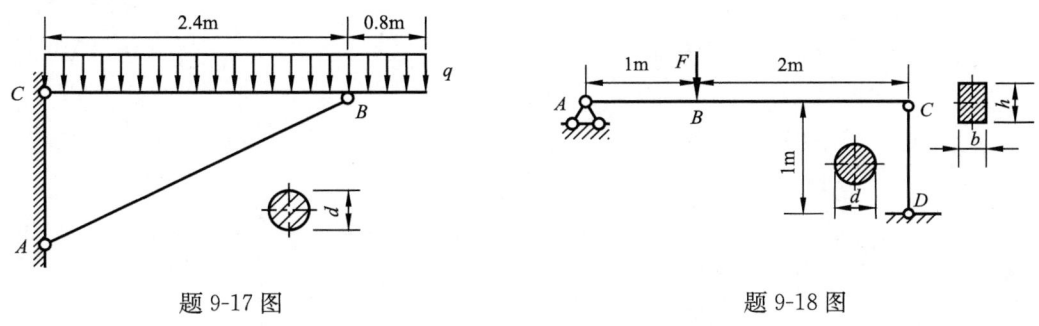

题 9-17 图　　　　　　　　　题 9-18 图

9-19 题9-19图所示结构中钢梁 AB 及立柱 CD 分别由16号工字钢和连成一体的两根 63mm×63mm×5mm 角钢制成，杆 CD 符合钢结构设计规范中实腹式 b 类截面中心受压杆的要求。均布荷载集度 $q=48$kN/m。梁及柱的材料均为 Q235 钢，$[\sigma]=170$MPa，$E=210$GPa，试计算梁和立柱是否安全。

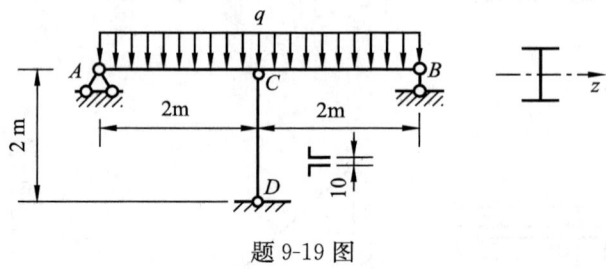

题 9-19 图

第10章 能量方法

10.1 概述

可变形固体在外力作用下将发生变形,外力在相应位移上做的功用 W 表示,如果忽略变形体在变形过程中的能量损失,那么 W 在数值上等于积蓄在弹性体内的应变能,用 V_ε 表示,亦即

$$W = V_\varepsilon$$

由于弹性固体的应变能是可逆的,当外力逐渐解除时,它又可在恢复变形中,释放出全部应变能而做功。这种利用功和能的概念求解可变形固体的位移、变形和内力的方法,统称为能量法。能量法不仅适用于线弹性体,也可用于非线弹性体。在非线弹性范围内时,塑性变形将耗散一部分能量,应变能不能全部再转变为功。

10.2 应变能、余能

10.2.1 应变能

1. 拉压杆的应变能

图 10-1(a)表示杆在从 0 增加至 F 的拉力作用下产生的变形,变形量为 Δl,在线弹性范围内,拉力 F 所做的功可用图 10-1(b)中斜线与 Δl 轴之间的微梯形面积表示。当拉力 F 为恒定值时,拉杆在线弹性范围内工作时的应变能 V_ε 为

$$V_\varepsilon = W = \frac{1}{2} F \Delta l \tag{10-1}$$

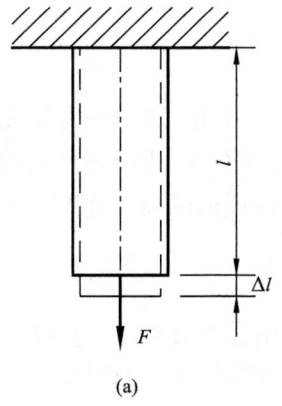
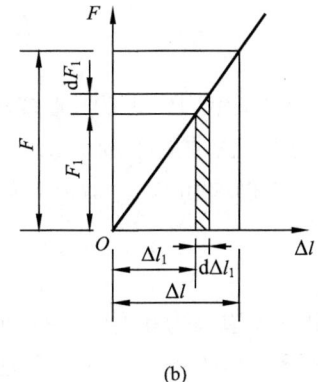

图 10-1

由于 $\Delta l = \dfrac{Fl}{EA}$,式(10-1)可表示为

$$V_\varepsilon = W = \frac{F^2 l}{2EA} \tag{10-2}$$

当拉力 F 为变量时,沿杆件轴线轴力 F_N 为变量,则可先求出 dx 微段内的应变能为

$$dV_\varepsilon = \frac{F_N^2(x)dx}{2EA}$$

在整个杆轴上积分,就可求出整个杆件的应变能

$$V_\varepsilon = \int_l \frac{F_N^2(x)dx}{2EA} \tag{10-3}$$

一般情况下,设拉杆的材料是非线性弹性体,杆端位移 Δ 与施加在杆端的外力 F 之间的关系如图 10-2(a)、(b)所示。

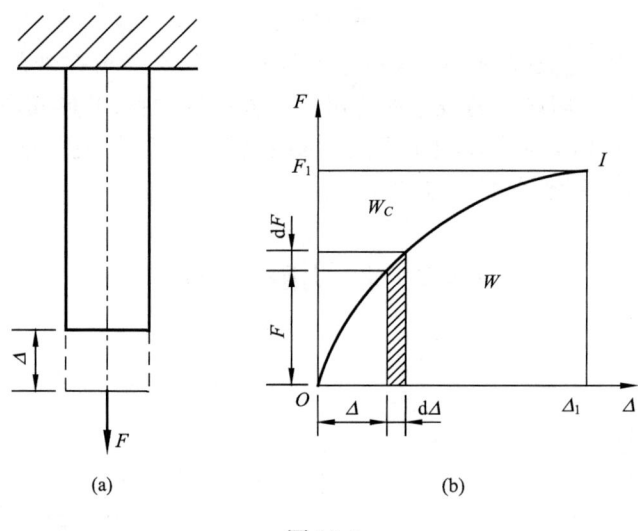

图 10-2

当外力由零逐渐增大到 F_1 时,杆端位移就由 0 逐渐增至 Δ_1,如图 10-2(b)所示,此时外力所做的功为

$$W = \int_0^{\Delta_1} F d\Delta$$

从图 10-2(b)见,$Fd\Delta$ 相当于图中带阴影线的长条面积。由此可知,外力所做的功就相当于从 $\Delta=0$ 到 $\Delta=\Delta_1$ 之间 $F-\Delta$ 曲线下的面积。由于材料是弹性的,所以在略去加载和卸载过程中的能量损耗后,外力所做的功 W 在数值上就等于积蓄在杆内的应变能 V_ε,即

$$V_\varepsilon = W = \int_0^{\Delta_1} F d\Delta \tag{10-4}$$

从拉杆中取出一个边长为单位长的单元体,则作用在单元体上、下两表面上的力为 $F = \sigma \times 1 \times 1 = \sigma$,其伸长量为 $\Delta l = \varepsilon \times 1 = \varepsilon$。于是,在拉杆加载过程中,单元体上外力所做的功为

$$W = \int_0^{\varepsilon_1} \sigma d\varepsilon$$

外力功在数值上等于积蓄在单元体内的应变能。由于单元体的体积为单位值,故上述应变能为应变能密度 v_ε。于是得

$$v_\varepsilon = \int_0^{\varepsilon_1} \sigma \mathrm{d}\varepsilon \tag{10-5}$$

若取出的单元体各边长分别为 $\mathrm{d}x$、$\mathrm{d}y$、$\mathrm{d}z$，则单元体内所积蓄的应变能为

$$\mathrm{d}V_\varepsilon = v_\varepsilon \mathrm{d}x\mathrm{d}y\mathrm{d}z$$

若令 $\mathrm{d}x\mathrm{d}y\mathrm{d}z = \mathrm{d}V$，则整个拉杆内所积蓄的应变能为

$$V_\varepsilon = \int \mathrm{d}V_\varepsilon = \int_V v_\varepsilon \mathrm{d}V \tag{10-6a}$$

又因在拉杆整个体积内各点处的 v_ε 为常量，故有

$$V_\varepsilon = \int_V v_\varepsilon \mathrm{d}V = v_\varepsilon V = v_\varepsilon Al \tag{10-6b}$$

当杆件在弹性范围内工作时，式(10-4)中的 F 和 Δ 成正比，因而，上式右端的积分就等于 $\frac{1}{2}F_1\Delta_1$，于是有

$$V_\varepsilon = W = \frac{1}{2}F_1\Delta_1 = \frac{F_1^2 l}{2EA} \tag{10-7}$$

以此类推，可分别得梁和轴内应变能的表达式。

在计算应变能密度 v_ε 时，若材料在线弹性范围内工作，则按式(10-5)中的 σ 与 ε 成正比，故有

$$v_\varepsilon = \int_0^{\varepsilon_1} \sigma \mathrm{d}\varepsilon = \frac{1}{2}E\varepsilon_1^2 = \frac{\sigma_1^2}{2E} \tag{10-8a}$$

同理，在纯剪切条件下的应变能密度 v_ε 表达式为

$$v_\varepsilon = \int_0^{\gamma_1} \tau \mathrm{d}\gamma = \frac{1}{2}G\gamma_1^2 = \frac{\tau_1^2}{2G} \tag{10-8b}$$

例 10-1 在图 10-3 所示的阶梯形杆中，右端固定。已知：$F_A = 10\mathrm{kN}$，$F_B = 20\mathrm{kN}$，$l = 0.1\mathrm{m}$，AB 段与 BC 段横截面面积分别为 $A_{AB} = 100\mathrm{mm}^2$，$A_{BC} = 200\mathrm{mm}^2$，材料的弹性模量 $E = 200\mathrm{GPa}$。试求：(1)杆的轴向变形；(2)端面 A 与截面 D-D 间的相对位移；(3)杆的应变能。

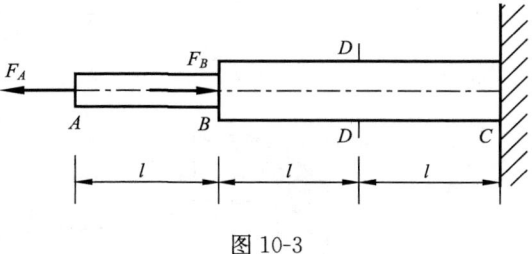

图 10-3

解：由截面法求得段 AB 与段 BC 的轴力 $F_{N_{AB}}$、$F_{N_{BC}}$ 分别为

$$F_{N_{AB}} = F_A = 10\mathrm{kN}, \quad F_{N_{BC}} = F_A - F_B = -10\mathrm{kN}$$

(1) 杆的轴向变形。

$$\Delta l = \Delta l_{AB} + \Delta l_{BC} = \frac{F_{N_{AB}} l}{EA_{AB}} + \frac{F_{N_{BC}} \cdot 2l}{EA_{BC}}$$

$$= \left(\frac{10 \times 10^3 \mathrm{N} \times 100 \times 10^{-3}\mathrm{m}}{200 \times 10^9 \mathrm{Pa} \times 100 \times 10^{-6}\mathrm{m}^2} + \frac{-10 \times 10^3 \mathrm{N} \times 100 \times 10^{-3} \times 2\mathrm{m}}{200 \times 10^9 \mathrm{Pa} \times 200 \times 10^{-6}\mathrm{m}^2} \right) = 0\mathrm{m}$$

(2) 端面 A 与截面 D-D 间的相对位移。

Δ_{AD} 等于端面 A 与截面 D-D 截面间杆的轴向变形 Δl_{AD}

$$\Delta_{AD} = \Delta l_{AD} = \frac{F_{N_{AB}}l}{EA_{AB}} + \frac{F_{N_{BC}}l}{EA_{BC}}$$

$$= \left(\frac{10 \times 10^3 \text{N} \times 100 \times 10^{-3} \text{m}}{200 \times 10^9 \text{Pa} \times 100 \times 10^{-6} \text{m}^2} + \frac{-10 \times 10^3 \text{N} \times 100 \times 10^{-3} \text{m}}{200 \times 10^9 \text{Pa} \times 200 \times 10^{-6} \text{m}^2} \right) = 2.5 \times 10^{-5} \text{m}$$

(3) 变形能。

$$V_\varepsilon = V_{\varepsilon AB} + V_{\varepsilon BC} = \frac{F_{N_{AB}}^2 \cdot l}{2EA_{AB}} + \frac{F_{N_{BC}}^2 \cdot 2l}{2EA_{BC}}$$

$$= \left[\frac{(10 \times 10^3 \text{N})^2 \times 100 \times 10^{-3} \text{m}}{2 \times 200 \times 10^9 \text{Pa} \times 100 \times 10^{-6} \text{m}^2} + \frac{(-10 \times 10^3 \text{N})^2 \times 2 \times 100 \times 10^{-3} \text{m}}{2 \times 200 \times 10^9 \text{Pa} \times 200 \times 10^{-6} \text{m}^2} \right] = 0.5 \text{J}$$

2. 受扭圆轴的应变能

图 10-4(a)表示圆轴在从 0 增加至 $T(x)$ 的扭转力偶矩作用下，产生的变形，在线弹性范围内，扭转角 φ 与扭转力偶矩 T 间的关系是一条斜直线，如图 10-4(b)所示。当扭转力偶矩 T 为恒定值时，扭转力偶矩 T 所做的功为

$$W = \frac{1}{2}T\varphi$$

且 $\varphi = \dfrac{Tl}{GI_\text{p}}$，代入上式得

$$W = \frac{T^2 l}{2GI_\text{p}}$$

由式(10-1)可得

$$V_\varepsilon = W = \frac{T^2 l}{2GI_\text{p}} \tag{10-9}$$

当扭转力偶矩 $T(x)$ 为变量时，则可先求出 $\mathrm{d}x$ 微段内的应变能积分再在整个轴上积分为

$$V_\varepsilon = \int_l \frac{T^2(x)}{2GI_\text{p}} \mathrm{d}x \tag{10-10}$$

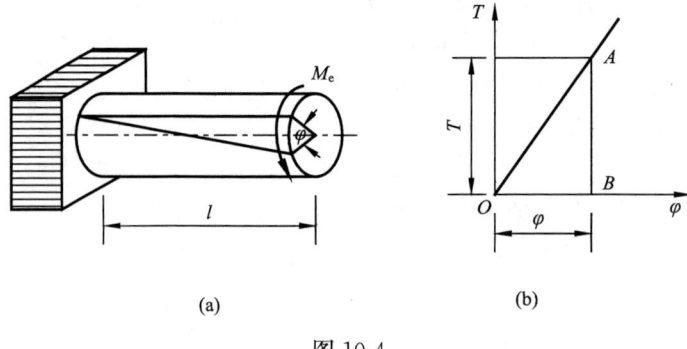

图 10-4

3. 梁的弯曲应变能

图 10-5(a)为纯弯曲梁，在线弹性范围内弯曲力偶矩 M_e 与截面转角 θ 间的关系仍是斜直线，如图 10-5(b)所示。当弯曲力偶矩 M_e 为恒定值时，弯曲力偶矩 M_e 所做的功为

$$W = \frac{1}{2}M_\text{e}\theta$$

且 $\theta = \dfrac{M_e l}{EI}$，代入上式得

$$V_\varepsilon = W = \dfrac{M_e^2 l}{2EI} \tag{10-11}$$

当弯曲力偶矩 M_e 为变量时，则可先求出 dx 微段内的应变能，再在整个轴上积分后得

$$V_\varepsilon = \int_l \dfrac{M_e^2(x)}{2EI} dx \tag{10-12}$$

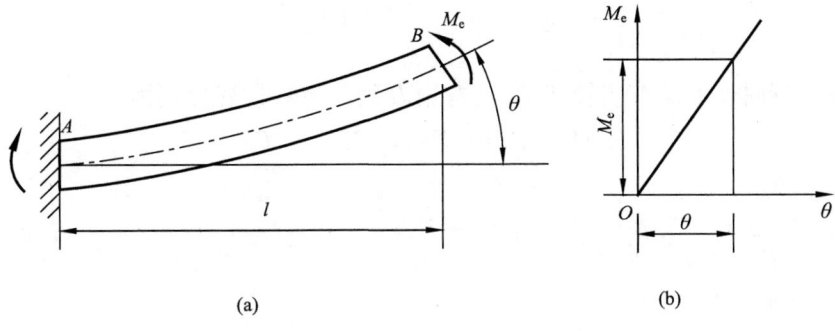

图 10-5

例 10-2 试计算图 10-6 所示梁的应变能。梁的抗弯刚度为 EI。

解： BC 段和 AB 段梁的弯矩方程分别为

$$M_1(x) = -Px, \quad M_2(x) = -Px - Pl$$

梁的应变能为

$$V_\varepsilon = \int_0^l \dfrac{M_1^2(x)}{2EI} dx + \int_l^{2l} \dfrac{M_2^2(x)}{2EI} dx$$

$$= \int_0^l \dfrac{(-Px)^2}{2EI} dx + \int_l^{2l} \dfrac{(-Px - Pl)^2}{2EI} dx$$

$$= \dfrac{10 P^2 l^3}{3 EI}$$

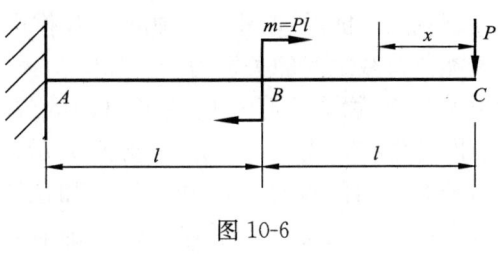

图 10-6

4. 组合变形杆件的应变能

组合变形的杆件，其横截面上的内力有轴力 $F_N(x)$、扭矩 $T(x)$、弯矩 $M(x)$ 和剪力 $F_S(x)$，其中任一种内力并不在其他内力产生的变形上做功，只分别在各自的相应位移上做功，忽略剪力的影响，微段上的变形能为

$$dV_\varepsilon = \dfrac{F_N^2(x)}{2EA} dx + \dfrac{T^2(x)}{2GI_p} dx + \dfrac{M^2(x)}{2EI} dx$$

全杆的应变能为

$$V_\varepsilon = \int_l \dfrac{F_N^2(x)}{2EA} dx + \int_l \dfrac{T^2(x)}{2GI_p} dx + \int_l \dfrac{M^2(x)}{2EI} dx \tag{10-13}$$

应注意的是，式中扭矩产生的变形能计算式只适用于圆形截面杆。

例 10-3 试计算图 10-7 所示圆截面水平直角折杆在力 P 作用下的应变能。折杆各段的

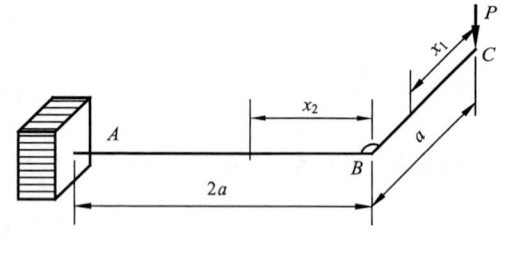

图 10-7

刚度 EI、GI_p 均为常数。不计剪力对变形能的影响。

解:将折杆分为 AB 段和 BC 段,分别计算每段的应变能,然后相加即可。BC 段发生弯曲变形,其弯矩方程为

$$M(x_1) = -Px_1$$

则该段的应变能为

$$V_{\varepsilon 1} = \int_l \frac{M^2(x)}{2EI}\mathrm{d}x_1 = \int_0^a \frac{(-Px_1)^2}{2EI}\mathrm{d}x_1 = \frac{P^2 a^3}{6EI}$$

AB 段既有弯曲变形又有扭转变形,其弯矩方程和扭矩方程分别为

$$M(x_2) = -Px_2, \quad T = -Pa$$

则该段的应变能为

$$V_{\varepsilon 2} = \int_l \frac{M^2(x_2)}{2EI}\mathrm{d}x + \frac{T^2 \cdot 2a}{2GI_p} = \int_0^{2a} \frac{(-Px_2)^2}{2EI}\mathrm{d}x_2 + \frac{(-Pa)^2 \cdot 2a}{2GI_p} = \frac{4P^2 a^3}{3EI} + \frac{P^2 a^3}{GI_p}$$

整个折杆的应变能为

$$V_\varepsilon = V_{\varepsilon 1} + V_{\varepsilon 2} = \frac{P^2 a^3}{6EI} + \frac{4P^2 a^3}{3EI} + \frac{P^2 a^3}{GI_p} = \frac{3P^2 a^3}{2EI} + \frac{P^2 a^3}{GI_p}$$

10.2.2 应变能的普遍表达式

现利用功能原理,将应变能的计算推广到一般情况。以线弹性体受多个荷载同时作用,其应变能与荷载之间的关系为例。如图 10-8 所示,设作用于物体上的外力为 $F_1, F_2, F_3, \cdots$ 由于约束的限制,物体只存在由变形引起的位移,不可能有刚性位移。用 $\delta_1, \delta_2, \delta_3, \cdots$ 分别表示外力作用点沿外力方向的位移。这里的外力和位移都是指广义力和广义位移。由于弹性体在加载变形过程中储存的应变能是状态的函数,所以与加载次序无关,只取决于外力和位移的最终值。所以在计算应变能的过程中,就可以假设 $F_1, F_2, F_3, \cdots$ 按相同比例,从零开始缓慢增加至最终值。引入参数 λ,变化值从 0 到 1,则任意时刻各力的大小为 $\lambda F_1, \lambda F_2, \lambda F_3, \cdots$ 由于材料是线弹性的,且变形很小,可认为弹性位移和外力之间也是线性关系,则点位移也按同比例增加,所以任意时刻各外力相应的位移为 $\lambda \delta_1, \lambda \delta_2, \lambda \delta_3, \cdots$ 如果给 λ 一个增量 $\mathrm{d}\lambda$,则各位移相应的增量为 $\delta_1 \mathrm{d}\lambda, \delta_2 \mathrm{d}\lambda, \delta_3 \mathrm{d}\lambda, \cdots$ 忽略高阶无穷小,外力 $\lambda F_1, \lambda F_2, \lambda F_3, \cdots$ 在以上位移增量上所做的功为

$$\mathrm{d}W = \lambda F_1 \cdot \delta_1 \mathrm{d}\lambda + \lambda F_2 \cdot \delta_2 \mathrm{d}\lambda + \lambda F_3 \cdot \delta_3 \mathrm{d}\lambda + \cdots$$
$$= (F_1 \delta_1 + F_2 \delta_2 + F_3 \delta_2 + \cdots)\lambda \mathrm{d}\lambda$$

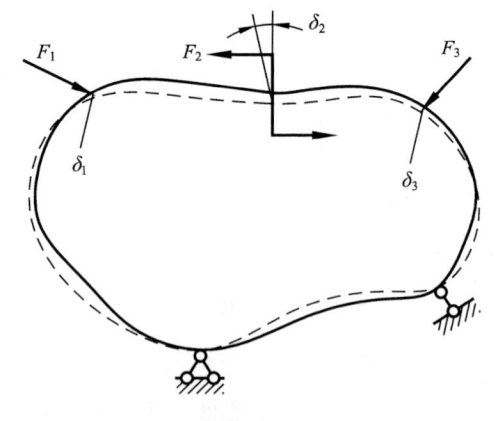

图 10-8

上式积分得

$$W = (F_1 \delta_1 + F_2 \delta_2 + F_3 \delta_3 + \cdots)\int_0^1 \lambda \mathrm{d}\lambda = \frac{1}{2}F_1 \delta_1 + \frac{1}{2}F_2 \delta_2 + \frac{1}{2}F_3 \delta_3 + \cdots$$

根据功能原理,物体的应变能为

$$V_\varepsilon = W = \frac{1}{2}F_1\delta_1 + \frac{1}{2}F_2\delta_2 + \frac{1}{2}F_3\delta_3 + \cdots \tag{10-14}$$

式(10-14)表明,线弹性体在小变形情况下的应变能等于各外力与其相应位移乘积的二分之一的总和,这一结论被称为**克拉贝依隆原理**,它反应的是线弹性体应变能与荷载及相应位移之间的函数关系。

由于线弹性小变形的位移 $\delta_1, \delta_2, \delta_3, \cdots$ 与外力 $F_1, F_2, F_3, \cdots$ 之间是线性关系,所以如果将式(10-14)中的位移用外力来替换,则应变能将是外力的二次齐次函数。同理,如果将外力用位移来替换,则应变能将是位移的二次齐次函数。利用上述原理,进一步推导杆件组合变形时的应变能。从杆件中取出长为 dx 的微段,如图 10-9 所示,其两端横截面上有弯矩 $M(x)$、扭矩 $T(x)$ 和轴力 $F_N(x)$。这些力对所分析的微段来

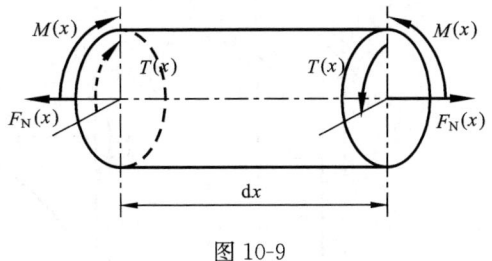

图 10-9

说,可视为外力。设两个端截面的相对轴向位移为 $d(\Delta l)$,相对转角位移 $d\theta$,相对扭转角为 $d\varphi$,由式(10-14)可得出,微段内的应变能为

$$dV_\varepsilon = \frac{1}{2}F_N(x)d(\Delta l) + \frac{1}{2}M(x)d\theta + \frac{1}{2}T(x)d\varphi = \frac{F_N^2(x)}{2EA}dx + \frac{M^2(x)}{2EI}dx + \frac{T^2(x)}{2GI_p}dx$$

对上式积分,可求出整个杆件的应变能为

$$V_\varepsilon = \int_l \frac{F_N^2(x)}{2EA}dx + \int_l \frac{T^2(x)}{2GI_p}dx + \int_l \frac{M^2(x)}{2EI}dx$$

上式即式(10-13),只适用于圆截面的情况。

10.2.3 余能和余功

下面介绍另一个能量参数——余能。图 10-10(a)所示的是由非线性弹性材料制成的拉杆。其端部受拉力 F 的作用。当 F 从 0 缓慢增加至最终值 F_1 时,由于材料是非线性弹性的,所以拉杆的 F-Δ 曲线图如图 10-10(b)所示。在完全弹性条件下,外力所做的功全部转化为杆件的弹性应变能,F-Δ 曲线与横坐标轴间的面积就是外力 F 所做的功,即

$$V_\varepsilon = W = \int_0^{\Delta_1} F d\Delta$$

仿照外力做功的公式,我们也可以计算另一部分积分

$$\int_0^{F_1} \Delta dF$$

上式积分是 F-Δ 曲线与纵坐标轴间的面积,其具有功和能量的量纲且与功和能量互余(互补),称为**余功**,用 W_c 表示,即

$$W_c = \int_0^{F_1} \Delta dF \tag{10-15}$$

由于材料是弹性的,可以仿照功和应变能的关系,将余功相应的能称为**余能**,并用 V_c 来表示。又因为余能和余功在数值上是相等的,所以余能就可以按下式求解

$$V_c = W_c = \int_0^{F_1} \Delta dF \tag{10-16}$$

在几何线性问题中,也可以利用余能密度 v_c 来计算余能,即

$$V_c = \int_V v_c \mathrm{d}V \tag{10-17}$$

其中 v_c 可按下式求解

$$v_c = \int_0^{\sigma_1} \varepsilon \mathrm{d}\sigma \tag{10-18}$$

在图 10-10(c)所示 σ-ε 曲线中,积分 $\int_0^{\sigma_1} \varepsilon \mathrm{d}\sigma$ 代表曲线与纵坐标轴间的面积。

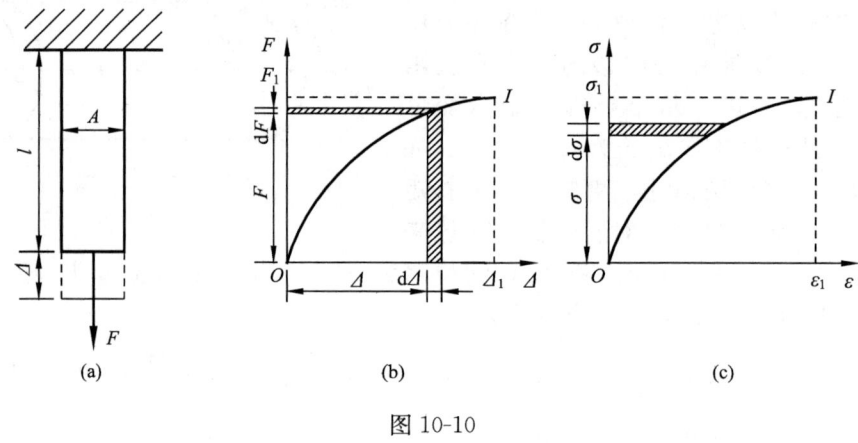

图 10-10

应该指出,余功、余能和应变能密度并不是客观存在的,也不具有具体的物理意义,仅是具有功和能的量纲而已,引入这些参量只是为了在结构分析计算时更加方便。

也可以推导,当结构受多个荷载 $F_1, F_2, F_3, \cdots$ 同时作用且处于平衡状态时,结构余能为

$$V_c = W_c = \sum_{i=1}^{n} \int_0^{F_i} \Delta_i \mathrm{d}F_i \tag{10-19}$$

式中,F_i 为广义力,Δ_i 为广义力作用下的广义位移。

我们可以将余能表达为荷载 F_i 的函数,即 $V_c = V_c(F_1, F_2, F_3, \cdots)$。当 F_i 发生微小的变化量 $\mathrm{d}F_i$ 时,相应的余能变化量为

$$\mathrm{d}V_c = \frac{\partial V_c}{\partial F_i} \mathrm{d}F_i$$

荷载系的余功为

$$\mathrm{d}W_c = \Delta_i \mathrm{d}F_i$$

结构处于平衡状态时,结构的余能等于荷载系的余功,即 $\mathrm{d}V_c = \mathrm{d}W_c$,此时可以得到

$$\frac{\partial V_c}{\partial F_i} = \Delta_i \quad (i = 1, 2, \cdots, n) \tag{10-20}$$

式(10-20)被称为**余能定理**,亦称**克罗第-恩格赛定理**。该定理可以描述为:当变形体处于平衡状态时,余能 V_c 对任意荷载 F_i 的变化率等于该荷载所对应的位移。

例 10-4 试计算图 10-11(a)所示结构在荷载 F_1 作用下的余能 V_c。结构中杆的长度均为 l,横截面积均为 A。材料在单轴拉伸时的 σ-ε 曲线如图 10-11(b)所示。

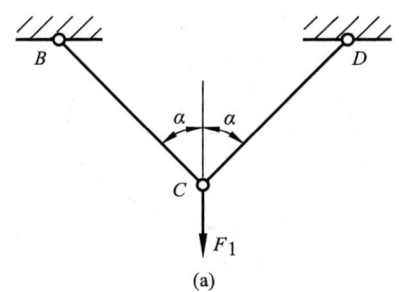
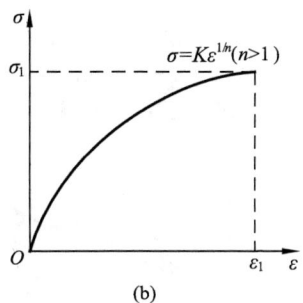

图 10-11

解：由节点 C 的平衡方程可得两杆件的轴力为

$$F_N = \frac{F_1}{2\cos\alpha} \tag{a}$$

于是，两杆横截面上的应力为

$$\sigma_1 = \frac{F_N}{A} = \frac{F_1}{2A\cos\alpha} \tag{b}$$

由于非线性弹性材料的 $\sigma\text{-}\varepsilon$ 关系为 $\sigma = K\varepsilon^{1/n}$，且 $n>1$，可得

$$\varepsilon = \left(\frac{\sigma}{K}\right)^n \tag{c}$$

将式(b)、式(c)代入式(10-18)中，解得余能密度为

$$v_c = \int_0^{\sigma_1} \varepsilon \mathrm{d}\sigma = \int_0^{\sigma_1} \left(\frac{\sigma}{K}\right)^n \mathrm{d}\sigma = \frac{1}{K^n(n+1)}\left(\frac{F_1}{2A\cos\alpha}\right)^{n+1}$$

由于轴向拉伸杆内各点的应变状态均相同，因此，结构在荷载 F_1 作用下的余能为

$$V_c = v_c(2lA) = \frac{2lA}{K^n(n+1)}\left(\frac{F_1}{2A\cos\alpha}\right)^{n+1} = \frac{l}{(2A)^n K^n(n+1)}\left(\frac{F_1}{\cos\alpha}\right)^{n+1}$$

10.3 互 等 定 理

如图 10-12(a)所示的线弹性体结构，设在其上作用第一组力 F_1 和 F_2，沿力 F_1 和 F_2 作用方向引起的位移分别为 δ_1 和 δ_2。由式(10-7)得，外力所做的功为 $\frac{1}{2}F_1\delta_1 + \frac{1}{2}F_2\delta_2$。在结构上再作用第二组力 F_3 和 F_4，并且此时 F_1 和 F_2 并未撤除，则沿力 F_3 和 F_4 作用方向引起的位移分别为 δ_3 和 δ_4，并引起沿 F_1 和 F_2 作用方向的位移为 δ_1' 和 δ_2'，如图 10-12(b)所示。这时，不仅 F_3 和 F_4 做了 $\frac{1}{2}F_3\delta_3 + \frac{1}{2}F_4\delta_4$ 的功，F_1 和 F_2 在位移 δ_1' 和 δ_2' 上也做了功，且在 δ_1' 和 δ_2' 上 F_1 和 F_2 不发生变化，做功为 $F_1\delta_1' + F_2\delta_2'$，则按这种加载顺序，结构的应变能为

$$V_{\varepsilon 1} = \frac{1}{2}F_1\delta_1 + \frac{1}{2}F_2\delta_2 + \frac{1}{2}F_3\delta_3 + \frac{1}{2}F_4\delta_4 + F_1\delta_1' + F_2\delta_2'$$

同理，如果先加第二组力，后加第一组力，则可推导结构的应变能为

$$V_{\varepsilon 2} = \frac{1}{2}F_3\delta_3 + \frac{1}{2}F_4\delta_4 + \frac{1}{2}F_1\delta_1 + \frac{1}{2}F_2\delta_2 + F_3\delta_3' + F_4\delta_4'$$

式中，δ_3' 和 δ_4' 是作用 F_1，F_2 时，引起 F_3 和 F_4 作用点沿力方向的位移。

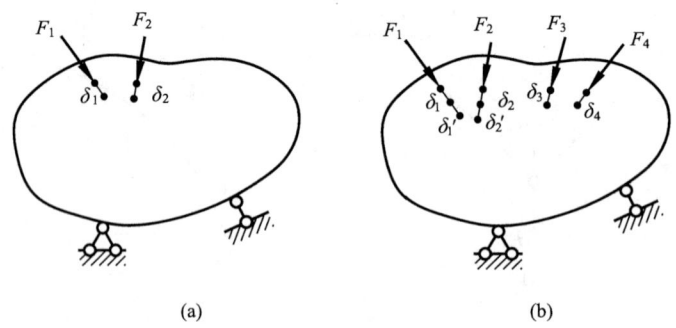

图 10-12

由于应变能是状态函数，只取决于荷载和位移的最终值，与加载的次序及具体过程无关，因此 $V_{e1}=V_{e2}$，从而得出

$$F_1\delta_1' + F_2\delta_2' = F_3\delta_3' + F_4\delta_4' \tag{10-21}$$

以上的结果可以推广到更多的情况，即第一组力在第二组力引起的位移上做的功，等于第二组力在第一组力引起的位移上做的功，这就是**功的互等定理**。

例 10-5 装有尾顶针的车削工件可简化成超静定梁，如图 10-13(a)所示。试利用互等定理求解支座 B 处的约束反力。

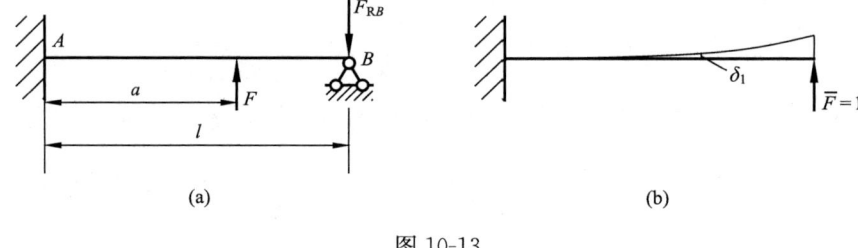

图 10-13

解：解除支座 B，把工件看做是悬臂梁。把工件上的切削力 F 和尾顶针反力 F_{RB} 作为第一组力。然后，设想在同一悬臂梁的右端作用 $\overline{F}=1$ 的单位力，如图 10-13(b)所示，并作为第二组力。在 $\overline{F}=1$ 作用下，易求出 F 和 F_{RB} 作用点的相应位移分别为

$$\delta_1 = \frac{a^2}{6EI}(3l-a), \quad \delta_2 = \frac{l^3}{3EI}$$

第一组力在第二组力引起的位移上所做的功应为

$$F\delta_1 - F_{RB}\delta_2 = \frac{Fa^2}{6EI}(3l-a) - \frac{F_{RB}l^3}{3EI}$$

在第一组力作用下，由于右端实际上是铰支座，它沿 $\overline{F}=1$ 方向的位移应等于零，故第二组力在第一组力引起的位移上所做的功等于零。于是，由功的互等定理得

$$\frac{Fa^2}{6EI}(3l-a) - \frac{F_{RB}l^3}{3EI} = 0$$

由此解得

$$F_{RB} = \frac{Fa^2}{2l^3}(3l-a)$$

例 10-6 如图 10-14(a)所示简支梁 AB,在跨度中点 C 承受集中力 F 作用时,横截面 B 的转角为 $\theta_B^F = Fl^3/8EI$。试计算在截面 B 作用矩为 M_e 的力偶时(图 10-14(b)),截面 C 的挠度 Δ_C。设抗弯刚度 EI 为常数。

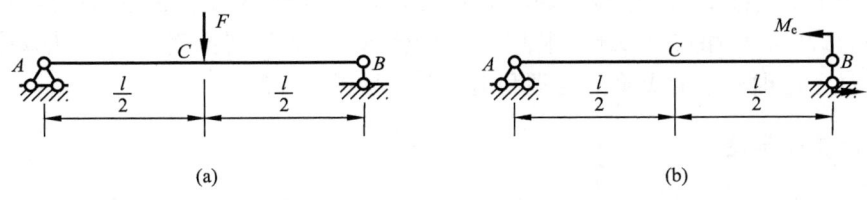

图 10-14

解:根据功的互等定理,有

$$F\Delta_C^{M_e} = M_e\theta_B^F$$

由此解得

$$\Delta_C^{M_e} = \frac{M_e\theta_B^F}{F} = \frac{M_e}{F} \cdot \frac{Fl^3}{8EI} = \frac{M_e l^3}{8EI} \quad (\downarrow)$$

假如第一组力只有 F_1,第二组力只有 F_3,则(10-21)式可简化为

$$F_1\delta_1' = F_3\delta_3' \tag{10-22a}$$

若 $F_1 = F_3$ 时,上式可化为

$$\delta_1' = \delta_3' \tag{10-22b}$$

上式表明,F_1 作用点沿 F_1 方向因作用 F_3 而引起的位移,等于 F_3 作用点沿 F_3 方向因作用 F_1 而引起的位移,这就是**位移互等定理**。

在梁的点 A 处施加力 F,欲用钟面式百分表测量 B、C、D 各点的挠度,如图 10-15(a)所示,可改为把钟面式百分表置于点 A 不动,把力 F 分别施加于 B、C、D 各点,如图 10-15(b)所示。根据位移互等定理,力 F 作用于某一点时,在点 A 的钟面式百分表的读数就是力 F 作用于点 A 时,该点应有的挠度值。

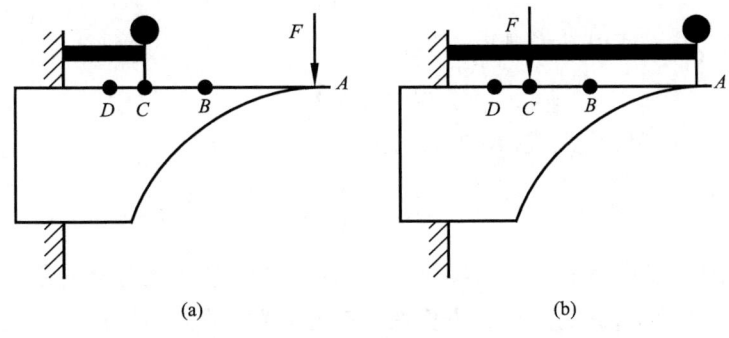

图 10-15

互等定理中的力和位移都是广义力和广义位移。互等定理在运用时必须满足两个条件:材料必须遵循胡克定律;结构必须是小变形。

10.4 卡氏定理

10.2 节我们已经介绍了,通过外力功和余功来计算弹性体的应变能和余能的概念,其计算公式分别为式(10-4)和式(10-16),利用这两个公式,卡斯蒂利亚诺导出了计算弹性结构的力和位移的两个定理——卡氏第一定理和卡氏第二定理。

10.4.1 卡氏第一定理

图 10-16 所示的弹性梁,承受广义荷载 $F_1, F_2, F_3, \cdots, F_n$ 的作用,设荷载从零增加到最终值,并且设荷载作用点沿荷载作用方向的位移分别为 $\Delta_1, \Delta_2, \Delta_3, \cdots, \Delta_n$。由于弹性体的应变能等于外力做的功,所以

$$V_\varepsilon = W = \sum_{i=1}^n \int_0^\Delta F_i \mathrm{d}\delta_i = V(\Delta_1, \Delta_2, \Delta_3, \cdots)$$

由上式我们可以看出,弹性体的应变能是相应位移 $\Delta_1, \Delta_2, \Delta_3, \cdots, \Delta_n$ 的函数。

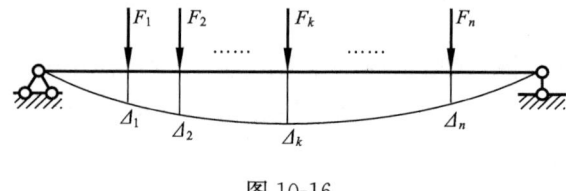

图 10-16

假设与第 k 个荷载相应的位移有一个微小的增量 $\mathrm{d}\Delta_k$,其他荷载作用点无位移变化,则外力功的增量仅由 F_k 产生,可表示为

$$\mathrm{d}W = F_k \mathrm{d}\Delta_k \tag{10-23a}$$

弹性体内应变能的增量可由函数的微分求得

$$\mathrm{d}V_\varepsilon = \frac{\partial V_\varepsilon}{\partial \Delta_k} \mathrm{d}\Delta_k \tag{10-23b}$$

因为应变能等于外力功,所以其增量也相等,即

$$\mathrm{d}V_\varepsilon = \mathrm{d}W \tag{10-23c}$$

将式(10-23a)和式(10-23b)代入式(10-23c),得

$$F_k = \frac{\partial V_\varepsilon}{\partial \Delta_k} \tag{10-24}$$

式(10-24)所代表的关系是一个普遍的规律,表示弹性体的应变能对某荷载 F_k 的相应位移 Δ_k 的偏导数,等于 F_k 的数值,此关系称为**卡氏第一定理**,式中的力和位移是广义的力和位移。

例 10-7 由两根横截面面积均为 A 的等直杆组成的平面桁架,在节点 B 处承受集中力 F,如图 10-17(a)所示。两杆的材料相同,其弹性模量均为 E,且均处于线弹性范围内。试按卡氏第一定理,求节点 B 的水平位移和铅垂位移。

解:设节点 B 的水平和铅垂位移分别为 Δ_1 和 Δ_2。假设节点 B 只发生水平位移 Δ_1,如图 10-17(b)所示,则杆的伸长 δ 与水平位移 Δ_1 之间的几何相容关系为

$$\delta_{AB} = \Delta_1, \quad \delta_{BC} = \Delta_1 \cos 45° = \frac{\sqrt{2}}{2}\Delta_1$$

同理,假设节点 B 只发生铅垂位移 Δ_2,如图 10-17(c)所示,则各杆的伸长 δ 与铅垂位移 Δ_2 之间的关系为

$$\delta_{AB} = 0, \quad \delta_{BC} = -\Delta_2 \sin 45° = -\frac{\sqrt{2}}{2}\Delta_2$$

当水平位移与铅垂位移同时发生时,则有

$$\delta_{AB} = \Delta_1, \quad \delta_{BC} = \frac{\sqrt{2}}{2}(\Delta_1 - \Delta_2) \tag{a}$$

则桁架的应变能为

$$V_\varepsilon = \sum \frac{EA\delta_i^2}{2l_i} = \frac{EA}{2l}\Delta_1^2 + \frac{EA}{2\sqrt{2}l} \times \left(\frac{1}{2}\Delta_1^2 - \Delta_1\Delta_2 + \frac{1}{2}\Delta_2^2\right) \tag{b}$$

应用卡氏第一定理,得

$$\frac{\partial V_\varepsilon}{\partial \Delta_1} = \frac{EA}{2l}\left(\frac{4+\sqrt{2}}{2}\Delta_1 - \frac{\sqrt{2}}{2}\Delta_2\right) = 0 \tag{c}$$

$$\frac{\partial V_\varepsilon}{\partial \Delta_2} = \frac{EA}{2l} \cdot \frac{\sqrt{2}}{2}(-\Delta_1 + \Delta_2) = F \tag{d}$$

联立式(c)、式(d),解得节点的水平和铅垂位移分别为

$$\Delta_1 = \frac{Fl}{EA}, \quad \Delta_2 = (1 + 2\sqrt{2})\frac{Fl}{EA}$$

所得位移 Δ_1、Δ_2 为正号,表示位移的方向分别为图 10-17(b)、(c)所示方向相同。

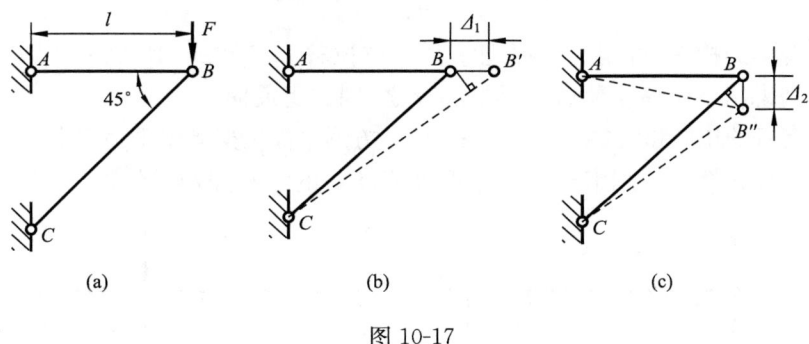

图 10-17

需要注意的是,在卡氏第一定理的推导过程中,没有用到线弹性的条件,因此,该定理适用于一切受力状态下的弹性体。

10.4.2 卡氏第二定理

图 10-16 所示的弹性体,承受广义荷载 $F_1, F_2, \cdots, F_k, \cdots, F_n$ 作用,相应位移分别为 $\Delta_1, \Delta_2, \cdots, \Delta_k, \cdots, \Delta_n$。现欲求 Δ_k,即计算荷载 F_k 的相应位移。

在线弹性杆件或杆系中,由于力与位移成正比,由余能定理可知,杆件的应变能 V_ε 在数值上等于余能 V_c。因此,对于线弹性杆件或杆系,可用应变能 V_ε 代替式(10-20)中的 V_c,从而

得到

$$\Delta_k = \frac{\partial V_\varepsilon}{\partial F_k} \tag{10-25}$$

式(10-25)称为**卡氏第二定理**,它表明线弹性杆件或杆系的应变能 V_ε 对于作用在该杆件或该杆系上的某一荷载值的变化率,等于与该荷载相应的位移。显然,卡氏第二定理就是余能定理在线弹性情况下的特例。式(10-25)同样适用于任意受力形式下的线弹性杆件,而 F_k 和 Δ_k 应分别理解为作用在杆上的广义力及与 F_k 相应的广义位移。

从推导的过程看出,卡氏第二定理仅适用于线弹性体。读者可自行比较一下卡氏第一、二定理和余能定理适用条件的异同之处。

为便于应用卡氏第二定理计算线弹性杆件或杆系结构的位移,将应变能的计算式(10-2)、式(10-3)、式(10-10)、式(10-12)代入式(10-25)后,可得到卡氏第二定理的下列具体形式。

对于拉压杆或桁架结构,有

$$\Delta_k = \int_l \frac{F_N(x)}{EA} \frac{\partial F_N(x)}{\partial F_k} dx \tag{10-26}$$

或

$$\Delta_k = \sum_{i=1}^n \frac{F_{Ni} l_i}{E_i A_i} \frac{\partial F_{Ni}}{\partial F_k} \tag{10-27}$$

对于梁或平面刚架有

$$\Delta_k = \int_l \frac{M(x)}{EI} \frac{\partial M(x)}{\partial F_k} dx \tag{10-28}$$

对于圆轴有

$$\Delta_k = \int_l \frac{T(x)}{GI_P} \frac{\partial T(x)}{\partial F_k} dx \tag{10-29}$$

对于组合变形的构件,可用叠加原理求其相应位移。若按式(10-26)~式(10-29)求得的位移 Δ_k 为正,则说明该位移与荷载 F_k 同向,反之,则二者反向。

例 10-8 各杆的拉伸和压缩刚度均为 EA 的正方形平面桁架受水平力 F 作用,如图 10-18(a)所示。杆材料为线弹性。使用卡氏第二定理求节点 C 的水平和铅垂位移。

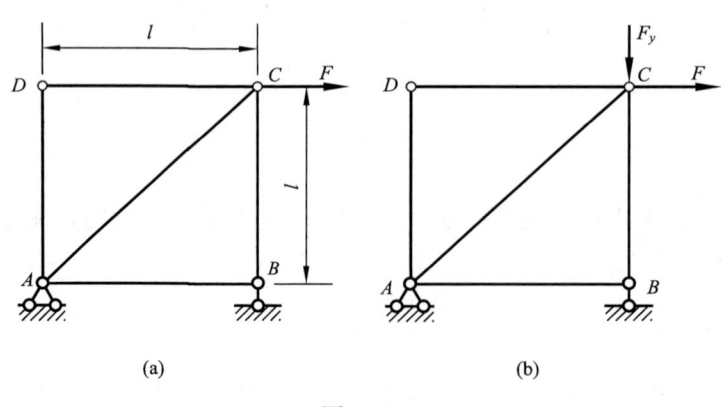

图 10-18

解:在节点 C 处无竖直方向荷载,故不能直接利用卡氏第二定理计算该节点的竖直位移。此时,可首先在节点 C 处附加一个竖直方向的集中力 F_y,并计算在荷载 F 和 F_y 共同作用下

节点 C 的铅垂位移,然后令 $F_y=0$,即得仅由荷载 F 作用时节点 C 的铅垂位移,即**附加力法**。由节点法求得桁架各杆的内力及其相应的偏导数,列于表 10-1 中。

表 10-1 例 10.8 中各杆内力及其偏导数

杆件	F_{Ni}	$\dfrac{\partial F_{Ni}}{\partial F}$	$\dfrac{\partial F_{Ni}}{\partial F_y}$	$F_{Ni}\big|_{F_y=0}$
AB	0	0	0	0
BC	$-(F+F_y)$	-1	-1	$-F$
CD	0	0	0	0
DA	0	0	0	0
AC	$\sqrt{2}F$	$\sqrt{2}$	0	$\sqrt{2}F$

按卡氏第二定理

$$\Delta = \frac{\partial V_\varepsilon}{\partial F}\bigg|_{F_y=0} = \sum \frac{\partial V_{\varepsilon i}}{\partial F}\bigg|_{F_y=0} = \sum \frac{l_i}{2EA}\cdot \frac{\partial F_{Ni}^2}{\partial F}\bigg|_{F_y=0} = \sum \frac{l_i}{EA}\cdot F_{Ni}\bigg|_{F_y=0}\cdot \frac{\partial F_{Ni}}{\partial F}\bigg|_{F_y=0}$$

由表 10-1 中的数值,即可求得节点 C 的水平和铅垂位移分别为

$$\Delta_{Cx} = \frac{(-F)(-1)l}{EA} + \frac{(\sqrt{2}F)(\sqrt{2})\sqrt{2}l}{EA} = (1+2\sqrt{2})\frac{Fl}{EA} = 3.83\frac{Fl}{EA}(\to)$$

$$\Delta_{Cy} = \frac{(-F)(-1)l}{EA} = \frac{Fl}{EA}(\downarrow)$$

例 10-9 试用卡氏第二定理计算如图 10-19 所示刚架 C 点的铅垂位移 Δ_{Cy}。设梁的抗弯刚度为 EI,忽略轴力和剪力的影响。

解:由图 10-19 可知 $M_B=Fa$。各段的弯矩方程及其对力 F 的偏导数分别如下:

对于 BC 段,有

$$M(x_1) = Fx_1, \qquad \frac{\partial M(x_1)}{\partial F} = x_1$$

对于 AB 段,有

$$M(x_2) = Fa + M_B, \qquad \frac{\partial M(x_2)}{\partial F} = a$$

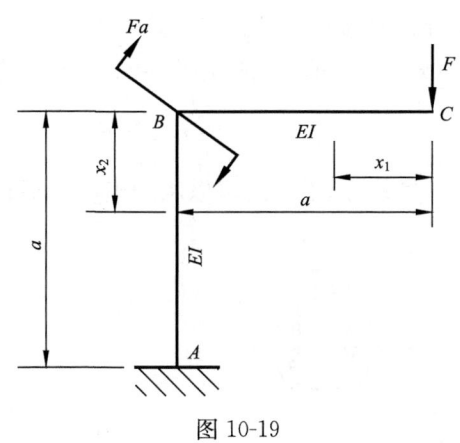

图 10-19

则

$$\Delta_{Cy} = \int_0^a \frac{M(x_1)}{EI}\frac{\partial M(x_1)}{\partial F}dx_1 + \int_0^a \frac{M(x_2)}{EI}\frac{\partial M(x_2)}{\partial F}dx_2$$
$$= \int_0^a \frac{Fx_1^2}{EI}dx_1 + \int_0^a \frac{(Fa+Fa)a}{EI}dx_2 = \frac{7Fa^3}{3EI}(\downarrow)$$

10.5 虚功原理

外力作用下处于平衡状态下的杆件如图 10-20 所示。图中由实线表示的曲线为轴线的真实变形。若因其他因素,例如另外的外力或温度变化等,又引起杆件变形,则虚线表示杆件变

形到的位置,可把这种位移称为**虚位移**。"虚"位移只表示其他因素造成的位移,以区别杆件因原有外力引起的位移。虚位移是在原有位置上再增加的位移,与受力状态无关,它并不改变研究对象的原有外力和内力及其作用性质。在虚位移中,杆件的原有外力和内力保持不变,且始终是平衡的。虚位移应满足边界条件和连续性条件,并符合小变形要求。例如,在铰支座上虚位移应等于零;任意位置的虚位移 $v^*(x)$ 应是连续函数。又因虚位移符合小变形要求,它不改变原有外力的效应,建立平衡方程时,仍可用杆件变形前的位置和尺寸。满足了这些要求的任一位移都可作为虚位移。正因为它满足上述要求,所以也是杆件实际上可能发生的位移,作用力沿虚位移所做的功称为**虚功**。

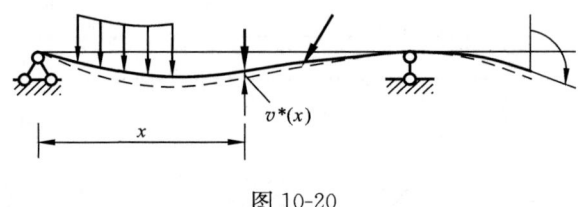

图 10-20

设想把杆件分成无数微段,从中取出任意微段如图 10-21 所示。微段上除外力外,两端横截面上还有轴力、弯矩和剪力等内力。当它由平衡位置经虚位移到达由虚线表示的位置时,微段上的内、外虚功逐段相加(积分),便可求出整个杆件的外力和内力的总虚功。因为虚位移是连续的,两个相邻微段的公共截面的位移和转角是相同的,但相邻微段公共截面上的内力却是大小相等、方向相反的,故它们所做的虚功相互抵消。逐段相加之后,就只剩下外力在虚位移中所做的虚功。若以 $F_1, F_2, F_3, \cdots, q(x), \cdots$ 表示杆件上的外力(广义力),$v_1^*, v_2^*, v_3^*, \cdots,$ $v^*(x), \cdots$ 表示外力作用点沿外力方向的虚位移,因在虚位移中的外力保持不变,故总虚功为

$$W = F_1 v_1^* + F_2 v_2^* + F_3 v_3^* + \cdots + \int_l q(x) v^*(x) \mathrm{d}x + \cdots \tag{a}$$

另外,总虚功还可以利用虚变形原理计算。在上述杆件中,微段以外的其余部分变形,使所研究的微段得到刚性虚位移,此外,所研究的微段在虚位移中还发生虚变形。作用于微段上的力系(包括外力和内力)是一个平衡力系,根据质点系的虚位移原理,这一平衡力系在刚体虚位移上做功的总和等于零,因而只剩下在虚变形中所做的功。微段的虚变形可以分解成:两端截面的轴向相对位移 $\mathrm{d}(\Delta l)^*$,相对转角 $\mathrm{d}\theta^*$,相对错动 $\mathrm{d}\lambda^*$ (图 10-21)。在上述微段的虚变形中,只有两端截面上的内力做功,其数值为

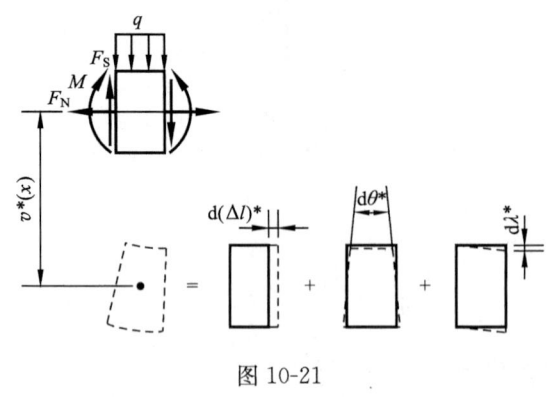

图 10-21

$$\mathrm{d}W = F_\mathrm{N} \mathrm{d}(\Delta l)^* + M \mathrm{d}\theta^* + F_\mathrm{S} \mathrm{d}\lambda^* \tag{b}$$

积分上式得总虚功为

$$W = \int F_\mathrm{N} \mathrm{d}(\Delta l)^* + \int M \mathrm{d}\theta^* + \int F_\mathrm{S} \mathrm{d}\lambda^* \tag{c}$$

按两种方式求得的总虚功表达式(a)与(c)应该相等,即

$$F_1 v_1^* + F_2 v_2^* + F_3 v_3^* + \cdots + \int_l q(x) v^*(x) \mathrm{d}x + \cdots \tag{10-30}$$
$$= \int F_\mathrm{N} \mathrm{d}(\Delta l)^* + \int M \mathrm{d}\theta^* + \int F_\mathrm{S} \mathrm{d}\lambda^*$$

式(10-30)表明,外力在虚位移上所做虚功等于内力在相应虚变形上所做的虚功,这就是**虚功原理**。也可把式(10-30)右边看做是相应于虚位移的应变能,这样,虚功原理表明,在虚位移中,外力虚功等于杆件的虚应变能。

若杆件上还有扭转力偶矩 $M_{e1}, M_{e2}, \cdots$,与其相应的虚位移为 $\varphi_1^*, \varphi_2^*, \cdots$,则微段两端截面上的内力中还有扭矩 T,因虚位移使两端截面相对转角 $\mathrm{d}\varphi^*$。这样,在式(10-30)左端的外力虚功中应加入 $M_{e1}, M_{e2}, \cdots$ 的虚功,而在右端内力虚功中应加入扭矩 T 的虚功。于是有

$$F_1 v_1^* + F_2 v_2^* + F_3 v_3^* + \cdots + \int_l q(x) v^*(x) \mathrm{d}x + \cdots + M_{e1}\varphi_1^* + M_{e2}\varphi_2^* \tag{d}$$
$$= \int F_\mathrm{N} \mathrm{d}(\Delta l)^* + \int M \mathrm{d}\theta^* + \int F_\mathrm{S} \mathrm{d}\lambda^* + \int T \mathrm{d}\varphi^*$$

例 10-10 图 10-22 所示平面桁架中三杆长度均为 l、横截面积均为 A 且均为线弹性的同种材料,弹性模量为 E。试求各杆内力。

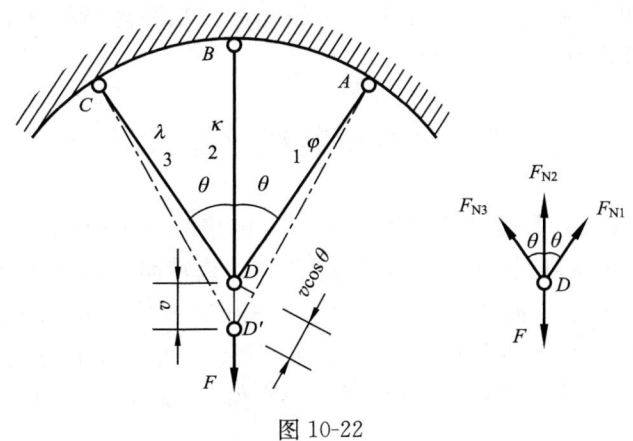

图 10-22

解:设点 D 的竖直位移为 v,由此引起各杆的伸长量分别为
$$\Delta l_1 = v\cos\theta, \quad \Delta l_2 = v$$
杆 3 的伸长和杆 1 相等,内力相同。由胡克定律求得三杆的内力分别为
$$F_\mathrm{N1} = F_\mathrm{N3} = \frac{EA}{l} v\cos\theta, \quad F_\mathrm{N2} = \frac{EA}{l} v \tag{a}$$

设节点 D 有一竖直位移 δv(图中未画出)。在这一虚位移上,外力所做虚功是 $F\delta v$。杆 2 因虚位移 δv 引起的伸长是 $\Delta \bar{l}_2 = \delta v$,杆 3 和杆 1 的伸长是 $\Delta \bar{l}_1 = \delta v\cos\theta$。计算虚功时,每根杆只受拉伸,杆 2 的内力 F_N2 沿轴线不变,故内力虚功为
$$\int_l F_\mathrm{N2} \mathrm{d}(\Delta \bar{l}_2) = F_\mathrm{N2} \int_l \mathrm{d}(\Delta \bar{l}_2) = F_\mathrm{N2} \Delta \bar{l}_2 = \frac{EA}{l} v\delta v$$

同理可以求出杆 3 和杆 1 的内力虚功同为
$$F_\mathrm{N1} \Delta \bar{l}_1 = \frac{EA}{l} v\delta v \cos^2\theta$$

整个桁架的内力虚功为

$$F_{N2}\Delta \bar{l}_2 + 2F_{N1}\Delta \bar{l}_1 = \frac{EA}{l}v\delta v(1+2\cos^2\theta)$$

由虚功原理知

$$\frac{EA}{l}v\delta v(1+2\cos^2\theta) = F\delta v$$

由于 $\delta v \neq 0$，上式可简化为

$$\frac{EA}{l}v(1+2\cos^2\theta) - F = 0 \tag{b}$$

由此解得

$$v = \frac{Fl}{EA(1+2\cos^2\theta)}$$

把 v 代回式(a)解得

$$F_{N1} = F_{N3} = \frac{F\cos\theta}{1+2\cos^2\theta}, \quad F_{N2} = \frac{F}{1+2\cos^2\theta}$$

式(b)实际上是节点 A 在竖直方向的平衡方程。所以，以位移 v 为基本未知量，通过虚功原理得出的式(b)是静力平衡方程，这种方法称为**虚位移法**，也可以用来解决超静定问题。

应注意，在导出虚功原理时，并未使用 σ-ε 关系，故虚功原理与材料的性能无关，它可用于线弹性材料，也可用于非线性弹性材料。

10.6　单位荷载法、莫尔积分

虚功原理的一个重要应用是导出计算结构一点位移的单位荷载法。如图 10-23(a)所示，若要计算在外力作用下，刚架上点 A 沿任意指定方向（或转向）如 aa 方向的位移 Δ，就可在该点处施加一个相应的单位力，如图 10-23(b)所示，它与支座反力组成平衡力系。这时刚架横截面上的轴力、弯矩和剪力分别为 $\overline{F}_N(x)$，$\overline{M}(x)$ 和 $\overline{F}_S(x)$。把刚架在原外力作用下的位移作为虚位移，如图 10-23(a)所示，加在单位力作用下的刚架上，如图 10-23(b)所示，则虚功原理的式(10-30)可以表示为

$$1\cdot\Delta = \int \overline{F}_N d(\Delta l) + \int \overline{M}(x)d\theta + \int \overline{F}_S(x)d\lambda \tag{a}$$

上式左端为单位力的虚功，右端各项中的 $d(\Delta l)$，$d\theta$，$d\lambda$ 是由原有外力引起的，现已作为虚变形。

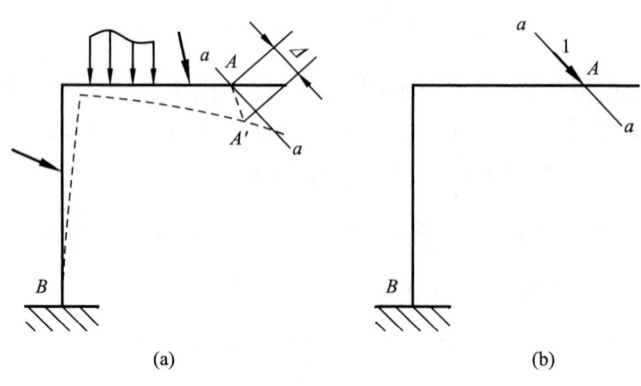

图 10-23

对于以抗弯为主的杆件，(a)式右边代表轴力和剪力影响的第一项和第三项可忽略不计，于是(a)式可化为

$$\Delta = \int_l \overline{M}(x) \mathrm{d}\theta \tag{10-31}$$

对于只有轴力的拉伸或压缩杆件，(a)式右边只保留第一项，即

$$\Delta = \int_l \overline{F}_\mathrm{N} \mathrm{d}(\Delta l) \tag{b}$$

若沿杆件轴线轴力为常量，则

$$\Delta = \overline{F}_\mathrm{N} \int_l \mathrm{d}(\Delta l) = \overline{F}_\mathrm{N} \Delta l \tag{c}$$

对于有 n 根杆的杆系，如桁架，则上式应该为

$$\Delta = \sum_{i=1}^n \overline{F}_{\mathrm{N}i} \Delta l_i \tag{10-32}$$

同理，如欲求受扭杆件某一截面的扭转角 Δ，则以单位扭转力偶矩作用于该截面上，它引起的扭矩记为 $\overline{T}(x)$，则

$$\Delta = \int_l \overline{T}(x) \mathrm{d}\varphi \tag{10-33}$$

式中 $\mathrm{d}\varphi$ 为杆件微段两端的相对扭转角。

应注意，如求出的 Δ 为正，表示单位力所做的功 $1 \cdot \Delta$ 为正，亦表示 Δ 与单位力的方向相同。

例 10-11 简单桁架如图 10-24 所示，设两杆的横截面积均为 A，材料的 σ-ε 关系为 $\sigma = C\sqrt{\varepsilon}$，式中 C 为常量，ε 和 σ 均为正。试求节点 B 的垂直位移 Δ_V。

解：由节点 B 的平衡条件求出 BD 杆的轴力和应力，再由 σ-ε 关系求出应变，结果为

$$\sigma_1 = \frac{F}{A\sin\alpha}, \quad \varepsilon_1 = \frac{F^2}{C^2 A^2 \sin^2\alpha}$$

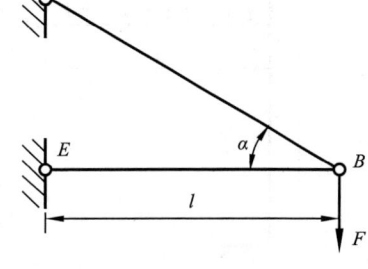

图 10-24

沿 BD 杆的轴线变形是均匀的，BD 杆的伸长为

$$\Delta l_1 = \frac{l}{\cos\alpha}\varepsilon_1 = \frac{F^2 l}{C^2 A^2 \sin^2\alpha \cos\alpha}, \quad F_{\mathrm{N}1} = \frac{F}{\sin\alpha}$$

用单位荷载法求解时应在 B 点沿垂直方向作用单位力，在单位力作用下 BD 杆的轴力为

$$\overline{F}_{\mathrm{N}1} = \frac{1}{\sin\alpha}$$

对 BE 杆进行相同的计算，得

$$\Delta l_2 = \frac{F^2 l \cos^2\alpha}{C^2 A^2 \sin^2\alpha}, \quad \overline{F}_{\mathrm{N}2} = \frac{\cos\alpha}{\sin\alpha}$$

由式(10-32)求得节点 B 的垂直位移 Δ_V 为

$$\Delta_\mathrm{V} = \overline{F}_{\mathrm{N}1} \Delta l_1 + \overline{F}_{\mathrm{N}2} \Delta l_2 = \frac{F^2 l}{C^2 A^2} \frac{1 + \cos^4\alpha}{\sin^3\alpha \cos\alpha}$$

若材料是线弹性的，则杆件的弯曲、拉伸和扭转分别为

$$d\theta = \frac{d}{dx}\left(\frac{dw}{dx}\right)dx = \frac{d^2w}{d^2x}dx = \frac{M(x)}{EI}dx$$

$$\Delta l = \frac{F_N l}{EA}$$

$$d\varphi = \frac{T(x)}{GI_P}dx$$

于是式(10-31)、式(10-32)、式(10-33)分别化为

$$\Delta = \int_l \frac{M(x)\,\overline{M}(x)}{EI}dx \tag{10-34}$$

$$\Delta = \sum_{i=1}^n \frac{F_{Ni}\overline{F}_{Ni}l_i}{EA_i} \tag{10-35}$$

$$\Delta = \int_l \frac{T(x)\,\overline{T}(x)}{GI_P}dx \tag{10-36}$$

对于非圆截面杆的扭转,式(10-36)中的 I_P 改为 I_t,上式统称为**莫尔定理**,式中积分统称为**莫尔积分**。显然,它只适用于线弹性结构。

有时需要计算结构上两个截面的相对位移(或相对转角),这时只需在这两个截面上作用一对相反的单位力(或单位力偶),然后用单位荷载法计算,即可求得相对位移(或相对转角)。

例 10-12 刚架如图 10-25(a)所示,AB 段受均布荷载 q 作用。试求点 A 的竖直位移 v_A 和截面 B 的转角 θ_B。

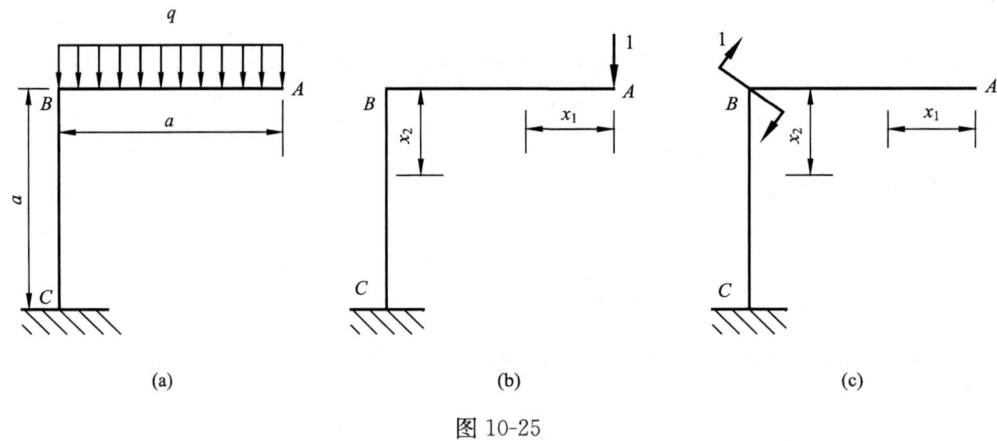

图 10-25

解:(1) 计算点 A 的竖直位移。

在点 A 处加一竖直方向的单位力,如图 10-25(b)所示,分别列出 q 和单位力单独作用下各段的弯矩方程:

AB 段 $\qquad M(x_1) = -\frac{1}{2}qx_1^2, \quad \overline{M}(x_1) = -x_1$

BC 段 $\qquad M(x_2) = -\frac{1}{2}qa^2, \quad \overline{M}(x_2) = -a$

用莫尔积分

$$v_A = \int \frac{M(x)\,\overline{M}(x)}{EI}dx = \int_0^a \frac{\left(-\frac{1}{2}qx_1^2\right)(-x_1)}{EI}dx_1 + \int_0^a \frac{\left(-\frac{1}{2}qa^2\right)(-a)}{EI}dx_2 = \frac{5qa^4}{8EI}$$

(2) 计算截面 B 的转角 θ_B。

在截面 B 上施加一单位力偶,如图 10-25(c)所示,分别列出 q 和单位力偶单独作用下各段的弯矩方程:

AB 段 $\qquad M(x_1) = -\frac{1}{2}qx_1^2, \quad \overline{M}(x_1) = 0$

BC 段 $\qquad M(x_2) = -\frac{1}{2}qa^2, \quad \overline{M}(x_2) = -1$

由莫尔积分求得

$$\theta_B = \int \frac{M(x)\overline{M}(x)}{EI}\mathrm{d}x = \int_0^a \frac{\left(-\frac{1}{2}qx_1^2\right)\cdot 0}{EI}\mathrm{d}x_1 + \int_0^a \frac{\left(-\frac{1}{2}qa^2\right)(-1)}{EI}\mathrm{d}x_2 = \frac{qa^3}{2EI}$$

例 10-13 一简单桁架如图 10-26(a)所示,其各杆的 EA 均相等,在图示荷载作用下,试求 A,C 两节点间的相对位移 δ_{AC}。

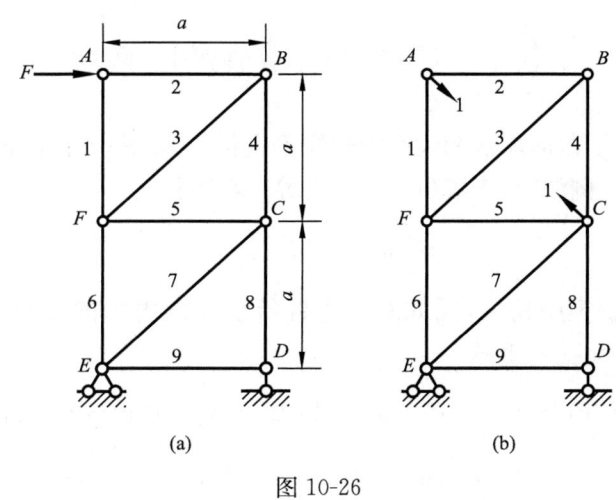

图 10-26

解:把桁架的杆件编号,如图 10-26 所示,由节点 A 的平衡条件,可得杆件 1 和 2 的轴力分别为

$$F_{N1} = 0, \quad F_{N2} = -F$$

同理可求其他各杆件的轴力。在 F 单独作用下各杆的轴力 F_{Ni} 列于表 10-2 中。

为计算节点 A 和 C 之间的相对位移 δ_{AC},需在点 A 和 C 处沿 AC 作用一对相反的单位力,如图 10-26(b)所示。桁架在上述单位力作用下各杆的轴力 $\overline{F}_{Ni}$ 均列于表 10-2 中。

表 10-2 各杆的轴力

杆件编号	F_{Ni}	$\overline{F}_{Ni}$	l_i	$F_{Ni}\overline{F}_{Ni}l_i$
1	0	$-1/\sqrt{2}$	a	0
2	$-F$	$-1/\sqrt{2}$	a	$Fa/\sqrt{2}$
3	$\sqrt{2}F$	1	$\sqrt{2}a$	$2Fa$
4	$-F$	$-1/\sqrt{2}$	a	$Fa/\sqrt{2}$
5	$-F$	$-1/\sqrt{2}$	a	$Fa/\sqrt{2}$

续表

杆件编号	F_{Ni}	$\overline{F}_{Ni}$	l_i	$F_{Ni}\overline{F}_{Ni}l_i$
6	$-F$	0	a	0
7	$\sqrt{2}F$	0	$\sqrt{2}a$	0
8	$-2F$	0	a	0
9	0	0	a	0
		$\sum F_{Ni}\overline{F}_{Ni}l_i = \left(2+\dfrac{3}{\sqrt{2}}\right)Fa$		

将表 10-2 中所列数值代入式(10-35),求得

$$\delta_{AC} = \sum_{i=1}^{9} \frac{F_{Ni}\overline{F}_{Ni}l_i}{EA} = \left(2+\frac{3}{\sqrt{2}}\right)\frac{Fa}{EA} = 4.12\frac{Fa}{EA}$$

结果为正,表示 A、C 两点的位移与单位力的方向一致,即 A、C 两点的距离是缩短的。

10.7 计算莫尔积分的图乘法

对于等直杆,由于横截面形状和大小沿轴线不变化,莫尔积分中的 EI(或 GI_p)为常量,可以从积分符号中提出。例如,对于式(10-34),只需计算积分

$$\int_l M(x)\overline{M}(x)\mathrm{d}x$$

由于单位荷载属于集中荷载,因此对于直杆所引起的内力的方程都是直线方程。例如 $\overline{M}(x)$ 可写成 $\overline{M}(x)=kx+b$。于是,

$$\int_0^l M(x)\overline{M}(x)\mathrm{d}x = \int_0^l M(x)(kx+b)\mathrm{d}x = k\int_0^l M(x)x\mathrm{d}x + b\int_0^l M(x)\mathrm{d}x$$
$$= kx_C A_M + bA_M = A_M(kx_C+b) = A_M\overline{M}_C$$

式中,A_M 是 $M(x)$ 图的面积,x_C 是 A_M 的形心横坐标(第一个积分相当于 $M(x)$ 图的面积对于纵坐标轴的静矩),$\overline{M}_C$ 是在 x_C 处的 $\overline{M}(x)$,即 $\int_0^l M(x)\overline{M}(x)\mathrm{d}x$ 可以用 $A_M\overline{M}_C$ 代替,如图 10-27 所示。对于式(10-35)、式(10-36)可进行同样处理,从而可得

$$\Delta = \frac{A_M\overline{M}_C}{EI} \tag{10-37}$$

$$\Delta = \frac{A_{F_N}\overline{F}_{N_C}}{EA} \tag{10-38}$$

$$\Delta = \frac{A_T\overline{T}_C}{GI_p} \tag{10-39}$$

式中,A_{F_N} 为 F_N 图的面积,$\overline{F}_{N_C}$ 为 A_{F_N} 形心横坐标所对应的 $\overline{F}_N$;A_T 为 $T(x)$ 图的面积,$\overline{T}_C$ 为 A_T 形心横坐标所对应的 $\overline{T}(x)$。

画出荷载的内力图和单位荷载的内力图,用上面三式求荷载作用时的变形的方法叫做莫尔积分的图乘法,简称图乘法。

应用图乘法时,要经常计算某些图形的面积和形心的位置。

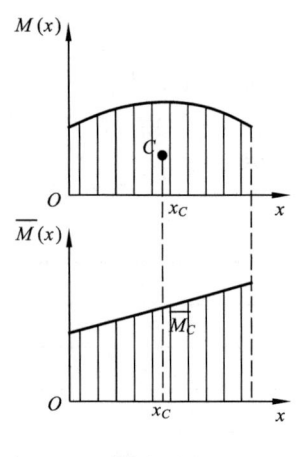

图 10-27

在图 10-28 中,给出了几种常见图形的面积 ω 和形心 C 位置的计算公式。其中抛物线顶点的切线平行于基线或与基线重合。

例 10-14 如图 10-29 所示悬臂梁的抗弯刚度 EI 为常量,求悬臂梁自由端 B 处的挠度和转角。

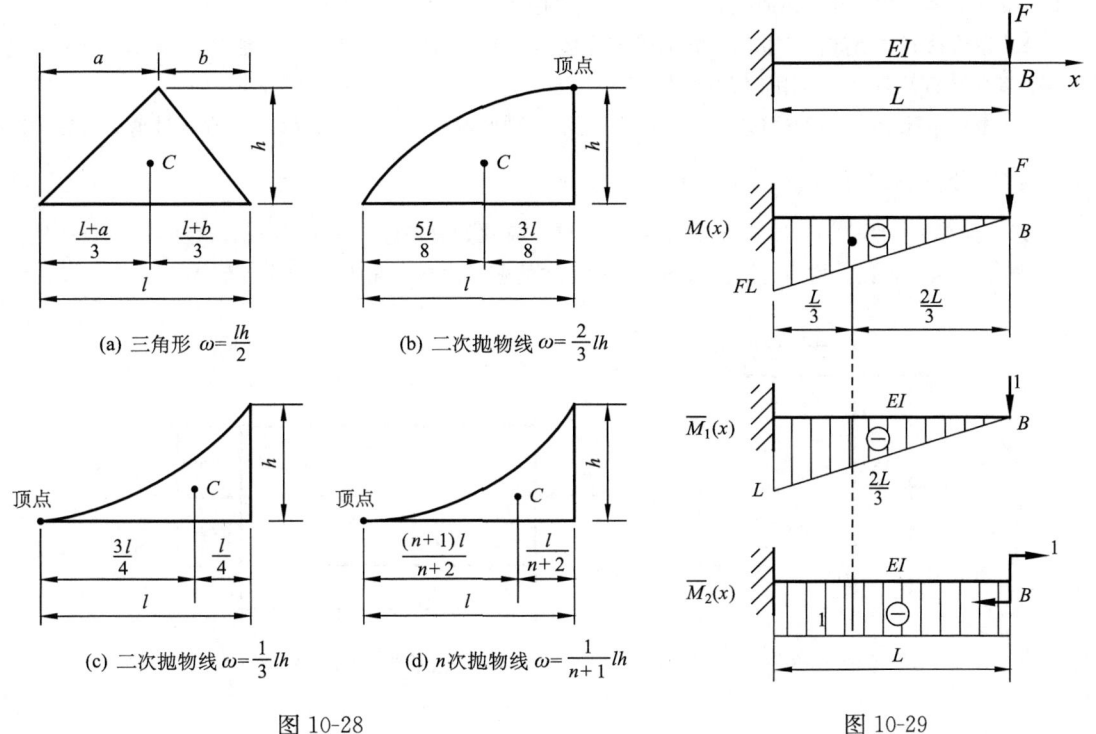

图 10-28　　　　　　图 10-29

解:$M(x)$ 图如图 10-29 所示,其面积为 $A_M = -\dfrac{FL^2}{2}$,面积 A_M 的形心在点 C,在点 C 的横坐标为 $L/3$。

(1) 求挠度。在自由端施加单位力,并作其弯矩图 $\overline{M}_1(x)$,点 C 横坐标所对应的 $\overline{M}_1(x)$ 为 $-2L/3$。所以

$$v_B = \frac{A_M \overline{M}_C}{EI} = \frac{(-FL^2/2)(-2L/3)}{EI} = \frac{FL^3}{3EI}(\downarrow)$$

(2) 求转角。在自由端作用单位力偶,并作其弯矩图 $\overline{M}_2(x)$,点 C 横坐标所对应的 $\overline{M}_2(x)$ 为 -1。所以

$$\theta_B = \frac{A_M \overline{M}_C}{EI} = \frac{(-FL^2/2)(-1)}{EI} = \frac{FL^2}{2EI}(顺时针)$$

思 考 题

10-1 试问能否用卡氏第二定理计算非线性弹性体的位移?为什么?

10-2 试问计算弹性构件应变能的基本原理是什么?

10-3 试问虚位移原理应用于刚体和变形固体时有什么区别?为何对线弹性体和非线性弹性体都适用?

10-4 卡氏第一定理和卡氏第二定理的适用条件分别是什么？

10-5 卡氏第二定理 $\Delta_k = \dfrac{\partial V_\varepsilon}{\partial F_k}$，当 F_k 代表集中力偶时，Δ_k 是什么？$\dfrac{\partial V_\varepsilon}{\partial F_k}$ 量纲是什么？它的物理意义是什么？

10-6 功的互等定理和位移互等定理是如何建立的？应用条件是什么？

10-7 变形体虚功原理是如何建立的？应用条件是什么？虚位移应满足什么条件？

10-8 单位荷载法是如何建立的？如何确定位移的方向？如何利用单位荷载法计算轴、梁、桁架与刚架的位移？单位荷载法是否只适用于线弹性体？

10-9 若用卡氏第二定理求如思考题 10-9 图所示的刚架截面 A 的铅垂位移 Δ_{Ay}，在不计剪力和轴力对位移的影响情况下，问能否用 $\Delta_{Ay} = \dfrac{\partial V_\varepsilon}{\partial F}$？为什么？

10-10 具有单位厚度的均质矩形板，承受一对集中荷载如思考题 10-10 图所示。板的材料服从胡克定律，弹性模量 E 及泊松比 μ 均为已知。试问用何种方法能够求出板的面积 A 的改变量 ΔA。

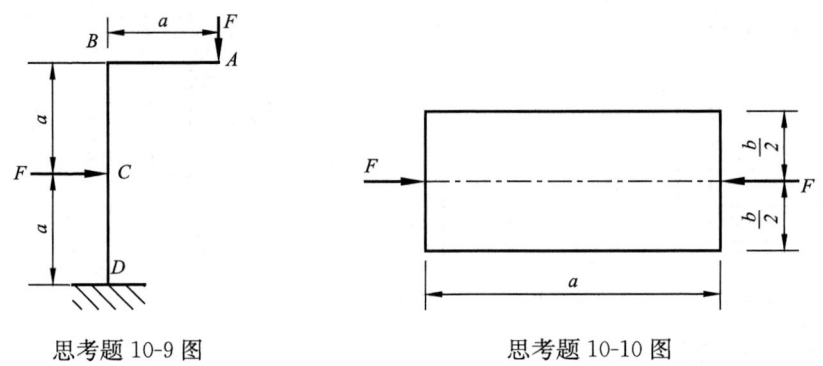

思考题 10-9 图　　　　　　思考题 10-10 图

习　题

在下列习题中，如无特殊说明，都假定材料是线弹性的；对梁和刚架不计轴力、剪力对变形的影响。

10-1 试求题 10-1 图阶梯形截面杆的应变能。

10-2 如题 10-2 图所示桁架各杆的拉压刚度均为 EA，试计算在 F 作用下桁架的应变能。

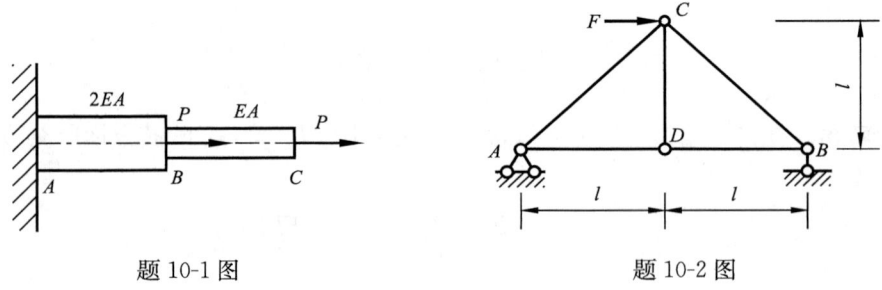

题 10-1 图　　　　　　题 10-2 图

10-3 如题 10-3 图所示悬臂梁，承受集中力 F 和集中力偶 M 的作用。试计算外力所做的总功。设弯曲刚度 EI 为常数。

10-4 如题 10-4 图所示变截面圆轴，切变模量 G 为常数，试计算圆轴的扭转应变能。

10-5 某一个结构承受荷载 F，荷载的作用点的相应位移为 $\delta = KF^2$，式中 K 为常数。试计算结构在力 F 作用下的应变能及余能。

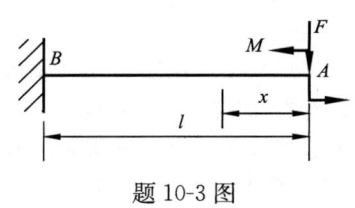
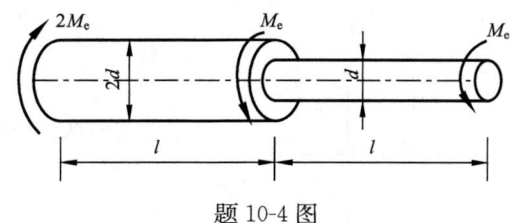

题 10-3 图　　　　　　　　　　　题 10-4 图

10-6　车床主轴如题 10-6 图所示，试用互等定理求荷载 F 作用下，截面 C 的挠度和前轴承 B 处的截面转角。

10-7　题 10-7 图所示三角架承受荷载 F，AB、AC 两杆的横截面面积均为 A。若已知 A 点的水平位移 Δ_{Ax}（向左），和铅垂位移 Δ_{Ay}（向下），试分别按下列情况计算三脚架的应变能 V_ε，将 V_ε 表达为 Δ_{Ax}、Δ_{Ay} 的函数。

（a）若三角架由线弹性材料制成，EA 为已知；

（b）若三角架由非线弹性材料制成，其 σ-ε 关系为 $\sigma=B\sqrt{\varepsilon}$，$B$ 为常数，且拉伸和压缩相同。

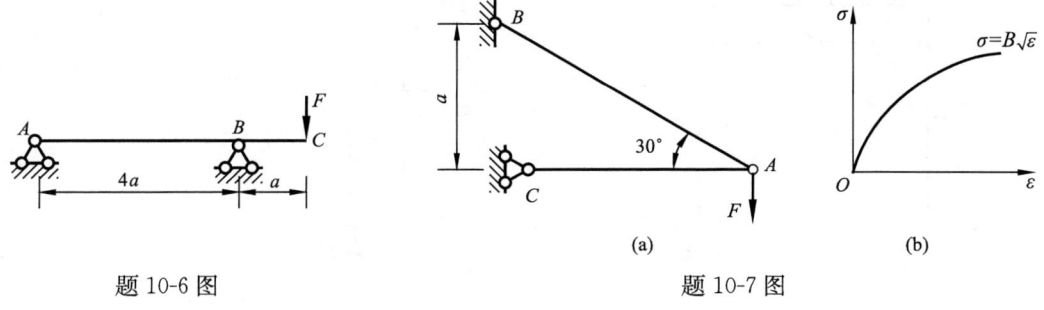

题 10-6 图　　　　　　　　　　　题 10-7 图

10-8　试求题 10-7 图两种情况下的余能。

10-9　试计算题 10-9 图所示变截面梁在力 F 作用下截面 B 的竖直位移和截面 A 的转角。

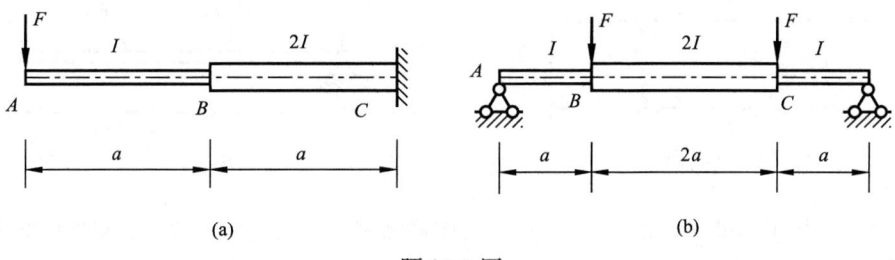

题 10-9 图

10-10　如题 10-10 图所示刚架各杆的 EI 均相等，试求截面 A、B 的位移和截面 C 的转角。

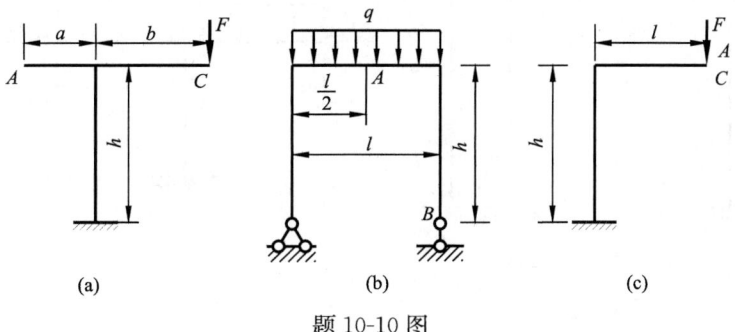

题 10-10 图

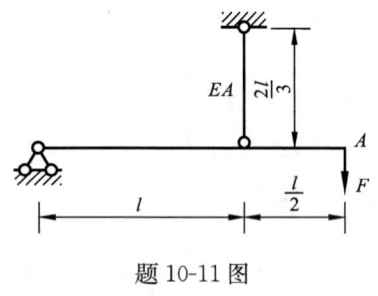

题 10-11 图

10-11 试用卡氏第二定理求题 10-11 图结构中截面 A 的铅垂位移。

10-12 试用卡氏第二定理求题 10-12 图所示刚架 A 点的水平位移,设各杆的抗弯刚度均为 EI,忽略剪力和轴力的影响。

10-13 试用卡氏第二定理求题 10-13 图所示刚架截面 A 的位移和截面 B 的转角。抗弯刚度 EI 为常数,忽略剪力和轴力的影响。

10-14 试用卡氏第二定理求题 10-14 图中梁 A、B 两截面间的竖直相对位移。

10-15 如题 10-15 图所示,已知 F、a,①、②两杆刚度均为 EA,BC 为刚性杆。试用卡氏第二定理求两杆内力 F_{N1},F_{N2}。

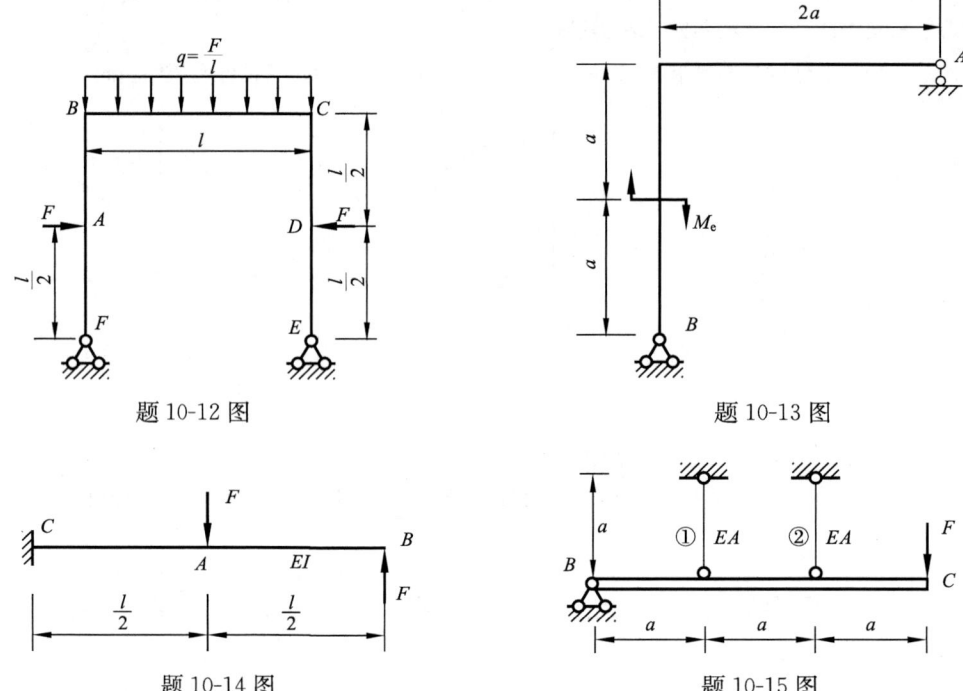

题 10-12 图 题 10-13 图

题 10-14 图 题 10-15 图

10-16 试用卡氏第二定理求解题 10-16 图所示超静定刚架并绘出内力图。已知各杆的 EI 相同,且 $GI_p = 0.8EI$。

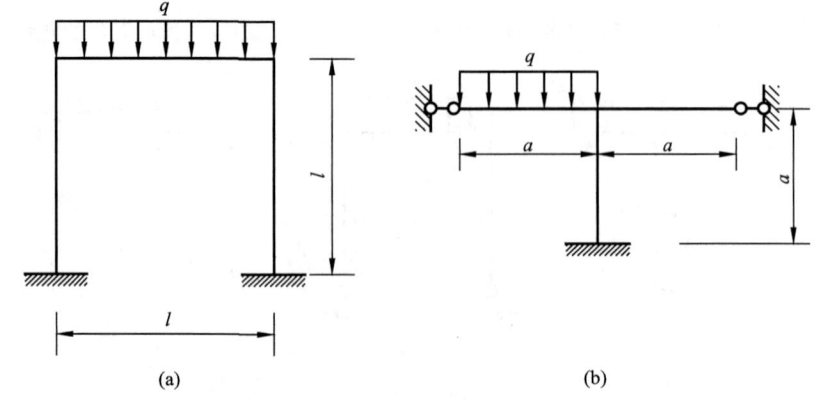

(a) (b)

题 10-16 图

10-17 试用单位荷载法分别求下列题 10-17 图所示杆系的指定位移：
(a) 已知各杆 EA 相同，求节点 C 的铅垂位移和节点 B 的水平位移；
(b) 已知各杆 EI 相同，求在铰 C 处由于各杆弯曲而引起的铅垂位移和 B、C 间的相对位移。

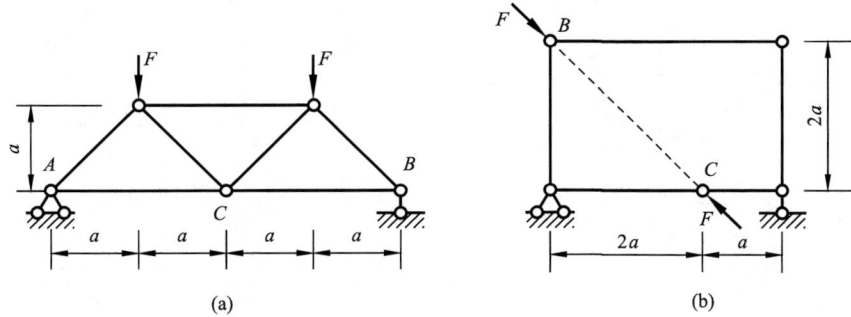

题 10-17 图

10-18 变截面梁如题 10-18 图所示，试用单位荷载法求截面 B 处的挠度和截面 A 处的转角。

10-19 如题 10-19 图所示，等截面曲杆 BC 的轴线为 3/4 的圆周，抗弯刚度为 EI。若将 AB 杆视为刚性杆，试求在力 F 作用下，截面 B 的水平位移和垂直位移。

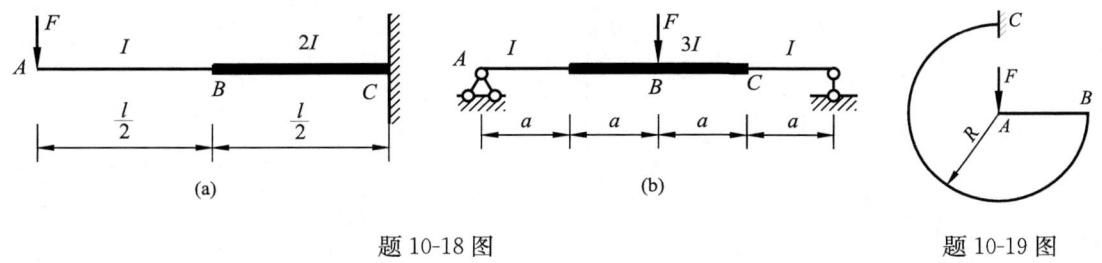

题 10-18 图   题 10-19 图

10-20 题 10-20 图所示刚架的各组成部分的抗弯刚度 EI 均相同，抗扭刚度 GI_t 也均相同。在力 F 作用下，试求截面 A 和 C 的水平位移。

10-21 试用莫尔积分的图乘法求题 10-21 图所示结构截面 D 的线位移和转角位移。已知各杆 EI 相同。

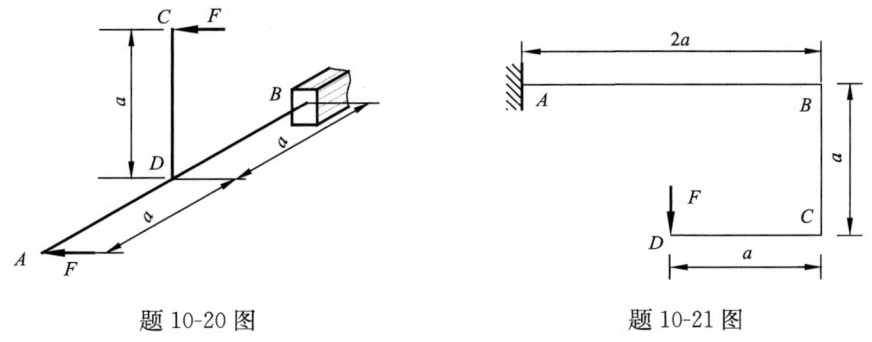

题 10-20 图   题 10-21 图

10-22 题 10-22 图所示桁架中各杆长均为 l，杆的抗拉刚度均为 EA，试用莫尔积分的图乘法求 A、B 两点的相对位移 Δ_{AB}。

10-23 用莫尔积分的图乘法求题 10-23 图所示刚架中 A、D 两点距离的变化 Δ_{AD}。

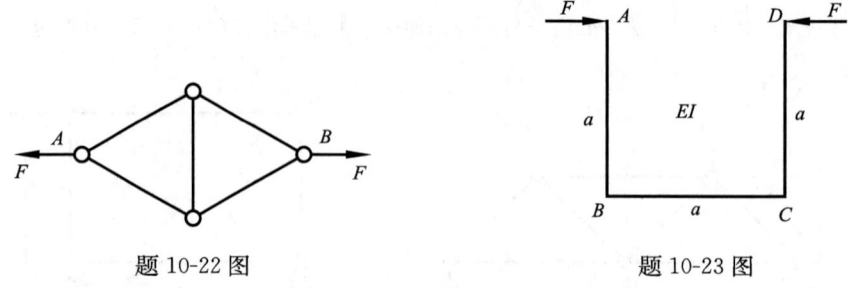

题 10-22 图　　　　　　题 10-23 图

第 11 章 超静定结构

11.1 超静定结构概述

超静定结构和相应的静定结构相比,具有强度高、刚度大的显著优点,因此工程实际中的结构多为超静定结构。前面章节曾经介绍过简单超静定问题的概念与分析方法,本章将进一步深入分析求解超静定问题的原理与方法。

图 11-1(a)和(b)所示静定梁有三个约束反力,在 xy 平面内,使梁只可能有变形引起的位移,而不可能有任何刚性位移或转动。这样的结构称为几何不变或运动学不变结构。上述三个约束反力所代表的约束,都是保持结构几何不变所必需的。例如解除简支梁的右端铰支座;或解除悬臂梁固定端对转动的约束,使之变为固定铰支座,这两种情况都将变成图 11-1(c)所示结构,它可绕左端铰链转动,成为几何可变的体系。而超静定结构的一些约束往往并不是维持几何不变所必需的。例如图 11-2 所示结构,将结构中 B、C 和 D 支座中任意两个解除,结构仍然为几何不变结构。因此,把这类约束称为多余约束,与多余约束对应的约束力称为多余约束力。前面章节中所涉及的所谓超静定结构,都是在静定结构的基础上附加"多余约束"而形成的。由于涉及的全是外部约束,因而

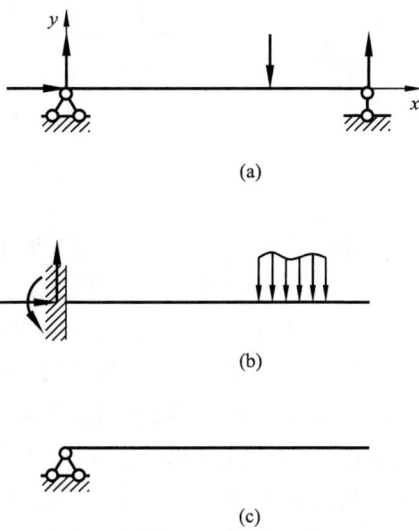

图 11-1

这种超静定结构均称为外超静定结构,对此,静力平衡方程不能确定全部外部约束力。工程中还有一些结构,虽然可以用平衡方程确定全部外约束力(图 11-3(a)),却不能确定其全部内力分量,当在 CD 杆件中间切开口(图 11-3(b)),刚架仍能保持为几何不变的结构,则切口两侧的三对内部约束力成为多余约束力。这种结构称为内超静定结构。此外,还有些结构既是外超静定的,又是内超静定的(图 11-4(a))。这样,关于超静定的定义扩充为:凡是用静力学平衡方程无法确定全部约束力和内力的结构,统称为超静定结构或超静定系统。

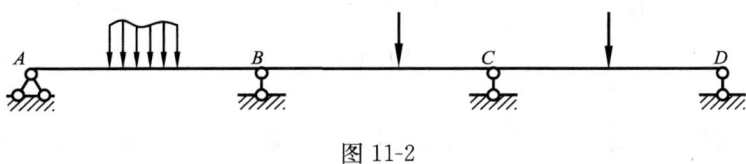

图 11-2

在图 11-1～图 11-4 中,杆系中各杆的轴线在同一平面内,且它就是各杆的形心主惯性平面;同时,外力也都作用于这一平面内。这种杆系称为平面杆系。今后的讨论以平面杆系为主。

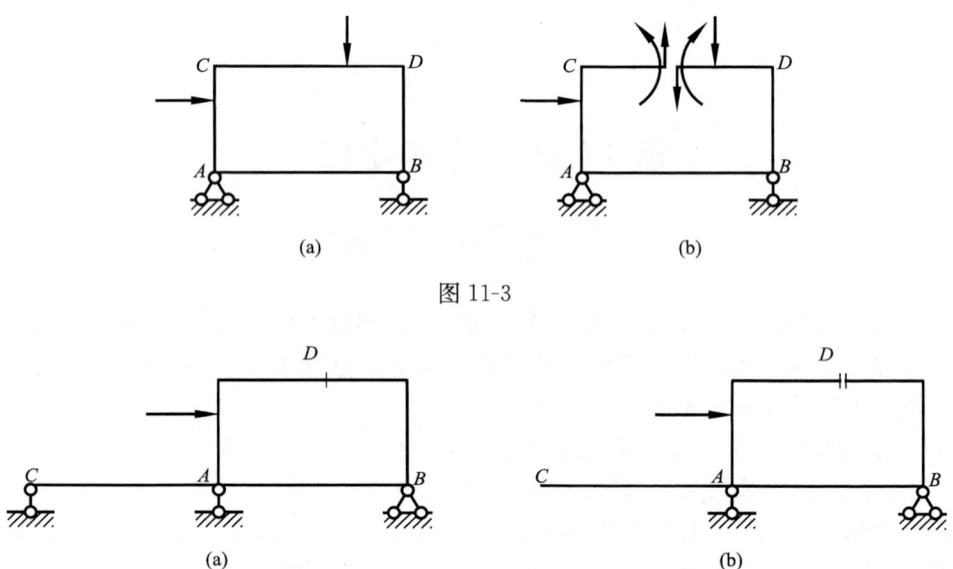

图 11-3

图 11-4

判断杆系的超静定次数,首先判断其外超静定次数,然后再判断内超静定次数,二者之和即为系统的总超静定次数。例如图 11-4(a)所示超静定结构,解除支座 C,并将截面 D 切开,成为图 11-4(b)所示静定结构。解除支座 C 相当于解除一个外约束,切开截面 D 又等于解除三个内部约束。可见,相当于解除了四个约束。或者说,与相应的静定结构相比,图 11-4(a)所示超静定结构有四个多余约束,称为四次超静定结构。解除超静定结构的某些约束后得到的静定结构,称为原超静定结构的基本静定系。图 11-4(b)中的静定结构就是图 11-4(a)所示超静定结构的基本静定系。基本静定系的选择不是唯一的。如图 11-4(a)可以解除支座 A,并在 E 处切开(图 11-5(a)),在基本静定系上,除原有荷载外,还应该用相应的多余约束力代替被解除的多余约束,这就得到图 11-5(b)所示结构。荷载和多余约束作用下的基本静定系称为相当系统。

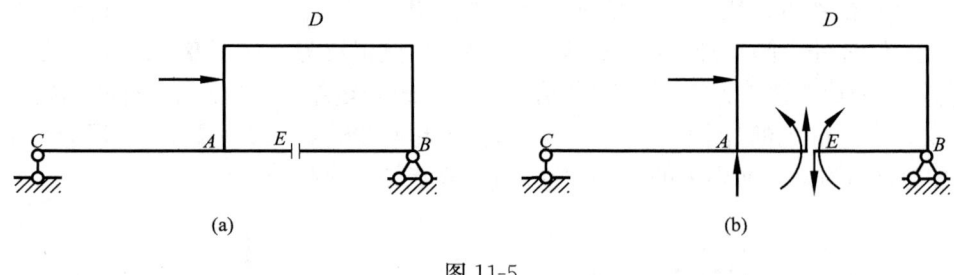

图 11-5

由于超静定结构有内、外多余的约束,使得未知力数目超过了独立的平衡方程数目,因此求解超静定结构必须综合考虑静力平衡、变形协调和力与变形之间的物理关系三方面条件,这就是求解超静定问题的基本方法。分析求解超静定问题的具体方法很多,最基本的有两种:力法与位移法。力法是以多余未知力为基本未知量,将变形或位移表示为未知力的函数,然后按变形或位移协调条件建立补充方程,从而解出多余未知力。位移法是以结构的某些位移为基本未知量进行分析求解的。本书将主要介绍用力法求解超静定问题。

11.2 用力法解超静定结构

解超静定系统时,可以取未知的多余约束力为基本未知量,而将变形或位移表示为未知力的函数,从而解出多余约束力,这种方法称为**力法**。其原则与具体步骤是:首先,解除多余约束,得到原超静定结构的**基本静定系统**,简称**基本系统**或**静定基**;在基本系统上,用相应的多余约束力代替多余约束的作用,并加上原有荷载,得到原超静定结构的**相当系统**。然后,利用相当系统在多余约束处所应满足的变形协调条件,建立用荷载和多余约束力表示的补充方程,求解并确定多余约束力。最后,通过相当系统分析计算原超静定结构的外力、内力、应力与变形,解决有关强度、刚度与稳定性的问题。

11.2.1 外超静定结构分析

图 11-6(a)所示等截面小曲率圆杆,承受荷载 F 作用,试分析其约束力与内力。

显然,该结构属于一次外超静定结构。确定该结构基本系统的方法较多,可以选取 B 端的可动铰支座作为多余约束;也可以选取 A 端阻止该截面转动的约束作为多余约束,将固定端改变为固定铰支座;还可以选取曲杆某个截面内部的相互约束作为多余约束,如解除相互转动的约束、将曲杆截开后加上铰链。基本系统的选取虽然有多种形式,所得结果应该是相同的,但是计算过程却有繁简之分,所以基本系统的选择是非常重要的。对于该曲杆,将 B 端的可动铰支座作为多余约束予以解除,并以多余约束力 F_{By} 代替其作用,所得图 11-6(b)所示的相当系统是最佳选择。

原结构在 B 处是可动铰支座,上下不能移动,应有 $w_B=0$,所以相当系统截面 B 的铅垂位移也应为零,故相应的变形协调条件为

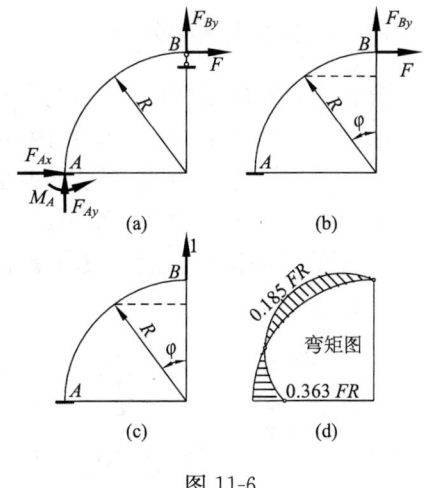

图 11-6

$$w_B = 0 \tag{11-1}$$

对于曲杆,用单位荷载法计算点 B 的铅垂位移。在基本系统上施加相应的单位力如图 11-6(c)所示。在荷载 F 与多余约束力 F_{By} 作用下,基本系统的弯矩方程为

$$M(\varphi) = FR(1-\cos\varphi) - F_{By}R\sin\varphi$$

在单位荷载作用下,基本系统的弯矩方程为

$$\overline{M}(\varphi) = -R\sin\varphi$$

根据莫尔定理,相当系统截面 B 的铅垂位移为

$$\Delta_B = \frac{1}{EI}\int_0^{\frac{\pi}{2}}(-R\sin\varphi)[FR(1-\cos\varphi) - F_{By}R\sin\varphi]R\mathrm{d}\varphi = \frac{(\pi F_{By}-2F)R^3}{EI} \tag{11-2}$$

将式(11-2)代入式(11-1),得补充方程

$$\frac{(\pi F_{By}-2F)R^3}{EI} = 0 \tag{11-3}$$

解得

$$F_{By} = \frac{2F}{\pi} \tag{11-4}$$

在相当系统上解出 A 端约束力分别为

$$F_{Ax} = F, \quad F_{Ax} = \frac{2F}{\pi}, \quad M_A = \left(1 - \frac{2}{\pi}\right)FR$$

在相当系统上分析曲杆的弯矩方程为

$$M(\varphi) = FR\left(1 - \cos\varphi - \frac{2}{\pi}\sin\varphi\right) \tag{11-5}$$

由上式求出

$$M_{\min} = -0.185FR, \quad M_{\max} = M_A = 0.363FR$$

如果该曲杆没有 B 处的活动铰链支座，在水平荷载 F 作用下，固定端 A 处的弯矩为

$$M'_A = M'_{\max} = FR$$

显然，原超静定曲杆的强度远高于相应的静定曲杆。

11.2.2 内超静定结构分析

分析内超静定结构的方法，与分析外超静定结构的方法基本相同。所不同的是，由于内超静定结构的多余约束存在于结构内部，多余约束力为结构切开处相连两截面间成对的内力，变形协调条件表现为该相连两截面间的某些相对位移为零。现以图 11-7(a)所示结构为例，分析内超静定结构。该结构由横梁 AB 与杆 1、杆 2、杆 3 组成，横梁中点截面 C 承受荷载 F 作用，试计算截面 C 的挠度。设横梁各截面的抗弯刚度均为 EI，各杆各截面的抗压刚度均为 EA，且 $I = Aa^2/10$。

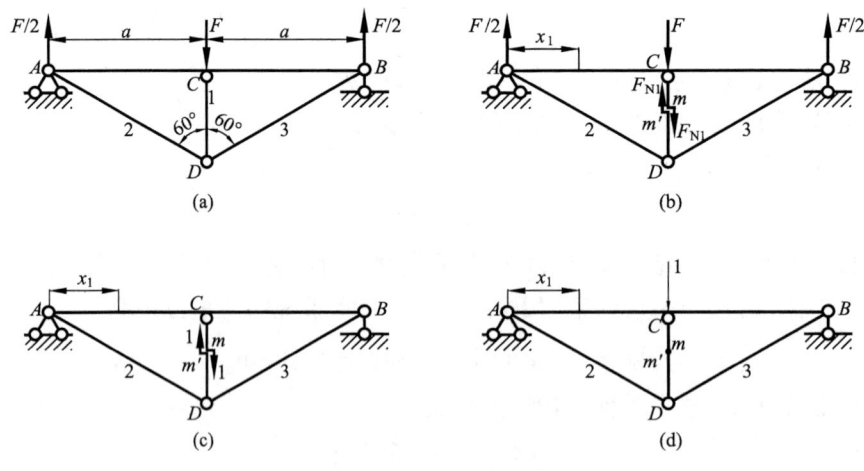

图 11-7

以结构整体为研究对象，利用平衡方程，求得支座 A、B 处的约束力分别为

$$F_A = F_B = \frac{F}{2}$$

所以，结构外力是静定的。但是，若用截面法将结构截开，所取分离体（例如取节点 D 作为分离体）未知内力的数目都比独立的平衡方程数目多一个，被属于一次内力超静定问题。

设以杆 1 为多余约束，假想地将其截开，得到原结构的基本系统。由于杆 1 截开截面处只有轴力 F_{N1}，由此也可以判定原结构属于一次内力超静定。原结构的相当系统如图 11-7(b) 所示。变形协调条件为截面 m 与 m' 沿杆轴方向的相对位移为零，即

$$\Delta_{m/m'} = 0 \tag{11-6}$$

用单位荷载法计算 $\Delta_{m/m'}$。在荷载 F 与多余约束力 F_{N1} 作用下，基本系统中杆的轴力为

$$F_{N2} = F_{N3} = -F_{N1}$$

梁 AC 段的弯矩方程为

$$M(x_1) = \left(\frac{F}{2} - F_{N2}\cos 60°\right)x_1 = \frac{F + F_{N1}}{2}x_1$$

在基本系统上施加相应的单位力如图 11-7(c) 所示。在单位荷载作用下，基本系统中杆的轴力为

$$\overline{F}_{N1} = -\overline{F}_{N2} = -\overline{F}_{N3} = 1$$

梁 AC 段的弯矩方程为

$$\overline{M}(x_1) = \frac{x_1}{2}$$

根据摩尔定律，相当系统截面 m 与 m' 沿杆轴方向的相对位移为

$$\begin{aligned}
\Delta_{m/m'} &= \frac{2}{EI}\int_0^a \overline{M}(x_1)M(x_1)\mathrm{d}x_1 + \sum_{i=1}^3 \frac{\overline{F}_{Ni}F_{Ni}l_i}{E_iA_i} \\
&= \frac{2}{EI}\int_0^a \frac{x_1}{2}\cdot\frac{(F+F_{N1})x_1}{2}\mathrm{d}x_1 + \frac{1\cdot F_{N1}}{EA}\cdot\frac{a}{\sqrt{3}} + 2\frac{(-1)(-F_{N1})}{EA}\cdot\frac{a}{\sqrt{3}} \\
&= \frac{(F+F_{N1})a^3}{6EA} + \frac{5F_{N1}a}{\sqrt{3}EA}
\end{aligned} \tag{11-7}$$

将式(11-7)代入式(11-6)，得补充方程

$$\frac{(F+F_{N1})a^3}{6EA} + \frac{5F_{N1}a}{\sqrt{3}EA} = 0$$

解得

$$F_{N1} = -\frac{F}{1+\sqrt{3}} \tag{11-8}$$

最后，在相当系统上利用单位荷载法分析计算截面 C 的挠度。为此，在基本系统上加单位力如图 11-7(d) 所示。各杆的轴力均为零；梁 AC 段的弯矩方程为

$$\overline{M}'(x_1) = \frac{x_1}{2}$$

根据莫尔积分，截面 C 的挠度为

$$\Delta_C = \frac{2}{EI}\int_0^a \overline{M}'(x_1)M(x_1)\mathrm{d}x_1 = \frac{2}{EI}\int_0^a \frac{x_1}{2}\cdot\frac{(F+F_{N1})}{2}\mathrm{d}x_1$$

将式(11-8)代入，得

$$\Delta_C = \frac{Fa^3}{(6+2\sqrt{3})EI} \approx 0.1057\frac{Fa^3}{EI}$$

如果没有杆 1、杆 2、杆 3，简支梁 AB 在荷载 F 作用下，截面 C 的挠度为

$$\Delta'_C = \frac{F(2a)^3}{48EI} \approx 0.1667 \frac{Fa^3}{EI}$$

显然,原超静定结构的刚度远好于相应的静定结构。

11.3 对称及反对称性质的利用

在工程实际中,有很多超静定结构是对称的。利用这一特点,可以使超静定问题的计算得到很大简化。平面结构对称条件是:结构具有对称的形状、尺寸与约束条件,而且处在对称位置的构件具有相同的截面尺寸与弹性模量。例如图 11-8(a)所示刚架即为对称结构。

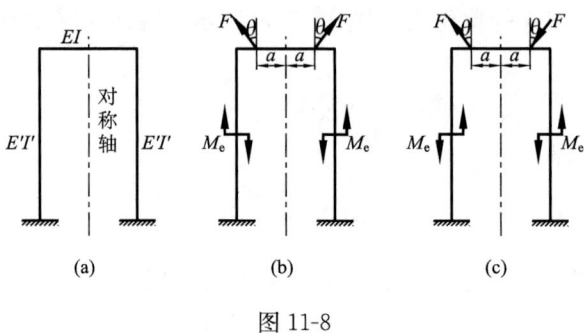

图 11-8

作用在对称结构上的荷载各种各样,其中可能有对称荷载与反对称荷载。如果作用在对称位置的荷载不仅数值相等,而且方位与指向(或转向)均对称,则称为对称荷载;如果作用在对称位置的荷载数值相等、方位对称,但指向(或转向)反对称,则称为反对称荷载。图 11-8(b)所示荷载为对称荷载,图 11-8(c)所示荷载为反对称荷载。对于这种对称性问题,有下面的重要结论:对称结构在对称荷载作用下,其内力和变形必然也对称于对称轴;对称结构在反对称荷载作用下,其内力和变形必然反对称于对称轴。

利用对称结构的上述特性,在分析静不定问题时,可以减少多余未知力的数目,减少超静定次数。例如图 11-9(a)所示刚架为三次超静定结构,如果将刚架沿对称轴处横截面 C 截开后作为基本系统,一般存在三个多余未知内力分量,即轴力 F_N、剪力 F_S 与弯矩 M。然而,如果结构承受对称荷载(图 11-9(b)),则截面 C 处的反对称内力 F_S,必然为零,仅剩下轴力 F_N 与弯矩 M 两个多余未知力;如果结构承受反对称荷载(图 11-9(c)),则截面 C 处的对称内力 F_N 与 M 必然为零,仅剩下剪力 F_S 一个多余未知力。显然,利用对称性可以简化超静定结构的计算。

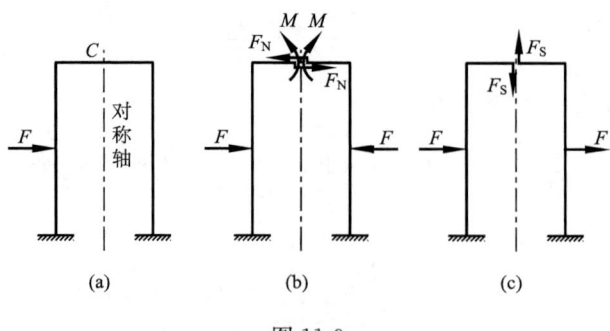

图 11-9

11.3.1 结构对称、荷载对称的超静定结构分析

图 11-10(a)所示正方形刚架,在横截面 A、A' 处承受一对大小相等、方向相反的水平荷载 F 作用,试求刚架内的最大弯矩。设抗弯刚度 EI 为常数。

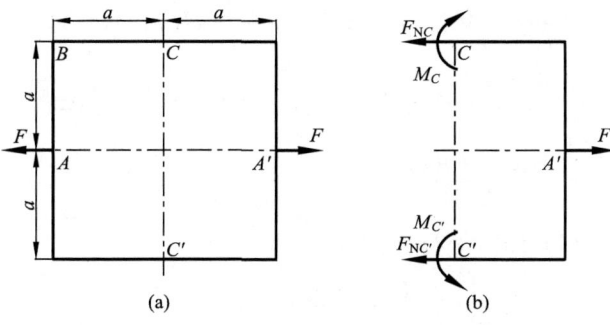

图 11-10

该封闭刚架为三次内力超静定结构。但是该刚架与荷载均对称于水平对称轴 AA',又对称于铅垂对称轴 CC'。属于双对称结构。所以,在铅垂对称轴 CC' 处的横截面上,将只有轴力与弯矩,而且,截面 C 与 C' 的内力完全相同(图 11-10(b))。由平衡方程得

$$M_C = M_{C'}, \quad F_{NC} = F_{NC'} = \frac{F}{2} \tag{11-9}$$

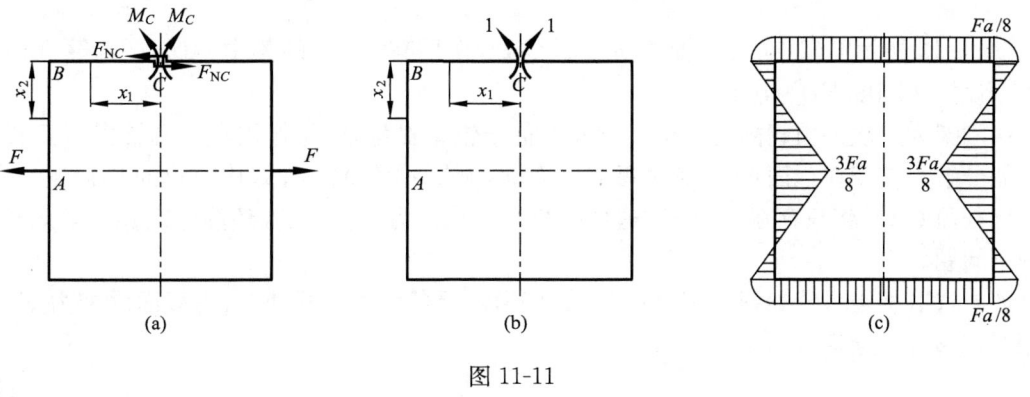

图 11-11

这样,只剩弯矩 M_C 一个多余未知力,原来三次超静定问题就等效于一次超静定问题。

如果选取相当系统如图 11-11(a)所示,变形协调条件为切开处左、右截面间的相对转角 $\theta_{1/r}$ 为零,即

$$\theta_{1/r} = 0 \tag{11-10}$$

用单位荷载法计算 $\theta_{1/r}$。在荷载 F 与多余约束力 M_C 共同作用下,相当系统 ABC 部分的弯矩方程为

$$M(x_1) = M_C$$

$$M(x_2) = M_C - F_{NC} x_2 = M_C - \frac{F}{2} x_2$$

在图 11-11(b)所示单位荷载作用下,相当系统 ABC 部分的弯矩方程为
$$\overline{M}(x_1) = 1$$
$$\overline{M}(x_2) = 1$$

根据摩尔定律,并利用结构的对称性,有
$$\theta_{1/r} = \frac{4}{EI}\left[\int_0^a \overline{M}(x_1)M(x_1)\mathrm{d}x_1 + \int_0^a \overline{M}(x_2)M(x_2)\mathrm{d}x_2\right]$$
$$= \frac{4}{EI}\left[\int_0^a 1 \cdot M_C \mathrm{d}x_1 + \int_0^a 1 \cdot \left(M_C - \frac{F}{2}x_2\right)\mathrm{d}x_2\right]$$
$$= \frac{(8M_C - Fa)}{EI} \tag{11-11}$$

将式(11-11)代入式(11-10),得补充方程
$$\frac{(8M_C - Fa)}{EI} = 0 \tag{11-12}$$

由此解得
$$M_C = \frac{Fa}{8} \tag{11-13}$$

多余未知约束力求出后,画刚架的弯矩图如图 11-11(c)所示。可见
$$|M|_{\max} = \frac{3Fa}{8} \tag{11-14}$$

11.3.2 结构对称、荷载反对称的超静定结构分析

图 11-12 所示刚架,在对称轴的横截面 C 处,作用有矩 M_e 的集中力偶,试计算截面 C 的转角。设抗弯刚度 EI 为常数。

该刚架为三次外力超静定结构。刚架对称于铅垂对称轴,将作用在对称轴横截面 C 处的外力偶分解为作用在截面 C 两侧的两个分力偶,其矩均为 $M_e/2$,即构成反对称荷载。所以,在对称截面 C 处,将只存在剪力 F_{SC} 这样一个多余未知力,原来三次超静定问题就等效于一次超静定问题。

如果选取相当系统如图 11-12(b)所示,变形协调条件为切开处左、右截面沿剪力 F_{SC} 方向的相对位移 $\Delta_{1/r}$ 为零,即
$$\Delta_{1/r} = 0 \tag{11-15}$$

用单位荷载法计算 $\Delta_{1/r}$。在荷载与多余约束力 F_{SC} 共同作用下,相当系统 CBA 部分的弯矩方程为
$$M(x_1) = \frac{M_e}{2} - F_{SC}x_1$$
$$M(x_2) = \frac{M_e}{2} - \frac{F_{SC}l}{2}$$

在图 11-12(c)所示单位荷载作用下,相当系统 ABC 部分的弯矩方程为
$$\overline{M}(x_1) = -x_1, \quad \overline{M}(x_2) = -\frac{l}{2}$$

根据摩尔定律,并利用结构的对称性,有

$$\Delta_{1/r} = \frac{2}{EI}\left[\int_0^{\frac{l}{2}} \overline{M}(x_1)M(x_1)\mathrm{d}x_1 + \int_0^l \overline{M}(x_2)M(x_2)\mathrm{d}x_2\right]$$

$$= \frac{4}{EI}\left[\int_0^{\frac{l}{2}}(-x_1)\cdot\left(\frac{M_e}{2}-F_{SC}x_1\right)\mathrm{d}x_1 + \int_0^l\left(-\frac{l}{2}\right)\cdot\left(\frac{M_e}{2}-F_{SC}l\right)\mathrm{d}x_2\right]$$

$$= \frac{(-15M_e+14F_{SC}l)l^2}{24EI} \tag{11-16}$$

将式(11-16)代入式(11-15)，得补充方程

$$\frac{(-15M_e+14F_{SC}l)l^2}{24EI} = 0 \tag{11-17}$$

由此解得

$$F_{SC} = \frac{15M_e}{14l} \tag{11-18}$$

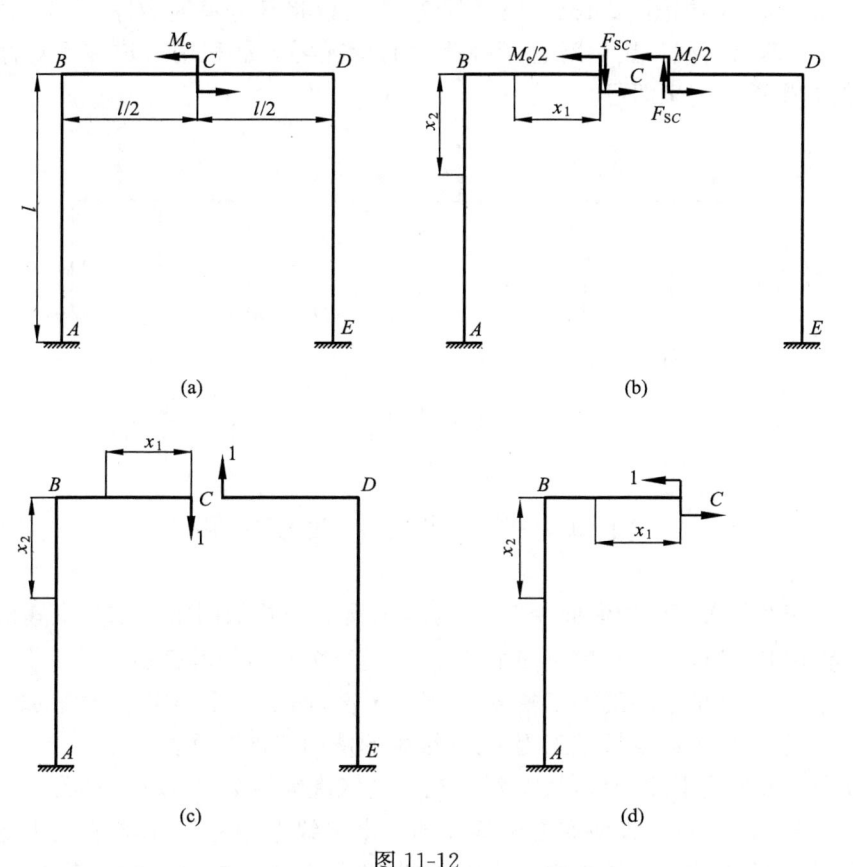

图 11-12

多余未知约束力求出后，刚架截面 C 的转角可通过相当系统的左边或右边部分计算。若选左边 ABC 部分，在荷载 $M_e/2$ 与多余约束力 F_{SC} 共同作用下，相当系统 ABC 部分的弯矩方程为

$$M(x_1) = \frac{M_e}{2} - F_{SC}x_1 = \frac{M_e}{2} - \frac{15M_e x_1}{14l}$$

$$M(x_2) = \frac{M_e}{2} - \frac{F_{SC}l}{2} = -\frac{M_e}{28}$$

在图 11-12(d)所示单位荷载作用下，相当系统 ABC 部分的弯矩方程为
$$\overline{M}(x_1) = 1$$
$$\overline{M}(x_2) = 1$$

根据莫尔定理，有

$$\theta_C = \frac{1}{EI}\left[\int_0^{\frac{l}{2}} \overline{M}'(x_1)M(x_1)\mathrm{d}x_1 + \int_0^l \overline{M}'(x_2)M(x_2)\mathrm{d}x_2\right]$$

$$= \frac{4}{EI}\left[\int_0^{\frac{l}{2}} 1\cdot\left(\frac{M_\mathrm{e}}{2} - \frac{15M_\mathrm{e}x_1}{14l}\right)\mathrm{d}x_1 + \int_0^l 1\cdot\left(-\frac{M_\mathrm{e}}{28}\right)\mathrm{d}x_2\right]$$

$$= \frac{9M_\mathrm{e}l}{112EI} \tag{11-19}$$

当对称结构承受一般荷载（既不对称，也不反对称）时，可以进行一些变化，使其成为对称荷载或反对称荷载。例如图 11-13(a)所示的情况，可以将其分解为对称（图 11-13(b)）与反对称（图 11-13(c)）两组荷载。然后对这两种荷载的情况再分别利用对称和反对称进行简化计算，将二者的结果叠加起来即可。

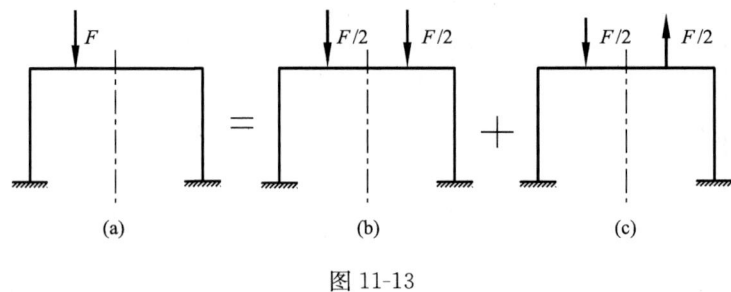

图 11-13

11.4 连续梁及三弯矩方程

为了减小跨度很大直梁的弯曲变形和应力，工程上经常采用给梁增加支座的办法。例如机械中某些较长的精密丝杠，支撑于多个支点（超过三个）上，使丝杠由于自重引起的变形控制在规定范围之内，以保证较高的加工精度。像这类连续跨过一系列中间支座的多跨梁，一般称为连续梁。在建筑、桥梁以及机械工程中，连续梁的使用非常广泛。

对连续梁一般采用下述记号：从左到右把支座依次编号为 $0, 1, 2, \cdots$（图 11-14(a)），把跨度依次编号为 $l_1, l_2, l_3, \cdots$。设所有支座均在同一水平线上，并无不同沉陷。且设只有支座 0 为固定铰支座，其余皆为可动铰支座。这样，如果撤去中间支座，该梁将是两端铰支的静定梁，因此中间支座就是其多余约束，有多少个中间支座，就有多少个多余约束，中间支座的数目就是连续梁的超静定次数。

连续梁是超静定结构，其基本静定系可有多种选择。如果选撤去中间支座为基本静定系，则因每个支座反力将对静定梁的每个中间支座上的位移有影响，因此正则方程中每个方程都将包含所有的多余约束反力，这将使计算非常繁琐。

如果设想将每个中间支座上的梁切开并装上铰链（图 11-14(b)），也就是解除了转角在支座处的连续性，将连续梁变成了若干简支梁，而每个简支梁都是一个基本静定系。这相当于把

每个支座上梁的内约束解除,即将这些截面上的内力弯矩作为多余约束力,并分别记为 X_1, $X_2,\cdots X_n,\cdots$。所以在每个支座上方的铰链两侧截面上需加上大小相等、方向相反的一对力偶矩。

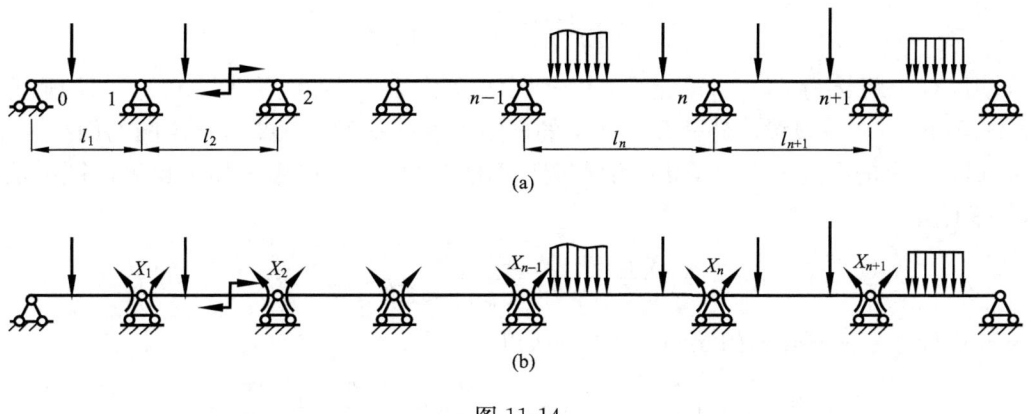

图 11-14

如从基本静定系中任意取出两个相邻跨度 l_n、l_{n+1}(图 11-15(a)),由于是连续梁,挠曲线在 n 支座处光滑连续,其变形协调条件为

$$\theta_{n左} = \theta_{n右} \tag{11-20}$$

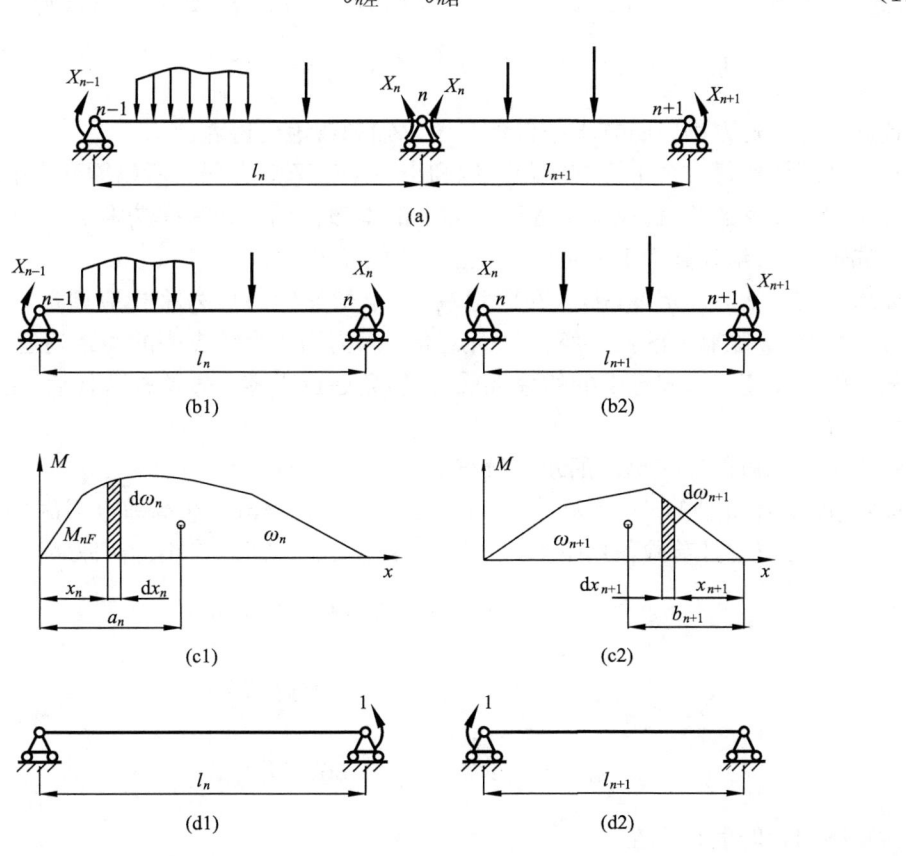

图 11-15

对于跨长为 l_n 的简支梁,其上同时受到多余约束力 X_{n-1}、X_n 和外荷载作用(图 11-15(b1))。该段梁在外荷载作用下的弯矩图参见图 11-15(c1),弯矩图的面积为 ω_n,其形心到左支座的距离为 a_n。该跨梁右端截面的转角 $\theta_{n左}$ 可以用叠加法也可用图乘法或莫尔积分来计算

$$\theta_{n左} = \frac{X_{n-1}l_n}{6EI_n} + \frac{X_n l_n}{3EI_n} + \frac{1}{EI_n}\omega_n \frac{a_n}{l_n}$$

同理,对于跨长为 l_{n+1} 的简支梁,其上同时受到多余约束力 X_n、X_{n+1} 和外荷载作用(图 11-15(b2))。该段梁在外荷载作用下的弯矩图参见图 11-15(c2),弯矩图的面积为 ω_{n+1},其形心到右支座的距离为 b_{n+1}。该跨梁右端截面的转角 $\theta_{n右}$ 可以用叠加法也可用图乘法或莫尔积分来计算

$$\theta_{n右} = -\frac{X_n l_{n+1}}{3EI_{n+1}} - \frac{X_{n+1}l_{n+1}}{6EI_{n+1}} + \frac{1}{EI_{n+1}}\omega_{n+1}\frac{b_{n+1}}{l_{n+1}}$$

n 支座处左右两侧转角相同,$\theta_{n左}=\theta_{n右}$,所以有

$$X_{n-1}\frac{l_n}{I_n} + 2X_n\left(\frac{l_n}{I_n} + \frac{l_{n+1}}{I_{n+1}}\right) + X_{n+1}\frac{l_{n+1}}{I_{n+1}} = -\frac{6\omega_n a_n}{I_n l_n} - \frac{6\omega_{n+1}b_{n+1}}{I_{n+1}l_{n+1}}$$

如各跨的截面尺寸相同,即 $I_n = I_{n+1}$,则上述方程简化为

$$X_{n-1}l_n + 2X_n(l_n + l_{n+1}) + X_{n+1}l_{n+1} = -\frac{6\omega_n a_n}{l_n} - \frac{6\omega_{n+1}b_{n+1}}{l_{n+1}}$$

如把弯矩 X_{n-1}、X_n 和 X_{n+1} 改为习惯上使用的记号 M_{n-1}、M_n 和 M_{n+1},则上式可以写成

$$M_{n-1}l_n + 2M_n(l_n + l_{n+1}) + M_{n+1}l_{n+1} = -\frac{6\omega_n a_n}{l_n} - \frac{6\omega_{n+1}b_{n+1}}{l_{n+1}} \tag{11-21}$$

这就是三弯矩方程。因方程中包含三个未知的弯矩而得名。

对于连续梁的每一个中间支座都可以列出一个三弯矩方程。所以能列出的方程式的数目恰好等于中间支座的数目,也就是等于超静定的次数。而且每一个方程式中只含有三个多余约束力偶矩,这就给计算带来一定的方便。

如果梁的一端为固定端,那么在固定端处,未知的约束反力将相应增加。为处理这一情况,可以用两个无限靠近的铰支座代替固定端。因为当两个铰支座的间距趋近于零时,这两个无限靠近的铰支座具有固定端的约束性质,即转角趋近于零。做这种替代后,便可按常规建立三弯矩方程。

例 11-1 求解图 11-16(a)所示连续梁。

解:支座编号如图 11-16 所示。$l_1=6\text{m}, l_2=5\text{m}, l_3=4\text{m}$。基本静定系的每个跨度皆为简支梁,这些简支梁在外荷载作用下的弯矩图如图 11-16(c)所示。由此可求得

$$\omega_1 = \frac{1}{2} \times 48 \times 6 = 144 (\text{kN} \cdot \text{m}^2)$$

$$\omega_2 = \frac{2}{3} \times 7.5 \times 5 = 25 (\text{kN} \cdot \text{m}^2)$$

$$\omega_1 = \frac{1}{2} \times 30 \times 4 = 60 (\text{kN} \cdot \text{m}^2)$$

弯矩图面积的形心位置

$$a_1 = \frac{8}{3}\text{m}, \quad a_2 = b_2 = \frac{5}{2}\text{m}, \quad b_3 = \frac{5}{3}\text{m}$$

梁在左端有外伸部分，支座 0 上梁截面的弯矩为

$$M_0 = -\frac{1}{2} \times 2\text{kN/m} \times 2\text{m}^2 = -4\text{kN} \cdot \text{m}$$

对跨度 l_1 和跨度 l_2 写出三弯矩方程。这时，$n=1, M_{n-1}=M_0=-4\text{kN} \cdot \text{m}, M_n=M_1, l_n=l_1=6\text{m}, l_{n+1}=l_2=5\text{m}, a_n=a_1=(8/3)\text{m}, b_{n+1}=b_2=(5/2)\text{m}$，代入式(11-21)得

$$-4 \times 6 + 2M_1 \cdot (6+5) + M_2 \times 5 = \frac{6 \times 144 \times (8/3)}{6} - \frac{6 \times 25 \times (5/2)}{5}$$

再对跨度 l_2 和跨度 l_3 写出三弯矩方程。这时，$n=2, M_{n-1}=M_1, M_n=M_2, M_{n+1}=M_3=0, l_n=l_2=5\text{m}, l_{n+1}=l_3=4\text{m}, a_n=a_2=(5/2)\text{m}, b_{n+1}=b_3=(5/3)\text{m}$，代入式(11-21)得

$$M_1 \times 5 + 2M_2 \times (5+4) + 0 \times 4 = \frac{6 \times 25 \times (5/2)}{5} - \frac{6 \times 60 \times (5/3)}{4}$$

整理上面的两个三弯矩方程，得到

$$22M_1 + 5M_2 = -435$$

$$5M_1 + 18M_2 = -225$$

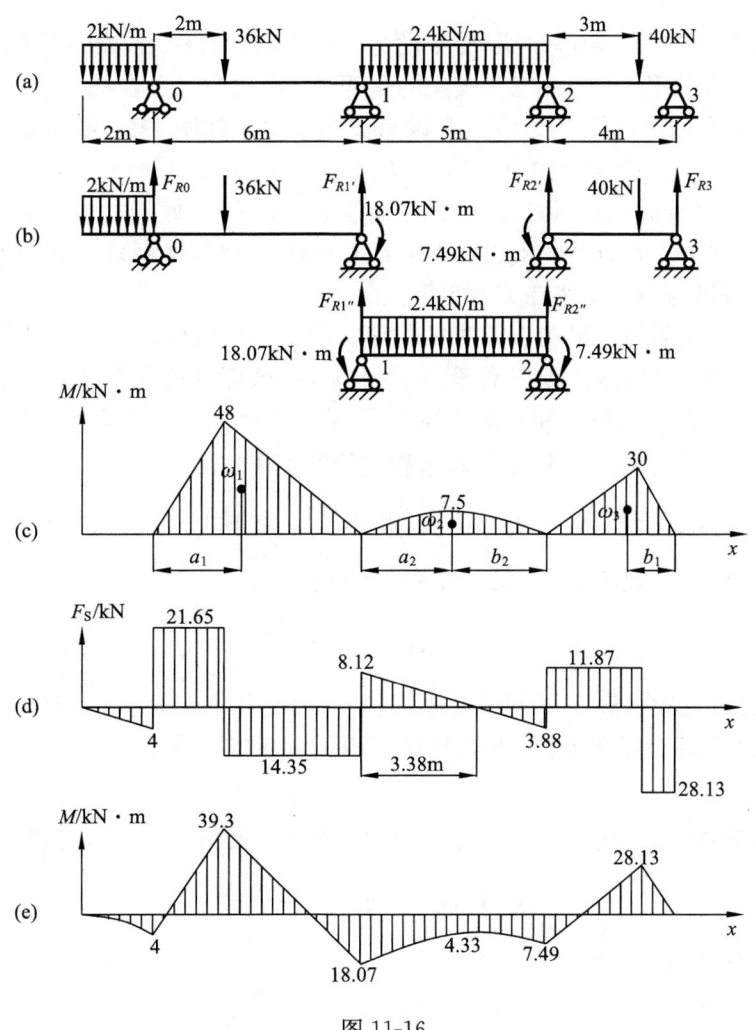

图 11-16

解以上联立方程组,可得
$$M_1 = -18.07\text{kN}\cdot\text{m}, \quad M_2 = -7.49\text{kN}\cdot\text{m}$$

求得 M_1 和 M_2 以后,连续梁三个跨度的受力情况如图 11-16(b)所示。可以把三跨段看做是三个静定梁,而且荷载和端截面上的弯矩都是已知的。对每一跨度都可以求出支反力并可作剪力图和弯矩图,而把这些内力图连接起来就是连续梁的剪力图和弯矩图(图 11-16(d)、(e))。进一步可做相应的强度计算和变形计算。

11.5 支座沉陷及温度变化对超静定梁的影响

在工程中,有些梁由于地基下沉等原因,各支座可能发生不同程度的沉陷;有些梁由于受到周围环境的影响,使其上、下表面的温度变化有较大的差别。这些因素,对于静定梁将只影响其几何外形,对梁的内力和应力在一般情况下并无影响,然而对超静定梁将不仅影响其几何外形,并且对其内力和应力也将产生明显的影响。

11.5.1 支座沉陷的影响

图 11-17(a)所示的一次超静定梁,受集度为 q 的均布荷载作用,梁的弯曲刚度为 EI,若梁的三个支座均发生了沉陷,沉陷后三个支座的顶部 A_1、B_1 和 C_1 不在同一直线上,三支座的沉陷量 Δ_A、Δ_B 和 Δ_C 均远比梁的跨度 l 小,并设 $\Delta_B > \Delta_C > \Delta_A$,如图 11-7(a)所示。下面来分析图 11-17(a)中超静定梁的三个支反力 F_A、F_B 和 F_C。

设想将支座 B_1 处的约束当做"多余"约束解除,并在点 B_1 处施加相应的多余未知力 F_B,即得基本静定系为图 11-17(b)所示的静定简支梁 A_1C_1。基本静定系应满足的变形相容条件是梁在受力变形后仍与中间支座在 B_1 处相连。

值得注意的是,原超静定梁在点 B 处的位移由两部分所组成。第一部分是由 A、C 两支座的沉陷而引起的刚体位移,而使点 B 移至点 B_0。显然,这部分位移并不引起支座反力。第二部分是简支梁 A_1C_1 在均布荷载和多余未知力 F_B 共同作用下,发生弯曲变形后点 B_0 的位移 $\overline{B_0B_1}$(图 11-17(a)),这部分的位移才引起超静定梁的支座反力。

以 Δ_1、w_B 分别表示上述两部分位移 $\overline{BB_0}$ 和 $\overline{B_0B_1}$。由图 11-17(a)、(b)可见 $\Delta_1 = \dfrac{\Delta_A + \Delta_B}{2}$,而 $w_B = \Delta_B - \Delta_1$,于是,从已知的 Δ_A、Δ_B 和 Δ_C 可求得

$$w_B = \Delta_B - \frac{\Delta_A + \Delta_B}{2} \tag{11-22}$$

由于支座沉陷后斜线 A_1C_1 的斜度甚小,故基本静定系 A_1C_1 仍可近似地当做水平放置梁来计算。梁 A_1C_1 在均布荷载 F_B 的共同作用下,其 B_0 点的挠度为

$$w_B = w_{Bq} + w_{BF} \tag{11-23}$$

由变形相容条件可知,式(11-22)、式(11-23)中的 w_B 值相等,于是,可得变形几何方程为

$$w_{Bq} + w_{BF} = \Delta_B - \frac{\Delta_A + \Delta_B}{2} \tag{11-24}$$

式中,w_{Bq} 及 w_{BF} 分别为

$$w_{Bq} = \frac{5}{384} \frac{q(2l)^4}{EI} = \frac{5}{24} \frac{ql^4}{EI}$$

$$w_{BF}=-\frac{F_B(2l)^3}{48EI}=-\frac{F_Bl^3}{6EI}$$

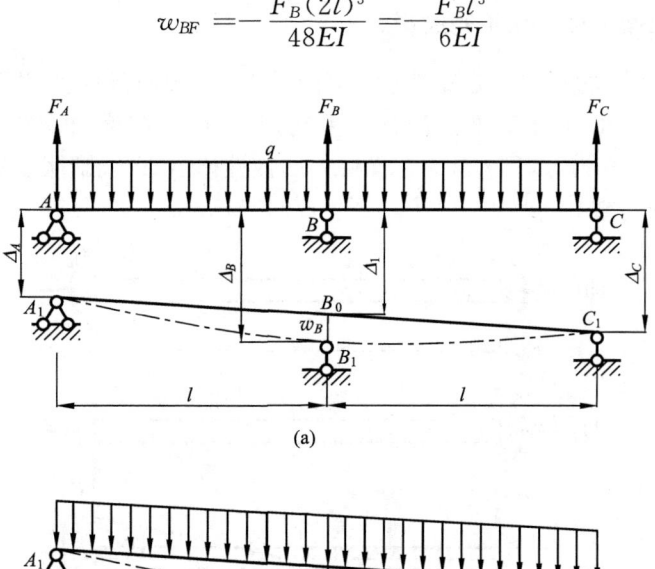

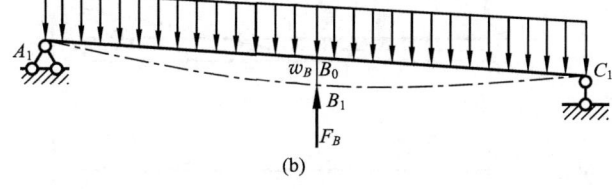

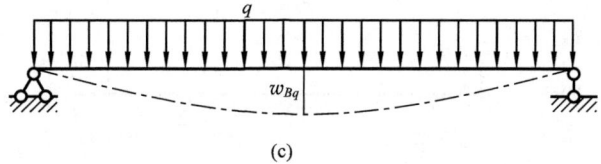

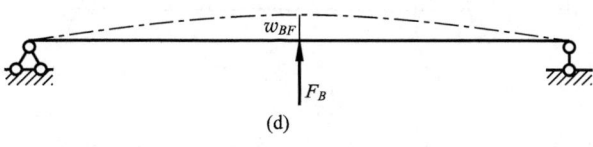

图 11-17

将其代入式(11-24),即得补充方程

$$\frac{5}{24}\frac{ql^4}{EI}-\frac{F_Bl^3}{6EI}=\Delta_B-\frac{\Delta_A+\Delta_B}{2}$$

由此可解得

$$F_B=\frac{1}{4}\left[5ql-\frac{24EI}{l^3}\left(\Delta_B-\frac{\Delta_A+\Delta_B}{2}\right)\right] \tag{11-25}$$

然后,由静力平衡方程求得

$$F_A=F_C=\frac{3ql}{8}+\frac{3EI}{l^3}\left(\Delta_B-\frac{\Delta_A+\Delta_B}{2}\right) \tag{11-26}$$

式(11-25)和式(11-26)两式中含有 $\Delta_B-\dfrac{\Delta_A+\Delta_B}{2}$ 的项,反映了支座沉陷对支反力的影响。根据支反力受到支座沉陷的影响还可推知,支座沉陷对超静定梁的剪力及弯矩值均有影响。

11.5.2 梁上、下表面温度变化不同的影响

以图 11-18(a)所示的两端固定梁为例,讨论梁上、下表面温度变化不同对超静定梁的影响。设梁在安装后,由于上、下表面工作条件不同,其顶面的温度由安装时的 t_0 上升为 t_1,而底面的温度则由 t_0 上升为 t_2,且 $t_2 > t_1$。梁材料的弹性模型 E、线膨胀系数 α_l 及截面惯性矩 I 均为已知,不计梁的自重。

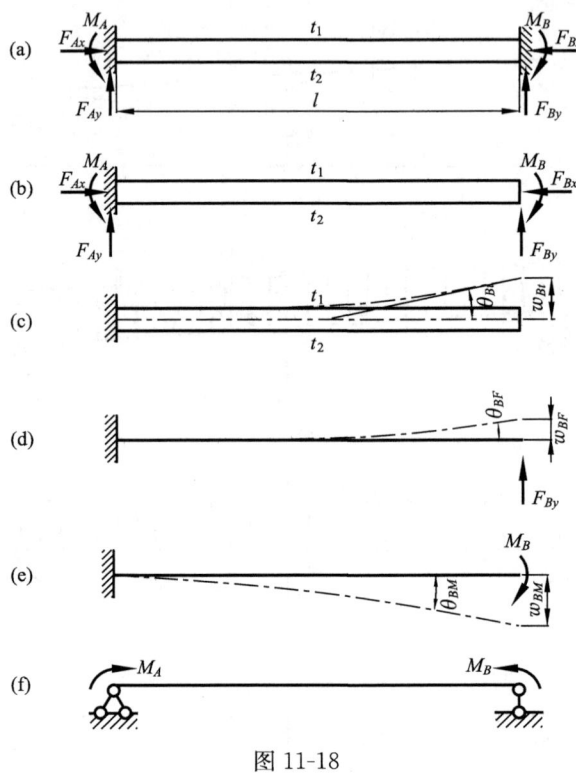

图 11-18

梁共有六个未知力,而平面一般力系只有三个独立的静力平衡方程,所以,是三次超静定梁,须建立三个补充方程。

设想将其支座 B 处三个约束当做"多余"约束解除,并在点 B 处施加与之相应的三个多余未知力 M_B、F_{By} 和 F_{Bx},从而得到基本静定系如图 11-18(b)所示的悬臂梁。假设三个支反力的转向或指向如图 11-18 所示。

由于 F_{Ax} 和 F_{Bx} 是梁沿轴线的支反力,在变形微小时,其对挠度和转角的影响均可略去不计。因此,可先不加考虑,而将梁看做是二次超静定的,并利用原超静定梁的变形相容条件 $w_B = 0$ 和 $\theta_B = 0$ 来求解 M_B 和 F_{By}。

对于图 11-18(b)所示的基本静定系,由于温度变化后梁底面的温度 t_2 大于其顶面的温度 t_1,因此,其底面长度将大于顶面长度,从而使梁的 B 端产生挠度 w_{Bt} 和转角 θ_{Bt} (图 11-18(c))。此外,当 F_{By} 单独作用时,B 端将产生挠度 w_{BF} 和转角 θ_{BF};而当 M_B 单独作用时,B 端将产生挠度 w_{BM} 和转角 θ_{BM} (图 11-18(d)、(e))。于是,根据变形相容条件,并利用叠加原理,可得变形几何方程为

$$w_B = w_{Bt} + w_{BF} + w_{BM} = 0 \tag{11-27}$$

$$\theta_B = \theta_{Bt} + \theta_{BF} + \theta_{BM} = 0 \tag{11-28}$$

先分别找出上述各种因素单独存在时,梁在截面 B 处的挠度和转角表达式,也就是建立其物理方程,然后将它们代入式(11-27)和式(11-28),即可得到两补充方程,以求解多余未知力 F_{By} 和 M_B。

(1) 由于梁上、下表面的温度变化不同所引起的梁在 B 端的转角和挠度。假设梁的顶面到底面的温度是按线性规律变化的。取长为 dx 的梁段来分析,如图 11-19(a)所示。梁段的底面长度 dx 在温度从 t_0 上升到 t_2 时将增至 $dx+\alpha_l(t_2-t_0)dx$,而顶面长度 dx 在温度从 t_0 上升到 t_1 时将增至 $dx+\alpha_l(t_1-t_0)dx$(图 11-19(b))。由于假设温度是按线性规律变化的,因此 dx 微段的变形情况将如图 11-19(b)中 $mnn'm'$ 所示,即微段左、右两横截面将发生相对转角 $d\theta$。做辅助线 $m'n_0$ 平行于 mn(图 11-19(b)),可得

$$\overline{n_0 n'} = h d\theta \tag{11-29}$$

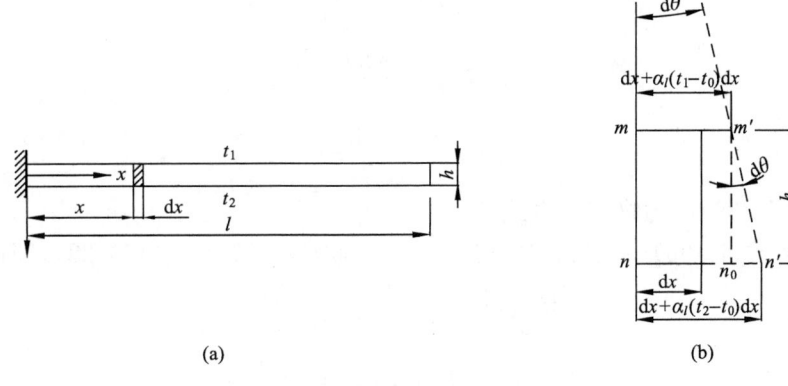

图 11-19

而 $\overline{n_0 n'} = \overline{nn'} - \overline{mm'} = dx + \alpha_l(t_2-t_0)dx - [dx + \alpha_l(t_1-t_0)dx] = \alpha_l(t_2-t_1)dx$,将其代入式(11-29)并整理后即得相对转角为

$$d\theta = \frac{\alpha_l(t_2-t_1)}{h} dx \tag{11-30}$$

应该指出,在 t_2 大于 t_1 的情况下,上式右边为正值,但在图 11-19(a)所示坐标系中,因取 y 轴向下为正,故图 11-19(b)所示的转角 $d\theta$ 为负值,因此式(11-30)右边应加上负号。于是可得

$$\frac{d\theta}{dx} = -\frac{\alpha_l(t_2-t_1)}{h} \tag{11-31}$$

由

$$\frac{d\theta}{dx} = -\frac{d^2 w}{dx^2} \tag{11-32}$$

由式(11-31),式(11-32)即得梁因温度影响而弯曲的挠曲线微分方程为

$$\frac{d^2 w}{dx^2} = -\frac{\alpha_l(t_2-t_1)}{h} \tag{11-33}$$

将式(11-33)所表示的微分方程积分,并应用边界条件 $x=0$、$dw/dx=0$ 及 $x=0$、$w=0$ 定出积分常数,即可得梁因温度影响而弯曲的转角方程及挠曲线方程分别为

$$\theta = \frac{dw}{dx} = -\frac{\alpha_l(t_2-t_1)}{h} x \tag{11-34}$$

和
$$w = -\frac{\alpha_l(t_2-t_1)}{2h}x^2 \tag{11-35}$$

将 B 点的坐标 $x=l$ 代入式(11-34)和式(11-35)，即得梁在 B 端的转角和挠度为

$$\theta_{Bt} = \frac{\mathrm{d}w}{\mathrm{d}x} = -\frac{\alpha_l(t_2-t_1)l}{h} \tag{11-36}$$

$$w_{Bt} = -\frac{\alpha_l(t_2-t_1)l^2}{2h} \tag{11-37}$$

(2) 在 F_{By} 和 M_B 分别作用下，梁在 B 端的转角和挠度分别为

$$\begin{cases} \theta_{BF} = -\dfrac{F_{By}l^2}{2EI} \\ w_{BF} = -\dfrac{F_{By}l^3}{3EI} \end{cases} \tag{11-38}$$

$$\begin{cases} \theta_{BM} = \dfrac{M_B l}{EI} \\ w_{BM} = \dfrac{M_B l^2}{2EI} \end{cases} \tag{11-39}$$

式(11-36)~式(11-39)即为物理关系式。

将物理关系式(11-36)~式(11-39)代入变形几何方程(11-27)和(11-28)，即得补充方程

$$-\frac{\alpha_l(t_2-t_1)l^2}{2h} - \frac{F_{By}l^3}{3EI} + \frac{M_B l^2}{2EI} = 0 \tag{11-40}$$

$$-\frac{\alpha_l(t_2-t_1)l}{h} - \frac{F_{By}l^2}{2EI} + \frac{M_B l}{EI} = 0 \tag{11-41}$$

联解(11-40)和(11-41)两式，可得

$$F_{By} = 0, \quad M_B = \frac{\alpha_l EI(t_2-t_1)}{h}$$

这里的 M_B 为正号，故其转向如图 11-19(b) 中所示。

若考虑到梁的结构和温度变化均对称于梁的跨中截面，则由对称条件可得 $F_{Ay}=F_{By}$，$M_A=M_B$。当梁上无横向荷载作用时，则由平衡方程 $\sum F_y=0$，可得 $F_{Ay}=F_{By}=0$。于是，可进一步简化为一次超静定梁，其基本静定系将如图 11-18(f) 所示。然后，按与前述类似的程序，即可解得 $M_A=M_B=\dfrac{\alpha_l EI(t_2-t_1)}{h}$。

思 考 题

11-1 外力超静定与内力超静定问题有何特点？如何判定平面刚架与平面曲杆的超静定次数？

11-2 如何用力法分析超静定问题？外力超静定与内力超静定问题的求解方法有何不同？如何分析超静定问题的应力与变形？

11-3 对称结构的特点是什么？何谓对称荷载与反对称荷载？

11-4 在对称荷载与反对称荷载作用下，对称结构内力与变形各有何特点？如何利用对称与反对称条件简化分析计算？

11-5 超静定结构的基本静定系和变形几何方程是不是唯一的？其解答是不是唯一的？如思考题 11-5 图所示两端固定的超静定杆，试给出其三个不同形式的基本静定系及其相应的变形几何方程。

11-6 弯曲刚度为 EI 的两端固定梁，在梁跨中点下有一支座，但与梁底边相距 δ，如思考题 11-6 图所示。

当梁承受均布荷载 q 后,梁与中间支座接触。试问该梁为几次超静定,并列出其变形几何方程和物理方程。

思考题 11-5 图　　　　　思考题 11-6 图

习　题

11-1　判定题 11-1 图所示结构的超静定次数。

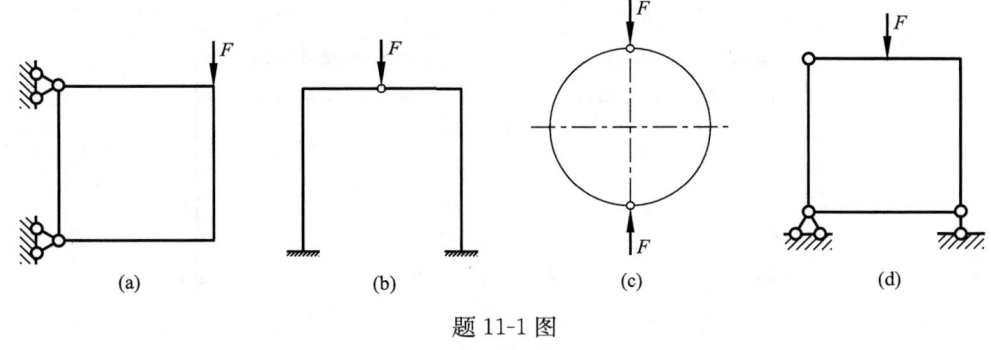

题 11-1 图

11-2　题 11-2 图所示各刚架,抗弯刚度 EI 均为常数。试求约束力,并画弯矩图。

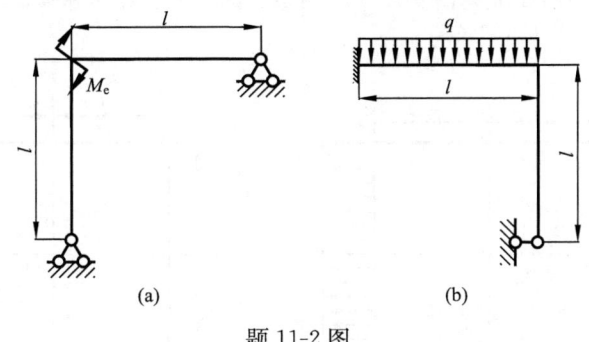

题 11-2 图

11-3　题 11-3 图所示圆弧形小曲率杆,抗弯刚度 EI 均为常数。试求约束力,并求 A 面的水平位移。

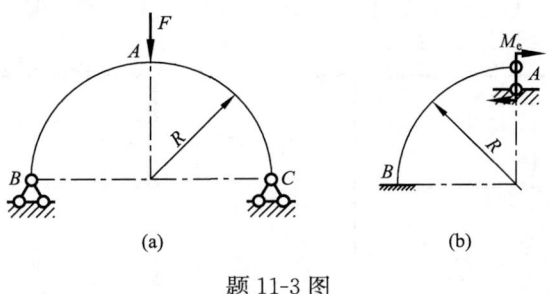

题 11-3 图

11-4　题 11-4 图所示桁架,各杆各截面的抗压刚度均为 EA。试求杆 BC 的轴力。

11-5　题 11-5 图所示小曲率圆环,承受荷载 F 作用。试求截面 A 与截面 C 的弯矩以及截面 A 与 B 的相对位移线。设抗弯刚度 EI 均为常数。

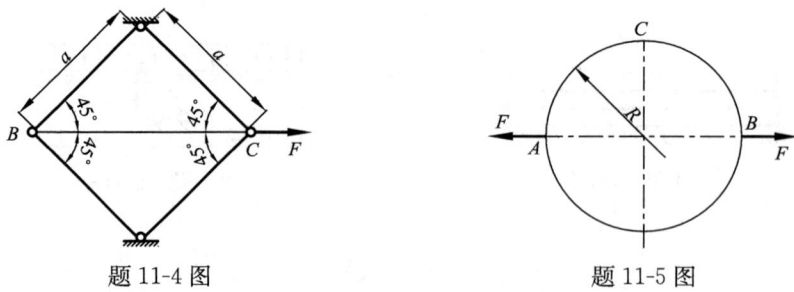

题 11-4 图　　　　　　　　题 11-5 图

11-6　题 11-6 图所示各刚架，抗弯刚度 EI 均为常数。试画弯矩图。

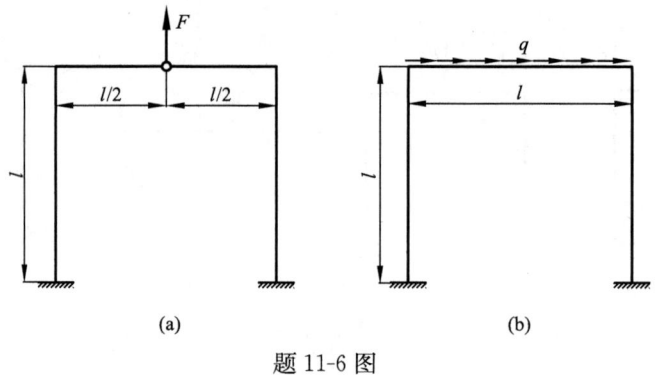

题 11-6 图

11-7　题 11-7 图所示各钢架，抗弯刚度 EI 均为常数。试画弯矩图，并求截面 A 与 B 沿 AB 连线方向的相对线位移。

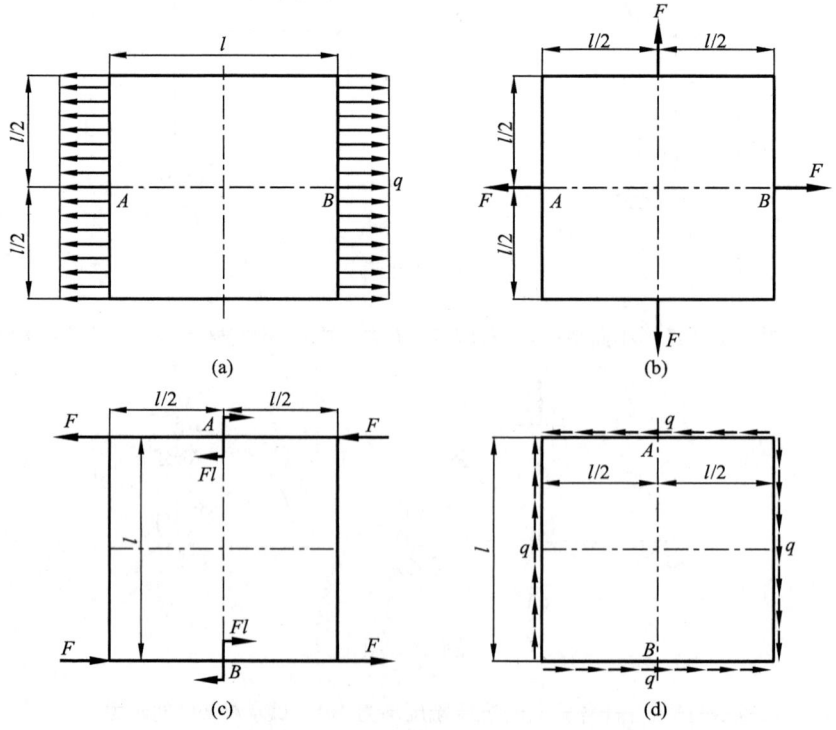

题 11-7 图

11-8 题 11-8 图所示小曲率圆环，承受荷载 F 作用。试计算约束力。设抗弯刚度 EI 均为常数。

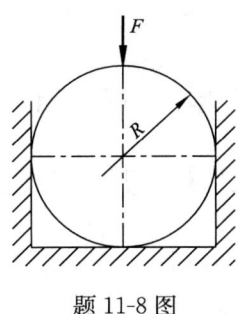

题 11-8 图

11-9 题 11-9 图所示等截面刚架，横截面为圆形，材料的弹性模量为 E，泊松比 $\mu=0.3$，试画刚架的弯矩图与扭矩图。

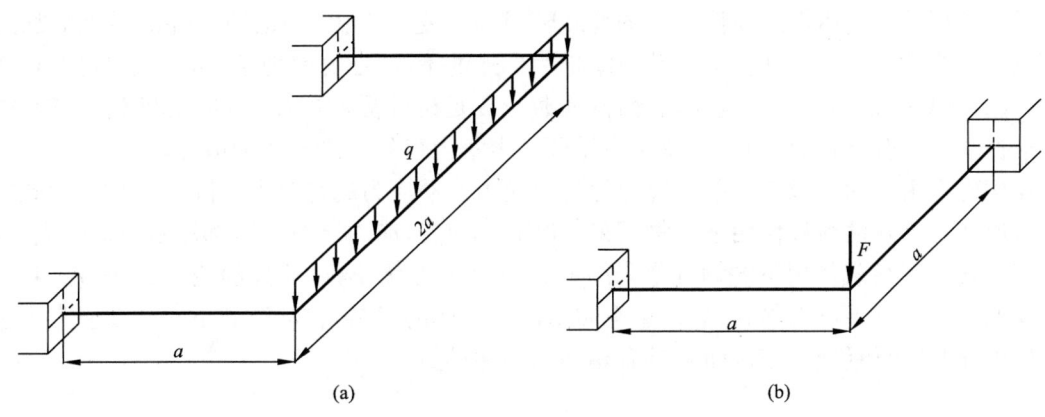

题 11-9 图

11-10 直梁 ABC 在承受荷载前搁置在支座 A 和 C 上，梁与支座 B 间有一间隙 Δ，如题 11-10 图所示。当加上均布荷载后，梁在中点处与支座 B 接触，因而三个支座都产生约束力。为使这三个约束力相等，试求其 Δ 值。

11-11 梁 AB 的两端均为固定端，如题 11-11 图所示，当其左端转动了一个微小角度 θ 时，试确定梁的约束反力 M_A、F_A、M_B 和 F_B。

11-12 梁 AB 的左端固定而右端铰支如题 11-12 图所示。梁的横截面高为 h。设梁在安装后其顶面温度为 t_1，而底面温度为 t_2，设 $t_2 > t_1$，且沿截面高度 h 成线性变化。梁的弯曲刚度为 EI，材料的线膨胀系数为 α_l。试求梁的约束反力。

题 11-10 图

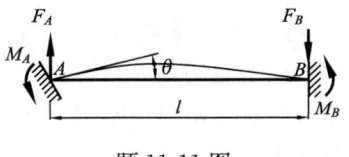

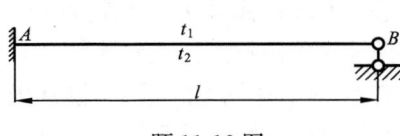

题 11-11 图   题 11-12 图

第 12 章 动 荷 载

12.1 概 述

以前各章节讨论的是在静荷载作用下杆件的变形和应力计算,所谓静荷载就是指荷载从零开始缓慢地增加到最后数值保持不变。在静荷载作用下,杆件内各点的加速度很小可以忽略不计,荷载加载到最后数值后不再改变,此时构件处于静力平衡状态或做匀速直线运动。

在实际问题中,有不少加速提升的构件,其内部质点的加速度是很明显的,比如加速吊升的重物与缆索,打桩机捶打的桩,地震时的房屋建筑等,此时我们称构件所受这种荷载为动荷载。所谓动荷载就是指作用在构件上的荷载随时间的变化很快,或运动构件内质点的加速度不可忽略时构件承受的荷载。根据动荷载作用形式的不同,在材料力学中,一般讨论四种产生动荷载的情况:一是构件做变速运动(惯性荷载);二是构件受冲击作用(冲击荷载);三是构件做强迫振动(周期性荷载);四是交变应力循环。本章内容只讨论前两种情况。

在构件内由于动荷载所引起的应力称为动应力。动应力的计算方法随动荷载的形式的不同而有所变化。在动荷载作用下的物理量(如内力、应变、应力、位移等)都用右下标 d 表示,比如动应力 σ_d。静荷载作用下的物理量采用下标 st 表示或无下标,比如静应力 σ_{st} 或 σ。

我们从实验结果可以得到:静荷载下服从胡克定律的材料,在动荷载下只要动应力不超过比例极限,胡克定律仍然有效,而且具有相同的弹性模量。

12.2 动静法的应用

在运动已知的情况下,构件内力的计算问题可以采用达朗贝尔原理,也就是动静法来解决。为了介绍动静法,首先说明惯性力。对于加速度为 a 的质点,惯性力等于质点的质量 m 与 a 的乘积,方向则与 a 的方向相反。达朗贝尔原理指出,对做加速度运动的质点系,如果假设在每个质点上加上惯性力,则质点系上的原力系与惯性力系组成平衡力系。这样,就可以把动力学问题在形式上转化为静力学问题来解决,这就是动静法。所以,前面关于应力与应变的计算方法,也可以直接用于增加了惯性力的构件。

12.2.1 构件做匀加速运动

例如,图 12-1(a)所示以匀加速度 a 向上提升的杆件。若杆件的横截面积为 A,质量密度为 ρ,那么杆件每单位长度的质量为 $A\rho$,其相应的惯性力为 $A\rho a$,且方向向下。将惯性力加于杆件上,于是作用于杆件上的重力、惯性力和拉力 F 组成了平衡力系,如图 12-1(b)所示。杆件成为在竖向均布荷载作用下的弯曲问题。均布荷载的集度为

$$q = A\rho g + A\rho a = A\rho g \left(1 + \frac{a}{g}\right)$$

杆件中央横截面积上的弯矩为

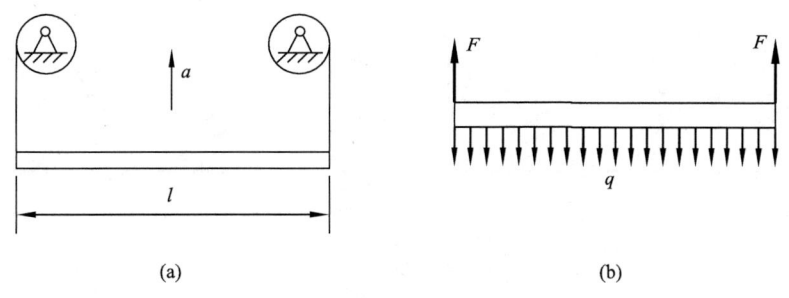

图 12-1

$$M = F\frac{l}{2} - \frac{1}{2}q\left(\frac{l}{2}\right)^2 = \frac{l^2}{8}A\rho g\left(1 + \frac{a}{g}\right)$$

相应的应力也就是动应力为

$$\sigma_d = \frac{M}{W} = \frac{l^2}{8W}A\rho g\left(1 + \frac{a}{g}\right) \tag{a}$$

当加速度 a 为零时,由上式求得的杆件在静荷载下的应力为

$$\sigma_{st} = \frac{M}{W} = \frac{l^2}{8W}A\rho g \tag{b}$$

故动应力 σ_d 可以表示为

$$\sigma_d = \sigma_{st}\left(1 + \frac{a}{g}\right) \tag{c}$$

括号中的因子可称为**动荷因数**(或称为**动荷载因数**、**动载因数**),记为

$$K_d = 1 + \frac{a}{g} \tag{12-1}$$

于是式(c)可以表示为

$$\sigma_d = K_d\sigma_{st} \tag{12-2}$$

这表明动应力可以等于静应力乘以动荷因数。此时强度条件可以写为

$$\sigma_d = K_d\sigma_{st} \leqslant [\sigma] \tag{12-3}$$

式中,$[\sigma]$仍然采用材料在静荷载下的许用应力值。

12.2.2 构件做匀速转动

当构件做匀速转动时,构件上各点只有向心加速度,向心加速度的值为 $r\omega^2$,r 是质点到转轴的距离,ω 是构件的角速度。按照达朗贝尔原理,将离心惯性力系与构件上的外力在形式上组成一平衡力系,将动力问题简化为静力问题来解决。

以匀速旋转圆环为例来说明动静法的应用。设一个平均直径为 D 的薄壁圆环以匀角速度 ω 绕通过圆心且垂直于环平面的轴做匀速转动,如图12-2(a)所示,圆环厚度为 t,宽度为 b,质量密度为 ρ。由于环做等角速转动,因而环内各点只有向心加速度。又因为环壁很薄,所以可认为环内各点的向心加速度都与环轴线上各点的向心加速度相等。对于等截面圆环,相同长度的任一段的质量相等。所以根据动静法,作用在环上的惯性力必然为沿着环轴线均匀分布的线分布力,其指向远离转动中心(图12-2(b))。

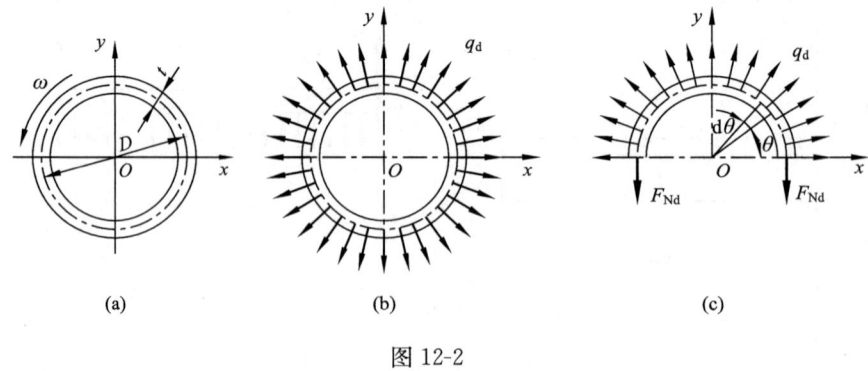

图 12-2

沿环轴线均匀分布的惯性力集度 q_d 为

$$q_d = 1 \cdot tb \cdot \rho\omega^2 \left(\frac{D}{2}\right) = \frac{tb\rho\omega^2 D}{2}$$

先将圆环沿着某一直径截开,研究其中的半个圆环(图 12-2(c))的平衡状态。可知半环上的惯性力沿 y 轴方向的合力为

$$F_d = \int_0^\pi q_d \cdot \frac{D}{2} d\theta \cdot \sin\theta = \frac{q_d D}{2}\int_0^\pi \sin\theta d\theta = q_d \cdot D = \frac{tb\rho\omega^2 D^2}{2}$$

其作用线与 y 轴方向重合。

因为圆环壁很薄,所以可认为在圆环径向截面上各点处的正应力相等,又因为对称关系,两侧径向截面上的正应力必组成相等的合力 F_{Nd}。由平衡条件可知 F_{Nd} 为

$$F_{Nd} = \frac{F_d}{2} = \frac{tb\rho\omega^2 D^2}{4}$$

可得径向截面上的正应力为

$$\sigma_d = \frac{F_{Nd}}{tb} = \frac{\rho\omega^2 D^2}{4}$$

例 12-1 在 AB 轴的 B 端有一个质量很大的飞轮(图 12-3)。与飞轮相比,轴的质量可以忽略不计。轴的另一端 A 装有刹车离合器。飞轮的转速为 $n=150\text{r/min}$,转动惯量为 $I_x=0.5\text{kN}\cdot\text{m}\cdot\text{s}^2$。轴的直径为 $d=150\text{mm}$。刹车时使轴在 20s 内均匀减速停止转动。求轴内的动应力。

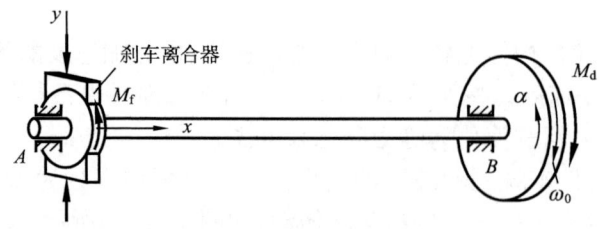

图 12-3

解:飞轮与轴的转动角速度为

$$\omega_0 = \frac{n\pi}{30} = 5\pi \text{rad/s}$$

当飞轮与轴同时做均匀减速转动时,其角加速度为

$$\alpha = \frac{\omega_1 - \omega_0}{t} = \frac{0 - 5\pi}{20\text{s}} = -\frac{\pi}{4}\text{rad/s}^2$$

等号右边的负号只是表示 α 与 ω_0 的方向相反(图 12-3)。按照动静法,在飞轮上加上方向与 α 相反的惯性力偶矩 M_d,且

$$M_d = -I_x\alpha = (-0.5\text{kN}\cdot\text{m}\cdot\text{s}^2)\left(-\frac{\pi}{4}\text{rad/s}^2\right) = \frac{0.5\pi}{4}\text{kN}\cdot\text{m}$$

设作用于轴上的摩擦力矩为 M_f,由平衡方程 $\sum M_x = 0$,求出

$$M_f = M_d = \frac{0.5\pi}{4}\text{kN}\cdot\text{m}$$

AB 轴由于摩擦力矩 M_f 和惯性力偶矩 M_d 引起扭转变形,横截面上扭矩为

$$T = M_d = \frac{0.5\pi}{4}\text{kN}\cdot\text{m}$$

所以横截面上的最大扭转切应力为

$$\tau_{\max} = \frac{T}{W_t} = \frac{\frac{0.5\pi}{4}\times 10^3 \text{N}\cdot\text{m}}{\frac{\pi}{16}(150\times 10^{-3}\text{m})^3} = 0.593\times 10^6\text{Pa} = 0.593\text{MPa}$$

例 12-2 如图 12-4 所示,一根长度为 $l=20\text{m}$ 的 16 号工字钢,用两根钢缆吊起,并以等加速度 $a=5\text{m/s}^2$ 上升。已知钢缆的横截面积为 $A=108\text{mm}^2$,并且钢缆的重量不计。试求钢缆的动应力,以及在整个工字钢上的最大动应力。若要使工字钢中的最大动应力减至最小,钢缆的位置应当如何?

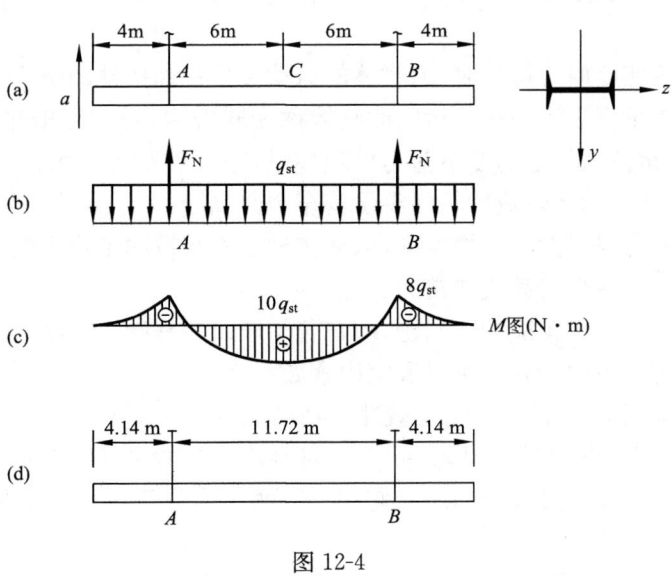

图 12-4

解:由型钢表查得工字钢每米长度的重量 $q_{st} = 200.9\text{N/m}$ 以及抗弯截面系数 $W_z = 21.2\times 10^{-6}\text{m}^3$。

计算动荷因数为

$$K_\mathrm{d} = 1 + \frac{a}{g} = 1 + \frac{5}{9.8} = 1.51$$

工字钢在自重条件下（静荷载）的受力图如图 12-4(b)所示，由工字钢的平衡条件 $\sum F_y = 0$ 可得

$$F_\mathrm{N} = \frac{q_\mathrm{st} l}{2} = \frac{200.9\mathrm{N/m} \times 20\mathrm{m}}{2} = 2009\mathrm{N}$$

所以钢缆的动应力为

$$\sigma_\mathrm{d} = K_\mathrm{d}\sigma_\mathrm{st} = 1.51 \times \frac{2009\mathrm{N}}{108 \times 10^{-6}\mathrm{m}^2} = 28.1\mathrm{MPa}$$

现绘出工字钢在静荷载作用下的弯矩图（图 12-4(c)），在中央截面有最大弯矩和最大正应力为

$$M_\mathrm{stmax} = F_\mathrm{N} \times 6\mathrm{m} - \frac{q_\mathrm{st} l^2}{8} = 2009\mathrm{N \cdot m}$$

$$\sigma_\mathrm{stmax} = \frac{M_\mathrm{stmax}}{W_Z} = \frac{2009\mathrm{N \cdot m}}{21.2 \times 10^{-6}\mathrm{m}^3} = 94.8\mathrm{MPa}$$

所以工字钢内最大动应力为

$$\sigma_\mathrm{dmax} = K_\mathrm{d}\sigma_\mathrm{stmax} = 1.51 \times 94.8\mathrm{MPa} = 143.1\mathrm{MPa}$$

要想使得工字钢的最大弯矩减小，可以将钢缆向跨中移动，以增大负弯矩而减小正弯矩，最后使得钢缆处得负弯矩值与工字钢跨中的正弯矩值相等，也就得到了工字钢的最大弯矩减小至最小时的钢缆位置，如图 12-4(d)所示。

12.3 杆件受冲击时的应力和变形

当物体以一定的速度撞击构件时，因物体的运动突然受到构件的阻碍作用，其速度迅速减小甚至降为零。这个过程称为**冲击**。运动的物体称为**冲击物**，受到冲击作用的物体称为**被冲击物**。例如，打桩时重锤从一定高度下落与桩顶接触，桩杆就受到很大的冲击作用，从而被打入地基中。又如，高速转动飞轮或砂轮的突然刹车也是属于冲击问题。冲击物的速度在很短的时间内急剧减小而获得很大的负加速度，从而在冲击物与被冲击物之间引起很大的作用力，这个作用力我们就称为**冲击荷载**或**冲击力**。

工程上通常用能量法来解决冲击问题，即在若干假设的基础上，根据能量守恒定律对冲击构件的应力和变形进行简化计算。主要假定内容如下：

（1）不计冲击物的变形，且冲击物与被冲击物接触后无回弹；

（2）被冲击物的质量可忽略不计，这并不是因为被冲击物的质量比冲击的质量小，而实质上是忽略了被冲击物在冲击过程中动能的变化。当两物体一旦接触就不再分开，也就是没有回弹。

（3）在冲击过程中，声、热等能量损耗很小，可忽略不计。

根据以上假设，我们可以应用机械能守恒定律来计算冲击荷载作用下被冲击物的最大位移及其冲击应力。

在线弹性范围内,承受各种变形的弹性杆件都可以看做是一个弹簧。比如图 12-5 中所示的受拉伸、弯曲和扭转的杆件的变形分别为

$$\Delta l = \frac{Fl}{EA} = \frac{F}{\dfrac{EA}{l}}, \quad w = \frac{Fl^3}{48EI} = \frac{F}{\dfrac{48EI}{l^3}}, \quad \varphi = \frac{M_e l}{GI_p} = \frac{M_e}{\dfrac{GI_p}{l}}$$

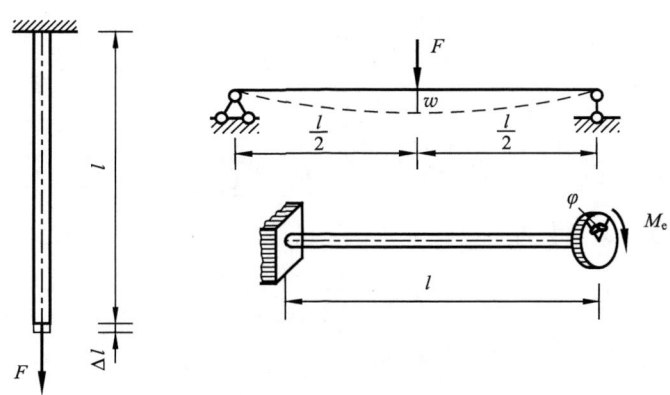

图 12-5

可见,当把这些杆件看做是弹簧时,其弹簧常数分别为 $\dfrac{EA}{l}$、$\dfrac{48EI}{l^3}$、$\dfrac{GI_p}{l}$。因而任一杆件或结构都可以简化成图 12-6 中的弹簧。现在来看冲击问题。设重量为 P 的冲击物一经与受冲弹簧接触,如图 12-6(a)所示,就相互附着共同运动,如果不计弹簧的质量,只考虑其弹性,便可以简化成一个自由度的运动体系。设冲击物体在与弹簧开始接触的瞬时动能为 T;由于弹簧的抵抗,当弹簧变形到达最低位置时,如图 12-6(b)所示,体系的速度变为零,弹簧的变形为 Δ_d。从冲击物与弹簧开始接触到变形发展到最低位置,动能由 T 变为零,其变化为 T;重物 P 向下移动的距离为 Δ_d,势能的变化为

$$V = P\Delta_d \tag{a}$$

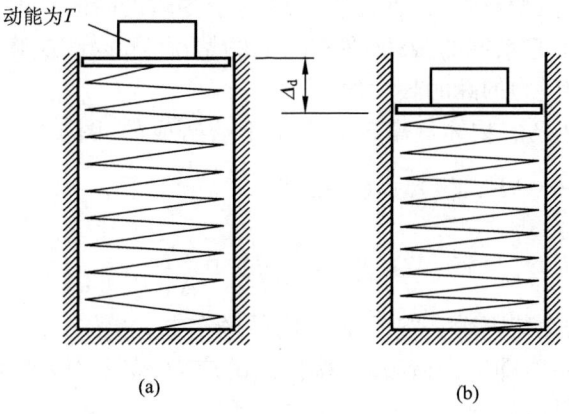

图 12-6

若以 V_{ed} 表示弹簧的应变能,由机械能守恒定律可得

$$T + V = V_{ed} \tag{12-4}$$

设体系的速度为零时弹簧的动荷载为 F_d，可得弹簧的应变能为

$$V_{\varepsilon d} = \frac{1}{2} F_d \Delta_d \tag{b}$$

若重物以静载的方式作用于构件上，构件的静变形和静应力为 Δ_{st} 和 σ_{st}。在动荷载 F_d 作用下，相应的变形和应力为 Δ_d 和 σ_d。故有

$$\frac{F_d}{P} = \frac{\Delta_d}{\Delta_{st}} = \frac{\sigma_d}{\sigma_{st}} \tag{c}$$

也可写为

$$F_d = \frac{\Delta_d}{\Delta_{st}} P, \quad \sigma_d = \frac{\Delta_d}{\Delta_{st}} \sigma_{st} \tag{d}$$

将上式中的 F_d 代入式(b)，得

$$V_{\varepsilon d} = \frac{1}{2} \frac{\Delta_d^2}{\Delta_{st}} P \tag{e}$$

把式(a)和式(e)代入式(12-4)，经过整理，得

$$\Delta_d^2 - 2\Delta_{st}\Delta_d - \frac{2T\Delta_{st}}{P} = 0$$

解得

$$\Delta_d = \Delta_{st}\left(1 + \sqrt{1 + \frac{2T}{P\Delta_{st}}}\right) \tag{f}$$

引用记号

$$K_d = \frac{\Delta_d}{\Delta_{st}} = 1 + \sqrt{1 + \frac{2T}{P\Delta_{st}}} \tag{12-5}$$

K_d 称为**冲击动荷因数**。如此，式(f)和式(d)就可以写成

$$\Delta_d = K_d \Delta_{st}, \quad F_d = K_d P, \quad \sigma_d = K_d \sigma_{st} \tag{12-6}$$

可见以 K_d 乘静荷载、静变形和静应力，即可求得冲击时的荷载、变形和应力。这里 F_d、Δ_d 和 σ_d 是指受冲构件到达最大变形位置，冲击物速度等于零时的瞬时荷载、变形和应力。之后，构件的变形将即刻减小，引起系统的振动，在有阻尼的情况下，运动最终消失。因此我们需要计算的正是冲击时变形和应力的瞬时最大值。

如果冲击物是重为 P 的物体从高 h 处自由下落造成的（图 12-7），则物体与弹簧接触时，$v^2 = 2gh$，于是 $T = \frac{1}{2}\frac{P}{g}v^2 = Ph$，代入式(12-5)得

$$K_d = 1 + \sqrt{1 + \frac{2h}{\Delta_{st}}} \tag{12-7}$$

这是物体自由下落时的动荷因数。突然加于构件的荷载，相当于物体自由下落时 $h=0$ 的情况。由式(12-7)得，$K_d=2$，即突加荷载时，构件内的应力、变形均为静载时的 2 倍。

对于水平放置的系统，如图 12-8 所示，冲击过程中系统的势能不变，$V=0$。若冲击物与杆件接触时的速度为 v，则动能 T 为 $\frac{1}{2}\frac{P}{g}v^2$。以 V、T 和式(e)中的 $V_{\varepsilon d}$ 代入公式(12-4)，可得

$$\frac{1}{2}\frac{P}{g}v^2 = \frac{1}{2}\frac{\Delta_d^2}{\Delta_{st}}P, \quad \Delta_d = \sqrt{\frac{v^2}{g\Delta_{st}}}\Delta_{st} \tag{g}$$

由式(d)可以求得

$$F_d = \sqrt{\frac{v^2}{g\Delta_{st}}} P, \quad \sigma_d = \sqrt{\frac{v^2}{g\Delta_{st}}} \sigma_{st} \tag{h}$$

即这种情况下的动荷因数为

$$K_d = \sqrt{\frac{v^2}{g\Delta_{st}}} \tag{12-8}$$

上述计算方法,由于忽略了其他种能量的损失,事实上,冲击物所减少的动能和势能不可能全部转变为受冲击构件的应变能。所以,按照上述方法计算出的受冲构件的应变能的数值偏高,由这种方法求得的结果偏于安全。

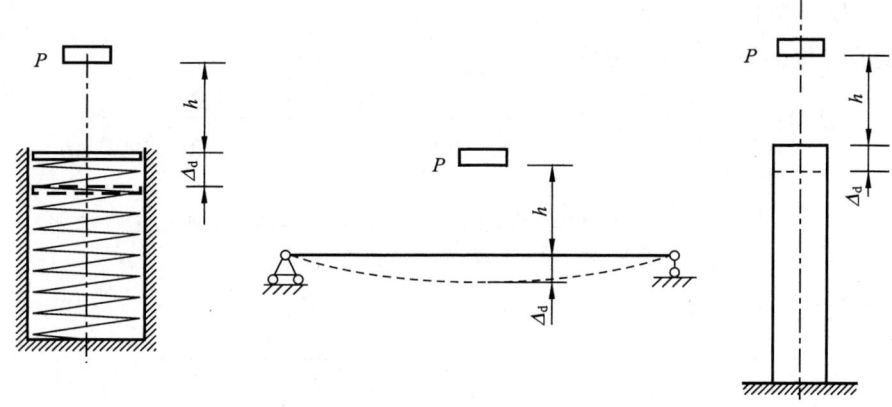

图 12-7

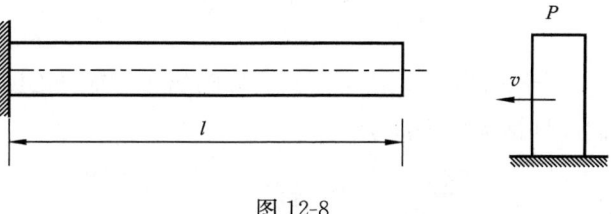

图 12-8

例 12-3 等截面杆件,如图 12-9(a)所示,阶梯形变截面杆件,如图 12-9(b)所示,两杆长度相等,均为圆截面,材料相同,受到重量相等的重物从相同的高度处自由落下冲击。试计算各杆件的最大冲击应力。已知:$l = 900\text{mm}$,$H = 100\text{mm}$,$d = 20\text{mm}$,$E = 200\text{GPa}$,$Q = 200\text{N}$,杆件的质量忽略不计。

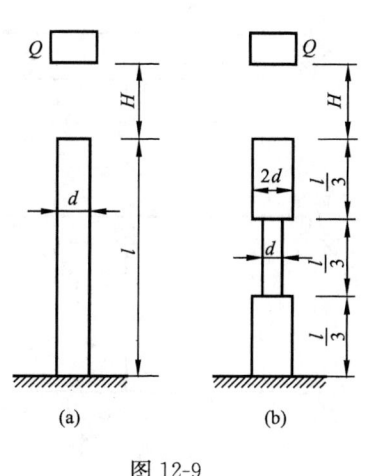

图 12-9

解:(1) 求等截面杆的冲击应力。

设重物 Q 以静荷载方式作用于杆顶面,相应冲击点的静位移为

$$(\Delta_{st})_1 = \frac{Ql}{EA_1} = \frac{4Ql}{\pi Ed^2} = \frac{4 \times 200\text{N} \times 900 \times 10^{-3}\text{m}}{\pi \times 200 \times 10^9 \text{Pa} \times 20^2 \times 10^{-6}\text{m}^2}$$
$$= 2.87 \times 10^{-6}\text{m}$$

动荷因数
$$K_{d1} = 1 + \sqrt{1 + \frac{2H}{(\Delta_{st})_1}} = 1 + \sqrt{1 + \frac{2 \times 100 \times 10^{-3}\text{m}}{2.87 \times 10^{-6}\text{m}}} = 265$$

静应力
$$(\sigma_{st})_1 = \frac{Q}{A} = \frac{4 \times 200\text{N}}{\pi \times 20^2 \times 10^{-6}\text{m}^2} = 0.64\text{MPa}$$

冲击应力
$$(\sigma_d)_1 = K_{d1} \cdot (\sigma_{st})_1 = 265 \times 0.64 \times 10^6\text{Pa} = 169.6\text{MPa}$$

(2) 求阶梯形变截面杆的冲击应力。

冲击点的静位移等于整个杆的静变形
$$(\Delta_{st})_2 = \frac{Ql}{3EA_1} + \frac{2Ql}{3EA_2} = \frac{200\text{N} \times 900 \times 10^{-3}\text{m}}{3 \times 200 \times 10^9\text{Pa} \times \frac{\pi}{4} \times 20^2 \times 10^{-6}\text{m}^2}$$
$$+ \frac{2 \times 200\text{N} \times 900 \times 10^{-3}\text{m}}{3 \times 200 \times 10^9\text{Pa} \times \frac{\pi}{4} \times 40^2 \times 10^{-6}\text{m}^2} = 1.43 \times 10^{-6}\text{m}$$

动荷因数
$$K_{d2} = 1 + \sqrt{1 + \frac{2H}{(\Delta_{st})_2}} = 1 + \sqrt{1 + \frac{2 \times 100 \times 10^{-3}}{1.43 \times 10^{-6}}} = 375$$

在中间段,最大的静应力为
$$(\sigma_{st})_2 = (\sigma_{st})_1 = 0.64\text{MPa}$$

最大冲击应力
$$(\sigma_{dmax})_2 = K_{d2} \cdot (\sigma_{st})_2 = 375 \times 0.64 \times 10^6\text{Pa} = 240\text{MPa}$$

故阶梯形截面杆与等截面杆最大冲击应力之比
$$\frac{(\sigma_{dmax})_2}{(\sigma_d)_1} = \frac{240}{169.6} = 1.42$$

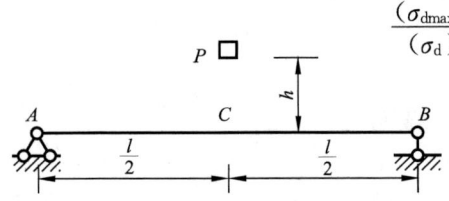

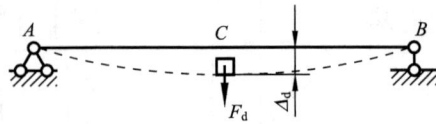

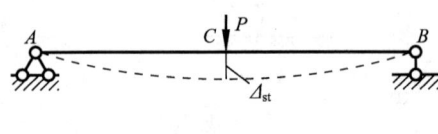

图 12-10

例 12-4 弯曲刚度为 EI 的简支梁如图 12-10(a) 所示。重为 P 的冲击物从距梁顶面 h 处自由下落,冲击到简支梁跨中 C 处的顶面上。试求 C 处的最大挠度 Δ_d。如果梁的两端支承在刚度系数为 k 的弹簧上,则梁受冲击时的中点处的最大挠度又为多少?(梁和弹簧的自重忽略不计)

解:冲击物的速度降为零时,冲击点 C 处的冲击挠度达到最大值 Δ_d 与之相应的冲击荷载值为 F_d,如图 12-10(b) 所示。假设梁在最大位移时仍在线弹性范围内,则重物 P 落至最大位移位时所减少的势能 E_p,将等于积蓄在梁内的应变能 V_{ed},即
$$V_{ed} = E_p \tag{a}$$

重物 P 落至最大位移位置 $(h+\Delta_d)$ 时所减少的

势为

$$E_p = P(h + \Delta_d) \tag{b}$$

由于在冲击过程中，力 F_d 与位移 Δ_d 都由零增至最大值，所以当梁在线弹性范围时，$V_{ed} = \frac{1}{2}F_d\Delta_d$。而梁的 Δ_d 与 F_d 间关系为

$$\Delta_d = \frac{F_d l^3}{48EI} \tag{c}$$

或

$$F_d = \frac{48EI}{l^3}\Delta_d \tag{d}$$

将式(d)中的 F_d 代入 V_{ed} 的表达式，得

$$V_{ed} = \frac{1}{2}\left(\frac{48EI}{l^3}\right)\Delta_d^2 \tag{e}$$

将式(b)、式(e)代入式(a)，得

$$P(h + \Delta_d) = \frac{1}{2}\left(\frac{48EI}{l^3}\right)\Delta_d^2$$

或

$$\frac{Pl^3}{48EI}(h + \Delta_d) = \frac{1}{2}\Delta_d^2 \tag{f}$$

将式(f)左端 $\frac{Pl^3}{48EI}$ 用 Δ_{st} 替代，Δ_{st} 为将冲击物的重量 P 当做静荷载时，梁在被冲击点 C 处的静挠度，如图12-10(c)所示。于是，可将式(f)写成

$$\Delta_d^2 - 2\Delta_{st}\Delta_d - 2\Delta_{st}h = 0 \tag{g}$$

由此解得 Δ_d 得两个根，并取其中大于 Δ_{st} 的一个，得

$$\Delta_d = \left(1 + \sqrt{1 + \frac{2h}{\Delta_{st}}}\right)\Delta_{st} \tag{h}$$

于是得动荷因数 K_d 为

$$K_d = 1 + \sqrt{1 + \frac{2h}{\Delta_{st}}} \tag{i}$$

而式(h)可改写为

$$\Delta_d = K_d \Delta_{st} \tag{j}$$

由式(i)可见，动荷因数 K_d 与式(12-7)相同，在本题中，Δ_{st} 表示梁在冲击荷载处的静挠度。

若梁的两端支承在两个刚度相同的弹簧上，则梁在冲击点处沿冲击方向的静位移，应由梁跨中截面的静挠度和两端支承弹簧的缩短量两部分组成，即

$$\Delta_{st} = \frac{Pl^3}{48EI} + \frac{P}{2k} \tag{k}$$

Δ_{st} 代入式(k)，即得动荷因数 K_d 为

$$K_d = 1 + \sqrt{1 + \frac{2h}{Pl^3/(48EI) + P/(2k)}} \tag{l}$$

将式(k)和式(l)代入式(j),便可以得到两端支承在两个刚度相同的弹簧上的梁跨中点处的最大挠度为

$$\Delta_\mathrm{d}=K_\mathrm{d}\Delta_\mathrm{st}=\left(1+\sqrt{1+\frac{2h}{Pl^3/(48EI)+P/(2k)}}\right)\left(\frac{Pl^3}{48EI}+\frac{P}{2k}\right) \tag{m}$$

为了定量地说明问题,设 $P=4\mathrm{kN}$, $h=40\mathrm{mm}$, $EI=5.0\times10^3\mathrm{kN\cdot m^2}$, $k=300\mathrm{kN/m}$, $l=4\mathrm{m}$ 。将已知数据代入上式,可分别求得该梁的冲击动荷因数为:

无弹簧支承时 $\qquad K_\mathrm{d}=9.7$

有弹簧支承时 $\qquad K_\mathrm{d}=4.4$

以上结果充分说明梁在有弹性支承时,弹簧起到了很大的作用。

例 12-5 一下端固定、长度为 l 的铅直圆截面杆 AB,在点 C 处被一物体 G 沿水平方向冲击,如图 12-11(a)所示。已知点 C 到杆下端的距离为 a,物体 G 的重量为 P,物体 G 在与杆件接触时的速度为 v。试求杆在危险处的冲击应力。

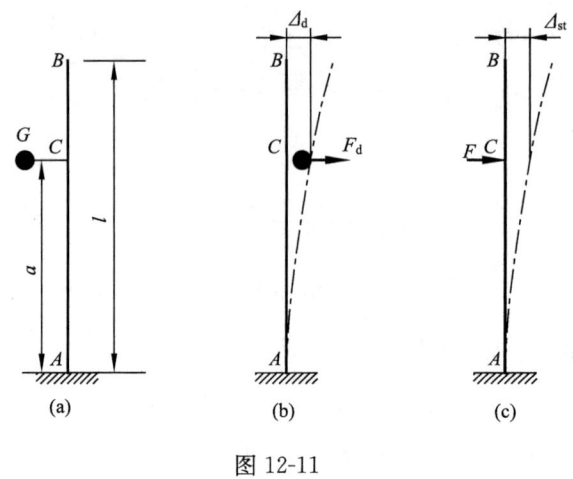

图 12-11

解:在冲击过程中,物体 G 的速度由 v 减小为零,所以动能的减少为 $E_\mathrm{k}=\dfrac{Pv^2}{2g}$。又因冲击是沿水平方向的,所以物体的势能没有改变,也即 $E_\mathrm{p}=0$。

杆内应变能为 $V_{\mathrm{ed}}=\dfrac{1}{2}F_\mathrm{d}\Delta_\mathrm{d}$。由于杆受水平向的冲击后将发生弯曲,所以其中 Δ_d 为杆件在被冲击点 C 处的冲击挠度,如图 12-11(b)所示,其中与 F_d 间的关系为 $\Delta_\mathrm{d}=\dfrac{F_\mathrm{d}a^3}{3EI}$,可得 $F_\mathrm{d}=\dfrac{3EI}{a^3}\Delta_\mathrm{d}$。于是,可得杆内的应变能为

$$V_\mathrm{ed}=\frac{1}{2}F_\mathrm{d}\Delta_\mathrm{d}=\frac{1}{2}\left(\frac{3EI}{a^3}\right)\Delta_\mathrm{d}^2$$

由机械能守恒定律可得

$$\frac{Pv^2}{2g}=\frac{1}{2}\left(\frac{3EI}{a^3}\right)\Delta_\mathrm{d}^2$$

由此解得 Δ_d 为

$$\Delta_\mathrm{d} = \sqrt{\frac{v^2}{g}\left(\frac{Pa^3}{3EI}\right)} = \sqrt{\frac{v^2}{g}\Delta_\mathrm{st}} = \Delta_\mathrm{st}\sqrt{\frac{v^2}{g\Delta_\mathrm{st}}}$$

式中，$\Delta_\mathrm{st} = \dfrac{Pa^3}{3EI}$，是杆在点 C 处受到一个数值等于冲击物重量 P 的水平力 F 作用时，该点的静挠度，如图 12-11(c) 所示。由上式即得在水平冲击情况下的动荷因数 K_d 为

$$K_\mathrm{d} = \frac{\Delta_\mathrm{d}}{\Delta_\mathrm{st}} = \sqrt{\frac{v^2}{g\Delta_\mathrm{st}}}$$

此结果与式(12-8)相同。当杆件在点 C 处受水平力 F 作用时，杆的固定端横截面最外边缘处（危险点）的静应力为

$$\sigma_\mathrm{st} = \frac{M_\mathrm{max}}{W} = \frac{Fa}{W}$$

于是，杆在危险点处的冲击应力 σ_d 为

$$\sigma_\mathrm{d} = K_\mathrm{d}\sigma_\mathrm{st} = \sqrt{\frac{v^2}{g\Delta_\mathrm{st}}} \cdot \frac{Fa}{W}$$

思 考 题

12-1 冲击实用计算时，作了三个假设，使计算简化。这三个假设使计算结果偏于安全。为什么？

12-2 悬臂梁上方有重物落下。落于悬臂梁中点的动荷因数与落于悬臂梁自由端的动荷因数，何者为大？是落于中点危险还是落于自由端危险？为什么？

12-3 同一梁按思考题 12-3 图示两种位置受冲击：图(a)为在端点 C 处连有钢球（重量为 P）的杆件 AC 绕 A 点旋转而下落，冲击到梁的 D 点处；图(b)为同一钢球自由下落冲击到梁上点 D 处，在不考虑摩擦的情况下，试问上述两种冲击方式在梁内产生的应变能 V_e 是否相同？为什么？

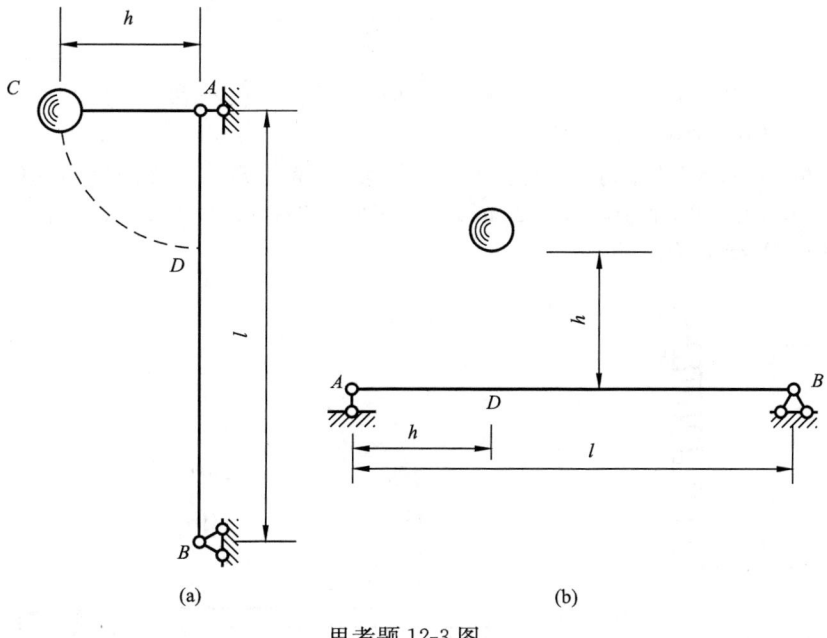

思考题 12-3 图

12-4 同一杆在思考题 12-4 图示三种情况下受到冲击，试问杆内的冲击应力是否相同？并写出计算式。图(a)为重物（重量为 P）直接冲击到刚性盘上。图(b)为在杆的顶端置有一刚度系数为 k 的弹簧，重物冲击到

刚性盘上。图(c)为同一弹簧置于刚性盘上,重物冲击到弹簧上。

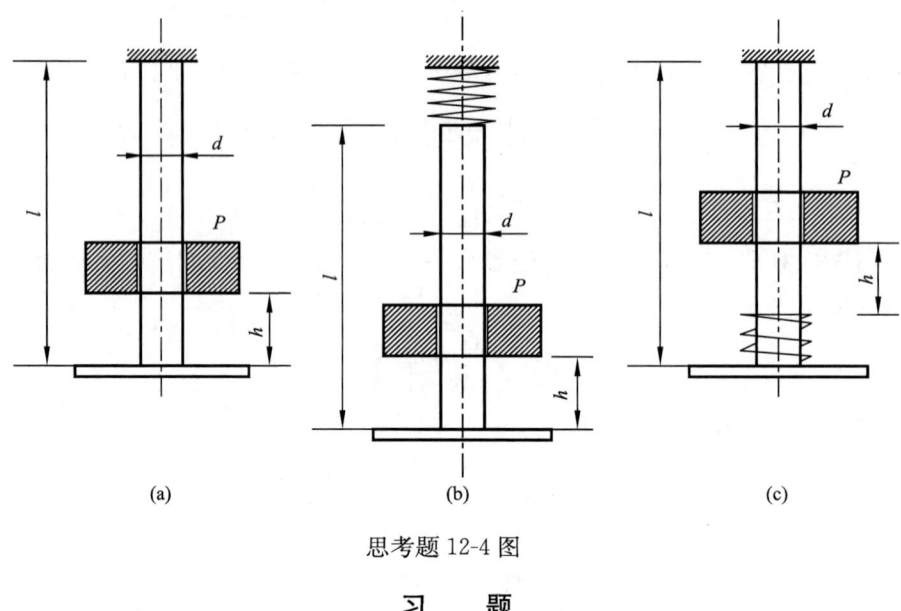

思考题 12-4 图

习 题

12-1 题 12-1 图示均质等截面杆,长为 l,重为 W,横截面面积为 A,水平放置在一排光滑的滚子上。杆的两端受轴向力 F_1 和 F_2 作用,且 $F_2 > F_1$。试求杆内正应力沿杆件长度分布的情况(设滚动摩擦可以忽略不计)。

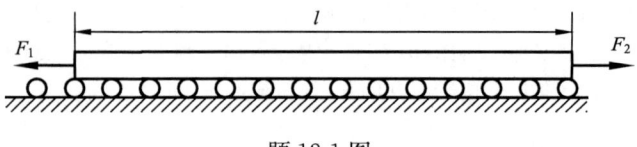

题 12-1 图

12-2 题 12-2 图示用钢索起吊 $P=60\text{kN}$ 的重物,并在第一秒内以等加速度上升 2.5m。试求钢索横截面上的轴力 F_{Nd}(不计钢索的质量)。

12-3 用两根平行的吊索向上匀加速地起吊一根 14 号工字钢,如题 12-3 图所示,加速度 $a=10\text{m/s}^2$,工字钢的长度 $l=12\text{m}$,吊索的横截面面积 $A=72\text{mm}^2$。若只考虑工字钢的重量,不计吊索的自重,试计算工字钢的最大动应力和吊索的动应力。

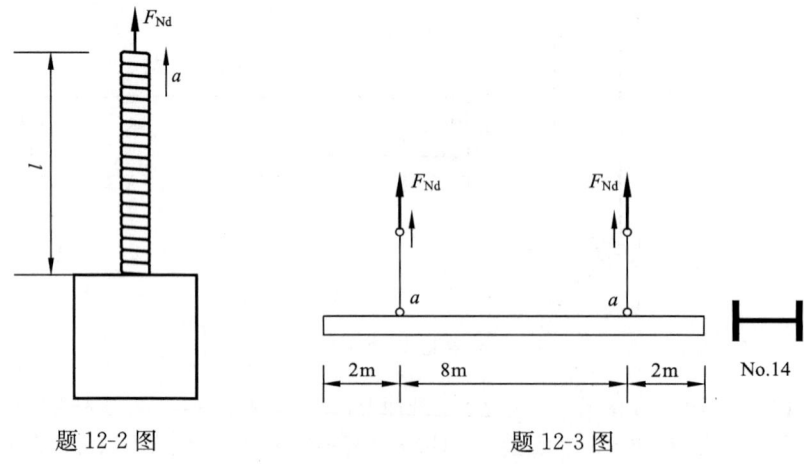

题 12-2 图   题 12-3 图

12-4 如题 12-4 图所示,一个重量为 Q 的物块从高度 H 处自由落下,冲击在悬臂梁的端部,悬臂梁的横截面为矩形,宽为 b,高为 h,试求悬臂梁的最大弯矩值。

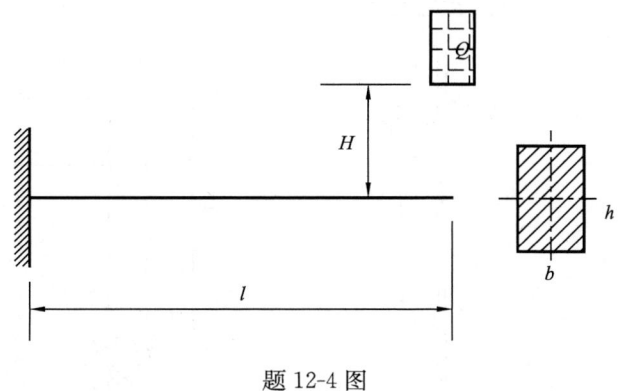

题 12-4 图

12-5 题 12-5 图示钢轴 AB 和钢质圆杆 CD 的直径均为 10mm,在 D 处有一 $P=10$N 的重物。已知钢的密度 $\rho=7.95\times 10^3$ kg/m³。若轴 AB 的转速 $n=300$r/min,试求杆 AB 内的最大正应力。

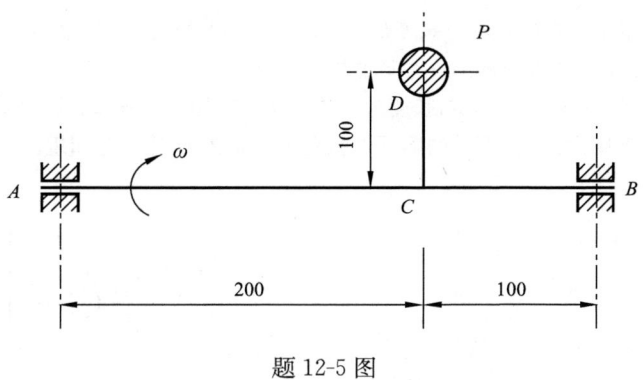

题 12-5 图

12-6 题 12-6 图示机车车轮以 $n=300$r/min 的转速旋转。平行杆 AB 的截面为矩形,$h=5.6$cm,$b=2.8$cm,长度 $l=2$m,$r=25$cm,材料密度为 $\rho=7.8$g/cm³。试确定平行杆最危险的位置和杆内最大正应力。

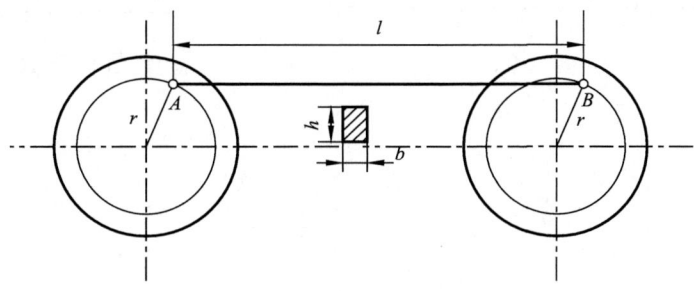

题 12-6 图

12-7 有一重量为 $P=5$kN 的重物,自高度 $H=40$mm 处自由下落在上端固定、长度为 l 的圆横截面直杆的下端托盘上。杆的横截面面积为 900mm²,长度 $l=4$m,材料的弹性模量 $E=2\times 10^5$ MPa。弹簧刚度 $k=100$kN/m。试求如题 12-7 图所示两种情况下由于冲击引起的杆内正应力。

12-8 题 12-8 图示为等截面刚架,重物(重量 P)自高度 h 处自由下落冲击到刚架的 A 点处。已知 $P=300$N,$h=50$mm,$E=200$GPa。试求截面 A 的最大竖向位移和刚架内的最大冲击应力(刚架的质量可忽略不计,且不计轴力、剪力对刚架变形的影响)。

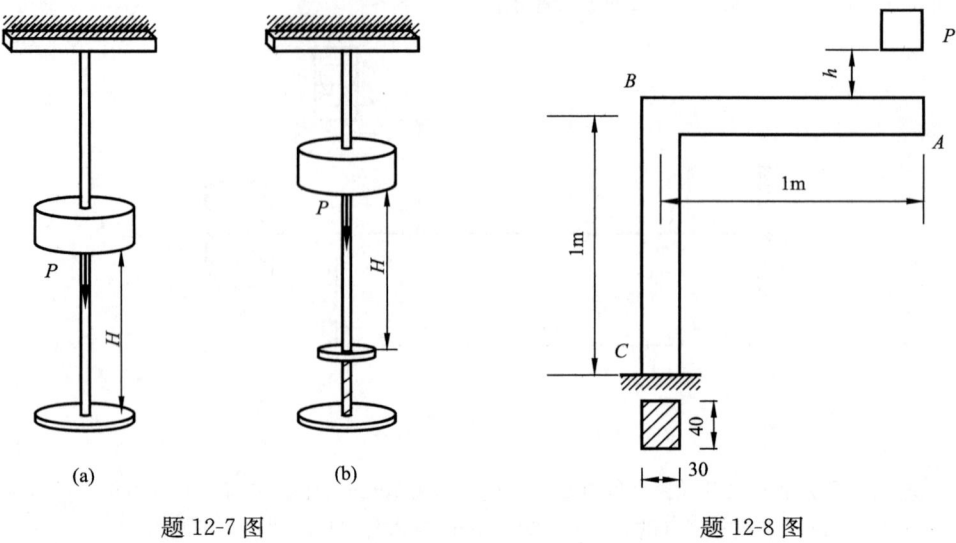

题 12-7 图　　　　　　题 12-8 图

12-9　题 12-9 图示重量为 P 的重物自高度 h 下落冲击于梁上的点 C。设梁的 E、I 及抗弯截面系数 W 皆为已知量。试求梁内最大正应力及梁的跨度中点的挠度。

12-10　题 12-10 图示 AB 杆下端固定,长度为 l,在点 C 受到沿水平运动的物体的冲击。物体的重量为 P,当其与杆件接触时的速度为 v。设杆件的 E、I 及抗弯截面系数 W 皆为已知量。试求 AB 杆的最大应力。

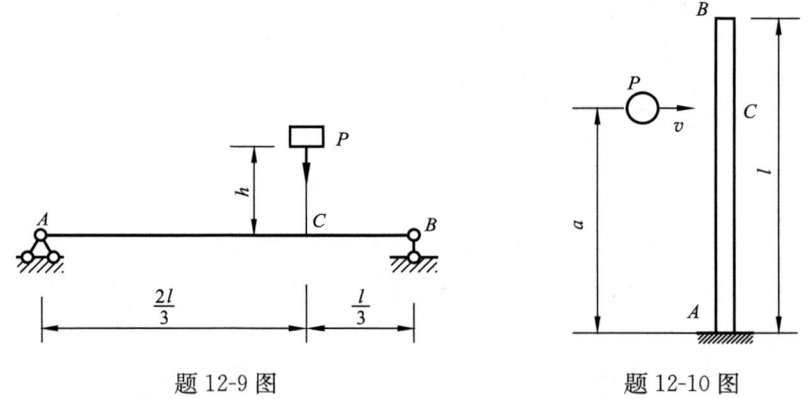

题 12-9 图　　　　　　题 12-10 图

第 13 章 交 变 应 力

人们在 19 世纪初已经开始对于由交变应力而引起的疲劳破坏进行研究。直到 20 世纪中叶才有了系统的理论和试验方法。按研究对象分，疲劳可以分为材料疲劳和结构疲劳。材料疲劳研究材料及标准试样的疲劳试验方法和数据处理方法；结构疲劳则以零部件、接头乃至整机为研究对象，研究它们的疲劳特性、抗疲劳设计方法、寿命估算方法等。本章首先给出疲劳失效的概念、影响疲劳极限的因素，然后介绍对称和非对称循环下构件的疲劳强度计算方法。

13.1 交变应力与疲劳失效

某些零件工作时，承受随时间做周期性变化的应力。例如，在图 13-1(a) 中，F 表示齿轮啮合时作用于轮齿上的力。齿轮每旋转一周，轮齿啮合一次。啮合时力 F 由零迅速增加到最大值，然后又减小为零。因而，齿根点 A 处的弯曲正应力 σ 也由零增加到某一最大值，再减小为零。齿轮不停地旋转，应力 σ 也就不停地重复上述过程。σ 随时间变化的曲线如图 13-1(b) 所示。

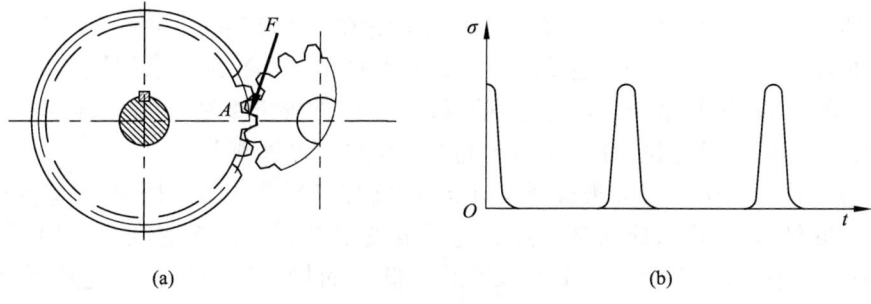

图 13-1 齿轮啮合与齿根应力

又如，火车轮轴上的 F（图 13-2(a)）表示车厢传递下来的力，大小方向基本不变，即弯矩基本不变。但轴以角速度 ω 转动时，横截面上点 A 到中性轴的距离 $y=r\sin\omega t$（r 为轴的半径）却是随时间 t 变化的。点 A 的弯曲正应力为

$$\sigma = \frac{My}{I} = \frac{Mr}{I}\sin\omega t$$

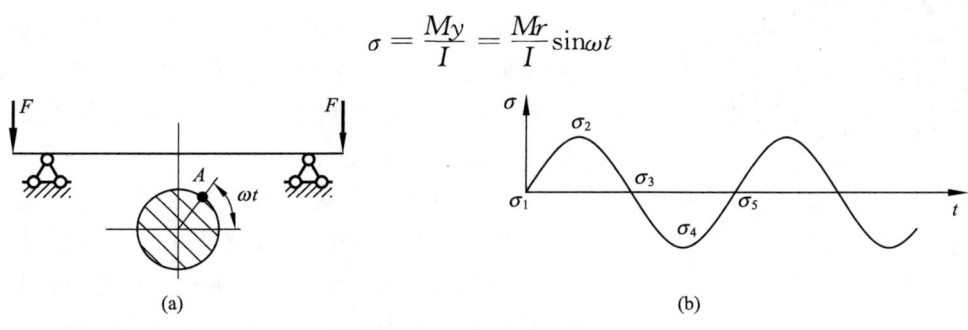

图 13-2 火车轮轴及应力

可见，σ 是随时间 t 按正弦曲线变化的，如图 13-2(b)所示。

再如，简支梁如图 13-3(a)所示。由于电动机转子偏心惯性力的作用，引起梁的强迫振动，其危险点应力随时间变化的曲线如图 13-3(b)所示。σ_{st} 表示电动机重量 W 按静载方式作用于梁上引起的静应力，最大应力 σ_{max} 和最小应力 σ_{min} 分别表示梁在最大和最小位移时的应力。

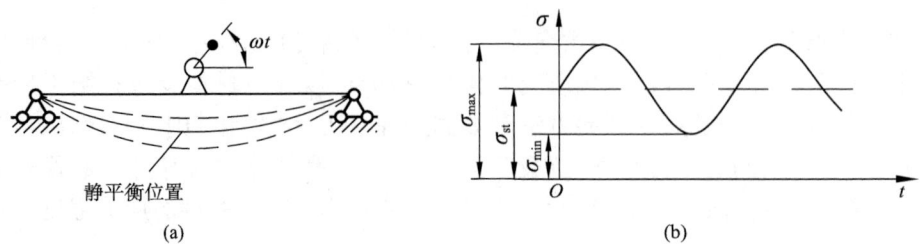

图 13-3 火车轮轴及应力

在上述一些实例中，随时间做周期性变化的应力称为**交变应力**。实践表明，交变应力引起的失效与静应力全然不同。在交变应力作用下，虽然应力低于屈服极限，但长期反复之后，构件也会突然断裂。即使是塑性较好的材料，断裂前却无明显的塑性变形。这种现象称为**疲劳失效**。

一般认为，金属疲劳破坏有三个阶段：疲劳裂纹萌生、疲劳裂纹扩展和失稳断裂。

疲劳裂纹萌生的方式有多种。其中最基本的是滑移带开裂。工程中常用的金属均为多晶体。各个晶体位向不同，位错、夹杂等微观、宏观缺陷的存在，在多晶体中存在着各向异性和非均质性。在足够大的交变应力下，金属中位向最不利的薄弱晶粒或夹杂等缺陷处，沿最大剪应力作用面形成滑移带，滑移带开裂成为微观裂纹。在构件外形突变如圆角、切口、沟槽等或表面刻痕或材料内部缺陷等部位，都可能因大的应力集中引起微观裂纹。

在滑移带上往往萌生有很多条微裂纹，在继续施加循环荷载的过程中，这些分散的微观裂纹扩展并相互联结沟通，将形成宏观裂纹。已形成的宏观裂纹在交变应力作用下逐渐扩展。扩展是缓慢的而且是不连续的，因应力水平的高低时而持续时而停滞。这就是裂纹的扩展过程。实际上，裂纹的萌生阶段和扩展阶段很难划分开来。工程应用中，人们提出"裂纹形成"的概念。裂纹形成一般定义为形成一条肉眼可见的宏观裂纹，其长度一般取为 0.25～1mm。

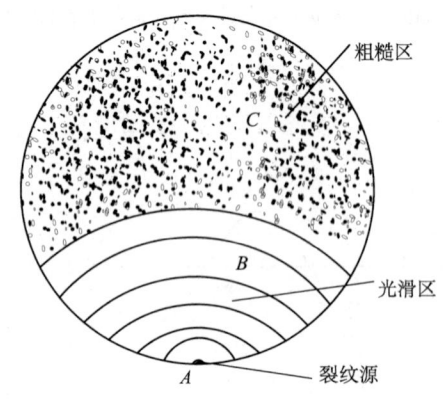

图 13-4 构件疲劳断口示意图

失稳断裂是疲劳破坏的最终阶段。随着裂纹的扩展，构件截面逐步削弱，削弱到一定极限时，构件便突然断裂。它是在一瞬间突然发生的。但是从疲劳的全过程来说，则仍是渐进式的，是由损伤累积引起的。失稳断裂是损伤累积到临界值的一种表现，是裂纹扩展到临界尺寸的结果。

图 13-4 是构件疲劳断口的示意图。疲劳断口最显著的宏观形貌特征，一是无明显的塑性变形，二是可以划分为两个截然不同的区域——平滑的疲劳区和凸凹不平的失稳断裂区。光滑区是因为在裂纹扩展过程中，裂纹的两个侧面在交变荷载下，时而压紧，时而分

开,多次反复而形成的。失稳断裂区——颗粒状粗糙区则是最后突然断裂形成的。在图 13-4 中,A 为裂纹源,B 为疲劳区,C 为失稳断裂区。

疲劳失效是构件在名义应力低于强度极限,甚至低于屈服极限的情况下,突然发生断裂。飞机、车辆和机器发生的事故中,有很大比例是零部件疲劳失效造成的。

下面介绍与交变应力有关的几个概念。

图 13-5 表示按正弦曲线变化的应力 σ 与时间 t 的关系。由 a 到 b 应力经历了变化的全过程又回到原来的数值,称为一个**应力循环**。完成一个应力循环所需要的时间,称为一个**周期**,如图 13-5 中的 T。

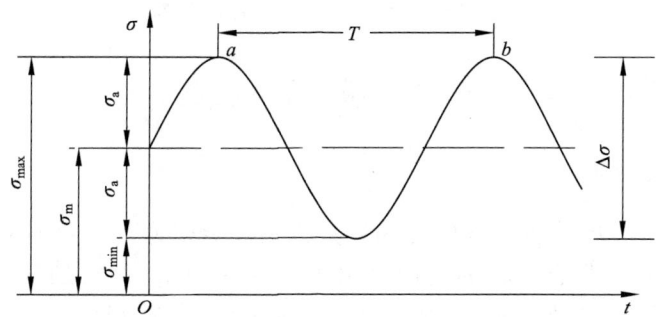

图 13-5　按正弦曲线变化的应力

应力循环中具有最大代数值的应力,称为**最大应力**,用 $\sigma_{\max}$ 表示,拉应力为正,压应力为负。同理,应力循环中具有最小代数值的应力,称为**最小应力**,用 $\sigma_{\min}$ 表示。最大应力 $\sigma_{\max}$ 和最小应力 $\sigma_{\min}$ 的代数和的二分之一称为**平均应力**,即

$$\sigma_{\mathrm{m}} = \frac{1}{2}(\sigma_{\max} + \sigma_{\min}) \tag{13-1}$$

最大应力 $\sigma_{\max}$ 和最小应力 $\sigma_{\min}$ 的代数差的二分之一称为**应力幅**,即

$$\sigma_{\mathrm{a}} = \frac{1}{2}(\sigma_{\max} - \sigma_{\min}) \tag{13-2}$$

应力循环中最大应力 $\sigma_{\max}$ 和最小应力 $\sigma_{\min}$ 的代数差称为交变应力的**应力范围**,即

$$\Delta\sigma = \sigma_{\max} - \sigma_{\min} = 2\sigma_{\mathrm{a}}$$

应力循环中最小应力 $\sigma_{\min}$ 和最大应力 $\sigma_{\max}$ 的代数比值

$$r = \frac{\sigma_{\min}}{\sigma_{\max}} \tag{13-3}$$

称为交变应力的**应力比**或**循环特征**。

若交变应力的最大应力 $\sigma_{\max}$ 和最小应力 $\sigma_{\min}$ 大小相等,符号相反,则称为**对称循环**。例如图 13-2 中的火车轴就属于这种情况。这时由式(13-1)~式(13-3)得

$$r = -1, \quad \sigma_{\mathrm{m}} = 0, \quad \sigma_{\mathrm{a}} = \sigma_{\max} \tag{13-4}$$

各种应力循环中,除对称循环外,其余情况统称为**非对称循环**。由式(13-1)和式(13-2)得

$$\sigma_{\max} = \sigma_{\mathrm{m}} + \sigma_{\mathrm{a}}, \quad \sigma_{\min} = \sigma_{\mathrm{m}} - \sigma_{\mathrm{a}} \tag{13-5}$$

可见,任一非对称循环都可看成是在平均应力 σ_{m} 上叠加一个幅度为 σ_{a} 的对称循环。这一点已由图 13-5 表明。

若应力环中的 $\sigma_{min}=0(\sigma_{max}=0)$，表示交变应力变动于某一应力与零之间。图 13-1 中齿根点 A 的应力就是这样的。这种情况称为**脉动循环**。这时，

$$r=0, \quad \sigma_a=\sigma_m=\frac{1}{2}\sigma_{max} \tag{13-6a}$$

或

$$r=-\infty, \quad -\sigma_a=\sigma_m=\frac{1}{2}\sigma_{min} \tag{13-6b}$$

静应力也可看做是交变应力的特例，这时应力并无变化，故

$$r=1, \sigma_a=0, \sigma_m=\sigma_{max}=\sigma_{min} \tag{13-7}$$

13.2 疲劳极限

13.2.1 疲劳极限的概念

疲劳失效以前所经历的应力或应变循环数称为**疲劳寿命**，一般用 N 表示。试样的疲劳寿命取决于材料的力学性能和施加的应力水平。一般说来，材料的强度极限越高，外加的应力水平越低，试样的疲劳寿命就越长；反之，疲劳寿命就越短。表示这种外加应力水平和标准试样疲劳寿命之间关系的曲线称为材料 S-N 曲线，简称 S-N 曲线，如图 13-6(a)所示。

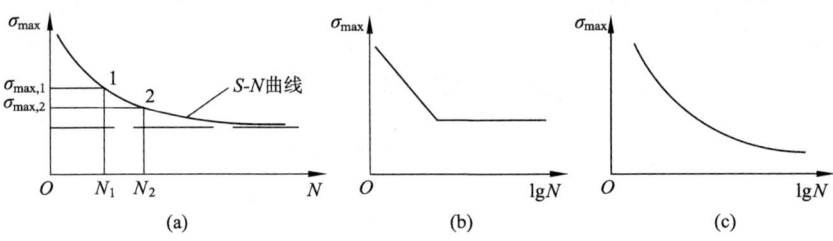

图 13-6　S-N 曲线

在对称循环下测定材料疲劳寿命，技术上比较简单，也最为常见。测定时将金属加工成 $d=7\sim 10$ mm，表面光滑的试样(光滑小试样)。一般采用成组的方法测定。每组试样约为 3～5 根。把试样装于疲劳试验机上(图 13-7)，使它承受纯弯曲。在最小直径截面上，最大弯曲应力为

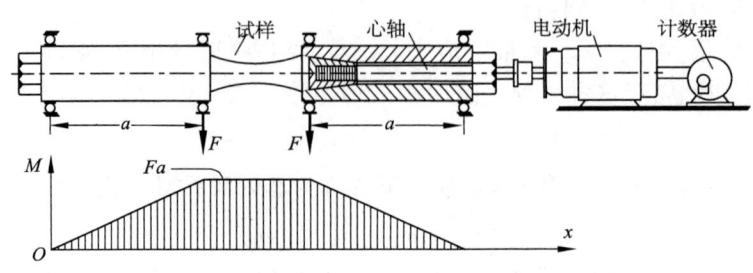

图 13-7　疲劳试验机示意图

$$\sigma = \frac{M}{W} = \frac{Fa}{W}$$

保持荷载 F 的大小和方向不变,以电动机带动试样旋转。每旋转一周,截面上的点便经历一次对称应力循环。这与图 13-2 中火车轴的受力情况是相似的。

试验时,使第一根试样的最大应力 $\sigma_{max,1}$ 较高,约为强度极限 σ_b 的 70%。经历 N_1 次循环后,试样疲劳。N_1 称为应力为 $\sigma_{max,1}$ 时的疲劳寿命(简称寿命)。然后,使第二根试样的应力 $\sigma_{max,2}$ 略低于第一根试样,疲劳时的循环数为 N_2。一般说来,随着应力水平的降低,循环次数(寿命)迅速增加。逐步降低应力水平,得出各试样疲劳时的相应寿命。以应力为纵坐标,寿命 N 为横坐标,即可将试验结果描成**应力-寿命曲线或 S-N 曲线**(图 13-6(a))。

S-N 曲线通常都是表示中值疲劳寿命与外加应力间的关系,所以也称为中值 S-N 曲线。又因为这种曲线是由德国人 WöhlerA. 首先提出的,所以又称为 WöhlerA. 曲线。S-N 曲线通常取最大应力 σ_{max} 为纵坐标,但也常取应力幅 σ_a 为纵坐标。S-N 曲线中的疲劳寿命通常都使用对数坐标,而应力则有时取线性坐标,有时取对数坐标,二者都称为 S-N 曲线。

在双对数坐标中,S-N 曲线的左段一般是一条直线,而右段则可以分为两种形式:第一种形式(图 13-6(b))有一明显的水平区段,为结构钢和钛合金的典型形式;第二种形式(图 13-6(c))没有水平区段,为有色金属和腐蚀疲劳的典型形式。

对于结构钢和钛合金等 S-N 曲线上有水平区段的材料,与此水平区段相应的最大应力 σ_{max} 称为**材料疲劳极限**,简称**疲劳极限**,又称为**持久极限**。S-N 曲线上的水平区段表明,只要应力不超过这一极限值,寿命 N 可无限增长,即试样可以经历很多次循环而不破坏。因此可以把疲劳极限定义为疲劳寿命很大时的中值疲劳强度。结构钢 S-N 曲线的转折点一般在 10^7 次以前。因此,一般认为,结构钢试样只要经过 10^7 次循环不破坏,则可以承受很多次循环而永不破坏。把在 10^7 次循环下仍未疲劳的最大应力,规定为钢材的疲劳极限,而把 $N_0 = 10^7$ 称为循环基数。

材料疲劳极限随加载方式和应力比的不同而异。因为决定材料疲劳强度的是应力幅 σ_a,所以一般都以对称循环下的疲劳极限作为材料的基本疲劳极限。材料的对称弯曲疲劳极限用 σ_{-1} 表示,对称拉压疲劳极限用 σ_{-1l} 表示,对称扭转疲劳极限用 τ_{-1} 表示。下标"-1"表示对称循环的应力比(循环特征)$r = -1$。

对于有色金属,由于其 S-N 曲线无明显水平段,通常规定一循环基数,例如 $N_0 = 10^8$,把它对应的最大应力作为这类材料的"条件"疲劳极限。

13.2.2 影响疲劳极限的因素

材料的 S-N 曲线和疲劳极限,代表的是标准光滑小试样的疲劳性能。而实际构件的尺寸、形状和表面情况是各式各样的,与标准试样有很大差别。影响实际构件疲劳强度的因素很多,这里仅研究形状、尺寸、表面加工方法等对构件疲劳极限的影响。

1. 缺口效应

常规构件和零件中,由于结构上的要求,一般都存在有槽沟、轴肩、孔、拐角、切口等截面变化。这些截面变化一般统称为缺口。在这些缺口处,不可避免地要产生应力集中,从而使零件、构件的局部应力提高。当静荷载作用时,由于多数结构中构件材料都是延性材料,有一定的塑性,在破坏之前有一个宏观塑性变形过程,使构件上的应力重新分配,自动趋于均匀化。因此，缺口对于零件的静强度一般没有太大的影响。而对于疲劳破坏则情况完全不同，这时截面上的名义应力尚未达到材料的屈服极限，因此破坏以前不产生明显的宏观塑性变形，没有像静载破坏前那样的荷载重新分配过程。这样便使得应力集中处的疲劳强度比光滑部分为低，常成为零件的薄弱环节。因此，在抗疲劳设计中，必须考虑缺口效应。

在对称循环下，若以 σ_{-1} 或 τ_{-1} 表示无应力集中的光滑试样的疲劳极限；$(\sigma_{-1})_k$ 或 $(\tau_{-1})_k$ 表示有应力集中因素，且尺寸与光滑试样相同的试样的疲劳极限，则比值

$$k_\sigma = \frac{\sigma_{-1}}{(\sigma_{-1})_k} \quad \text{或} \quad k_\tau = \frac{\tau_{-1}}{(\tau_{-1})_k} \tag{13-8}$$

称为**疲劳缺口系数**或**有效应力集中系数**。因 σ_{-1} 大于 $(\sigma_{-1})_k$，τ_{-1} 大于 $(\tau_{-1})_k$，所以 k_σ 和 k_τ 都大于 1。

疲劳缺口系数主要取决于理论应力集中系数 K_τ，另外还与材料性质、缺口形式、缺口半径及缺口深度有关，但 K_τ 的影响远大于其他因素。确定疲劳缺口系数的方法有查图法、敏感度法、应力梯度法、L/G 法、双参数法等。因篇幅所限，这里只介绍查图法。尽管查图法只适用于特定的材料和零件，通用性不够强，但使用起来方法简单，且涵盖了工程中常用的钢材料，所以至今仍在被使用。

图 13-8 和图 13-9 就是将疲劳缺口系数（有效应力集中系数）的数据整理成的曲线。由图可以看出，疲劳缺口系数非但与构件的形状、尺寸有关，而且与强度极限 σ_b，亦即与材料的性质有关。一般说来，静载抗拉强度越高，有效应力集中系数就越大，即对应力集中越敏感。

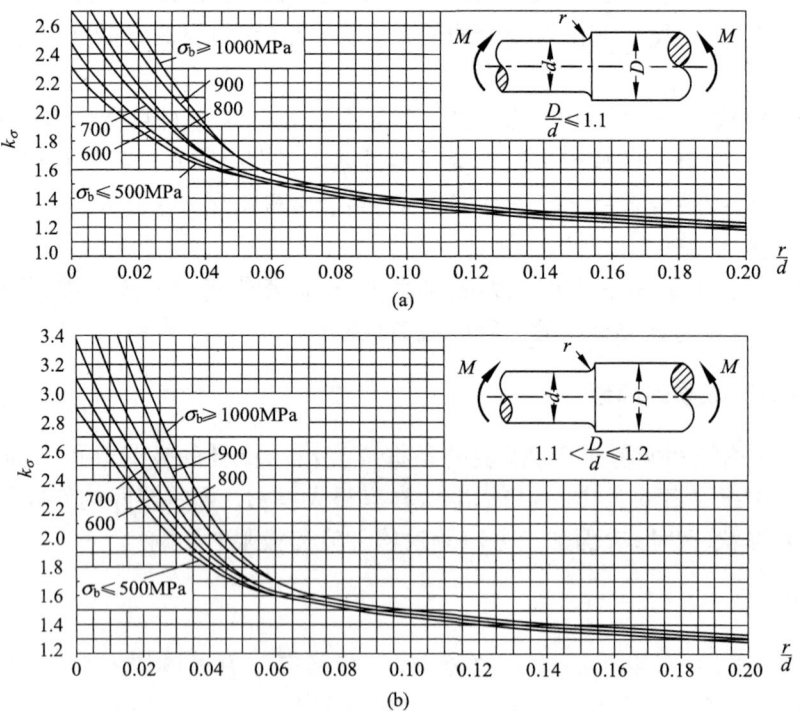

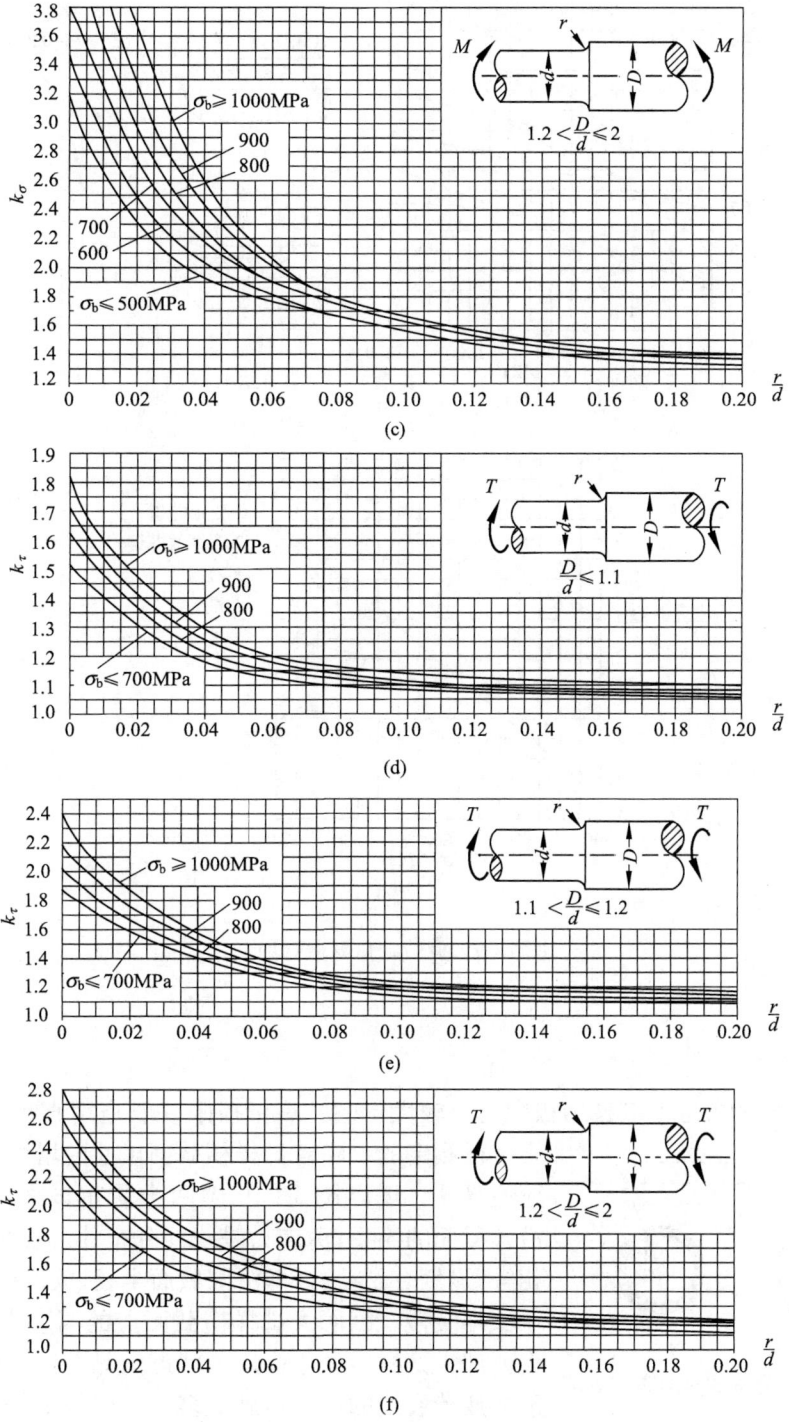

图 13-8 疲劳缺口系数

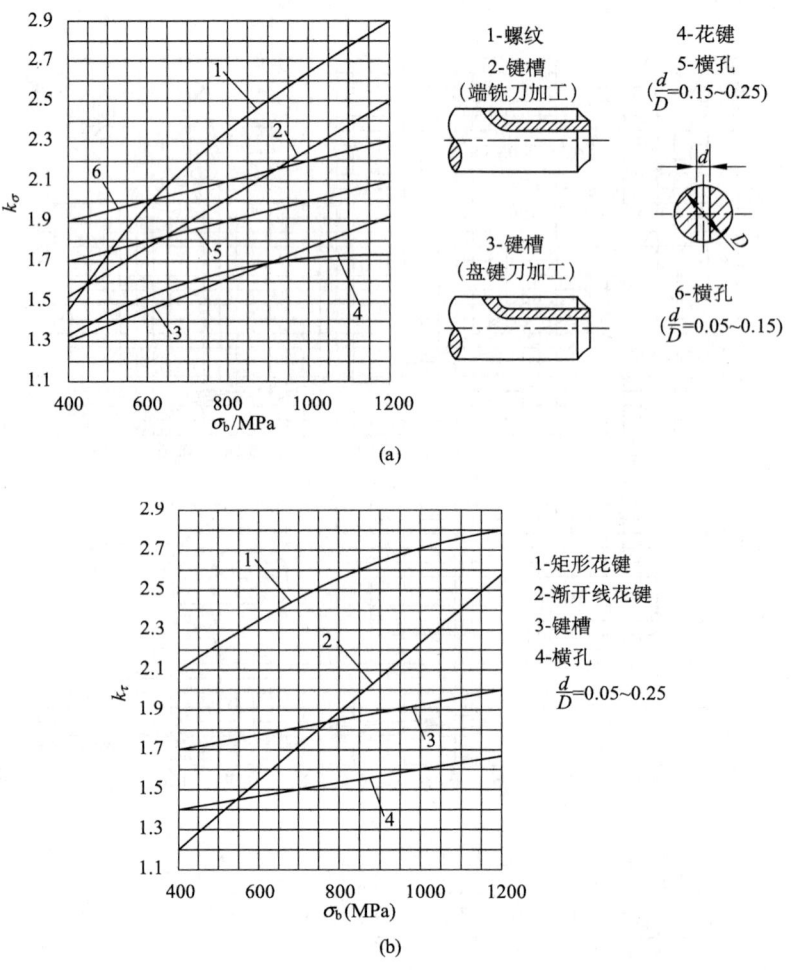

图 13-9 疲劳缺口系数(缺口)

2. 尺寸效应

试样和零件的尺寸对其疲劳极限也有较大影响。疲劳极限一般是用直径为 7～10mm 的小试样测定的。随着试样横截面尺寸的增大,疲劳极限却相应地降低。现以图 13-10 中两个受扭试样来说明这一点。沿圆截面的半径,剪应力是线性分布的。若两者最大剪应力相等,显然有 $\alpha_1 < \alpha_2$,即沿圆截面半径,大试样应力的衰减比小试样缓慢。因而大试样横截面上的高应力区比小试样的大。即大试样中处于高应力状态的晶粒比小试样的多,所以形成疲劳裂纹的机会也就更多。一般说来,零件和试样的尺寸增大时,疲劳强度就降低。这种疲劳强度随零件尺寸增大而降低的现象称为尺寸效应。

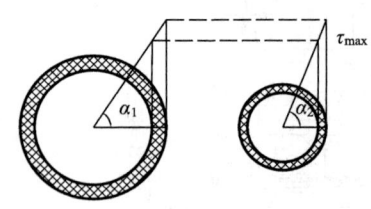

图 13-10 两个受扭试样的高应力区

尺寸效应的大小用尺寸系数 ε 来表征。在对称环下,若标准光滑小试样的疲劳极限为 σ_{-1},尺寸为 d 的试样或零件的疲劳极限为 $(\sigma_{-1})_d$,则比值

$$\varepsilon_\sigma = \frac{(\sigma_{-1})_d}{\sigma_{-1}} \tag{13-9}$$

称为**尺寸系数**,其数值小于 1。对于中低强度钢,标准尺寸试样的直径常取为 9.5mm,对于高强度钢,常取为 7.5 或 6mm。对于扭转,尺寸系数为

$$\varepsilon_\tau = \frac{(\tau_{-1})_d}{\tau_{-1}} \tag{13-10}$$

引起尺寸效应的因素很多,总结起来有两大类:①工艺因素;②比例因素。由于冶炼、锻造、热处理与机械加工过程引起的尺寸效应属于工艺因素,大型零件的材质比小零件要差一些。绝对尺寸效应是统计因素造成的,零件尺寸越大,出现薄弱晶粒与大缺陷的概率也越大,由于疲劳强度的局部性,从而使其疲劳强度越低。尺寸系数一般由试验曲线确定。常用钢材的尺寸系数已列入表 13-1 中,使用时可直接查取。

表 13-1 尺寸系数

直径 d/mm		>20~30	>30~40	>40~50	>50~60	>60~70	>70~80	>80~100	>100~120	>120~150	>150~500
ε_σ	碳钢	0.91	0.88	0.84	0.81	0.78	0.75	0.73	0.70	0.68	0.60
	合金钢	0.83	0.77	0.73	0.70	0.68	0.66	0.64	0.62	0.60	0.54
ε_τ	各种钢	0.89	0.81	0.78	0.76	0.74	0.73	0.72	0.70	0.68	0.60

3. 表面加工方法的影响

一般情况下,构件的最大应力发生于表层,疲劳裂纹也多于表层生成。表面加工的刀痕、擦伤等将引起应力集中降低疲劳极限。所以表面加工质量对疲劳极限有明显的影响。若表面磨光的试样的疲劳极限为 σ_{-1},而表面为其他加工情况时构件的疲劳极限为 $(\sigma_{-1})_S$,则比值

$$\beta = \frac{(\sigma_{-1})_S}{\sigma_{-1}} \tag{13-11}$$

称为**表面质量系数**。不同表面粗糙度的 β 列入表 13-2 中。由表可以看出,表面质量低于磨光试样时,$\beta < 1$;高强度钢材随表面质量的降低,β 的下降比较明显。这说明优质钢材更需要高质量的表面加工,才能充分发挥高强度的性能。

表 13-2 不同表面粗糙度的表面质量系数 β

加工方法	轴表面粗糙度 Ra/μm	σ_b/MPa		
		400	800	1200
磨 削	0.4~0.2	1	1	1
车 削	3.2~0.8	0.95	0.90	0.80
粗 车	25~6.3	0.85	0.80	0.65
未加工的表面	∞	0.75	0.65	0.45

另一方面,如构件经淬火、渗碳、氮化等热处理或化学处理,使表层得到强化;或者经滚压、喷丸等机械处理,使表层形成预压应力,减弱容易引起裂纹的工作拉应力,这些都会明显提高构件的疲劳极限,得到大于 1 的 β。各种强化方法的表面质量系数列入表 13-3 中。

表 13-3　各种强化方法的表面质量系数 β

强化方法	心部强度 σ_b/MPa	β		
		光轴	低应力集中的轴 $k_\sigma \leqslant 1.5$	高应力集中的轴 $k_\sigma \geqslant 1.8 \sim 2$
高频淬火	600～800 800～1000	1.5～1.7 1.3～1.5	1.6～1.7	2.4～2.8
氮化	900～1200	1.1～1.25	1.5～1.7	1.7～2.1
渗碳	400～600 700～800 1000～1200	1.8～2.0 1.4～1.5 1.2～1.3	3 2	
喷丸硬化	600～1500	1.1～1.25	1.5～1.6	1.7～2.1
滚子滚压	600～1500	1.1～1.3	1.3～1.5	1.6～2.0

注：① 高频淬火系根据直径为 10～20mm,淬硬层厚度为 (0.05～0.20)d 的试样试验求得的数据,对大尺寸的试样强化系数的值会有某些降低。
② 氮化层厚度为 0.01d 时用小值；在 (0.03～0.04)d 时用大值。
③ 喷丸硬化系根据 8～40mm 的试样求得的数据。喷丸速度低时用小值,速度高时用大值。
④ 滚子滚压系根据 17～130mm 的试样求得的数据。

综合以上缺口效应、尺寸效应和表面加工方法的影响等三种因素,在对称循环下,构件的疲劳极限应为

$$\sigma_{-1}^0 = \frac{\varepsilon_\sigma \beta}{k_\sigma} \sigma_{-1} \tag{13-12}$$

式中,σ_{-1} 是光滑小试样的疲劳极限。公式是对正应力写出的,如为扭转可写成

$$\tau_{-1}^0 = \frac{\varepsilon_\tau \beta}{k_\tau} \tau_{-1} \tag{13-13}$$

除上述三种因素外,构件的工作环境,如温度、介质等也会影响疲劳极限的数值。篇幅所限,这里不再讲述。

13.3　对称循环下构件的疲劳强度计算

常规疲劳设计是以名义应力为基本设计参数的,所以又称为名义应力法。常规疲劳设计包括无限寿命设计法和有限寿命设计法。

无限寿命设计法的出发点是,零件在设计应力下能够长期安全使用。它的强度条件是,对于应力幅 σ_a 和平均应力 σ_m 不随时间变化的稳定交变应力状态(等幅应力),零件的工作应力小于其疲劳极限。由于零件在等于疲劳极限的应力下具有无限寿命,因此,当零件的设计应力小于疲劳极限时,零件能够长期使用。

对称循环下,构件的疲劳极限 σ_{-1}^0 由式(13-12)来计算。将 σ_{-1}^0 除以安全系数 $[n]$ 得许用应力为

$$[\sigma_{-1}] = \frac{\sigma_{-1}^0}{[n]} \tag{a}$$

构件的强度条件应为

$$\sigma_{\max} \leqslant [\sigma_{-1}] \quad \text{或} \quad \sigma_{\max} \leqslant \frac{\sigma_{-1}^0}{[n]} \tag{b}$$

式中,$\sigma_{\max}$为构件危险点的最大工作应力。

有时把强度条件写成由安全系数表达的形式

$$n_\sigma \geqslant [n] \tag{13-14}$$

其中

$$n_\sigma = \frac{\sigma_{-1}^0}{\sigma_{\max}} \tag{c}$$

为构件疲劳极限 σ_{-1}^0 与最大工作应力 $\sigma_{\max}$ 之比,代表构件工作时的安全储备,称为构件的工作安全系数。式(13-14)表示,构件的工作安全系数 n_σ 应大于或等于规定的安全系数$[n]$。

将式(13-12)代入式(c),便可把工作安全系数 n_σ 和强度条件表示为

$$n_\sigma = \frac{\sigma_{-1}}{\frac{k_\sigma}{\varepsilon_\sigma \beta}\sigma_{\max}} \geqslant [n] \tag{13-15}$$

如为扭转交变应力,公式(13-15)应写成

$$n_\tau = \frac{\tau_{-1}}{\frac{k_\tau}{\varepsilon_\tau \beta}\tau_{\max}} \geqslant [n] \tag{13-16}$$

例 13-1 某减速器一轴如图 13-11 所示。键槽为端铣加工,A-A 截面上的弯矩 $M = 860\text{N} \cdot \text{m}$,轴的材料为 A5 钢,$\sigma_b = 520\text{MPa}$,$\sigma_{-1} = 220\text{MPa}$。若规定安全系数$[n] = 1.4$,试校核 A-A 截面的强度。

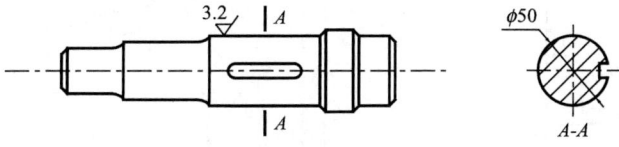

图 13-11 某减速器轴

解:(1) 计算轴在 A-A 截面上的最大工作应力。若不计键槽对抗弯截面系数的影响,则 A-A 截面的抗弯截面系数为

$$W = \frac{\pi}{32}d^3 = \frac{\pi}{32} \times 5^3 = 12.3(\text{cm}^3) = 12.3 \times 10^{-6}(\text{m}^3)$$

轴在不变弯矩 M 作用下旋转,故为弯曲变形下的对称循环。

$$\sigma_{\max} = \frac{M}{W} = \frac{860}{12.3 \times 10^{-6}} = 70 \times 10^6 (\text{Pa}) = 70 (\text{MPa})$$

$$\sigma_{\min} = -70\text{MPa}$$

$$r = -1$$

(2) 确定轴在 A-A 截面上的系数 k_σ、ε_σ、β。由图 13-9(a)中的曲线 2 查得端铣加工的键槽,当 $\sigma_b = 520\text{MPa}$ 时,$k_\sigma = 1.65$。由表 13-1 查得 $\varepsilon_\sigma = 0.84$。由表 13-2,使用插入法求得 $\beta = 0.936$。

(3) 计算工作安全系数。把以上求得的 $\sigma_{\max}$、k_σ、ε_σ、β 等代入式(13-15),求出截面 A-A 处

的工作安全系数为

$$n_\sigma = \frac{\sigma_{-1}}{\frac{k_\sigma}{\varepsilon_\sigma \beta}\sigma_{\max}} = \frac{220}{\frac{1.65}{0.84 \times 0.936} \times 70} = 1.5$$

规定的安全系数为$[n]=1.4, n_\sigma > [n]$。所以，轴在截面 A-A 处满足强度条件。

13.4 非对称循环下构件的疲劳强度计算

在非对称循环的情况下，用 σ_r 表示疲劳极限。σ_r 的右下标 r 代表应力比（循环特征）。例如脉动循环的 $r=0$，其疲劳极限就为 σ_0。与测定对称循环疲劳极限 σ_{-1} 的方法相似，在给定的应力比 r 下进行疲劳试验，可求得相应的 S-N 曲线。图 13-12 即为这种曲线的示意图。利用 S-N 曲线便可确定不同 r 值的疲劳极限 σ_r。

选取以平均应力 σ_m 为横轴，应力幅 σ_a 为纵轴的坐标系如图 13-13 所示。对任一个应力循环，由它的 σ_m 和 σ_a 便可在坐标系中确定一个对应的点 P。由式(13-5)知，若把一点的纵、横坐标相加，就是该点所代表的应力循环最大应力，即

$$\sigma_a + \sigma_m = \sigma_{\max} \tag{a}$$

由原点 O 到点 P 作射线 OP，其斜率为

$$\tan\alpha = \frac{\sigma_a}{\sigma_m} = \frac{\sigma_{\max} - \sigma_{\min}}{\sigma_{\max} + \sigma_{\min}} = \frac{1-r}{1+r} \tag{b}$$

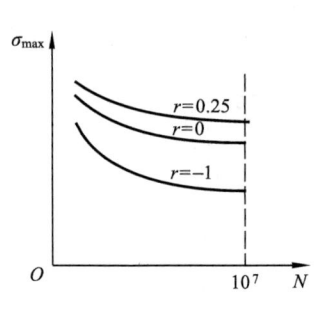

图 13-12　S-N 曲线

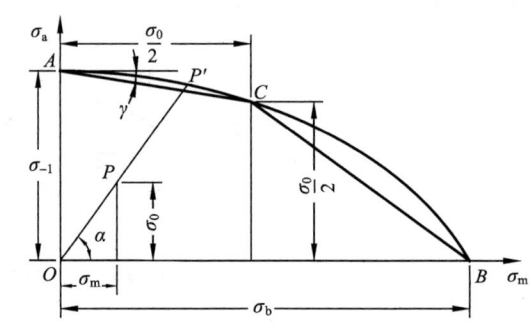

图 13-13　疲劳极限曲线

可见应力比 r 相同的所有应力循环都在同一射线上。离原点越远，纵、横坐标之和越大，应力循环的 $\sigma_{\max}$ 也越大。显然，只要 $\sigma_{\max}$ 不超过同一 r 下的疲劳极限 σ_r，就不会出现疲劳失效。故在每一条由原点出发的射线上，都有一个疲劳极限确定的临界点（如 OP 线上的 P'）。对于对称循环，$r=-1, \sigma_m=0, \sigma_a=\sigma_{\max}$，表明与对称循环对应的点都在纵轴上。由 σ_{-1} 在纵轴上确定对称循环的临界点 A。对于静载，$r=+1, \sigma_m=\sigma_{\max}, \sigma_a=0$，表明与静载对应的点皆在横轴上。由 σ_b 在横轴上确定静载的临界点 B。脉动循环的 $r=0$，由式(b)知 $\tan\alpha=1$，故与脉动循环对应的点都在 $\alpha=45°$ 的射线上，与其疲劳极限 σ_0 相应的临界点为 C。总之，对任一循环特性 r，都可确定与其疲劳极限相应的临界点。将这些点连成曲线即为疲劳极限曲线，如图 13-13 中的曲线 $AP'CB$。

在 σ_m-σ_a 坐标平面内，疲劳极限曲线与坐标轴围成一个区域。在这个区域内的点，例如点 P，它所代表的应力循环的最大应力（等于点 P 纵、横坐标之和），必然小于同一 r 下的疲劳极

限(等于点 P' 纵、横坐标之和),所以不会引起疲劳。

由于需要较多的试验资料才能得到疲劳极限曲线,所以通常采用简化的疲劳极限曲线。最常用的方法是由对称循环、脉动循环和静荷载,确定 A、C、B 三点,用折线 ACB 代替原来的曲线。折线的 AC 部分的倾角为 γ,斜率为

$$\psi_\sigma = \tan\gamma = \frac{\sigma_{-1} - \sigma_0/2}{\sigma_0/2} \tag{13-17}$$

直线 AC 上的点都与疲劳极限 σ_r 相对应,将这些点的坐标记为 σ_m 和 σ_{ra},于是 AC 的方程式可以写成

$$\sigma_{ra} = \sigma_{-1} - \psi_\sigma \sigma_{rm} \tag{13-18}$$

系数 ψ_σ 与材料有关。对拉-压或弯曲,碳钢的 $\psi_\sigma = 0.1 \sim 0.2$,合金钢的 $\psi_\sigma = 0.2 \sim 0.3$。对扭转,碳钢的 $\psi_\tau = 0.05 \sim 0.1$,合金钢的 $\psi_\tau = 0.1 \sim 0.15$。

上述疲劳极限曲线(简化折线),是以光滑小试样的试验结果为依据的。对实际构件,则应考虑应力集中、构件尺寸和表面质量的影响。实验的结果表明,上述诸因素只影响应力幅,而对平均应力并无影响。即图13-13是直线 AC 的横坐标不变,而纵坐标则应乘以 $\frac{\varepsilon_\sigma \beta}{k_\sigma}$,这样就得到图 13-14 中的折线 EFB。由式(13-18)知,代表构件疲劳极限的直线 EF 的纵坐标应为 $GH = \frac{\varepsilon_\sigma \beta}{k_\sigma} \cdot (\sigma_{-1} - \psi_\sigma \sigma_{rm})$

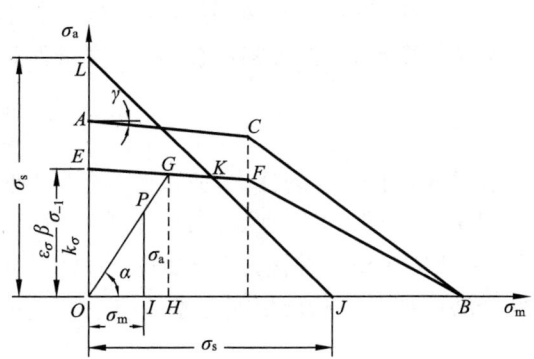

图 13-14 非对称循环下构件的疲劳强度计算

构件工作时,若危险点的应力循环由点 P 表示,则 $PI = \sigma_a$,$OI = \sigma_m$。保持 r 不变,延长射线 OP 与 EF 相交于 G 点,点 G 纵、横坐标之和就是疲劳极限 σ_r,即 $OH + GH = \sigma_r$。构件和工作安全系数应为

$$n_\sigma = \frac{\sigma_r}{\sigma_{\max}} = \frac{OH + GH}{\sigma_m + \sigma_a} = \frac{GH(\cot\alpha + 1)}{\sigma_a(\cot\alpha + 1)} = \frac{GH}{\sigma_a} \tag{a}$$

因为点 G 在直线 EF 上,其纵坐标应为

$$GH = \frac{\varepsilon_\sigma \beta}{k_\sigma} \cdot (\sigma_{-1} - \psi_\sigma \sigma_{rm}) \tag{b}$$

再由三角形 OPI 和 OGH 的相似关系,得

$$GH = \frac{\sigma_a}{\sigma_m} \sigma_{rm} \tag{c}$$

联立(b)、(c)两式可以解出

$$GH = \frac{\sigma_{-1}}{\frac{k_\sigma}{\varepsilon_\sigma \beta}\sigma_a + \psi_\sigma \sigma_m} \cdot \sigma_a \tag{d}$$

代入式(a),即可求得

$$n_\sigma = \frac{\sigma_{-1}}{\frac{k_\sigma}{\varepsilon_\sigma \beta}\sigma_a + \psi_\sigma \sigma_m} \tag{13-19}$$

构件的工作安全系数 n_σ 应大于或等于规定的安全系数 $[n]$，即强度条件仍为

$$n_\sigma \geqslant [n] \tag{e}$$

n_σ 是对正应力写出的。若为扭转，工作安全系数 n_τ 应写为

$$n_\tau = \frac{\tau_{-1}}{\frac{k_\tau}{\varepsilon_\tau \beta}\tau_a + \psi_\tau \tau_m} \tag{13-20}$$

除满足疲劳强度条件外，构件危险点的 $\sigma_{\max}$ 还应低于屈服极限 σ_s。在 σ_m-σ_a 坐标系中，

$$\sigma_{\max} = \sigma_a + \sigma_m = \sigma_s \tag{f}$$

这是斜直线 LJ。显然，代表构件最大应力的点应落在直线 LJ 的下方。所以，保证构件不发生疲劳也不发生塑性变形的区域是折线 EKJ 与坐标轴围成的区域。

强度计算时，由构件工作应力的应力比 r 确定射线 OP。如射线先与直线 EF 相交，则应由式(13-19)计算 n_σ，进行疲劳强度校核。若射线先与 KJ 相交，则表示构件在疲劳失效之前已发生塑性变形，应按静强度校核，强度条件是

$$n_\sigma = \frac{\sigma_s}{\sigma_{\max}} \geqslant [n_s] \tag{13-21}$$

一般说来，对 $r>0$ 的情况，应按式(13-21)补充静强度校核。

例 13-2 图 13-15 所示圆杆上有一个沿直径的贯穿圆孔，不对称交变弯矩为 $M_{\max} = 5M_{\min} = 512\text{N}\cdot\text{m}$。材料为合金钢，$\sigma_b = 950\text{MPa}$，$\sigma_s = 540\text{MPa}$，$\sigma_{-1} = 430\text{MPa}$，$\psi_\sigma = 0.2$。圆杆表面经磨削加工。若规定安全系数 $[n]=2$，$[n_s]=0.5$，试校核此杆的强度。

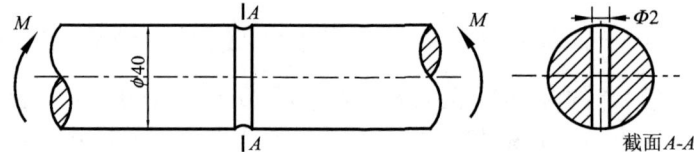

图 13-15　圆杆计算示意图

解：(1) 计算圆杆的工作应力。

$$W = \frac{\pi}{32}d^3 = \frac{\pi}{32} \times 4^3 = 6.28(\text{cm}^3)$$

$$\sigma_{\max} = \frac{M_{\max}}{W} = \frac{512}{6.28 \times 10^{-6}} = 81.5 \times 10^6(\text{Pa}) = 81.5(\text{MPa})$$

$$\sigma_{\min} = \frac{1}{5}\sigma_{\max} = 16.3\text{MPa}$$

$$r = \frac{\sigma_{\min}}{\sigma_{\max}} = \frac{1}{5} = 0.2$$

$$\sigma_m = \frac{\sigma_{\max} + \sigma_{\min}}{2} = \frac{81.5 + 16.3}{2} = 48.9(\text{MPa})$$

$$\sigma_a = \frac{\sigma_{\max} - \sigma_{\min}}{2} = \frac{81.5 - 16.3}{2} = 32.6(\text{MPa})$$

(2) 确定系数 k_σ、ε_σ、β。按照圆杆的尺寸，$\dfrac{d_0}{d} = \dfrac{2}{40} = 0.05$。由图 13-9(a)中的曲线 6 查得，

当 $\sigma_b=950$MPa 时,$k_\sigma=2.18$。由表 13-1 查出:$\varepsilon_\sigma=0.77$。由表 13-2 查出:表面经磨削加工的杆件,$\beta=1$。

(3) 疲劳强度校核。由式(13-19)计算工作安全系数

$$n_\sigma = \frac{\sigma_{-1}}{\frac{k_\sigma}{\varepsilon_\sigma \beta}\sigma_a + \psi_\sigma \sigma_m} = \frac{430}{\frac{2.18}{0.77 \times 1} \times 32.6 + 0.2 \times 48.9} = 4.21$$

规定的安全系数为$[n]=2$,$n_\sigma>[n]$,所以满足疲劳强度条件。

(4) 静强度校核。因为 $r=0.2>0$,所以需要校核静强度。由式(13-21)算出静强度工作安全系数为

$$n_\sigma = \frac{\sigma_s}{\sigma_{\max}} = \frac{540}{81.5} = 6.62 > [n_s]$$

所以也满足静强度条件。

13.5 弯扭组合交变应力的强度计算

前面两节所讲内容为单轴应力下的无限寿命设计方法。在多轴应力下,情况要复杂得多。多轴应力包括工程中最为常见的弯曲和扭转组合交变应力,以及更为广泛的三轴应力。这里仅介绍弯扭组合交变应力。

在同步的弯扭组合对称循环交变应力下,钢材光滑小试样的试验资料表明,疲劳极限中的弯曲正应力 σ_{rb} 和扭转剪应力 τ_{rt} 满足下列椭圆关系:

$$\left(\frac{\sigma_{rb}}{\sigma_{-1}}\right)^2 + \left(\frac{\tau_{rt}}{\tau_{-1}}\right)^2 = 1 \qquad (a)$$

式中,σ_{-1} 为单一的弯曲对称循环疲劳极限;τ_{-1} 为单一的扭转对称循环疲劳极限。为把应力集中、构件尺寸和表面质量等因素考虑在内,以 $\varepsilon_\sigma\beta/k_\sigma$ 乘第一项的分子、分母,以 $\varepsilon_\tau\beta/k_\tau$ 乘第二项分子、分母,并将 $\frac{\varepsilon_\sigma\beta}{k_\sigma}\sigma_{rb}$ 记为 $(\sigma_b)_d$,将 $\frac{\varepsilon_\tau\beta}{k_\tau}\tau_{rt}$ 记为 $(\tau_t)_d$,它们分别代表构件疲劳极限中的弯曲正应力和扭转切应力。再考虑到构件疲劳极限的记法,即式(13-12)和式(13-13),于是可将式(a)重新写为

$$\left[\frac{(\sigma_b)_d}{\sigma_{-1}^0}\right]^2 + \left[\frac{(\tau_t)_d}{\tau_{-1}^0}\right]^2 = 1 \qquad (b)$$

在图 13-16 中画出了上式所表示的椭圆的四分之一。显然,椭圆所围成的区域是不引起疲劳失效的范围。

在弯扭交变应力下,设构件的工作弯曲正应力为 σ,扭转剪应力为 τ。如设想把两部分应力扩大 $[n]$ 倍($[n]$ 为规定的安全系数),则由 $[n]\sigma$ 和 $[n]\tau$ 确定的点 C 应该落在椭圆的内部,或者最多落在椭圆上,即

$$\left(\frac{[n]\sigma}{\sigma_{-1}^0}\right)^2 + \left(\frac{[n]\tau}{\tau_{-1}^0}\right)^2 \leqslant 1 \qquad (c)$$

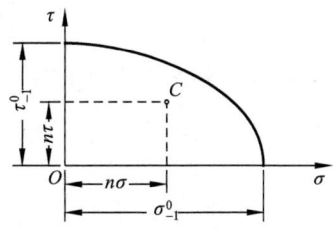

图 13-16 弯扭组合交变应力的强度计算

由式(13-15)和式(13-16)可知

$$n_\sigma = \frac{\sigma_{-1}^0}{\sigma}, \quad n_\tau = \frac{\tau_{-1}^0}{\tau} \tag{d}$$

这里 n_σ 是单一弯曲对称循环的工作安全系数，n_τ 为单一扭转对称循环的工作安全系数。把式(d)代入式(c)可得

$$\frac{n_\sigma n_\tau}{\sqrt{n_\sigma^2 + n_\tau^2}} \geq [n] \tag{e}$$

这就是弯扭组合对称循环下的强度条件。把上式的左端记为 $n_{\sigma\tau}$，作为构件在弯扭组合交变应力下的安全系数，则强度条件便可写成

$$n_{\sigma\tau} = \frac{n_\sigma n_\tau}{\sqrt{n_\sigma^2 + n_\tau^2}} \geq [n] \tag{13-22}$$

当弯扭组合为不对称循环时，仍按式(13-22)计算，但这时 n_σ 和 n_τ 应由不对称循环的式(13-19)和式(13-20)求出。

例 13-3　阶梯轴的尺寸如图 13-17 所示。材料为合金钢，$\sigma_b = 900\mathrm{MPa}$，$\sigma_{-1} = 410\mathrm{MPa}$，$\tau_{-1} = 240\mathrm{MPa}$。作用于轴上的弯矩变化于 $-1000\mathrm{N\cdot m}$ 到 $+1000\mathrm{N\cdot m}$ 之间，扭矩变化于 0 到 $1500\mathrm{N\cdot m}$ 之间。若规定安全系数 $[n]=2$，试校核该轴的疲劳强度。

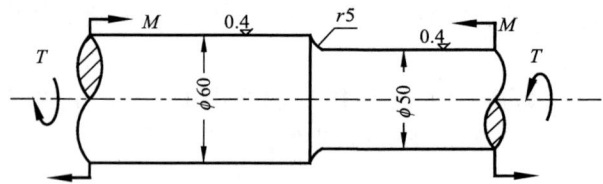

图 13-17　阶梯轴计算简图

解：(1) 计算轴的工作应力。首先计算交变弯曲正应力及其应力比

$$W = \frac{\pi}{32} d^3 = \frac{\pi}{32} \times 5^3 = 12.3 (\mathrm{cm}^3)$$

$$\sigma_{\max} = \frac{M_{\max}}{W} = \frac{1000}{12.3 \times 10^{-6}} = 81.3 (\mathrm{MPa})$$

$$\sigma_{\min} = \frac{M_{\min}}{W} = -\frac{1000}{12.3 \times 10^{-6}} = -81.3 (\mathrm{MPa})$$

$$r = \frac{\sigma_{\min}}{\sigma_{\max}} = -1$$

其次计算交变扭转切应力及其应力比

$$W_t = \frac{\pi}{16} d^3 = \frac{\pi}{16} \times 5^3 = 24.6 (\mathrm{cm}^3), \quad \tau_{\max} = \frac{T_{\max}}{W_t} = \frac{1500}{24.6 \times 10^{-6}} = 61(\mathrm{MPa}), \quad \tau_{\min} = 0$$

$$r = \frac{\tau_{\min}}{\tau_{\max}} = 0, \quad \tau_a = \frac{\tau_{\max}}{2} = 30.5\mathrm{MPa}, \quad \tau_m = \frac{\tau_{\max}}{2} = 30.5\mathrm{MPa}$$

(2) 确定各种系数，根据 $\dfrac{D}{d} = \dfrac{60}{50} = 1.2$，$\dfrac{r}{d} = \dfrac{5}{50} = 0.1$，由图 13-8(b)查得 $k_\sigma = 1.55$，由图 13-8(d)查得 $k_\tau = 1.24$。

由于名义应力 $\tau_{\max}$ 是按轴直径等于 50mm 计算的，所以尺寸系数也应按轴直径等于

50mm 来确定。由 13-1 查得 $\varepsilon_\sigma=0.73, \varepsilon_\tau=0.78$。由表 13-2 查得，$\beta=1$。对合金钢取 $\psi_\tau=0.1$。

(3) 计算弯曲工作安全系数 n_σ 和扭转工作安全系数 n_τ。因为弯曲正应力是对称循环，$r=-1$，故按式(13-15)计算其工作安全系数 n_σ，即

$$n_\sigma = \frac{\sigma_{-1}}{\frac{k_\sigma}{\varepsilon_\sigma \beta}\sigma_{\max}} = \frac{410}{\frac{1.55}{0.73 \times 1} \times 81.3} = 2.38$$

扭转剪应力是脉动循环，$r=0$，应按非对称循环计算工作安全系数的式(13-20)计算 n_τ，

$$n_\tau = \frac{\tau_{-1}}{\frac{k_\tau}{\varepsilon_\tau \beta}\tau_a + \psi_\tau \tau_m} = \frac{240}{\frac{1.24}{0.78 \times 1} \times 30.5 + 0.1 \times 30.5} = 4.66$$

(4) 计算弯扭组合交变应力下，轴的工作安全系数 $n_{\sigma\tau}$。由式(13-22)得

$$n_{\sigma\tau} = \frac{n_\sigma n_\tau}{\sqrt{n_\sigma^2 + n_\tau^2}} = \frac{2.38 \times 4.66}{\sqrt{2.38^2 + 4.66^2}} = 2.12 > [n] = 2$$

所以满足疲劳强度条件。

13.6 变幅交变应力

以前讨论的都是应力幅和平均应力保持不变的交变应力，即等幅交变应力，亦称常幅稳定交变应力。然而，大多数零件所受的循环荷载的幅值都是变化的，即大多数零件都是在变幅荷载下工作的。例如行驶在崎岖路面上的汽车、受紊流影响的飞机等，其荷载就是随机的。构件的应力幅不能保持不变，而且随时间的变化也是极不规则的。变动中的高应力还常超出疲劳极限。变幅荷载下的疲劳破坏，一般认为是不同频率和幅值的荷载所造成的损伤逐渐积累的结果。一般通过对实测记录的处理，简化成分级稳定交变应力(图 13-18)。然后，利用累积损伤理论估算构件的寿命。疲劳累积损伤是有限寿命设计的核心。

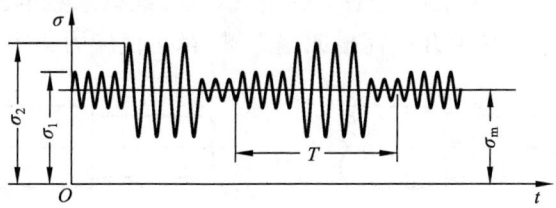

图 13-18 分级稳定交变应力

累积损伤理论的概念认为，当应力高于构件的疲劳极限时，每一应力循环都将使构件受到一定的损伤，损伤累积到一定程度，便将引起疲劳失效。设变幅交变应力中，超过疲劳极限的应力是 $\sigma_1,\sigma_2,\cdots$。如构件在稳定常幅应力 σ_1 作用下寿命为 N_1(参看图 13-6)，便可认为按 σ_1 每循环一次造成的损伤为 $1/N_1$。循环 n_1 次后形成的损伤就为 n_1/N_1。同理，在 σ_2，$\sigma_3,\cdots$作用下的循环次数分别是 $n_2、n_3\cdots$，则引起的损伤分别是 n_2/N_2、$n_3/N_3\cdots$。损伤的总和为

$$\frac{n_1}{N_1} + \frac{n_2}{N_2} + \cdots = \sum_{i=1}^{k} \frac{n_i}{N_i} \tag{a}$$

显然,如果应力始终维持为 σ_1,则当 $n_1=N_1$ 时,亦即 $\frac{n_1}{N_1}=1$ 时,构件将疲劳失效。

不同研究者根据他们对损伤累积方式的不同假设,提出了不同的疲劳累积损伤理论。比较成熟的有线性疲劳累积损伤理论、双线性疲劳累积损伤理论、非线性疲劳累积损伤理论等。

线性累积损伤理论(又称为 Miner 法则)认为,变幅交变应力下,各级交变应力对构件引起的损伤总和等于 1 时,便造成疲劳失效,即

$$\sum_{i=1}^{k} \frac{n_i}{N_i} = 1 \tag{13-23}$$

线性累积损伤理论由于计算简单,概念直观,在有限寿命设计中有着广泛的应用。

例如,设构件承受的交变应力开始按 σ_1 循环了 n_1 次,以后按 σ_2 循环。并且由 S-N 曲线,已知与 σ_1 和 σ_2 对应的寿命分别是 N_1 和 N_2。将 N_1、N_2 和 n_1 代入式(13-23),便可求出 n_2。n_2 就是构件后来在 σ_2 作用下,达到疲劳所经历的循环次数(寿命)。

13.7 提高构件疲劳强度的措施

疲劳裂纹的形成主要在应力集中的部位和构件表面。前面也已讲述了影响构件疲劳极限的因素,即缺口、尺寸和表面质量等。因此,提高疲劳强度也应从这几方面入手。

1. 减缓应力集中

疲劳缺口系数(有效应力集中系数)主要取决于理论应力集中系数,所以,改进结构以减缓应力集中程度是关键。为此,在设计构件的外形时,要适当加大危险截面的尺寸;要避免出现方形或带有尖角的孔和槽;在截面尺寸突然改变处(如阶梯轴的轴肩),要适当加大圆角半径;增设卸载孔、卸载沟或卸载槽等;改善荷载的不均匀分配;建立预应力及预紧力。

例如,在图 13-19 中的两种情况中,过渡圆角半径 r 较大的阶梯轴的应力集中程度就缓和得多。从图 13-8 中的曲线也可看出,随着 r 的增大,疲劳缺口系数迅速减小。在图 13-20 和图 13-21 中,在直径较大的部分轴上开减荷槽或退刀槽,都可使应力集中有明显的减弱。

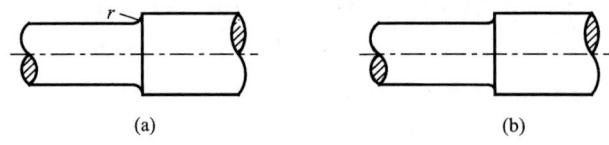

图 13-19 过渡圆角半径的影响

图 13-20 减荷槽　　　　图 13-21 退刀槽

再如,图 13-22 为轮毂与轴的紧配合,在轮毂上开减荷槽,并加粗轴的配合部分,以缩小轮毂与轴之间的刚度差距,便可改善配合面边缘处应力集中的情况。在角焊缝处,如采用图

13-23(a)所示坡口焊接,应力集中程度要比无坡口焊接(图 13-23(b))改善很多。

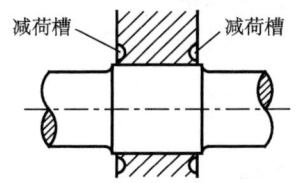
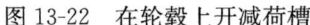

图 13-22 在轮毂上开减荷槽

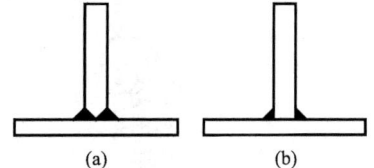

图 13-23 坡口焊接

2. 降低表面粗糙度

如前所述,构件表面加工质量对疲劳强度影响很大,疲劳强度要求较高的构件,应有较低表面粗糙度。高强度钢对表面粗糙度更为敏感,只有经过精加工,才有利于发挥它的高强度性能。否则将会使疲劳极限大幅度下降,失去采用高强度钢的意义。在使用中也应尽量避免使构件表面受到机械损伤(如划伤、打印等)或化学损伤(如腐蚀、生锈等)。

3. 表面强化

现在使用的表面强化方法有:表面热处理(火焰淬火、高频淬火等),表面化学热处理(渗碳、氮化、碳氮共渗等),表面冷作强化(滚压、喷丸、锤击、超载拉伸等)。但采用这些方法时,要严格控制工艺过程,否则将造成表面微细裂纹,反而降低疲劳极限。

也可采用液体涂层、金属镀层、阳极氧化等表面防护措施。另外还要合理选材,所选材料应该保持强度、塑性和韧度之间的最佳配合;应该选择高纯度(气孔、夹杂等少)的材料、择晶粒较细的材料(室温下工作时)等。

思 考 题

13-1 试问交变应力下材料发生破坏的原因是什么?它与静荷载下的破坏有何区别?

13-2 试分别绘出最大应力 $\sigma_{max}=30\text{MPa}$、应力比 $r=+1/3$ 和 $r=-1/3$ 时,应力随时间的变化曲线。

13-3 带小圆孔的薄壁圆筒,在反复扭转力偶的作用下,疲劳裂纹的扩展方向往往如思考题 13-3 图所示。试问为什么?

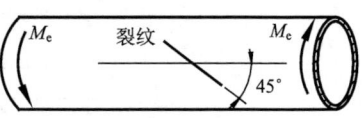

思考题 13-3 图

习 题

13-1 火车轮轴受力情况如题 13-1 图所示。$a=500\text{mm}$,$l=1435\text{mm}$,轮轴中段直径 $d=15\text{cm}$。若 $F=50\text{kN}$,试求轮轴中段截面边缘上任一点的最大应力 σ_{max},最小应力 σ_{min},应力比 r,并作出 $\sigma\text{-}t$ 曲线。

13-2 柴油发动机连杆大头螺钉在工作时受到的最大拉力 $F_{max}=58.3\text{kN}$,最小拉力 $F_{min}=55.8\text{kN}$。螺纹处内径 $d=11.5\text{mm}$。试求其平均应力 σ_m,应力幅 σ_a,应力比 r,并作出 $\sigma\text{-}t$ 曲线。

13-3 某阀门弹簧如题 13-3 图所示。当阀门关闭时,最小工作荷载 $F_{min}=200\text{N}$;当阀门顶开时,最大工作荷载 $F_{max}=500\text{N}$。设簧丝的直径 $d=5\text{mm}$,弹簧外径 $D_1=36\text{mm}$,试求平均应力 τ_m,应力幅 τ_a,应力比 r,并作出 $\tau\text{-}t$ 曲线。

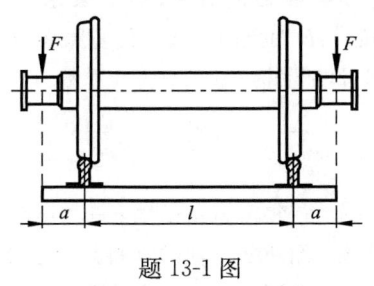

题 13-1 图

13-4 阶梯轴如题 13-4 图所示。材料为铬镍合金钢，$\sigma_b=920\text{MPa}$，$\sigma_{-1}=420\text{MPa}$，$\tau_{-1}=250\text{MPa}$。轴的尺寸是：$d=40\text{mm}$，$D=50\text{mm}$，$r=5\text{mm}$。求弯曲和扭转时的疲劳缺口系数和尺寸系数。

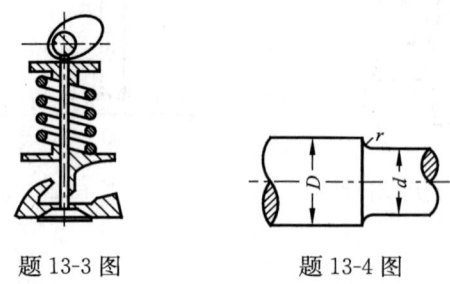

题 13-3 图　　　　题 13-4 图

13-5 货车轮轴两端荷载 $F=110\text{kN}$，如题 13-5 图所示。材料为车轴钢，$\sigma_b=500\text{MPa}$，$\sigma_{-1}=240\text{MPa}$。规定安全系数 $n=1.5$。试校核Ⅰ-Ⅰ和Ⅱ-Ⅱ截面的强度。

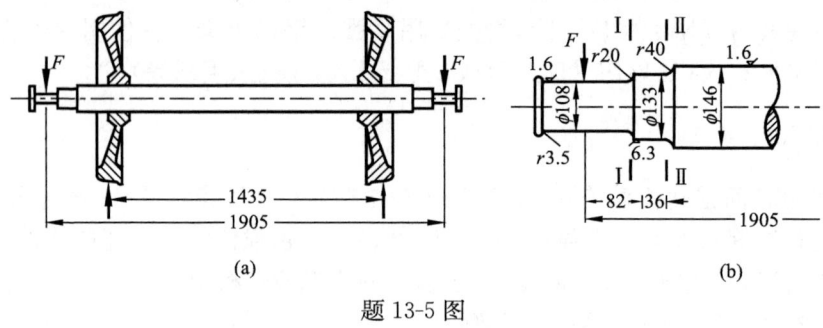

题 13-5 图

13-6 在 σ_m-σ_a 坐标系中，标出与题 13-6 图所示应力循环对应的点，并求出自原点出发并通过这些点的射线与 σ_m 轴的夹角 α。

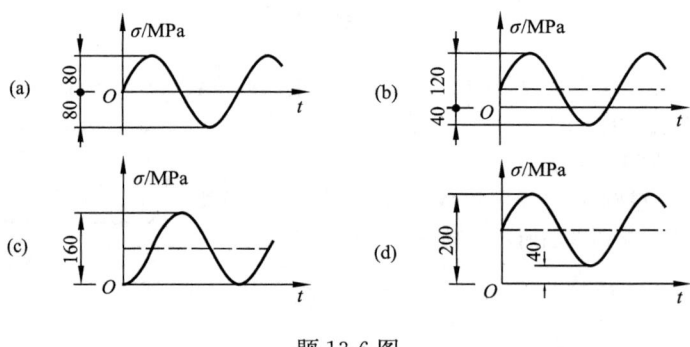

题 13-6 图

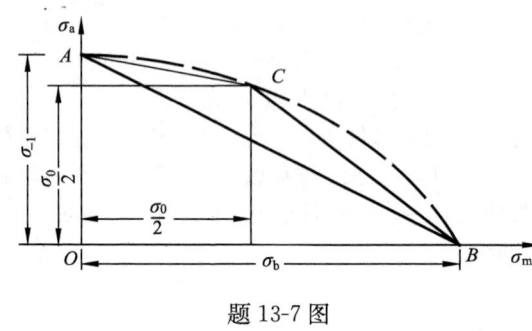

题 13-7 图

13-7 简化疲劳极限曲线时，如不采用折线 ACB，而采用连接 A、B 两点的直线来代替原来的曲线（见题 13-7 图），试证明构件的工作安全系数为

$$n_\sigma = \frac{\sigma_{-1}}{\frac{k_\sigma}{\varepsilon_\sigma \beta}\sigma_a + \psi_\sigma \sigma_m} \quad （式中 \psi_\sigma = \frac{\sigma_{-1}}{\sigma_b}）$$

13-8 电动机轴直径 $d=30\text{mm}$，轴上开有端铣加工的键槽，如题 13-8 图所示。轴的材料是合金钢，$\sigma_b=750\text{MPa}$，$\tau_b=400\text{MPa}$，$\tau_s=260\text{MPa}$，$\tau_{-1}=$

190MPa。轴在 $n=750$ r/min 的转速传递功率 $N=20$ 马力。该轴时而工作,时而停止,但没有反向旋转。轴表面经磨削加工。若规定安全系数 $n=2$,$n_s=1.5$,试校核轴的强度。

13-9 如题 13-9 图所示,圆杆表面未经加工,且因径向圆孔而削弱。杆受由 0 到 F_{max} 的交变轴向力作用。已经知材料为普通碳钢,$\sigma_b=600$MPa,$\sigma_s=340$MPa,$\sigma_{-1}=200$MPa。取 $\psi_\sigma=0.1$,规定安全系数 $n=1.7$,$n_s=1.5$,试求最大荷载。

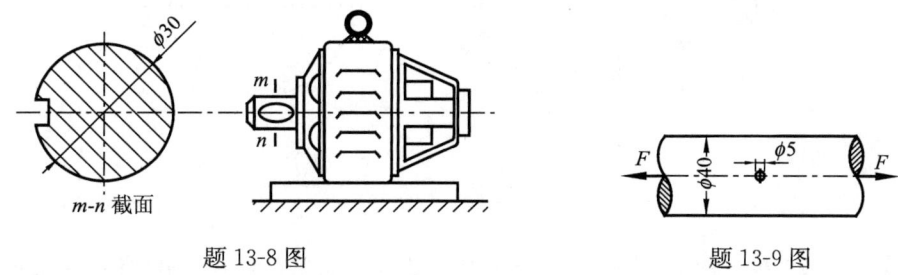

题 13-8 图　　　　　　　　　　　题 13-9 图

13-10 某发动机排气阀的密圈圆柱螺旋弹簧,其平均直径 $D=60$mm,圈数 $n=10$,簧丝直径 $d=6$mm。弹簧材料的 $\sigma_b=1300$MPa,$\tau_b=800$MPa,$\tau_s=500$MPa,$\tau_{-1}=300$MPa,$G=80$GPa。弹簧在预压缩量 $\lambda_1=40$mm 和最大压缩量 $\lambda_{max}=90$mm 范围内工作。若取 $\beta=1$,试求弹簧的工作安全系数。

13-11 重物 W 通过轴承对圆轴作用一垂直方向的力,$W=10$kN,而轴在 $\pm 30°$ 范围内往复摆动,如题 13-11 图所示。已知材料的 $\sigma_b=600$MPa,$\sigma_s=340$MPa,$\sigma_{-1}=250$MPa,$\psi_\sigma=0.1$。试求危险截面上的点 1、2、3、4 的:(1) 应力变化的应力比(循环特征);(2) 工作安全系数。

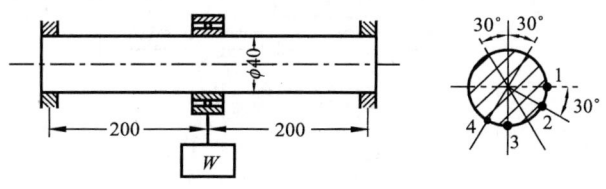

题 13-11 图

13-12 卷扬机的阶梯轴的某段需要安装一滚珠轴承,因滚珠轴承内座圈上圆角半径很小,如装配时不用定距环(题 13-12 图(a)),则轴上圆角半径应为 $r_1=1$mm,如果增加一个定距环(题 13-12 图(b)),则轴上圆角半径可增加为 $r_5=5$mm。已知材料性质为,$\sigma_b=520$MPa,$\sigma_{-1}=220$MPa,$\beta=1$,规定安全系数 $n=1.7$。试比较轴在(a)、(b)两种情况下,对称循环许可弯矩 $[M]$。

13-13 直径 $D=50$mm、$d=40$mm 的阶梯轴,受交变弯矩和扭矩的联合作用。圆角半径 $r=2$mm。正应力从 50MPa 变到 −50MPa;剪应力从 40MPa 变到 20MPa。轴的材料为碳钢,$\sigma_b=550$MPa,$\sigma_{-1}=220$MPa,$\tau_{-1}=120$MPa,$\sigma_s=300$MPa,$\tau_s=180$MPa。若取 $\psi_\tau=0.1$,试求此轴的工作安全系数。设 $\beta=1$。

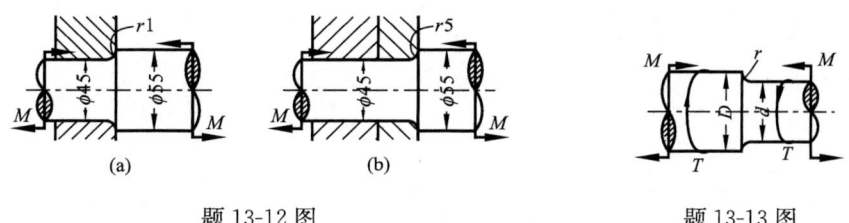

题 13-12 图　　　　　　　　　　　题 13-13 图

13-14 圆柱齿轮轴如题 13-14 图所示,左端由电动机输入功率 $N=40$ 马力,转速 $n=800$r/min。齿轮圆周力为 F_t,径向力 $F_r=0.36F_t$。轴上两个键槽均为端铣加工。安装齿轮处轴径 $\phi 40$,左边轴肩直径 $\phi 45$。轴的材料为 40Cr,$\sigma_b=900$MPa,$\sigma_{-1}=410$MPa,$\tau_{-1}=240$MPa。规定安全系数 $n=1.8$,试校核轴的疲劳强度。

提示:把扭转切应力作为脉动循环。

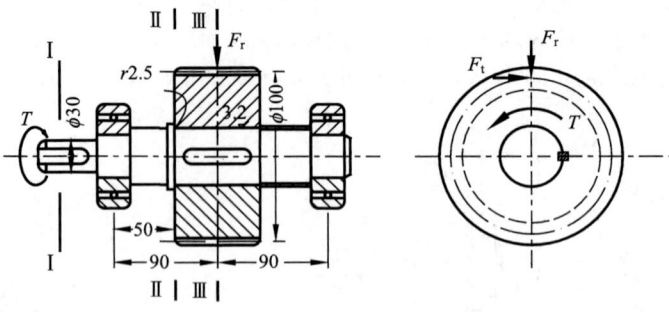

题 13-14 图

13-15 若材料疲劳极限曲线简化成题 13-15 图所示的折线 $EDKJ$,点 G 代表构件危险点的交变应力,OG 的延长线与简化折线的线段 DK 相交,试求这一应力循环的工作安全系数。

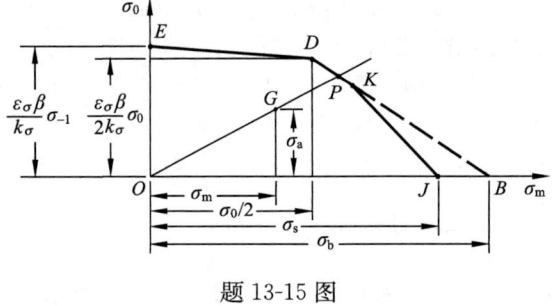

题 13-15 图

附录 A 截面的几何性质

在研究杆件的应力、变形,以及研究失效问题时,都要涉及与杆件的截面形状和尺寸有关的一些几何量。例如计算拉(压)杆件的应力和变形时,要用到横截面的面积 A,而受扭圆杆的应力和变形则与横截面的极惯性矩 I_p 有关,在弯曲问题的计算中会遇到横截面对某轴的面积矩 S_z 和惯性矩 I_z 等,在选定坐标轴之后,这些几何量仅与截面的几何形状和尺寸大小有关。通常把上述几何量统称为截面的几何性质。本附录将介绍这些几何性质的定义和计算方法。

A.1 静矩和形心

任意平面图形(截面)如图 A-1 所示,其面积为 A,y 轴和 z 轴为图形所在平面的坐标轴,在坐标 (y,z) 处取微面积 dA,遍及整个图形面积 A 的积分

$$S_z = \int_A y\,dA, \quad S_y = \int_A z\,dA \tag{A-1}$$

分别定义为图形对 z 轴和 y 轴的**静矩**或**一次矩**。

由式(A-1)知,平面图形的静矩是对某一坐标轴而言的,同一图形对不同的坐标轴,其静矩也不同。静矩的数值可能为正,可能为负,也可能等于零。静矩的量纲是长度的三次方,单位为 mm^3 或 m^3。

由静力学知,在坐标系 Oyz 中,均质等厚度薄板的重心与形心重合,其坐标为

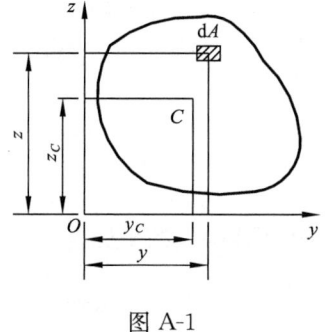

图 A-1

$$y_C = \frac{\int_A y\,dA}{A}, \quad z_C = \frac{\int_A z\,dA}{A} \tag{A-2}$$

利用式(A-1),式(A-2)可改写为

$$y_C = \frac{S_z}{A}, \quad z_C = \frac{S_y}{A} \tag{A-3}$$

因此,在知道截面对于 y 轴和 z 轴的静矩以后,即可求得截面形心的坐标。若将式(A-3)改写为

$$S_z = A y_C, \quad S_y = A z_C \tag{A-4}$$

则由式(A-4)可以看出,若 $S_z=0$ 或 $S_y=0$,则 $y_C=0$ 或 $z_C=0$。也就是说,若图形对某一轴的静矩等于零,则该轴必然通过图形的形心;反之,若某一轴通过形心,则图形对该轴的静矩必等于零。

当截面由若干个简单图形(例如矩形、圆形或三角形等)组成时,由于简单图形的面积及形心位置均为已知,而且从静矩定义可知,截面各组成部分对某一轴的静矩之代数和,就等于该截面对于同一轴的静矩,即整个截面的静矩为

$$S_z = \sum_{i=1}^{n} A_i y_{Ci}, \quad S_y = \sum_{i=1}^{n} A_i z_{Ci} \tag{A-5}$$

式中,A_i 和 y_{Ci},z_{Ci} 分别代表任一简单图形的面积和形心的坐标;n 为组成截面的简单图形的个数。

若将式(A-5)求得的 S_z 和 S_y 代入(A-3),可得计算组合截面形心的坐标公式为

$$y_C = \frac{\sum_{i=1}^{n} A_i y_{Ci}}{A}, \quad z_C = \frac{\sum_{i=1}^{n} A_i z_{Ci}}{A} \tag{A-6}$$

例 A-1 计算图 A-2 所示直角三角形对 z 轴和 y 轴的静矩,并确定图形形心 C 的位置。

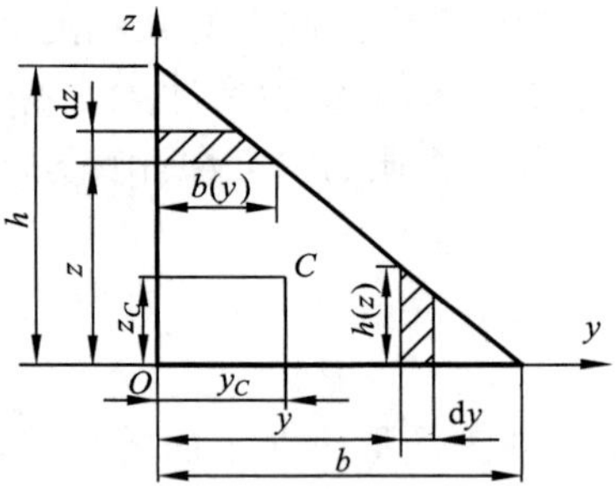

解:取平行于 y 轴的狭长条作为微面积 dA,则

$$dA = b(y)dz = \frac{b}{h}(h-z)dz$$

由静矩定义得

$$S_y = \int z dA = \int_0^h \frac{b}{h}(h-z)z dz = \frac{bh^2}{6}$$

同理,取平行于 z 轴的狭长条作为微面积 dA,则

$$dA = h(z)dy = \frac{h}{b}(b-y)dy$$

$$S_z = \int y dA = \int_0^b \frac{h}{b}(b-y)y dy = \frac{hb^2}{6}$$

图 A-2

故图形形心 C 的坐标为

$$y_C = \frac{S_z}{A} = \frac{hb^2/6}{bh/2} = \frac{1}{3}b, \quad z_C = \frac{S_y}{A} = \frac{bh^2/6}{bh/2} = \frac{1}{3}h$$

例 A-2 试确定图 A-3 所示组合截面形心 C 的位置。

解:将截面分为 Ⅰ、Ⅱ 两个矩形。取 y 轴和 z 轴分别与截面的底边和左边缘重合,如图 A-3 所示。先计算每一个矩形的面积 A_i 和形心坐标(y_{Ci},z_{Ci})。

矩形 Ⅰ:$A_Ⅰ = 10 \times 120 = 1200 \text{mm}^2$,$y_{CⅠ} = \frac{10}{2} = 5\text{mm}$,$z_{CⅠ} = \frac{120}{2} = 60\text{mm}$

矩形 Ⅱ:$A_Ⅱ = 10 \times 70 = 700\text{mm}^2$,$y_{CⅡ} = 10 + \frac{70}{2} = 45\text{mm}$,$z_{CⅡ} = \frac{10}{2} = 5\text{mm}$

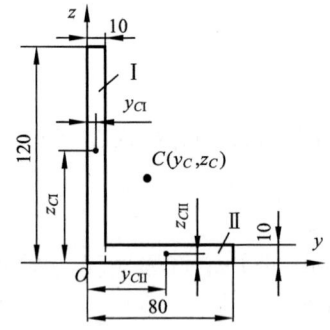

图 A-3 组合截面的形心

将其代入式(A-6),即可得到截面形心 C 的坐标为

$$y_C = \frac{A_Ⅰ y_{CⅠ} + A_Ⅱ y_{CⅡ}}{A_Ⅰ + A_Ⅱ} = \frac{37500\text{mm}^3}{1900\text{mm}^2} = 19.7\text{mm}$$

$$z_C = \frac{A_Ⅰ z_{CⅠ} + A_Ⅱ z_{CⅡ}}{A_Ⅰ + A_Ⅱ} = \frac{75500\text{mm}^3}{1900\text{mm}^2} = 39.7\text{mm}$$

例 A-3 某箱型截面的尺寸如图 A-4 所示。试确定其形心 C 的位置。

解：截面有一铅直对称轴，其形心必然在此轴上。因此只需要确定形心在此对称轴上的位置即可。将截面看成是由两个矩形组成的：一个是矩形 $ABED$，另一个是空心（负面积）矩形 $abed$，设矩形 $ABED$ 的面积为 A_1，矩形 $abed$ 的面积为 A_2。以底边 DE 作为参考坐标轴 y。

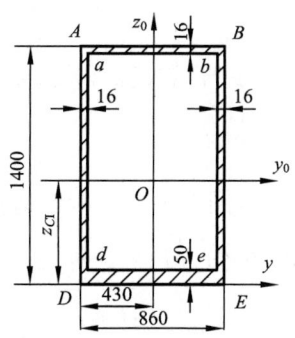

图 A-4 箱型截面的形心

$$A_1 = 1.4 \times 0.86 = 1.204 (\text{m}^2)$$

$$z_{C1} = \frac{1.4}{2} = 0.7 (\text{m})$$

$$A_2 = (0.86\text{m} - 2 \times 0.016\text{m})(1.4\text{m} - 0.05\text{m} - 0.016\text{m}) = 1.105 \text{m}^2$$

$$z_{C2} = \frac{1}{2}(1.4 - 0.05 - 0.016)\text{m} + 0.05\text{m} = 0.717\text{m}$$

于是由式（A-6），整个截面形心的坐标 z_C 为

$$z_C = \frac{A_1 z_{C1} + A_2 z_{C2}}{A_1 + A_2} = \frac{1.204 \times 0.7\text{m} - 1.105 \times 0.717\text{m}}{1.204\text{m} - 1.105\text{m}} = 0.51\text{m}$$

注意，空心截面 $abed$ 的面积 A_2，在上式中应为负值。

A.2 惯性矩、极惯性矩、惯性积

A.2.1 惯性矩和惯性半径

设有一代表任意截面的平面图形，其面积为 A。在图形平面内建立坐标系 Oyz，如图 A-5 所示。在截面上任取一微面积 dA，设微面积 dA 的坐标分别为 y 和 z，则把乘积 $z^2 dA$ 和 $y^2 dA$ 分别称为微面积 dA 对 y 轴和 z 轴的惯性矩。把积分 $\int_A z^2 dA$、$\int_A y^2 dA$ 分别定义为该截面 A 对 y 轴和 z 轴的**惯性矩**或**二次矩**，分别用 I_y 和 I_z 表示，即

$$I_y = \int_A z^2 dA, \quad I_z = \int_A y^2 dA \tag{A-7}$$

由定义可知惯性矩恒为正值，量纲是长度的四次方，单位为 mm^4 或 m^4。

力学计算中有时把惯性矩写成图形面积 A 与某一长度平方的乘积的形式，即

$$I_y = A \cdot i_y^2, \quad I_z = A \cdot i_z^2 \tag{A-8}$$

其中，i_y 和 i_z 分别为

$$i_y = \sqrt{\frac{I_y}{A}}, \quad i_z = \sqrt{\frac{I_z}{A}} \tag{A-9}$$

分别称为截面 A 对于 y 轴和 z 轴的**惯性半径**，其量纲就是长度，单位为 mm 或 m。

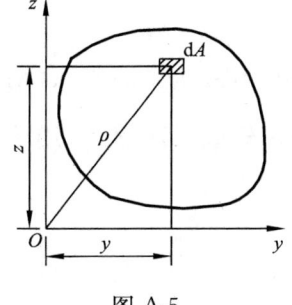

图 A-5

例 A-4 试计算图 A-6 所示矩形截面对其形心轴 y 轴和 z 轴的惯性矩。

解：(1) 计算截面对 y 轴的惯性矩。取平行于 y 轴的狭长条（图中阴影部分）作为微面积 dA，则有 $dA = b dz$。由式（A-7）得

$$I_y = \int_A z^2 dA = \int_{-\frac{h}{2}}^{\frac{h}{2}} bz^2 dz = \frac{1}{12}bh^3$$

（2）计算截面对 z 轴的惯性矩。同理有

$$I_z = \int_A y^2 dA = \int_{-\frac{b}{2}}^{\frac{b}{2}} hy^2 dy = \frac{1}{12}hb^3$$

若图形为一平行四边形，高为 h，宽为 b（图 A-7），由于计算式完全相同，它对形心轴 y 的惯性矩仍为 $I_y = \frac{1}{12}bh^3$。

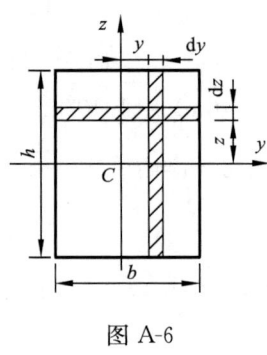

图 A-6

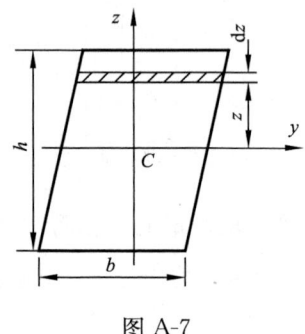

图 A-7

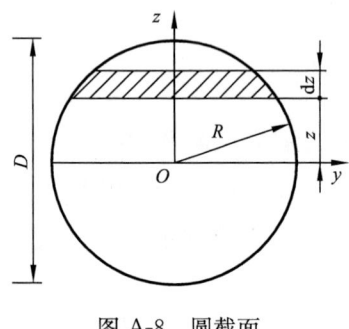

图 A-8　圆截面

例 A-5　试计算图 A-8 所示圆截面对于其形心轴的惯性矩。

解：对于圆截面，建立坐标系 Oyz，如图 A-8 所示。取平行于 y 轴的狭长条（图中阴影部分）为微面积 dA，则有微面积 $dA = 2\sqrt{R^2 - z^2}dz$。由式（A-7）得

$$I_y = \int_A z^2 dA = 2\int_{-R}^{R} z^2 \sqrt{R^2 - z^2}dz = 4\int_0^R z^2\sqrt{R^2 - z^2}dz$$

$$= 4\left[-\frac{z}{4}\sqrt{(R^2 - z^2)^3} + \frac{R^2}{8}\left(z\sqrt{R^2 - z^2} + R^2 \sin^{-1}\frac{z}{R}\right)\right]_0^R$$

$$= \frac{\pi R^4}{4} = \frac{\pi D^4}{64}$$

根据对称性，截面对于 z 轴和 y 轴的惯性矩相等，即

$$I_z = I_y = \frac{\pi D^4}{64}$$

A.2.2　极惯性矩

在图 A-5 中，若以 ρ 表示微面积 dA 到坐标原点 O 的距离，则称 $\rho^2 dA$ 为微面积 dA 对原点 O 的极惯性矩，同时定义积分 $\int_A \rho^2 dA$ 为截面 A 对点 O 的**极惯性矩**或**二次极矩**，用 I_p 表示，即

$$I_p = \int_A \rho^2 dA \tag{A-10}$$

由定义可知极惯性矩恒为正。其常用单位是 mm^4 或 m^4。由图 A-5 可知 $\rho^2 = y^2 + z^2$，因此

$$I_p = \int_A \rho^2 \mathrm{d}A = \int_A (y^2 + z^2)\mathrm{d}A = \int_A y^2 \mathrm{d}A + \int_A z^2 \mathrm{d}A$$

将式(A-7)代入,得极惯性矩与惯性矩的关系式为

$$I_p = I_z + I_y \tag{A-11}$$

式(A-11)表明,截面对某点的极惯性矩等于截面对通过该点的两个正交轴的惯性矩之和。有时,利用式(A-11)计算截面的极惯性矩或惯性矩比较方便。

例 A-6 试利用惯性矩与极惯性矩的关系,计算图 A-9 所示圆形截面对其形心轴的极惯性矩。

解:正常计算极惯性矩的步骤是,以圆心为原点,坐标轴 y、z 如图 A-9 所示。在圆截面中取一微元面积 $\mathrm{d}A$,其坐标为 y、z,到圆心的距离为 ρ,于是得圆形截面对圆心的极惯性矩为

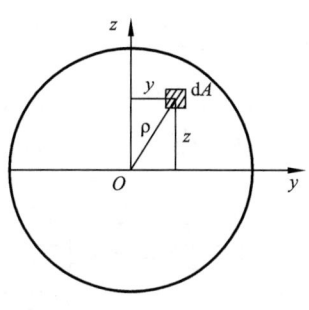

图 A-9 极惯性矩计算

$$I_p = \int_A \rho^2 \mathrm{d}A$$

由于圆截面是关于圆心极对称的,它对任一形心轴的惯性矩均相等,因而 $I_z = I_y$。又因 $I_z = I_y = \dfrac{\pi D^4}{64}$,代入式(A-11)可得

$$I_p = \frac{\pi D^4}{32}$$

A.2.3 惯性积

在图 A-5 中,我们把微面积 $\mathrm{d}A$ 与其坐标 y、z 的乘积 $yz\mathrm{d}A$ 称为微面积 $\mathrm{d}A$ 对 y、z 两轴的惯性积。定义积分 $\int_A yz\mathrm{d}A$ 为截面对 y、z 两轴的惯性积,用 I_{yz} 表示,即

$$I_{yz} = \int_A yz\mathrm{d}A \tag{A-12}$$

由定义可知,惯性积的值可为正、为负或为零。惯性积的常用单位是 mm^4 或 m^4。由式(A-12)知,截面的惯性积有如下重要性质:

若截面有一个对称轴,则截面对包括该对称轴在内的一对正交轴的惯性积恒等于零。

由此性质,图 A-10 所示截面对坐标轴 y、z 的惯性积 I_{yz} 均等于零。

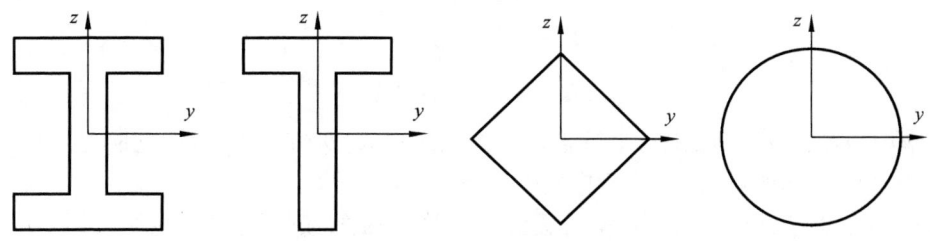

图 A-10 有对称轴的截面

A.3 平行移轴公式、组合截面的惯性矩和惯性积

A.3.1 惯性矩和惯性积的平行移轴公式

同一平面图形对于相互平行的两对坐标轴的惯性矩或惯性积,并不相同,当其中一对轴是图形的形心轴时,它们之间存在着一定的关系。

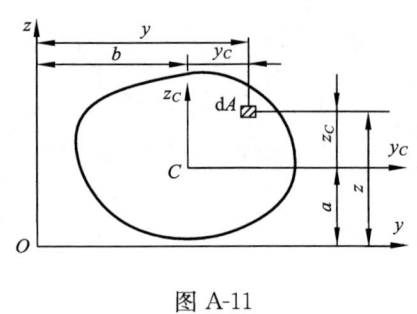

图 A-11

在图 A-11 中,C 为图形的形心,轴 y_C 和 z_C 是通过形心的坐标轴,图形对形心轴 y_C 和 z_C 的惯性矩和惯性积分别为

$$I_{y_C} = \int_A z_C^2 dA, \quad I_{z_C} = \int_A y_C^2 dA, \quad I_{y_C z_C} = \int_A y_C z_C dA \tag{A-13}$$

若 y 轴平行于 y_C 轴,且两者的距离为 a;z 轴平行于 z_C 轴,且两者的距离为 b,则图形对于 y 轴和 z 轴的惯性矩和惯性积为

$$I_y = \int_A z^2 dA, \quad I_z = \int_A y^2 dA, \quad I_{yz} = \int_A yz\, dA \tag{A-14}$$

由图 A-11 可以看出

$$y = y_C + b, \quad z = z_C + a \tag{A-15}$$

将式(A-15)代入(A-14),得

$$I_y = \int_A z^2 dA = \int_A (z_C + a)^2 dA = \int_A z_C^2 dA + 2a\int_A z_C dA + a^2 \int_A dA$$

$$I_z = \int_A y^2 dA = \int_A (y_C + b)^2 dA = \int_A y_C^2 dA + 2b\int_A y_C dA + b^2 \int_A dA$$

$$I_{yz} = \int_A yz\, dA = \int_A (y_C + b)(z_C + a) dA = \int_A y_C z_C dA + a\int_A y_C dA + b\int_A z_C dA + ab\int_A dA$$

在以上三式中,$\int_A z_C dA$ 和 $\int_A y_C dA$ 分别为图形对于形心轴 y_C、z_C 的静矩,其值等于零。而 $\int_A dA = A$,为图形的面积,所以上式可简化为

$$\left. \begin{array}{l} I_y = I_{y_C} + a^2 A \\ I_z = I_{z_C} + b^2 A \\ I_{yz} = I_{y_C z_C} + abA \end{array} \right\} \tag{A-16}$$

式(A-16)即为惯性矩和惯性积的**平行移轴公式**。式中,a、b 均为代数量,它们是图形形心 C 在 Oyz 坐标系中的坐标值,计算时要考虑它们的正、负号。

应用平行移轴公式(A-16),可根据截面对于形心轴的惯性矩和惯性积,计算出截面对于与形心轴平行的坐标轴的惯性矩和惯性积,或进行相反的运算;也可以方便地求出一些组合截面的惯性矩和惯性积。

A.3.2 组合截面的惯性矩和惯性积

在工程上,常见一些由简单图形组成的组合截面。这些简单图形一般为矩形、圆形等。根据惯性矩的定义,组合截面的惯性矩等于各组成部分的惯性矩之和,即

$$\left.\begin{array}{l} I_y = \int_A z^2 dA = \sum_{i=1}^n I_{yi} = \sum_{i=1}^n \int_{A_i} z^2 dA \\ I_z = \int_A y^2 dA = \sum_{i=1}^n I_{zi} = \sum_{i=1}^n \int_{A_i} y^2 dA \\ I_{yz} = \int_A yz dA = \sum_{i=1}^n I_{yzi} = \sum_{i=1}^n \int_{A_i} yz dA \end{array}\right\} \quad \text{(A-17)}$$

某些截面上开有孔洞等,例如图 A-12 所示圆环截面,内部的空心圆可以看做是负面积而直接进行计算。由式(A-17)可得

$$I_y(=I_z) = I_D - I_d = \frac{\pi D^4}{64} - \frac{\pi d^4}{64} = \frac{\pi}{64}(D^4 - d^4)$$

$$I_p = I_{pD} - I_{pd} = \frac{\pi D^4}{32} - \frac{\pi d^4}{32} = \frac{\pi}{32}(D^4 - d^4)$$

其中的右下标 D 表示直径为 D 的圆截面,d 表示直径为 d 的空心圆截面。

下面举例说明组合截面的惯性矩的计算方法。

例 A-7 求图 A-13 所示截面对水平形心轴 y_C 的惯性矩。

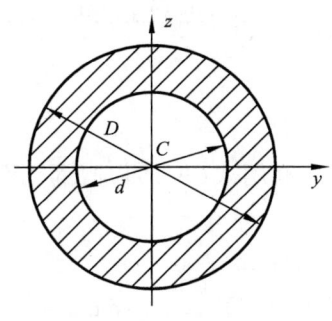

图 A-12 圆环截面

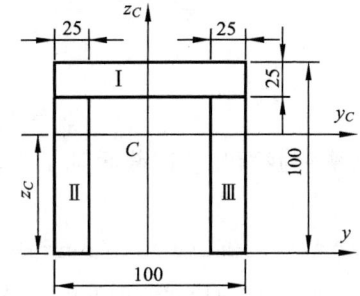

图 A-13 组合截面

解:首先求形心位置。建立图示 Oyz 坐标系,将图形分为三个矩形,且 Ⅱ 和 Ⅲ 相同,于是形心位置 z_C 为

$$z_C = \frac{S_y}{A} = \frac{\sum_{i=1}^3 z_{Ci} A_i}{\sum_{i=1}^3 A_i} = \frac{\left[100 \times 25 \times \left(75 + \frac{1}{2} \times 25\right) + 2 \times 75 \times 25 \times \frac{1}{2} \times 75\right] \text{mm}^3}{(100 \times 25 + 2 \times 75 \times 25) \text{mm}^2}$$

$$= 57.5 \text{mm}$$

$$y_C = 0$$

以 $I_{y_{Ci}}$ 表示第 i 块图形对水平形心轴 y_C 的惯性矩,以 $I_{y_{0i}}$ 表示第 i 块图形对自身的水平形心轴的惯性矩,由平行移轴公式得

$$I_{y_{C1}} = I_{y_{01}} + a_1^2 A_1 = \left[\frac{1}{12} \times 100 \times 25^3 + \left(100 - 57.5 - \frac{25}{2}\right)^2 \times 100 \times 25\right] \text{mm}^4$$
$$= 2.38 \times 10^6 \text{mm}^4$$

$$I_{y_{C2}} = I_{y_{02}} + a_2^2 A_2 = \left[\frac{1}{12} \times 25 \times 75^3 + \left(57.5 - \frac{75}{2}\right)^2 \times 25 \times 75\right] \text{mm}^4$$
$$= 1.63 \times 10^6 \text{mm}^4$$

$$I_{y_C} = I_{y_{C1}} + 2I_{y_{C2}} = 5.64 \times 10^6 \text{mm}^4$$

例 A-8 图 A-14 所示截面由一个 25c 号槽钢和两个 90×90×12 角钢截面组成。求此组合截面对形心轴 y、z 的惯性矩 I_y、I_z。

解：(1) 查附录 C 型钢表，将其自身形心的位置标于图中，其他几何参数如下：

25c 号槽钢截面的面积和对自身形心轴的惯性矩为

$$A_1 = 44.91 \text{ cm}^2, \quad I_{y_{C1}} = 3690.45 \text{ cm}^4, \quad I_{z_{C1}} = 218.415 \text{ cm}^4$$

90×90×12 角钢截面的面积和对自身形心轴的惯性矩为

$$A_2 = 20.306 \text{cm}^2, \quad I_{y_{C2}} = I_{z_{C2}} = 149.22 \text{cm}^4$$

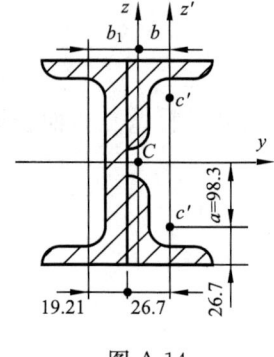

图 A-14

(2) 确定组合截面的形心位置。

为便于计算，以两角钢截面的形心连线 z' 作为参考轴，求组合截面形心 C 距 z' 轴的距离 b。由组合截面形心的计算公式

$$y_C = \frac{\sum_{i=1}^n A_i y_{C_i}}{A_i} = \frac{(2 \times 2030.6 \times 0 + 4491 \times [-(19.21 + 26.7)]) \text{mm}^3}{(2 \times 2030.6 + 4491) \text{mm}^2} = -24.1 \text{mm}$$

故

$$b = |y_C| = 24.1 \text{mm}$$

(3) 计算槽钢截面和角钢截面对 y、z 轴的惯性矩。利用式(A-16)，槽钢截面的计算结果如下：

$$I_{y_1} = I_{y_{C1}} + a_1^2 A = 3690.45 \times 10^4 \text{mm}^4 + 0 = 3690 \times 10^4 \text{mm}^4$$
$$I_{z_1} = I_{z_{C1}} + b_1^2 A = 218.415 \times 10^4 \text{mm}^4 + (19.21 + 26.7 - 24.1)^2 \times 4491 \text{mm}^4 = 431 \times 10^4 \text{mm}^4$$

角钢截面的计算结果如下：

$$I_{y_2} = I_{y_{C2}} + a_2^2 A = 149.22 \times 10^4 + 98.32^2 \times 2030 \text{mm}^4 = 2110 \times 10^4 \text{mm}^4$$
$$I_{z_2} = I_{z_{C2}} + b_2^2 A = 149.22 \times 10^4 \text{mm}^4 + 24.1^2 \times 2030 \text{mm}^4 = 267 \times 10^4 \text{mm}^4$$

(4) 计算组合截面对 y、z 轴的惯性矩 I_y、I_z，由式(A-17)得

$$I_y = I_{y_1} + 2I_{y_2} = 3690 \times 10^4 \text{mm}^4 + 2 \times 2110 \times 10^4 \text{mm}^4 = 7910 \times 10^4 \text{mm}^4$$
$$I_z = I_{z_1} + 2I_{z_2} = 431 \times 10^4 \text{mm}^4 + 2 \times 267 \times 10^4 \text{mm}^4 = 965 \times 10^4 \text{mm}^4$$

A.4 转轴公式、主惯性轴

A.4.1 惯性矩和惯性积的转轴公式

设有一个面积为 A 的任意形状截面（图 A-15），截面对于通过其上任意一点 O 的两坐标

轴 y、z 的惯性矩和惯性积已知为 I_y、I_z 和 I_{yz}。假定坐标轴 y、z 绕原点 O 旋转一个角度 α（角 α 以逆时针转向旋转为正）至 y_1、z_1 位置，则该截面对于新坐标轴 y_1、z_1 的惯性矩和惯性积分别为 I_{y_1}、I_{z_1} 和 $I_{y_1 z_1}$，现在来求它们的值。

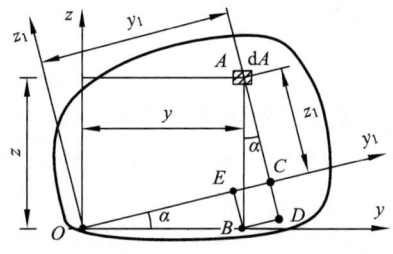

图 A-15　坐标旋转

由图 A-15，截面上任一微面积在新、老两套坐标系内的坐标(y_1, z_1)和(y, z)之间的关系为

$$y_1 = OC = OE + BD = y\cos\alpha + z\sin\alpha$$

$$z_1 = AC = AD - EB = z\cos\alpha - y\sin\alpha$$

将 z_1 代入式(A-7)中的第一式，经过展开并逐项积分后，即得该截面对于坐标轴 y_1 的惯性矩为

$$I_{y_1} = \cos^2\alpha \int_A z^2 dA + \sin^2\alpha \int_A y^2 dA - 2\sin\alpha\cos\alpha \int_A yz dA \tag{a}$$

由惯性矩和惯性积的定义知

$$\int_A z^2 dA = I_y, \quad \int_A y^2 dA = I_z, \quad \int_A yz dA = I_{yz}$$

再利用倍角三角函数关系，可以得到

$$I_{y_1} = \frac{I_y + I_z}{2} + \frac{I_y - I_z}{2}\cos 2\alpha - I_{yz}\sin 2\alpha \tag{A-18a}$$

同样的方法可得

$$I_{z_1} = \frac{I_y + I_z}{2} - \frac{I_y - I_z}{2}\cos 2\alpha + I_{yz}\sin 2\alpha \tag{A-18b}$$

$$I_{y_1 z_1} = \frac{I_y - I_z}{2}\sin 2\alpha + I_{yz}\cos 2\alpha \tag{A-18c}$$

以上三式就是惯性矩和惯性积的转轴公式。

将式(A-18a)和式(A-18b)中的 I_{y_1} 和 I_{z_1} 相加，可得

$$I_{y_1} + I_{z_1} = I_y + I_z \tag{b}$$

这说明，截面对于通过同一点的任意一对相互垂直的坐标轴的两惯性矩之和为一常数，并等于截面对该坐标原点的极惯性矩（见式(A-11)）。

A.4.2　截面的主惯性轴和主惯性矩

由式(A-18c)可见，当坐标轴旋转时，惯性积 $I_{y_1 z_1}$ 将随角 α 做周期性的变化，且有正有负。因此，必定有一个特定的角度 α_0，使截面对于新坐标轴 y_0、z_0 的惯性积等于零。截面对其惯性积等于零的一对坐标轴，称为**主惯性轴**，又称为**惯性主轴**或**主轴**。截面对于主惯性轴的惯性矩，称为**主惯性矩**。当一对主惯性轴的交点与截面的形心重合时，就称为**形心主惯性轴**。截面对于形心主惯性轴的惯性矩，称为**形心主惯性矩**。

下面首先确定主惯性轴的方位，然后导出主惯性矩的计算公式。设角 α_0 为主惯性轴与原坐标轴之间的夹角（图 A-15），将角度 α_0 代入惯性积的转轴公式(A-18c)并令其等于零，即

$$\frac{I_y - I_z}{2}\sin 2\alpha_0 + I_{yz}\cos 2\alpha_0 = 0 \tag{c}$$

于是得到

$$\tan 2\alpha_0 = \frac{-2I_{yz}}{I_y - I_z} \tag{A-19}$$

由公式(A-19)可以求出相差 90°的两个角度 α_0,从而确定了一对坐标轴 y_0 和 z_0 的方位。截面对这一对轴中的一个轴的惯性矩为最大值 I_{max},而对另一个轴的惯性矩则为最小值 I_{min}。

将所得 α_0 值代入式(A-18a)、式(A-18b),即得截面的主惯性矩。为计算方便,首先利用式(A-19)写出 $\cos 2\alpha_0$ 和 $\sin 2\alpha_0$ 为

$$\cos 2\alpha_0 = \frac{I_y - I_z}{\sqrt{(I_y - I_z)^2 + 4I_{yz}^2}}, \quad \sin 2\alpha_0 = \frac{-2I_{yz}}{\sqrt{(I_y - I_z)^2 + 4I_{yz}^2}}$$

将其代入式(A-18a)和式(A-18b),经简化可得主惯性矩的计算公式

$$I_{y_0} = \frac{I_y + I_z}{2} + \frac{1}{2}\sqrt{(I_y - I_z)^2 + 4I_{yz}^2} \tag{A-20a}$$

$$I_{z_0} = \frac{I_y + I_z}{2} - \frac{1}{2}\sqrt{(I_y - I_z)^2 + 4I_{yz}^2} \tag{A-20b}$$

由式(A-20)可以看出,I_{y_0} 对应着 I_{max},I_{z_0} 对应着 I_{min}。比较式(c)和式(A-18c),可见使导数 $\frac{dI_{y_1}}{d\alpha}=0$ 的角度 α_0 恰好使惯性积等于零。所以,当坐标轴绕点 O 旋转到某一方位时,截面对于这一对坐标轴的惯性积等于零。

在确定形心主惯性轴的位置并计算形心主惯性矩时,同样可以应用式(A-19)和式(A-20)。但式中的 I_y、I_z 和 I_{yz},应为截面对于通过其形心的某一对轴的惯性矩和惯性积。

在通过截面形心的一对坐标轴中,若有一个为对称轴(例如槽形截面),则该对称轴就是形心主惯性轴,因为截面对于包括对称轴在内的一对坐标轴的惯性积等于零。在附录 B 中所列出的惯性矩,除三角形截面的以外,都是形心主惯性矩。

思 考 题

A-1 思考题 A-1 图中,点 C 是各截面图形的形心。试问哪些截面图形对坐标轴的惯性积等于零?哪些不等于零?

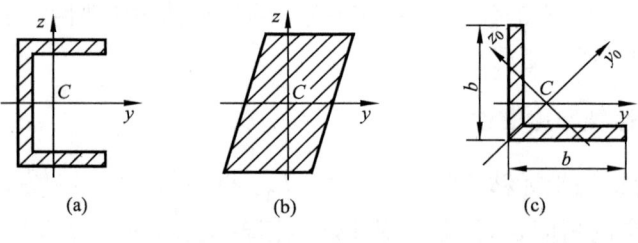

思考题 A-1 图

A-2 试问思考题 A-2 图所示截面的惯性矩 I_y,I_z 是否可按照 $I_y = \frac{bh^3}{12} - \frac{b_0 h_0^3}{12}$,$I_z = \frac{hb^3}{12} - \frac{h_0 b_0^3}{12}$ 来计算?

A-3 由两根同一型号的槽钢组成的截面如思考题 A-3 图所示。已知每根槽钢的截面面积为 A,对形心轴 z_0 的惯性矩为 I_{z_0},对 z_1 轴的惯性矩为 I_{z_1},对 z 轴的惯性矩为 I_z,并知 z_0、z_1 和 z 为相互平行的三根轴。试问下列哪些算式是正确的?

(1) $I_z = I_{z_0} + a_0^2 A$;(2) $I_z = I_{z_0} + \left(\dfrac{a}{2}\right)^2 A$;(3) $I_z = I_{z_0} + \left(a_0 + \dfrac{a}{2}\right)^2 A$;

(4) $I_{z_1} = I_{z_0} + a_0^2 A$;(5) $I_z = I_{z_1} + \left(\dfrac{a}{2}\right)^2 A$;(6) $I_z = I_{z_1} + \left(a_0 + \dfrac{a}{2}\right)^2 A$。

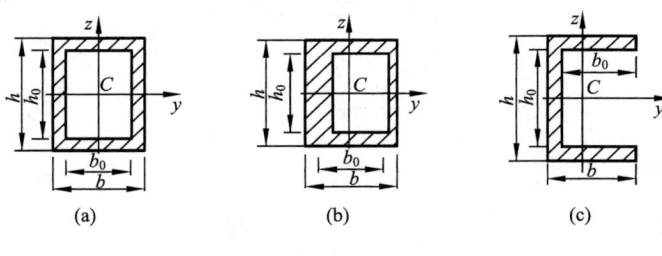

思考题 A-2 图

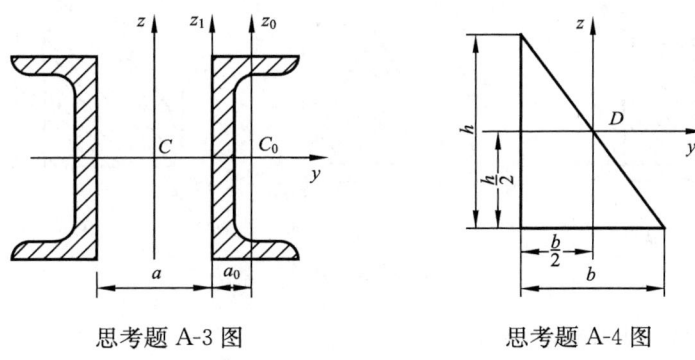

思考题 A-3 图   思考题 A-4 图

A-4　直角三角形截面如思考题 A-4 图所示,截面斜边中点 D 处的一对正交坐标轴 y、z 如图所示,试问:(1) y、z 是否为一对主惯性轴?(2)不用积分,计算其 I_y 和 I_{yz} 值。

习　题

A-1　试求题 A-1 图所示各截面的阴影线面积对于 y 轴的静矩。

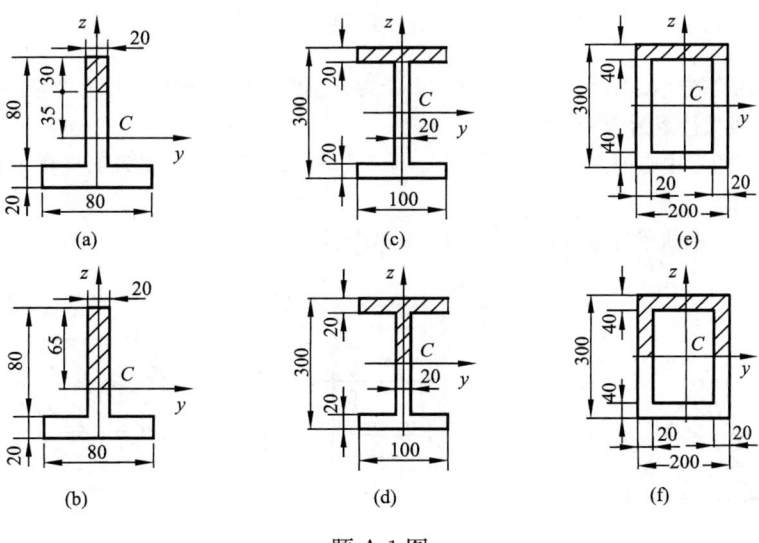

题 A-1 图

A-2　试用积分法求题 A-2 图所示截面对于 y 轴的静矩，并确定其形心的坐标。

A-3　试确定题 A-3 图所示各截面的形心位置。

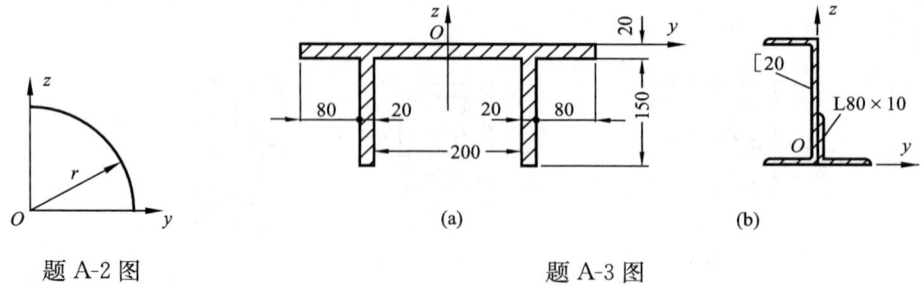

题 A-2 图　　　　　　　　题 A-3 图

A-4　试求题 A-4 图所示截面对于 y 轴和 z 轴的惯性矩 I_y、I_z 和惯性积 I_{yz}。

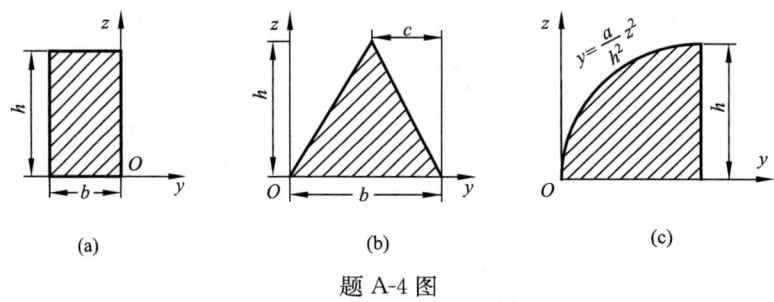

题 A-4 图

A-5　试求题 A-5 图所示截面对 y 轴的惯性矩。

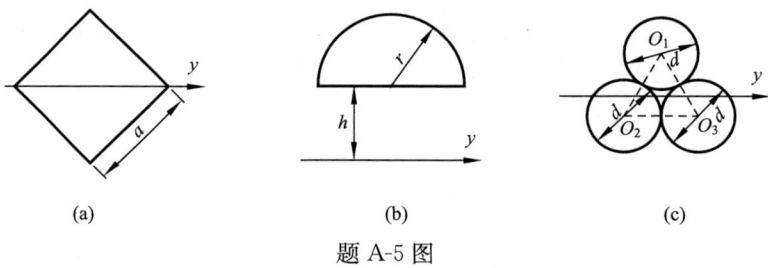

题 A-5 图

A-6　一薄壁圆筒的横截面（薄圆环），其平均半径为 R_0，厚度为 t。试证明该截面对任一直径的惯性矩为 $I = \pi R_0^3 t$，对圆心的极惯性矩为 $I_p = 2\pi R_0^3 t$。

A-7　一等边三角形中心挖去半径为 r 的圆孔，截面如题 A-7 图所示。试证明该截面通过形心 C 的任一轴均为形心主惯性轴。

A-8　试求题 A-8 图所示各截面对其对称轴 y 的惯性矩。

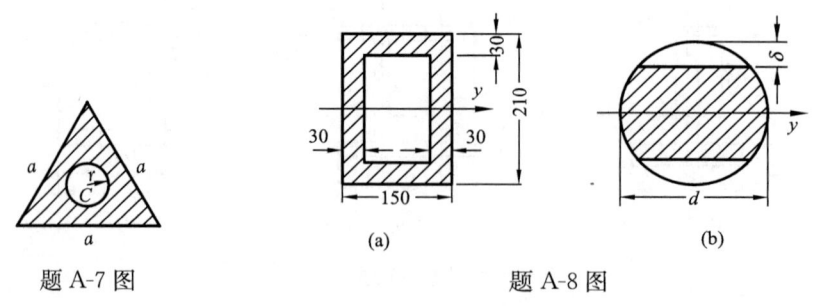

题 A-7 图　　　　　　　题 A-8 图

A-9 试求题 A-9 图所示各截面对其形心轴 y 的惯性矩。

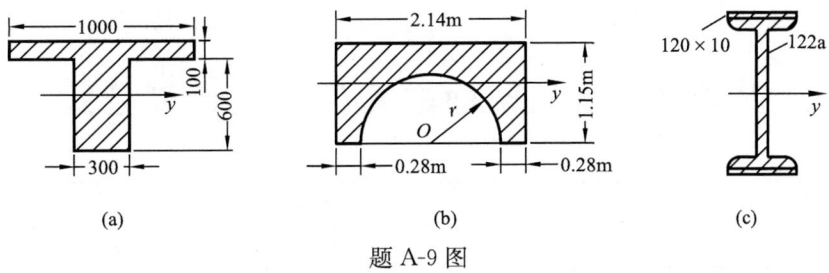

题 A-9 图

A-10 在直径 $D=8a$ 的圆截面中，开了一个 $2a\times 4a$ 的矩形孔，如题 A-10 图所示。试求截面对其水平形心轴和竖直形心轴的惯性矩 I_y、I_z。

A-11 正方形截面中开了一个直径 100mm 的半圆形孔，如题 A-11 图所示。试确定截面的形心位置，并计算对水平形心轴和竖直形心轴的惯性矩 I_y、I_z。

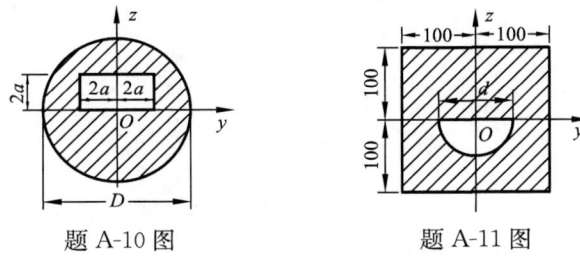

题 A-10 图　　　　　　题 A-11 图

A-12 由两个 20a 号槽钢组成的组合截面如题 A-12 图所示。如欲使此截面对两个对称轴的惯性矩 I_y 和 I_z 相等，则两个槽钢的间距 a 应为多少？

A-13 试求题 A-13 图所示正方形截面的惯性积 $I_{y_1z_1}$ 和惯性矩 I_{y_1}，I_{z_1}，并根据结果得出结论。

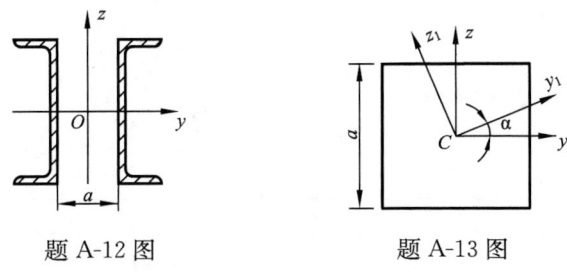

题 A-12 图　　　　　　题 A-13 图

A-14 试求题 A-14 图所示截面的形心主惯性矩，并确定形心主惯性轴的方位。

A-15 试确定题 A-15 图所示截面通过坐标原点 O 的主惯性轴的方位，并计算主惯性矩 I_{y_0} 和 I_{z_0}；然后求出该截面的形心主惯性矩和形心主惯性轴的方位。

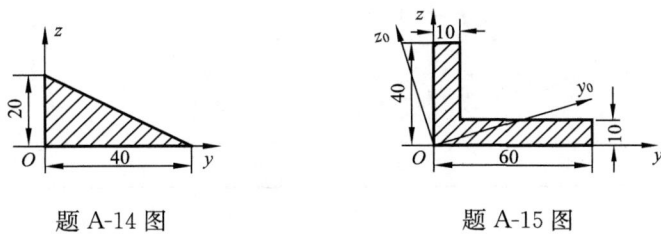

题 A-14 图　　　　　　题 A-15 图

附录 B 常用截面的几何性质计算公式

截面形状和形心轴的位置	面积	惯性矩 I_y/I_z	惯性半径 i_y/i_z
矩形	bh	$\dfrac{1}{12}bh^3$ $\dfrac{1}{12}b^3h$	$\dfrac{\sqrt{3}}{6}h$ $\dfrac{\sqrt{3}}{6}b$
直角三角形	$\dfrac{1}{2}bh$	$\dfrac{1}{36}bh^3$ $\dfrac{1}{36}b^3h$	$\dfrac{\sqrt{2}}{6}h$ $\dfrac{\sqrt{2}}{6}b$
圆形	$\dfrac{1}{4}\pi d^2$	$\dfrac{1}{64}\pi d^4$ $\dfrac{1}{64}\pi d^4$	$\dfrac{1}{4}d$ $\dfrac{1}{4}d$
圆环 $\alpha=\dfrac{d}{D}$	$\dfrac{\pi D^2}{4}(1-\alpha^2)$	$\dfrac{\pi D^4}{64}(1-\alpha^4)$ $\dfrac{\pi D^4}{64}(1-\alpha^4)$	$\dfrac{D}{4}\sqrt{1+\alpha^2}$ $\dfrac{D}{4}\sqrt{1+\alpha^2}$
薄壁圆环 $\delta \ll r_0$	$2\pi r_0 \delta$	$\pi r_0^3 \delta$ $\pi r_0^3 \delta$	$\dfrac{\sqrt{2}}{2}r_0$ $\dfrac{\sqrt{2}}{2}r_0$
椭圆	πab	$\dfrac{1}{4}\pi ab^3$ $\dfrac{1}{4}\pi a^3 b$	$\dfrac{1}{2}b$ $\dfrac{1}{2}a$

续表

截面形状和形心轴的位置	面积	惯性矩 I_y/I_z	惯性半径 i_y/i_z
	$\dfrac{\theta d^2}{4}$	$\dfrac{d^4}{64}\left(\theta+\sin\theta\cos\theta-\dfrac{16\sin^2\theta}{9\theta}\right)$ $\dfrac{d^4}{64}(\theta-\sin\theta\cos\theta)$	
	$\theta\left[\left(\dfrac{d}{2}\right)^2-\left(\dfrac{d}{2}-\delta\right)^2\right]$ $\approx\theta\delta d$	$\dfrac{\delta(d-\delta)^3}{8}\left(\theta+\sin\theta\cos\theta-\dfrac{2\sin^2\theta}{\theta}\right)$ $\dfrac{\delta(d-\delta)^3}{8}(\theta-\sin\theta\cos\theta)$ 形心 $y_1=\dfrac{d-\delta}{2}\left(\dfrac{\sin\theta}{\theta}-\cos\theta\right)+\dfrac{\delta\cos\theta}{2}$	

附录 C 型钢规格表

表 C-1 热轧等边角钢（GB 9787—1988）

符号意义：b——边宽度；
d——边厚度；
r——内圆弧半径；
r_1——边端内圆弧半径；
I——惯性矩；
i——惯性半径；
W——抗弯截面系数；
z_0——重心距离。

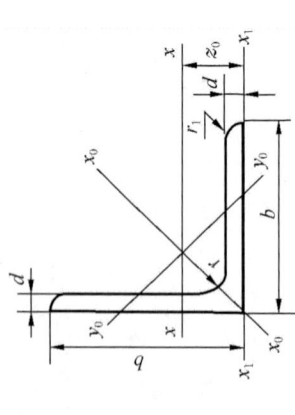

角钢号数	尺寸/mm				截面面积/cm²	理论质量/(kg/m)	外表面面积/(m²/m)	参考数值									
								$x-x$			x_0-x_0			y_0-y_0		x_1-x_1	
	b	d	r					I_x/cm^4	i_x/cm	W_x/cm^3	I_{x_0}/cm^4	i_{x_0}/cm	W_{x_0}/cm^3	I_{y_0}/cm^4	i_{y_0}/cm	W_{y_0}/cm^3	I_{x_1}/cm^4	z_0/cm
2	20	3	3.5		1.132	0.889	0.078	0.40	0.59	0.29	0.63	0.75	0.45	0.17	0.39	0.20	0.81	0.60
		4			1.459	1.145	0.077	0.50	0.58	0.36	0.78	0.73	0.55	0.22	0.38	0.24	1.09	0.64
2.5	25	3			1.432	1.124	0.098	0.82	0.76	0.46	1.29	0.95	0.73	0.34	0.49	0.33	1.57	0.73
		4			1.859	1.459	0.097	1.03	0.74	0.59	1.62	0.93	0.92	0.43	0.48	0.40	2.11	0.76

续表

角钢号数	尺寸/mm			截面面积/cm²	理论质量/(kg/m)	外表面面积/(m²/m)	参考数值										
							x-x			x_0-x_0			y_0-y_0			x_1-x_1	z_0/cm
	b	d	r				I_x/cm⁴	i_x/cm	W_x/cm³	I_{x_0}/cm⁴	i_{x_0}/cm	W_{x_0}/cm³	I_{y_0}/cm⁴	i_{y_0}/cm	W_{y_0}/cm³	I_{x_1}/cm⁴	
3	30	3	4.5	1.749	1.373	0.117	1.46	0.91	0.68	2.31	1.15	1.09	0.61	0.59	0.51	2.71	0.85
		4		2.276	1.786	0.117	1.84	0.90	0.87	2.92	1.13	1.37	0.77	0.58	0.62	3.63	0.89
3.6	36	3		2.109	1.656	0.141	2.58	1.11	0.99	4.09	1.39	1.61	1.07	0.71	0.76	4.68	1.00
		4		2.756	2.163	0.141	3.29	1.09	1.28	5.22	1.38	2.05	1.37	0.70	0.93	6.25	1.04
		5		3.382	2.654	0.141	3.95	1.08	1.56	6.24	1.36	2.45	1.65	0.70	1.09	7.84	1.07
4	40	3	5	2.359	1.852	0.157	3.59	1.23	1.23	5.69	1.55	2.01	1.49	0.79	0.96	6.41	1.09
		4		3.086	2.422	0.157	4.60	1.22	1.60	7.29	1.54	2.58	1.91	0.79	1.19	8.56	1.13
		5		3.791	2.976	0.156	5.53	1.21	1.96	8.76	1.52	3.10	2.30	0.78	1.39	10.74	1.17
4.5	45	3	5	2.659	2.088	0.177	5.17	1.40	1.58	8.20	1.76	2.58	2.14	0.90	1.24	9.12	1.22
		4		3.486	2.736	0.177	6.65	1.38	2.05	10.56	1.74	3.32	2.75	0.89	1.54	12.18	1.26
		5		4.292	3.369	0.176	8.04	1.37	2.51	12.74	1.72	4.00	3.33	0.88	1.81	15.25	1.30
		6		5.076	3.985	0.176	9.33	1.36	2.95	14.76	1.70	4.64	3.89	0.88	2.06	18.36	1.33
5	50	3	5.5	2.971	2.332	0.197	7.18	1.55	1.96	11.37	1.96	3.22	2.98	1.00	1.57	12.50	1.34
		4		3.897	3.059	0.197	9.26	1.54	2.56	14.70	1.94	4.16	3.82	0.99	1.96	16.69	1.38
		5		4.803	3.770	0.196	11.21	1.53	3.13	17.79	1.92	5.03	4.64	0.98	2.31	20.90	1.42
		6		5.688	4.465	0.196	13.05	1.52	3.68	20.68	1.91	5.85	5.42	0.98	2.63	25.14	1.46
5.6	56	3	6	3.343	2.624	0.221	10.19	1.75	2.48	16.14	2.20	4.08	4.24	1.13	2.02	17.56	1.48
		4		4.390	3.446	0.220	13.18	1.73	3.24	20.92	2.18	5.28	5.46	1.11	2.52	23.43	1.53
		5		5.415	4.251	0.220	16.02	1.72	3.97	25.42	2.17	6.42	6.61	1.10	2.98	29.33	1.57
		6		8.367	6.568	0.219	23.63	1.68	6.03	37.37	2.11	9.44	9.89	1.09	4.16	46.24	1.68

续表

角钢号数	尺寸/mm			截面面积/cm²	理论质量/(kg/m)	外表面面积/(m²/m)	参考数值										
							$x-x$			x_0-x_0			y_0-y_0			x_1-x_1	z_0/cm
	b	d	r				I_x/cm⁴	i_x/cm	W_x/cm³	I_{x_0}/cm⁴	i_{x_0}/cm	W_{x_0}/cm³	I_{y_0}/cm⁴	i_{y_0}/cm	W_{y_0}/cm³	I_{x_1}/cm⁴	
6.3	63	4	7	4.978	3.907	0.248	19.03	1.96	4.13	30.17	2.46	6.78	7.89	1.26	3.29	33.35	1.70
		5		6.143	4.822	0.248	23.17	1.94	5.08	36.77	2.45	8.25	9.57	1.25	3.90	41.73	1.74
		6		7.288	5.721	0.247	27.12	1.93	6.00	43.03	2.43	9.66	11.20	1.24	4.46	50.14	1.78
		8		9.515	7.469	0.247	34.46	1.90	7.75	54.56	2.40	12.25	14.33	1.23	5.47	67.11	1.85
		10		11.657	9.151	0.246	41.09	1.88	9.39	64.85	2.36	14.56	17.33	1.22	6.36	84.31	1.93
7	70	4	8	5.570	4.372	0.275	26.39	2.18	5.14	41.80	2.74	8.44	10.99	1.40	4.17	45.74	1.86
		5		6.875	5.397	0.275	32.21	2.16	6.32	51.08	2.73	10.32	13.34	1.39	4.95	57.21	1.91
		6		8.160	6.406	0.275	37.77	2.15	7.48	59.93	2.71	12.11	15.61	1.38	5.67	68.73	1.95
		7		9.424	7.398	0.275	43.09	2.14	8.59	68.35	2.69	13.81	17.82	1.38	6.34	80.29	1.99
		8		10.667	8.373	0.274	48.17	2.12	9.68	76.37	2.68	15.43	19.98	1.37	6.98	91.92	2.03
7.5	75	5	9	7.367	5.818	0.295	37.97	2.33	7.32	63.30	2.92	11.94	16.63	1.50	5.77	70.56	2.04
		6		8.797	6.905	0.294	46.95	2.31	8.64	74.38	2.90	14.02	19.51	1.49	6.67	84.55	2.07
		7		10.160	7.976	0.294	53.57	2.30	9.93	84.96	2.89	16.02	22.18	1.48	7.44	98.71	2.11
		8		11.503	9.030	0.294	59.96	2.28	11.20	95.07	2.88	17.93	24.86	1.47	8.19	112.97	2.15
		10		14.126	11.089	0.293	71.98	2.26	13.64	113.92	2.84	21.48	30.05	1.46	9.56	141.71	2.22
8	80	5	9	7.912	6.211	0.315	48.79	2.48	8.34	77.33	3.13	13.67	20.25	1.60	6.66	85.36	2.15
		6		9.397	7.376	0.314	57.35	2.47	9.87	90.98	3.11	16.08	23.72	1.59	7.65	102.50	2.19
		7		10.860	8.525	0.314	65.58	2.46	11.37	104.07	3.10	18.40	27.09	1.58	8.58	119.70	2.23
		8		12.303	9.658	0.314	73.49	2.44	12.83	116.60	3.08	20.61	30.39	1.57	9.46	136.97	2.27
		10		15.126	11.874	0.313	88.43	2.42	15.64	140.09	3.04	24.76	36.77	1.56	11.08	171.74	2.35

续表

角钢号数	尺寸/mm				截面面积/cm²	理论质量/(kg/m)	外表面面积/(m²/m)	参考数值									
	b	d		r				$x-x$			x_0-x_0			y_0-y_0		x_1-x_1	z_0/cm
								I_x/cm⁴	i_x/cm	W_x/cm³	I_{x_0}/cm⁴	i_{x_0}/cm	W_{x_0}/cm³	I_{y_0}/cm⁴	i_{y_0}/cm	W_{y_0}/cm³	I_{x_1}/cm⁴	
9	90	6		10	10.637	8.350	0.354	82.77	2.79	12.61	131.36	3.51	20.63	34.28	1.80	9.95	145.87	2.44
		7			12.301	9.656	0.354	94.83	2.78	14.54	150.47	3.50	23.64	39.18	1.78	11.19	170.30	2.48
		8			13.944	10.946	0.353	106.47	2.76	16.42	168.97	3.48	26.55	43.97	1.78	12.35	194.80	2.52
		10			17.167	13.476	0.353	128.58	2.74	20.07	203.90	3.45	32.04	53.26	1.76	14.52	244.07	2.59
		12			20.306	15.940	0.352	149.22	2.71	23.57	236.21	3.41	37.12	62.22	1.75	16.49	293.76	2.67
10	100	6		12	11.932	9.366	0.393	114.95	3.10	15.68	181.98	3.90	25.74	47.92	2.00	12.69	200.07	2.67
		7			13.796	10.830	0.393	131.86	3.09	18.10	208.97	3.89	29.55	54.74	1.99	14.26	233.54	2.71
		8			15.638	12.276	0.393	148.24	3.08	20.47	235.07	3.88	33.24	61.41	1.98	15.75	267.09	2.76
		10			19.261	15.120	0.392	179.51	3.05	25.06	284.68	3.84	40.26	74.35	1.96	18.54	334.48	2.84
		12			22.800	17.898	0.391	208.90	3.03	29.48	330.95	3.81	46.80	86.84	1.95	21.08	402.34	2.91
		14			26.256	20.611	0.391	236.53	3.00	33.73	374.06	3.77	52.90	99.00	1.94	23.44	470.75	2.99
		16			29.267	23.257	0.390	262.53	2.98	37.82	414.16	3.74	58.57	110.89	1.94	25.63	539.80	3.06
11	110	7		12	15.169	11.928	0.433	177.16	3.41	22.05	280.94	4.30	36.12	73.38	2.20	17.51	310.64	2.96
		8			17.238	13.532	0.433	199.46	3.40	24.95	316.49	4.28	40.69	82.42	2.19	19.39	355.20	3.01
		10			21.261	16.690	0.432	242.19	3.38	30.60	384.39	4.25	49.42	99.98	2.17	22.91	444.65	3.09
		12			25.200	19.782	0.431	282.55	3.35	36.05	448.17	4.22	57.62	116.93	2.15	26.15	534.60	3.16
		14			29.056	22.809	0.431	320.71	3.32	41.31	508.01	4.18	65.31	133.40	2.14	29.14	625.16	3.24

续表

角钢号数	尺寸/mm b	d	r	截面面积/cm²	理论质量/(kg/m)	外表面面积/(m²/m)	参考数值 $x-x$ I_x/cm⁴	i_x/cm	W_x/cm³	x_0-x_0 I_{x_0}/cm⁴	i_{x_0}/cm	W_{x_0}/cm³	y_0-y_0 I_{y_0}/cm⁴	i_{y_0}/cm	W_{y_0}/cm³	x_1-x_1 I_{x_1}/cm⁴	z_0/cm
12.5	125	8	14	19.750	15.504	0.492	297.03	3.88	32.52	470.89	4.88	53.28	123.16	2.50	25.86	521.01	3.37
		10		24.373	19.133	0.491	361.67	3.85	39.97	573.89	4.85	64.93	149.46	2.48	30.62	651.93	3.45
		12		28.912	22.696	0.491	423.16	3.83	41.17	671.44	4.82	75.96	174.88	2.46	35.03	783.42	3.53
		14		33.367	26.193	0.490	481.65	3.80	54.16	763.73	4.78	86.41	199.57	2.45	39.13	915.61	3.61
14	140	10	14	27.373	21.488	0.551	514.65	4.34	50.58	817.27	5.46	82.56	212.04	2.78	39.20	915.11	3.82
		12		32.512	25.522	0.551	603.68	4.31	59.80	958.79	5.43	96.85	248.57	2.76	45.02	1099.28	3.90
		14		37.567	29.490	0.550	688.81	4.28	68.75	1093.56	5.40	110.47	284.06	2.75	50.45	1284.22	3.98
		16		42.539	33.393	0.549	770.24	4.26	77.46	1221.81	5.36	123.42	318.67	2.74	55.55	1470.07	4.06
16	160	10	16	31.502	24.729	0.630	779.53	4.98	66.70	1237.30	6.27	109.36	321.76	3.20	52.76	1365.33	4.31
		12		37.441	29.391	0.630	916.58	4.95	78.98	1455.68	6.24	128.67	377.49	3.18	60.74	1639.57	4.39
		14		43.296	33.987	0.629	1048.36	4.92	90.95	1665.02	6.20	147.17	431.70	3.16	68.24	1914.68	4.47
		16		49.067	38.518	0.629	1175.08	4.89	102.63	1865.57	6.17	164.89	484.59	3.14	75.31	2190.82	4.55
18	180	12	16	42.241	33.159	0.710	1321.35	5.59	100.82	2100.10	7.05	165.00	542.61	3.58	78.41	2332.82	4.89
		14		48.896	38.388	0.709	1514.48	5.56	116.25	2407.42	7.02	189.14	621.53	3.56	88.38	2723.48	4.97
		16		55.467	43.542	0.709	1700.99	5.54	131.13	2703.37	6.98	212.40	698.60	3.55	97.83	3115.29	5.05
		18		61.955	48.634	0.708	1875.12	5.50	145.64	2988.24	6.94	234.78	762.01	3.51	105.14	3502.43	5.13
20	200	14	18	54.642	42.894	0.788	2103.55	6.20	144.70	3343.26	7.82	236.40	863.83	3.98	111.82	3734.10	5.46
		16		62.013	48.680	0.788	2366.15	6.18	163.65	3760.89	7.79	265.93	971.41	3.96	123.96	4270.39	5.54
		18		69.301	54.401	0.787	2620.64	6.15	182.22	4164.54	7.75	294.48	1076.74	3.94	135.52	4808.13	5.62
		20		76.505	60.056	0.787	2867.30	6.12	200.42	4554.55	7.72	322.06	1180.04	3.93	146.55	5347.51	5.69
		24		90.661	71.168	0.785	3338.25	6.07	236.17	5294.97	7.64	374.41	1381.53	3.90	166.55	6457.16	5.87

注：截面图中的 $r_1 = d/3$ 及表中 r 值，用于孔型设计，不作为交货条件。

表 C-2 热轧不等边角钢(GB 9788—1988)

符号意义：B —— 长边宽度；
b —— 短边宽度；
d —— 边厚；
r —— 内圆弧半径；
r_1 —— 边端内弧半径；
x_0 —— 形心坐标；
y_0 —— 形心坐标；
I —— 惯性矩；
i —— 惯性半径；
W —— 抗弯截面系数。

角钢号数	尺寸/mm				截面面积/cm^2	理论质量/(kg/m)	外表面积/(m^2/m)	参考数值														
								x-x			y-y			x_1-x_1		y_1-y_1		u-u				$\tan\alpha$
	B	b	d	r				I_x/cm^4	i_x/cm	W_x/cm^3	I_y/cm^4	i_y/cm	W_y/cm^3	I_{x_1}/cm^4	y_0/cm	I_{y_1}/cm^4	x_0/cm	I_u/cm^4	i_u/cm	W_u/cm^3		
2.5/1.6	25	16	3	3.5	1.162	0.912	0.080	0.70	0.78	0.43	0.22	0.44	0.19	1.56	0.86	0.43	0.42	0.14	0.34	0.16	0.392
			4		1.499	1.176	0.079	0.88	0.77	0.55	0.27	0.43	0.24	2.09	0.90	0.59	0.46	0.17	0.34	0.20	0.381
3.2/2	32	20	3		1.492	1.171	0.102	1.53	1.01	0.72	0.46	0.55	0.30	3.27	1.08	0.82	0.49	0.28	0.43	0.25	0.382
			4		1.939	1.522	0.101	1.93	1.00	0.93	0.57	0.54	0.39	4.37	1.12	1.12	0.53	0.35	0.42	0.32	0.374
4/2.5	40	25	3	4	1.890	1.484	0.127	3.08	1.28	1.15	0.93	0.70	0.49	6.39	1.32	1.59	0.59	0.56	0.54	0.40	0.385
			4		2.467	1.936	0.127	3.93	1.26	1.49	1.18	0.69	0.63	8.53	1.37	2.14	0.63	0.71	0.54	0.52	0.381
4.5/2.8	45	28	3	5	2.149	1.687	0.143	4.45	1.44	1.47	1.34	0.79	0.62	9.10	1.47	2.23	0.64	0.80	0.61	0.51	0.383
			4		2.806	2.203	0.143	5.69	1.42	1.91	1.70	0.78	0.80	12.13	1.51	3.00	0.68	1.02	0.60	0.66	0.380

续表

角钢号数	尺寸/mm				截面面积/cm^2	理论质量/(kg/m)	外表面积/(m^2/m)	参考数值													
								x-x			y-y			x_1-x_1		y_1-y_1		u-u			
	B	b	d	r				I_x/cm^4	i_x/cm	W_x/cm^3	I_y/cm^4	i_y/cm	W_y/cm^3	I_{x_1}/cm^4	y_0/cm	I_{y_1}/cm^4	x_0/cm	I_u/cm^4	i_u/cm	W_u/cm^3	$\tan\alpha$
5/3.2	50	32	3	5.5	2.431	1.908	0.161	6.24	1.60	1.84	2.02	0.91	0.82	12.49	1.60	3.31	0.73	1.20	0.70	0.68	0.404
	50	32	4	5.5	3.177	2.494	0.160	8.02	1.59	2.39	2.58	0.90	1.06	16.65	1.65	4.45	0.77	1.53	0.69	0.87	0.402
5.6/3.6	56	36	3	6	2.743	2.153	0.181	8.88	1.80	2.32	2.92	1.03	1.05	17.54	1.78	4.70	0.80	1.73	0.79	0.87	0.408
	56	36	4	6	3.590	2.818	0.180	11.25	1.79	3.03	3.76	1.02	1.37	23.39	1.82	6.33	0.85	2.23	0.79	1.13	0.408
	56	36	5	6	4.415	3.466	0.180	13.86	1.77	3.71	4.49	1.01	1.65	29.25	1.87	7.94	0.88	2.67	0.78	1.36	0.404
6.3/4	63	40	4	7	4.058	3.185	0.202	16.49	2.02	3.87	5.23	1.14	1.70	33.30	2.04	8.63	0.92	3.12	0.88	1.40	0.398
	63	40	5	7	4.993	3.920	0.202	20.02	2.00	4.74	6.31	1.12	2.71	41.63	2.08	10.86	0.95	3.76	0.87	1.71	0.396
	63	40	6	7	5.908	4.638	0.201	23.36	1.96	5.59	7.29	1.11	2.43	49.98	2.12	13.12	0.99	4.34	0.86	1.99	0.393
	63	40	7	7	6.802	5.339	0.201	26.53	1.98	6.40	8.24	1.10	2.78	58.07	2.15	15.47	1.03	4.97	0.86	2.29	0.389
7/4.5	70	45	4	7.5	4.547	3.570	0.226	23.17	2.26	4.86	7.55	1.29	2.17	45.92	2.24	12.26	1.02	4.40	0.98	1.77	0.410
	70	45	5	7.5	5.609	4.403	0.225	27.95	2.23	5.92	9.13	1.28	2.65	57.10	2.28	15.39	1.06	5.40	0.98	2.19	0.407
	70	45	6	7.5	6.647	5.218	0.225	32.54	2.21	6.95	10.62	1.26	3.12	68.35	2.32	18.58	1.09	6.35	0.98	2.59	0.404
	70	45	7	7.5	7.657	6.011	0.225	37.22	2.20	8.03	12.01	1.25	3.57	79.99	2.36	21.84	1.13	7.16	0.97	2.94	0.402
(7.5/5)	75	50	5	8	6.125	4.808	0.245	34.86	2.39	6.83	12.61	1.44	3.30	70.00	2.40	21.04	1.17	7.41	1.10	2.74	0.435
	75	50	6	8	7.260	5.699	0.245	41.12	2.38	8.12	14.70	1.42	3.88	84.30	2.44	25.37	1.21	8.54	1.08	3.19	0.435
	75	50	8	8	9.467	7.431	0.244	52.39	2.35	10.52	18.53	1.40	4.99	112.50	2.52	34.23	1.29	10.87	1.07	4.10	0.429
	75	50	10	8	11.590	9.098	0.244	62.71	2.33	12.79	21.96	1.38	6.04	140.80	2.60	43.43	1.36	13.10	1.06	4.99	0.423

续表

角钢号数	尺寸/mm				截面面积/cm²	理论质量/(kg/m)	外表面面积/(m²/m)	参考数值												
								$x-x$			$y-y$			x_1-x_1		y_1-y_1		$u-u$		
	B	b	d	r				I_x/cm⁴	i_x/cm	W_x/cm³	I_y/cm⁴	i_y/cm	W_y/cm³	I_{x_1}/cm⁴	y_0/cm	I_{y_1}/cm⁴	x_0/cm	I_u/cm⁴	i_u/cm	W_u/cm³	$\tan\alpha$
8/5	80	50	5	8	6.375	5.005	0.255	41.96	2.56	7.78	12.82	1.42	3.32	85.21	2.60	21.06	1.14	7.66	1.10	2.74	0.388
			6		7.560	5.935	0.255	49.49	2.56	9.25	14.95	1.41	3.91	102.53	2.65	25.41	1.18	8.85	1.08	3.20	0.387
			7		8.724	6.848	0.255	56.16	2.54	10.58	16.96	1.39	4.48	119.33	2.69	29.82	1.21	10.18	1.08	3.70	0.384
			8		9.867	7.745	0.254	62.83	2.52	11.92	18.85	1.38	5.03	136.41	2.73	34.32	1.25	11.38	1.07	4.16	0.381
9/5.6	90	56	5	9	7.212	5.661	0.287	60.45	2.90	9.92	18.32	1.59	4.21	121.32	2.91	29.53	1.25	10.98	1.23	3.49	0.385
			6		8.557	6.717	0.286	71.03	2.88	11.74	21.42	1.58	4.96	145.59	2.95	35.58	1.29	12.90	1.23	4.18	0.384
			7		9.880	7.756	0.286	81.01	2.86	13.49	24.36	1.57	5.70	169.66	3.00	41.71	1.33	14.67	1.22	4.72	0.382
			8		11.183	8.779	0.286	91.03	2.85	15.27	27.15	1.56	6.41	194.17	3.04	47.93	1.36	16.34	1.21	5.29	0.380
10/6.3	100	63	6	10	9.617	7.550	0.320	99.06	3.21	14.64	30.94	1.79	6.35	199.71	3.24	50.50	1.43	18.42	1.38	5.25	0.394
			7		11.111	8.722	0.320	113.45	3.20	16.88	35.26	1.78	7.29	233.00	3.28	59.14	1.47	21.00	1.38	6.02	0.393
			8		12.584	9.878	0.319	127.37	3.18	19.08	39.39	1.77	8.21	266.32	3.32	67.88	1.50	23.50	1.37	6.78	0.391
			10		15.467	12.142	0.319	153.81	3.15	23.32	47.12	1.74	9.98	333.06	3.40	85.73	1.58	28.33	1.35	8.24	0.387
10/8	100	80	6	10	10.637	8.350	0.354	107.04	3.17	15.19	61.24	2.40	10.16	199.83	2.95	102.68	1.97	31.65	1.72	8.37	0.627
			7		12.301	9.656	0.354	122.73	3.16	17.52	70.08	2.39	11.71	233.20	3.00	119.98	2.01	36.17	1.72	9.60	0.626
			8		13.944	10.946	0.353	137.92	3.14	19.81	75.58	2.37	13.21	266.61	3.04	137.37	2.05	40.58	1.71	10.80	0.625
			10		17.167	13.476	0.353	166.87	3.12	24.24	94.65	2.35	16.12	333.63	3.12	172.48	2.13	49.10	1.69	13.12	0.622
11/7	110	70	6	10	10.637	8.350	0.354	133.37	3.54	17.85	42.92	2.01	7.90	265.78	3.53	69.08	1.57	25.36	1.54	6.53	0.403
			7		12.301	9.656	0.354	153.00	5.53	20.60	49.01	2.00	9.09	310.07	3.57	80.82	1.61	28.95	1.53	7.50	0.402
			8		13.944	10.946	0.353	172.04	3.51	23.30	54.87	1.98	10.25	354.39	3.62	92.70	1.65	32.45	1.53	8.45	0.401
			10		17.167	13.476	0.353	208.39	3.48	28.54	65.88	1.96	12.48	443.13	3.70	116.83	1.72	39.20	1.51	10.29	0.397

续表

角钢号数	尺寸/mm				截面面积/cm²	理论质量/(kg/m)	外表面面积/(m²/m)	参考数值													
								x-x			y-y			x_1-x_1		y_1-y_1		u-u			
	B	b	d	r				I_x/cm⁴	i_x/cm	W_x/cm³	I_y/cm⁴	i_y/cm	W_y/cm³	I_{x_1}/cm⁴	y_0/cm	I_{y_1}/cm⁴	x_0/cm	I_u/cm⁴	i_u/cm	W_u/cm³	$\tan\alpha$
12.5/8	125	80	7	11	14.096	11.066	0.403	227.98	4.02	26.86	74.42	2.30	12.01	454.99	4.01	120.32	1.80	43.81	1.76	9.92	0.408
			8		15.989	12.551	0.403	256.77	4.01	30.41	83.49	2.28	13.56	519.99	4.06	137.85	1.84	49.15	1.75	11.18	0.407
			10		19.712	15.474	0.402	312.04	3.98	37.33	100.67	2.26	16.56	650.09	4.14	173.40	1.92	59.45	1.74	13.64	0.404
			12		23.351	18.330	0.402	364.41	3.95	44.01	116.67	2.24	19.43	780.39	4.22	209.67	2.00	69.35	1.72	16.01	0.400
14/8	140	90	8	12	18.038	14.160	0.453	365.64	4.50	38.48	120.69	2.59	17.34	730.53	4.50	195.79	2.04	70.83	1.98	14.31	0.411
			10		22.261	17.475	0.452	445.50	4.47	47.31	146.03	2.56	21.22	913.20	4.58	245.92	2.21	85.82	1.96	17.48	0.409
			12		26.400	20.724	0.451	521.59	4.44	55.87	169.79	2.54	24.95	1096.09	4.66	296.89	2.19	100.21	1.95	20.54	0.406
			14		30.456	23.908	0.451	594.10	4.42	64.18	192.10	2.51	28.54	1279.26	4.74	348.82	2.27	114.13	1.94	23.52	0.403
16/10	160	100	10	13	25.315	19.872	0.512	668.69	5.14	62.13	205.03	2.85	26.56	1362.89	5.24	336.59	2.28	121.74	2.19	21.92	0.390
			12		30.054	23.592	0.511	784.91	5.11	73.49	239.06	2.82	31.28	1635.56	5.32	405.94	2.36	142.33	2.17	25.79	0.388
			14		34.709	27.247	0.510	896.30	5.08	84.56	271.20	2.80	35.83	1908.50	5.40	476.42	2.43	162.23	2.16	29.56	0.385
			16		39.281	30.835	0.510	1003.04	5.05	95.33	301.60	2.77	40.24	2181.79	5.48	548.22	2.51	182.57	2.16	33.44	0.382
18/11	180	110	10	14	28.373	22.273	0.571	956.25	5.80	78.96	278.11	3.13	32.49	1940.40	5.89	447.22	2.44	166.50	2.42	26.88	0.376
			12		33.712	26.464	0.571	1124.72	5.78	93.53	325.03	3.10	38.32	2328.38	5.98	538.94	2.52	194.87	2.40	31.66	0.374
			14		38.967	30.589	0.570	1286.91	5.75	107.76	369.55	3.08	43.97	2716.60	6.06	631.95	2.59	222.30	2.39	36.32	0.372
			16		44.139	34.649	0.569	1443.06	5.72	121.64	411.85	3.06	49.44	3105.15	6.14	726.46	2.67	248.94	2.38	40.87	0.369
20/12.5	200	125	12	14	37.912	29.761	0.641	1570.90	6.44	116.73	483.16	3.57	49.99	3193.85	6.54	787.74	2.83	285.79	2.74	41.23	0.392
			14		43.867	34.436	0.640	1800.97	6.41	134.65	550.83	3.54	57.44	3726.17	6.62	922.47	2.91	326.58	2.73	47.34	0.390
			16		49.739	39.045	0.639	2023.35	6.38	152.18	615.44	3.52	64.69	4258.86	6.70	1058.86	2.99	366.21	2.71	53.32	0.388
			18		55.526	43.588	0.639	2238.30	6.35	169.33	677.19	3.49	71.74	4972.00	6.78	1197.13	3.06	404.83	2.70	59.18	0.385

注：1. 括号内型号不推荐使用。
2. 截面图中的 $r_1 = d/3$ 及表中 r 值，用于孔型设计，不作为交货条件。

表 C-3　热轧工字钢(GB 706—1988)

符号意义：
h —— 高度；
b —— 腿宽度；
d —— 腰厚度；
t —— 平均腿厚度；
r —— 内圆弧半径；
r_1 —— 腿端圆弧半径；
I —— 惯性矩；
W —— 抗弯截面系数；
i —— 惯性半径；
S —— 半截面的静力矩。

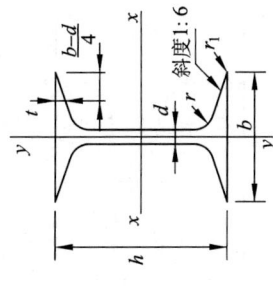

工字钢型号	尺寸/mm						截面面积/cm²	理论质量/(kg/m)	参考数值						
									x-x				y-y		
	h	b	d	t	r	r_1			I_x /cm⁴	W_x /cm³	i_x /cm	I_x/S_x /cm	I_y /cm⁴	W_y /cm³	i_y /cm
10	100	68	4.5	7.6	6.5	3.3	14.3	11.2	245	49	4.14	8.59	33	9.72	1.52
12.6	126	74	5	8.4	7	3.5	18.1	14.2	488.43	77.529	5.195	10.85	46.906	12.677	1.609
14	140	80	5.5	9.1	7.5	3.8	21.5	16.9	712	102	5.76	12	64.4	16.1	1.73
16	160	88	6	9.9	8	4	26.1	20.5	1130	141	6.58	13.8	93.1	21.2	1.89
18	180	94	6.5	10.7	8.5	4.3	30.6	24.1	1660	185	7.36	15.4	122	26	2
20a	200	100	7	11.4	9	4.5	35.5	27.9	2370	237	8.15	17.2	158	31.5	2.12
20b	200	102	9	11.4	9	4.5	39.5	31.1	2500	250	7.96	16.9	169	33.1	2.06
22a	220	110	7.5	12.3	9.5	4.8	42	33	3400	309	8.99	18.9	225	40.9	2.31
22b	220	112	9.5	12.3	9.5	4.8	46.4	36.4	3570	325	8.78	18.7	239	42.7	2.27
25a	250	116	8	13	10	5	48.5	38.1	5023.54	401.88	10.18	21.58	280.046	48.283	2.403
25b	250	118	10	13	10	5	53.5	42	5283.96	422.72	9.938	21.27	309.297	52.423	2.404

续表

工字钢型号	尺寸/mm						截面面积/cm²	理论质量/(kg/m)	参考数值						
	h	b	d	t	r	r₁			x-x				y-y		
									I_x/cm⁴	W_x/cm³	i_x/cm	I_x/S_x/cm	I_y/cm⁴	W_y/cm³	i_y/cm
28a	280	122	8.5	13.7	10.5	5.3	55.45	43.4	7114.14	508.15	11.32	24.62	345.051	56.565	2.495
28b	280	124	10.5	13.7	10.5	5.3	61.05	47.9	7480	534.29	11.08	24.24	379.496	61.209	2.493
32a	320	130	9.5	15	11.5	5.8	67.05	52.7	11075.5	692.2	12.84	27.46	459.93	70.758	2.619
32b	320	132	11.5	15	11.5	5.8	73.45	57.7	11621.4	726.33	12.58	27.09	501.53	75.989	2.614
32c	320	134	13.5	15	11.5	5.8	79.95	62.8	12167.5	760.47	12.34	26.77	543.81	81.166	2.608
36a	360	136	10	15.8	12	6	76.3	59.9	15760	875	14.4	30.7	552	81.2	2.69
36b	360	138	12	15.8	12	6	83.5	65.6	16530	919	14.1	30.3	582	84.3	2.64
36c	360	140	14	15.8	12	6	90.7	71.2	17310	962	13.8	29.9	612	87.4	2.6
40a	400	142	10.5	16.5	12.5	6.3	86.1	67.6	21720	1090	15.9	34.1	660	93.2	2.77
40b	400	144	12.5	16.5	12.5	6.3	94.1	73.8	22780	1140	15.6	33.6	692	96.2	2.71
40c	400	146	14.5	16.5	12.5	6.3	102	80.1	23850	1190	15.2	33.2	727	99.6	2.65
45a	450	150	11.5	18	13.5	6.8	102	80.4	32240	1430	17.7	38.6	855	114	2.89
45b	450	152	13.5	18	13.5	6.8	111	87.4	33760	1500	17.4	38	894	118	2.84
45c	450	154	15.5	18	13.5	6.8	120	94.5	35280	1570	17.1	37.6	938	122	2.79
50a	500	158	12	20	14	7	119	93.6	46470	1860	19.7	42.8	1120	142	3.07
50b	500	160	14	20	14	7	129	101	48560	1940	19.4	42.4	1170	146	3.01
50c	500	162	16	20	14	7	139	109	50640	2080	19	41.8	1220	151	2.96
56a	560	166	12.5	21	14.5	7.3	135.25	106.2	65585.6	2342.31	22.02	47.73	1370.16	165.08	3.182
56b	560	168	14.5	21	14.5	7.3	146.45	115	68512.5	2446.69	21.63	47.17	1486.75	174.25	3.162
63a	630	176	13	22	15	7.5	154.9	121.6	93916.2	2981.47	24.62	54.17	1700.55	193.24	3.314
63b	630	178	15	22	15	7.5	167.5	131.5	98083.6	3163.38	24.2	53.51	1812.07	203.6	3.289
63c	630	180	17	22	15	7.5	180.1	141	102251.1	3298.42	23.82	52.92	1924.91	213.88	3.268
56c	560	170	16.5	21	14.5	7.3	157.85	123.9	71439.4	2551.41	21.27	46.66	1558.39	183.34	3.158

注：截面图和表中标注的圆弧半径 r、r₁ 值，用于孔型设计，不作为交货条件。

表 C-4　热轧槽钢（GB 707—1988）

符号意义：h——高度；
b——腿宽度；
d——腰厚度；
t——平均腿厚度；
r——内圆弧半径；
r_1——腿端圆弧半径；
I——惯性矩；
W——抗弯截面系数；
i——惯性半径；
z_0——y-y 轴与 y_1-y_1 轴间距。

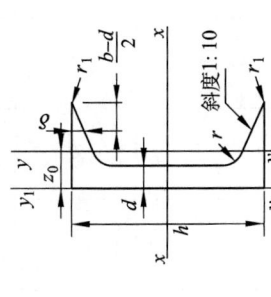

槽钢型号	尺寸/mm						截面面积/cm²	理论质量/(kg/m)	参考数值							
									x-x			y-y			y_1-y_1	
	h	b	d	t	r	r_1			W_x/cm³	I_x/cm⁴	i_x/cm	W_y/cm³	I_y/cm⁴	i_y/cm	I_{y1}/cm⁴	z_0/cm
5	50	37	4.5	7	7	3.5	6.93	5.44	10.4	26	1.94	3.55	8.3	1.1	20.9	1.35
6.3	63	40	4.8	7.5	7.5	3.75	8.444	6.63	16.123	50.786	2.453	4.50	11.872	1.851	28.38	1.36
8	80	43	5	8	8	4	10.24	8.04	25.3	101.3	3.15	5.79	16.6	1.27	37.4	1.43
10	100	48	5.3	8.5	8.5	4.25	12.74	10	39.7	198.3	3.95	7.8	25.6	1.41	54.9	1.52
12.6	126	53	5.5	9	9	4.5	15.69	12.37	62.137	391.466	4.953	10.242	37.99	1.567	77.091	1.59
14a	140	58	6	9.5	9.5	4.75	18.51	14.53	80.5	563.7	5.52	13.01	53.2	1.7	107.1	1.71
14b	140	60	8	9.5	9.5	4.75	21.31	16.73	87.1	609.4	5.35	14.12	61.1	1.69	120.6	1.67
16a	160	63	6.5	10	10	5	21.95	17.23	108.3	866.2	934.5	6.28	16.3	73.3	1.83	144.1
16	160	65	8.5	10	10	5	25.15	19.74	116.8		6.1	17.55	83.4	1.82	160.8	1.75

续表

槽钢型号	尺寸/mm							截面面积/cm^2	理论质量/(kg/m)	参考数值								z_0/cm
	h	b	d	t	r	r_1				x-x			y-y			y_1-y_1		
										W_x/cm^3	I_x/cm^4	i_x/cm	W_y/cm^3	I_y/cm^4	i_y/cm	I_{y1}/cm^4		
18a	180	68	7	10.5	10.5	5.25	25.69	20.17	141.4	1272.7	7.04	20.03	98.6	1.96	189.7	1.88
18	180	70	9	10.5	10.5	5.25	29.29	22.99	152.2	1369.9	6.84	21.52	111	1.95	210.1	1.84
20a	200	73	7	11	11	5.5	28.83	22.63	178	1780.4	7.86	24.2	128	2.11	244	2.01
20	200	75	9	11	11	5.5	32.83	25.77	191.4	1913.7	7.64	25.88	143.6	2.09	268.4	1.95
22a	220	77	7	11.5	11.5	5.75	31.84	24.99	217.6	2393.9	8.67	28.17	157.8	2.23	298.2	2.1
22	220	79	9	11.5	11.5	5.75	36.24	28.45	233.8	2571.4	8.42	30.05	176.4	2.21	326.3	2.03
25a	250	78	7	12	12	6	34.91	27.47	269.597	3369.62	9.823	30.607	175.529	2.243	322.256	2.065
25b	250	80	9	12	12	6	39.91	31.39	282.402	3530.04	9.405	32.657	196.421	2.218	353.187	1.982
25c	250	82	11	12	12	6	44.91	35.32	295.236	3690.45	9.065	35.926	218.415	2.206	384.133	1.921
28a	280	82	7.5	12.5	12.5	6.25	40.02	31.42	340.328	4764.59	10.91	35.718	217.989	2.333	387.566	2.097
28b	280	84	9.5	12.5	12.5	6.25	45.62	35.81	366.46	5130.45	10.6	37.929	242.144	2.304	427.589	2.016
28c	280	86	11.5	12.5	12.5	6.25	51.22	40.21	392.594	5496.32	10.35	40.301	267.602	2.286	426.597	1.951
32a	320	88	8	14	14	7	48.7	38.22	474.879	7598.06	12.49	46.473	304.787	2.502	552.31	2.242
32b	320	90	10	14	14	7	55.1	43.25	509.012	8144.2	12.15	49.157	336.332	2.471	592.933	2.158
32c	320	92	12	14	14	7	61.5	48.28	543.145	8690.33	11.88	52.642	374.175	2.467	643.299	2.092
36a	360	96	9	16	16	8	60.89	47.8	659.7	11874.2	13.97	63.54	455	2.73	818.4	2.44
36b	360	98	11	16	16	8	68.09	53.45	702.9	12651.8	13.63	66.85	496.7	2.7	880.4	2.37
36c	360	100	13	16	16	8	75.29	50.1	746.1	13429.4	13.36	70.02	536.4	2.67	947.9	2.34
40a	400	100	10.5	18	18	9	75.05	58.91	878.9	17577.9	15.30	78.83	592	2.81	1067.7	2.49
40b	400	102	12.5	18	18	9	83.05	65.19	932.2	18644.5	14.98	82.52	640	2.78	1135.6	2.44
40c	400	104	14.5	18	18	9	91.05	71.47	985.6	19711.2	14.71	86.19	687.8	2.75	1220.7	2.42

注：截面图和表中标注的圆弧半径 r、r_1 的数据用于孔型设计，不作为交货条件。

附录 D 简单荷载作用下梁的挠度和转角

表 D-1 悬臂梁

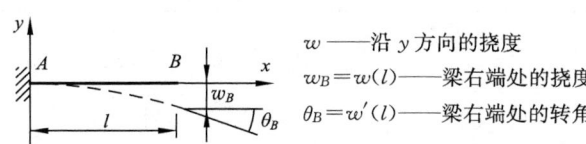

w——沿 y 方向的挠度
$w_B = w(l)$——梁右端处的挠度
$\theta_B = w'(l)$——梁右端处的转角

序号	梁上荷载及弯矩图	挠曲线方程	转角和挠度
1		$w = -\dfrac{M_B x^2}{2EI}$	$\theta_B = -\dfrac{M_B l}{EI}$ $w_B = -\dfrac{M_B l^2}{2EI}$
2		$w = -\dfrac{F x^2}{6EI}(3l - x)$	$\theta_B = -\dfrac{F l^2}{2EI}$ $w_B = -\dfrac{F l^3}{3EI}$
3		$w = -\dfrac{F x^2}{6EI}(3a - x) \ (0 \leqslant x \leqslant a)$ $w = -\dfrac{F a^2}{6EI}(3x - a) \ (a \leqslant x \leqslant l)$	$\theta_B = -\dfrac{F a^2}{2EI}$ $w_B = -\dfrac{F a^2}{6EI}(3l - a)$
4		$w = -\dfrac{q x^2}{24EI}(x^2 + 6l^2 - 4lx)$	$\theta_B = -\dfrac{q l^3}{6EI}$ $w_B = -\dfrac{q l^4}{8EI}$
5		$w = -\dfrac{q_0 x^2}{120 EI l}(10 l^4 - 10 l^2 x + 5 l x^2 - x^3)$	$\theta_B = -\dfrac{q_0 l^3}{24EI}$ $w_B = -\dfrac{q_0 l^4}{30EI}$

表 D-2　简支梁

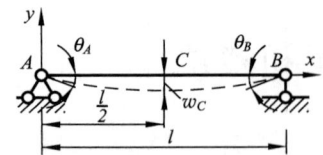

w ——沿 y 方向的挠度
$w_C = w(l/2)$ ——梁中点的挠度
$\theta_A = w'(0)$ ——梁左端处的转角
$\theta_B = w'(l)$ ——梁右端处的转角

序号	梁上荷载及弯矩图	挠曲线方程	转角和挠度
1	(图)	$w = -\dfrac{M_A x}{6EIl}(l-x)(2l-x)$	$\theta_A = -\dfrac{M_A l}{3EI},\ \theta_B = \dfrac{M_A l}{6EI}$ $w_C = -\dfrac{M_A l^2}{16EI}$ $w_{\max} = -\dfrac{M_A l^2}{9\sqrt{3}EI},\ x = \left(1-\dfrac{1}{\sqrt{3}}\right)l$
2	(图)	$w = -\dfrac{M_B x}{6EIl}(l^2 - x^2)$	$\theta_A = -\dfrac{M_B l}{6EI},\ \theta_B = \dfrac{M_B l}{3EI}$ $w_C = -\dfrac{M_B l^2}{16EI}$ $w_{\max} = -\dfrac{M_B l^2}{9\sqrt{3}EI},\ x = \dfrac{l}{\sqrt{3}}$
3	(图)	$w = -\dfrac{qx}{24EI}(l^3 - 2lx^2 + x^3)$	$\theta_A = -\theta_B = -\dfrac{ql^3}{24EI}$ $w_C = -\dfrac{5ql^4}{384EI}$
4	(图)	$w = -\dfrac{q_0 x}{360EIl}(7l^4 - 10l^2 x^2 + 3x^4)$	$\theta_A = -\dfrac{7q_0 l^3}{360EI},\ \theta_B = \dfrac{q_0 l^3}{45EI}$ $w_C = -\dfrac{5q_0 l^4}{768EI}$
5	(图)	$w = -\dfrac{Fx}{48EI}(3l^2 - 4x^2)$ $(0 \leqslant x \leqslant \dfrac{l}{2})$	$\theta_A = -\theta_B = -\dfrac{Fl^2}{16EI}$ $w_C = -\dfrac{Fl^3}{48EI}$
6	(图)	$w = -\dfrac{Fbx}{6EIl}(l^2 - x^2 - b^2)$ $(0 \leqslant x \leqslant a)$; $w = -\dfrac{Fb}{6EIl}\left[\dfrac{l}{b}(x-a)^3 + (l^2 - b^2)x - x^3\right]$ $(a \leqslant x \leqslant l)$	$\theta_A = -\dfrac{Fab(l+b)}{6EIl},\ \theta_B = \dfrac{Fab(l+a)}{6EIl}$ 当 $a > b$ 时， $w_C = -\dfrac{Fb(3l^2 - 4b^2)}{48EI}$ $w_{\max} = -\dfrac{Fb(l^2 - b^2)^{3/2}}{9\sqrt{3}EIl},\ x = \sqrt{\dfrac{l^2 - b^2}{3}}$
7	(图)	$w = -\dfrac{M_e x}{6EIl}(6al - 3a^2 - 2l^2 - x^2)$ $(0 \leqslant x \leqslant a)$ 当 $a = b = \dfrac{l}{2}$ 时， $w = -\dfrac{M_e x}{24EIl}(l^2 - 4x^2)$ $(0 \leqslant x \leqslant l/2)$	$\theta_A = -\dfrac{M_e}{6EIl}(6al - 3a^2 - 2l^2)$ $\theta_B = -\dfrac{M_e}{6EIl}(l^2 - 3a^2)$ 当 $a = b = \dfrac{l}{2}$ 时， $\theta_A = \theta_B = -\dfrac{M_e l}{24EI},\ w_C = 0$

续表

序号	梁上荷载及弯矩图	挠曲线方程	转角和挠度
8	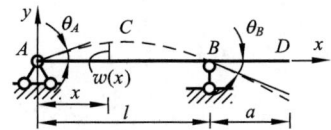	$w=\dfrac{qb^5}{24EIl}\left[2\dfrac{x^3}{b^3}-\dfrac{x}{b}\left(2\dfrac{l^2}{b^2}-1\right)\right]$ $(0\leqslant x\leqslant a)$ $w=\dfrac{q}{24EI}\left[2\dfrac{b^2x^3}{l}-\dfrac{b^2x}{l}\cdot(2l^2-b^2)-(x-a)^4\right]$ $(a\leqslant x\leqslant l)$	$\theta_A=-\dfrac{qb^2(2l^2-b^2)}{24EIl}$ $\theta_B=\dfrac{qb^2(2l-b)^2}{24EIl}$ $w_C=-\dfrac{qb^5}{24EIl}\left(\dfrac{3}{4}\dfrac{l^3}{b^3}-\dfrac{1}{2}\dfrac{l}{b}\right)$ （当 $a>b$ 时） $w_C=-\dfrac{qb^5}{24EIl}\left[\dfrac{3}{4}\dfrac{l^3}{b^3}-\dfrac{1}{2}\dfrac{l}{b}+\dfrac{1}{16}\dfrac{l^5}{b^5}\left(1-\dfrac{2a}{l}\right)^4\right]$ （当 $a<b$ 时）

表 D-3 外伸梁

w——沿 y 方向的挠度
$w(x)$——距左端为 x 处的梁的挠度
$\theta_A=w'(0)$——梁左端处的转角
$\theta_B=w'(l)$——梁 B 端处的转角

序号	梁上荷载及弯矩图	挠曲线方程	转角和挠度
1		$w=\dfrac{Fax}{6EIl}(l^2-x^2)$ $(0\leqslant x\leqslant l)$ $w=-\dfrac{F(l-x)}{6EI}\left[(x-l)^2+a(l-3x)\right]$ $(l\leqslant x\leqslant l+a)$	$\theta_A=\dfrac{Fal}{6EI},\ \theta_B=-\dfrac{Fal}{3EI}$ $\theta_D=-\dfrac{Fa(2l+3a)}{6EI}$ $w_{\max 1}=\dfrac{Fal^2}{9\sqrt{3}EI}$ （在 $x=\dfrac{l}{\sqrt{3}}$ 处） $w_{\max 2}=-\dfrac{Fa^2}{3EI}(a+l)$ $(x=a+l)$
2		$w=\dfrac{qa^2x}{12EIl}(l^2-x^2)$ $(0\leqslant x\leqslant l)$ $w=-\dfrac{q(x-l)}{24EI}\left[2a^2(3x-l)^2+(x-l)^2(x-l-4a)\right]$ $(l\leqslant x\leqslant l+a)$	$\theta_A=\dfrac{qa^2l}{12EI},\ \theta_B=-\dfrac{qa^2l}{6EI}$ $w_{\max 1}=\dfrac{qa^2l^2}{18\sqrt{3}EI}$ $(x=\dfrac{l}{\sqrt{3}})$ $w_{\max 2}=-\dfrac{qa^3}{24EI}(3a+4l)$ $(x=a+l)$

参 考 文 献

范钦珊，蔡新.2006.材料力学.北京:清华大学出版社
范钦珊，殷雅俊.2008.材料力学.2版.北京:清华大学出版社
苟文选.2007.材料力学教与学.北京:高等教育出版社
黎明发，张开银，黄莉.2007.材料力学.北京:科学出版社
蔺海荣.2008.材料力学.北京:国防工业出版社
刘鸿文.2011.材料力学.北京:高等教育出版社
闵行，刘书静，诸文俊.2009.材料力学.西安:西安交通大学出版社
邱棣华.2004.材料力学.北京:高等教育出版社
单辉祖.2009.材料力学.3版.北京:高等教育出版社
申向东，王正中.2008.材料力学.北京:中国农业出版社
苏翼林.2001.材料力学.天津:天津大学出版社
孙训方.2009.材料力学.北京:高等教育出版社
王世斌，亢一澜.2008.材料力学.北京:高等教育出版社
张功学，侯东生.2008.材料力学.西安:西安电子科技大学出版社
张新占.2005.材料力学.西安:西北工业大学出版社
赵少汴，王忠保.1997.抗疲劳设计——方法与数据.北京:机械工业出版社
郑修麟.2000.材料的力学性能.2版.西安:西北工业大学出版社

习题参考答案

第1章 绪论

1-1 $F_Q=F$，$M=F \cdot b$

1-2 杆件任一截面上存在扭矩（内力分量），$T=M$

1-3 杆 AB 属于弯曲，$F_Q=1\text{kN}$，$M=1\text{kN} \cdot \text{m}$；杆 BC 属于拉伸，$F_N=2\text{kN}$

1-4 $F_{N1}=\dfrac{x}{l\sin\alpha}F$，$F_{N1\max}=\dfrac{F}{\sin\alpha}$；$F_{N2}=\dfrac{x\cot\alpha}{l}F$，$F_{Q2}=\left(1-\dfrac{x}{l}\right)F$，$M_2=\dfrac{x(l-x)}{l}F$；

$F_{N2\max}=F\cot\alpha$，$F_{Q2\max}=F$，$M_{2\max}=\dfrac{Fl}{4}$

1-5 $\sigma=p\cos 30°=103.92\text{MPa}$；$\tau=p\sin 30°=60\text{MPa}$

1-6 $\varepsilon_m=5\times 10^{-4}$

1-7 $\varepsilon_m=2.5\times 10^{-4}$；$\gamma=2.5\times 10^{-4}\text{rad}$

1-8 $\varepsilon_\text{周}=\varepsilon_\text{径}=3.75\times 10^{-5}$

第2章 拉伸与压缩

2-1 (a) $F_{N1}=-20\text{kN}$，$F_{N2}=0$，$F_{N3}=40\text{kN}$；

(b) $F_{N1}=10\text{kN}$，$F_{N2}=-20\text{kN}$，$F_{N3}=-40\text{kN}$；

(c) $F_{N1}=-2P$，$F_{N2}=-3P$

2-2 $\sigma_1=50\text{MPa}$，$\sigma_2=66.7\text{MPa}$，$\sigma_3=-100\text{MPa}$

2-3 $\sigma_1=175\text{MPa}$，$\sigma_2=350\text{MPa}$

2-4 $\sigma_{AE}=159\text{MPa}$，$\sigma_{BG}=155\text{MPa}$

2-5 $\sigma_{30°}=37.5\text{MPa}$，$\tau_{30°}=21.6\text{MPa}$；$\sigma_{45°}=25\text{MPa}$，$\tau_{45°}=25\text{MPa}$。$\tau_{\max}$ 发生在 45°斜截面上

2-6 $\sigma=5.63\text{MPa}<[\sigma]$，安全

2-7 $\sigma=125\text{MPa}>[\sigma]$，不安全

2-8 $b\geqslant 116\text{mm}$，$h\geqslant 162\text{mm}$

2-9 AB 杆：2∠100×10；AD 杆：∠80×6

2-10 $d\geqslant 20\text{mm}$，$a\geqslant 84.1\text{mm}$

2-11 $[P]=\dfrac{\sqrt{2}}{3}A[\sigma_c]$

2-12 $\Delta l=-0.20\text{mm}$（缩短）

2-13 $\sigma_{AB}=\sigma_{CD}=-200\text{MPa}$，$\sigma_{CB}=0$，$\Delta l_{AD}=0.19\text{mm}$

2-14 (a) $X_A=\dfrac{2Pl}{EA}$，$Y_A=0$；(b) $X_A=(1+2\sqrt{2})\dfrac{Pa}{EA}$，$Y_A=\dfrac{Pa}{EA}$

2-15 $l\leqslant\dfrac{A[\sigma]-P}{\gamma A}$，$\Delta l=\dfrac{A^2[\sigma]^2-P^2}{2EA^2\gamma}$

2-16 $K=0.729\text{kN/m}^2$，$\Delta l=1.97\text{mm}$

2-17 $R_A=33.3\text{kN}$，$R_B=66.7\text{kN}$，$\sigma_{AC}=16.7\text{MPa}$，$\sigma_{CB}=-33.3\text{MPa}$

2-18 $F_{N1}=\dfrac{3P}{1+4\dfrac{E_2A_2}{E_1A_1}}$（拉），$F_{N2}=\dfrac{6P}{4+\dfrac{E_1A_1}{E_2A_2}}$（拉）

2-19 $\sigma=50\text{MPa}$

2-20 $\sigma_1=\sigma_2=6.52\text{MPa}$，$\sigma_3=11.3\text{MPa}$

2-21　$U_1 = \dfrac{2P^2 l}{E\pi d^2}$，$U_2 = \dfrac{7P^2 l}{8E\pi d^2}$，$U_3 = \dfrac{4P^2 l}{9E\pi d^2}$

第 3 章　扭转

3-1　略

3-2　$\tau_{\max} = \dfrac{16M}{\pi d_2^3}$

3-3　(1) $\tau_A = 20.4\text{MPa}$；(2) $\tau_{\max} = 40.8\text{MPa}$

3-4　$P = 18.50\text{kW}$

3-5　(1) $\tau_A = 46.6\text{MPa}$，$\gamma_A = 5.82\times 10^{-4}\text{rad}$；(2) $\tau_{\max} = 51.8\text{MPa}$，$\tau_{\min} = 41.4\text{MPa}$；(3) 略

3-6　(1) $\tau_{\max} = 71.4\text{MPa}$，$\varphi = 1.02°$；(2) $\tau_A = \tau_B = 71.4\text{MPa}$，$\tau_C = 35.7\text{MPa}$；(3) $\gamma_C = 4.46\times 10^{-4}\text{rad}$

3-7　$\tau_{\max} = 19.22\text{MPa} < [\tau]$，满足强度条件

3-8　$\tau_{\max} = 18.12\text{MPa} < [\tau]$，满足强度条件

3-9　(1) $m = 9.75\text{N}\cdot\text{m/m}$；(2) $\tau_{\max} = 17.78\text{MPa} < [\tau]$，满足强度条件；(3) $\varphi = 8.49°$

3-10　$d_1 \geqslant 88.6\text{mm}$，$d_2 \geqslant 74.7\text{mm}$

3-11　$d_0 = 45\text{mm}$，$d = 23\text{mm}$，$D = 46\text{mm}$

3-12　(1) $d \geqslant 21.7\text{mm}$；(2) $P = 1.12\text{kN}$

3-13　$[M_{eA}] = 19.6\text{kN}\cdot\text{m}$

3-14　(1) $G = 81.5\text{GPa}$；(2) $\tau_{\max} = 76.4\text{MPa}$；(3) $\gamma = 9.37\times 10^{-4}\text{rad}$ 或 $0.0537°$

3-15　$\varphi = 0.646°$

3-16　$\varphi_B = \dfrac{m_e l^2}{2GI_p}$

3-17　$\varphi = \dfrac{32M_e l}{3\pi G}\left[\dfrac{d_1^2 + d_1 d_2 + d_2^2}{d_1^3 d_2^3}\right]$

3-18　$E = 216\text{GPa}$，$G = 81.8\text{GPa}$，$\mu = 0.32$

3-19　AE 段：$\tau_{\max} = 45.2\text{MPa} < [\tau]$，$\varphi' = 0.462(°)/\text{m} < [\varphi']$；
　　　BC 段：$\tau_{\max} = 71.3\text{MPa} < [\tau]$，$\varphi' = 1.02(°)/\text{m} < [\varphi']$；满足强度条件和刚度条件

3-20　$\tau_{\max} = 8.9\text{MPa} < [\tau]$，$\varphi'_{\max} = 0.18(°)/\text{m} < [\varphi']$；满足强度条件和刚度条件

3-21　(1) $A = \sqrt[3]{\dfrac{16\times 9549}{\pi[\tau]}}$，$B = \sqrt[4]{\dfrac{32\times 9549}{G\pi[\varphi']}}$；(2) $[\tau] = 36.56\text{MPa}$，$[\varphi'] = 0.49(°)/\text{m}$

3-22　$d \geqslant 74.4\text{mm}$

3-23　(1) $d_1 \geqslant 91.6\text{mm}$，$d_2 \geqslant 80.7\text{mm}$；(2) $d \geqslant 91.6\text{mm}$；(3) 将主动轮放在中间比较合理

3-24　$d \geqslant 82.7\text{mm}$

3-25　$M_A = \dfrac{32}{33}M_e$，$M_B = \dfrac{1}{33}M_e$

3-26　$\tau_{\max} = 65.7\text{MPa}$，$V_\varepsilon = 0.492\text{kN}\cdot\text{m}$

3-27　(1) $\tau_{\max} = 33.1\text{MPa}$；(2) $n = 6.5$ 圈

3-28　$\tau_{\max} = 381\text{MPa}$，$\Delta = 10.6\text{mm}$

3-29　弹簧所能承受的压力 $F_1 = 3070\text{N}$

3-30　(1) $[F] = 981\text{N}$；(2) 提示：弹簧丝任一截面的半径 R 与极角 α 的关系为 $R = R_1 + \dfrac{(R_2 - R_1)\alpha}{2\pi n}$

3-31　(1) $\tau_{\max} = 40.1\text{MPa}$；(2) $\tau'_{\max} = 34.4\text{MPa}$；(3) $\varphi' = 0.565(°)/\text{m}$

第 4 章　弯曲内力

4-1　(a) $F_{S1} = -\dfrac{M_e}{4l}$，$M_1 = -\dfrac{M_e}{4}$；$F_{S2} = -\dfrac{M_e}{4l}$，$M_2 = -M_e$；$F_{S3} = 0$，$M_3 = -M_e$；

　　　(b) $F_{S1} = 6\text{kN}$，$M_1 = 12\text{kN}\cdot\text{m}$；$F_{S2} = -4\text{kN}$，$M_2 = -12\text{kN}\cdot\text{m}$；$F_{S3} = 4\text{kN}$，$M_3 = 0$；

(c) $F_{S1}=2ql$, $M_1=-\frac{3}{2}ql^2$; $F_{S2}=2ql$, $M_2=-\frac{1}{2}ql^2$;

(d) $F_{S1}=1.33\text{kN}$, $M_1=267\text{N}\cdot\text{m}$; $F_{S2}=-0.667\text{kN}$, $M_2=333\text{N}\cdot\text{m}$

4-2 (a) $|F_S|_{\max}=\frac{7}{4}ql$, $|M|_{\max}=\frac{49}{32}ql^2$; (b) $|F_S|_{\max}=ql$, $|M|_{\max}=\frac{1}{2}ql^2$;

(c) $|F_S|_{\max}=ql$, $|M|_{\max}=\frac{3}{2}ql^2$; (d) $|F_S|_{\max}=\frac{3}{2}ql$, $|M|_{\max}=\frac{1}{3}ql^2$;

(e) $|F_S|_{\max}=\frac{3M_e}{2a}$, $|M|_{\max}=\frac{3}{2}M_e$; (f) $|F_S|_{\max}=\frac{3qa}{8}$, $|M|_{\max}=\frac{9}{128}qa^2$;

(g) $|F_S|_{\max}=\frac{7}{2}F$, $|M|_{\max}=\frac{5}{2}Fl$; (h) $|F_S|_{\max}=\frac{2F}{3}$, $|M|_{\max}=\frac{Fl}{3}$

4-3 (a) $|F_S|_{\max}=15\text{kN}$, $|M|_{\max}=25\text{kN}\cdot\text{m}$; (b) $|F_S|_{\max}=49.5\text{kN}$, $|M|_{\max}=174\text{kN}\cdot\text{m}$;

(c) $|F_S|_{\max}=\frac{5ql}{8}$, $|M|_{\max}=\frac{1}{8}ql^2$; (d) $|F_S|_{\max}=ql$, $|M|_{\max}=ql^2$;

(e) $|F_S|_{\max}=ql$, $|M|_{\max}=\frac{5}{8}ql^2$; (f) $|F_S|_{\max}=ql$, $|M|_{\max}=\frac{5}{2}ql^2$;

(g) $|F_S|_{\max}=30\text{kN}$, $|M|_{\max}=15\text{kN}\cdot\text{m}$; (h) $|F_S|_{\max}=ql$, $|M|_{\max}=\frac{1}{2}ql^2$

4-4 (a) $|F_S|_{\max}=\frac{3ql}{2}$, $|M|_{\max}=\frac{3ql^2}{2}$; (b) $|F_S|_{\max}=qa$, $|M|_{\max}=qa^2$

4-5 略

4-6 (a) $|M|_{\max}=130.5\text{kN}\cdot\text{m}$; (b) $|M|_{\max}=54\text{kN}\cdot\text{m}$

4-7 (a) $|F_S|_{\max}=10\text{kN}$; (b) $|F_S|_{\max}=12\text{kN}$

4-8 (a) $|F_S|_{\max}=45\text{kN}$, $|M|_{\max}=127.5\text{kN}\cdot\text{m}$; (b) $|F_S|_{\max}=1.4\text{kN}$, $|M|_{\max}=2.4\text{kN}\cdot\text{m}$

4-9 (a) $|F_S|_{\max}=\frac{1}{4}q_0 l$, $|M|_{\max}=\frac{1}{12}q_0 l^2$; (b) $|F_S|_{\max}=\frac{3}{4}ql$, $|M|_{\max}=\frac{7}{24}ql^2$

4-10 $x=\frac{l}{2}-\frac{d}{4}$, $(M_C)_{\max}=\frac{F}{8l}(2l-d)^2$

4-11 $x=0.462\text{m}$

4-12 (a) $|F_S|_{\max}=ql$, $|M|_{\max}=ql^2$, $|F_N|_{\max}=ql$;

(b) $|F_S|_{\max}=ql$, $|M|_{\max}=\frac{1}{2}ql^2$, $|F_N|_{\max}=\frac{5}{4}ql$;

(c) $|F_S|_{\max}=70\text{kN}$, $|M|_{\max}=105\text{kN}$, $|F_N|_{\max}=70\text{kN}$;

(d) $|F_S|_{\max}=17.5\text{kN}$, $|M|_{\max}=26.3\text{kN}$, $|F_N|_{\max}=17.5\text{kN}$

4-13 (a) $|F_S|_{\max}=F$, $|M|_{\max}=FR$, $|F_N|_{\max}=F$;

(b) $|F_S|_{\max}=F$, $|M|_{\max}=FR$, $|F_N|_{\max}=F$

第5章 弯曲应力

5-1 $\sigma_A=6.94\text{MPa}(拉)$, $\sigma_B=3.86\text{MPa}(拉)$, $\sigma_C=6.94\text{MPa}(拉)$

5-2 选用 No. 16 工字钢

5-3 $b\times h=75\text{mm}\times110\text{mm}$

5-4 $\dfrac{ql^3}{24Ebh^2}$

5-5 实心 $\sigma_{\max}=159.2\text{MPa}$,空心 $\sigma_{\max}=93.62\text{MPa}$,降低了 41.16%

5-6 $[q]=15.68\text{kN/m}$

5-7 实心 $\sigma_{\max}=113.8\text{MPa}<[\sigma]$,空心 $\sigma_{\max}=100.3\text{MPa}<[\sigma]$,满足强度要求

5-8 $\sigma_{\max}=60.24\text{MPa}>[\sigma]$,满足强度要求

5-9 $a=1.38\text{m}$

5-10 $\sigma_{t,\max}=35\text{MPa}<[\sigma_t]$, $\sigma_{c,\max}=70\text{MPa}<[\sigma_c]$,安全

5-11　$\tau_{max}=1.86\text{MPa}$, $\tau_k=1.59\text{MPa}$

5-12　$\sigma_{t,max}=76.8\text{MPa}$, $\sigma_{c,max}=-137\text{MPa}$

5-13　$\dfrac{h}{b}=\sqrt{2}$, $d=227\text{mm}$

5-14　(1) $\sigma_{1max}=\dfrac{ql^2}{12bh_1^2}$, $\sigma_{2max}=\dfrac{2ql^2}{3bh_2^2}$; (2) $\dfrac{ql^2}{3bh_2^2}$

5-15　选用 20a 槽钢

5-16　$[q]=50.1\text{N/mm}$, $e=208\text{mm}$

5-17　473N

5-18　$[F_1]=1.47\text{kN}$, $[F_2]=-5.88\text{kN}$

第 6 章　弯曲变形

6-1　(a) $w_{max}=0.00652\dfrac{ql^4}{EI}$, $\theta_{max}=\dfrac{ql^3}{45EI}$; (b) $\theta_{max}=\dfrac{ql^3}{24EI}$, $w_{max}=\max\left(\dfrac{5ql^4}{384EI}, \dfrac{ql^3a}{24EI}\right)$

6-2　(a) $w_A=-\dfrac{7Fl^3}{16EI}$, $\theta_A=\dfrac{5Fl^2}{8EI}$; (b) $w_B=-\dfrac{41ql^4}{384EI}$, $\theta_B=-\dfrac{7ql^3}{48EI}$

6-3　$\theta_{max}=-\dfrac{5ql^2}{16EI}$

6-4　$w_{max}=-\dfrac{19ql^4}{8EI}$, $\theta_{max}=-\dfrac{11ql^3}{6EI}$

6-5　$w_A=-\dfrac{Fl^3}{3EI}$

6-6　$w=-\dfrac{k}{360EI}(x^6-5l^3x^3+4l^5x)$

6-7～6-10　略

6-11　(a) $w_A=-\dfrac{Fl^3}{6EI}$, $\theta_B=-\dfrac{9Fl^2}{8EI}$; (b) $w_A=-\dfrac{ql^4}{36EI}$, $\theta_B=\dfrac{67ql^3}{648EI}$

6-12　$w_B=-\dfrac{5ql^4}{24EI}$, $\theta_B=-\dfrac{ql^3}{4EI}$

6-13　$a=\dfrac{Fl}{F+6EIK}$, $y_B=y_1\mid_{x_1=b}=\dfrac{36(EIKl)^3}{EI(F+6EIK)^2}$

6-14　$[q]=\dfrac{8[\sigma]W}{L^2}$, $x\approx 0.58L$

6-15　$w_C=\dfrac{(7F/4)(2a)^3}{3EI}+\dfrac{(7F/4)(2a)^2}{2EI}a-\dfrac{F(3a)^3}{3EI}=-\dfrac{5Fa^3}{6EI}(\downarrow)$

6-16　$A=\dfrac{ql}{12}$, $B=B=-\dfrac{ql^2}{24}$, $C=0$, $D=0$, $[q]=\dfrac{8[\sigma]w}{l^2}$

第 7 章　应力应变分析和强度理论

7-1　略

7-2　$\sigma_x=-33.3\text{MPa}$, $\tau_x=-57.7\text{MPa}$

7-3　略

7-4　(a) $\sigma_\alpha=-25\text{MPa}$, $\tau_\alpha=26\text{MPa}$, $\sigma_1=-25\text{MPa}$, $\sigma_3=26\text{MPa}$;

　　(b) $\sigma_\alpha=-26\text{MPa}$, $\tau_\alpha=15\text{MPa}$, $\sigma_2=\sigma_3=-50\text{MPa}$, $\sigma_3=-30\text{MPa}$;

　　(c) $\sigma_\alpha=-50\text{MPa}$, $\tau_\alpha=0$, $\sigma_2=\sigma_3=-50\text{MPa}$;

　　(d) $\sigma_\alpha=40\text{MPa}$, $\tau_\alpha=10\text{MPa}$, $\sigma_1=41\text{MPa}$, $\sigma_3=61\text{MPa}$, $\alpha_0=39.5°$

7-5　略

7-6　(1) $\sigma_1=\sigma_2=0$, $\sigma_3=-120\text{MPa}$;

(2) $\tau_{xy}=36$MPa, $\sigma_1=36$MPa, $\sigma_2=0$, $\sigma_3=-36$MPa;

(3) $\sigma_x=60$MPa, $\tau_{xy}=27$MPa, $\sigma_1=70.4$MPa, $\sigma_2=0$, $\sigma_3=-10.4$MPa;

(4) $\sigma_1=120$MPa, $\sigma_2=\sigma_3=0$

7-7 (1) $\sigma_{45°}=101.3$MPa, $\tau_{45°}=30.6$MPa, $\sigma_3=-46.6$MPa;

(2) $\sigma_1=107.6$MPa, $\sigma_2=0$, $\sigma_3=-46.6$MPa, $\alpha_0=33.3°$

7-8 (1) $\sigma_{60°}=2.16$MPa, $\tau_{60°}=24.3$MPa; (2) $\sigma_1=85$MPa, $\sigma_2=0$, $\sigma_3=-5$MPa, $\alpha_0=-13.6°$

7-9 略

7-10 $\sigma_1=5P$, $\sigma_2=P$, $\sigma_3=0$

7-11 (1) $\sigma_3=0$, $\sigma_4=-\sigma_2=20$MPa, $\sigma_5=-\sigma_1=40$MPa;

$\tau_3=8$MPa, $\tau_2=\tau_4=2$MPa, $\tau_1=\tau_5=0$;

(2) 点 2 处的主应力: $\sigma_1=0.19$MPa, $\sigma_2=0$, $\sigma_3=-20.19$MPa

7-12 (a)$\sigma_{max}=-390$MPa, $\tau_{max}=170$MPa; (b) $\sigma_{max}=290$MPa, $\tau_{max}=190$MPa

7-13 $P=13.18$kN

7-14 $P=39.2$kN

7-15 $\varepsilon_{0°}=25.4\times10^{-6}$, $\varepsilon_{45°}=53.6\times10^{-6}$, $\varepsilon_{90°}=-7.62\times10^{-6}$

7-16 $\sigma_{r4}=175$MPa$<[\sigma]$, 满足强度要求

7-17 $\sigma_{r1}=32.4$MPa, $\sigma_{r2}=33.1$MPa, $\sigma_{rM}=35.96$MPa

7-18 $\sigma_{r3}=120$MPa, $\sigma_{r4}=111.4$MPa

7-19 1.33cm

7-20 $\sigma_{r3}=900$MPa, $\sigma_{r4}=842$MPa

7-21 根据第三强度理论 $p=1.2$MPa, 根据第四强度理论 $p=1.38$MPa

第 8 章 组合变形

8-1 $\sigma_{max}=14.82$MPa, 圆截面 $\sigma_{max}=15.30$MPa

8-2 $\sigma_1=66.4$MPa, $\sigma_2=-159.6$MPa, $\sigma_3=159.6$MPa, $\sigma_4=-66.4$MPa; $f=17.6$mm, $\beta=77°15'$

8-3 No.16

8-4 2 个 No.18 槽钢

8-5 $F_P=18.38$kN, $\delta=1.785$mm

8-6 $\sigma_{max}=\dfrac{28F_p}{bh}$, $\sigma_{min}=\dfrac{-29.6F_p}{bh}$

8-7 $\sigma_{max}=-8.75$MPa, $\sigma_{max}=8.75$MPa

8-8 略

8-9 $\sigma_{r3}=107.4$MPa$<[\sigma]$, 满足强度条件

8-10 $[F]=45$kN

8-11 $\delta=2.64$mm

8-12 $F_1\leqslant\dfrac{\pi d^2}{4}[\sigma]$, $F_2\leqslant\pi dt[\tau]$, $F_3\leqslant\dfrac{\pi}{4}(D^2-d^2)[\sigma_{bs}]$;

许用荷载为三个力中的较小者, 即$[F]=\min\{F_1,F_2,F_3\}$

8-13 $\tau=1.07$MPa, $\sigma_{bs}=8.33$MPa

8-14 $F\geqslant771$kN

第 9 章 压杆稳定

9-1 图(c), $F_{cr}=3288$kN

9-2 $F_{cr}=177.65$kN

9-3 $\dfrac{F_{cr圆}}{F_{cr环}}=\dfrac{3}{5}$

9-4 $\theta = \arctan(\cot^2\beta)$

9-5 $\Delta t = 29.2℃$

9-6 $F_{cr} = 36.1\dfrac{EI}{l^2}$

9-7 $D_{min1} = 0.18\text{m}$

9-8 $[F] = 302.4\text{kN}$

9-9 $[q] = 5.59\text{kN/m}$

9-10 $a = 195\text{mm}$

9-11 $\lambda = 80.8$, $\varphi = 0.393$, $[F] = 88.4\text{kN}$

9-12 $[F] = 557\text{kN}$

9-13 $[F] = 232.3\text{kN}$

9-14 杆1：$\sigma = 67.5\text{MPa}$，$\sigma = 67.5\text{MPa} < [\sigma]$；杆2：$n = 2.87 > n_{st}$，安全。

9-15 $[F] = 378\text{kN}$

9-16 $F_{max} = 16.8\text{kN}$；$F_{max} = 50.4\text{kN}$

9-17 $d = 193.7\text{mm}$

9-18 $[F] = 15.5\text{kN}$

9-19 $F_N \approx 120\text{kN}$，$\lambda_{CD} = 103$，$\varphi[\sigma] = 91.1\text{MPa}$，梁和立柱安全

第10章 能量方法

10-1 $V_\varepsilon = \dfrac{3P^2 l}{2EA}$

10-2 $V_\varepsilon = 0.957\dfrac{F^2 l}{EA}$

10-3 $\dfrac{F^2 l^3}{6EI} - \dfrac{FMl^2}{2EI} + \dfrac{M^2 l}{2EI}$

10-4 $V_\varepsilon = \dfrac{20M^2 l}{G\pi d^4}$

10-5 $V_\varepsilon = \dfrac{2}{3}F\delta$，$V_c = \dfrac{1}{3}F\delta$

10-6 $\omega_C = \dfrac{5Fa^3}{3EI}(\downarrow)$，$\theta_B = \dfrac{4Fa^2}{3EI}$

10-7 (a) $V_\varepsilon = \dfrac{EA}{48a}\left[(9 + 8\sqrt{3})\Delta_{Ax}^2 - 6\sqrt{3}\Delta_{Ax}\Delta_{Ay} + 3\Delta_{Ay}^2\right]$；

(b) $V_\varepsilon = \dfrac{4aAB}{3}\left(\dfrac{\Delta_{Ay} - \sqrt{3}\Delta_{Ax}}{4a}\right)^{3/2} + \dfrac{2\sqrt{3}aAB}{3}\left(\dfrac{\sqrt{3}\Delta_{Ax}}{3a}\right)^{3/2}$

10-8 (a) V_c 与习题 10-7(a) 答案中的 V_ε 相等；

(b) $V_c = \dfrac{2aAB}{3}\left(\dfrac{\Delta_{Ay} - \sqrt{3}\Delta_{Ax}}{4a}\right)^{3/2} + \dfrac{\sqrt{3}aAB}{3}\left(\dfrac{\sqrt{3}\Delta_{Ax}}{3a}\right)^{3/2}$

10-9 (a) $y_B = \dfrac{5Fa^3}{12EI}(\downarrow)$，$\theta_A = \dfrac{5Fa^2}{4EI}$（逆时针）；(b) $y_B = \dfrac{5Fa^3}{6EI}(\downarrow)$，$\theta_A = \dfrac{Fa^2}{EI}$（顺时针）

10-10 (a) $y_A = \dfrac{Fabh}{EI}(\uparrow)$，$x_A = \dfrac{Fbh^2}{2EI}(\rightarrow)$，$\theta_C = \dfrac{Fb(b+2h)}{2EI}$（顺时针）；

(b) $y_A = \dfrac{5ql^4}{384EI}(\downarrow)$，$x_B = \dfrac{qhl^3}{12EI}(\rightarrow)$；

(c) $y_A = \dfrac{Fl^2}{3EI}(l + 3h)(\downarrow)$，$x_A = \dfrac{Flh^2}{2EI}(\rightarrow)$，$\theta_C = \dfrac{Fl(l + 2h)}{2EI}$（顺时针）

10-11 $\Delta_{Ay} = \dfrac{Fl^3}{8EI} + \dfrac{3Fl}{2EA}(\downarrow)$

10-12 $\Delta_{Ax} = -\dfrac{Fl^3}{6EI}$

10-13 $\Delta_{Ax} = \dfrac{17M_e a^2}{6EI}(\rightarrow)$, $\Delta_{Ay} = 0$, $\theta_A = \dfrac{M_e a}{3EI}$(逆时针), $\theta_B = \dfrac{5M_e a}{3EI}$(顺时针)

10-14 $\Delta_{AB} = \dfrac{7Fl^3}{24EI}$

10-15 $F_{N1} = \dfrac{3F}{5}$, $F_{N2} = \dfrac{6F}{5}$

10-16 (a) 水平杆中点处横截面上的轴压力为 $\dfrac{ql}{12}$, 弯矩为 $\dfrac{5}{72}ql^2$;

(b) 水平杆左端的水平反力为 $\dfrac{3}{8}qa(\rightarrow)$, 而右端的水平反力亦为 $\dfrac{3}{8}qa(\rightarrow)$

10-17 (a) $\Delta_{Cy} = \dfrac{2Fa}{EA}(2+\sqrt{2})$ ($\downarrow$), $\Delta_{Bx} = \dfrac{4Fa}{EA}$($\downarrow$);

(b) $\Delta_{Cy} = \dfrac{8\sqrt{2}Fa^3}{9EI}$ ($\uparrow$), $\Delta_{BC} = \dfrac{8Fa^3}{3EI}$(沿直线 BC 减小)

10-18 (a) $\omega_B = \dfrac{5Fl^3}{96EI}(\downarrow)$, $\theta_A = \dfrac{5Fl^2}{16EI}$(逆时针); (b) $\omega_B = \dfrac{5Fa^3}{9EI}(\downarrow)$, $\theta_A = \dfrac{Fa^2}{2EI}$(顺时针)

10-19 $\Delta_{Bx} = 0.5\dfrac{FR^3}{EI}(\leftarrow)$, $\Delta_{By} = 3.36\dfrac{FR^3}{EI}(\downarrow)$

10-20 $\Delta_{Ax} = 3.5\dfrac{Fa^3}{EI}(\leftarrow)$, $\Delta_{Cx} = Fa^3\left(\dfrac{3}{2EI} + \dfrac{1}{GI_t}\right)(\leftarrow)$

10-21 $\Delta_{Dx} = \dfrac{Fa^3}{2EI}(\rightarrow)$, $\Delta_{Dy} = \dfrac{2Fa^3}{EI}(\downarrow)$, $\theta_D = \dfrac{3Fa^2}{2EI}$(逆时针)

10-22 $\Delta_{AB} = \dfrac{5Fl}{3EA}(\leftarrow \quad \rightarrow)$

10-23 $\Delta_{AD} = \dfrac{5Fa^3}{3EI}(\rightarrow \leftarrow)$

第 11 章 超静定结构

11-1 (a) 四次超静定；(b) 二次超静定；(c) 一次超静定；(d) 一次超静定

11-2 (a) $|M|_{\max} = \dfrac{M_e}{2}$; (b) $|M|_{\max} = \dfrac{3ql}{8}$

11-3 (a) $F_{Bx} = F_{Cx} = \dfrac{F}{\pi}$, $F_{By} = F_{Cy} = \dfrac{F}{2}$;

(b) $F_{Ax} = F_{Bx} = 0$, $F_{Ay} = F_{By} = \dfrac{4M_e}{\pi R}$, $M_B = \dfrac{4-\pi}{\pi}M_e$, $\Delta_{Ax} = -0.0658\dfrac{M_e R^2}{EI}$

11-4 $F_{NBC} = \dfrac{2-\sqrt{2}}{2}F$

11-5 $M_A = \dfrac{FR}{\pi}$, $M_C = -FR\left(\dfrac{1}{2} - \dfrac{1}{\pi}\right)$, $\Delta_B^A = \dfrac{(\pi^2-8)FR^3}{4\pi EI}$

11-6 (a) $|M|_{\max} = \dfrac{Fl}{4}$; (b) $|M|_{\max} = \dfrac{2ql^2}{7}$

11-7 (a) $M_{\max} = \dfrac{ql^2}{12}$, $\Delta_B^A = \dfrac{ql^4}{64EI}$; (b) $M_{\max} = \dfrac{Fl}{8}$, $\Delta_B^A = \dfrac{Fl^3}{96EI}$;

(c) $M_{\max} = \dfrac{Fl}{2}$, $\Delta_B^A = 0$; (d) $M_{\max} = \dfrac{ql^2}{4}$, $\Delta_B^A = 0$

11-8 $F_x = \dfrac{8-2\pi}{\pi^2-8}F$, $F_y = F$

11-9 $|M|_{\max} = qa^2$, $|T|_{\max} = 0.145qa^2$

11-10 $\Delta = \dfrac{7ql^4}{72EI}$

11-11 $F_A = \dfrac{6EI\theta}{l^2}$, $M_A = 4\dfrac{EI\theta}{l}$

11-12 $F_B = -\dfrac{3\alpha_l(t_2-t_1)EI}{2hl}$

第 12 章 动荷载

12-1 $\sigma_d = \dfrac{1}{A}\left[F_1 + \dfrac{x}{l}(F_2-F_1)\right]$

12-2 $F_{Nd} = 90.6 \text{kN}$

12-3 工字钢：$\sigma_{d\max} = 125\text{MPa}$；吊索：$\sigma_{d\max} = 28\text{MPa}$

12-4 $M_{d\max} = \dfrac{4}{9}Ql$

12-5 $\sigma_{\max} = 70.4\text{MPa}$

12-6 $\sigma_{\max} = 107\text{MPa}$

12-7 (a) $\sigma_d = 155\text{MPa}$；(b) $\sigma_d = 14.5\text{MPa}$

12-8 $\omega_A = 74.3\text{mm}$, $\sigma_{\max} = 167.3\text{MPa}$

12-9 $\sigma_{d\max} = \dfrac{2Pl}{9W}\left(1+\sqrt{1+\dfrac{243EIh}{2Pl^3}}\right)$, $\omega_{\frac{l}{2}} = \dfrac{23Pl^3}{1296EI}\left(1+\sqrt{1+\dfrac{243EIh}{2Pl^3}}\right)$

12-10 $\sigma_{d\max} = \sqrt{\dfrac{3EIv^2 P}{gaW^2}}$

第 13 章 交变应力

13-1 $\sigma_{\max} = -\sigma_{\min} = 75.5\text{ MPa}$, $r = -1$

13-2 $\sigma_m = 549\text{ MPa}$, $\sigma_a = 12\text{ MPa}$, $r = 0.957$

13-3 $\tau_m = 275\text{ MPa}$, $\tau_a = 118\text{ MPa}$, $r = 0.4$

13-4 $k_\sigma = 1.55$, $k_\tau = 1.26$, $\varepsilon_\sigma = 0.77$, $\varepsilon_\tau = 0.81$

13-5 Ⅰ-Ⅰ截面：$n_\sigma = 1.62 > n$, 安全；Ⅱ-Ⅱ截面：$n_\sigma = 2.03 > n$, 安全

13-6 (a) $\alpha = 90°$; (b) $\alpha = 63°26'$; (c) $\alpha = 45°$; (d) $\alpha = 33°41'$

13-7 略

13-8 按疲劳强度计算：$n_\tau = 5.06 > n$, 安全；按屈服强度计算：$n_\tau = 7.37 > n_s$, 安全

13-9 最大荷载：$F_{\max} = 88.3\text{kN}$

13-10 $n_\tau = 1.15$

13-11 点 1：$r = -1$, $n_\sigma = 2.77$；点 2：$r = 0$, $n_\sigma = 2.46$；点 3：$r = 0.87$, $n_\sigma = 2.14$；点 4：$r = 0.5$, $n_\sigma = 2.14$

13-12 (a) $[M] = 409\text{N}\cdot\text{m}$；(b) $[M] = 636\text{N}\cdot\text{m}$

13-13 $n_\sigma = 1.88$

13-14 $n_\sigma = 2.24 > n$, 安全

13-15 $n_\sigma = \dfrac{\sigma_b}{\dfrac{k_\sigma}{\varepsilon_\sigma\beta}\sigma_a\psi_\sigma + \sigma_m}$, $\psi_\sigma = \dfrac{\sigma_b - \sigma_0/2}{\sigma_0/2}$ 安全

附录 A 截面的几何性质

A-1 (a) $S_y = 30 \times 10^3 \text{mm}^3$；(b) $S_y = 42.25 \times 10^3 \text{mm}^3$；(c) $S_y = 280 \times 10^3 \text{mm}^3$；(d) $S_y = 449 \times 10^3 \text{mm}^3$；(e) $S_y = 1040 \times 10^3 \text{mm}^3$；(f) $S_y = 1282 \times 10^3 \text{mm}^3$

A-2 $S_y = \dfrac{1}{3}r^3$, $y_C = z_C = \dfrac{4r}{3\pi}$

A-3 (a) $z_C = -46.4\text{mm}$；(b) $y_C = -6\text{mm}$, $z_C = 76\text{mm}$

A-4 (a) $I_y = \dfrac{bh^3}{3}$, $I_z = \dfrac{hb^3}{3}$, $I_{yz} = -\dfrac{b^2 h^2}{4}$；

(b) $I_y = \dfrac{bh^3}{12}$, $I_z = \dfrac{bh(3b^2 - 3bc + c^2)}{12}$, $I_{yz} = \dfrac{bh^2(3b-2c)}{24}$；

(c) $I_y = \dfrac{2ah^3}{15}$, $I_z = \dfrac{2ha^3}{7}$, $I_{yz} = \dfrac{a^2 h^2}{3}$

A-5 (a) $I_y = \dfrac{a^4}{12}$; (b) $I_y = 3.3 \text{m}^4$; (c) $I_y = \dfrac{11}{64}\pi d^4$

A-6 略

A-7 $I_y = I_z = \dfrac{\sqrt{3}}{96}a^4 - \dfrac{\pi}{4}r^4$

A-8 (a) $I_y = 9.05 \times 10^7 \text{mm}^4$; (b) $I_y = 5.32 \times 10^7 \text{mm}^4$

A-9 (a) $I_y = 1.337 \times 10^{10} \text{mm}^4$; (b) $I_y = 1.34 \times 10^{11} \text{mm}^4$; (c) $I_y = 6.58 \times 10^7 \text{mm}^4$

A-10 $I_y = 188.9a^4$; $I_z = 190.4a^4$

A-11 $I_y = 13069 \times 10^4 \text{mm}^4$; $I_z = 13090 \times 10^4 \text{mm}^4$

A-12 $a = 111 \text{mm}$

A-13 $I_{y_1} = \dfrac{a^4}{12}$, $I_{z_1} = \dfrac{a^4}{12}$, $I_{y_1 z_1} = 0$

A-14 $\alpha_0 = 73.15° 或 -16.85°$, $I_{y_0} = 6200 \text{mm}^4$, $I_{z_0} = 38300 \text{mm}^4$

A-15 $\alpha_0 = 13.5°$, $I_{y_0} = 19.94 \times 10^4 \text{mm}^4$; $I_{z_0} = 76.06 \times 10^4 \text{mm}^4$;
$\alpha_{C_0} = 67.5° 或 -22.5°$, $I_{yC_0} = 34.885 \times 10^4 \text{mm}^4$; $I_{zC_0} = 6.595 \times 10^4 \text{mm}^4$